書目題跋叢書

愛日精廬藏書志

〔清〕張金吾 撰
馮惠民 整理

中華書局

圖書在版編目(CIP)數據

愛日精廬藏書志/(精)張金吾著;馮惠民整理. –北京:中華書局,2012.10
(書目題跋叢書)
ISBN 978-7-101-07587-8

Ⅰ.愛… Ⅱ.①張…②馮… Ⅲ.私人藏書–圖書目錄–中國–清代 Ⅳ.Z842.49

中國版本圖書館 CIP 數據核字(2010)第 182399 號

書　　名	愛日精廬藏書志	
著　　者	〔清〕張金吾	
整 理 者	馮惠民	
叢 書 名	書目題跋叢書	
責任編輯	李肇翔	
出版發行	中華書局	
	(北京市豐臺區太平橋西里 38 號　100073)	
	http://www.zhbc.com.cn	
	E-mail:zhbc@zhbc.com.cn	
印　　刷	北京瑞古冠中印刷廠	
版　　次	2012 年 10 月北京第 1 版	
	2012 年 10 月北京第 1 次印刷	
規　　格	開本/850×1168 毫米　1/32	
	印張 24¼　插頁 2　字數 700 千字	
印　　數	1–3000 册	
國際書號	ISBN 978-7-101-07587-8	
定　　價	73.00 元	

《書目題跋叢書》出版説明

書目題跋，是讀書的門徑，治學的津梁。

早在漢成帝時，劉向奉詔校經傳、諸子、詩賦，每一書成，"輒條其篇目，撮其指意，録而奏之"（《漢書·藝文志》），並把各篇書録編輯在一起，取名《別録》。這裏所謂的"條其篇目"，就是在廣泛搜集傳本、考證異同的基礎上，確定所録各書的篇目、次序；所謂的"撮其指意"，就是撰寫各書的書録。劉向所撰書録，在内容上應該包括：書名篇目、文本鑒別、文字校勘、著者生平、著述原委、圖書主旨及學術評價等，實際上就是我們今天所説的書目題跋或提要之濫觴。劉向死後，其子劉歆又在《別録》的基礎上，"撮其指要，著爲《七略》"，對後世書目題跋的發展産生了深遠的影響。

此後，隨着圖書事業的日益繁榮，官私藏書的日趨豐富，圖書目録的著録形式也變得多種多樣。在官修目録、史志目録之外，各種類型的私家目録解題也大量涌現。

南朝劉宋時，王儉依劉向《別録》、劉歆《七略》之體，撰成《七志》。《七志》雖無解題或提要，却在每一書名之下，爲撰著者作一小傳，豐富了圖書目録的内容，開創了書目而有作者小傳的先河。梁阮孝緒的《七録》則增撰了解題，繼承了劉向《別録》的傳統，是私家解題的創新之作。唐代的毋煚撰有《古今書録》，其自序云"覽録而知旨，觀目而悉詞"，可知，《古今書録》也應該是書目解題一類的著作。

到宋代，官修《崇文總目》，不僅每類有小序，每書都有論説，而且在史部專列目録一類。這不僅説明圖書目録的高度發展，而且説明當時對書目題跋的重視,此後的許多官私書目也大都有書目解題或題跋。尤袤的《遂初堂書目》,羅列版刻,兼載版本,爲自來書目之創格。而流傳至今、最爲著名的是晁公武的《郡齋讀書志》。晁公武曾接受井度(字憲孟)的大批贈書,加上自己的收藏,"躬自校讎,疏其大略",撰成《郡齋讀書志》,成爲我國現存最早的私家書目解題或稱書目題跋;稍後的陳振孫(號直齋)利用自己傳録、積累的大量書籍,仿照晁公武《郡齋讀書志》的體例,撰爲《直齋書録解題》,並首次以"書録解題"名其書。晁氏《讀書志》、陳氏《書録解題》是書目解題的傑作,號稱爲宋代私家圖書目録的"雙璧"。《四庫全書總目》評價《書録解題》説:"古書之不傳於今者,得藉是以求其崖略;其傳於今者,得藉是以辨其真僞,核其異同。亦考證之所必資,不可廢也。"(卷八五)

到了明代,隨着藏書、刻書事業的發展,私家題跋也日見增多,如徐燉的《紅雨樓題跋》、毛晋的《隱湖題跋》,都是當時的名作;又如高儒(自號百川子),所撰《百川書志》,也部分撰有簡明提要。

入清以後,由於文禁森嚴,許多文人學者埋頭讀書,研究學問,私人藏書盛況空前,私家解題的撰述也豐富多彩。明末清初,錢曾的《讀書敏求記》,專門收録所藏圖書中的宋、元精刻,記述其授受源流,考訂其繕刻異同及優劣,開啟了以後編輯善本書目的端緒。稍後,黄丕烈的《百宋一廛書録》和《藏書題識》,注重辨別刊刻年代,考訂刊刻粗精,成爲獨闢蹊徑的鑒賞派目録學著作。瞿鏞的《鐵琴銅劍樓藏書目録》每書必載其行款,陳其異同;楊紹和的《楹書隅録》在考核同異,檢校得失的同時,又詳録前人序跋,間附己意。周中孚號鄭堂,其《鄭堂讀書記》仿《四庫全書總目》的體例,著録圖書四千餘種,被譽爲《四庫提要》的"續編"。至於藏書家張金吾所撰《愛日精廬藏書志》,把"宋、元舊槧及鈔帙之有關實學而世鮮傳本者",逐一著明版式，鈔録序跋，對《四庫全書》不曾收入的圖書，則"略附解題"。陸心源仿照張氏的成規，撰成《皕宋樓藏書志》，專門收録元代以前所撰序跋，"於明初人之罕見者"，亦"間録一二"，陸氏"間有考識，則加'案'字以別之"。上述諸書，既著録了衆多古籍善本，又保存了前人所撰大量序跋，其中，間有著録原書或本人文集不見記載的資料，不僅查閲方便，而且史料價值很高。丁丙的《善本書室藏書志》，既著録明人著作，又留意鄉邦文獻，鑒賞、考證兼而有之。沈德壽的《抱經樓藏書志》則仿張、陸二氏而作，收録範圍延至清代。繆荃孫的《藝風藏書記》、耿文光的《萬卷精華樓藏書記》也都各有所長。所有這些，都可歸之爲藏書家自撰的書目題跋。

此外，有些藏書家和學者，不是爲編撰書目而是從學術研究入手，邊收集圖書，邊閲讀、研究，遇有讀書心得和見解，隨得隨記，這便是類似讀書札記的書目題跋。清人朱緒曾性嗜讀書，邊讀邊記，日積月累，被整理成《開有益齋讀書志》，其内容皆與徵文考獻有關，被稱爲"方駕晁、陳，殆有過之"。除了藏書家自撰或倩人代撰書目題跋之外，有些學者或藏書家在代人鑒定或借觀他人藏書時，也往往撰有觀書記録或經眼録，有的偏重於記録版本特徵，有的鑒定版本時代，有的則兼及圖書内容、作者行實，這些文字，也可以歸於書目題跋之内。

總之，書目題跋由來久遠，傳承有緒。書目題跋，既可以説它是伴隨圖書目録而產生，又可以説它是圖書目録的一個流派。有書目不一定都有題跋，有題跋也不一定有相同的體例、相同的内容。書目題跋既是一個相當寬泛的概念，又是一種相對靈活的著録形式。不同的撰者有不同的背景、不同的學問專長、不同的價值取向，因此，所撰題跋又各有側重、各有特色，各有其參考價值。與普通圖書目録相比，書目題跋具有更廣的内容、更多的信息，更高的參考價值,對讀者閱讀、研究古籍,也更能發揮其引導作用。一部好的書目題跋,不啻爲一部好的學術著作。而且,近人自撰或編輯他人題識、札記,也往往以"題跋"名書,如陸心源所撰《儀顧堂題跋》、《儀顧堂續跋》,潘祖蔭、繆荃孫等人所編黄丕烈《士禮居藏書題跋記》,吳壽暘所編其父吳騫所撰《拜經樓藏書題跋記》,今人潘景鄭先生所編錢謙益所撰《絳雲樓題跋》,可見,"書目題跋"之稱,已被學者廣泛采用。

有鑒於此,我局於 1990 年出版了《清人書目題跋叢刊》十輯,2006 年又在該叢刊的基礎上,增編爲《宋元明清書目題跋叢刊》十九册,雖説還不够完善,但已爲讀者提供了重要而有價值的參考資料。由於上述叢刊所收書目題跋僅至清代爲止,晚清以來的許多重要書目題跋尚付闕如,而已經收入叢刊的,也有個别遺漏,加之成套影印,卷帙較大,不便於一般讀者參考,於是決定編輯出版這套《書目題跋叢書》。

這套《書目題跋叢書》與上述叢刊不同,以收集晚清以來重要、實用而又稀見的,尤其是不曾刊行的書目題跋爲主,同時適當兼收晚清以前重要題跋專書的整理本或名家增訂本、批注本;以提要式書目和題跋專著爲主,同時適當兼收重要學者和著名藏書家所撰題跋的輯録本;以圖書題跋爲主,同時適當兼收書畫題跋及金石、碑傳題跋。在出版方式上,不采用影印形式,而是按照古籍整理的規範,標點排印,以方便廣大的文史研究者、工作者、愛好者,尤其是年輕的讀者閱讀和使用。

我們希望,這套叢書的出版,能够得到國内外學者的支持和協助,並受到廣大讀者的歡迎。

中華書局編輯部

2012 年 10 月

整 理 説 明

　　《愛日精廬藏書志》三十六卷《續志》四卷，清張金吾撰。張金吾字慎旃，別號月霄，常熟（昭文）人。生于乾隆五十二年（1787），卒于道光九年（1829）。他出身于書香門第，其祖父張仁濟，建有照曠閣，後爲張金吾讀書之所。張金吾自幼受業于著名學者黃廷鑒，攻讀經史①。十六歲時，父母先後去世，由其季父張海鵬（字若雲，1755—1816）撫養。其父張光基有藏書處詒經堂，并熱心古書傳播。《愛日精廬藏書志》中即著録“先君子手抄本”《新唐書糾謬》、《東觀漢記》、《三輔黃圖》、《嘉定鎮江志》等多種。其季父張海鵬是嘉慶年間的著名藏書家，又是熱心刊刻圖書的專門家，他“一生拳拳于流傳古書，至老彌篤”，曾云：“藏書不如讀書，讀書不如刻書；讀書只以爲己，刻書可以澤人，上以壽作者之精神，下以惠後來之沾漑，視區區成就一己之學業者，其道不更廣耶？”（見黃廷鑒《第六弦溪文鈔》卷四“朝議大夫張君行狀”）他對張金吾視如己出，“撫之如子”，爲了讓張金吾得到很好的教養，專心學業，張海鵬還爲張金吾料理家產，并時時勉勵他要“讀書敦業，無墜家聲”。

　　常熟是藏書盛行的文化之區，又是脉望館趙氏、絳雲樓錢氏、

---

　　①　黃廷鑒，字琴六，號拙經逸叟，常熟（昭文）人，清代校勘學家，有《第六弦溪文鈔》行世。其道光乙酉年（1825）所撰《齊民要術跋》云：“余自三十年來所校古籍不下五六十種，而所最惬心者，惟《文房四譜》、《廣川畫跋》二書，皆從訛謬中力開真面，今得此書而三矣。衰年多病，炳燭餘光，矻矻于陳編爛簡中，作一老蠹魚，自笑又自慰也。”

汲古閣毛氏、述古堂錢氏以及馮舒馮班兄弟的故鄉。在家庭和環境的影響和熏陶下，張金吾十餘歲時就隨季父校刻《學津討原》和《太平御覽》等書，"鈎稽審覈，見者稱焉"。嘉慶十三年（1808），張金吾二十二歲時補爲博士弟子員，因省試不中，即放棄舉業，專門搜書、校書、編書，"欲以撰述名世"。此後，他殫十二年之精力，廣泛搜集史書傳記、山經地志、金石之記、斷蝕之碣以及醫書、譜録、雜家、小説等，纂輯《金文最》一百二十卷，成爲薈萃有金一代文章的巨編。清初，署名納蘭性德的《通志堂經解》搜羅宏富，堪稱大成，但宋、元以來諸家經説放失不少，于是張金吾出其家藏秘帙加上傳鈔得來的各本，計八十餘種，撰成續編一千四百三十六卷，并以其父張光基的藏書處詒經堂命名，稱《詒經堂續經解》。此前説經之書薈萃無遺，成爲《通志堂經解》的續編（參見張金吾自撰年譜《言舊録》）。

　　張金吾自嘉慶十六年（1812）二十五歲時起，便篤志收藏，并與同里好友陳揆（字子準，1780—1825）成爲藏書二友。二人同好書、同聚書、同讀書，賞奇析疑，互通有無。不數年間，其藏書之富，便與陳氏相埒，成爲吳中藏書家的後起之秀。張金吾特別强調讀書的重要性，認爲藏書不是目的，讀書才是根本。人品的優劣，素質的高低，都與讀不讀書有關。他説："人有愚智賢不肖之異者無他，學不學之所致也。然致力于學者，必先讀書；欲讀書，必先藏書。藏書者，誦讀之資而學問之本也。"他認爲，如果僅僅是"藏書而不知讀書，猶弗藏也。讀書而不知研精覃思、隨性分析，成專門絶業，猶弗讀也。"（見本書張金吾《自序》）這些見解，即使在今天，仍有一定參考價值。

　　張金吾藏書是爲了讀書，而且對自己的藏書，也從不自秘，而是"樂與人共，有叩必應"。他曾以廉價收得包希魯撰《説文解字補義》十二卷元刊本，該書既有很高的參考價值，又是包氏衆多著述中僅存之本，所以張金吾如獲“奇珍瑰寶”，但是，他惠允他人借鈔，而不是奇貨可居，秘不視人，認爲“若不公諸同好，廣爲傳布，則雖寶如球璧，什襲而藏，于是書何裨，于予又何裨？予喜藏書，不能令子孫亦喜藏書。聚散無常，世守難必；即使能守，或童僕狼藉，或水火告災，一有不慎，遂成斷種，則予且爲庖氏之罪人。予之不敢自秘，正予之寶愛是書也”（見本書卷七《説文解字補義》條）。把公諸同好，廣爲傳布，視爲寶愛藏書的具體體現，把“謬爲愛護，秘不示人”，看作是很無聊的事情，這些見解實在是難能可貴的。

嘉慶二十三年（1818），張金吾三十二歲時，撰成《愛日精廬書目》二十卷。兩年以後，又略附“解題”，另爲一編，成《愛日精廬藏書志》四卷，由黃廷鑒作序。此後，隨着藏書的日益增多，到道光三年（1823），又取所藏宋、元槧本及新舊鈔之爲世罕見者，重新著録，并附入大量原書序跋，編成《愛日精廬藏書志》三十六卷，後又補編《續志》四卷。道光七年《愛日精廬藏書志》四十卷全部刊成，張金吾時年四十一歲（參見《言舊録》）。

這時，張金吾的季父張海鵬早已過世。由于張金吾不善治生，晚年家境中落，負債累累。張氏舊宅也已賣歸常熟翁氏。道光六年（1826）六月，張金吾藏書十萬六千卷，被追債者傾囊倒篋，捆載而去。次年，張金吾夫人季景和抑鬱而逝①。不久，張金吾觸景傷情，

---

① 莫伯驥《五十萬卷樓群書跋文》集部七，著録《新編目蓮勸善戲文》明刊本，題“張月霄妻李静芬舊藏”，并云該書書末有“景和”、“静芬”二字白文章。又引孫原湘《張月霄妻李孺人傳》云：“孺人姓李，名景和，字静芬。既嬪月霄，琴鳴瑟應，雍雍如也。月霄連試不得志，自奮于古，慨然思爲杜、鄭、馬、王之學，日購奇書讀之。遇宋刊元槧，不惜多方羅致，積書至八萬餘卷。孺人濡染既深，遂能別識。月霄每重價購得秘籍，必相對鑒賞。孺人知其難爲繼也，從容進曰：‘蓄之富，何如讀之熟也？’其明識婉順如此。卒年四十。”按：月霄妻姓季，不姓李。《言舊録》有季景和序。此處引文見孫原湘《天真閣集》，“李景和”亦作“季景和”。莫氏此條誤引。

也在窮愁鬱悶中去世，年僅四十三歲。張金吾一生，讀書勤奮，涉獵廣泛，著述頗豐。除了上述提及的各書之外，尚有《愛日精廬文稿》、《兩漢五經博士考》、《十七史引經考》、《白虎通注稿》、《廣釋名》等。

張金吾的《愛日精廬藏書志》，是清代有影響、有特色的一部書目題跋。他認爲，現存的書目題跋，以晁公武的《郡齋讀書志》和陳振孫的《直齋書錄解題》爲最善，除此兩家之外，只有錢曾的《讀書敏求記》"略述源流"，并深受好評。但是，錢氏對所錄書籍選擇不精，"若傳注之羽翼，經訓史籍之記載，朝章及有關學術政治之大者則寥寥數種"，而且半數是習見之書。有鑒于此，張金吾認爲，"著錄貴乎秘，秘籍不盡可珍；槧本貴乎宋，宋槧不盡可寶"，只有"有關經史實學而世鮮傳本者"才是上品。于是，他特別強調對所錄圖籍的"審擇"，而"審擇"的標準就是"以有裨學術治道者爲之斷"。這説明，張金吾與那些炫奇侈博的藏書家不同，他帶有更多的讀書人的特質。所以，《愛日精廬藏書志》只取"宋、元舊槧及鈔帙之有關實學而世鮮傳本者"（見《自序》）。

由于張金吾"鍾于經籍"，又"兼愛宋、元人集"（黄廷鑒語，見《第六弦溪文鈔》卷二"藏書二友記"），所以，《愛日精廬藏書志》所收經、史兩部較爲完備，集部圖書則取"卓然可傳者，兼收并采"，其他門類只是擇要選錄。而且，張金吾所錄各書，以元代以前的鈔本、傳鈔本、影鈔本及名家校本爲最多，這就顯得更加可貴。

據初步統計，《愛日精廬藏書志》共著錄古籍 782 種，其中，經部 186 種，史部 181 種，子部 86 種，集部 309 種。就版本而言，含宋本 52 種，元本 104 種，明本 112 種，共 268 種；其餘 500 餘種則爲影寫宋元明本及鈔本、傳鈔本、舊鈔本。在這些鈔本之中，又有元鈔本、明初鈔本、精鈔本及名人鈔校本近百種。如：毛晉、毛扆合校《白氏文集》七十一卷，毛晉、王興公合校《樂府詩集》一百卷，馮舒據宋本手校《藝文類聚》一百卷、《水經注》四十卷,何焯據舊鈔本手校《後山先生集》三十卷,宋賓王手校《靜修集》二十卷等等都是名鈔名校中的上品。尤其是馮舒手校《水經注》,該書既據宋本傳錄,又以劉僉、謝兆申兩宋本校證,并根據不同的校本、不同的内容,分别用朱、黃、青、黑多種顏色和多種符號逐一標示,所以,陸心源稱之爲"誠二百年前善本也"(見《儀顧堂續跋》卷八)。

《愛日精廬藏書志》的具體體例是:先列書名、卷數,次記鏤版年代,校藏姓氏。如果是《四庫全書》未收之書,則仿照晁、陳兩家之先例,撰寫"解題"。如果是元代以前的各種鈔本,便仿照馬端臨《文獻通考・經籍考》之例,收錄有關序引、題識和跋語;但是,有刻本者不錄,見于本人專集者不錄,經部見于《經義考》、《小學考》者不錄,唐文見于《全唐文》者不錄(見本書《例言》)。可見,張金吾對所錄序跋的選擇,也是有嚴格標準的。

在《愛日精廬藏書志》中,張氏自撰"解題"305篇,所收前人序引、題識和跋語千餘篇。既有自撰"解題",又大量收錄前人序引、題識和跋語,是《愛日精廬藏書志》不同于其他書目題跋的地方,也是該書的突出特點和優點。這些文字,不僅對了解一書的刊刻年代,版式特徵,版本優劣,内容完缺以及流傳踪緒,很有幫助,而且可以"考其世,知其人",從中了解著者的籍貫出身,生平遭際,政治見解,學術成就,文章風格以及該書之原委等等,是最有價值的參考資料。

如卷十一鈔本《元秘史》,張氏"解題"云,該書"未經譯潤,故傳本絕稀",但對太祖、太宗兩朝事跡論次頗詳,"實可羽翼正史,是亦讀《元史》者所不廢也"。"解題"之後又收入錢大昕跋,該跋詳細論證了《元秘史》的價值,指出了《元史》顛倒複沓之弊端。

卷二十一元人鈔本沈仲緯《刑統賦疏》,張氏"解題"又云:"是書取傅《賦》(指傅霖《刑統賦解》,見本書前條)而爲之疏,章分句

析,訓釋綦詳。疏文後,每條有'直解'、'通例'兩門:'直解'者,
檃括疏文,以一二語該之也;'通例'者,則取有元一代斷罪條例以
爲之證。可與《大元典章》及《元史·刑法志》相參考。明洪武時,
江西蕭岐字尚仁嘗取《刑統賦》引律令爲之解,體例與是書合。今
蕭氏之書已佚,而前乎蕭氏者乃巍巍獨存,謂非沈氏之厚幸歟? 是
書傳本絕稀,自來藏書家無著録者,此本尚是元人舊鈔,宜珍秘
之。"這些提示,對研究元代史的學者,無疑會有事半功倍之效。

又如卷二十九鈔本徐夤《釣磯文集》,張氏"解題"指出,該本缺卷
四賦一篇、卷五一卷賦十篇,内"江令歸金陵"等八篇見于《全唐文》,
可據以補入,另有"均田賦"、"衡賦"兩篇爲該書所無,而本書中"薦藺
相如使秦"等賦共二十一篇又爲《全唐文》失收。"解題"之後,又收入
徐夤的族孫徐師仁序及裔孫徐玩序,據此兩序可知,宋建炎以前即有
徐夤集行世,以後失傳,此鈔本當係徐玩于元延祐年間所重編。

《愛日精廬藏書志》中的"解題",大多類此。至于所録各書的
序引,篇篇都是全文,首尾完俱,一字不改。這些序引的作者,有的
是撰著者的後人或門生,有的是撰著者的摯友、同鄉或同僚。他們
對撰著者的其人其書,知之既深,言之又詳。所録序引、題跋,又多
是名家所爲。而且,這些文字也有不見于清修《四庫全書》、商務
印書館《叢書集成》以及本人專集或題跋專書的情況。有的雖見
于上述各書,文字也有不少差異,可供校勘時參考。

如卷二十九唐方干《玄英先生集》收録明毛晉兩跋,不僅對方
干事迹敘述較詳,而且對方干的品評也很有特色。其中有云:

> 樂安孫郃作《傳》,不若吳融贈詩云:"把筆盡爲詩,何人
> 敵夫子。句滿天下口,名聒天下耳。不識朝,不識市;曠逍遥,
> 閑徙倚。一杯酒,無萬事;一葉舟,無千里。衣裳白雲,坐卧流
> 水;霜落風高忽相憶,惠然見訪留一夕。一夕聽吟十數篇,水

樹林蘿為岑寂;拂旦舍我亦不辭,携筇徑去隨所適。隨所適,

無處覓,雲半片,鶴一隻。"宛然畫出元英先生小像。

這兩篇題跋,却不見于《隱湖題跋》(據民國年間丁祖蔭輯《虞山叢刻》),説明《隱湖題跋》尚有遺佚。又如元刊本《朱子成書》有劉將孫序。劉將孫字尚友,是著名學者劉辰翁之子,著作頗豐,其集却久已亡佚。清修《四庫全書》時,僅據《永樂大典》所載,輯爲《養吾齋集》三十二卷。其中序七卷,題跋二卷,而劉將孫《朱子成書序》却不曾收入,説明尚有遺佚,據此可補《養吾齋集》之缺。同樣,劉辰翁所作《后山詩注序》,亦不見于《須溪集》。著名學者王應麟的《齊魯韓三家詩考》元刊本,《四庫全書》未收。書中有文及翁序,對三家詩的興廢大略多有考證,足資參考。此序他本未見,殊爲可珍。當年,傅增湘先生在編輯《兩宋蜀賢文鈔》時,方憾文及翁之文特爲寥落,偶從張氏《藏書志》中獲得此序,大有喜出望外之感(見傅增湘《藏園群書題記》卷一"元本齊魯韓三家詩跋考")。

爲了説明序跋的重要性,我們不妨舉例説明。《宣和書譜》一書,歷來不知撰人名氏,相傳以爲蔡京、蔡卞、米芾所定。著名藏書家陸心源根據《衍極》卷三"大德壬寅,延陵吳文貴和之,裒集宋宣和間法書文字,始晉終宋,名曰《宣和書譜》二十卷"的記載,認爲《宣和書譜》當係吳文貴和之據元時內府所藏及勢家所得成之,而非蔡京、蔡卞、米芾所定。但是,丁丙《善本書室藏書志》卷十七著録明鈔本《宣和書譜》、《宣和畫譜》各二十卷,卷末有大德壬寅新日長至延陵吳文貴"題識"云:余"暇日博求善本,與雅士參校,十得八九,遂鋟諸梓",又有大德七年正月錢塘王芝《後序》云,"大德中年,芝被征至京師","明年,竣事南歸,適吳君和之刻二《譜》于梓,余嘉其有志于古也,因爲書于篇末"。吳文貴的"題識"和王芝的《後序》都明確説明,吳文貴僅僅是搜集各本,梓行刊刻而已。陸心源之

所以犯了草率、武斷的錯誤，就是因爲他既没有見到《宣和書譜》的明鈔本，也没有見到吴文貴的"題識"和王芝的《後序》（參見中華書局版《儀顧堂書目題跋彙編》整理説明）。又如四庫館臣往往説某書"不詳撰者名氏"，其實，這也跟不曾詳考他本著録，或未見該書序跋有關。如《四庫全書總目》卷六十三著録《道南録》五卷，因所據江蘇採進本佚去序跋，館臣便説不詳撰者。實際上，此書又名《南道書院録》，其明嘉靖間刻本既有該書撰者金賁亨自序，又有舒春芳、楊應詔二序，如果館臣加以考究，便不至于有此疏漏了。各類版本中的序引、題跋，之所以爲學者重視，由此可以想見了。

張金吾很欣賞黄丕烈"讀天下書未遍，不可妄下雌黄"這句話，并把這句話贈給校書者（見本書卷三十四《張來儀先生文集》）。張金吾在本書《例言》中也説，本書"所載序跋，鈔帙居多，輾轉傳寫，類多舛誤。是編所録，幾無別本可據者，雖顯然謬誤，一仍其舊，不敢以一知半解妄下雌黄"。這種謙慎不苟的態度是值得肯定的。但書中的許多疏漏，却苦了今天的讀者。上引毛晉《玄英先生集》跋，"何人敵夫子"誤作"何人獻天子"；方干"兔闕，晚年遇醫補之"，誤作"遇醫補之"，而卷三十一周紫芝《太倉稊米集》自序"後數年而集亡，當于東家醬瓿上求之"，又誤作"當于東家醬瓿上求之"；又如《水經注》條，"朱謀㙔"誤作"朱埭㙔"。此外，"万俟卨"誤作"万侯卨"、"朱子"誤作"宋子"、"張耒"誤作"張來"。"黄帝見大隗乎具茨之山"，"大隗"誤作"大塊"。好在這類錯誤較爲明顯，即使徑予改正，也有十分的把握。但是，許多序跋源自寫本或鈔本，其中既有原本字迹潦草，張氏辨認失當之處，又有張氏抄寫或刊刻時產生的疏誤，致使許多文句詰屈聱牙，不知所云。這不能不説是本書的一大缺憾。不過，這并不影響《愛日精廬藏書志》的價值。

　　明代藏書家趙琦美曾把藏書家分爲"藏書者之藏書，讀書者之藏書"，錢曾遂以"讀書者之藏書"自詡。著名學者杭世駿認爲，錢曾不讀經，不讀史，"只可謂藏書家之藏書，非讀書者之藏書也"（見杭世駿《道古堂集》"欣託齋藏書記"）。而黃丕烈在"影宋鈔本《北山小集》跋"中云，"海虞月霄張君愛書好古，收弄秘册甚多，著有《愛日精廬藏書志》，于一書之源流纖悉必具"，"此真讀書者之藏書也"（見本書卷三十一）。筆者認爲，藏書者之藏書，注重的是版本價值，偏好於鑒賞；讀書者之藏書，注重的是史料價值，有着更多的考證。二者有同有異。如果這樣理解不錯的話，那麽，把《愛日精廬藏書志》稱爲讀書者編撰的《藏書志》，應該是最爲貼切的評價。

　　《愛日精廬藏書志》的刊本有二：一爲張氏自刻本，内封有費念慈題名，鈐"西蠡"二字篆文印（費氏，江蘇武進人，字屺懷，號西蠡。光緒間進士，官編修。工書，善鑒賞），書前有顧廣圻序、張金吾自序，即中華書局影印《清人書目題跋叢刊》所據之本；一爲清光緒間活字本，有"光緒十三年六月吴縣靈芬閣徐氏用集字版校印"牌記。本書據張氏自刻本整理。

　　在本書整理過程中，遇到疑問或有缺文時，則找他本查核、補正。重要改動，在脚注中簡要説明；本人不詳者，姑仍其舊，以俟高明。書前重編了目錄，書後附有四角號碼書名索引。爲了簡便，本書名索引，把《藏書志》三十六卷依次編碼；"續志"四卷，分別以37、38、39、40代指。每卷中的條目，也依次編碼排序。如30·12，指卷三十第12條；37·9，指《續志》卷一第9條。依此類推。（本文根據《古籍整理出版情況簡報》2009年第二期《張金吾和"愛日精廬藏書志"》一文改訂）

2009年元月北京

2011年6月改訂

書之難聚而易散，自古云然矣。以予目驗，前者先從兄抱沖小讀書堆、我友袁壽皆五硯樓，秘笈不少，方欲一傳而片紙不能守。滋蘭堂主人朱文游，晚失厥嗣，手斥萬籤，較販鬻家一出一入，詭得詭失，遂覺同歸於盡。後者有常熟陳子準、張月霄二君，於書好同，聚同，能讀同，十年以來名在人口。予頻歲出游，不及與之賞奇析疑，而僅指識面，所以深期之者未有艾。日月幾何，聞子準夭無子，半生心血所收，徒供族人一賣。月霄家落，責負者傾囊倒篋，捆載以去，於是屬望之素，方且爲之嗒然矣。忽一日，月霄跡予於里中，出巨册盈尺置几上，謂曰："此所刻書目續目也。刻纔成而書散，書散可惜，刻成可喜，願爲我序之。"予曰唯唯。今夫書之有目，其塗每殊。凡流傳共見者固無待論，若夫月霄之目，乃非猶夫人之目也。觀其某書，必列某本，舊新之優劣、鈔刻之異同，展卷具在，若指諸掌，其開聚書之門徑也歟？備載各家之序跋，原委粲然，復略就自叙、校讎、考證、訓詁、簿録，彙萃之所得，各發解題，其標讀書之脉絡也歟？世之欲藏書、讀書者，苟循是而求焉，不事半功倍歟？然則此一目也，豈非挿架所不可無，而予樂爲之序者哉？予又念抱沖之存，嘗爲讀書志，徘回矜慎，汔未具藁。予擬擷所見諸藏書家菁華，匯著一録，而亦牽率以老，有願莫酬，以視月霄之汗青告成，才何其敏，力何其勤，殆弗可及也已。設使書於月霄不限之以散，而進之以聚，或五六年，或三四年，必再續不一，續不盡泄天地閒之秘不止，而豈唯是四十卷哉？此予所以爲月霄序而含豪掩卷，重爲之三歎也夫。

　　道光七年歲在丁亥秋九月，元和顧千里撰於邗江寓次人有愚智賢不肖之異者無他，學不學之所致也。然欲致力於學者必先讀書，欲讀書者必先藏書，藏書者誦讀之資而學問之本也。漢、唐以來，書皆傳寫，後唐始有鏤板，自是厥後，書日益多，至於今輦數千金至市，可立致萬卷，則當今日而言，藏書亦何足貴？然而藏書不易言矣。著録貴乎秘，秘籍不盡可珍；槧本貴乎宋，宋槧不盡可寶。要在乎審擇之而已。夫所謂審擇之者，何也？宋、元舊槧，有關經史實學而世鮮傳本者上也。書雖習見，或宋元刊本，或舊寫本，或前賢手校本，可與今本考證異同者次也。書不經見而出於近時傳寫者，又其次也。而要以有裨學術治道者爲之斷。此金吾別擇之旨，不無少異於諸家者也。庚辰夏編《藏書志》四卷，以活字印行。六七年來，增益頗多，乃重加編次，附入原書序跋，釐爲三十六卷，仍其名曰《愛日精廬藏書志》。竊嘗論之，藏書而不知讀書，猶弗藏也。讀書而不知研精覃思，隨性分所，近成專門絶業，猶弗讀也。金吾少學爲詩，稍長讀書照曠閣，與校《太平御覽》諸書，爲校讐之學者有年。其後汎濫六籍，爲考證之學者有年。又其後究心經術，尊漢學，申古義，爲聲音訓詁之學者又有年。繼而講求古籍，考核源流，則雜以簿録之學；纂集經説，采輯金文，則雜以彙萃之學。迄今年垂四十，學問無聞，蓋藏而不讀，讀而不專之過也。然尊聞行知，含英咀實，廣以觀萬，約以守一，視世之玩物喪志者似有間矣。宋黄庭堅有言曰：“士大夫家子弟不可令讀書種子斷絶，有才氣者出便名世矣。”丁顗有言曰：“吾聚書多矣。必有好學者爲吾子孫。”是則金吾藏書之意也夫。

道光丙戌春三月昭文張金吾識

舊　序

目録之名自康成始。其有序釋則《七略》、《別録》所由昉也。然目録之存於今者，自晁、陳兩家外，惟《讀書敏求記》略述源流，故儲藏家每艷稱之。然卮言、小説、術數、方伎居其大半，下至食經、臥法、鶴譜、鴿論以及象戲之局，少林之棍、種樹之書，與夫雷神紀事之荒誕，孟姜女集之無稽，兼收博采，並登簿録，雖小道可觀，恐難語乎擇焉而精矣。若傳注之羽翼，經訓史籍之紀載，朝章及有關學術政治之大者，則寥寥數種，半屬習見，心竊惑之。金吾年二十始有志儲藏。更十年，合舊藏新得以卷計者不下八萬。今夏略加詮次，爲目録一十卷，繼又擇傳本較稀及宋元明初刊本暨傳寫文瀾閣本另爲一編，凡萬二千卷，非有裨學問、藉資考鏡者不與焉。若有明及時賢著述，時代既近，搜羅較易，故亦從略。其前此逸在名山，爲世所不經見者，則間附數言，以識流別，名之曰《愛日精廬藏書志》。方今文治休明，典籍賅備，海內操觚之士亦既家握隨珠，人懷和璧，是區區者又奚足道？抱殘守闕，掛一漏萬，大懼無以塞侈然自足之議。然大以成大，小以成小，如鼠銜薑，如蟲負版，心有餘而力不足也。至採録之旨，別擇之意，視《敏求記》義例不無少殊，孰得孰失，必有能辨之者。若夫矜宋刻之精，標鈔帙之富，則吾豈敢。

嘉慶庚辰仲夏昭文張金吾識

例　言

一是編所載，止取宋元舊槧，及鈔帙之有關實學而世鮮傳本者。其習見之書，概不登載。若明以後諸書，時代既近，搜羅較易，擇其尤秘者，間錄數種，餘俱從略。

一是編義取闡明經訓，考證古今，故經史兩門所錄較備。若別集一類，古人精神所寄，要皆卓然可傳，故亦兼收並采，不名一格。至若藝術譜錄，九流小説，以及二氏之書，擇其稍古而近理者，略存數種，以備一家。蓋編錄遺書，當以窮經研史爲主，不以百氏雜學爲重也。

一我朝文治休明，典籍大備。伏讀欽定《四庫全書總目》考核源流，折衷至當。草茅愚賤，何敢復贊一詞。其或書出較後，未經採入四庫者，仿晁、陳兩家例，略附解題以識流別。至若醫家一類，金吾素未究心，不敢妄爲之説。

一自來書目無載序跋者，有之自馬氏《經籍考》始，是編略仿其體。諸書序跋，凡世有刊本暨作者有專集行世、其序其跋載於集中者，以及經部之見於《經義考》《小學考》，唐文之見於《全唐文》者，不更錄入。外餘則備載全文，俾一書原委燦然可考。

一所載序跋，斷自元止。惟《真西山集》載十世祖端巖公及莆陽黃翬兩序，《水利芻言》載十一世從祖果齋公一序，以先世手澤變例錄之。至先輩時賢手迹，題識校讐歲月，藏弄姓

　名,皆古書源流所係,悉爲登録,不在此例。

一先輩時賢手跋,以"某氏手跋曰"五字冠之。

一所載序跋,鈔帙居多,轉輾傳寫,類多舛誤。是編所録,凡無
　别本可據者,雖顯然謬誤,一仍其舊,不敢以一知半解妄下
　雌黄也。

一標題一依原書舊式,所增時代及撰著等字,以陰文别之。

一一書而兩本俱勝者,仿《遂初堂書目》例並存之。

目　錄

愛日精廬藏書志卷一

經　部

易　類

1·1　周易九卷略例一卷　毛氏影寫宋相臺岳氏本

魏王弼注　《繫辭》以下**晉**韓康伯注，《略例》**魏**王弼撰，唐四門助教邢璹注。每卷末俱有“相臺岳氏刻梓荊溪家塾篆文”木記。邢璹《略例序》。

1·2　易傳十卷附略例一卷　影寫宋刊本　汲古閣藏書

唐李氏鼎祚集解　是書《新唐書志》作十七卷，《崇文總目》、《紹興續編四庫闕書目》、《中興書目》見《玉海》、《郡齋讀書志》、《直齋書錄解題》、《文獻通考》及李氏《自序》俱作十卷。則是書自宋以來止有十卷，無十七卷可知也。毛氏既析十卷爲十七卷，以合唐《志》之文，又改《序》中一十卷爲一十八卷，以合附錄《略例》一卷之數，而宋以來之卷次，遂致不可復識。此本《易傳》十卷、《略例》一卷，猶是宋時舊第。中遇宋諱若“貞”、若“殷”、若“恒”俱缺末筆，蓋影寫宋嘉定重刊本也。首頁有毛褒圖記。

自序

李鼎祚以“易學”顯名於唐，方其進《平胡論》，預察胡人叛亡日時無毫釐差，象數精深蓋如此。而所注《周易》全經，世罕傳焉。鼎祚，資人也。爲其州因斥學糧之餘，鏤板藏之學官，俾後之士因以知前賢通經學古，其用力蓋非苟而已。學錄鄉貢進士謝誨、學正新鄆縣尉侯天麟校讐，教授眉山史似董其事。乾道二年四月甲午郡守唐安鮮於侃書。

　　乾道元二，先君子假守資中，公退，惟讀書不暫輟，蓋亦晚而好《易》，謂李鼎祚資人也，取其《集解》命刊之學官。病其舛脱，則假善本於東漕巽巖先生，然亦猶是也，姑傳疑焉。惟不敢億以是正之，兹四十有七年矣。板復荒老，且字小不便於覽者，不肖嗣申之誤兹將□□□□□指敬大字刻之漕司，尚廣其傳，庶幾此學不遂泯云。嘉定壬申三月甲子申之謹書

　　計用章後序_{慶曆甲申}

1·3　易學辨惑一卷 文瀾閣傳抄本

宋邵伯温撰

1·4　吳園先生周易解九卷 舊抄本

宋張根撰　末附《序論》五篇、《雜説》二篇、《泰論》一篇、《序論》一二，殘闕過半。《序論》第一曰"可謂之神。_{"可謂之神"上缺一頁二十行。}自其生生不窮言之，可謂之易，故曰有太易，有太初，有太始，有太素"，家刻墨海金壺本作"生生不窮故謂之易，有太易，有太初，有太始，有太素"。又曰"視之不可見，聽之不可聞，循之不可得，故曰易。易無形體，變而爲一，是謂太初。自無人者"。下闕《序論》第二曰"所以成也，_{"所以成也"上缺十五行}故曰闕二字體也。以陰陽爲體。聖人取夫陰陽變化之理而寓之卦"。"易無形體"下十六字，"所以成也"下十五字，家刻本俱缺。

張根孫垓跋

1·5　讀易詳説十卷　文瀾閣傳抄本

宋李光撰

1·6　周易窺餘十五卷　文瀾閣傳抄本

宋鄭剛中撰

自序

“六經”載道而《易》，其原最深遠也矣。始惟有畫，以盡三才萬物之理。後乃有辭，以盡其畫之所象。最後吾夫子爲之《十翼》，《易》其無餘蘊矣。後世諸儒，各以臆見爲之訓詁，無慮數百家。然弗合并互有得失，非博雅君子學通繫象之表，識達變通之微，未易探討而折衷也。故資正殿學士東陽鄭公，少以文行爲鄉先生，於書無所不通，而尤邃於《易》。其論議慷慨，操履端亮。入登禁臠，出撫邊陲，壯猷遠略，皆自其學發之。晚歲謫居封州，乃爲《易》解，名之曰《窺餘》，則兼而取之。歲在戊午，禮部試進士，公參掌文衡。予偶得中，因登門拜公，一見知其爲天下偉人，特未見其書。及乙未春，予再守長樂，公之子良嗣持憲節於此邦，因得是書觀之，研味累日，不能廢手，雖參取諸家之長而斷自己意，文與義貫，理與象互，讀之使人渙然冰釋。其於《易》道誠非小補。予淺陋荒唐，安足以知之。公諱剛中，字亨仲，嘗爲禮部侍郎，以樞密都承旨宣撫四川。其遺愛在蜀，其事業炳炳在人耳目，其出處載之國史。今其子又有學問，能世其家，收拾遺稿爲十五卷，將鋟版傳諸學，請序以冠其首。予逡巡退避，其請益勤，因爲之言。淳熙乙未年十一月一日莆陽陳俊卿序

《易》更三聖，世歷三古。秦火以卜筮不焚，漢興隨立學官。

在“六經”最古、最爲完書，此天也，非天也。非知道者於辭象變占俱通，未易與言。而唐孔穎達《正義》顓主王弼解，弼用費氏本。劉向校中祕書，謂費本與古文同，而班史不叙以從受。田何之學出於孔子，授商瞿，瞿之傳具有次第。今世有子夏《易》，亦謂孔子所授，乃用鄭玄取象象經、文王取言附《乾》《坤》二卦後，本蓋僞書也。若費氏長於卜筮，惟以《彖》《象》《繫辭》《文言》解説上下《經》，弼用費本，於卜筮略不及而習尚清談，出入老莊，第知言者尚其辭一端耳。穎達因象數難通，迺一切屏棄，商瞿而下諸家雖鄭玄注具弗敢。自是説《易》者不過假借以馳驅其文章，粉藻其意見，於《易》何預者。五星聚奎，斯文興起，濂溪周子、康節邵子皆得三聖之秘。周尚理，邵兼數，然不可異觀也。伊川程氏師周友邵，晚爲《易傳》，用辭明理，漢上朱氏徧考自漢以來羣儒訓釋，旁引曲暢，而以周程邵之説會通，乇學者得以知《易》有聖人之道四焉矣。北山先生資正鄭公，紹興中宣撫全蜀，取忌秦檜，斥居封州，閉門讀《易》，筆爲《窺餘》。後百餘年，元孫足老攜手澤三大編相示。桂伏讀竟，始悟其合伊川、漢上二解而一之者。其時程學尚多異議，朱所進書未行於世，而公知兼取所長，其識見豈顓門曲學可及耶？昔陸宣公貶忠州、録《集驗方》，朱紫陽議其豈無聖經賢傳可以玩索。唐子西謫惠州，名其居室曰“易庵”，其記援陶隱居云“注《易》誤，猶不致殺人；注《本草》誤，則有不得其死者”。子西謂注《本草》一物之誤，猶不及其餘；道術一誤，則無復子遺矣。公不録醫方，專志《易》學，此暗合於子西之微旨，而非止於宣公之全身遠害也。《繫辭》曰“《易》窮則變，變則通”。昔公在宣和、靖康時窮甚矣，繼以進士上第躋顯仕，可謂變且通矣，而竟厄於檜。既通而窮，故在封川將玩諸《易》，以圖其不終窮而公終於窮，豈窮者其果不能變則通乎？嗚呼，安得起公於九原，而與論《易》道窮變

通往來上下之故哉？後學潘桂百拜謹識

1·7 易變體義十二卷 文瀾閣傳抄本

宋都絜撰

夫《易》如天地，其中無所不有，顧學者取之如何耳。取諸象則爲象學，取諸數則爲數學，取諸辭則爲義理之學，取諸占則爲卜筮之學。雖各名一家，要之原本於古人而發明以新意，乃可爲善學者。西漢趙賓説箕子之《明夷》曰箕子萬物方荄滋也，持論巧慧，《易》家皆以爲非古法，用是不見信。近世侍講林瑀作《會元紀》，用天子即位之年，傅會《易》卦以推吉凶，賈魏公疏其不經，罷之。是皆專任私智，不師古始，使其説得行，害道甚矣。都君聖與之《易》，其原本於古人而發明以新意者乎！《易》曰爻者，言乎其變者也。又曰動則觀其變而玩其占。以《春秋左氏傳》考之，當時援引爻辭與夫推測卦變者皆不言六位，必曰“某卦之某卦”。夫推測卦變其如是固宜，而援引爻辭亦如是者，蓋言六位則體常，曰“某卦之某卦”，則盡變也。聖與之所原本在此，然文辭之合於變體者先儒略焉。聖與始演爲一書，凡三百八十有四義，古人之底蘊，盡取而發明之。嗚呼，可謂善學也已矣。書成，獻之於天子，又鋟板而傳之，且屬余爲之序。余善其原本於古人而無蹈襲之跡，發明以新意而無穿鑿之見也。故序之。紹興二十九年冬至日贛川曾幾序

張九成序

自序曰：潛龍之辭，非《姤》之正體也。《乾》初九所變而屬於《姤》，是《乾》之《姤》而已。黃裳之辭非《比》之正體也。《坤》六五所變而屬於《坤》，是《坤》之《比》而已。自《乾》、《坤》而下，莫不如此。不然則《乾》九二所變，何以謂之其《同人》，九五所變，何以謂之其《大有》。而董因之筮，晉文六四不變，何以言得《泰》之

八；魯史之筮，穆姜六二不變，何以言得《艮》之八乎！自《乾》之
《姤》以至《未濟》之解，宜皆若此，而其義則不可一言盡。若古筮
史所言，雖傳之簡册，而或雜以互體，或推諸五行，或原本陰陽之
流，或傅會占者之事，或揣度一時之宜，其說豈不或中而不皆合義、
文、周、孔之本意。愚以顓蒙之資，被過庭之訓，幼習句讀，長聞崖
略，而身襲儒服，義學是主，年踰知命，嘗爲說以記所聞。而今老
矣，幸若天誘其衷，復有變體之說凡數萬言，姑集成編，以俟君子之
深於《易》者而折其當否焉。

　　又登對《進書劄子》曰：紹興二十八年四月五日，臣世業箕裘，
誦習羲《易》。往年嘗進說義，仰冒天威，上賴聖慈，寬其譴責。又
常竊謂古人即卦爻之變體，而引用爻辭者，見於左丘明《春秋》之
傳，如晉史、蔡墨即《乾》之《姤》與其《同人》、其《大有》、其《夬》
引，潛見飛亢之辭，以至鄭游吉等引《復》之《頤》、《師》之《臨》、
《豐》之《離》，而各指其爻辭之意，若夫初上中爻九六所居則未嘗
一言及之。臣乃妄意爻辭所繫必協變體之義，於是試以某卦之某
卦之爻而推其所繫之辭，見其辭旨與變體協，因演其義，爻爲一篇，
凡三百八十有四。蓋謂《易》宜有是一家之學，實蔡墨等啟之也。
雖臣三隅之說，寸長尺短，而墨等一隅之舉似不可棄，是用繕寫，釐
爲八册，因輪而對，不避斧鉞之誅，齋詣東上閤門聽候聖旨投進，伏
望附下體《易》之廣大而與人爲善，恕臣之狂簡而謂言志之何傷，
略晚學之謬言而廣古人之至論，斷自聖裁而去取之，豈勝幸甚。取
進止。四月日左朝奉大夫尚書吏部郎中臣都絜劄子

1·8　周易經傳集解三十六卷　文瀾閣傳抄本

宋林栗撰

自序

進表

貼黃

獎諭敕書

1·9　周易繫辭精義二卷　舊抄本

宋東萊呂祖謙編

1·10　厚齋易學五十卷附錄二卷　文瀾閣傳抄本

宋馮椅撰

《周易》一經，文王囚於羑里，即包犧氏所畫之卦，立大衍之法，推七八九六之數，以生爻而繫之辭者也。古有官占，即畫觀象，以事揆理，而遂知休咎。至夏各爲一書，曰《連山》、《歸藏》，意每卦爲之辭矣，蓋間或略見於傳記也。然包犧氏畫八卦，因而重之爲六十四，以盡其變焉。故《連山》、《歸藏》之辭至六十又四而止。文王則以所重之卦，復衍其爻爲三百八十又四。乃別爲辭以繫卦，於以體其常；創爲辭以繫爻，於以盡其變。故定名曰《易》。文王既没，周之子孫乃著其代，以別夏商，而曰《周易》。然猶與《連山》、《歸藏》並列於卜筮之官。而謂之"三易"者，蓋因周之《易》云爾。其實夏商以前不謂之易也。自孔子定"六經"，止贊《周易》，門人又述其緒言以爲之傳，而《連山》、《歸藏》始廢，《易》道始尊。先漢以來，儒家者流宗主孔氏，遂以孔贊與《周易》並行，以孔贊等篇爲傳，而上下篇改爲上下《經》，此其始變也。後以孔贊參入經文，自費直、鄭康成倡之，王輔嗣和之，而世不復知有文王之《易》矣。何也？取信於孔子之贊，而不復推究文王之本指，一也。孔子推明人事，而象數之本，言焉而不發，至使後世屏棄之間，知學此則又多穿鑿傅會以爲之説，二也。甚至繫卦之辭爲象，孔子題象以推明之，而今繫以“象曰”，而象反爲孔子之傳矣；繫爻之辭爲象，孔子題象以推明之，而今繫以“象曰”，而象亦爲孔子之傳矣；孔門《說卦》三篇，將以推明《繫辭》之指，今題以《繫辭》上下，而《繫辭》又爲孔子之傳矣。《易》之稱周或以爲周匝，包犧之卦例以爲《易》，八卦之重以爲文王，六爻之辭以爲周公。凡一經之名義，錯亂無一存者，況文王之本指乎？天開我宋，聖道日明。康節邵氏首定經傳之序，呂氏微仲、晁氏以道，從而訂之。近日吳斗南復是正之，沙隨程可久、晦庵朱文公先生皆以注解傳。雖名義微有未盡當，而文王之全經則天高日白矣。椅自束髮受《易》於先人，蓋伯祖父以此經鳴於三舍。予數十年來，博親師友，搜攬衆說，遂以文王之本文如王氏所傳《乾》卦之文爲正，而爲之輯注，訂其音切，釋其文義，辨其異同，使讀者粲然識其大指，不惑於支離，然後輯孔子贊傳、左氏占辭及諸儒之說，撮其不悖於大義者，釐爲輯傳。義有不備者，傅以己意。又於孔子之傳，裒輯衆說，別爲一書，庶不相亂，俾萬世復見文王之全經。孔子曰“文王既没，文不在兹乎”，信哉。伯祖父蓋𪟲其名。宋嘉定十年丁丑歲夏五月辛卯既望草塘馮椅序

　　孔子之贊《易》止於《象》《爻》，蓋其成書也。孔安國曰“昔先君孔子贊《易》道以黜《八索》”，此書是已。蓋述周文王之《易》而贊述其義，聲韻相叶，實贊體也。孔子没，門人追述其平日講說問答之辭與所傳於古而記之有補於《易》者爲之傳，則《文言》、《說卦》是已。何以知之？以其書有“子曰”、有古語、有占法而知之也。至於《序卦》、《雜卦》，其猶孔子之遺書與？不然何《雜卦》之聲韻與贊相似也。史謂孔子晚而好《易》，讀之韋編三絕，而門人記其言，有曰“加我數年，卒以學《易》，可以無大過矣”。夫孔子之於羣經初不若是其綢繆也，而獨於《易》焉見之，何哉？蓋昔者文

王之作經也，即包犧所重之卦，演而生爻，以陰陽奇耦之數，位畫襍居之象，仰探造化，旁稽物理，近察人情，自爲類例，字字有據。然不明言其故，而使人觀象玩占以見諸行事。至孔子時，與《連山》、《歸藏》並列於卜筮。占者不勝異説，而《易》道晦矣。孔子憂之，於是即卦之象、爻之象以知之，所及者爲之贊。又間以新意，推廣文王所未言者。此非沈酣紬繹不能以臻此也。至於《文言》、《説》《序》《雜卦》諸篇，又其平日之與門人講説與夫記錄古語之舊者。天下後世，以信孔子而信《周易》，故異説屏除，而《連山》、《歸藏》與《八索》俱廢，文王之經，如離明當天而衆星蔑矣。中更秦火，而此書獨以卜筮獲存，亦可知天意之未喪斯文也。奈之何儒生坑戮解散，間得諸所傳者，私自名家，大義紛錯。《文言》止於《乾》《坤》，故費直參入於經。《説卦》三篇，漢初出於河内女子，今止存其一。而又有《繫辭》上下二篇。夫《繫辭》云者，文王之經而非傳也。意者後人以其間推明《繫辭》之指而名之與？要即所謂《説卦》上下篇也。今所謂《説卦》者，乃其下篇爾。是説也，近世吳斗南知之。若夫所謂《十翼》云者，以其羽翼《周易》，蓋十篇也。十篇之次，猶多異説，然其槩可知也。彖象之贊各釐上下篇爲四，《説卦》合今之《繫辭》上下篇爲三，《文言》《序卦》《雜卦》各一。是其目也，今釐贊於經，以合於傳，復孔門全書之舊，哀萃諸儒之説爲之輯注，庶有補於世教云爾。斯亦孔子贊易之心也。是日椅又叙

1·11　周易總義二十卷　文瀾閣傳抄本

宋易袚撰

陳章序

1·12　周易要義十卷　傳是樓抄本

宋魏了翁撰　方回《周易集義跋》曰:鶴山先生謫靖州,取諸經注疏摘爲《要義》。見《桐江集》此九經中之一也。《經義考》曰:"按葉氏《菉竹堂書目》,有長孫無忌《要義》五册凡十八卷,無錫秦對巖前輩今有其書,大略與《正義》相同。考《正義》即係無忌刊定,非別一書也"云云。是書前有長孫無忌《上六經正義表》,葉氏、秦氏所藏當即是書。以前有無忌上表,故誤冠以長孫無忌耳。十八卷者,蓋并子卷數之。卷一分上中下三卷,卷二至七俱分上下兩卷。《經義考》諸經俱載《要義》,而《易》類止載《集義》者,蓋既疑《要義》即《正義》,而又疑《集義》即《要義》也。板心有"傳是樓"三字。

長孫無忌上六經正義表

1·13　周易輯聞六卷易雅一卷筮宗一卷　舊抄本

宋汴水趙汝楳述　卷一闕,抄補。

自序

易雅自序

筮宗自序

1·14　周易詳解十六卷　文瀾閣傳抄本

宋李杞撰

經學不可以史證,經學必以史證。此吾爲書之病也,亦吾爲書之意也。夫聖人之經,所以示萬世有用之學,夫豈徒爲是空言也哉。故經辯其理,史紀其事,有是理必有是事,二者常相關而不可闕一焉。自後世以空言爲學,岐經與史爲二,尊經太過,而"六經"之書往往反入於虛無曠蕩之域。吁,是亦不思而已矣。夫經固非史也,而史可以證經,以史證經謂之駮焉可也,然不質之於史,則何以見聖人之經爲萬世有用之學也耶?且《易》之爲書,蓋聖人憂患之作,於以同民吉凶而使之趨避焉者也。《易》書既作,凡所以避凶趨吉、酬酢泛應者,在天下日用之際,有不窮之妙,是《易》之爲《易》,乃聖人應世之書。吉凶悔吝,治亂安危,得失禍福之理之所萃焉者也。而奈何以空言學之乎?文中子曰:《易》,聖人之動也,於是乎用之以乘時矣。夫時變之來无窮,而《易》之理亦與之无窮。善用之則吉,不善用之則悔吝。古之聖人所以周流變化而前民之用者,皆用《易》之妙也。堯、舜之揖遜,湯、武之征伐,伊、周之達,孔、孟之窮,在天下有如是之時,在《易》有如是之理,在聖人有如是之用,蓋不獨十三卦制器尚象爲然,而孰謂可以虛文而輕議之也哉!故吾於《易》多證之史,非以隘《易》也,所以見《易》爲有用之學也。因取文中子之言而以《用易》名編。嗚呼,學《易》非難,而用《易》爲難。吾其敢自謂能爾乎?嘉泰癸亥六月望日謙齋居士李杞子才序

1·15 讀易舉要四卷 文瀾閣傳抄本

宋俞琰撰

1·16 周易象義十六卷 文瀾閣傳抄本

宋丁易東撰

易者,未定之辭也。其雜物取象,尚可知也。故三百八十四爻者,其例有深有淺,間而出於人事焉。以明物象者,皆人事也,而實則主象也,象無數也。竊意其元吉、永貞、无咎者,其最下之占辭耳。未成象之、乃其象之云云,猶有物也。凡占道皆如此也。充類有出於其辭之外者,必可見之象也。謂三百八十四爻爲三百八十

四事,而三百八十四事爲《易》,止此足以盡天下後世之變者,愚儒之論也。後有知來者,其爲物必非前世之所有,則其占其辭亦未必今世之所有也。故《易》者常易也,惟《易》爲無窮,《易》故無窮也。自伊川談理而象之,不可通者通;康節衍數而物之,不能言者言。不可通者通經義也,不能言者言聲韻也,不言理不言數而一出於占筮,占筮是已。然使執《本義》者坐簾肆日閱人而不知變,其占必窮。何則?未得其所以易也。吾今日之易易昨日矣,奈何株而守之。《易》者,神明之道也。隨所感而生焉,有若啟之者焉,而象外有其象,辭外有其辭矣。庶幾哉。《漢上》爲識其辭之所由生,象之所自出,《易》故至是始極矣。雖然以互變飛伏求之,不得於互,必得於變。不得於互變,必得於飛伏,類多方遷就,以求其已成之辭,使必通。而不知當日之可取象者尚多也,何以不爲彼而爲此,又何以變而又變而各爲其道,而或出於飛伏而復返乎。其初何其舞法,亡法而无定操以至此也,豈作者意也。此則《漢上》之功而《漢上》之過也。武陵丁石潭君爲《象義》,覈《漢上》而博諸家。其潔靜也不雜,得《易》之體;其互變也不泥,得《易》之通。疏而明,漸而近。其不可爲典要也,未嘗不出于典常而可以爲訓。雖先儒復起,其辨不與易矣,而又未嘗有意於辯也。自吾見近世成書,若此者少。至衍索隱,橫竪離合,无不可考,則自得深矣。《易》肇於氣,成於數,象與辭雖其子而胎息遠矣。君能得之於大衍之先,又能衍之於大衍之後,則聲韻律呂將无不合,而經世之所以知來者,具是象與辭如響矣。君成書如屋,年如加我,尚旦暮見之。甲午春二十二日廬陵劉辰翁序

　　《易》之爲道,大而天地風雷,細而鼇蠏蠃蚌之屬,无不寓八卦之理,亦猶莊子言道在瓦礫稊稗,亦猶子思言鳶飛魚躍上下察也。聖人有以見天下之賾,而擬諸形容,象其物宜,故謂之象,然不特爲

鼎爲蹟爲飛鳥爲虛舟之類而已。觸類而通之，若以《巽》爲繩直，遇《坎》爲矯輮，又是一事。《坎》爲盜，遇《離》爲甲冑干戈，又是一事。《坎》爲心病，又爲耳痛，遇《兌》爲巫，又是一事也。《易》无盡用，即此可推。《莊子》曰："天地與我並生，萬物與我爲一，自此以往，巧歷不能得，而況其凡乎？"知此語則知《易》取象之物類，同是一機，本无間隔，惟昧者莫之知也。噫，是《易》也，言理至於程伊川極矣，言象數至於朱漢上精矣，倪兼三有云，"若二書爲一，庶幾理與象數兼得之"，誠篤論也。石潭丁君漢臣觀象玩辭，探賾索隱，用功於《易》亦既有年，謂伊川既詳於論理則略於論象，自謂止說得七分，正以是也，真足以窺見伊川言外之旨。又謂朱漢上之說，原於李鼎祚，然鼎祚或失於泥，漢上微傷於巧，不若博採兼收而要其大歸，此《象義》一書所由作也。觀其序曰"錯之以三體，綜之以正變，則統之有宗，會之有元"，就使諸老復生，不易斯言矣。試舉其大略以明之，如《坤》納乙故稱帝乙，《兌》納丁故稱武丁，《巽》爲白故曰素履，《乾》爲衣故曰苞桑，燕爲燕安之燕，爵爲爵禄之爵，鳴《謙》以兌口而鳴，熏心以《離》火而熏。《巽》爲髮，加《震》之竹則有簪之象。《乾》爲玉，用玉於東方則有圭之象。《巽》爲繩，則有係與維之象。《兌》爲毀折，則有褫與漏之象。至於豚魚不宜析爲二物，《濡》首不當泥諸飲酒。邱園寔取義於《艮》山，弓輪蓋取義於《坎》月。事事皆有祖述而非傅會也，字字皆有據依而非穿鑿也。雖本之鼎祚、漢上而兼摭虞翻、于寶諸子之所長，故能萃聚而成一家之書。伊川《易傳》三分之未說者，至是補其缺而會其全，是可爲智者道，難與俗人言也。惜不令兼山見之，予空洩道之密，漏神之機，分張太和，礫裂元氣，不得不爲負苓者竊議於松下矣，而何言之敢贅。抑余尚記徃年初入館，湯東澗爲少蓬時，有以《易解》進者下秘省看詳，東澗因謂余曰："曾茶山有《易釋象》五卷，鑿鑿精覈，發《漢上》所未發。"余深以未見其書爲恨。今於石潭《象義》而有得，雖不及見荼山之《易》亦可无憾矣。於是乎書。至元二十八年痾月朔古甲李珏稚圭序

《易》之道其神乎，以象數則象數不可窮，以卜筮則占驗不可違，以義理則義理之妙愈求而愈邃。《象義》之作，石潭之得於《易》者深矣。或曰《易》窮理盡性以至於命之書也。近代河南氏之《易》，學者宗焉，以其根於理也。今專以象言，得无蹈諸儒一偏之失乎？噫，天下无理外之物，河圖未出，此理在太極。六爻既畫，此理在《易》象。以象觀象，則《易》无非象，以理觀象，則象无非理。舍象以求《易》不可也，舍理以求象可乎哉？善乎，石潭之言曰："不得於象，則不得於理；不得於理，則亦不得於象。"是書也，當合河南氏之《易》互觀之。至元中秋朔杭山寓叟章鑑書

《易》有聖人之道四焉，象、辭、變、占而已矣。予少而學《易》，得王輔嗣之《註》焉，得子程子之《傳》焉，得子朱子之《本義》焉。王氏、程子明於辭者也，子朱、子明於變與占者也，獨於象无所適從焉。逮壯遊四方，旁搜傳註，殆且百家，其間言理者不可縷數。若以象言，則得李鼎祚所集漢魏諸儒之說焉，朱子發所集古今諸儒之說焉，馮儀之所集近世諸儒之說焉。間言象者，則有康節邵氏之說焉，觀物張氏之說焉，少梅鄭氏之說焉，吳興沈氏之說焉，京口都氏之說焉，長樂林氏之說焉，恕齋趙氏之說焉，平菴項氏之說焉，節齋蔡氏之說焉，山齋易氏之說焉，樸卿呂氏之說焉，古爲徐氏之說焉。是數家者，非不可觀也。而邵氏、張氏則明《易》之數，本自著書，非專爲卦爻設也。沈氏、都氏則明卦之變，趙氏、項氏、易氏、馮氏、徐氏則明卦之情，蔡氏、徐氏祖述《本義》，皆非專爲觀象設也。林氏之說則反覆八卦，既爲朱子所排，鄭氏之說，又別成一家，无所本祖。其專以《說卦》言象者，不過李氏鼎祚與朱氏子發耳。朱氏之

説，原於李氏者也。李氏之説，原於漢儒者也。李氏所主者，康成之學，於虞翻、荀爽所取爲多，其源流有自來矣。然漢儒之説，於象雖詳，不能不流於陰陽術數之陋。朱子雖兼明於義，而於象變紛然雜出，考之凡例，不知其幾焉。良以統之无其宗，會之无其源也。予病此久矣，山林无事，即衆説而折衷之，大抵《易》之取象雖多，不過三體，所謂本體、互體、伏體是也。然其爲體也，有正有變，故有正中之本體，有正中之互體，有正中之伏體焉。有變中之本體焉，有變中之互體，有變中之伏體焉。正非中正之正，但謂其卦中未變之體耳。以上諸體皆本漢儒及唐李氏，近世漢上朱氏，非予之臆説也，但其中卦爻先儒取象有未盡者，亦以其例推而補之。其餘凡例，固非一途，要所從來，皆由此三體推之耳。蓋以正體取象者，不待變而其象本具者也；以變體取象者，必待變而其象始形者也。故自其以正體示人者觀之，止而吉而无咎者，變而凶則悔吝也；正而凶而悔吝者，變則吉則无咎也。自其以變體示人者觀之，變而吉而无咎者，不變而凶則悔吝也；變而凶而悔吝者，不變則吉則无咎也。兼正變而取象者，可以變，可以无變，惟時義所在也。是可但論正其不論其變乎？[①] 夫《易》，變易也，先儒言理者皆知之矣。至於言象，乃止許以正體言，不許以變體言。凡以變言象，率疑其鑿，是以《易》爲不易之易，不知其爲變易之易也。既不通之以變易之易，則毋怪以象爲可忘之筌蹄也；既以象爲可忘之筌蹄，毋怪以象變之説率歸於鑿也。故善言《易》者，必錯之以三體而綜之以正變，則統之有宗，會之有元，《易》之象可得而觀矣。予於是竊有志焉。是編之述，因象以推義，即義以明象，固錯之以三體，綜之以正變，而必以正中之本體爲先，而其餘諸體則標於其後，又以示主賓之分也。至於言數，雖非專主，而間

---

① "論其正"原作"正其夫"，據《周易象義》改。

亦及之焉。蓋將拾先儒之遺,補先儒之缺云耳。雖因辭明理,不如程子之詳;言變與占,不如朱子之約。至尚論其象,自謂頗不失漢儒之舊,於李氏鼎祚、朱氏之發未敢多遜焉。後之言象者不易吾言矣。於是而玩索焉,上可以遡漢儒之傳,亦可以免漢儒之鑿,庶幾君子居觀之一助云。作《周易象義》。柔兆閹茂黅賓甲午武陵丁易東序

《易》之爲書,自王輔嗣以前,漢儒專以象變明辭,固失之泥;及輔嗣以後,又止以清談解義,於象變絕无取焉。伊川純以義理發明,固爲百世不刊之書,然於象變則亦引而不發,康節雖言象數,然不專於象象,發明朱子,歸之卜筮,謂邵傳義經、程演《周易》得之矣。其於象數也,雖於《易學啟蒙》述其大槩,而《本義》一書尚多闕疑。僕用功於此有年矣,竊謂泥象變而言《易》固不可,舍象變而論《易》亦不可。于是歷覽先儒之説,依《本義》體分經與象象,各爲一一爲率,以理爲之經,象變爲之緯,使理與象變並行不悖,庶幾不失前聖命辭之本旨,以示初學,使知其大意云。易東又序

易東後序

1·17　易纂言外翼八卷　文瀾閣傳抄本

元吳澄撰

自序曰:羲皇卦畫,先後一定,自然而然。文王分八卦爲上下篇,改移其次。八經卦之純體,合體者爲之經,四十八卦之雜體者爲之緯。述卦統第一。

六畫卦之不反易者八,其反易者二十八,爲五十六卦。奇陽偶陰,無獨必有對。或上下二篇相對,或上下各篇自對。二體之互易者亦然。述卦對第二。

羲皇生卦,奇偶之上生奇偶而已。卦體既成,而推其用,則無

窮矣。《乾》《坤》變而爲六子十辟。六子十辟變而爲四十六卦。述卦變第三。

每卦以一畫爲主,《无妄》之傳所謂剛自外來而爲主於內也。述卦主第四。

《易》以剛柔相推而生變化。剛畫變則化柔,柔畫變則化剛,而一卦可爲六十四變。述變卦第五。

重卦有上下二體。又以卦中四畫交互取之,二三四成下體,三四五成上體。述互卦第六。

羲皇所畫之卦,畫謂之象。文王所名之卦,名謂之象。彖辭爻辭汎取所肖之物,亦謂之象。述象例第七。

聖人畫卦以明天道。生蓍以前,民用象爻之辭爲占設也。述占例第八。

辭有象辭,有占辭。象之中亦有占,占之中亦有象。既互見矣,猶有遺者,復掇拾之,通謂之辭。述辭例第九。

揲蓍十八變而成一卦。以動者尚其變,謂蓍之變也。述變例第十。

羲皇心契天地自然之《易》,將畫八卦而有龍馬負圖出於河,此《易》之原也。《洛書》後出,神禹因之叙《九疇》,其《河圖》之記與? 述易原第十一。

邵子著書立言,無一不本於羲皇之卦圖。楊氏自三才之三起數而讚《太玄》,司馬氏自五行之十起數而讚《潛虛》,蔡氏自《九疇》之九起數而讚《洪範皇極內篇》,皆《易》之派也。然邵子從容乎羲畫之內,三家則奔迸乎羲畫之外矣。邵其經流之派,楊、馬、蔡其支流之派與? 述易流第十二

凡十二篇,是爲《易纂言外翼》云

1·18　易原奧義一卷周易原旨八卷　文瀾閣傳抄本

元寶巴撰

進太子牋曰：皇帝聖旨裏太中大夫前黄州路總管兼管内勸農事臣寶巴言。伏以光奉詔書，甫正貳儲之位；敬敷易道，少裨熙緝之功。天啟昌期，時逢至治。竊謂自龍圖之畫既泄，而象數之學肇開。至六十四卦以成書，爲百千萬年之明鑑。蓋羲文孔子發先天之妙，京費王弼廣後世之傳。豈但求語下之筌蹄，又當參胸中之關鍵。凡蠡測管窺以探精義，皆銖積寸累以用深功。苟得其真，敢私以祕！臣寶巴誠惶誠懼，叩頭叩頭。敬維皇太子殿下英姿岐嶷，茂德淵冲。民望具瞻，共仰重離之照；政機多暇，式昭幹蠱之勤。方恢邦家太平之宏基，宜得帝王相傳之要領。用師諸古，有益於今。臣寶巴幸際清時，輒申丹悃，不揆淺膚之素學，冒於投進於青宮。冀虎闈齒胄之間，特加披閱；在鶴禁延儒之頃，更賜表章。臣寶巴無任瞻仰，抃躍激切屏營之至。謹奉牋以聞。臣寶巴誠惶誠懼，叩頭叩頭。謹言

1·19　周易集傳八卷　文瀾閣傳抄本

元龍仁夫撰　　原十八卷，今存八卷。

1·20　易精蘊大義十二卷　文瀾閣傳抄本

元解蒙撰

1·21　易學變通六卷　文瀾閣傳抄本

元曾貫撰

1·22　周易文詮四卷　舊抄本

元趙汸輯

1·23　周易經義三卷　元刊本

元進士臨川涂溍生易菴擬　宋熙甯四年,王安石始更科舉法,罷詩賦,以經義、論策試士,此經義之始也。元仁宗皇慶初,復行科舉,仍用經義,而體式視宋爲小變。綜其格律,有破題接題,小講謂之冒子。冒子後入官題,官題下有原題,有大講,有餘意,亦曰從講。又有原經,亦曰考經。有結尾。承襲既久,嫌其繁複,或稍稍變通之。而大要有冒題、原題、講題、結題,則一定不可易。此經義之定式也。是書與王充耘《書義矜式》俱可考見當時經義體製,故附之《易》類云。

吳氏手跋曰:按朱竹垞《經義考》載涂溍生《易主意》一卷已佚,而無此書。又引楊士奇之言謂“《易主意》專爲科舉設。近年獨廬陵謝子方有之以教學者。於是吾郡學《易》者皆資於此”。不知即此書邪,抑別有其書也。溍生字自昭,宜黄人。《江西通志》稱其邃於《易》,三上春官不第;爲贛州濂溪書院山長,著有《四書斷疑》、《易義矜式》行世。己亥十月望日得此册於鬻古書者。嘗質諸朱文游丈,亦未之見也。延陵吳翌鳳伊仲記

1·24　易經識餘五卷　抄本

國朝內閣學士兼禮部侍郎徐秉義纂輯　秉義有《九經識餘》,今存《易》、《書》、《詩》、《春秋》四種而已。體例與鄭方坤《經稗》相類,而徵引較詳。此本始《易》理,終源流,以《尚書》、《毛詩》例之,蓋非全書也。

愛日精廬藏書志卷二

經　部

書　類

2·1　尚書講義二十卷　文瀾閣傳抄本

宋史浩撰

2·2　柯山夏先生重修尚書詳解十六卷　舊抄本

宋夏僎撰　經文下有"重言重意"，蓋從宋麻沙坊本傳録者。板心有"怡顔堂鈔書"五字。

時瀾序

2·3　書説七卷　舊抄本　千頃堂藏書

宋山陰黄度撰　是書附注俱作大字。意有未盡，則以雙行小字附注於下。如《堯典》注"遜、遁也。《微子》吾家耄遜於荒、《春秋》夫人遜於齊，皆遁也"下，附注云："遜位，通上下之辭。漢晉間猶稱之。王遜位卒於家，劉寶以老遜位是也。"又"曆法其來久矣，至堯始大備"下，附注云："推算雖有數，天與日月皆動，物不可以一定之數求之也。故占候之遲速先後稍有不齊，則進退其數以合於天行，故其失不甚遠而曆準。"《舜典》注"工之親近人主，其所關係豈輕哉”下，附注云：“予讀《晉書·鳩摩羅什傳》曰，天竺國俗甚重文制，其宮商體韻，以入管絃爲善。凡覲國王，必有贊德，佛經中偈頌皆其式也。樓大防爲予言，其太師公嘗守括蒼，有樂工善譜曲，凡詩賦序記皆能譜之。有舉子使譜經義，亦成曲。明年又使譜之，與前譜無差錯。且曰凡文皆可譜，必作得好乃可耳。謬妄之作不能成曲。乃知納言時颺皆心聲，其邪正善惡果可察也。”《禹貢》注“今彭蠡自南康星子縣東北湖口入江，則差與《禹貢》不同，水道改矣”下，附注云：“予守金陵，始行姑蘇以北至潤金山，其地爲鶻窠山，二山相對，江水分爲三。金山寺有井，即陸羽所謂中冷井，指謂中江水也。冷本泠字，今訛。是知岷嶓山尾行於江中，晉唐間人猶識此。至升北望歷陽略有三山，又聞其上有采石、孤山，皆行於江中，頗恨不得至其處。王遂與予言，金山下有山相對，狀如蛾眉。江一分三泠入海。它日檄遂徃淮西，自采石渡江，遂以書來言，采石西江中，有山東西對立，謂之東梁山、西梁山，江水分三泠。是則岷嶓山行爲三江，皆可驗古人足迹徧天下，見聞始博，又識精，故議論不妄發。”其說俱可補注所未及。通志堂本改注爲小字，而删其注中之注，致度書不得爲完書。至若脱文闕字，更難枚舉。如《堯典序》注“聰明天德也”下脱“傅說曰惟天聰明惟聖時憲”十一字。而“洪水未治”下脱“則地爲未平”五字。《湯誓》注“王誓衆正大義也”，王字上脱“始出師稱”四字。《顧命》注“召公畢公以三公爲東西伯相康王，故曰伯爲字”下闕六字。《畢命》“命畢公保釐東郊”下脱注“發册于祖廟”五字之類。書貴舊本良有以也。每册首頁俱有“千頃堂圖書”印記。

2·4　絜齋家塾書鈔十二卷　文瀾閣傳抄本

宋袁燮撰

甫自幼洎長侍先君子側，平旦集諸生及諸子危坐説書，夜再講，率至二鼓無倦容，謂學問大旨在明本心。吾之本心，即古聖之心，即天地之心，即天下萬世之心。彼昏不知，如醉如夢。一日豁然，清明洞徹，聖人即我，我即聖人。舜號泣旻天，負罪引慝，祗見瞽瞍。禹荒度土功，三過家門，呱呱弗子，道心精一，曾何間斷。自古大聖，同此一心。箕子論皇極無偏黨，自蕩蕩無黨偏，自平平無反側，自正直，是之謂極，是之謂本心。太甲顛覆典刑，痛自怨艾，克終允德。成王遭家多難，執書感泣，天雨反風。本心一昏，迷惑如彼；本心一復，光明如此。先君子諷誦再三，聞者流涕。又言，見象山先生讀《康誥》，有所感悟，反己切責，若無所容；讀《呂刑》，嘆曰從肺腑中流出。嗚呼至哉。先君子之學，源自象山，明白光粹，無一瑕疵，可謂不失本心矣。是編爲伯兄手鈔，雖非全書，然發揮本心，大旨具在。伯兄名喬，天資純正，用志勤篤。嘗宰溧陽，視民猶子，邑人德之，惜未盡行所學爾。甫悼先君子之没，幸伯兄之有傳。今又云亡，痛曷有已，遂刻是編，名曰《絜齋家塾書鈔》，而納諸象山書院，以與世世學者共之。紹定四年辛卯良月己未男甫謹書

2·5 尚書精義五十卷 文瀾閣傳抄本

宋黄倫撰

理學昭融，周歷千古，于胸次不踰辰刻之傾。儵翳障弗屏徹，雖一瞬之境，怳迷其真，眠千載而上之，聖賢心傳於典謨訓誥誓命中，若之何剖其祕、析其微哉。古書百篇，嬴秦酷以虐熖，仇之特甚。先漢力追探之，收拾散逸，僅得孔安國所傳爲正，會巫蠱事，旋復泯遏。緜魏晉以降，篇帙缺亡未備，而精真之理晦蝕，又不止此。白魚赤烏之僞，箕子荄滋之蔽，禹鑄柳谷之訛，在所不論。然黨護於專門名家，增倍師説至百萬言，傳註訓詁之紛紜，累三萬言，只解

稽古二字，眩亂人世耳目，而指意爲之誣巇，殆與厄於秦同科。理學曀蔽，綿歷云久，闡而明之，蓋若有待。時屬皇朝祖宗全盛之際，關洛有二張、二程之學，崇索理致，根乎聖賢心法，以發明千載不得之秘而福後學，俾天下之士畢宗嚮。夫理學之指南，一洗漢唐注疏舊習，豈第蹝踔藩籬，咀嚌餘蕺者哉。有崇工碩儒落落復相望乎？其間各出意表所見，理根於心，而心會於理，更與啟其未悟者。編檢紛如，亦戛戛乎難殫以目力也。噫，十指之形，必有巨擘；魁錯之中，當刈其楚。粵自啟賢關升俊造以來，有黃君倫素定規繩於方寸，所謂疏通知遠不誣而深於《書》者，萃古今議論而裁之，其發揮五代帝王遺書之奧，皆指中之擘，魁中之楚者，信精而又精。其於理學，殆無餘蘊矣。昔人有泳圓流者，採珠而捐蚌；登荊嶺者，拾玉而棄石。今所抄存，猶摘翡翠之藻羽，脫犀象之牙角。故宜乎稱此書爲精義也。覽者亦宜以余言爲然。淳熙庚子長至日龍溪張鳳從道叙

　　《書》解數百家，或泛而不切，或略而未備，或得此而失彼，或互見而疊出，學者病之。釋褐黃公以是應舉，嘗取古今傳注及文集、語録，研精而蕞截之，片言隻字有得乎經旨者纂輯無遺，類爲成書，博而不繁，約而有寔。造渾灝噩之三昧，非胷中衡鑑之明，焉能去取若是。志於經學者，倘能嚅嚌是書，不必也求矣。余得之不敢以私，敬鋟木與天下共之。所載諸儒姓氏，混以今古，余不暇次其先後，觀者自能辨之。淳熙庚子臘月朔旦建安余氏萬卷堂謹書

2·6　書集傳或問二卷　舊抄本

宋陳大猷撰

自序

2·7　尚書金氏注殘本六卷　抄本　從子謙姪藏舊抄本傳錄

　　宋仁山金履祥著　原十二卷，今存卷七至末六卷。按柳待制撰《仁山先生行狀》曰"先生早歲所著《尚書章釋句解》既成書矣"云云，蓋即是書。金氏受業於王柏，所引柏説俱稱"子王子曰"以尊之。中如以《梓材》爲周公營洛，命侯甸男邦伯之書，移《康誥》首"惟三月哉生魄"四十八字冠之，此係金氏創解，反覆辨論以證其説。核之《表注》，嫌其略矣。又如説"血流漂杵"云："杵，史本作鹵。鹵是地發濕，當是血流而地鹵濕耳。"説"率循大卞"云："大卞，字書無正訓。孔氏訓法，案：下本從廾，與弁同，是恭拱之義，則當訓爲禮。"其説俱《表注》所未載，可資參考。原本卷末有"嘉靖戊午仲冬錄完"八字。

　　無名氏跋曰：私以求聖人之意，求之愈深而失之愈遠，言之愈廣而襲之愈晦。此世士之爲經者之所同也。先生病，不幸無位，退而求之於經。不爲新奇，不爲近名，卒以救往説之偏，得聖人之意而會夫大中之歸。既没而其言立。其施於人者溥矣。宜其爲士所宗，爲時所重，考行易名而令聞長世也。先生金華人，諱字、世系、言行本末，具今翰林直學士烏陽黃公所爲墓序誌銘，兹不述也。

2·8　尚書表注　宋刊本　顧伊人藏書

　　宋金履祥撰　不分卷，中遇宋諱間有缺筆，蓋宋末元初刊本也。板心有齊芳堂、《仁山集》附錄"文安公纂略"曰"晚年館唐氏之齊芳書院，成《通鑑前編》、《濂洛風雅》。"齊芳堂未知即齊芳書院否？ 存耕堂、章林書院、訥齋等字。

　　自序抄補

　　顧氏手跋曰：歲癸亥夏五，予在毘陵得金仁山先生《尚書表注》，比藏書家多欲借抄。予寶愛是書，恐紙墨刓敝，因手抄二帙，以廣其傳。今崑山所刻者是也。近薄遊婺州，訪求先生遺書不得，後見柳文肅實所撰先生行狀云：先生早歲所注《尚書章釋句解》既成書矣，一日超然自悟，擺脫衆說，獨抱遺經，復讀玩味，則其節目明整，脉絡通貫，其枝葉與訛謬一一易見。因推本父師之意，正句畫段，提其章旨與其義理之微事，爲之櫽考，證字文之訛，表諸四闌之外，曰《尚書表注》，并得先生自序一篇，錄置卷首，復補其原叙缺頁，且原其作書之旨。先生得朱子之宗傳，加以精究潛思，删繁就質，嘗自云“解至後卷，即覺前義之淺”，蓋殫畢生之力以成之者也。今錫山秦氏、崑山徐氏皆藏先生《尚書注》十二卷，予嘗見之，即早歲之書，非定本也。顧世未見《表注》真本，即以是爲《表注》，謬矣。先生生於宋紹定壬辰，卒於元大德癸卯。是書刻於宋末元初，尚避宋諱，可徵也。丙寅三月望日太倉後學顧湄誌於金華之密印寺樓

　　周氏手跋曰：乾隆壬子孟冬，購得《尚書表注》，爲顧伊人所藏本，後歸吾邑花山馬氏道古樓，馬氏售於武林吳氏瓶花齋，即此書也。何義門謂書有殘缺，顧伊人意爲補全，未可盡信。細校此書，方知意爲補全之處，且與通志堂刊本微有異同。案《仁山先生集》有《尚書表注序》，而伊人抄補之序亦復删節不全，今並存之。近時婺郡以通志堂本重刻，版樣縮小，以致標題位置多訛，又缺其下方，大非表諸四闌外式矣。松靄周春記

2·9　尚書義粹八卷　抄本

　　金王若虛撰　是書朱氏竹垞據天一閣、萬卷堂兩家書目載入《經義考》，注“未見”。近則久無傳本。此本金吾從明黃諫《書傳集解》中錄出，讀其書不務爲新奇可喜之論，而於帝王之德業、事

功以及人心、道心、建中、建極諸義,反覆推闡,要皆深切著明,蓋解
經之篤實者也。金源著述,傳本寥寥,而經學則竟無一存者,非必
其書之未足傳後也,蓋金人樸實,不肯動刊棗梨。汝陽板蕩,散佚
遂多,而元、明兩代又視之蔑如,不一收拾,何怪乎其日就湮沒也。
王氏《五經辨惑》,辨《尚書》者止一條,殆以已有專書,故不具論
歟。原本三卷,因篇帙稍繁,釐爲八卷。不特存王氏一家之言,亦
以見一朝經術之大凡焉。書傳集解缺《説命》下至《微子》,又《召
誥》至《君奭》,異日當覓足本補之。

2·10　書蔡氏傳纂疏六卷　元泰定刊本　汲古閣藏書

　　朱子訂定　蔡氏集傳　元後學新安陳櫟纂疏。　蔡氏序後有
"泰定丁卯陽月梅溪書院新刊"木記。卷首有"毛晉私印"、"汲古
主人"兩印。

　　蔡氏書集傳序
　　自序
　　凡例
　　讀尚書綱領

2·11　讀書叢説六卷　舊抄本

　　元東陽許謙撰
　　自序
　　張樞序

2·12　書蔡氏傳旁通六卷　元至正刊本　盧嘉威藏書

　　元後學東匯澤陳師凱撰　後學豫章朱萬初校正。　卷一卷四
分上中下三卷,卷六分上下兩卷。前有引用書目、隱字審音,末有

"至正乙酉歲四月余氏勤有堂印行"木記。卷首有盧嘉威、丘集印記。

自序

丘氏手跋曰:《書蔡傳旁通》六卷,合為一帙。至治辛酉陳師凱所著,至正乙酉余氏所刊,發明朱、蔡二家之說者詳矣。永樂間修大全書,諸儒似止見董氏輯錄《纂注》,未見此陳氏《旁通》,故於蔡《傳》片文隻字之蘊奧,多鬱而未暢。則是編也,學者其可少諸?予得之閶門市中,考其印記,乃盧嘉威舊物。盧、固石湖藏書家也。觀其點勘精確,亦可師前輩用工矣。予性嗜書如樂與餌。辛卯伏日袒裼裝茸,識而藏之。年六十八。萬曆十有九年嘉定寒谷丘集子成

又曰:辛卯長夏,細閱一徧。間有三四處缺誤,不及補正者。秋七月甲子朔旦黃泥田父手記

又曰:壬寅仲夏,再閱一過,在邑居敦義堂。三完老人時年七十九。

2·13　尚書經傳音釋六卷序一卷附尚書纂圖　元至正刊本

朱子訂定　蔡氏集傳　元鄱陽鄒季友音釋　按凡例云,《集傳》元無是釋,今用鄱陽鄒氏《經傳音釋》,附於各段之末。是《音釋》本自單行,德星書堂刊板時附入蔡《傳》者。是書雖以蔡《傳》為主,而糾正蔡《傳》者甚夥。如《舜典》傳"十籥為合",《音釋》云:蔡西山《燕樂本原·嘉量篇》云,"合籥為合",注云兩籥也。又云"十合為升",注云二十籥也。蔡氏家學相承,不應有異。況"合籥為合",乃《漢·律曆志》本文,籥即管也。黃鐘之律,管容秬黍一千二百謂之一籥。合者并也,取并令兩籥之義以為名也。傳經朱子訂定,不應有誤,必傳寫之訛耳。《益稷》傳"民尚艱食",《音

釋》云，按經文，上句言鮮食則曰播奏，蓋謂播種艱難，故以百穀爲艱食也。蔡《傳》言“民尚艱食”，則與上句語法不協，且一句之間，文義亦不通。《禹貢》傳“青州之域，東北至海”，《音釋》云，按孔《傳》云東北據海，疏據謂跨之也，故以海北遼東西之地爲青州之域。今蔡《傳》云“東北至海”，則疆域至海而止。又《冀州》傳中引程氏云，冀之北境，則遼東西、右北平、漁陽、上谷之地。蓋與孔說異矣。而《舜典》傳中尚仍孔《傳》分青州爲營州之説，自相背戾，當正之也。又“梁州亦篚織皮”，《音釋》云，按此經文無“篚”字，梁州亦無“篚”字，今言篚者似因揚州“厥篚織貝”而例之，然織貝者織帛爲貝文也，故可入篚。若獸皮毛罽，非可入篚者。梁州織皮，但在厥貢之下，別無厥篚之文。是梁、雍二州自無入篚之貢也，不可解織皮爲梁州之篚。《盤庚》，《音釋》云，朱子云殷《盤》周《誥》不可解。今蔡《傳》於《盤》、《誥》諸篇闕疑處甚少，恐非朱子本意。讀者於其強通處，略之可也。《泰誓》傳“祝斷也，言天弗順而斷然降是喪亡也”，《音釋》云，孔《傳》云祝斷也，天惡紂逆道，斷絶其命。又按《公羊傳》云，哀公十四年子路死，子曰“天祝予”，何休注祝斷也。《穀梁傳》哀公十三年云，“吳夷狄之國，祝髮文身”，范寧注祝斷也。則是祝之訓斷，乃斷絶之斷，非斷決之斷也。今蔡《傳》乃云“斷然降是喪亡”，則是讀爲斷決之斷矣。宜從孔《傳》爲是。《康誥》傳“要囚、獄辭之要者也”，《音釋》云，要囚二字兩見此章，兩見《多方》，孔、蔡於此章皆釋爲獄辭之要。孔氏《多方》前釋爲要察獄情，後釋爲執其朋黨。蔡氏《多方》皆無釋，然《多方》兩章文義皆難同此章。孔、蔡之釋若如孔氏之前後異義，則尤不可。按孔《傳》末章囚執之説甚當，蓋要字讀爲平聲，有約勒之義，謂繫束拘攣之也。《周禮》“掌囚”注云：“囚拘也，拘繫當刑殺者。凡囚者，上罪梏拳而桎，中罪桎梏，下罪梏以待蔽罪，正此義也。以此通釋前後三章無不妥矣。陸氏三章皆音要爲平聲，當從之。"其說俱極精確。至若以"高宗肜日爲祖己諫祖庚"、說本《史記》。"旅獒爲召公訓成王"說本《皇王大紀》。二典，爲夏啓以後史臣所作，亦能自申己說，不爲蔡氏所囿，視陳氏《旁通》之繁稱博引而毫無糾正者，蓋有間矣。凡例後有"至正辛卯孟夏德星書堂重刊"木記。《尚書纂圖》未詳作者，始《唐虞夏商周譜系圖》，終《任土作貢圖》，凡圖六十九。按《經義考》載，宋鄭東卿《尚書圖》一卷，圖名與是書合者凡三十二。《任土作貢圖》後，引合沙先生曰《經義考》曰：合沙，漁父鄭東卿自號。云云，蓋即鄭氏原本而稍有增删者。

蔡氏《書集傳序》

孔安國《書傳序》

《書蔡氏傳》重刊明本明本，明州本也。凡例

一蔡氏《集傳》，九峯先生子參政抗淳祐經進本，元載朱子手帖數段，未能盡一經大旨。今將鄱陽董氏録註所輯朱子綱領，取其精詳而有補於書者，刊置卷首。又取諸儒説書綱領續於語録之次，庶幾開卷者未讀時已見大㮣，然後復熟之，不待講習而已焕然矣。

一蔡氏《集傳》行世雖久，其間訛誤不少。今依輯録本精加校正，比諸本不同。

一蔡氏《集傳》元無音釋，今用鄱陽鄒氏《經傳音釋》附於各段之末，庶幾學者字得其音，事得其釋，疑得其辨，而胸次灑然，無復滯礙矣。

2·14　書傳集解十二卷　明刊本　項氏萬卷堂藏書

朱子訂定　蔡氏集傳　明後學金城黄諫集解　是書以蔡《傳》爲主，而以唐宋金元諸儒之説分注於下，諫亦間附己説，大抵先儒之説十之七，諫之説十之三耳。其中囘護蔡《傳》者固多，如天

左旋之類。而訂正蔡《傳》者亦不少。如五玉即五瑞之類。且薈萃諸説，同異並存，蓋不僅羽翼蔡氏也。所採如宋胡氏旦《尚書演聖通論》。張氏景《書説》。顧氏臨《尚書集解》。孫氏覺《書義十述》、《尚書解》。王氏安石王氏雱、《新經尚書義》。蘇氏洵、洪範圖論。芸閣吕氏、名大臨《書傳》。龜山楊氏、《書義辨疑》。蔡氏元度、名卞，《尚書解》。張氏綱、《尚書講義》。吴才老、名棫，《書裨傳》。李氏舜臣、《尚書小傳》。劉氏安世、《尚書解》。王氏十朋、《尚書解》。王氏炎、《尚書小傳》。張敬夫、《書説》。陳氏傅良、《書抄》。東陽馬氏、案：宋馬之純、元馬道貫，俱東陽人。之純有《尚書説》，道貫有《尚書疏義》，今俱佚。是書所引東陽馬氏，其之純歟，抑道貫歟？未敢臆定。朱子、《問答》。勉齋黄氏、《尚書説》。董氏銖、《尚書注》。鄒氏補之、《書説》。王氏日休、《書解》。張氏沂、《書説》。復齋董氏、名琮，《尚書集義》。陳氏振孫、《尚書説》。西山真氏、《書説精義》。陳氏大猷、案：陳氏《集傳或問》自序曰：大猷既集《書傳》，復因同志問難，記其去取曲折，以爲《或問》。今《或問》存而《集傳》佚。是書所引陳氏大猷云云，《或問》俱不載，其或即《集傳》之説歟？介軒董氏、名夢程，《尚書訓釋》張氏震、《尚書小傳》。史氏仲午、《書説》。史氏漸、《書説》。劉氏瑱、横舟，《尚書講義》。成四百家、成申之四百家《尚書集解》。李氏梅叟、《書説》。碧梧馬氏、名廷鸞，《尚書蔡傳會編》。陳氏普、《尚書補微》。金潯南王氏、名若虚，《尚書義粹》。元息齋余氏、名芑舒，《讀蔡傳疑》。葵初王氏、名希旦，《尚書通解》。梁氏寅、《書纂義》。其書今皆失傳，藉此得略見梗概。一書傳而賴以傳者凡四十餘家，是固研經者所當亟爲表彰者也。《經義考》著録，誤作《集義》。注"未見"。卷六缺《説命》中"慮善以動，動惟厥時"至末，又《説命》下至《微子》，卷十《召誥》至《君奭》全缺。書賈欲泯其不全之迹，妄將九卷下半卷刓改作卷十。重裝時當更正之。每卷首末俱有"項氏萬卷堂圖籍印"及"汲古閣""毛氏家藏"三印。

　　孔安國書傳序

蔡氏書集傳序

2·15　書經識餘二十五卷　抄本

　　國朝徐秉義撰　首三卷爲總論,卷四至末則自《堯典》至《秦誓》,依經文次序,雜採唐、宋、元、明、國朝諸儒之説,散見《困學紀聞》、《山堂考索》、《日知録》等書者,薈稡編纂成一家言。秉義間有論説,以按字別之。

愛日精廬藏書志卷三

經　部

詩　類

3·1　纂圖互注毛詩二十卷附毛詩舉要圖毛詩篇目
宋刊本　毘陵周氏九松迂叟藏書

漢鄭氏箋　是書《傳》、《箋》下附《釋文》及互注、重言重意，蓋南宋麻沙坊本也。《傳》、《箋》、《釋文》俱雙行小字。《傳》無標題。由井鼎云，今本有"傳"字者，後人加也。《箋》以"箋云"冠之。山井鼎云："箋云"二字，鄭氏之舊，所以別毛氏《傳》也。無《傳》者亦無標題，如《關雎》序"發猶見也"、《葛覃》序"躬儉節用"之類，陸德明云："序並是鄭注，所以無"箋云"者，以無所疑亂故也"。猶是鄭君之舊。《釋文》則以一圈隔之，今本有《釋文》混入於《箋》者，如《關雎》舊解云"至以無所疑亂故也"，《關雎》"后妃之德也"下。又"風之始至並是此義""用之邦國焉"下。是也。閩、監、毛本俱同，此本與下元本俱不誤，可貴也。每頁二十四行，每行大二十一字、小二十五字。缺卷十一至十四，抄補。每册首末俱有"周良金印"、"毘陵周氏九松迂叟藏書記"兩印。

3·2　毛詩注疏二十卷　元刊本

唐國子祭酒上護軍曲阜縣開國子孔穎達等奉敕撰　分卷與宋

刊本同,蓋以《箋》之分卷爲《疏》之分卷也。每頁十六行,每行大十八字、小二十五字。經單行,大字。《傳》、《箋》、《釋文》、《正義》雙行,小字。《傳》、《箋》、《釋文》與宋刊本同。《疏》則以"正義"兩字冠之。詩譜序後即繼以周南、召南《譜》,《毛詩校勘記》曰:《書錄解題》云,《正義》備《鄭譜》於卷首。陳氏所見乃《正義》原書,爲得其實,則知《鄭譜》散入各處不復總序於譜序下者,後來合併經注、《正義》時所改也。此一譜與譜序接連,正其跡之未經盡泯者。閩、監、毛本俱移此譜入卷第一中,鄭氏《箋》、《正義》之後,非是。

毛詩正義序抄補

3·3　毛詩本義十六卷　明刊本

宋翰林學士兼龍圖閣學士朝散大夫給事中知制誥充史館修撰判秘閣歐陽修撰　是書每篇冠以小序,經文下備列《傳》、《箋》,後乃繫之以論與《本義》。通志堂本刪去小序、經注,止以篇名標題,蓋非歐陽氏之舊矣。

張瓓跋開禧三年

3·4　潁濱先生詩集傳十九卷　先君子手抄本

宋蘇轍撰

3·5　詩總聞二十卷　舊抄本

宋汶陽王質撰

自序曰:窮經。一有志。死生禍福,不遷之徹爲期,愈疑愈堅,愈滯愈壯,志也。二有識。所見愈卓,所得愈多,當恢崇充羨,常若有所不足,識也。三有才。難探之淵探之,又有難言之妙言之,又有難發之微,必心口手相應,庶幾其可,才也。四有力。博采庶言,自立定制，苟有所見，運斤成風而不疑，力也。予研精覃思於此幾三十年。丁丑入吳，見謝君士變及此。謝曰："無多談人情是也。"予急有所省。丙戌入蜀，見陳君彥深及此。陳曰："江南人則可，吾關西人不若此。"予益有所省。庚寅再入蜀，至梁，見楊君左車，商州游子也。因詢商山之事，偶及四老之蹟。楊曰："俟子與採芝同心，則商山風土草木自見。何問我爲？"予大有所省。又十八年，自度可書乃書。今具左方：

閏音者，凡音韻是古，音無有不叶，特稱謂之殊，呼吸之別，傳寫舛訛，連析差跌，與夫古人取叶之法不同，轉紐之法亦異，雖古律不可以此而推。然吟咏諷誦亦有所助，蓋怳見古人之心，期語法有不期而會者。作閏音一

閏訓者，凡字義是古，訓多不同，隨語生意，亦有不當爲此訓而爲此訓，有當爲此訓而不爲此訓，有本無異義，強出多端，故語意多暗失。作閏訓二

閏章者，凡分段是古，爲章後爲解，或以韻轉，或以語轉，或以事轉，或以勢轉。當是音調抑揚低昂不同，故文辭相依隨而爲節奏，大率以意細推自見。若拘於繁簡短長，則其意不附章而生。作閏章三

閏句者，凡句讀是古，句有以肅爲整，有以亂爲整。或其意一斷一續之間，一上附一下連之際，迥令人開拓，以至嗢嚅咨嗟從此得入。作閏句四

閏字者，凡字畫是古，字固多通用。亦於偏旁繁省之間，清濁輕重之際，矯揉隱栝，不勞更張，自生義味。但不可率情變文，以附合己意。若繩削得宜，古今略無差別，不見外手它迹。作閏字五

閏物者，凡鳥獸草木是古，物無異今物，但稱謂差殊。今詩所見，不出書傳所載。但博搜詳味，或有一二見，共同一出即可從。

不然亦必兩合。其合仍須有理，可以中情，不可徒求合也。切不用求奇喜新，宛轉推測，其衆所共識，已所經見者不與。作聞物六

聞用者，凡器物是古，今尤無定，展轉差殊。今一鄉一里，其所用制度稱謂有各不同，制度雖同而稱謂不同者，稱謂雖同而制度不同者，而況方俗隔絕，年代深邈。但首尾前後，以意細推自出，縱不即出，久當自省。作聞用七

聞跡者，凡在處是山川、土壤、州縣、鄉落皆不可輕認，亦必左右前後，參伍錯綜，以相推測，或可得其真。亦有不似所在而實所在，亦有實所在而不似所在。先繹本文，徐及他載。作聞跡八

聞事者，凡事實是古，事安可容易推尋，但先平心精意，熟玩本文，深繹本意，然後即其文意之罅，探其事實之跡。雖無可考，而亦可旁見隔推，有相霑帶，自然顯見。作聞事九

聞人者，凡姓號是古，人可顯考者固不在論。其隱昧遺落，亦就本文本意及旁人左右前後推量，雖不得其真，亦可窺見其生死悲愉、善惡老少。雖不得其全，亦可附見其風俗美惡、時節寒暄。與其人互相發明，亦得彷彿。作聞人十

陳日强跋淳祐癸卯

3·6　慈湖詩傳二十卷　文瀾閣傳抄本

宋楊簡撰

自序

3·7　呂氏家塾讀詩記三十二卷　明嘉靖刊本

宋呂祖謙撰　同里嚴氏思菴虞惇校閱。凡《朱傳》與小序異者，一一標出。間附識語，亦極精當。

朱子序淳熙壬子

陸釴重刊序嘉靖辛卯

嚴氏手識曰：鄭《詩》二十一篇。而朱子以《將仲子》、《遵大路》、《有女同車》、《山有扶蘇》、《蘀兮》、《狡童》、《褰裳》、《風雨》、《子衿》、《揚之水》諸篇俱爲淫奔之詩，蓋泥於夫子"鄭聲淫"之一言。故凡詩中有懷思贈答者，概斥之爲淫奔。夫鄭風固淫矣，夫子刪《詩》而淫詩居其大半，則夫子之所刪者又何等詩也？《傳》曰："好而知其惡，惡而知其美。"鄭雖淫，豈無他美之可采乎？執成見以論古人之書，書之不可通者多矣。此高子之《小弁》，所以取譏於《孟子》也。辛酉春二月初十日嚴虞惇閲并記

又曰：或問："《七月》周公作也，《公劉》召公作也，均之陳王事以戒成王。何《七月》爲風，《公劉》爲雅。先儒謂周公遭變，故不入于雅，然乎否乎？"曰："《公劉》言政事也，《七月》言風俗也。既曰風矣，自不得入于雅也。幽不先二南，尊文王也。不總二南，幽先岐後也。不與王風，相屬興衰，非其類也。文王致治，周公反正。十五周風，以是始終之，則尊周公與文王等矣。"

又曰：按毛公以《南陔》、《白華》、《華黍》附《魚麗》後，爲《鹿鳴》之什。次南有《嘉魚》之什，首《嘉魚》，次《南山有臺》，次《由庚》，次《崇丘》，次《由儀》至《吉日》共十三篇。又次爲《鴻雁》之什、《節南山》之什、《谷風》之什、《甫田》之什、《魚藻》之什。而朱子《集註》則云《南陔》、《白華》、《華黍》、《由庚》、《崇丘》、《由儀》六篇皆笙詩，有聲無辭。依《儀禮》以《南陔》附《杕杜》後爲《鹿鳴》之什，其次爲《白華》之什，首《白華》，次《華黍》，次《魚麗》，次《由庚》，次《南有嘉魚》，而下叙與此同。今按《六月序》，《魚麗》繼《杕杜》之後，而《南陔》以下，次第井然。此書因之，以正毛氏之失，今當從之。

又曰：《魚麗》、《南有嘉魚》、《南山有臺》，朱子以爲燕享通用

之樂，今宜從序。朱子之說本之《鄉飲酒禮》及《燕禮》，然其疏解文義，多所未安。如《魚麗》、《南有嘉魚》，則云“即所薦之物，而道主人樂賓之意”。然於《南有樛木》、《翩翩者雛》已不可通，至《南山有臺》、《北山有萊》，則全無所取興，不知詩人亦何取於此。愚謂此詩之義，序說得之。而燕享則歌之以樂賓，非謂竟取義於燕賓也。壬戌九月初五日虞惇記

又曰：《楚茨》已下四篇，朱子云“此公卿力農奉祭之詩”，然詩中皆云“萬壽無疆”，恐非天子不足以當之也。

又曰：《黍苗》、《隰葉》、《瓠葉》三篇，皆思古之詩。今《集註》直以爲美。大抵序所云“陳古刺今”者，朱子皆不取也。

3·8　呂氏家塾讀詩記殘本十九卷　宋刊本

宋呂祖謙撰　原三十二卷，今存卷一至卷十九，每頁二十四行，行二十二字。

朱子序抄補

3·9　毛詩講義十二卷　文瀾閣傳抄本

宋林岊撰

3·10　叢桂毛詩集解三十卷附學詩總說論詩總說
舊抄本　千頃堂藏書

宋廬陵段昌武子武集　原本三十卷，今佚卷五、卷十、卷二十二、二十三及末五卷。每冊首俱有“千頃堂圖書”印記。行在國子監禁止翻板公據，曰：行在國子監據。迪功郎新贛州會昌縣丞段維清狀，維清先叔朝奉昌武以《詩經》而兩魁秋貢，以累舉而擢第春官，學者咸宗師之。卭山羅史君瀛嘗遣其子姪來學，先叔以毛氏

《詩》口講指畫，筆以成編。本之《東萊詩記》，參以晦庵《詩傳》，以至近世諸儒一話一言，苟足發明，率以録焉，名曰《叢桂毛詩集解》。獨羅氏得其繕本，校讐最爲精密。今其姪漕貢樾鋟梓以廣其傳。維清竊惟先叔刻志窮經，平生精力，畢於此書。儻或其他書肆嗜利翻板，則必竄易首尾，增損音義。非惟有辜羅貢士鋟梓之意，亦重爲先叔明經之玷。今狀披陳，乞備牒兩浙福建路運司，備詞約束，乞給據付羅貢士爲照。未敢自專，伏候台旨，呈奉台判牒仍給本監，除已備牒兩浙福建路運司備詞約束所屬書肆取責知委文狀囘申外，如有不遵約束，違戾之人，仰執此經所屬陳乞，追板劈毀，斷罪施行，須至給據者。

右出給公據付羅貢士樾收執照應，淳祐八年七月　日給。

3·11　詩說十二卷 抄本

宋信安劉克學　是書仿《讀詩記》例，每篇條列諸家解而繫己說於後。所採視吕氏加詳。克子坦鋟梓時刪去諸解，獨存克說，與克所著《書說》並刊。今《書說》佚，而是書僅存。讀其書，如說《卷耳》曰：二南之詩皆樂易和平，此詩乃不勝其憂，何也？以其時求之，其當殷之末世，周之盛德耶！當文王與紂之事耶？殷周之際，其係於二代興衰之判者羑里一事，此章非爲羑里發何哉。當橫逆患難之時，太姒惟憂傷歎息，而不敢言、不敢怨，其情如此，所以"采采卷耳，不盈頃筐"也。說《樛木》曰：其文王受命作周之詩乎？文王之王而屈於商紂，有所服事而不得伸，此詩人所謂"南有樛木"也。木雖有所屈，而天下之所依繫於周，與周人所以尊事而壬之者，自固結而不可解。故首章曰"纍之"，猶纏綿也。二章曰"荒之"，荒大也。卒章曰"縈之"，不可而解也。說《蒹葭》曰：謂周道陵遲，王政不綱也。秦居天下上流，視平王遷洛地勢爲下。洛邑既

爲王室，秦之視洛，非宛在水中乎？伊人指平王。襄公救犬戎之
難，故其辭云爾。《蒹葭》亦《黍離》之意，喪亂之後，所見皆此物
也。平王已遷洛，若遡水而上，復圖豐鎬則難矣。其義皆以洛邑、
豐鎬而發。說《正月》曰：平王篡攜王之時國人憂之而作也。於時
平王將挾申甫以逐攜王，攜王獨立無助。詩人專以己之惸獨，以言
攜王伯服之獨立也，懼禍之及，故多隱辭。至若說《鴻雁》則曰周
宣王驅民以興宮室之役，說《大車》則曰周大夫盛飾以挑市井之
女，說《綢繆》則曰曲沃有分晉之漸，說《晨風》則曰秦伯有勤王之
功，以及以《雞鳴》爲刺晏朝，《羔裘》爲譏怙寵，《渭陽》爲嘉釋怨
之類，俱能不襲陳言，自抒心得。然其穿鑿之處，未免近於武斷。
讀者節取焉可也。《經義考》云崑山徐氏藏有宋雕本。此則從徐
氏傳抄本過錄者，缺卷二卷。九卷、十三卷。

　　自序

　　克子坦鋑梓跋淳祐六年

　　吳寬題識曰：成化丁未七月十有九日雨過，新涼襲人，間閱半
餉，三日後遍觀一過，因書以紀歲月云。　　寬

3·12　韓魯齊三家詩考六卷　元泰定刊本

宋王應麟撰　是本刊附胡氏《詩傳纂疏》後。《韓詩》"韓奕幹
正也，謂以其議非而正之"，《玉海》本闕下一句，餘異同處類多。
《玉海》通爲一卷，此本六卷，蓋猶是王氏舊第也。

　　《易》有"三易"，《禮》有"三禮"，《春秋》有"三傳"，《詩》有四
家。《連山》、《歸藏》、《周易》是爲"三易"。《連山》、《歸藏》今不復
見。《太玄》做《連山》，《潛虛》做《歸藏》，予嘗參放《三易筮法》纂成
一編矣。"三禮"則朱子嘗輯《儀禮》爲經、二禮爲傳。《春秋》則《左
氏》、《公羊》、《穀梁》竝行於世。《詩》則齊、魯、韓三家之說不傳，今

所傳唯毛氏耳。予官中秘書，授詩藩邸。春容道山羣玉間，與祕書郎王伯厚尚論古詩。伯厚出示《詩考》一卷，傳齊、魯《詩》乃散見於傳注者，會粹爲一。雖曰存十一於千百，然四詩異同可備參考。昔齊、魯《詩》盛行於時，《韓詩》則燕趙間好之，《毛詩》後出，未大顯也。齊、魯、韓《詩》並立學官，至漢平帝時《毛詩》始得立。魏晉亂離，齊、魯《詩》廢絕，《韓詩》雖存而寖微，唯毛氏獨行，以至於今。此四家《詩》興廢之大略也。伯厚家學淵源，一翁二季，殫見洽聞，以博學宏詞名世。伯厚謂真宏博者不在是，方將刊華就實，盡洗時粧，顓意古學。予深嘉而力贊之。予亦有嗜古癖，敬題卷首，以見同館友朋切磋琢磨之古誼。景定五年甲子良月之望古涪文及翁伯學甫序

　　愚讀內翰王公《詩考》，不覺擊節而言曰：是編雖不過僅存什一於千百，然亦何止足以知四家《詩》興廢之大略，真足以扶微學、廣異義，羽翼朱子《集傳》之書，以詔當今、傳萬世者，其功誠不可以淺小論也。何以言之？如《關雎》一也，毛以爲后妃之德，韓以爲賢人詠之以刺時，魯則又以爲詩人歎而傷周康王之后。《芣苢》一也，毛以爲衛頃公之時，仁人不遇，小人在側，韓則以爲衛宣姜之所自誓。《燕燕》一也，毛以爲衛宣姜歸其娣而送之。《鼓鍾》一也，毛以爲刺幽王，韓則又以爲作於昭王之時。《黍離》一也，毛以爲周大夫行役作，韓以爲伯封作，魯則又以爲衛宣公之子壽閔其兄伋之，且見害作賓之。《初筵》一也，毛以爲衛武公刺時，韓則又以爲武公飲酒悔過。三家寂寂僅存，而毛與之不同者已如此。《正義》曰“毛與三家異者，動以百數”。此而觀之，何止百數之不同哉。然因其所不同者若此，於以知毛氏所引序以冠篇首，不惟決非夫子作，亦決非子夏作，或者反爲毛自得所傳受，尊而引之，後漢衛宏又復增廣潤色之也。使果作於子夏以前，則必爲四家之所同引，又何至紛紛有如是之牴牾哉。朱子猶以毛序所從來者遠，其間容

或真有傳授、證驗之所不可廢者，又復頗采以附《傳》中，可謂一出於大公至正之心而不容纖芥私意於去取間矣。愚獨恨四家遽絕其三，使其殽亂，不得以盡折於朱子之手，以統壹聖經。而幸斯道猶幸而《詩考》之僅存，使觀者略有以見毛氏牴牾之迹，信朱子黜小序之當，而悟末師專已守殘之陋。此愚所以謂真足以扶微學而廣異義、羽翼朱子《集傳》，以詔當今、傳萬世者，其功誠不可淺小論也。愚故編寘《集傳》之末，圖與四方朋友共之。俾由此以讀朱子《詩序辨說》，則知其爲誠萬世不刊之論也。《正義》又曰齊、韓之徒與毛氏異者，非有壁經可據。愚亦曰毛氏與齊、韓之徒異者亦非有壁經之可據也，烏可致一偏之論於其間哉？況毛氏之於三家，最爲後出，安有小序三家不得之於前而毛氏乃得之於其後也。讀者尚有以考斯。延祐甲寅秋新安後學胡一桂序

3·13　詩集傳附錄纂疏二十卷 元泰定刊本　汲古閣藏書

　　朱子集傳　元新安從學胡一桂《附錄纂疏》　是書以朱子《集傳》爲宗，取語錄、文集之及於詩者謂之《附錄》，諸儒説詩之合於《集傳》者謂之《纂疏》。其朱説有未安者，間亦旁參他説。如云諸家皆本序説，姑纂一二。《采葛》或云姑備諸説，《丘中有麻》或云姑備雜考，《甫田》或云備詩説者覽焉。《有女同車》蓋雖不敢顯違朱子，而亦隱示不墨守朱子也。胡氏之説，以“愚按”“愚謂”別之。所引謝疊山説，頗有出吳氏元長輯本外者。如《鵲巢》，《纂疏》引疊山謝氏曰：“一章曰御夫人初嫁，國君親迎，御輪之幣必百兩也。二章曰將夫人初嫁，所將幣帛必百兩也。三章曰成御以百兩，送以百兩，宜其室家而婦道成也。”《二子乘舟》，引疊山謝氏曰：“又以大義斷之，二子不能全身逭害，遺其父以不慈之名，二子順親之心雖不可瑕玼，二子愛父之道則未爲盡善。使其父萬世被不慈之名，是二子之死有害於大義也。誰謂詩人之辭無《春秋》之義乎？”《破斧》引疊山謝氏曰：“周公東征三年器械用之勞，而破缺者不過斧斯錡銶耳。若車馬弓弩戈殳矛戟無一損壞，其不嗜殺人，不戰而勝可見矣。”諸

條吳氏輯本俱未採。知吳氏雖列《纂疏》之名，實未見《纂疏》全書也。案《元史‧儒學傳》，一桂著《周易本義附錄纂疏本義》、《啟蒙翼傳》、《朱子詩傳附錄纂疏》並行于世云云。今惟《周易傳疏》、《啟蒙翼傳》刊入經解，世多有之，此書則傳本絕稀。《經義考》著錄八卷，錢氏《補元史藝文志》同。注“未見”。儲藏家亦絕無著錄者。是本元刊元印，首尾完善，洵經義中驚人秘笈也。語錄輯要後有“泰定丁卯仲冬翠巖精舍新刊”木印，卷首有“毛子晉”“毛斧季”印記

　　善乎朱子之於《詩》，足以知聖人也，取經而傳之，祖刪述之本旨而含前儒傳言失意之餘慮，傳之作也有由哉。周德既衰，詩亡樂缺，所賴見先公先王風化之自者，惟三百篇。夫子生晚周，拳拳於二南，唯恐人心之不爲於師摯，聞《關雎》洋洋盈耳，欣幸之至，歌詠不絕，興詩立禮成樂之語，豈虛發哉。朱子於千載之後，感歎哲人云亡，衆喙涫亂，恐聖人扶持詩樂之意不傳，乃分別正聲之可弦可歌者，其餘鄭衛之間有關淫竇情性，弗得其正，辯而闡明，以防閑人心及排小序之誤，理煥辭釋，使後死者得與於斯文，彰聖人之功莫大焉。其書又豈肯自居於疏下。近世《詩》解甚多，如李迂仲、呂伯恭皆善言，惟華谷嚴氏獨能詣風賦比興之趣，識其正體，其間援朱子言者多。是知朱《傳》不得不爲《詩》之統宗會元，雖聖人復出，不易斯言也。然則今胡氏之《附錄纂疏》及稽《齊魯韓三家詩考》，捃摭星宿於羲娥後得無戾朱子意乎？曰不然。漢儒自申轅而下，專門者絕力模倣，皆爲羽翼聖經，獨如支流之未抵於海，習射之未至於的，則各有見焉。今之纂集大成，隲括前後，鏤剔衆說。學者得之，如大庖厭飫，不但染指嘗鼎，胡氏之心豈弗良苦。觀其精力玆書，没身乃已，後十餘年始得。今劉氏君佐，迺朱子故友。劉用之，後人大不忍以用。朱子之學者，堙鬱不售，亟鋟諸梓，使學者誠能於此沉浸參酌，舉疏而傳通，舉傳而疏通，明經取青紫之士，

其事業所得，燭照龜卜，較然甚明也。書肆舊有《書傳纂集大成》
行之於四方，信矣，今《詩傳纂集大成》，人間有此雙拱璧，將爭先
覩之，政不待序而後顯。劉氏曰是序也。時泰定第四橫彊圉單閼
歲長至穀旦乙丑後學從仕郎邵武路總管府經歷致仕盱江揭祐民從
年父書於建東陽翠巖劉氏家塾

　　朱子詩集傳序

　　詩傳附録姓氏　　纂疏姓氏

　　詩篇目録

　　詩傳綱領

　　語録輯要

　　文塲取士，《詩》以朱子《集傳》爲主，明經也。新安胡氏編入
《附録纂疏》，羽翼朱傳也。增以濬儀王内翰《韓魯齊三家詩考》，
求無遺也。今以《詩考》謹鋟諸梓，附於《集傳》之後，合而行之。
學《詩》之士，潛心披玩，蜚英聲於場屋間者，當自此得之。時泰定
丁卯日長至後學建安劉君佐謹識

3·14　詩傳通釋二十卷附詩傳綱領　元至正刊本

　　朱子集傳　**元**後學安成劉瑾通釋　卷一後有"至正壬辰仲春
日新堂梓"木印。卷十六缺，抄補。

3·15　詩傳旁通十五卷類目一卷　文瀾閣傳抄本

　　元梁益撰

　　翟思忠序至正四年

　　愚益此編，不敢自謂成書，不敢輒題目録。然又不可無目以紀
録其事，故姑類聚其目，備觀者之檢閱，而以類目目之云爾。有元
至正四年甲申四月二十三日梁益識

3·16　詩纘緒十八卷　文瀾閣傳抄本

元劉玉汝撰

3·17　詩演義十五卷　文瀾閣傳抄本

元梁寅撰

《詩》以温柔敦厚而垂教者也。其爲言也，既平易而易知。及諷詠之也，又足以感人心而易入，然新學誦之亦有難者焉。其所以難者，訓詁則必欲其明也，義理則必欲其正也。《詩》之所由、作者所當究，而其不可知者爲多也。吾夫子删《詩》之時，未有注釋也。至漢儒以經相傳授，注釋益衆矣。而無所前聞多臆度，故謬誤相襲。朱子《詩傳》獨覺夫千載之失而有以正之。至於字義，尤必有據。凡其穿鑿附會者，悉棄而不取，故曰訓詁之必明也。漢儒之釋經，於正理或昧。迨程、朱之言既行，駁雜之論乃黜。今之讀經者，宜一遵程、朱，勿復互異，故曰義理之必正也。古人之歌詩，如今之歌曲，或頌或規，唯取大意。詩之事實多所未究，以今觀之，其作者爲何人，所指爲何事，勿問之可也，故曰其不可知者爲多也。傳之或簡略者，蓋章解句釋非君子之所尚也。然幼學之士，讀經而懵於傳，讀傳而違於經，非加之意何以究通，故余之所論著，爲幼學慮也。故博稽訓詁以啟其塞，根之義理以達其意。於其隱也闡而使之顯，於其略也推而使之詳。其間與傳牴牾，蓋或時有焉，而以求其是也。君子觀之，恕其僭踰，正其疵謬，則毫言之或傳於後也。非至幸乎。洪武十六年歲在癸亥孟夏之月臨江後學梁寅序。

3·18　詩集傳音釋二十卷　元至正刊本

朱子集傳　元東陽許謙名物鈔音釋　後學廬陵羅復纂輯

《經義考》著録云,合白雲許氏《名物鈔》而音釋之。凡例後有"至正辛卯孟夏雙桂書堂重刊"木印。

　　朱子詩集傳序

　　詩集傳凡例

　　詩傳圖

　　詩傳綱領

3·19　詩經識餘四十二卷　抄本

　　國朝内閣學士兼禮部侍郎臣徐秉義纂輯　缺卷九至二十五凡十七卷。

愛日精廬藏書志卷四

經　部

禮　類

4·1　周禮詳解四十卷　文瀾閣傳抄本

宋王昭禹撰
自序

4·2　周官總義三十卷　文瀾閣傳抄本

宋易祓撰

4·3　周禮句解十二卷　明初刊本　吳方山藏書

宋魯齋朱申周翰撰　卷末有題識云"姑蘇吳岫家藏"。卷首有"葉石君"印記。

4·4　周禮集説十一卷　文瀾閣傳抄本

不著撰人名氏　傳抄閣本，缺卷十一卷，從明成化刊本補録。
陳友仁序

4·5　周官集傳十六卷　文瀾閣傳抄本

元毛應龍撰

4·6　周禮疑義四十四卷　抄本

鄭氏注　賈公彥疏　國朝吳廷華存疑　是書分訂義、疑義兩門。訂義者,取注疏及唐、宋諸家之說以訂正經義也。疑義者,取注疏之義,有可疑者爲之反覆辨論,以正鄭、賈之誤也。具意重在疑義,故以疑義名書,猶《毛詩本義》有論有本義而以本義名書也。自序曰:"經有可據則信之以經,經無可據則信之以理。至經與理俱無可據,則別之爲疑義"。可以知其著書之大旨矣

《六典》姬聖所以致太平,而歆以亡新,王以誤宋,非《六典》故,不能用《六典》故爾。試思五均六幹,催役青苗,考之經文,果出何典?則所用特劉、鄭之說,而掠影者流,因以妄詆《六典》。吾知劉、鄭且竊笑之,然劉、鄭之累《周禮》亦甚矣。莽固漢逆,用《周禮》亡,不用《周禮》亦亡,歆特促之。且《周禮》之傳,由於歆率之說,禮止誤一莽,可置勿論。若元則身任訓詁,當爲千古傳其信,乃多以不經之說說經。故有"膳夫"註,而或疑周爲縱侈。有"載師"註,而或疑周爲橫征。有"大司樂"註,而或以爲師巫之造怪,樂律之悖戾。凡黷祀嚴刑、自私自利之習,悉舉以疑經,斯《周禮》之厄矣。且不特《周禮》,如以耀魄寶混國丘之禮,故六朝之祀無昊天;以靈威仰等亂五帝之名,致八代之祀皆列宿。大裘祭地,所以啟元祐之合祭也;占算斥賣,所以開唐宋之煩苛也。曲學臆說,墨守不移,良法美意,爲累不少,斯又千古治道之蠹矣。余幼讀《六典》,見口率出泉之說而疑。吾師謂余,此鄭說,非先王法。余乃知口率之說爲誤。且知不獨口率之說爲誤,執此以讀諸經諸傳,凡誤如

《周禮》者往往有之。因合"三禮"、"三傳"、"書傳"、《史》《漢》十種，凡疑義千七百餘則。迄今四十年矣，悠忽因循，老已將至。抱此《疑義》，若將終身。豈徒駒隙太速，亦姑待一念誤之。今年以事留三山，得宋儒文康葉氏《禮經會元》，讀之喜其先得我心。但瑜瑕互見，未克全純，爰綴之説。既藏事，復舉新故《疑義》，萃而餘之。《六典》中凡得二百餘則，蓋註疏大槩在割裂經文，傅會史傳。經文史傳之不已，又廣之以緯書。緯書之不已，又廣之以漢法莽制，且又好爲武斷穿鑿之説。其義既紊，其經益多。有宋以來，諸儒多論之。余謂典故在經，精微在理，故必以經晰理，斯可以經解經。鄭氏欲屈理以從心，又欲屈經以從已，故其説多可疑。余之於鄭説也，經有可據則信之以經，經無可據則信之以理。至經與理俱無可據，則別之爲《疑義》。此二百餘則所自志也。雖然余非好疑也，自六經燔而《周禮》幸存，自《冬官》補而《周禮》又幾於不存。末世瀆亂之説倡之於前，十論七難之説排之於後。俞、王五家且以復古之説亂之。今日得見全書，不可謂非大幸。然疑義未析，致千古學者不疑註而疑經，不獨註經者之咎，亦讀經者之責爾。夫漢以來，漢者好自立異，諸聖人精義特爲辨訟所借端，如疑孟非孟、廢疾膏肓等編，皆儒者習氣。余方目爲多事而顧自蹈之，然欲如《春秋調人》，模棱兩可，固非素心所敢安也，則亦與凡讀《六典》者共參之可矣。錢塘吳廷華識

右周禮

4·7　儀禮疏五十卷　影寫宋景德刊本　從吳門黃氏藏宋刊本影寫

唐朝散大夫行太學博士宏文館學士臣賈公彥等撰　是書於經註不錄全文，止標起止，而疏列其下。其標題之例，六字以下則全書之，如"主人受眡"，反之直書全句是也。七字以上則起止，各摘

兩字,如"士冠"至"廟門"是也。雖間有不盡然者,然大要如此。疏與經注,北宋猶各自爲書。如《崇文總目》所載《周易正義》十四卷、《尚書正義》二十卷、《毛詩正義》四十卷、《周禮疏》五十卷、《儀禮疏》五十卷、《禮記正義》七十卷、《春秋正義》三十六卷、《穀梁疏》三十卷、今本十二卷,或經宋人合并歟?《公羊疏》三十卷、《孝經正義》三卷、《論語正義》十卷、《爾雅正義》十卷,皆單疏本也。南宋合注疏爲一,而單疏本遂晦。夫合者所見之經注,未必鄭、賈所見之經注也。其字其說乃或齟齬不合,淺學者或且妄改疏文以遷就經注,而鄭、賈所守之經注遂致不可復識。即如《儀禮》以疏分附經注,非是本與《要義》尚存,則五十卷之卷次且不可考,奚論其他。至是本文義字句可以訂正今本者,校勘記載之已詳,不更贅。缺卷三十二至三十七凡六卷。卷末列校定、再校、都校等銜名十八行。

儀禮疏序

4·8　儀禮經傳通解續二十九卷　影寫元刊本

宋黃榦撰　卷十六至末,則楊復所重修也。此本從元元統補刊本影寫,中多闕文,甚有三四頁全缺者,蓋元本糢糊,寫者未敢臆填,猶有謹慎不苟之意。呂氏刊本凡空白處皆以意聯屬。如卷一"著之冠者""絞帶者繩帶也"條疏。下計缺二百五十一字,呂氏本據賈疏填補,溢至三百七十七字。此類不可枚舉。其以意聯屬,顯然可知。每思得元刊初印本校補闕文,俾是書復還舊觀,願與同志共訪之。目錄後有"元統三年六月日刊補完成"一行,後列銜名五行。

禮也者,天理之節文,人事之儀則也。國有乎禮,則天地以之正,人神以之叙;人有乎禮,則綱常以之定,倫理以之明。而後品章名義等降隆殺有所措。不然,國而無禮,則國不能以自存,人而無禮，則人不能以自立。有若詩人所賦生不如死之言，則禮之爲用大矣，詎可一日缺與？然四德之寶，根於人心者固無存亡，而寓於典章者則有興廢。蓋自夫子之時已興禮壞樂崩之歎，猶幸傳錄之或存。至秦火既燬，典籍遺逸，自漢以來放失尤甚。《儀禮》五十八篇，而僅存十七。制度、文義特出於大戴氏、小戴氏之口。雖有《周禮》一書，祇存其綱領，莫究於儀法品數，且已缺其《冬官》。自是以後，日深日遠，併與禮文亦不復講，上下相承，徒存綿蕝土苴之粗，孰識本制末度之詳，大經小目之密。雖有三千三百之名，莫明本然之妙矣。逮至國朝，始立"三禮"之科，應者雖少，然尚有能推究，古昔考求，義雖不訓，可盡復於既往，猶可以存古於將來。而荊國王氏，併以其科而廢之。於是泯泯棼棼，反以儀則爲可厭，簡便爲得體，且謂古禮不可行於今矣。豈不重可歎與？此紫陽朱子所以慨然有意纂輯，以曉天下之耳目。嘗於經筵奏疏，願置局集生員而討論之，以存禮學於不墜，而待制作於將來。會以慸間，不果遂而失。子退居燕閒，姑自粹錄，分《吉》、《凶》、《軍》、《賓》、《嘉》五禮，而條目燦然，僅成"三禮"而猶有未脫槁者。不幸天萎哲人，遽成夢奠，猶卷卷囑於門人，意尚未忍忘如此。嘉定間嗣子侍郎公在方刻之南康郡學，後來勉齋黃公續成《喪》、《祭》二禮，亦併刻焉，而書監竟取之以去。曾幾何年，字畫漫漶，幾不可讀。識者病之，蓋懼此書之無傳也。佖乘軺東江，因敏本司發下之券尚存，遂即籌度，命工重刻。爰首諮於堂長饒伯興甫，愜契所懷，議以允協，且輟餐供餘鏹以助。遂囑其事於教官丁君抑而任其讐校，於洞學之善士邦侯傃軒趙公希悦亦佐其費，復幹旋本司所有以添給之。志意既同，始克有成。迺就置其板於書院，庶幾藏之名山，或免湮墜。其經之營之，亦其艱矣。然朱子所成"三禮"，止二十餘秩，而勉齋所續則又倍之。厥後信齋楊君始删其《祭禮》之繁複，稍爲明淨。今

《喪禮》則用勉齋所纂，《祭禮》則用信齋所修。且使六藝之廢缺者，庶乎可備。朱子平日之盛心，庶乎可伸矣。又聞朱子嘗考其因華者定六篇，以示講行之方，旋以議禮爲嫌，遂竟焚去，而獨有天子之禮尚存於集者，可以槩見。異時或欲有所取法，則執此以往，端有待於後之君子云爾。寶祐癸丑冬日南至後學金華王似端拜敬書

　　天高地下而禮行乎其中。是禮也，根於一心，散諸三綱五常，流行乎百千萬世。人而無禮，何以戴履於天地間。蓋自伯夷之典不存，周公之經制寖滅，三千三百之儀名雖僅存而實則亡矣。火德中天，文明開運。紫陽朱夫子以斯文自任，憫“五禮”之寖殘，退自經筵，極力編纂。天理之節文，人事之儀則，臚分彪列，昭如日星，蓋欲覺天下而開人心也。奈何“三禮”之藁甫就，而兩楹之夢已形。勉齋黃公、信齋楊君緝成《喪》《祭》二書，而“五禮”之書始秩然而大備。朱子垂教之盛心，至是可無遺憾矣。雖然不壽諸梓無以廣其傳，朱子之心猶未白於天下後世也。敬嚴王先生詳刑江左，薄書獄訟之暇，首以是書爲急，豈非以刑者輔治之法，禮者出治之本，刑能使人遠罪而已，禮有以使民日遷善而不自知。三復朱子之言，此敬嚴所以拳拳而不容已。一日貽書囑抑曰：“《儀禮》一書，文公平生精力盡在於此。雖《喪》《祭》二禮成於門弟子之手，然昔定於師友平日之講論。昔板康廬，今歸秘府。吾欲掇餐供之餘，補遺書之闕。子其爲我程督之。”抑雖晚學，奚敢不力。於是擇鄉國之通儒，讐校其舛訛，命庠術之端士，董正其工役。始於癸丑之仲春，成於甲寅之季夏。綱目詳備，篇帙整明，使一代鉅典，復爲藏山之秘寶。自非羽翼斯文，惠顧後學，心考亭不心者念不到此。昔昌黎韓公讀《儀禮》，謂文王、周公法制盡萃此書，恨不得進退揖遜於其間。愚何幸，獲觀文公之遺教而無昌黎之遺恨云。是年閏月旦日，門人廸功郎南康軍軍學教授丁抑端拜敬書

　　貳卿久軒蔡先生,曩持節江左,嘗以俸餘二萬楮遺白鹿,買田以助公養,歷年久未遂。敬嚴王公乃移刊《三禮》書。嗚呼,禮之於人,猶桑麻菽粟之爲養,日用飲食,胡可頃刻廢。久軒買田之初心,所以養其身也。敬嚴刊書之盛心,所以養其心也。章侍書堂,適際成書,庸誌顛末,庶覽者知流之源,知葉之根云。是歲重九日,後學崑山謝章拜手謹書

4·9　儀禮圖十七卷儀禮旁通圖一卷　宋十行本

宋楊復撰
朱子乞修三禮奏劄
賈公彥儀禮疏序

4·10　儀禮圖十七卷儀禮旁通圖一卷　元刊本

宋楊復撰　缺卷十四至末,抄補。楊氏自序後有"崇化余志安刊于勤有堂"木印。
朱子乞修三禮奏劄
自序

4·11　儀禮要義五十卷　舊抄本

宋魏了翁撰

4·12　經禮補逸九卷　舊抄本

元汪克寬撰
曾魯序洪武二年
自序

4·13　儀禮疑義五十卷　抄本

鄭氏注　賈公彥疏　國朝吳廷華存疑。　其説謂,《儀禮》十七篇,多天子諸侯卿大夫之禮,非高堂生所傳《士禮》十七篇也。鄭、賈惑於《漢志》,多曲折以求合《士禮》,故附會穿鑿往往有之。又謂鄭、賈不能悉心以觀理,據理以正經。又時以成見強求其合,故其説多可疑云云。此《疑義》之所由作也。漢儒説經,具有師承,非後學所可妄議。然吳氏"三禮"之學,實有根柢,非淺見譾聞,一知半解,輕議先儒者可比。且以經解經,其精當處,要亦有未可没者。是亦可云鄭、賈之功臣矣。

班固《藝文志》言,高堂生傳《士禮》十七篇,傳經家謂即今之《儀禮》,故《宋·藝文志》《儀禮》十七篇註,亦謂高堂生所傳。愚謂高堂生所傳當别有書,非《儀禮》十七篇也。按:十七篇中,《士冠》、《士相見》、《士喪》、《既夕》、《士虞》、《特牲》爲《士禮》。據《曲禮》"士以羊豕",則《少牢》亦《士禮》。鄭玄則以爲大夫禮。《鄉飲》、《鄉射》,亦鄭玄謂之《士禮》。《昏禮》"士"字,亦玄自增入。他如《燕禮》、《大射》、《聘禮》、《公食大夫禮》、《覲禮》,雖玄亦不能強謂之《士禮》。《喪禮》自天子至於庶人,尤爲最著。則十七篇不特《士禮》,故以《士禮》統之。不知此非朱子之言,蓋門人傳記之誤。據前《漢志》載,高堂生傳禮在漢初孝宣時,后蒼最明,戴德、戴勝,其弟子據"三禮"目録,謂《士冠》第一始於二戴,則傳禮時《士冠》未爲經首,安得取"士"字以統十七篇。楊慈湖《石魚偶記》謂,高堂生所傳十七篇爲《士禮》,今《儀禮》多天子諸侯卿大夫之禮,不當以十七篇數偶同而妄意之。其説是也。愚謂《儀禮》并非十七篇,蓋《既夕》當與《士喪禮》合,《有司徹》當與《少牢禮》合。故劉向第以上下篇名之,則《儀禮》又止十有五篇。或《士冠》、《士相見》諸士禮傳自高堂生，其《聘禮》諸篇則又在古經中，後人取之以足十七篇之數。若以此經爲高堂生所傳《士禮》，斷不敢信也。鄭玄、賈公彥惑於《漢志》，多曲折以求合於《士禮》，傅會穿鑿，往往有之。且“二禮”皆殘闕之書，而《儀禮》尤甚，如《聘禮》、《喪服》於十七篇爲最詳，而《聘禮》言勞不言積，《喪服》有族昆弟服，無高祖服，詳者尚略，略者更何論焉。又如《大射》之“小卿”、《士喪》之“負依”、《鄉射》之“奏騶虞”及《覲禮》諸説，或禮不經見，或常制不符，人多疑之。又況作經者本有互文，詳略不同之處非拘文牽義者所得與。韓昌黎謂《儀禮》難讀。余謂解之更難於讀。鄭、賈不知解，又不能悉心以觀理，據理以正經，又時以成見强求其合，故其説多可疑。顧《周禮》註疏，有宋以來人多以爲疑，《儀禮》註疏疑者獨少，謂其累經者細耳。然謂文王十三生伯邑考，何以澄王化之原？士非孤子，自主昏冠，何以協家有嚴君之義？祖禰爲一廟之祀宗，居易夫人之□□，何以正祭法而挽王迹？他如衣冠尊俎、陳設面位之屬，舍古法而自爲之説者，又其淺矣。有世道人心之責者，可略而不講哉？按《儀禮》之學，授經圖所載不下百十家，至朱子《經傳通解》二十三卷，黃勉齋又續以二十九卷，可謂集大成矣。後學小儒何容置喙，但懼疑義未剖，經學益疎，謹合新故《疑義》存之得五十卷，非云羽儀在兹，蓋庶幾大雅之教云。雍正十三年歲次乙卯夏五月仁和吳廷華識

　　右儀禮

4·14　纂圖集注文公家禮十卷　影寫宋刊本

宋朱子撰　門人秦溪楊復附注　後學復軒劉垓孫增注
朱子序

4·15 　内外服制通釋七卷 <small>文瀾閣傳抄本</small>

宋車垓撰 　原九卷，今佚末兩卷。

牟楷序<small>至元後己卯</small>

垓子瑢跋<small>至元後戊寅</small>

垓從子維賢跋<small>上</small>

張復跋<small>至元後庚辰</small>

右儀禮附録

4·16 　禮記月令一卷 <small>巾箱本　汲古閣藏書</small>

漢鄭康成注 　蓋宋刊《禮記》第五卷也。中如經"莽始生"，十行本及閩監毛本俱誤"莽"爲"萍"，按鄭注"莽、萍也"，釋文"莽、步丁反，水上浮萍"，則經文非萍明甚。此本作"莽"，與惠氏校宋本合。注"古者上公"，十行本及閩監毛本俱誤"公"爲"合"。"薙謂迫地删草也"，十行本及閩監毛本俱誤"地"爲"也"。"仲秋命庶民畢入於室"，十行本、閩本脱"仲秋命庶"四字，監毛本"命庶"誤"農隙"，此本俱與惠氏校宋本合，足訂今本之誤。又如經"乃命虞人入山行本"，陳氏《集説》本無"乃"字。"命司徒循行積聚"，陳氏《集説》本"司徒"作"有司"。均與《石經考文》提要所引南宋巾箱本合，其爲宋本無疑。後有"婺州義烏酥谿蔣宅崇知齋刊"木印，首頁有"子晉"印記，又有題識云：《曲禮上》《曲禮下》《檀弓上》《檀弓下》《王制》《月令》，自一卷至五卷計六篇，蓋毛氏所藏之卷帙也。今又失五之四，古物日少，爲惋惜者久之。

4·17 　月令解十二卷 <small>文瀾閣傳抄本</small>

宋張虙撰

　　進《月令解》表曰：臣慮言，臣竊以後天而奉天時，雖夤參於造化，按月以觀《月令》，實肇見於聖明，矧臨萬務之繁，欲極羣書之博，惟探尋於要領，庶頤愛於精神。臣惶懼惶懼，頓首頓首。考《呂氏春秋》之書，承周末聖賢之論。紀分十二，井然彙刮之條；歲盡一周，粲若循環之次。雜之於禮，附以爲經。漢相奏之，固嘗表采；唐宗定此，亦就刊删。雖號鈎深於斯文，未知區別於令序。曷若以孟仲季析爲寒暑之期，於朔望弦占作旦昏之候。所謂舉目皆可見，若欲銳情，又何如凡屢飫，使自得之，非睿知孰能與此。茲蓋恭遇皇帝陛下，心存兢業，學務雍熙。藝圃覽游，澹若觀書之樂；經幃訪問，淵乎嗜古之懷。方當省歲以有爲，因此負暄之入獻，取諸儒共集之典薈。每卷各立之門，會析木、會元枵，隨所舍而改；中夾鍾、中大簇，視其律以更。據往知今，自我作古。嚴恭寅畏，外此何求；輔相裁成，由茲而出。執而論歷，殊史家黑白之分；寫以爲圖，笑巧匠丹青之象。其《月令解》十二卷，繕寫成十二册。謹隨表上進以聞。臣惶懼惶懼，頓首頓首。謹言

　　奏《月令解》劄子曰：臣昨者叨侍經筵，適講《月令》。秋之三月，嘗與侍讀鍾震言，欲待《月令》終篇，以十二月分爲十二卷，書之，納於禁中。時當此月，陛下則以此月一卷觀覽。凡一月之中，陰陽消長之運，星辰出入之躔，氣序之遷改，景物之移易，與夫園林草木之華盛，鳥獸魚蟲之生育，田舍耕耘之節，婦子蠶桑之期，歷歷具載。使置之座側，又切於崔寔之政論；置之几案，何減乎魏徵之諫疏。其於贊化爲益多矣。既而以病，予告有志不成。緣臣身則病矣，而眼猶能觀故書，心能記舊事。於是以秋三月已成之説，上接乎春夏，下逮夫季冬，一一爲之解釋，通前爲十二卷。陛下或許以投進，即當涓日備録，裝褫送上。每一月改，則令以此一月進於御前。陛下展卷，時時玩之，或謂智本天賜，聰本天生。一覽無遺，

成誦在心。何假纂集之爲，不知此非爲記聞設也。惟致於宮中，無事間暇之燕，舉目在前而已。昔有談修養之術者，欲書《月令》置左右，如冬夏至宜謹嗜欲之類，庶得自警。謂陛下守此，則可以裁成天地之道，可以輔相天地之宜。豈謂修養之術哉。臣不勝惓惓。

4·18　禮記纂言三十六卷　明正德刊本

元臨川吳文正公澄纂言

王守仁刊板序 正德庚辰

自序

魏校後序 正德庚辰

吳尚跋 元統甲戌

4·19　續禮記集說一百卷　抄本

國朝仁和杭世駿大宗撰　世駿乾隆間與修"三禮"，凡宋元說禮之書散見《永樂大典》中者悉皆録出，又附益以《黄氏日抄》、吳氏《纂言》、陳氏《集說》及說禮之附見他書者，裒而録之，以續衛氏之書，務取其說之別具新義、不襲陳言者。上溯漢魏，下迄國朝，所採凡一百八十餘家。合衛氏書讀之，亦可云《禮經》之淵海矣。

自序曰：余成童後，始從先師沈似裴先生受《禮經》，知有陳澔，不知有衛湜也。又十年，始得交鄭太史筠谷。筠谷贈以衛氏《集說》，窮日夜觀之，采葺雖廣，大約章句訓詁之學爲多，卓然敢與古人抗論者，惟陸農師一人而已。通籍後，與修"三禮"，館吏以《禮記》中《學記》、《樂記》、《喪大記》、《玉藻》諸篇相屬。條例既定，所取資者則衛氏之書也。京師經學之書絶少，從《永樂大典》中有關於"三禮"者，悉皆録出。二禮吾不得寓目，《禮記》則肄業及之。《禮記外傳》一書，唐人成伯璵所撰，海宇藏書家未之有也。

然止於標列名目，如郊社、封禪之類，開葉文康《禮經會元》之先，較量長樂陳氏《禮書》，則長樂心精而辭綺矣。他無不經見之書，至元人之經疑，迂緩庸腐，無一語可以入經解，而《大典》中至有數千篇，益信經窟中可以樹一幟者之難也。明年奉兩師相命，詣文淵閣搜檢遺書。惟宋刻陳氏《禮書》差爲完善，餘皆殘闕，無可取攜，珠林玉府之藏，至是亦稍得其崖略已。在衛氏後者，宋儒莫如黃東發《日抄》中諸經，皆本先儒，東發無特解也。元儒莫如吳草廬《篇言》，變亂篇次，妄分名目，乃經學之駢枝，非鄭、孔之正嫡也。廣陵宋氏有意駁經，京山郝氏居心難鄭，姑存其說，爲迂儒化拘墟之見，而不能除文史刻深之習。宋、元以後，千喙雷同，得一岸然自露頭角者，如空谷之足音，跫然喜矣。國朝文教覃敷，安溪、高安兩元老潛心"三禮"。高安尤爲傑出，《纂言》中所附解者，非草廬所能頡頏。館中同事編纂者，丹陽姜孝廉上均、宜興任宗丞啟運、仁和吳通守廷華，皆有撰述，悉取而備錄之，賢於勝國諸儒遠矣。書成，比於衛氏減三分之二，不施論斷，仍衛例也。

4·20　禮記疑義七十二卷　抄本

鄭氏注　賈公彥疏　國朝吳廷華存疑　《禮》例與《周禮》、《儀禮》同。杭大宗《榕城詩話》曰："廷華去職，僑居蕭寺，穿穴賈、孔，著《三禮疑義》數十卷。"伏讀《欽定四庫全書總目》曰《三禮疑義》今未之見。則傳本之稀可知。此本從錢塘何氏藏本傳錄，與《續禮記集說》俱屬僅見之書。故並著於錄云。

右禮記

4·21　大戴禮記十三卷　舊抄本

漢九江太守戴德撰

鄭元祐序_{至正甲午}

韓元吉序_{淳熙乙未}

右禮記附録

4·22　禮書一百五十卷　元刊本

宋左宣義郎太常博士臣陳祥道上進

進禮書表

自序

右通禮

鄭元祐序 至正甲午

韓元吉序 淳熙乙未

右禮記附録

4·22　禮書一百五十卷　元刊本

宋左宣義郎太常博士臣陳祥道上進

進禮書表

自序

右通禮

愛日精廬藏書志卷五

經　部

春秋類

5·1　春秋左傳正義三十六卷　臨金壇段氏校宋慶元本

唐國子祭酒上護軍曲阜縣開國子臣孔穎達等奉敕撰。

序

後序

中賓“中”字，宋本甚糢糊，或是“作”字，姑以意定。叨蒙異恩，分閫浙左。仰體聖天子，崇尚經學之意，惟恐弗稱。訪諸僚吏，則聞給事中汪公之爲帥也，嘗取國子監《春秋經傳》集解、正義，參以閩、蜀諸本，俾其屬及里居之彥相與校讐，毋敢不恪，又自取而觀之，小有訛謬，無不訂正。以故，此書純全，獨冠他本，不憚廣費鳩工，集事方殷而遽去。今檢正俞公以提點刑獄兼攝府事，亦嘗加意是書，未畢而又去。中賓竊惟《春秋》一經褒善貶惡，正名定分，萬世之權衡也。筆削淵奧，雖未易測知，然而《左氏傳》、杜氏《集解》、孔氏《義疏》，發揮聖經，功亦不細。萃爲一書，則得失盛衰之迹，與夫諸儒之說，是非異同，昭然具見。此前人雅志，繼其後者庸可已乎？遂卒成之。諸經正義既刊於倉臺，而此書復刊於郡治，合五爲六，炳乎相輝，有補後學，有裨教化，遂爲東州盛事。昔熙、豐大臣疑是經非聖哲之書,不列於學官,識者痛之。中興以來,抑邪訛,尊聖經,乃復大顯,以至於今,世道所關,不可以無述也。於是乎書。慶元庚申二月既望吳興沈中賓謹題

杜氏後序并淳化元年勘校官姓名及慶元庚申吳興沈中賓重刻題跋一篇,依宋本抄補於後。 戊子三月借得朱君文游滋蘭堂藏本及石經詳細手校,凡宋本有疑誤者悉書於本字之旁,經傳文兼從石經,增正一二。七月三十日校。畢泠泉樹華記

南宋翻刻北宋本,無陸氏《音義》,復以《釋文》并借得金梧亭、惠松崖兩先生從南宋本手校者互勘一過。八月廿五日

此宋淳化庚寅官本,慶元庚申摹刻者也。凡宋本佳處,此本盡有。凡今日所存宋本,未有能善於此者也。爲滋蘭堂朱丈文游物。陳君芳林於乾隆戊子借校一部。陳君既没,嘉慶壬戌予借諸令嗣,命長孫美中細意臨校,次子騶伜而終之。吾父有《左傳》之癖,此本當同吾父手寫本,子孫永遠寶愛。文游名夰,藏書最精,今皆散。《左傳》今在歙金修撰輔之家。芳林著《春秋內外傳考證》,宋庠《補音考證》,東原師甚重之。癸亥五月段玉裁記

5·2 春秋公羊經傳解詁十二卷 臨何氏挍宋余仁仲本

漢何休學 後有經傳注、音義、字數三行,"余仁仲刊於家塾"一行,上方臨惠氏評閱語。

序

卷三後題識云:借蜀本大字校此三卷。鄂州州學官書,最爲精善。惜無單疏本校疏文脱誤也。康熙五十六年冬十月望日小山何煌記

康熙丁酉冬,假同門李廣文秉成所買宋槧官本手校,再令張翼庭、倪穎仲各校一過。今以其手校本相勘,猶有漏落。三人僅敵一

手。何秉成之心如絲髮也。書以識愧。己亥初夏何仲友

蜀本校經注三卷

元板校疏

宋槧官本校經注全

唐石經校經

惠松崖評閱

5·3　春秋穀梁傳十二卷　臨惠氏校宋余仁仲本

晉范寧集解　卷末有經傳注、音義、字數三行及國學進士余仁仲、劉子庚、陳幾、張甫、奉議郎簽書武安軍節度判官廳公事陳應行等銜名五行，又"余氏萬卷堂藏書記"木印，上方臨惠氏、李氏評閱語，文公以前據南監本校。

序

昭公十三年"吳滅州來"下題識曰：此卷先命奴子羅中郎用南監本逐字比校訖，又以建安余氏萬卷堂《集解》殘本、章丘李氏《穀梁疏》殘鈔本手校，復用石經叅校。經傳譌謬都淨，注疏中亦十去其五。獨惜余氏本宣公以前、鈔本文公以上俱缺，無從取正耳。康熙丁酉初夏何仲子記

無名氏題識曰：自七卷至末，經傳本惠松崖先生校過。余照惠本臨出。而宋本亦藏余家，又細心校對，一一注出。庶可無遺恨矣。

宋刊《穀梁》余仁仲本，大字廿二行十九字，注雙行，每行廿七字。釋音同

建安余氏萬卷堂本集解校注宣公元年起

章丘李氏穀梁疏校疏文公元年起

南監本

唐石經校經

惠半農閱　棟參

5·4　春秋穀梁疏殘本七卷　抄本

唐國子四門助教楊士勛撰　原十二卷，今佚一至五五卷。單疏本自《儀禮》外，惟《穀梁》、《爾雅》尚有傳本，爲楊氏、邢氏原書。《爾雅疏》未之見。是書則從李中麓藏本轉輾傳寫者，闕文誤字雖亦不少，以無別本可校，姑仍其舊，不取據注疏本臆改也。中有遠勝今本而校勘記未載者，略疏一二於後。襄六年"齊侯滅萊"云云當在"十有二月齊侯滅萊"下，單疏本另標起止，閩本與"莒人滅繒"疏并作一段。襄二十七年傳"織絢邯鄲"云云，當在"衛侯之弟專出奔晉"傳"織絢邯鄲"下，單疏本另標起止，閩本與"衛殺其大夫寧喜"疏并作一段。此可正注疏本分隸之誤也。文三年"死而墜地"，閩本"地"作"者"，案上云"蟲死而墜於地"，下云"蟲飛在上墜地死"，則"地"字較長。宣八年"有事於廟而聞之者去樂句卒事而聞之者廢繹"，閩本"去樂"下多"卒事至"三字。成二年"但傳以此戰不詐"，閩本"詐"作"許"，案上云"豈使詐戰"，則"詐"字較長。三年注"迫近至諡也"，閩本作"迫近至稱諡"，案注云"迫近，言親禰也。桓僖遠祖則稱諡"，楊所見本或有"也"字，故云"至諡也"。五年"又別一"，案又別一者，別例一也。范氏出女例三，別例一，故云"又別一"。閩本一作"引"，誤。十五年"不與大夫之持伯權也"，閩本"持"作"得"，義雖兩通，"持"字較長。昭二十三年"傳於無嫌之義"，閩本"傳"字脫，案疏云"孔子書經游夏爲傳經於不疑之中，而彊生疑傳於無嫌之義而巧出嫌"，則"傳"字似不可少。定元年"人情之意，欲其有得"，案：得謂得雨也。閩本"得"作"益"，誤。哀十二年"夫人薨者十"，閩本"十"下有"而書

葬者十”五字，“八者並書葬”，案：夫人薨者十，隱公夫人、昭公夫
人不書葬，則書葬者止八。閩本“八”作“十”，誤。此可正注疏本
字句之誤也。至若文元年《春秋》“內魯”，閩本“內”作“向”。二
年“著袷嘗者謂之大事”，閩本“之”作“以”。八年“歸其宗廟”，閩
本“歸”作“掃”。八年“有二種之意也”，閩本“二”作“可”。成十
年“衛侯之弟專爲罪兄稱弟”，閩本“衛侯”作“侯伯”、“弟”作
“尊”。十六年“如公羊晝日爲冥”，閩本“晝”作“書”。昭二十六
年“言外者據內生名”，閩本“內”作“丙”。哀四年《春秋》“賊不討
則不書葬”，閩本“書”作“葬”。此則筆畫之誤，尤顯然者也。中遇
“貞”字俱作“真”，蓋避宋諱。“志”作“至”，“如”作“而”，“至”作
“致”，蓋古字通用。“何”作“可”，蓋宋本殘缺，影寫者就半字寫
之，蓋其慎也。是書於傳注不錄全文，止標起訖。綜其體例，大要
有三，或標某某至某某，或標某某云云，或竟標傳注全文一二句。
注疏本欲歸一例，俱改作某某至某某。“釋曰”二字，或有或無，
“傳注”則一一標出。注疏本“傳注”二字大半刪去，而每段俱增
“釋曰”冠之，非單疏本尚存原書，面目無從復識。是固當與《儀禮
疏》同爲希世之珍也。

5・5　春秋啖趙二先生集傳纂例十卷　舊抄本

唐陸淳纂

5・6　新刊標注蜀本王學士當春秋臣傳三十卷　舊抄本

宋王當撰　直學省元曾基之、學諭省元丘聞之同校正。

5・7　春秋五禮例宗十卷　舊抄本

宋雪川張大亨集　闕卷四、卷五、卷六三卷。

自序曰：昔杜元凱作《釋例》，以明《春秋》異同之義，事類相發，各爲條綱，使覽者用力少而見功多，可謂善矣。然其間維以傳例與經踦駮，而又摘數端，不能該盡，學者病之。唐陸淳乃因啖趙之餘，別爲《纂例》，其所條別，一出於經，比於杜公詳顯完密。後之說者，謂之要例，於淳拘於微文捨事從例故事，有相濟以成而反裂爲數門者，非持差失其始終，抑亦汨昏其義趣，聖經大旨支離失真，迷眩後生，莫此爲甚。蓋人之美惡，大小萬殊，聖人因其實而被之以名，豈顓拘於繩約，若乃定其筆削，以示後世，則固有典要存焉，善學者因其人之美惡，以推聖人之心而究觀其典要之所在，則其旨不辨而自白矣。顧予非知經者，特懼子弟之溺於斯，乃緝本文。　通其乘舛以刊前作之誤，名曰《春秋五禮例宗》，蓋《周禮》盡在魯矣，聖人以爲法，凡欲求經之軌範，非五禮何以質其從違。觀者或無間於古今，則當信予言之不妄也。紹聖四年二月十七日序

5·8　春秋讞二十二卷　文瀾閣傳抄本

宋葉夢得撰　　凡《左傳》十卷、《公羊》《穀梁》各六卷。

5·9　東萊呂太史春秋左傳類編　舊抄本

宋呂祖謙撰　　不分卷。自周至論議凡十九門。官制分子目九，曰周、曰魯、曰晉、曰楚、曰齊、曰宋、曰鄭、曰衛，附諸小國曰家臣。論議分子目七，曰典禮、曰兵、曰土功、曰荒政、曰火政、曰諸侯政事、曰名臣議論。每門俱前列《左傳》而以《國語》附其後。首有年表三十、綱領二十二，則年表者以魯紀年，而諸國征代、會盟諸大事列其下。綱領者，雜採《尚書》、《周禮》、《禮記》、《論語》、《孟子》、《國策》、《漢書》及晉杜氏預、宋呂氏希哲、謝氏良佐之說，以爲一書之綱領也。是書《直齋書錄解題》、《宋史·藝文志》、明《內

閣書目》著録六卷，《經義考》注"佚"。伏讀《欽定四庫全書總目》曰《左傳類編》久無傳本，則是書之佚久矣。此本首尾完整，洵稱奇秘。惟不分卷數，與陳氏等所載不符，或傳寫者合并歟？

《直齋書録解題》曰，《左傳類編》六卷，吕祖謙撰，分類内外傳事實、制度、論議凡十九門，首有綱領數則，兼采他書。

程端學曰，《左氏類編》，門人所編。春秋本義

5·10　春秋左氏傳續説十二卷附綱領　文瀾閣傳抄本

宋吕祖謙撰

5·11　左氏摘奇十二卷　影寫宋刊本

宋胡元質撰

《左氏摘奇》，皆手所約取，鋟木於當涂道院，與同志者共之。乾道癸巳元日吴郡胡元質書

《直齋書録解題》曰，《左氏摘奇》十二卷，給事中吴郡胡元質長文撰

5·12　春秋分紀九十卷附例要　抄本

宋程公説撰

司馬子長始爲紀傳表書，革左氏編年之舊踵，爲史者咸祖述焉。近歲程君伯剛又取左書釐而記之，一用司馬氏法。然則編年果紀傳表書之不若乎？按《詩》王政廢興，大小分載，是爲二雅；十五國事，各以條列，則曰國風。此固紀及世家之權輿也。懷襄既定，邦賦以成，厥有《禹貢》；前代時若，分職以訓，專爲《周官》。此則八書之端緒也。左氏身爲國史，讀夫子之《春秋》，將傳焉以翼之，遂爲席卷載籍，包舉典故，囊括萬務，并吞異聞之規摹。然事雜

而志繁，義叢而詞博。非智臆之大，或得此而遺彼；非精力之强，或舉始而忘終。析異合同，彙分區別，君蓋善學左氏者，匪編年不紀傳若也。始君爲邛南校官，嘗過漢嘉，我先忠公實爲守，君入謁以《春秋》官制贄焉，先公異之。俾侶往丹鉛點勘，不以旅寓輟。後三十餘載，書既藏秘府，君弟季與自頌臺薇省作牧宜春，鋟而廣之，以序見屬。於是從君之子子午取全書繙閲焉，年表之卷九，世譜七，名譜二，書二十有六，周天王事二，魯六，晉至吳世本之數與書等，次國、小國、四夷附録十有三。其於諸書力尤浩大，凡厥典制、宗王揭周、侯度不恭，是非自辨，封建廣狹、閏餘舛差，説多紛紜，訂使歸一。當曦之叛，棄官入山。茹涕修之，事定竟死。子午語我，猶記遺言。吾書始周，終肅謹氏。金源自出，臣子可忘。嗚呼，夫子《春秋》，有事有文有義，尊王抑霸，貴夏賤夷，此所謂義非耶。今事與文，君既殫精思矣，其於義也，不惟筆之，抑又身之。自唐以來，或欲獨究遺經，閣束“三傳”，不知鑿空而立己見。興比事而探聖心，所德孰多，使與君同時獲見此，曰必將傳吾改。是君名公説，籍叙宣化，故口徙云。淳祐三年夏四月乙卯南光游侶序

《周禮》有史官掌邦國四方之事，達四方之志。諸侯亦各有國史，大事書之以策，小事簡牘而已。《春秋》，魯史也。仲尼加筆削爲垂世之經；孟軻氏發明宗旨曰“世衰道微，邪説暴行。有作孔子，懼作《春秋》”。春秋，天子之事也。是故孔子曰“知我者其惟《春秋》乎，罪我者其惟《春秋》乎”。又曰“王者之迹熄而《詩》亡，《詩》亡然後《春秋》作。晉之乘，楚之檮杌，魯之春秋，一也”。其事則齊桓、晉文，其文則史，其義則某竊取之矣。烏乎孟子之言，則《春秋》傳心之要也。夫《春秋》爲天子之事，當本之周，曷爲本之魯也。本之魯，而“元年春王正月”加“王”乎？其間以魯而系之王，示天下諸侯皆當宗王也。列國之事不一矣，事有隱惡，安得盡

見之。赴告册書，所可見者，大綱存焉。舉其大綱則妙而天道，微而物變，與夫國異政、家殊俗可以推見。此《春秋》詳於内魯而亦該夫侯國之政也。《左氏》傳經，紀載博備，兼列國諸史之體，使後之訟事以求經，不爲無取。然或謂艷而富，其失也誣。公、穀二《傳》，解經多而叙事略，亦蔽於短俗。學者高則束傳而談經，下則詢文而違理。嘗竊病之，輒推《春秋》旨義，即《左氏傳》分而記焉。事雖因於《左氏》，而義皆本諸聖經。又旁采《公》、《穀》及諸子之説。精且要者，附正其下。冠有周，尊王也；次以魯，内魯也。自晉以下，爲世本者十有二，次國小國各自著録。又爲年表、世譜，書總九十卷，目曰《春秋分記》。曲明聖人遺意，以示來世。至於得失盛衰之變，亦備論其故。蓋《春秋》則以見天下之當一乎，周而分記則以見列國之所以異，因其異而一之，此分記所爲作也，尚《春秋》意也。開禧二年歲在乙丑春正月丙戌眉桂枝程公説伯剛甫序

　　先兄伯剛自童丱至强仕，殫思於《春秋》一書，不自覺其心力之耗，重以感時憤懣，没其元首。言之，可爲楚愴。猶幸先一年而《分記》書脱藁，持是以待後之學者。其爲壽也，不亦多乎哉。兄早登進士科，須次親庭，及爲廣都主簿、臨卭教官，公許皆得侍左右。每見其窮晝夜，廢食寢節，玩索探討，鈎纂竄易，前後積藁如山。先君子先大人一日閲所坐蒲團穿破，意竊嘉之而亦憂之，或勸以惜精神，養壽命。兄拱手答曰："學不可以而修短不可期。苟得就此書，庶無負大人及吾母教誨。"二親固疑其語之不祥，後一年而卒。死生出入，意者自有見而然耶？公許幼刻意，欲自見於詩文，所習博雜。兄責之甚屬。忝繼名弟，偶以組繡鏨悦見知於當代。文章家游揚引重，謬承人乏。載筆入直禁省，而經訓奥奥，未之有省多。以是有愧於吾先兄。是書嘗得備四庫之儲，塵乙夜之覽。學《春秋》者多欲傳抄，苦於編帙之夥誤，口口恩職牧宜春，六

閱月,綱條粗整。因有餘力刻梓公帑,廣其傳於四方。兄玉立頎秀,蜀之儒先若李文懿公、楊恭惠公、劉文節公、游忠公、劉清惠公寶謨、宇文公,皆深知之。而鄧元卿、薛中章、宋正仲、李德季、馮公輔、程元甫、李貫之、張義立,與今秀嚴李微之太史諸賢,則同志而相與講論者也。東南鉅公將指使蜀,兄與之際遇,尤加賞而敬愛之厚,莫若大諫溫陵傅公。傅公在朝訏嗣音之間闊,適有故吏上謁,亟問以安否,狀何如。吏具以答,傅公歎惋不已。兄之學於《春秋》爲專門,然每與仲遜兄揚推今古,所著《金石刻辭》極精詣,詩亦雅淡,銳欲以不朽自樹立,而皆不克壽,可悲也已。宇文公正父從南軒最久,以學行著西南。兄事之期年,得南軒講論理性之說,益以茲事自任。天假之年,其所成就,詎止是耶。猶子子任,頃歲避地下峽,乃盡以兄遺文篋藏與俱,油口風濤,猶《分記》得免。適經進副木留京邑,得以參校舛誤。斯文之不墜失也,而忍使之堙晦無傳,可乎?若夫仲氏之詩文甚富,不幸併燬於兵難矣。兄之言行,得文節劉公誌墓,足以詔永久。論著之法,亦已詳所自爲序及知院資政公毅堂游公冠篇端之作。手足鍾情,愴慕奚極。凡夙昔所親見,兄稽古之勤、求益之切、取友之端,具載如上方,抑以表見吾兄此書非與淺學編類以備遺忘者同。覽者當自知之。公論在人,小子不敢得而私也。淳祐三年癸卯歲立秋節季弟朝奉大夫直寶謨閣知袁州軍州事借紫程公許序

5·13　春秋講義四卷　文瀾閣傳抄本

宋戴溪撰

5·14　春秋集傳十九卷附綱領　抄本

宋張洽集傳　是書《經義考》注“佚”,諸家書目亦絕少著錄

者。伏讀《欽定四庫全書總目》曰，《集注》遺本僅存，《集傳》則佚
之久矣。今讀其書，統會羣言，掊擊偏辨，尊王黜霸，大義凜然。凡
二百四十二年之事，與漢、唐以來諸儒之議論，莫不考覈研究，以成
一家之書。其采集衆説，以一家爲主，而以諸家之説可互相證明者
附注於下，所採自"三傳"外，於晉、唐則杜預啖助趙匡陸淳，於宋則
二孫覺、復，二劉敞、絢，伊川程氏頤、襄陵許氏翰、武夷胡氏安國之説居
多，餘若晉范氏寧、唐孔氏穎達、宋蘇氏轍、呂氏本中、胡氏寧，以及王
氏、石氏、任氏、景氏、范氏，名俱未詳則偶一採取，不及杜、啖諸家之
備也。洽亦間附己説，如隱公元年"春王正月"條，謂周人改月，見
於書傳，坦然甚明。但當時兼存夏正，故經傳之間互見迭出，深以
胡氏夏時冠周月之説爲非，辨析至詳。附注幾及千言，皆《集注》
所未及。是固當與《集注》並行而不可偏廢者也。原本二十六卷，
今佚卷十八至二十卷、二十三至末，凡七卷，缺省投進狀。後有
"延祐甲寅李教授捐俸補刊於臨江路學"兩行。

　　張洽繳省投進狀

　　洽曾孫庭堅《綱領》後跋曰：路學所刊《集傳》無《綱領》。庭
堅延祐甲寅承命校正，遂以此請李廣文併刊，方爲全書。諸費皆廣
文自爲規畫，不申支，不題助，故事成而人不知。第《集注》沿革未
刊，庭堅繼今圖之，百拜謹識。

5・15　春秋説三十卷　文瀾閣傳抄本

宋洪咨夔撰
自序

5・16　春秋左傳句解七十卷　元刊本　曝書亭藏書

宋林堯叟注　明崇禎時杭州書坊以林注分附杜注，而是書遂

晦。此本猶是林氏原書。首卷有"朱彝尊錫鬯"、"南書房舊講官"
兩印。

5·17　春秋纂言十二卷總例五卷　舊抄本

元吳澄學
自序

5·18　春秋三傳辨疑二十卷　文瀾閣傳抄本

元程端學撰

5·19　春秋讞義十二卷　抄本

元吳郡後學王元杰集讞　伏讀欽定《四庫全書總目》曰,原書
十二卷,久無刊本。諸家所藏皆佚脱其後三卷,無從校補云云。此
本後三卷完善無闕,可貴也。
干文傳序至正十年

5·20　春秋諸傳會通二十四卷　元至正刊本

元廬陵進士李廉輯　自序後有"至正辛卯臘月崇川書府重
刊"木印。
自序
凡例
讀春秋綱領

5·21　春秋識餘十六卷　抄本

國朝內閣學士兼禮部待郎臣徐秉義纂輯

愛日精廬藏書志卷六

經　部

孝經類

6・1　孝經述注一卷　文瀾閣傳抄本

明項霦撰

欽維聖明天子,應天啟運,肇造區寓,薄海内外,靡不臣順。首建宗廟,報本追遠,蓋將以孝治天下,爲子孫帝王萬世之業也。嗚呼,盛哉。於是内設臺憲以振風紀,外置察司以糾奸慝,法至密矣。江西爲大藩府,物盛人衆,獄訟繁滋,彰善癉惡,樹之風聲,非學有經術廉慎明察者不足以與兹選。己酉冬,乃命安君智來爲憲副,項君霦、郭君永錫共僉憲事,受命陛辭,玉音懇惻,其所付任不亦重乎。安君舊歷顯仕,有學有猷。郭君由神童擢科第,累任繁劇。項君家世業儒,隱居十有餘載,克承父志,著書立言,其經濟之資,蓋可想見矣。余以盲病告老寓洪,三君之來也,廼不鄙而枉顧焉。耳其言,挹其氣,雍容端重,意藹如也。他日,憲從事劉君鼎承憲副之意而致辭曰:“項君之述作固多,難以悉舉。今姑取其集書内《孝經註》一篇,將廣其傳,蓋樂其有關於治道也。敢祈一言以冠之。”余不得辭,乃爲之言曰:孝百行之原,行仁之本也。德修於身,教成家國,而化行乎天下,此自然之理也。故夫子稱舜爲大孝,而武王、周公爲天下之達孝。然則帝王之治，孰有加于孝乎。漢文置《孝經》博士，幾致刑措。唐太宗以孝弟設科，而死囚歸獄。氣象雖殊，理一而已。後世教化不明，彝倫攸斁，民之犯法也，非出於不知則出於不幸。不揣其本，一切以法繩之，刑政日紊，民乃不堪，是以治日常少而亂日常多也。近草廬吳公以《孝經》分經傳，正訛闕，爲是書之旨粲然明白。今項君又爲之註，正與吳公互相發明，其亦可謂勤己君以觀風行部，所以發其所用之學，迨將信而有徵。安君又將鋟梓以播之，使江西之民家有是書，人有是德，悖慢之俗除，禮樂之習興。所謂振風紀者，將於是乎在。由是推之，天下四海，人人有士君子之行，則堯舜三代之治必將權輿於此。其於聖天子孝治天下之心顧不韙歟？昭既慕項君學術之正，復嘉憲副公與人爲善之美。於是乎書。前提刑按察司副使臨川黃昭序

　　項霦自識曰：此書孔子傳道與曾子本旨，初言孝之綱領始終及天子諸侯大夫士庶人之孝，中復次第申言以紬繹其義，末言臣子及天下之通孝以終焉。曾子門人記錄，尊之曰經，凡十有八章。舊本頗有錯簡，今從古文更加，次弟訂正，略爲訓詁，以便初學。

五經總義類

6·2　經典釋文殘本一卷　宋刊本　元崇文閣官書

　　唐國子博士兼太子中允贈齊州刺史吳縣開國男陸德明撰　存《春秋左氏音義》之六一卷，蓋全書之卷第二十也。《釋文》自宋槧本、葉氏影宋本外，有通志堂徐氏、抱經堂盧氏兩本。宋本謬誤，觸目皆是。徐、盧兩家誠有撲塵埽葉之功。然亦有宋本不誤而今本妄改者，如昭公傳二十八年“孋姬”，注云又本作“麗”，獻公伐孋戎所得。蓋陸氏所據本從女，故標孋姬，因見別本有作“麗”者，故注云

"本又作麗"，然不敢改所據之本，故仍云"孋戎"，此漢人謹守師承之遺習也。徐氏本誤"孋戎"爲"驪戎"，盧氏本同，并據《檀弓》所載《釋文》于"本又作麗"下添入"亦作驪"三字，不知此乃《禮記》之釋文，非《左傳》之釋文也。陸氏所據《禮記》本作"孋"，與《左傳》同，故亦標"孋姬"，別本有作"麗"者，有作"驪"者，故一一注明。至其所見《左氏》，則止有從女不從女之別，並未見有從馬之驪字也。且《左傳》所載釋文，並無"亦作驪"三字，"孋戎"亦不誤，不過誤"孋姬"爲"驪姬"耳。盧氏何不一審之？豈《禮記》所載之釋文可據而《左傳》所載之釋文轉不足據耶？然此猶有《檀弓》可據也。如定公傳二年"敲"，注云"苦孝反，又苦學反"。《説文》作𣪣，云擊頭也。《字林》誤作𢾭同。又一曰擊聲也，口交反，又口單反，訓此敲云橫擿也。又或作茅，或作𣂏，口交反。徐本誤《説文》作𣪣之𣪣爲𢾭，誤橫擿之擿爲搉，餘與宋本同。案《説文》殳部𣪣字訓擊頭，攴部𢾭字訓橫擿，則𣪣、𢾭二字不得混而一之矣。又案《左傳》所載釋文，《説文》作𣪣，𣪣亦誤𢾭，訓此敲云此作從似長，或作茅，或作𣂏。盧本改作或作挈，或作搞。案盧氏《考證》云，注疏本又或作挈，或作搞，又作茅，或作𣂏。大譌。是則竟若《釋文》本作挈、搞，注疏本誤作茅、𣂏也。𣂏，《説文》訓擊，與𣪣字同義。茅或是矛字，謂之大譌，亦似過當。夫宋槧既存，葉氏影宋本即從此出。注疏本及徐氏本又與宋本同，則盧氏所見更無別本矣。《考證》云云果何説也，得毋致後學無徵不信之疑歟？又如哀公傳六年"夏書"，注云"書無帥彼五常"一句。案《論衡》曰"五常之道，仁義禮智信也"，則五常不誤。傳十七年"平公敬"，案《史記·齊世家》作"驚"，《索隱》曰系本及譙周皆作"敬"，宋淳熙本《左傳》亦作"敬"。則敬字不誤。又"勛也"，案十行本《左傳》作"也"，則"也"字不誤。徐本改"五常"爲"天常"、"平公敬"爲"平公敖"、"勛也"爲"勛地"，盧本俱因之。是則據今本之傳

注改陸氏當日之傳注也，得毋如臧君所云失漢、唐舊書之真歟。至
若昭公經三十一年“童丘”，微本“童”作“重”，盧因之。案《檀弓》
“與其鄰重”，汪踦往注“重”當爲“童”，是童、重一字也。定公傳元
年“駕鵞”，徐本“駕”作“駕”，盧因之。案《説文》無駕字。《山海經》
曰“青要之山北望河曲是多駕鳥”，注“駕宜爲駕”，則駕即駕可知。
傳四年“杌佗大杌且夫杌”，徐本“杌”俱作“祝”，盧因之。案杌、祝
古字通。《爾雅·釋木》釋文：杌、章木反，本今作“祝”。漢濟陰太守
孟郁修堯廟碑曰“韶磬祝圉”，此以杌爲祝也。北魏孝文帝弔比干碑
曰“揖杌融而求鳥兮”，此以祝爲杌也。哀公傳十一年“繇役”，注云
“本或作傜”，徐本傜作繇，盧因之。案《禮記·王制》注“不給其傜
役”，釋文本又作“繇”。則繇、傜兩字本通。又“粱糗”注云，“糗以
粱米爲之”。徐本粱作梁，盧因之。案《素問》曰“今禁高梁”，注：梁
米也，又曰“高梁之變”，注：“梁、粱也”。則“粱”本通“梁”。傳十四
年“橋命”，盧本“橋”作“撟”。案《荀子》曰“撟飾其性情”，注“撟與
矯通。”《漢書·儒林傳》“橋庇子庸”，《史記·孔子弟子傳》作“矯”。
此橋、矯通之證也。傳二十六年“或蠱”，徐本“或”作“惑”，盧因之。
案：或、古惑字。《論語》“崇德辨惑”，《釋文》“惑”本作“或”。則或
即惑字，不必定作惑也。古人假借通用之字，今人已不盡可知。兹
乃并其可知者而悉去之，則古字之僅存者不幾於埽地盡歟？以上諸
條，皆可訂正今本，而臧跋所未及，故略言之。卷末有國子監崇文閣
官書“借讀者必須愛護。損壞闕失，典掌者不許收受”印記。《元史·
仁宗紀》曰：皇慶二年六月建崇文閣于國子監。《明太學志》曰：崇文閣，元藏書之所。《春
明夢餘録》曰：國子監彝倫堂，元之崇文閣也。又有“子晉書”印，“汲古”“得修
綆”兩印，蓋元代官書，後歸汲古閣者。

　　臧氏手跋曰：右毛子晉所藏宋雕《釋文》《左氏》一卷，借自明
經長洲顧安道家。雖斷圭殘璧，然益足寶貴。近通志堂徐氏板，出

於葉林宗借絳雲樓藏本影寫。余新見葉本，知徐本之妄改者甚多，
猶覺葉本亦有誤，恨不及見絳雲樓真面目。而此卷當即與錢本同，
今取以勘葉本，既皆印合，并多原板不誤，而影寫誤者。如定十四
年"檇李"，檇字作椎下凹。此漢、魏以來俗體，故陸云依《説文》從
木，言當作檇爲正也。而葉、徐本俱大書檇字，則陸語爲贅矣。哀
八年"水兹音"，元本亦作滋、子絲反。因正作兹，或作滋，故陸氏
隨字爲音。《説文》玄部云：兹黑也，从二玄。《春秋傳》曰"何故使
吾水兹德"，明定從之本與許君正同。今注疏本作"水滋"，與或本
又合。因宋板滋字水旁糢糊，葉抄遂作"兹"字。徐氏覺其難通
也，反改正文"水兹"作"水滋"，非特失漢、唐舊書之真，且乖陸氏
之音矣，幸獲此本正之。每葉魚尾上有字數、大若干、小若干。卷
末有總數，經若干字、注若干字，蓋亦六朝、唐宋相傳校勘欵式。而
此卷總數葉抄遺落，故徐本亦闕。至魚尾之數葉皆未録，徐本則不
分大小合計若干，寖失其舊矣。惟魚尾下盡載全目，則非式也。以
第一卷但題文一二字例之，則此卷當題文二十三字，而世人或以爲
瑣悉不足較，或反以全載爲是，或病余之泥古。試質之明經，其與
余見合否也？乾隆癸丑季秋臧鏞堂跋

6·3　九經疑難殘本四卷　淡生堂抄本

宋樵陽張文伯正夫編　原十卷，今存目録一卷，總序、《周
易》、《尚書》、《毛詩》四卷，闕《禮記》、《周禮》、《儀禮》、《春秋》、
《論語》、《孟子》六卷。《通鑑辨誤》八引"張文伯曰"云云，未知即
著是書者否。所採自正義外，如葆光《易解》、鄭氏《周易疑難》、圖
林歇《四詩考異》、《明疑録》等書，今皆失傳，藉此得略見崖略。中
如説《君奭》序"召公不説"曰："召公之不悦者，非爲周公也，自有
所不悦也。召公相文、武、成王三世矣，至成王能自爲政則召公之

年已老矣。而復尊以師保之任，方功成身退之時，而加以莫重之寄，爵位日隆，任責日重，非召公所樂也。況召公已封於燕，身留相周而不得優游於國，不悅之旨，蓋爲此爾。是以周公勤勤作書以留之。此《君奭》之書所爲作也。”其說實先儒所未及，是亦可云有裨經義矣。板心有“淡生堂抄本”五字。

自序

目録卷八《春秋》後自識曰：紹興甲子朝廷兼經，先君鯉堂用《春秋》連取首選，見有《春秋王霸辨微》板行，一經義例顯然在目，與我同志者欲收此書，幸乞示教。樵陽張文伯書

嚴氏手跋曰：宋張正夫《九經疑難》十卷，竹垞先生《經義存亡考》云“未見”，祗載其自序一篇。按正夫名文伯，《經義考》作“伯文”，恐誤。辛亥孟冬不佞游武林，得是本於書坊，僅首四卷，乃山陰祁氏澹生堂抄本。不佞近尋魏鶴山所著《儀禮要義》宋槧本於武林汪氏，與此書皆竹垞未及見之書也。惜生不與同時，不得與竹垞共欣賞耳。嚴元照書

6·4　六經四書講稿六卷　舊抄本

宋黄仲元撰　板心有“繡佛齋藏本”五字。

四如先生事述莆陽吳源撰

仲元九世孫文炳跋嘉靖丙午

四書類

6·5　論語集解十卷　日本堂舊抄本　述古堂藏書

魏何晏集解　中遇“吾”字俱缺首筆，“語”字亦然。豈避日本諱耶？每卷終注經若干字、注若干字，卷末有“堺浦道祐居士重新

命工鏤梓，正平甲辰五月吉日謹誌"兩行，又有"學古神德揩法日
下[缺二字，上一字似是"逸"字]。書"一行。學古神德當是日本人名。揩
法未詳。日下即日本，唐玄宗送日本使[日本《高僧傳》曰：天平勝寶四年，
藤原清河爲遣唐大使至長安。玄宗觀使者趨揖有異，乃號日本爲禮儀君子國，命圖清
河貌納于蕃藏中，及歸賜詩。]曰"日下非殊俗"是也。見《全唐詩逸》。"日
下"下二字，疑是寫此書者姓名，紙質破損，不可辨矣。正平係日
本僭竊之號，詳翁氏海村跋，不更贅。海外古籍，世不多有，剙述古
舊藏，《敏求記》詫爲書庫中奇本者。更二百年轉易數主，仍歸吾
邑，且獲考其源流，正其舛誤，是亦邑中一嘉話也。翰墨因緣，良非
偶然。吾子孫其世寶之。卷首卷末俱有"虞山錢曾遵王藏書"印記。

何晏叙

黃氏手跋曰：何晏《論語集解》十卷，有高麗本。此見諸《讀書
敏求記》者也。《記》云："此書乃遼海道蕭公諱應宮監軍朝鮮時所
得，甲午初夏予以重價購之于公之仍孫。"似遵王之言甚的矣，其
實不然。余向於京師遇朝鮮使臣，詢以此書并述行間所注字，答以
此乃日本書。余尚未之信，頃獲交翁海村。海村著有《吾妻鏡
補》。舉正平年號問之，海村云其年號正平，實係日本年號，並非
日本國王之號，是其出吉野僭竊，其國號曰南朝。見《日本年號
箋》。據此，則書出日本，轉入朝鮮。遵王但就其得書之所，故誤
認爲高麗鈔本耳。是書向藏碧鳳坊顧氏，余曾見之。後歸城西小
讀書堆。今復散出，因亦以重價購得，展讀一過，信如遵王所云
"筆畫奇古，似六朝初唐人隸書碑板，不啻獲一珍珠船也"。原有
查二瞻詩一紙，僅黏附卷端。茲命工重裝入冊，記其顛末如此。己
卯中秋五日丕烈識

翁氏手跋曰：己卯初夏，郡城黃蕘圃先生出示舊鈔何晏《論語
集解》，筆畫奇古，紙色亦古香可愛。此書平曾於錢遵王《讀書敏求

記》中見其目，云遼海道蕭公監軍朝鮮時所得，予以重價購之。行間所注字，中華罕有識者。末云"正平甲辰五月吉日"，未知正平是朝鮮何時年號。平以《高麗史》、《海東諸國記》考之，俱無此號。後見《日本年號箋》，知正平乃日本割據之年號也。按日本九十六世光嚴天皇丙子延元元年，有割據稱南朝者，於出吉野建都改元，時中國元順帝至元二年，歷四世五十五年而終。正平是其第二世，自稱後村上院天皇。甲辰是正平十九年，當日本九十九世，後光嚴天皇貞治三年，中國元順帝至正二十四年也。夫海外之書，槧本、寫本所見亦有數種，雖格式各國不同，若行間有注字，則惟日本所獨也。朱竹垞跋《吾妻鏡》所謂"點倭訓於旁，譯之不易"是也。是則此書斷爲日本所寫無疑，不僅紀年之符合也。平曾有日本著書目，然所見不得十一。近日宋槧及宋、元舊寫本日少一日。此書實繫舊寫，況又來自海外，正遵王所云書庫中奇本，而平亦得共賞其奇，幸甚幸甚。翁廣平識

6·6　重廣陳用之學士真本八經論語全解義十卷　舊抄本

宋左宣德郎充館閣校勘太常博士賜緋魚袋陳祥道撰

自序

6·7　孟子傳二十九卷　文瀾閣傳抄本

宋張九成撰　原三十卷，今佚末一卷。

6·8　尊孟辨三卷續辨二卷別錄一卷　文瀾閣傳抄本

宋余允文撰

　　道不明，由無公議也；議不公，由無真儒也。冠圓履方，孰不爲儒；誦詩讀書，孰不學道。必有得焉，而後能自信，必自信而後信於

人。目或蔽於所見，耳或蔽於所聞。耳目之蔽，心之蔽也。公議何有哉。《易》曰“問以辨之”，《中庸》曰“辨之弗明，弗措也”，道之不明久矣。辨其可已乎？昔戰國有孟軻氏，願學孔子術儒術，道王道，言稱堯、舜，辭闢楊、墨，唱天下以仁義。聖人之道蝕而復明，孟子力也。孟氏没，斯道將晦，七篇之書幸免秦火。後之讀其書者，雖於時措之，宜未能盡識。至其翕然稱曰孔孟，豈可厚誣天下後世，以爲無真儒無公議哉？噫，道同則相知，道不同則不相知。蘭陵荀卿，大儒也，以性爲惡，以禮爲僞。異哉，其所爲道無惑乎？不知孟氏併與十二子而非之也。本朝先正司馬温公與夫李君泰伯、鄭君叔友，皆一時名儒，意其交臂孟氏而篤信其書矣。温公則疑而不敢非，泰伯非之而近於詆，叔友詆之而逮乎罵。夫温公之疑，其意猶俟後學有以辨明之。彼二君子昧是意，其失至此，人之譏誚不卹也。豈以少年豪邁之氣，詆呵古人而追悔不及歟？伊川程先生謂，孟子有泰山巖巖之氣象，乃知非而詆、詆而罵者，殆猶煙霧翁興時焉蔽之耳，何損於巖巖。余懼世之學者隨波逐流，蕩其心術，仁義之道益泯，於是取三家之説，折以公議而辨之，非敢必人之信，姑以自信而已，命之曰《尊孟辨》，係有道者就而正焉。隆興紀元初春望日建安余允文隱之序

　　《續辨》序曰：余作《尊孟辨》，出以示諸友。或曰：“温公之疑，辨焉可也。李、鄭之説不根，奚足辨哉？”余曰，子以李、鄭二子名位勳業之卑歟？何爲不足辨，彼亦文士也，今欲明大道，示至公，苟於貴賤尊卑有所汰擇，是亦徇時態之所爲，其心已不公矣。道胡爲而明，又況常語折衷之文盛行於世。陳次公且謂，劉歆以《詩》《書》助王莽，荀文若説曹孟德以王伯，乃《孟子》一體以常語，有大功于名教。傳説亦謂《孟子》教諸侯叛天子爲非孔子之志，盡信書不如無書之説爲今之害。以常語不作，孰爲究明。如温公之疑，曾

無稱述之者，豈可謂此可辨而彼不足辨哉。或又曰："近世如何，深之删孟，晁説之詆孟，劉原父道原、張俞輩皆非議《孟子》，然皆不取信後學，兹固不足辨。如後漢王充著《論衡》而有《刺孟篇》，近世蘇公軾作《論語説》，而與《孟子辨》者。學者誦習其書以媒進取者總總也，可無辨乎？"余曰諾。遂取王之刺者十、蘇之辨者八、併辨之以爲《尊孟續辨》。雖然《孟子》之書如日星麗天，有目者皆知尊之，豈待余之辨而後尊耶？曰"尊孟"云者，余自謂也。有見聞與余同者，當共尊之矣。乾道八年夏六月甲寅寓東陽毋自欺齋書

6·9　蒙齋中庸講義四卷　文瀾閣傳抄本

宋袁甫撰

6·10　讀四書叢説八卷　舊抄本

元東陽許謙撰　案《元史》本傳載謙《四書叢説》二十卷，蓋本黃溍所撰墓誌銘也。《經義考》云"未見"。伏讀《欽定四庫全書總目》云，《四書叢説》，凡《大學》一卷、《中庸》一卷、《孟子》二卷。《中庸》闕其半，《論語》則已全佚。蓋世已久不見全書矣。是本凡《大學》一卷、《論語》三卷、《中庸》、《孟子》各二卷，合八卷。首尾完整，並無闕佚，洵希有之書也。惟與《元史》二十卷之數不符，或經後人合并歟。

吳師道序

6·11　讀四書叢説殘本六卷　元刊本

元東陽許謙撰　是本係元槧初印本。凡《論語》上下兩卷，《中庸》、《孟子》各二卷，闕《大學》一卷、《論語》中一卷。

6·12　四書待問二十二卷　**舊抄本**

元臨江蕭鎰編　　凡《四書互義》五卷、《論語》七卷、《大學》《中庸》各二卷、《孟子》六卷。注"薈蕞"者，鎰所自作。注"自修"者，則龍江歐陽蒙所作也。互義者，以四書同異參互比較，故曰互義。明洪武三年初行秋舉，其《四書疑問》以《大學》"古之欲明"、"明德於天下"者二節，與《孟子》"道在邇而求諸遠"一節，合爲一題，問二書所言平天下大指同異，見《日知錄》。蓋沿元代經疑舊制。經疑者，辨別疑似，或闡義理，或用考證，非融會貫通、迎刃而解者不能。此互義所爲作也。所採凡朱子、張宣公、謝諤、黃榦、陳淳、輔廣、陳傅良、陳孔碩、蔡淵、陳埴、真德秀、葉味道、蔡模一十三家，大率以朱子之說爲主而以己意貫穿之，於四子書頗多發明，勿以場屋之書而忽諸。千頃堂、傳是樓兩家書目俱著錄。《經義考》、錢氏《補元史藝文志》止載八卷，殆未見足本歟。

　　自序泰定甲子

　　薈蕞叢述序曰：異時經義聲律之學之盛，凡一題之出、一卷之入，則主司舉子將相與角其藝於拔新領異之域。彼以難窮人，此以巧應敵，日長月盛，顧亦安所底止哉。一變而閣束者四十年，亦其勢之所必至者也。晦翁固言之矣。嗟乎，自表章之詔下，而四書之天定矣。自吾幼時，亦惟聲律是習。方其汲汲於斯也，日不暇給，于四書乎何有。當是時，爲弟子而十五六間弗此之成也，則父兄觖焉，朋友弗齒之矣。此豈有四書歲月哉。余於是愧焉多矣。今余以場屋陳人徼倖，昔者之一試，而得與渝之士遊也亦天也。爲姸爲傑，徃徃于季課之間得之，如月西蕭君南金，蓋姸傑之疊見者也。及盡觀其平日所爲疑類，皆簡明峻潔，本乎朱說而以己意貫之，蓋邃於四書者也。而他文稱是，其用心亦勤矣。且吾聞君甲寅賓興之初，嘗貢於鄉，既而以漏字黜，識者憾焉。君獨亦自厲弗替。嗟乎月西，吾何足以知君。吾所知者，有四書之天在。延祐丁巳中秋前三日長沙李存謹書

薈蕞續抄序曰：余在渝，蓋嘗讀月西之文而寄吾意於編末矣。又三年，月西書來長沙，復徵余叙言其續蕘。嗟乎，月西其以余真足以知君哉。自聖門稱顏子問寡問不能，而後世之學者，知義理真無窮物我真無間，而為學之律令格例始定，此其為百世之師也。月西其聞風而興者歟？吾愧君多矣。淮陰侯功蓋一世，而北面師其人，此亦人道之常，今人弗能耳。吾何敢以為月西多。自吾少時，嘗有志於上下四方，弱冠之際先老猶多在，而荏苒歲華，怵惕世故，自墮其身於空荒晻靄之域，以至此幽閴無聊，薜荔可者一笑，則撫髀浩歌，擊壺欲缺，反成狂疾，亦徒為旁觀怪驚而已。吾知月西善學，不以功名有無動其心，惟知天理之當盡。吾知月西真能學顏子之學，而為僕者當虎帥以聽。吾知月西用意千載之上，而□□□□□□□□□者不足貴，月西之文固當自有知者。余之卷卷斯言，所以表君意之古，而凡學者當如是也。至治新元上巳邵陵冷橡李存謹書

樂　類

6·13　聖宋皇祐新樂圖記三卷　**影寫宋刊本**

宋朝奉郎前尚書屯田員外郎輕車都尉賜緋魚袋臣阮逸、承奉郎守光禄寺丞充國子監直講同詳議修制大樂臣胡瑗奉聖旨撰　卷末有"皇祐五年十月初三日，奉聖旨開板印造"兩行

陳振孫跋

吳壽民跋天曆二年

趙開美跋_{萬曆三十九年}

6·14　樂書二百卷目録二十卷　<small>元至正刊本</small>

宋陳暘撰　迪功郎建昌軍南豐縣主簿林宇冲校勘　缺序目及卷一至卷三三卷,抄補。

宋自藝祖基命,順應天人。太宗集統,清一文軌。真宗懿文,倬彼雲漢。仁宗深仁,天地大德。英宗廣淵,克肖四聖。至於神宗厲精天綱,發憤王道,丕釐制作,緝熙百度。集五朝之大成,出百王而孤雄。聲明文物,焕乎有章。相如所謂五三六經之傳,揚雄所謂泰和在唐虞,成周不在。我宋熙、豐之隆,其將焉在。於是太常博士臣陳祥道上體聖意,作爲《禮書》一百有五十卷。其弟太學博士臣暘作爲《樂書》二百卷,然未就也。至哲宗時,祥道以《禮書》獻,至徽宗時暘以《樂書》獻,中更多難,二書見之者鮮焉。今年二月丙子,朝奉大夫權發遣建昌軍事三山陳侯岐送似《樂書》一編,且以書抵萬里曰:"岐學殖荒落,稽古刺經,則岐豈敢。然幼師先君樞密,嘗因請業而問焉,曰士奚若而成於樂。先君曰:'聖門之樂驟而語未可也,抑從先儒而問津焉。'則鄉先生陳公晉之有《樂書》在,小子志之。岐自是求其書,老而後得之。舒鼎昭兆,不足爲古;璀辥紀甋,不足爲珍。然不敢私也。是用刻棗與學者公之。願執事發揮而潤色之,以詮次於先生序篇之左方,俾學者有稽焉。"萬里發書,披編而三讀之。蓋遠自唐虞三代,近逮漢唐本朝;上自"六經",下逮子史百氏;内自《王制》,外逮戎索。網羅放失,貫綜煩悉。放鄭而壹之雅,引今而復之古。使人味其論,玩其圖。忽乎先王金鐘天球之音鏘如於左右也,粲乎前代鷺羽玉戚之容躍如於前後也。後有作者不必求之於野,證之於杞宋而捐益可知矣。讀之至《女樂》之篇曰:"女樂之爲禍大矣。齊人遺魯,孔子行;秦人遺戒,由余去;晉出宋禕,帝疾愈;虞受二八,邦政亂。"則執編而嘆曰:鑠哉言乎。其有國者之膏肓,而醫國者之玉札丹砂乎。斯人也不有斯疾也,上也;斯人也有斯疾也,而服斯藥也,次也;斯人也有斯疾也,而吐斯藥也,無次矣。慶元庚申通議大夫寶文閣待制致仕楊萬里序

尚書禮部近惟建中靖國元年正月九日敕中書省禮部侍郎兼侍讀實錄修撰趙挺之劄子奏,臣聞"六經"之道,禮樂爲急。方當盛時所宜稽考情文以飾治具,然非博洽該通之士莫能盡也。臣竊見祕書省正字陳暘著成《樂書》二百卷,貫穿載籍,頗爲詳備。陳暘制策登科,其兄祥道亦著《禮書》,講閱古今制度曲盡。元祐中,嘗因臣寮薦舉,蒙朝廷給筆札畫工,錄其書以付太常寺。今暘所著《樂書》卷帙既多,無力繕寫以進。臣欲乞依祥道例,特賜筆吏畫工三五人,寫錄圖畫進獻。如蒙聖覽以爲可采,乞付太常寺與祥道所著《禮書》同其施行。取進止。正月八日三省同奉聖旨,依奏本部尋下太常寺抄錄,到元祐四年十二月二十三日敕中書省臣寮上言,曾論奏乞朝廷量給紙札及差楷書畫工等付太常博士陳祥道錄進《禮書》,未蒙降敕指揮。方今朝廷講修治具,以《禮書》爲先。臣切知所撰《禮書》累歲方成,用功精深,頗究先王之蘊。然而卷帙浩大,又圖寫禮器之屬不一,祥道家貧,無緣上進。伏望聖慈特降指揮,量給紙札,并差楷書三五人畫工一二人付祥道處,俾圖錄進以備聖覽,必有所補。取進止。十二月二十二日三省同奉聖旨,依奏內楷書許差三人、畫工一人,須至公文牒請照會施行謹牒。

建中靖國元年正月二十七日牒

進書表曰:臣某言。臣聞百王之治一是,無上文明;"六經"之旨同歸,莫先禮樂。將光華於盛旦,必若稽於大猷。固豈小臣所宜輕議。臣誠惶誠懼,頓首頓首。臣竊以禮因天澤而制,樂象地雷而

成,實本自然,非由或使。帝王殊尚,不相襲而相沿;文質從宜,爲可傳而可繼。自商、周之損益,更秦、漢而陵遲,樂謝夔龍,音流鄭衛。浸廢修聲之瞽,上下何幾;更乖旋律之宮,尊卑莫辨。或指胡部爲和奏,或悅俗調爲雅音。二變興而五序愆期,四清作而中氣爽應。欲召和於天地,其道無繇;思饗德於鬼神,何修而可。是故稽度數以適正,省文彩而趨則;勿用夷以亂華,罔俾哇而害雅。息諸儒好異之說,歸大樂統同之和。自然百獸舞庭,符虞帝九成之奏;四靈覽德,顯周王六變之功。恭惟皇帝陛下,席奕世積累之基,御百年富庶之俗。恩涵萬國之雨露,威霽四夷之雷霆。期月之間,大功數十,寰海之內,萬物盛多。將畢入於形容,宜莫如於制作。斯文未喪,俟君子而後成;與治同興,豈腐儒之能預。如臣學非精博,才昧變通。黽勉父兄之義方,寤寐聖賢之彝訓。夷考治世之成法,紹復先王之舊章。志大而心愈勞,力多而功益少。閉孫敬之户餘四十年,廣姬公之書成二百卷。人多嗤爲傳癖,世或指爲經癡。自言皓首而不疑,孰意近臣之過採。囊章朝奏,俄簡在於宸衷;筆札暮頒,靡遐遺於瞽說。雖無俾於國論,庶有紹於家聲。私竊爲榮,居懲浮實,敢擬倫於玉爵,甘並質於瓦甒。仰瀆離明,俯增震恐。萬幾多暇,儻垂甲夜之觀;一得不遺,願贊太平之化。臣所撰《樂書》并目録二百二十卷,謹繕寫成一百二册,隨表上進以聞。臣誠惶誠懼,頓首頓首,謹言。宣德郎秘書省正字臣陳暘上進。

　　自序曰:臣聞先天下而治者在禮樂,後天下而治者在刑政。三代而上,以禮樂勝刑政而民德厚;三代而下,以刑政勝禮樂而民風偷。是無他,其操術然也。恭惟神宗皇帝,超然遠覽,獨觀昭曠之道,革去萬蠹,鼎新百度。本之爲禮樂,末之爲刑政。凡所以維綱治具者,靡不交修畢振,而典章文物一何焕歟。臣先兄祥道,是時直經東序,慨然有志禮樂,上副神考修禮文,正雅樂,正意既而就

《禮書》一百五十卷。哲宗皇帝祗遹先志，詔給筆札繕寫以進，有旨下太常議焉。臣兄且喜且懼，一日語臣曰："禮樂治道之急務，帝王之極功，闕一不可也。比雖籠絡今昔上下數千載間，殆及成書亦已勤矣，顧寢寐在樂而精力不逮也。"屬臣其勉成之。臣應之曰：小子不敏，敬聞命矣。臣因編修論次，未克有成。先帝擢寘上庠，陛下陞之文館，積年於茲，著成《樂書》二百卷。曲蒙陛下誤恩特給筆札，俾録上進。庶使臣兄弟以區區所聞，得補聖朝制作，討論萬一。其爲榮幸，可勝道哉。雖然，纖埃不足以培泰華之高，勺水不足以資河海之深，亦不敢不盡心焉爾。臣竊謂古樂之發，中則和，過則淫。三才之道，燊和爲冲氣；五六之數，一貫爲中合。故冲氣運而三宮正焉，參兩合而五聲形焉。三五合而八音生焉，二六合而十二律成焉。其數度雖不同，要之一會，歸中聲而已。過此則胡、鄭哇淫之音，非有合於古也。是知樂以太虛爲本，聲音律呂以中聲爲本，而中聲又以人心爲本也。故不知情者不可與言作，不知文者不可與言述。況後世泯泯棼棼，復有不知而述作者乎？嗚呼，《樂經》之亡久矣，情文本未湮滅殆盡，心達者體知而無師，知之者欲教而無徒。後世之士，雖有《論語》亦不過出入先儒臆説而已。是以聲音所以不和者，以樂不正也；樂所以不正者，以經不明也。臣之論載，大致據經考傳，尊聖人，折諸儒，追復治古而是正之。囊括載籍，條分彙從，總爲六門，別爲三部。其書冠以經義，所以正本也；圖論冠以雅部，所以抑胡、鄭也。經義已明，而六律六呂正矣；律呂已正，而五聲八音和矣。然後發之聲音而爲歌，形之動靜而爲舞。人道性術之變，蓋盡於此。苟非寓諸五禮，則樂爲虛器，其何以行之哉。是故循乎樂之序，君子以成焉；明乎樂之義，天下以寧焉。然則樂之時用，豈不大矣哉。繇是觀之，五聲十二律，樂之正也；二變四清，樂之蠱也。蓋二變以變宮爲君，四清以黃鍾清爲君。

事以時作，固可變也，而君不可變。太簇大吕夾鍾或可分也，而黄鍾不可分。既有宫矣，又有變宫焉；既有黄鍾矣，又有黄鍾清焉。是兩之也，豈古人所爲尊無二上之旨哉。爲是説者，古無有也，聖人弗論也。其漢、唐諸儒傅會之説歟？存之則傷教而害道，削之則律正而聲和。臣是敢辭而闢之，非好辯也，志在華國，義在尊君，庶幾不失仲尼放鄭聲惡亂雅之意云爾。臣謹序

　　合刻禮樂書後序曰：“六經”之道同歸，禮樂之用爲急。吾夫子删詩定書之餘，拳拳以贊禮樂爲務。夏殷之禮，類能言之，而以文獻不足徵爲可惜。周之禮今用之，則曰“吾從周”。及其自衛反魯，然後樂正雅頌各得其所。世皆曰聖人約魯史，修《春秋》，而不知筆削本旨，所以推行周公之禮樂。至贊《周易》則以上天下澤之《履》、雷出地奮之《豫》，爲天地自然之禮樂。而夏時殷輅周冕《韶舞》，無非宗廟之美，顔淵亦與聞焉。嗚呼，聖人討論禮樂，至於如是至矣，盡矣，蔑以加矣。遭秦滅學，漢儒掇拾，百孔千瘡□□□□□後世者無幾。宋儒陳氏兄弟潛心考古，悉意稽經，講求有用之學。凡唐虞三代禮樂名物度數，與其所以制作之由，靡不具之。圖説先儒疏義，寸長片善，搜抉無遺，非徒區區好尚奇古，務資博洽。其命意則曰兹實聖人斟酌帝王之典，立萬世常行之道，形爲器服，寓於文字，有天下國家者推而行是，則納民軌物，陶世雍熙，有不難者矣。吾閩憲府僉憲前進士趙公宗吉先生購求善本，首命鋟梓於學，賓幕經歷前進士可行君、知事前國學貢士允可張君董成其事，爰馳一介謁序於翰林旰江伯生虞公，庶幾他日朝廷采而用之，則古禮可復，今樂可變，甚盛舉也。抑愚聞之，禮樂必俟君子，君子學道則愛人。昔公西氏志宗廟會同，端章甫爲小相則夫子與之，子之武城，聞弦歌之聲，則莞爾而笑。今憲府得賢，遺文不隊，抑可謂大有功于聖門哉。至正丁亥秋七月辛丑福州路儒學教授郡人林光大謹序

愛日精廬藏書志卷七

經　部

小學類

7·1　爾雅三卷　元雪窗書院刊本

晉郭璞注　“《釋訓》綽綽、爰爰，緩也。注云：皆寬緩也”。“悠悠、稱稱、丕丕、簡簡、存存、懋懋、庸庸、綽綽，盡重語”。元本及閩監、毛本俱脱，餘詳校勘記，不贅。序下有“雪窗書院校正新刊”八字。

自序

《爾雅》校勘記曰：元槧雪窗書院《爾雅經注》三卷，無年代可考。首署“雪窗書院校正新刊”八字，故稱雪窗本。字體與唐石經同。每葉二十行，每行經十九字、注二十六字，注下連附音切，於本字上加圈爲識。較諸注疏本獨爲完善。《釋畜》“騲牝騦牝”，與《經義雜記》合。“騲牝騦牡”，《校勘記》曰：雪窗本作“騲牝騦牝”。《經義雜記》曰：鄭康成、孫叔然本作“騲牝騦牡”，元郭景純本作“騲牝騦牝”。騲古讀如騦，故《爾雅》以騦牝釋《詩》騲牝，《釋文》：騲牝，頰忍反。下同。指下騦牝之牝也。今本作騦牡，係妄改。陸云：孫注改上騲牝爲牡，讀與郭異，因下作騦牝，故言上騲牡別之，且以明下騦牝爲孫、郭同也。右《校勘記》所列如此。案《經義雜記》以鄭、孫本作騲牡騦牝，元引《周禮》廋人注及《釋文》爲證，且歷數《釋獸》麠、牡麋、牝麠，鹿、牡麚、牝麀，麏、牡麚、牝麜，狼、牡獾、牝狼，謂皆牡在牝上，陰陽先後之義也。郭氏本作“騲牝騦牡”，且以

《檀弓》注引《爾雅》"駹牝驪牡"，元爲近人依郭本竄改。是則所辨者在"牝驪"之當作"牡驪"及鄭、孫本與郭注句讀之異，並無郭氏本作"駹牝驪牝"之説也。《校勘記》以驪牝釋《詩》駹牝。説極精確。至謂與《經義雜記》合則似誤會。《釋蟲》注"蟊蠈桑樹"與《釋文》合，而今本《釋文》亦誤。若"女桑桋桑"之作"姨"，"四蹢皆白首"之作"驒"，《釋草》注"音鐴綷"之作"丘"。阮皆其私改，又不可不知者。

7·2　爾雅注疏十一卷　元刊本　汲古閣藏書

晉郭璞注　宋邢昺疏　《爾雅注疏》無南宋十行本。除北宋單疏本外，以此本爲最古。是本全書俱係元槧，絕無明代補刊者，蓋元刊元印本也。卷首有"汲古閣""西河季子之印"兩印。

邢昺《爾雅疏》序

郭璞序

7·3　爾雅新義二十卷　抄本

宋陸氏佃撰　是書自出新裁，類多創解，即其釋"爾雅"二字之義，已極奇闢。其説曰："萬物汝故有之，自書能爲爾正，非能與爾以其所無也。名之曰爾雅以此。"以爾爲爾汝之爾，古人從無此解，取名"新義"，職此之由。其中穿鑿者固多，而精確者亦不少。如林之爲君，取庇之之義；蓆之爲大，取安之之義；饑取義乎猶有可幾；饉取名於僅可以食；光耀布上，故祭星曰布；衆多如雲，故雲孫曰雲；有善祥隨，此祥之所以訓善也；以罪見戮，此戮之所以訓病也。皆足補郭注所未及。至若《釋木》庲木，符婁注云木病；傴僂、朣腫，本樊光注；《釋樂》小者謂之棧，注云棧云淺矣，本李巡注；《釋天》東風謂之谷風，注云谷風，生物之風，本孫炎注；《釋宮》四達謂之衢，注云交道四出，本郭璞注；《釋訓》子之子爲孫，注云子又有子，於是當遜矣，則義本《釋名》。《釋宫》九達謂之逵，注云逵龜也，似龜背，故謂之逵，則義本《説文》；江之爲貢，園之爲援，此《風俗通》之説也；訓父爲矩、訓姊爲咨，此《白虎通》之説也；祖者且也，則本之《檀弓》；子者孜也，則本之《廣雅》；積小以大爲丕，則本之《法言》；處獨之善曰綝，則本之《中論》；精意以享曰禋，則本之禋君《書》注；可以援人曰媛，則本之鄭氏《詩》箋。知其擇善而從，所採不止荆公《字説》也。陳振孫曰“大率不出王氏之學”，斯言過矣。至其所據經文，猶北宋善本，足以訂正今本者，嚴跋叙之已詳，不更贅。

　　自序

　　《爾雅新義》，宋陸佃著。《永樂大典》不收①。自來藏書家絶不著録。《經義考》云“未見”。案：陳氏《書録解題》極口詆諆。余意佃固多識於鳥獸草木之名者，其撰《埤雅》雖多穿鑿，要爲博贍。注釋《爾雅》應不大相遠，何至遂如陳氏之言乎？予求此書有年，初聞徽州有之，道遠莫能致。後聞同邑丁小疋教授插架有之，遂從借閱，乃從宋本舊鈔共二十卷，殆即陳氏所云其曾孫子遹刻於嚴州者也。家君以其罕見，手録一本畀余，五旬而畢，命余校勘。卷首有元符二年自序，文極詭誕，全書之穿鑿荒鄙，難以言喻。其注“履帝武敏”，引“武未盡善”。注“大者謂之栱”，引“大舜有大焉”。何不經若是，覺陳氏所譏玩物喪志，未足蔽辜也。佃又號通小學，宜稍知識字。閫字從門，《經典釋文》、《開成石經》皆從門，自是隋唐繆體，佃不知正其誤，於“閫、恨也”注，反附會之曰“門内之事”，則竟以爲從門矣。“蠭蚅螸蚕”，蚕字從天從蟲，他典切，音

———————————

① 《四庫全書總目》卷40埤雅條云：“其《爾雅新義》，僅散見《永樂大典》中，文字譌闕，亦不能排纂成帙。”則并非不收。

義與蠶字迥别。唐俗借作蠶字,《廣韻》蠶字注云,俗作蚕。故知起于唐人爾。後遂相承如此。然固未有以蚕字解《爾雅》蠶字者。佃注云"蚕老而後眠",是意以蚕爲蠶,且不知"蟓、桑繭"之文又是何物也。通小學者固如是乎?其所讀破句亦不少。"狄臧槔貢綦",郭不分句讀,《釋文》、《廣韻》以"狄臧槔"爲句,佃以槔字屬下讀。"樸枹者謂櫬采薪",佃以謂字爲句。"蠸蚼蠶蚕莫貈螳蜋虰蛵負勞",各以四字爲句,古無異讀。佃以蚕屬莫貈爲句,虰屬螳蜋爲句,皆由杜篹,絶無所本。其注多引用荆公《字説》,當元符中已禁用王氏新説,而佃尚欲鼓其積波疑誤學者,殊可恨也。然則奚取乎此書而存之?曰《爾雅》文字多譌,毛晉所刻注疏本出,多至不可枚舉。此書乃北宋本,經文多可是正俗本,今悉疏之於左:《釋詁》"底底尼定曷遏,止也",與《釋文》、《石經》合。《釋文》底丁禮反,底之視反。後人妄疑是重文,輒改底字爲廢。《釋言》"楮、柱也",楮从木旁,《説文》楮訓柱砥,《玉篇》楮、柱也,皆在木部,《釋文》、《石經》亦同,近本誤从手,《説文》、《玉篇》手部無此字。華、皇也,與《釋文》、《石經》合,近本倒其文作皇華也,誤。《釋訓》"忯忯、惕惕,愛也"。《説文》忯、愛也,从心,氏聲,巨支切。《玉篇》忯、敬也,亦愛也。近本誤从氐,《説文》無恀字,《玉篇》有之,都替切,悶心,音義與忯别。鑊、煑之也,鑊字从金,近本誤連上濩字,亦从水。《釋天》"四氣和謂之玉燭",李善注《文選》屢引皆同,《石經》亦同,後來誤作"四時",不知下有"四時和謂之通正"之文不可混也。《釋地》"珣玗琪,玗从于。枳首蛇,枳从本",皆與《釋文》合。近本誤作玕作軹。《釋丘》"當途梧丘",邢氏疏云"當道有丘名梧丘,言若相遇於道路然也"。近本誤作堂途。《釋水》"河水清且瀾漪,瀾从蘭",與《釋文》合,近本誤从闌。《釋艸》"孟狼尾",與《石經》同,近本孟譌盂。"澤烏蕵",與《釋文》、《石經》同,郭注云即上蘘也。近本竟作蘘，則重文矣。《玉篇》、《廣韻》蘋字注云"烏蘘草，荍蔴母。"荍、孫叔然音嗣，《釋文》、《石經》皆从字，《説文》作荍，蔴母也，从草子聲，疾吏切。《玉篇》荍與荍同，《廣韻》荍字注正引此文。近本誤从孚，《説文》"荂、艸也，从艸孚聲，芳無切。"音義各別。"蒙王女"，《石經》同，近本王譌玉。《釋木》"攫㯡含攫"，《釋文》、《石經》皆从手。近本譌从木，又譌作樓。案《説文》樓即㯡字。"狄臧椁"，近本臧譌藏，《廣韻》椁字注引此文作臧。《釋文》、《石經》亦同。"杬魚毒"，杬从元，《釋文》同，近本譌作杭。"還味棯棗"，棯旁从木，《釋文》、《石經》同。《玉篇》木部、《廣韻》棯字注皆引此文。近本誤从手。"蔽者翳"，近本蔽譌弊，《釋文》、《石經》作蔽。"祝州木"，《釋文》、《石經》祝皆从示。近本誤从木。《釋鳥》"鴒麋鴰"，近本麋譌麋，《釋文》作麋，云或作鶥，詹、麋二字古通用，麋不與眉通，則知从麻者非矣。"鸄白鷢"，《釋文》、《石經》同。《玉篇》鳥部、《廣韻》鸄字注引此文。近本誤分爲兩字。作"楊鳥白鷢"。凡此皆宜據以正俗本之譌。其他與今本異而亦有所本者，《釋詁》"勴、助也"，勴作勴。《玉篇》、《廣韻》勴、勴兩收，皆訓助。《説文》力部有勴無勴。"樓、聚也"，樓从木，《釋文》从手，云或作樓。《釋言》"耊、老也"，耊作耄，耊、耄義相近，亦可通。"袍襺也"，襺作繭，《釋文》云或作繭。"鸄、麋也"，麋作麋。《釋文》引《字林》云"淖麋也"，則从鹿亦是。"翿、纛也"，翿作翢，與《石經》同。《廣韻》翿亦作翢，音義同，《玉篇》字別義同。"赫兮烜兮"，烜从火，與《釋文》、《石經》同。《釋文》云"烜者光明宣著"。今竝作晅，則从火者乃是正文。《釋天》"是禷是禡""禷作類作"，《詩》本文作類詩。《釋文》云或依《説文》作禷，不云依《爾雅》，是《爾雅》原作類可知矣。《釋艸》"苹蓱"，《釋文》作"苹萍"。蓱、萍字同。《釋木》"味荎著"，《石經》同，《釋文》

作荶,云今作味。"痤椊廬李",痤從疒,與《釋文》合。《釋畜》"一目自䁪",《釋文》從閑,云或作䁍。"短喙獥獢",別本獥作猲,猲、獥字同。以上數條異文皆有所本,當備參考。嗟乎,俗刻滋譌,學者苦《爾雅》之難讀久矣。是書之存也,庸可廢乎?故書跋於後,以諗世之讀者,俾究心焉。苟或樂其新奇,吾將頌尹和靜論蘇氏《經說》之言以告之。嘉慶元年歲在柔兆執徐仲冬之月廿四日芳椒堂主人嚴元照書

7·4　輶軒使者絕代語釋別國方言十三卷　影寫宋刊本

漢楊雄撰　是本即戴氏《疏證》所稱曹毅之本也。卷十"膊兄也",注"此音義所未詳",各本"此"誤"皆";卷十一"南楚之外謂之蟗蟱",注"亦呼蚍蜉",各本"蚍蜉"俱誤"蚍蜉"。是二處似勝各本而戴校未及,故表出之。卷末有"正德己巳夏五得曹毅之宋刻本手影"一行,又有"丙辰九月在之補抄"一行。

李孟傳刊板序_{慶元庚申}

朱質跋_{慶元庚申}

黃氏手跋曰:《讀書敏求記》載《方言》十三卷,謂出於宋刻影鈔。此正德己巳舊抄本也。二卷"吳有館娃之宮,秦有榛娥之臺",俗本脫去"秦有"二字。馮巳蒼云并榛娥而吳之,豈知今有據俗本以"榛娥之臺"入吳乘古迹,補者讀書不讀古本,其弊有如此者。丕烈識

7·5　釋名殘本四卷　宋刊本

漢劉熙字成國撰　原八卷,今存一至四四卷。

自序

右《釋名》八刊改作四卷,《館閣書目》云:漢徵士北海劉熙字成

國撰,推揆事源,釋名號,致意精微。《崇文總目》云,熙即物名以釋義,凡二十七刊改作一十五目。臨安府陳道人書籍鋪刊行。

7·6　博雅十卷　舊抄本

魏張揖撰

上廣雅表

《博雅》十卷,隋曹憲撰。魏張揖嘗採《蒼雅》遺文爲書,名曰《廣雅》。憲因揖之説,附以音解,避煬帝諱,更爲《博》云。後有張揖表。憲後事唐太宗,嘗讀書,有奇難字輒遣使問憲,憲具爲音注,援驗詳複,帝歎賞之。

右昭德晁先生公武字子止《郡齋讀書志》。紹興二十一年鋟版,寶祐丙辰書,雲前五日吳山俞松題記。

《博雅》十卷,誠人間罕見之奇書。今之儒士《爾雅》尚不能讀,況《博雅》乎?先祖中散之題跋,先君從事之隸籤,至予三世,得讀而識之,尤不易得也。子孫能保守而識,猶家傳之寶耳。鐘謹題

右《廣雅》十卷,有士人袁飛卿舊云在某家可跡,因從求之。凡半載,僅十數往返皆莫致,疑其吝也。邇忽來界,繕錄整然,徵白金五十星乃始釋去。錢物可得,書不可得,雖費當弗校。但今之學者崇尚,輕鄙古文奇字實無用,則此書寧非贅乎?小齋初夏稍清閒,聊書以識所自云。時在正德乙亥夏閏四月廿三日支硎山人手書

顧氏手跋曰:此正德乙亥支硎山人跋本。《博雅》載《讀書敏求記》中,其標題曰《博雅》,因是用曹憲注本故爾。今自畢效欽以來本悉改復張揖舊名,似是而實非矣。揖表向在後,觀晁氏《讀書志》可見,今本移於卷首,亦非也。他如《釋詁》"官君也",見《廣韻》二十六桓,今誤爲宮。"桓憂也",與《方言》正同,今誤爲柏。"孋好也",今誤从嬴,字書無此字也。"覾視也",引見《集韻》六

脂，今誤爲覩。"戝鞏也"，即《方言》"戝堅也"，今誤爲良。"愓廣也"，引見《集韻》二十三錫，今誤爲瞑。"繹闡緩也""魖巢健也""繡色縫也"，今皆誤音爲正文。"組縫也"，引見《集韻》二十三禡，今誤爲組。"傺胎止待立逗也"，逗《說文》止也，今誤爲逼。"箂籛也"，今誤爲策。"扚擊也"今誤爲杓。"远迹也"見《爾雅·釋獸》、《說文》辵部，今誤爲亢。"徐遲也"，即《說文》"徐緩也"，今誤爲徐。《釋言》"誰呵也"，見《漢書》志、《史記》本紀，今誤爲譙。《釋訓》"芎芎"，引見《集韻》一東及一屋，今誤不可識。"諱欺也"，見《集韻》十八隊及三十七號，今誤爲訏。《釋器》"瓨瓶也"，今所誤不知所從。"笛謂之薄"，今誤爲簿。"釪鐏也"，字在翰韻，今誤從于。"蓀筡也"，今誤爲蓀。《釋樂》"大護爲蘺"，與上諟諓字例不一。《釋地》"陴浒厓也"，引見《集韻》十九侯，今誤爲洋，益不可通。《釋草》"郝蟬丹蔘也"，引見《御覽》，今誤丹爲也。《釋木》"庵櫨梾也"，引見《集韻》五十琰，今誤從扌。"擄柔也"，今誤爲柔。《釋魚》"鱒鮮鮲也"，今誤爲鱗，字書亦無此字。其餘偏旁，音切，足資是正者往往多有，洵善本也。支硎山人，錢遵王謂惜逸其名氏，然跋後副葉有與劉太守扎草藁，自名曰庠，曾爲河南巡撫，壬申歲以户侍歸。<u>金吾案《河南通志》正德時有巡撫鄧庠，或即其人歟。</u>其別墅曰東溪，著《東溪吟稿》、《續稿》，求楊儀部序，似非必不可考者，姑識以待熟於明代事跡者而訪焉①。嘉慶元年九月澗蘋顧廣圻書

　　右詁訓

---

　　①　顧氏此説失考。支硎山人當爲楊循吉別號。楊氏字君謙，浙江吳縣人，明成化進士，官禮部主事。致仕後，結廬支硎南峯，人稱支硎先生。參見《讀書敏求志校證》卷一之下"博雅"條章鈺案語。

7·7 説文解字補義十二卷 元刊本

元包希魯撰　希魯字魯伯，進賢人。學問該博，操行高潔。門人受業者必先學問而後文藝，士習爲之一新，稱之曰忠文先生。是書前有至正乙未自序，止存末頁一頁。而畏天憫人之心，居書反古之志，一篇之中三致意焉。若不求聞達，屏絶私欲，皆粹然儒者之言，讀其序可以知其書，且可以知其人也。其書依《五音韻譜》例，分四聲編次。凡上平、下平各二卷，上聲四卷，去聲一卷，入聲三卷。釋“位”字云：“《論語》曰不患無位，患所以立。故有位者人之所當立，故從人立。”釋“利”字云：“天以美利利乎人，莫大乎五穀。禾、五穀之總名也。然必銍义而後成其利也，故從刀從禾。”其說皆極精核。釋“母”字云：“《春秋傳》曰女德無極，《詩》云女也不爽。蓋爲女子者當不亂其德而戒無厭也，故從女一者，一其心而使不二也，一者，端純之義也。惟執一而後，能禁止其無厭之德而不爽也，故從女從一。”女有奸之者其說戾於理。釋“家”字云：“家古文從家從众。众、三人聚處也。蓋人之爲家，必有父母、夫婦、子孫，始可成家，此所以從众也。蓋众字與豕字相類，皆以六筆成字，後世傳寫之變。”釋“王”字云：“普天之下，莫非王土。一土爲王。”其說雖與許君違異，然皆有義可通，足資參考。至若釋“從”字，而指事之義明，釋“離”字而假借之說著，釋“東”字而轉注之類顯，釋“工”字而會意之屬通，知其究心於六書者深矣。至其借字義以寓箴規，若官則勵以芘民恤下，才則勉以論道經邦，斥自暴自棄之不得爲人，論記誦詞章之不可稱儒，於“俗”字則諄諄乎移風易俗之原，於“仁”字則兢兢乎天理人欲之分。此又作者微意所在，欲後人深思而默會者也。焦氏《經籍志》、《傳是樓書目》、錢氏《補元史藝文志》俱著録此本，猶是元時舊槧。予從李松門書坊中以廉值得之，如獲奇珍瓌寶，思欲據爲帳中秘矣。適錢塘何夢華_{元錫}先生過予，齋頭見之，擊賞不置，欲從予假録副本。予以希魯著述甚富，見於《補元史藝文志》及《萬姓統譜》者，今皆散佚無傳，惟是書僅存。兹既幸歸予手，若不公諸同好，廣爲傳布，則雖寶如球璧，什襲而藏，於是書何裨，於予又何裨。且予喜藏書，不能令子孫亦喜藏書。聚散無常，世守難必。即使能守，或童僕狼藉，或水火告災。一有不慎，遂成斷種，則予且爲包氏之罪人。用倩善書者録副以贈。予之不敢自秘，正予之寶愛是書也。

上闕間適除兵燹，既無文字可考，復寡師友相資。顛沛之際，作輟非一；離索孤陋，譌謬實多。然畏天命，悲人窮，亦希韓子之心者也。苟使扶持世教者，舉循聖賢之道，則人極豈不立，而人生豈不遂哉。此余之深感乎是者也。故其間多憤世之詞焉。雖然其志則願人人之明乎此理，而其勢則千萬人不能見信於一二，以安於故習，溺於所聞者衆，又豈無徵不尊者之所能變其膠固也哉？矧生乎今之世，而欲反古之道，容可取及身之裁乎？唯藏於家以貽子孫，使習而察之，庶行之而著乎慎，無以求聞也。有求聞之心，即私欲也焉，有私欲而可爲聖賢之學者乎？至正乙未冬十一月日長至包希魯序

7·8　汗簡七卷　馮氏巳蒼手抄本

宋郭忠恕撰　此本爲吾邑馮氏巳蒼手抄，後有跋云："乙酉避兵莫城西之洋蕩村，偶攜山西張孟恭本《汗簡》，發興書之，二十日而畢。"又云："此時何時，嘯歌不廢。他年安知不留此洋蕩老人本邪？"年幾二百，手跡如新。視跋所云，有如左券，是亦吾邑中一嘉話也。其珍秘之哉。

李建中題

自序

李直方後序天禧二年

鄭思肖跋

馮氏手跋曰：右《汗簡》上中下各二卷，末卷爲略序、目録，共七卷。李公建中序爲郭宗正忠恕所撰，引用者七十一家，亦云博矣。崇禎十四年借之山西張孟恭氏，久置案頭，未及抄録。今年乙酉避兵入鄉，居於莫城西之洋蕩村。大海橫流，人情鼎沸，此鄉猶幸無恙。屋小炎蒸，無書可讀。架上偶攜此本，便發興書之，二十日而畢。家人笑謂予曰：“世亂如此，揮汗寫書。近聞有焚書之令，未知此一編者，助得秦坑幾許虐燄。”予亦自笑而已。猶憶予家有舊抄《張燕公集》，卷末識云：“吳元年南濠老人伍德手録”。此時何時，嘯歌不廢。他年安知不留此洋蕩老人本耶？但此書向無別本，張本亦非曉字學者所書，遺失譌謬，未可意革。李公序云“趙”字“舊”字下，俱有“臣忠恕”字。今“趙”字下尚存，“舊”下則亡之矣，確然知其非全本也。既無善本可資是正，而所引七十一家，予所有者僅僅始一終亥本。《說文》古老之及《碧落碑》而已，又何從釘其譌謬哉？亦姑存其形倡耳。又此書亦有不可余意處，如沔字、汸字、泯字、涸字，俱從水，今沔从丐、汸从方、泯星氏、涸从鹵。膡从日而入脊部，郤从邑而入谷部，駛从馬而入史部，朽从木而入兮部，諸此之類，不可枚舉，大抵因古文字少，未免援文就部以足其數，其實非也。目録八紙，應在第七卷。今七卷首行尚存“略敘、目録”四字。古人著書多有目録，是他人作者，故每云書若干卷、目録幾卷，即一人所作，目録亦或在後，徐常侍所校《說文》其明證也。今人一概移置卷首非是。今此本目録亦在第七卷。後人知之，書成後偶餘一紙，信筆書此，以供他年一笑。太歲乙酉閏六月之十日孱守老人識

7·9　汗簡七卷　孫氏本芝抄本

宋郭忠恕撰

李建中題

郭忠恕自序

李直方後序

鄭思肖跋

馮舒跋

陳氏手跋曰：崇禎辛巳，余年二十有四，讀書于吳門維斗師之古柏軒。秋日同張右孟恭步至城隍祠右市古書籍舖中，見此《汗簡》，狂喜欲舞，急解金購歸。後馮已蒼假來鈔得，余于庚寅冬日從已蒼借鈔，點畫精整。家南浦爲寫註釋，裝池甚佳。更同張有《復古編》、薛尚功《金石欵識》質之徽友葉姓，遂爲所匿，思之悵然。今春初知本翁家有此藏本，倩與言借來，恍如故物。是亦從馮本鈔下者，爲鼠耗蟲蝕，倖字畫無損。余急爲補綴完好，擬仍寫一冊，存之家塾。病體衰年，未知克赴此願否也。字學一道，留意者寥寥。余於六書，探求者四十年，一無知解，若兒子輩。靖節有云，總不好紙筆如何如何。異日璧歸孫氏，知此書之源流。卷面"汗簡"二字，當是本翁壯年所題。今九十翁矣，逾可寶也。壬戌清明日太正陳鴻記時年六十五

7·10　增修復古編二卷　明初刊本　吳方山藏書

宋吳興張有謙中編　　**元**後學吳均仲平增補　　卷上分子卷三，卷下分子卷二。吳岫、趙宧光、毛褒俱有印記。

陳瓘序_{大觀四年}

文字之先，本乎慮羲立畫。既黃帝之史蒼頡，觀鳥迹以依類象

形,故謂之文。形聲相益,則謂之字。字者、孳也,孳孕而生,無窮之字出焉。由是象形、會意、指事、諧聲、假借、轉注是謂六書。成周之世,八歲入小學,先以此教之。漢許慎《說文》以五百四十二字爲部,以統古今之字,遂爲百世不刊之典。然所載之字,象形、諧聲爲多,而指事、會意、轉注、假借之義略而不備,至有同母而各分爲部,又或以子爲母,而取類不同,則不能無可議者。及唐李陽冰、宋二徐祖《說文》,俱有箸述,而惜不能有所匡正。後之諸儒乃始摘其謬誤,各立議論,自成一家。然得之於此者,或不能不失之於彼。獨張有《復古編》所載字,辨別古今,號爲精密,其有功於字學大矣。然其間文義注釋尚多遺缺。吾友吳氏仲平力學好古,齋居之暇,取張氏之書,一以《說文》爲主,詳加校正,增補凡若干字,而又旁閱諸家,若戴侗之《六書故》、鄭樵之《六書略》、林罕之《偏傍小說》、倪鏜之《韻釋》、周伯琦之《字原正譌》、趙撝謙之《六書本義》,取其有合於古,可以發明是書之恉者,則附注於下。別立凡例、圖說以就此編。於是形聲、意事、轉借之六義備焉。書成不敢自祕,敬謀刻之梓,以與好古學者共之。予嘉其有志於復古者,書此以序之。前翰林國史院編修官張美和書

　　趙氏手跋曰:撝謙《六書本義》,筆法盡從此出。今見新刻與此絕不相類,是版當亦在《本義》同時所刻。觀張美和敘知之。崇禎辛未九月既望識于寒山小宛堂之右个

7·11　漢隸字源六卷　**舊抄本**　**汲古閣藏書**

宋婁機撰　卷首有毛子晉印記。

洪景盧序**慶元三年**

7·12　班馬字類五卷附補遺　抄本
從吳門黃氏藏舊抄本傳錄

宋婁機撰　《補遺》**宋**李曾伯撰　是書以原書列前,《補遺》即附每字之下,洵可與婁氏書相輔而行。惜傳本絶稀,藏書家幾無有知其名者,故亟著於録云。

樓鑰序

洪邁序

婁機自序

予幼年從事句讀,嘗見鄉先生婁公參與《班馬字類》,喜其究心字學,採摘二史,旁證曲盡,得之者可無魯魚亥豕之惑。自謂該載已備,不必問奇於揚子雲矣。後隨侍先君入蜀,與諸朋友遊,有老儒王揆者,嘗論及此作而曰:“此書所載善則善矣,猶未盡也。”因與之考論二史,果而臚分類析,間多遺闕。在蜀數年,相與朝夕考訂,日積月累,凡有所得,書於四聲之下,共一千二百三十九字,補註五百六十三。因念先賢力學稽古,貫穿二史,可謂詳備,猶有闕焉。今從而廣之,名以《補遺》,附于韻後,并勒諸梓以便學者之觀覽,亦鄉先生婁公之志也。補或未盡,尚俟來者。景定甲子長至日罩懷李曾伯書

7·13　龍龕手鑑四卷　先君子影寫宋刊本

遼釋行均字廣濟集

沙門智光序統和十五年

7·14　六書統二十卷　元刊本

元奉直大夫國子司業楊桓考集　卷末有“□□三年八月江浙

等處儒學提舉余謙補修"一行，"三年"上二字模糊，不可辨。予家藏影寫元統刊本《儀禮經傳通解續》，目錄後亦有"江浙等處儒學提舉余謙"銜名，則三年上當是"元統"二字。蓋至大刊板，元統補修之本也。

倪堅序_{至大改元}

劉泰序

自序

7·15　説文字原一卷　影寫元刊本

元鄱陽周伯琦編注

文字之原，昉于卦畫。世代既邈，科斗古文再變而爲二篆。秦火蕩滅，所存無幾，學者所知，惟許慎氏《説文》而已。然掇拾殘缺，類多舛鑿，苟不稽其原而辨析訂別之，則六書之旨無由而明，又惡能精其義以達其用哉。翰林直學士鄱陽周公伯温甫續學有年，考覈貫穿，立論證據經史，下筆追蹤姬嬴，流俗所昧，一歸之正。至正初，皇上建宣文閣，開經筵。公時爲授經郎，奉詔大書閣牓。知遇既隆，名重天下。公嘗以暇日著《説文字原》、《六書正譌》二編，叙列篇章，發明音義，萃叢衆美，折以己見，深得古人造書之意，可謂集書學之大成而會其至者也。都水庸田使康里公溥修博究羣書，一見推服，因屬平江監郡禄實公于約、郡守高氏德基①，遂相與命工刻梓於校官，以永其傳。其有功於後學不亦大乎？噫，字書之譌，非周公莫能正，而二書之傳，非三君子亦莫能廣也。公諒緜吳興赴召，道經平江，適刻梓訖工，獲盡閲成書而袪素惑，謹題於端以諗來者。至正十五年龍集乙未三月既望奉直大夫國子監丞京兆宇

---

① "禄實"原作"六十"，"高氏"二字原缺，均據《説文字原》補正。

文公諒叙

　　自序

7·16　六書正譌五卷　<small>元刊本</small>

<small>元</small>鄱陽周伯琦編注

　　自序<small>至正十一年</small>

　　吳當後序<small>至正十二年</small>

7·17　應子篆法偏旁點畫辨一卷
辨釋篆法辨一卷　<small>明刊本</small>

　　<small>元</small>應在撰　　前有自序，從舊抄本補錄。是書根據篆書以訂隸楷之誤，取俗書之戾於篆者辨正點畫，剖析毫釐，括作七言詩歌，以便誦讀，冠之篇首曰《篆法偏旁點畫辨》。在又自爲之注，曰《辨釋篆法》辨其書，刊謬訂誤，至爲精密，非究心篆法者不及。此《述古堂書目》、倪氏《補明史藝文志》俱著錄，皆未詳其名，知其未見自序也。伏讀欽定《佩文齋書畫譜》有元應在《篆法辨訣》採入卷四，論書即《篆法偏旁點畫辨》也。

7·18　篆法偏旁點畫辨一卷　<small>舊抄本</small>

　　<small>元</small>應在撰

　　字學不□□□□□比之篆法不無差謬，有自來矣。顏魯公集《干祿書》而字尚譌，柳公權爲一代師而柳字亦謬。至於漢之石經，猶有可議者，而况其餘。近世所尚晉帖唐碑，字體愈變，其間蓋有名世者翕然从之，遂使童稚習書，自幼至老，但知其變體而不識其正文。如井作丼，秉作秉，如此等類，不可悉舉。其誤後學，何可勝言。賴有毛韻所修點畫偏旁，可以究其一二，苟能以此爲正者反

爲世俗駭誚。吁，期欲復古，其可得乎？予拙於艸隸，習工小篆幾
廿年，家貧無書，所閱不過《說文》、韻□而已。其於六書之故，豈
能悉通□□□□□者與夫□□刻工不知篆法，苟欲書篆，輒以俗隸
偏旁臆度成字，网世誣民，紕繆爲甚，識者觀之，不能无歎焉。遂於
暇日，采摭俗隸之偏旁相類而不合於篆者，編爲詩歌，俾之觀誦以
解其惑，庶有補于將來。句章堃褐應在止善甫書

右字書

7·19　集韻十卷　曹氏楝亭刊本　余氏仲林手校

宋翰林學士兼侍讀學士朝請大夫尚書左司郎中知制誥判祕閣
兼判太常禮院羣牧使柱國濟陽郡開國侯食邑一千二百户賜紫金魚
袋臣丁度等奉敕修定　此本余氏仲林據宋刊本手校，改正脫誤頗
多，筆畫小異亦一一標出。有的係誤字而標"某疑某"者，想宋本
原誤，不欲輕改耳。可見余氏之謹慎不苟矣。每卷首俱有"蕭客"
"仲林"兩印。

7·20　切韻指掌圖一卷　抄本

宋司馬温公撰　《四庫全書》著録本係從《永樂大典》録出者，
此則原本也。首曰《切韻指掌圖要括》，邵氏《檢例》大半襲《要括》原文。
或即温公之《檢例》歟？

董南一序嘉定癸亥

自序

7·21　增修互注禮部韻略五卷　元至正刊本

宋衢州免解進士毛晃增注　男進士居正校勘重增　卷一後有
"至正辛丑妃儇興慶書堂新刊"木印。

毛晃上表_{紹興三十二年}

7·22　新刊韻略五卷　元大德刊本

金王文郁撰　是書并上下平聲各爲十五,上聲二十九,去聲三十,入聲十七,合一百六部。此并舊韻二百六部爲一百六部之始也。《廣韻》平聲五十七,上聲五十五,去聲六十,入聲三十四,合二百六部。《集韻》、《禮部韻略》、毛氏增韻俱同。所并之韻,韻首一字以魚尾隔之。如鍾并入冬,脂之并入支,則鍾與脂之字上加一魚尾是也。兩韻之字,尚不相混,如鍾韻之字不混入冬,脂之韻字不混入支是也。不至若後來之漫無區別也。論者謂并韻始於劉淵。淵成書後文郁二十四年。淵書今不可見,就《會韻舉要》所引考之,蓋襲取文郁之書而稍有增損者也。如一東"烘、燎也"、"烔、火氣"、"絨、細布"。二冬"佟、姓也"、"膿、腫血"。三江"肛、虛江切"、"胮、胮脝"。四支"派、水名,在常《韻會》引作恒山"、"嵯峨,嵯山不齊",俱與《韻會》所引《平水韻》合。是則全襲文郁之原書也。一東"芄、蔚草也",《韻會》引作"益母也"。"夠、謹敬之兒",《韻會》引作"恭貌"。二冬"夆、掣也",《韻會》引作"牾也"。三江"跫蹋地聲",《韻會》引作"履地聲"。四支"紕、飾緣邊也",《韻會》引作"邊飾謂之紕"。"琵琶推手爲琵,引手爲琶,取其鼓時以爲之名也",《韻會》引作"琵琶胡樂。胡人馬上所鼓,推手前曰琵,引手後曰琶。""黃茝黃",《韻會》引作"黃茝黃,藥名。""攤,《太玄經》云張也",《韻會》引作"攤、張也,《太元》:幽攤萬類",是則因文郁之舊而稍有增損者也。淵書行而是書晦,故後人知有淵而不知有文郁耳。每韻末間有標"新添""重添"者,文郁所添歟,抑刊刻者所添歟?未可知也。卷末有"大德丙午重刊新本平水中和軒王宅印"木印。是書世無傳本,諸家書目亦從無著録者。此本猶是元時舊槧,首尾完善,洵韻學中有一無二之秘籍也。

科舉之設久矣。詩賦取人，自隋、唐始。厥初公於心，至陳書於庭，聽舉子檢閱之。及世變風移，公於法以防其弊，糊名考校，取一日之長而韻得入塌屋。比年以來，主文者避嫌疑，略選舉之體。或點畫之錯，輕爲黜退，錯則誤也，誤而黜之，典選者亦不光矣。近平水書籍王文郁攜新韻見頤菴老人曰：“稔聞先《禮部韻》，或譏其嚴且簡，今私韻歲久，又無善本。文郁累年留意，隨方見學士大夫，精加校讐，又少添注語，既詳且當，不遠數百里敬求韻引。”僕嘗披覽，貴於舊本遠矣。略言之。正大六年己丑季夏中旬中大夫前行右司諫致仕河間許古道真書於嵩郡隱者之中和軒

錢氏手跋曰：向讀崑山顧氏、秀水朱氏、蕭山毛氏、毘陵邵氏論韻，謂今韻之併始於平水劉淵，其書名《壬子新刊禮部略韻》，訪求藏書家邈不可得，未審劉淵何許人，平水何地也。頃吳門黃蕘圃孝廉得平水新刊《韻略》元槧本，亟假歸讀之。前載正大六年許道真序，知此書爲平水書籍王文郁所定，卷末有墨閣記二行，其文云“大德丙午重刊新本平水中和軒王宅印”。是此書初刻於金正大己丑，重刻於元大德丙午中和軒王宅，或即文郁之後耶？其前列聖朝頒降貢舉程式，則延祐設科以後，書坊逐漸添入。又御名廟諱一條，稱英宗爲“今上皇帝”，可證此書爲至治間印本也。又附“壬子新增分毫點畫正誤字”三葉，“壬子新雕禮部分毫字樣”三葉。此壬子者，未知其爲淳祐之壬子與，抑皇慶之壬子與？考正大己丑，在宋淳祐壬子前二十有四年，而其時已併上下平聲各爲十五、上聲十九、去聲廿、入聲十七，則不得云併韻始於劉淵。豈淵竊見文郁書而翻刻之耶？又其時南北分裂，王與劉既非一姓，刊板又不同時，何以皆稱平水？論者又謂《平水韻》併四聲爲一百七部，陰時夫始併上聲拯韻入迥韻，據此本則迥與拯韻之併，《平水韻》已然矣。劉書既不可得見，此書世又尟有著錄者，姑識所疑，以諗世之

言韻者。嘉慶丙辰五月望日竹汀居士錢大昕識

又曰：許序稱"平水書籍玉女郁"，初不可解。頃讀《金史·地理志》，平陽府有書籍，其倚郭平陽縣有平水。案《金史·地里志》，平陽府臨汾縣注有平水，平陽，蓋臨汾之誤。是平水即平陽也。史言有書籍者，蓋置局設官於此。元太宗八年用耶律楚材言，立經籍所於平陽，當是因金之舊。然則"平水書籍"者，殆文郁之官稱耳。五月廿六日雨後大昕再記

7·23　古今韻會舉要三十卷　元刊本

元昭武黃公紹直翁編輯　昭武熊忠子中舉要
劉辰翁韻會序
熊忠自序

宋昨承先師架閣黃公在軒先生委刊《古今韻會舉要》凡三十卷，古今字畫音義瞭然在目，誠千百年間未睹之秘也。今繡諸梓，三復讐校，並無譌誤，愿與天下士大夫共之。但是編係私著之文，與書肆所刊見成文籍不同。竊恐嗜利之徒改換名目，節略翻刊，纖毫爭差，致誤學者，已經所屬陳告，乞行禁約外收書，君子伏幸藻鑑。後學陳宋謹白

7·24　增廣鐘鼎篆韻七卷　舊抄本

元臨江楊鉤信文甫集　宋政和中主管衡州露仙觀王楚作《鐘鼎篆韻》一卷。紹興中通直郎薛尚功廣之爲七卷。信文又博采金石奇古之迹，益以党世傑《集韻補》所未備。其所增則以"楊增"二字別之，依唐韻編次，而以象形、奇字等篇終焉。世傑名懷英，金翰林學士承旨，《中州集》及《金史》本傳俱未載其著有《集韻》，諸家書目亦從未著錄。金源著述，傳世絕稀，如《集韻》之湮没者蓋不

知凡幾。金吾裒集金文成一百二十卷，凡金人撰述，加意購訪。近年來如黃君蕘圃所得之《新刊韻略》、何君夢華所得之《祖庭廣記》、陳君子準所得之《明秀集注》暨金吾所得之《增廣類林》，俱絕無僅有之書。方今文治休明，遺書日出，如《集韻》者安知不尚存天壤間耶？竊願與同志共訪之。是《書文淵閣書目》、毛氏《秘本書目》、《讀書敏求記》俱著錄。錢氏《補元史藝文志》作五卷，或未見足本歟？馮子振序後有"洪熙殿書籍印"䨄，卷末有"海虞除煩居士從文淵閣本影寫"一條。除煩居士，未詳何時人。

四目弗倉而古廢，二翻弗王而隸廢。東家聖人不泰岱而七十二家之字盡廢。於是明智之制作，宇宙之消息，始茫然昧然而不可致詰矣。東都石經以枚計者四十八，議者以爲去邯鄲淳古文遠甚，臨淄古塚銅棺隸言齊太公世孫胡公之棺，惟三字是古隸，同今書證知隸自出古。故孔安國序《尚書》爲隸古，定更以竹簡寫之。隸謂隸書，古謂科斗，世之爲隸者，輒自謂其書爲隸古，得無益去古太相遠邪。殷周盛時，大抵斾常鐘鼎盤銘，其功德勳庸之家無不有。其文高潔簡古，率作"萬年億載，子孫有永"之辭。士大夫作之者無溢美，其實之者無怍容。古之人肺腑豁疏，言語峻快，極意摹勒，深致其情。文不爲澀縮韜匿之兒類如此，非若今人輒有所引避畏忌，雖百齡之上，猶且不敢高自位置以媒流俗之指摘也，而況永永子孫、世守之歲月乎？異時夷門政觀，豐享豫大，時習尚三代。緣是《博古》所圖之尤物，悉集於尚方，所至椎埋發冢，恬不之痛。靖康北徙，器亦併遷。金汴季年，鐘鼎爲崇，宮殿之玩，毀棄無餘，獨岐陽石鼓文字不能爲屬，今猶纍京師夫子廟廷，豈歐永叔《集古》千卷之首，真希世之寶邪？吾往年疏《離騷》草木於洞庭之南，得大江之西，博雅君子曰臨江楊信文出其所板本《鐘鼎韻》書一編，不覺歘袂太息曰：三代禮樂之古文奇字盡在是矣。如令五方有志之

士，家有是書，當皆卣後彝前，周旋盤豆，何必嶧山野火，湽水獸膊，
雎陽建寧，光和碑陰，三鼎一鉞，然後庶幾秦、漢以來之文字也耶。
米元章自言曾見劉原父所藏周鼎篆，一器百字，刻跡粲然，所謂金
石刻文與孔氏上古書相表裏。趙仲忽、李公麟收購如楚鐘，刻字遠
高秦篆，咸可冠方今法書之首，不知信文亦嘗取而納之《鐘鼎韻》
乎？世說漢有《古文尚書》以來，識古文者徧于世。唐明皇始以隸
楷易《古文尚書》，儒者不能識古文，自唐開元始。信文以博古之
學，節節欵識之辨，人把而玩之，宛然古鐘鼎之在列也。然則信文
有功於昭代之文運，抑亦人文之一取歟？宋景文公筆記記其故人
揚備得得《古文尚書》釋文，讀之驚喜。自爾書訊刺字，皆用古文。
當時僚友咸不之識，遂有怪人之目。今楊信文亦爾，得無亦作怪人
之目耶？吾久不作怪語，因信文蘄予鐘鼎序引併及之。是年延祐
甲寅閏三月戊寅前集賢待制承事郎馮子振序

　　熊朋來序

　　右韻書

愛日精廬藏書志卷八

史　部

正史類

8·1　史記一百三十卷　宋乾道蔡夢弼刊本　懷古堂藏書

　　漢司馬遷撰　**宋**裴駰集解　**唐**司馬貞索隱　目録後有"三峰樵隱蔡夢弼傅卿校正"一行。《三皇本紀》後有"建谿蔡夢弼傅卿親校,刻梓於東塾,時歲乾道七月當是年字春王正上日書"兩行。《五帝本紀》後有"建谿三峯蔡夢弼傅卿親校,謹刻梓於望道亭"兩行。每葉二十四行,行二十二字,注二十八字。字畫精朗,古香可愛,蓋宋板中之絶佳者。卷末有題識云"共計三十本。辛丑年孟春重裝,懷古堂識"。又有題識云"泰興縣季振宜滄葦氏珍藏"。蓋錢求赤藏本,後歸季滄葦者。

　　史記集解序
　　補史記序
　　史記索隱序
　　史記索隱後序

8·2　史記殘本十四卷　北宋刊本

　　宋裴駰集解　存《禮書》至《平準書》八卷。又列傳六十至六

十二、六十八至七十凡十四卷。中遇"禎"字不闕筆,蓋仁宗以前
刊本也。每頁二十八行,行二十七字,注三十一字至三十五字不
等。

8·3　史記殘本三十卷　宋蜀大字本

宋裴駰集解　存本紀第五、第六,又八至十二。表第四、第五。
世家四至十、十八至二十四,又二十六。列傳三十九、四十,又四十
七至五十。凡三十卷。中遇"慎"字俱未闕筆,當是孝宗以前刊
本。每頁十八行,行十六字,注二十字。

8·4　史記殘本七十四卷　元刊本

宋裴駰集解　唐司馬貞索隱　存本紀三、四,又九至十二。表
六至十。書一至五。世家一二。列傳一至七、九至十五、二十四至
五十二、五十七至六十九。凡七十四卷。

8·5　史記殘本七十六卷　元刊本

宋裴駰集解　唐司馬貞索隱　張守節正義　存本紀四至六,
表一至四、七至十,書一至八,世家八至十二,列傳二十九至七十,
凡七十六卷。《十二諸侯年表》後有木印云"安成郡彭寅翁鼎新刊
行",不著年月,驗其板式,蓋元刊本也。舊本《史記》載正義者絕
少,此本有正義,差可貴也。

8·6　漢書一百二十卷　宋刊元修本

漢班固撰　唐秘書監上護軍琅邪縣開國子顏師古注　板心有
注大德、至大、延祐、元統補刊者,蓋宋刊元修本也。每葉二十行、
行十九字,注二十五字至二十八字不等。

8・7　太平路學新刊漢書一百二十卷　元大德刊本

漢班固撰　**唐**正議大夫行祕書少監琅邪縣開國子顏師古注

叙例

江東建康道肅政廉訪司以"十七史"書艱得善本,從太平路學官之請,徧牒九路,令本路以西《漢書》率先俾諸路咸取而式之,置局於尊經閣,致工於武林。三復對讀者,耆儒姚和中輩十有五人;重校修補者,學正蔡泰亨。板用二千七百七十五面,工費具載學計,茲不重出。始大德乙巳仲夏六日,終是歲十有二月廿四日。太平路儒學教授曲阜孔文聲謹書。

8・8　後漢書一百二十卷　北宋刊本

宋范曄撰　**唐**章懷太子賢注　志三十卷**晉**司馬彪撰**宋**劉昭注補　是書紙質瑩潔,紙背有"濟道"兩字朱印。字畫清朗。"桓"字"構"字其不缺筆。板心有注大德九年、元統二年補刊者,蓋北宋刊板元代補修之本也。每葉二十行、行十九字,注二十五字。缺紀一二、志一二、二十二共五卷,抄補。卷末有"右奉淳化五年七月二十五日敕重校定刊正"一條,後列"承奉郎守將作監丞直史館賜緋魚袋臣孫何、承奉郎守秘書省著作佐郎直集賢院賜緋魚袋臣趙安仁"銜名二行。下缺景祐元年秘書丞余靖上言

8・9　後漢書一百二十卷　宋刊元修本

宋范曄撰　**唐**章懷太子賢注　志三十卷**晉**司馬彪撰**梁**劉昭注補　欵式與前《漢書》同,蓋同時刊板同時補修之本也。

劉昭注補志序

8·10　後漢書殘本五十八卷　宋嘉定刊本

宋宣城太守范曄撰　唐章懷太子李賢注　志劉昭注補　存目錄,紀一、二、十下,志一、二、十至二十、二十三,傳七、十至十四、十七至二十、二十三、二十四、三十至三十八、四十至四十七、五十、六十四下至六十八、七十一至七十四、七十九、八十,凡五十八卷。每葉十六行、行十六字,注二十一字。《百宋一廛賦注》云,嘉定戊辰蔡琪純父所刻也。

景祐元年秘書丞余靖上言

8·11　後漢書殘本二十八卷　宋刊本

宋范曄撰志　劉昭注補　存志二十二、二十四至三十,傳六、八、九、十五、十六、二十二、二十五至二十九、五十一至五十三、五十六至五十九、六十三、六十九,凡二十八卷。每葉二十行,行十八、十九字不等,注二十四字。金吾聞之黃君蕘圃云:即《百宋一廛賦》著錄之劉元起刊本也。

8·12　後漢書一百二十卷　元大德刊本

宋范曄撰　唐章懷太子賢注　志劉昭注補　景祐校正《後漢書》狀後,有“大德九年十一月望日寧國路儒學教授任内刊”一條。

景祐元年秘書丞余靖上言

8·13　經進集補後漢書年表十卷　舊抄本

宋右廸功郎前權澧州司戶叅軍臣熊方撰

自序

進表

進狀

8·14　三國志六十五卷　元大德刊本

晉平陽侯相陳壽撰

上三國志注表

自經止獲麟之後，馬遷以紀傳易編年，歷代信史流傳，不乏董狐之筆。厥今奎運昌隆，文風丕振。江左憲臺命諸路學校分派"十七史"鋟梓，池庠所刊者《三國志》。池之爲郡上類，率多貧窶，學計歲入寡贏，是舉幾至巾輒。總管王公元宗奧學宏才，慨然以化今傳後爲己任。表倡之下，其應如響，用能鳩工竣事，不勞餘力。都博士孔涓孫式克奉命董提，以底於成隸也。淺見謏聞，嘉與稽古之彦；身際斯文，鼎新之幸會。敢拜手書於左方。大德丙午日南至前進士桐鄉朱天錫謹跋

8·15　三國志殘本二十二卷　北宋刊本

晉陳壽撰　存魏志七至九、二十五至三十，蜀志九至十五，吳志四、五、十二至十五，凡二十二卷。每葉二十六行，行二十五字。

8·16　晉書音義三卷　元刊本

唐何超撰

楊齊宣序

自序

8·17　隋書八十五卷　元刊本

唐特進臣魏徵上　志三十卷，題"太尉揚州都督監修國史上柱國趙國公臣長孫無忌等奉敕撰"，　紙背係洪武初年行移文册，

蓋明初印本也。

　　天聖二年五月十一日，上御藥供奉藍元用奉傳聖旨，齎禁中
《隋書》一部付崇文，附至六月五日敕，差官校勘，時命臣綬、臣煜、提點
右正言直史館張觀等校勘。觀尋爲度支判官，續命黃鑑代之。仍內出版式刊造。

8·18　南史八十卷　元刊本

　　唐李延壽撰　　每册首有"南沙龔氏浪泊草堂圖書"印記。每
卷末俱有題識，問及明末吾邑怪異事。如怪鳥嘴闊半尺，雞四足之類。卷
二十四題識云"吳若之來，予求其入城，與錢孺怡索先君所著邑
乘"云云。案：邑志載，龔易、立本次子，未知即易之手筆否。

8·19　唐書殘本五卷　宋刊本

　　晉劉昫等修　　存一百四十卷下至一百四十四卷上。每卷末俱
有"左奉議郎充紹興府府學教授朱倬校正"一行。

8·20　唐書二百五十五卷　元刊本

　　宋翰林學士兼龍圖閣朝散大夫給事中知制誥充史館修撰判秘
閣臣歐陽修奉敕撰

　　曾公亮上表

8·21　新唐書糾謬二十卷　先君子手抄本

　　宋咸林吳縝纂

　　　自序元祐四年

　　　進表紹聖元年

8·22　五代史記七十五卷　元宗文書院刊本

宋歐陽修撰　徐無黨注　卷末有"宗文書院刊"五字。
陳師錫序

8·23　遼史一百十六卷　明初抄本　項墨林藏書

元開府儀同三司上柱國録軍國重事中書右丞相監修國史領經
筵事都總裁臣脱脱奉敕修

聖旨_{至正三年}

進表_{至正四年}

8·24　金史一百三十五卷　元刊本

元開府儀同三司上柱國録軍國重事前中書右丞相監修國史領
經筵事都總裁臣脱脱奉敕修

江浙等處行中書省委官鋟梓印造咨文_{至正五年}

進表_{至正四年}

8·25　元史二百十卷　明洪武刊本

明翰林學士亞中大夫知制誥兼修國史臣宋濂　翰林待制承直
郎兼國史院編修官臣王禕等奉敕修

進表_{洪武二年}

宋濂記_{洪武二年}

愛日精廬藏書志卷九

史　部

編年類

9·1　通曆十五卷　明人抄本

唐馬總撰　總撰《通曆》十卷,孫光憲《續》十卷,宋時合爲一書。《直齋書録解題》著録《通曆》十五卷是也。此本首三卷闕,以新抄補入,題史臣李燾著,斷非原書,今撤出之。卷四至末,與《郡齋讀書志》所列一一符合。卷中"公子曰""先生曰"云云者,當是虞永興《略論》。"按總云云"者,則會元之説也。卷九引"鄭文貞公魏徵《論略》曰",則卷中所載"論曰云云"者,蓋魏鄭公之説也。《續通曆》好載符瑞夢兆及鬼神怪異之事,體近小説。此宋祖所以詔毀其書歟?然所載五代事迹,間有出《新》《舊》兩史外者,是亦足資叅考。有唐舊籍,世不多有,其珍秘之哉。

《郡齋讀書志》曰:《通曆》十卷,右唐馬總撰。總纂太古十七氏,中古五帝三王,及删取秦、漢、三國、晉、十六國、宋、齊、梁、陳、元魏、北齊、後周、隋世紀興滅,粗述其君賢否,取虞世南《略論》分系于末以見義焉。

又曰:《續通曆》十卷,右荆南孫光憲撰。輯唐洎五代事以續馬總《通曆》,系以黃巢、李茂真、劉守光,附保機、吳唐、閩廣、吳越兩蜀事迹。太祖朝詔毀其書，以其所紀多非實也。

《直齋書錄解題》曰：《通曆》十五卷，唐泉州別駕扶風馬總會元撰。書本十卷，止於隋代。今書直至五代，增五卷者，後人所續也。晁公武《志》《續通曆》十卷，孫光憲撰。太祖朝嘗詔毀其書。

《中興館閣書目》曰：《通曆》十五卷，唐馬總撰。起天皇氏，總以史籍繁蕪，故上索《三墳》，中稽《五典》，迄於隋季爲十卷。今存自十一卷起唐高祖者，即孫光憲所續也。光憲、皇朝人，作《續通曆》十卷，起唐高祖，止閩王。審知今附於《通曆》後者惟五卷爾。《通曆》一書大抵簡略，首紀三皇，尤詭誕不經，與司馬貞補《史記》所言無異。隨事間有論著，謂文帝庶幾於王道，而景帝之擬成康則有慙德，謂宣帝刑名圖霸之主也，而世以比光武，非其倫也。斯言當矣。《玉海》四十七

鈕氏手跋曰：鈔本《通曆》十五卷，首題曰史臣李燾著，即知其妄。今考《讀書志》及《玉海》，知一卷至三卷，蓋當時闕失，後人取他書補入，故三國首蜀而末無《論略》也。四卷至十卷，起西晉迄隋，有總案語，則爲會元所撰無疑。其十一卷至末，則孫氏所續也。嘉慶甲子鈕樹玉跋於洞庭山中

9·2　資治通鑑二百九十四卷　元刊本　葉石君藏書

宋朝散大夫右諫議大夫權御史中丞充理檢使上護軍賜紫金魚袋臣司馬光奉敕編集　**元**後學天台胡三省音注　卷一後有葉氏石君題識

胡三省新注資治通鑑序

司馬溫公進表

元祐元年紹興二年兩次刊板銜名

9·3　通鑑釋例一卷　抄本

宋司馬溫公撰　曾孫伋重編　分三十六例。行間多注"闕"字，皆與伋跋語合，蓋猶是溫公原本，未經後人竄改者。

曾大父溫國文正公作書之例，或因或倣，皆有所據，故自《春秋》以來，用例之精確深隱，皆考究爲最詳而得其當，於此概見。然《前例》遺稿，中遭散亂，所藏僅存，脫落已甚。故先後無叙，或改注重複，觀者病焉。伋輒掇取而分類之，爲三十六例。其間或書年而不書事，如曰齊襄公之二年。或書事而不著年，如曰節度使官自此始。或書諡書年而不實其數，如曰桓年以大零有兩秋之類。伋皆不敢增益也。至若或文雖全而其字闕滅者，伋亦從而闕之。或事欲詳見而旁附其文者，伋則因其文而述之，雖然苟能因此類而糸酌貫穿焉，亦庶幾矣。伋抑嘗因此例而涉其書，考其離析，稽其授受，推其甲子，括其卷帙，列爲四圖，以便尋究。求者授之，以廣其傳，庶與《考異》、《音釋》並行於世，萬一有助於觀覽云。乾道丙戌仲秋癸酉曾孫右朝散郎尚書吏部員外郎賜緋魚袋伋謹書

9·4　通鑑釋文三十卷　舊抄本

宋右宣議郎監成都府糧料院史炤撰　《通鑑》體大文繁，名物訓詁，浩博奧衍，有非淺學可通者。史氏取《爾雅》、《說文》及諸經傳注、古今小學之書，詳爲音注，積十年而書成，用力亦云勤矣。惟採摭既廣，齟齬亦多，胡身之特作《辨誤》以刊正之。自《辨誤》行而此書遂微。然地理之學史不及胡，音訓之學胡不及史。其書亦有不可没者。此本爲王西莊家藏舊抄本，每半頁十二行，行三十一二字不等。

太史公作《史記》，於《尚書》、《春秋》、《左氏》、《國語》之外，別出新意，立本紀、世家、列傳，後之作史者皆宗之，莫敢有異。獨

近世司馬溫公作《通鑑》，不用太史公法律，總叙韓、趙、魏而下，至于五季，以事繫年月之次，治亂興亡之蹟，并包夷夏，粲然可考，雖無諸史可也。又自黃帝下屬五季，貫穿成書，皆出司馬氏一家之手，此又不可得而知者。《通鑑》之成，殆百年未有釋文，學者讀其書，間有難字，必捨卷尋繹，淹移晷景，一字既通，則已忘失前覽矣。於是眉山史見可著《通鑑釋文》三十卷。字有疑難，求於本史；本史無據，則雜取"六經"、諸子釋音，《說文》、《爾雅》及古今小學家訓詁、辨釋、地理、姓纂、單聞、小說，精力疲疢，積十年而書成。吁，亦勤哉。夫無用之學，聖賢所不取。古今以文章名世，傳後固不少，雖傳矣未必真有補於世。見可精索而粗用，深探而約見，不與文人才士競能於異世，而爲後學垂益於無窮，亦可以觀其用心矣。見可名炤，嘉祐、治平間眉州三卿，爲搢紳所宗。東坡兄弟以鄉先生事之，見可即清卿之曾孫也。溫恭誠信，見於言貌。年幾七十，好學之志不衰。其猶所謂古君子者歟？紹興三十年三月日左朝散郎權發遣黎州軍州主管學事縉雲馮時行序

《直齋書録解題》曰：《通鑑釋文》三十卷，左宣義郎眉山史炤見可撰，馮時行爲之序。今考之公休之書，大略同而加詳焉，蓋因其舊而附益之者也。

9·5　陸狀元集百家注資治通鑑
詳節一百二十卷　宋刊本

宋會稽陸唐老集注　集注姓氏後有"蔡氏家塾校正"六字。案《百宋一廛賦注》云，《孫尚書内簡尺牘》十六卷，目後有'蔡氏家塾校正'六字。予向有趙靈均校元本，首有鈔補序一通，云'慶元三祀閏餘之月梅山蔡建侯行父謹序'云云，知是本爲寧宗時蔡建侯刊本也。缺卷九、卷十，抄補。又卷二十三至三十、卷八十五至

九十三,俱以別本刓改卷數。補入撤出附後。

　　神宗御製資治通鑑序

　　獎論詔書

　　溫公進表

　　溫公親節資治通鑑序

　　劉秘丞外紀序

　　溫公外紀序

　　通鑑釋文序

　　前年謁外舅陳宋齋先生,坐次譚及海內藏書家。先生言其故人馬寒中,購書不遺餘力,嘗過龍山查氏,見案頭有宋槧《陸狀元通鑑詳節》一書即海昌陳太常廣野先生所藏。并顏魯公《祭姪文》,百計購之不可得,怏怏不樂。後查氏謀葬其親,所卜吉壤則馬氏田也。寒中覘知之大喜,曰:“書可得矣。”即詣查氏陳說,願效祊田之易。田凡十畝,書券盡付焉。查氏始許諾。寒中抱書帖疾歸,若惟恐其中悔也,蓋其篤好如此。余時心識之,後數年寒中後人浼其友倪君東銘攜書數十種來售於余,覽其目則《通鑑詳節》及《祭姪文》在焉。急取視之,覺古香古色,自來妮人,愛不能舍,乃勉爲購之。回憶外舅所述,備書於卷尾,以見此書之流轉而入余手,爲可慶也。書中卷帙間有缺處,用別板本填補之,鈔補者百三十九葉。撿目錄細勘,并取汲古閣刊本較對,確爲完書。第當時此書凡有數本,其分卷小有不同,故所補數卷,每於首帙標題有鑱削填寫處,要不足爲此書病耳。倪君所攜書,余購十餘種,尚有宋刊李肇《翰林志》、李誡《營造法式》及薛尚功手書《鐘鼎欵識》樣本真蹟,皆驚心動魄之書也。緣索價太昂,余力不能多及,姑還之。今《翰林志》二書歸涉園張氏,薛書《鐘鼎》本則爲桐溪汪公晉賢所得。過眼煙雲,令人戀戀,并附記於後。時乾隆十年仲秋重裝,建元書

9·6　通鑑釋文辨誤十二卷　元刊本

元天台胡三省身之撰

自序

9·7　歷代紀年十卷　宋紹興刊本　述古堂藏書

宋晁氏公邁撰　卷一闕。首正統,次古封建,次僭據附唐藩鎮,又次盜賊夷狄及道書所載年號,而以最歷代年號終焉。末附最國朝典禮,載太祖至淵聖樂舞、宮殿,南郊、太廟、封泰山、祀汾陰、拜陵、幸學、大赦、德音等事,而終之以祖宗神御在京師者。原注云"元稿無此目,此附見逐朝册葉界行外,今存卷末"云云。是書上起唐虞,據包履常跋,此本缺首卷,起三國魏。下迄北宋建國、傳緒、用人、行政,凡節目之大而關於體統者靡不臚載,蓋不止於考據世裔年號而已。即就年號而論,夏諒祚有廣禧嘉祐六年辛丑、清平治平三年丙午兩號,而《宋史》不載。案《玉海》歷代年號有廣禧、清平,俱注"夏國",蓋本諸此,可補《宋史》之闕。遼太宗立,改元天顯,而《遼史·太祖紀》云天顯元年二月改元,天顯七月上崩。案《資治通史》云契丹改元天顯,葬其主阿保機於木葉山。《五代史》云德光立三年改元天顯。《東都事略》云德光立二年改元天顯。《契丹國志太宗紀》云帝即位猶稱天贊六年,次年乃以天顯。紀元雖微有異同,而天顯爲太宗年號則斷然無疑者。《遼史拾遺》亦以天顯爲太祖年號,蓋仍《遼史》之誤。遼道宗改元壽昌,而《遼史》作壽隆。案:聖宗諱隆緒,道宗爲聖宗之孫。何至紀年而犯祖諱,且遼人謹於避諱。避太宗諱而光祿改爲崇祿矣,避興宗諱而女真改爲女直矣,避天祚名而且追改重熙爲重和矣。嫌名猶同避如此,而乃以祖諱紀元,此理所必無者。又案《東都事略》、《十朝綱要》、《文獻通考》、《玉海》、洪遵《泉志》及《安德州創建靈巖寺碑》壽昌元年、《易州興國寺太子延聖邑碑》壽昌四年、《憫忠寺故慈智大德佛頂尊勝大悲陀羅尼幢》壽昌五年、《三座塔玉石觀音像偈和詩》壽昌五年，俱作壽昌，均與此合，可訂《遼史》之誤，有裨史學，豈淺鮮哉。是書自《玉海》、《直齋書錄解題》外，近惟《讀書敏求記》著錄。此本即係述古舊藏，雖稍有殘缺，終不失爲希世珍也。

　　昭德族父《紀年》既成，先君首得其藁，及言編纂之瘁，累歲而後就，猶恨居宜黃山間國史諸書不盡見，故勘覆未詳，尚多闕略，當有待於後日。未幾族父下世，惜哉。後二十有四載，當紹興之辛巳，子綺復求本於八兄叔我而鈔之。又十有五年再謄是本，且與外弟范信伯校定繕寫，異時可鋟木以傳，庶無負述作之意於九原也。淳熙乙未秋七月既望晁子綺謹記

　　余分教盱江郡，或謂余元莊之故家有寓盱者。未幾，晁仲皓子綺過余，數往返，見其議論多前輩言行，余喜聞之。一日至其塾，出《歷代紀年》示余曰：“先伯父提舉公所爲書也。纂緝之工垂五十載，未有傳者。”余受而閱之，自唐虞三代以至於今，建國之始末，傳緒之久近，治亂興衰，進退用捨，凡節目之大而關於體統者可以櫽見，殆不止於世系年譜而愛。余既歎晁公之博而專，且愛此書之有補於學者，爲之鋟木以成其志。晁公諱公邁，字伯咎，元莊之裔孫，景迂之猶子，崇福之冢嗣。建炎南渡，繇天府掾貳郡持節，問學能世其家，蓋載之訓詞云。紹熙壬子季春望後五日樂清包履常書

　　黃氏手跋曰，此《歷代紀年》，述古堂舊物也。按是書傳布絕少，知者頗希。余留心述古舊物，裝潢式樣，一見即識。然遵王所記不甚了了。即如此書，首缺第一卷，並未標明。其云“始之以正統，而後以最歷代年號終焉”，似首尾完善矣。然十卷外又有最國朝典禮五葉，此附錄於本書者，而記未之及，何耶？又按《書錄解

題》云《歷代紀年》十卷,其自爲序當紹興七年。或者此缺第一卷,故自序不傳爾。余友陶蘊輝爲余言,向在京師見一鈔本,是完好者,未知尚在否也。俟其入都當屬訪之。嘉慶元年棘人黃丕烈書於故居之養恬軒

　《直齋書錄解題》曰,《歷代紀年》十卷,濟北晁公邁伯咎撰,詠之之子也。嘗爲提舉常平使者。其自爲序當紹興七年。

9·8　中興小紀四十卷　文瀾閣傳抄本

宋熊克撰

9·9　續資治通鑑長編五百二十卷　文瀾閣傳抄本

宋李燾撰　即擺印之底本也。

進表乾道四年

9·10　綱目分注發微十卷　叢書堂抄本

宋從政郎安吉州安定書院山長劉國器撰　《分注》出趙師淵手。其中謬誤經後人糾正者甚多。國器則直以《分注》爲朱子所作。凡舊史所載,或存或削,均謂具有深意,而隨事闡明之,故曰《發微》。《文淵閣書目》著錄,板心有“叢書堂”三字。

　嘗閱六朝史,至陳寶應使人讀《漢書》,聞蒯通説韓信“相君之背,貴不可言”之語而謂之智士,虞寄則告以班彪《王命論》之識所歸,爲之歎曰:通之設是辭,特以遂其計,反不能取信於當時。史之載是辭,蓋以紀其實,而乃貽後世無窮之禍,作史者可不謹哉? 及觀《綱目分注》,於蒯通所説則削而不存,於班彪所論則載之甚備,吁,亦可以見朱文公之心矣。因是反覆推研,叅以《通鑑》,凡所損益,雖片言隻字,必究極夫事理之所以然,則知前史紀載,是非善惡

混焉而莫識其真。簡册浩繁,辭義精密,雖未能詳盡厥旨,試摭其一二而考訂之:賈誼告文帝體貌,大臣謂其以絳侯譏上;威君雅疑李淵而不發兵,謂其引突厥入寇;任尚與鄧遵爭功,而罪以增級受賄;從諫表士良罪狀,而誣以窺伺朝廷;守志不屈,指曰不敬;觝排異端,目爲矯激;而司馬昭則謂能以德攻,略其殺誕之罪;揚雄則謂不詭於聖人,遺其美新之失道;成并宋也,曰能全國家;朱溫篡唐也,曰能安社稷;孫宏多詐,而曰其行謹厚;牛、李姦邪,而曰謹守格式。才能之真僞,論議之得失,茫無折衷,而所載之事且乖錯而失倫:王莽之立司市,與《易》繫正辭之文並錄;太宗之擊高麗,與夏禹治水之功互紀;銅匭以來告密,而託名於伸寃;招諫白馬,以陷忠良,而歸咎於衣冠浮薄。若此之類並經《綱目》所削。蓋司馬文正公之作《通鑑》,因舊史以紀事,其言曰"使觀者自擇其善惡得失以爲勸戒",意可知矣。朱文公之作此書,乃以《綱目》爲名,事之得其條理,雖莫要於綱,而纖悉具備,尤莫詳於目。況夫隱伏而難見,疑似而難明,糅錯同異而難齊,幾微之際又不可以不察也。故大書以提要《分注》以備言,言必證其事,事必驗其實,刊落浮辭,約歸至理,是其天地之心,陰陽之蘊,萬物之情,數千百年行事之迹,已洞究於胸中。則縱橫泛應,無一而非,《春秋》之微意,豈若後世紀傳之書而已哉。故曰:綱者、法家之條令,目者、法家之斷案。嗚呼微矣,然坎井之見,不足以識江河之大;蔀屋之陋,不足以發日月之光。世之君子,能明朱文公之旨者,願執鞭以請益云。咸淳乙丑仲夏莆田劉國器謹書

9·11　通鑑綱目集覽鐫誤三卷附綱目

考異辨疑　明永樂刊本　季蒼葦藏書

　明瞿佑撰　糾王幼學《集覽》之誤。《集覽》一書謬誤宏多,本

不足辨。惟其書散附《綱目》，蓋已家絃户誦，非瞿氏一一摘出，孰
知其荒謬一至此耶？故録存之。卷首有"季振宜藏書"印記。

　　望玉王氏之著《集覽》也，自謂積二十年，七易稿而後成。其
用心蓋亦勤矣。讀《鑑》者爭先快覩，視猶指南，共珍惜而尊信之。
予自幼閲《分注》，遇有疑難，試出是編以考焉，則亦缺然無所稽載
也。竊意所志者，不過地理之沿革，官制之變更，音訓之異同，句讀
之斷續而已，遂高閣東之，未暇徧覽也。不料殘齡久拘囹圄，長晝
默坐，無所用心。適都督袁公齎《綱目》一部，乃建寧新版，就於
《分注》下附刊《集覽》者，因得以備觀焉，則荒辭猥註，層見錯出。
地理不分南北，官制不辨古今，音訓謬於理而句讀不成文，甚則違
道背義而肆爲臆説者有之。蓋羼者自爲一書，雖有舛誤，人未易
見。今附録于於隨事證驗，玭璺瞭然，始不可得而掩矣。輒不自
揆，每事以片楮録之，久而盈篋。公因命標註於卷上，遂不獲辭，既
而仍存其舊。稿凡二百一十六條，析爲上中下三卷。第以患難中，
別無書籍可考，而新版又多脱略，乏善本校正，爲可恨耳。嗟夫，磨
光刮垢，固知獲譴於前人；承誤踵訛，又恐傳疑於後學。然與其爲
《公羊》之罪人，寧爲《穀梁》之忠臣也。永樂八年歲在庚寅冬十月
初吉錢塘瞿佑謹書

9·12　建炎以來繫年要録二百卷　文瀾閣傳抄本

宋李心傳撰

9·13　皇宋十朝綱要二十五卷　抄本

宋眉山李壆編　壆、李燾子也。是書編年紀事有綱無目，非大
事則略而不書，故曰《綱要》。然所載事迹，間有出《長編》、《中興
小紀》、《繫年要録》等書外者，亦足以資叅考。始太祖訖高宗，凡

十朝。每朝之前冠以改元凡幾，皇后、皇子、公主幾人，宰相、叅知政事等官暨進士題名以及廢置州府，而以誕節、神御殿名終焉。《文淵閣書目》、焦氏《經籍志》俱著錄，《皇朝編年備要》引用書目亦載之，近則久無傳本。此本從浙西藏書家宋刊本傳錄者。

王應麟曰，李垕撰《十朝綱要》。《玉海》四十九

9·14　皇朝編年備要二十五卷補刊
編年備要五卷　影寫宋刊本

宋壼山陳均編

皇朝國史諸書勒琬炎，揭日月，固將與三五載籍相爲無窮。均衡茅下士，蓋嘗拜手稽首，斂衽蕭容，竊觀皇綱帝範巨麗之萬一，邈若層霄，茫乎漲海，有非蠡管所能窺測，況以均之資稟魯鈍，不能强志，輯成此書，深以詮次失倫，而有所乖剌是懼。私質諸友朋，或有誚均者曰：“子志良苦，力良勞。其如犯三不韙何？以私家而裒國史，以偏見而折衷諸書則僭；冊書重大，未易編摩，而以數十萬言該之則疎；諸書雜出，寧免抵牾，去取之間一或失當則舛。”均敬應之曰：國朝信史與夫名公鉅儒所纂諸書，並行於世，家傳人誦。今所輯者，特欲便緐繹，備遺忘，固非敢求與之並行而偕傳也，奚其僭？捄摭所及，博參諸書，文雖少損於舊，事則不增於前。諸書固自若也。雖無此書，誰無此書，奚其疎？或要其終，或以附見，或以類從。舉宏撮要，主於事實，而不敢必以日月爲斷，亦信其可信，闕其可疑云爾。如欲質其疑，求其詳，則有太史氏及諸書在。既以對或人，因併書于下方。前太學生莆田陳均拜手稽首謹識

莆田陳君均，以其所輯《皇朝編年舉要》與《備要》之書合若干卷，踵門而告曰：“均之幼也，侍從祖丞相正獻公，獲觀國朝史錄諸書及眉山李氏《續通鑑長編》，意酷嗜之。獨患篇帙之繁，未易識

其本末，則欲删煩撮要爲一書，以便省閲。時方從事舉子業，未之能也。晚滯場屋，決意退藏林壑間。又以出入當世名流之門，得盡見先儒所纂次，若司馬文正公之《稽古録》、侍郎徐公度之《國紀》以及《九朝通略》等書亡慮十數家，博考而互訂之，於是輯成此編。大綱本李氏，而其異同詳略之際，則或叅以它書。昔嘗讀朱文公《通鑑綱目》，歎其義例之精密。蓋所謂綱者，《春秋》書事之法也；而所謂目者，《左氏》備言之體也。自司馬公《目録舉要》之作，至是始集大成，觀者亡復餘憾①。均竊不自揆，輒放而依之。然文公所述前代之史，故其書法或寓褒貶於其間，均今所書則惟據事實録而已，不敢盡同文公之法也。願一言以述之，何如？”德秀讀其書彌月始盡卷，則喟然曰美哉書乎。聖祖聖孫之功德，元臣故老之事業，赫赫乎，鍠鍠乎備於此矣。然綜其要而求之，則自藝祖以來，凡所以祈天永命、垂萬世無疆之休者，大抵弗越數端。蓋其以仁立國而不雜五伯權利之謀，以儒立教而不溷百家邪詖之説，求治寧悠緩而不爲一朝迫切之計，用人寧樸鈍而不取小夫輕鋭之才。嘉祐、治平以前，廊廟之訏謨，縉紳之論建，相與葆衛扶植，如恐失之。此其所以大治也。自熙寧輔臣出新意，改舊法，高談古，姑陰祖筦商而國脉病矣。名爲尊經，實尚空寂，而學術乖矣。謂參苓者术，不急於起疾，而一切雜進者皆決腸破胃之藥，根本安得而弗傷，謂鼎霡琮璧不足以適用而錯然前陳者，皆奇詭淫靡之具，風俗安得而弗壞？章、吕鼓其波，二蔡熾其燄，更倡遞述，至於蠧、貫極矣。此其所以致亂也。凡百有六十七年之行事，可喜可慕，可歎可愕者，一攬而盡得之。真我宋千萬年之龜鑑也。吁，是豈獨學者所當熟復哉。叡明在御，垂精典訓，有高宗成王之風，使是書獲陳於前，則所

----

① “餘憾”原作“遺憾”，據《西山文集》卷二十七“皇朝編年舉要備要序”改。

以啟發天聰、緝熙聖德者何可勝？既窮閭下士，雖無階可以自進，然夜光明月之珍，蘊藏山海，終有不可揜者，安知侍從蕃宣之彥，無以是聞于上者乎？君逮事正獻公，得其家學，既又出從賢士大夫游，以博其見聞。故於是書斟酌損益皆有條理，非安危所繫則略而弗書。其志固將有補於世，非徒區區事記覽而已也。君嘗與計偕繼游天子之學，今以累舉恩當對大廷，不願就獨朝夕矻矻於此，既積十餘年之力纂而成之，又將次及於中興之後。聞四方之士可與商搉者，不憚千百里，橐其書而從之。忘其道涂之囏，羇旅之苦也。此其用志，豈世俗所可量哉？迃愚不敏，竊獨嘉之，故爲之述如此。若書之凡例，則君列之篇端矣，故不復云。紹定二年三月辛卯建安真德秀謹書

　　平甫與余游從廿年矣。足不出書室，口不及世事。利害得喪，不足以動其心。師友淵源，蓋得所漸，孜孜爲學，未見其止也。一日告余曰：“我朝祖功宗德，相業臣謨，惟《長編》一書包括無遺，本末可考。但浩如烟海，學者莫知涯涘。僕之鈍尤不能強記，欲纂作二書，一舉其要，一備其目。事之相聯屬者，亦或互見，綜稽國史，出入諸書，訂其異以會其同，約其詳而補其略。庶幾文公朱先生所修《通鑑綱目》之意而非敢僭以自比焉。此書幸成，則得以私便誦記，不敢外示也。”積年而書成，余與二三同志先得觀之，傳示寖廣，人各欲得其書而力不能錄，遂相與鋟木，願友朋共之，非平甫志也。平甫從容語余而色不懌。余應之曰：祖宗以仁厚得民，以紀綱立國。如前代閹寺女寵，外戚強臣，與夫大刑戮之事，悉杜其微而窒其源。聖子神孫，世守弗失，蓋將與典謨並行。此其澤在斯人，法垂後世。爲君者而得是書，則可以彌綸天道，扶植人紀；爲臣者而得是書，則可以寅亮天工，輔成君德。況子之所纂，舉宏撮要，在機務之綜，尤便省覽。子其能終秘之，而私爲衡茅書生記誦之具

乎？平甫曰“不敢”。遂書於其后。紹定己丑中秋長樂鄭性之書

　　國史尚矣，太祖、太宗、真宗爲三朝，仁宗、英宗爲兩朝，神、哲、徽、欽四宗爲四朝，史用班馬體，非一世一有司所能就也。《續通鑑長編》稽國史，做溫公，運之《左氏》，則眉山李氏專其家。聞有提綱挈領之書，書未之見。今所見者太學生莆陽陳均爲之，名曰《皇朝編年舉要》、《備要》。其取類博，其收功精。夫紀事之約未易言也。孔子序《書》及筆削《春秋》嚴矣。司馬溫公雖未爲本朝《通鑑》，先爲《稽古録》，祖《春秋》意，亦本朝史籍之綱也。此修又取司馬氏之綱而時有修餙，取李氏之目而頗加節文。且網羅天下放失舊聞，質之鉅工，申爲衡度，以禆金匱石室之藏。日昃清間，乙夜觀書，庶幾有取焉。是於昭代史學不其多益乎？我國家超越漢、唐，比方虞、周者，以仁立本也。若乃陰陽之消長，君子小人之進退，前事不忘後事之師者，二公既言之，兹不贅云。紹定二年冬十一月日南至朝議大夫直敷文閣新知漳州林岊敬書

9·15　中興兩朝編年綱目十八卷 影寫宋刊本

　　不著撰人名氏　起於建炎之元年，訖於淳熙十七年。體例與《皇朝編年備要》同，蓋以續陳氏書也。南宋編年之書，高宗一朝有《中興小紀》、《繫年要録》、《十朝綱要》，年經月緯，紀載詳核。孝宗一朝則自劉時舉《續資治通鑑》、《宋史全文》外，別無專書。是書紀高、孝兩朝之事，宏綱細目，視劉時舉所載加詳。《宋史全文》則即以是書爲藍本。考孝宗一朝之政治者，是書其較備歟。《文淵閣書目》著録。

9·16　續編兩朝綱目備要十六卷 影寫宋刊本

　　不著撰人名氏　中遇“昀”字，側注“御名”，蓋理宗時人所撰

也。紀光、寧兩朝之事，以續《中興兩朝編年》，綱目體例，欵式均與前二書同，蓋係宋時合刻者。　　《四庫全書》著録本從《永樂大典》録出，此則原本也。

9·17　續宋中興編年資治通鑑十五卷
元刊本　池北書庫藏書

宋通直郎户部架閣國史實録院檢討兼編修官劉時舉撰　目録後有"陳氏餘慶堂刊"六字。

是編繫年有考據，載事有本末。增入諸儒□議，三復校正，一新刊行。宋朝中興，自高宗至於寧宗四朝政治之得失，國勢之安危，一開卷間瞭然在目矣。幸鑑

9·18　靖康要録十二卷　文瀾閣傳抄本

不著撰人名氏

9·19　宋史全文續資治通鑑三十六卷
附宋季朝事實二卷　元刊本

不著撰人名氏　卷首題"豐城游大昇校正"，蓋刊書者姓名也。《宋季朝事實》載度宗少帝益廣二王事迹。

李燾進續資治通鑑長編表

《宋史通鑑》一書見刊行者，節略太甚，讀者不無遺恨焉。本當今得善本，乃名公所編者。前宋已盛行於世，今再綉諸梓，與天下士大夫共之。誠爲有用之書，回視他本，大有逕庭。具眼者必蒙賞音。幸鑑

9·20　大事記續編七十七卷　明成化刊本

明金華王禕子充著

愛日精廬藏書志卷十

史　部

紀事本末類

10·1　通鑑紀事本末四十二卷　宋寶祐刊本

宋建安袁樞編

初予與子袁子同爲太學官。子袁子録也，予博士也，志同志，行同行，言同言也。後一年，子袁子分教嚴陵，後一年予出守臨漳，相見於嚴陵，相勞苦，相樂且相梀以學。子袁子因出書一編，蓋《通鑑》之本末也。予讀之，大抵搴事之成以後於其萌，提事之微以先於其明。其情匿而泄，其故悉而約，其作窊而樲，其究遐而邇。其於治亂存亡，蓋病之源、醫之方也。予每讀《通鑑》之書，見事之肇於斯，則惜其事之不竟於斯。蓋事以年隔，年以事析。遭其初莫繹其終，攬其終莫志其初。如山之峩，如海之茫，蓋編年繫日其體然也。今讀子袁子此書，如生乎其時，親見乎其事。使人喜，使人悲，使人鼓舞，未既而繼之以歎且泣也。嗟乎，由周、秦以來，曰諸侯，曰大盜，曰女主，曰外戚，曰宦官，曰權臣，曰夷狄，曰藩鎮，國之病亦不一矣，而其源不一哉？蓋安史之亂則林甫之爲也，藩鎮之亂則令孜之爲也。其源不一哉？得其病之之源，則得其醫之方矣，此書是也。有國者不可以無此書。前有姦而不察，後有邪而不悟。

學者不可以無此書。進有行而無徵,退有蓄而無宗。此書也,其入《通鑑》之户歟。雖然覦人之病,戚人之病;理人之病,得人之病。而於身之病不懵焉,不諱焉,不醫之距焉,不醫而繆其醫焉,古亦稀矣。彼闇而此昭,宜也。切於人,紓於身,可哀也夫。淳熙元年三月戊子廬陵楊萬里叙

《通鑑》一書於治道最切實,諸史之精華,百代之龜鏡,古未有也。神宗皇帝深所愛重,錫資治之嘉名,且命經筵進讀。歷朝寶之,永以爲訓。近世建安袁公復作《紀事本末》,區別條流,各從其類,豈求加於《通鑑》之外哉。蓋《通鑑》以編年爲宗,《本末》以比事爲體。編年則雖一事而歲月遼隔,比事則雖累載而脉絡貫聯。故讀《通鑑》者如登高山,泛巨海,未易遽覩其津厓,得《本末》而閲之,則根幹枝葉繩繩相生,不待反覆它卷而瞭然在目中矣。故《本末》者,《通鑑》之户牖也。袁公之爲是書,其殆司馬文正之疏附先後也歟?與篨淳祐壬子退而里居,四年之間熟得繙閱。每見世道開泰,君明臣良,百度修舉,四裔賓服,使人忻悅愛慕。至若叔世末造,賢愚倒植,綱頽紐解,外阻内訌,使人感憤歎息。要其指歸,治未始不由於任君子,亂未始不由於親小人,安未始不由於固民心,危未始不由於困民力。志實事上者未有不昌,姦諛欺君者未有不亡,公廉宏濟者奕世流芳,貪刻暴殄者子孫貽殃。天道人事其應靡忒,紾稽源委可以昭勸戒於方來。是書之關於世教亦大矣。嚴陵舊本,字小且訛,乃易爲大書,精加讐校,以私錢重刊之,非特便老眼訓子弟,庶與四方朋友共之云。寶祐丁巳秋七月朔古汴趙與篨謹書

10·2　三朝北盟會編二百五十卷　舊抄本

宋朝散大夫充荆湖北路安撫司參議官賜緋魚袋臣徐夢莘編集

嗚呼,靖康之禍古未有也。夷狄爲中國患久矣。昔在虞周,猶不免有苗、玁狁之征。漢、唐以來,如冒頓之圍平城,佛狸之臨瓜步,頡利之盟滑上,此其盛者。又其甚則屠各陷洛,耶律入汴而已。是皆乘草昧凌遅之時,未聞以全治盛際遭此,其易且酷也。揆厥造端,誤國首惡,罪有在矣,迨至臨難,無不恨焉。當其兩河長驅而來,使有以死捍敵;青城變議之日,使有以死拒命。尚可挫其凶焰而折其姦鋒。惜乎仗節死義之士僅有一二,而媮生嗜利之徒,雖近臣名士,俯首承順,唯恐其後。文吏武將,望風降走,比比皆是。使彼公肆凌藉,知無人焉故也,尚忍言之哉。搢紳草茅,傷時感事,忠憤所激,據所聞見,筆而爲記錄者無慮數百家。然各説有同異,事有疑信,深懼日月浸久,是非混并,臣子大節,邪正莫辨。一介忠疑,湮没不傳。於是取諸家所撰及詔敕制誥、書疏奏議、記傳行實、碑誌文集雜著,事涉北盟者悉取詮次。起政和七年登州航海通好之初,終紹興三十二年逆亮犯淮敗盟之日,繫以日月,以政、宣爲上帙,靖康爲中帙,建炎、紹興爲下帙,總名曰《三朝北盟集編》。盡四十有六年,分二百五十卷。其辭則因元本之舊,其事則集諸家之説。不敢私爲去取,不敢妄立褒貶,糸考折衷,其實自見。使忠臣義士、亂臣賊子,善惡之迹,萬世之下不得而掩。自成一家之書,以補史官之闕,此集編之本志也。若夫事不主此,皆在所略,嗣有所得,續繫於後。如洪内翰遵《國史》、李侍郎燾《長編》并《繫年録》已上太史氏茲不重録云焉。逢攝提格紹熙五年十二月嘉平日朝散大夫荆湖北路安撫司叅議官賜緋魚袋臣徐夢莘謹序

10·3　皇朝通鑑長編紀事本末一百五十卷　抄本

宋楊仲良撰　仲良之名,不見於書中。案《玉海》云,楊仲良爲《長編紀事本末》一百五十卷。陳均《皇朝編年備要》引用書目

有楊公仲良《長編紀事本末》，則此書爲仲良所作無疑。是書以李氏《長編》分類編次。每類中仍以編年紀事，原欽備具，繁簡得中，洵可與《長編》相輔而行。且《長編》徽、欽兩朝皆已闕佚，藉此得考見崖略，尤可寶貴。季滄葦、徐健菴書目俱著錄。徐目云闕卷一百十四至一百十九，此本蓋從徐氏藏本傳寫者，除原闕外，又闕五、六、七三卷暨卷八上半卷。

《皇朝紀事本末》，寶祐元年直徽猷閣謝侯守廬陵，始以家藏本刊於郡齋。侯既去，予從郡學見之，借授貢士徐君琥傳錄。徐以郡本不可復得，有意轉刊於家。或謂卷帙繁多，宜作節本。予亟止之曰：“史未易節也。前代史尚難之，況國朝？節史近於筆削，倘不知史法而容易措手，則去留失宜，首尾不備，使讀者憒然。此與斷編闕帙何異？史館遴選，尚不敢苟，而私家新學，見史輒節，非予所敢知也。”徐君幸從予言而止。刊既就，以示予，覆讀則頗疑其間多所舛訛，蓋前此郡齋所刊匆匆，未及點對，而侯已去，殊爲可惜。近有得大字蜀本者，予復借與數友叅校，乃知郡本固自多誤，蜀本誤亦不免。再質之於《續通鑑長編》，尋其本文初意而後敢以爲安，所校正不翅千數百字，然亦唯有誤則據本正之，倘無可據，雖一字不敢輕增損也。工告畢，爲識其所自。五年歲在丁巳十月望廬陵歐陽守道謹書

10・4　蜀鑑十卷　明初刊本

宋郭允蹈撰

蜀在《禹貢》，一梁州爾。文王興於岐西，而從武王牧野之師者，乃庸、蜀、羌、髳、微、盧、彭、濮人。說者謂文王化行江漢之所被，信矣。三代以來，秦得蜀以并諸侯，漢高由蜀、漢以定三秦。諸葛孔明三分天下僅有其一，而伸大義於季漢，非以其地西接崤函，

南連荆、吳，扼關河之勝則爲天府之固，合吳、蜀之長則據上流之重險，要雖控制一隅而形勝實關於天下歟？中興南渡，首吳尾蜀，有常山之勢；前襃後劍，得金城之險。乃眷西顧，護蜀如頭目，保蜀如元氣，世歷百年，歲經三卯，外有虎噬之虞，内懷頯勞之憂，而蜀之爲蜀非全盛時比矣。文子久仕於蜀，身履目擊而動心焉。燕居深念，紬繹前聞，因俾資中郭允蹈緝爲一編。起自秦取南鄭，迄於王師平孟昶。凡地形之阨塞，山川之險阻，邇雍而隣荆者，稽之舊史，按之圖志，悉紀於篇。西南夷爲蜀後户，未形之憂難忽，而已事之鑒可師，則又條其本末而附之，間又論其得失之要者，定爲十卷，凡千三百年蜀事之大凡，亦可以概見於此。噫，蜀在宇内，九之一爾，得之則安，失之則危，竊之則亡，覽是書者可以鑒焉。因名曰《蜀鑑》云。端平三年十月朔旦昭武李文子序

　　余與資中士友郭允蹈居仁既爲《蜀鑑》一編，使凡仕蜀者知古今成敗、興衰治亂之蹟以爲龜鑑，其事備矣。復取夫《易·習坎》設險之義，與孟軻氏“天時地利人和”之説，吳起“在德不在險”之對，以附諸編末。蓋山川有自然之險，而仁義不足以維持之，則險非其險矣。夫乾，天下之至健也，德行常易以知險；夫坤，天下之至順也，德行常簡以知阻。易簡之中，險阻伏焉。易簡者何，仁義是也。故至仁有不仁，至義有不義。夫能以仁義治其國者國必昌，不能以仁義治其國者國必亡。是道也，推之以保四海可也。豈特區區一隅之蜀哉。荀卿子曰：“齊之技擊，不可以遇魏之武卒。魏之武卒，不可以遇秦之鋭士。秦之鋭士，不可以當威文之節制。威文之節制，不可以敵湯武之仁義。”真知言哉。嘉熙丁酉重五日文子謹跋

　　昔蕭何入秦丞相府，獨收秦圖書，備知天下阨塞，户口多少强弱處，乃用以相漢，益信《周官》訓方、形方等官之設，其意爲有在

矣。余向帥江陵，郭湛溪仕蜀而出，遂爲江陵寓公，每語余以蜀事而不知其著此書也。後十餘年，蜀道洶洶，余自邇列出鎮長沙，名爲託裏而其子涉出示此書，於是湛溪即世亦幾十年矣。嗟乎，揚雄既没，而《法言》乃行。今蜀事如許，此書之出，豈不足爲經理恢拓者之助乎？淳祐五年八月某日古邨別口跋

愛日精廬藏書志卷十一

史　部

別史類

11·1　汲冢周書十卷　元至正刊本

晉孔晁注　卷首有"吳元恭氏"、"吳興沈瀹"兩印。

黄玠刊板序至正甲午

丁黼序嘉定十五年

11·2　建康實録二十卷　舊抄本　顧氏澗濱據宋本校

唐高陽許嵩撰。　後列嘉祐三年開造《建康實録》校正官張
庖民等銜名七行,紹興十八年重雕校勘官韓軫等銜名九行。

自序

11·3　宋太宗實録殘本八卷　抄本　從陳君子準藏舊抄本傳録

宋錢若水等撰　原八十卷,今存卷二十六至三十卷、七十六卷
七十九、八十,共八卷。晁公武曰:"楊億娶張洎女不終,故洎傳多
醜辭。"洎傳適在卷中,如曰"性便佞,能伺候人主意",又曰"尤險
陂,好攻人之短",又曰"善事黃門宦官",又曰"性鄙吝",又曰"在
江表日多讒毀良善,誠爲醜詆,流議之來有由致也"。每卷末俱有

"書寫人某某"、"初對某某"、"覆對某某"一條。

《郡齋讀書志》曰，《太宗實錄》八十卷，皇朝錢若水等撰。至道三年命若水監修，不隸史局。若水即引柴成務、宋度、吳淑、楊億爲佐。咸平元年書成，上於朝。起即位，至至道三年丁酉三月，凡二十年。初太宗有馴犬常在乘輿側，及崩，犬輒不食。李至嘗作歌紀其事以遺若水。其斷章曰："自麟赤鴈君勿書，勸君書此懲浮俗。"而若水不爲載。呂端雖爲監修而未嘗涖局，書成不署端名，至抉其事以爲專美。若水援唐朝故事，若此者甚衆，世人不能奪。又傳億子娶張洎女而不終，故洎傳多醜辭。嗚呼，若水及億，天下稱賢，尚不能免於流議若此。信乎，執史筆者之難也。

《直齋書錄解題》曰，錢若水等以至道三年十一月受命，咸平元年八月上之，九月而畢。人難其速。同修撰者，給事中濟陰柴成務寶臣、秘閣校理丹陽吳淑、正儀直集賢院建安楊億大年。案億傳，書凡八十篇，而億獨草五十六卷。

11·4　通志二百卷　元至治刊本

宋右迪功郎鄭樵漁仲撰

夾漈先生《通志》，包括天地陰陽、禮樂制度、古今事實，大無不備，小無或遺。是集繡梓於三山郡庠，亦既獻之天府，藏之秘閣，然北方學者猶未之見。予叨守福唐，洪惟文軌，會同斯文，豈宜專美一方？迺募僚屬，仍捐己俸，稟之省府，摹褙五十部，散之江北諸郡。嘉惠後學，熟而復之。若伐薪於林，探丸於穴，信手而得，用以輔佐清朝，參贊化育，豈云小補。倘博雅君子同予志者，益廣其傳，是所願望。至治二禩壬戌夏五郡守可堂吳繹書于三山郡齋

《通志》書，宋先儒夾漈鄭先生樵所述也。天啟文運，皇元肇興。爰命臣工勒諸三山郡學，雖經呈進，而北方學者槩不多見。予

叨承宣命，來守是邦，謹捐已俸，暨諸同寅徵工印造此書，闓發中原諸郡庠，庶遠近學者，見聞均一。凡我同志，幸相與成之。

右伏以聖世開太平，合四海，同文同軌。先儒作《通志》，亘千載，異人異書，事無大小之遺，義貫精粗之一。探衆誌之幽賾，爲羣史之會歸。皇王帝霸，道可得聞；天地人物，名無不備。理亂安危之異轍，正邪媺惡之殊方，凡幾年大集厥成。示歷代如指諸掌，慨載籍猶斷繩之不續，此一書若貫珠之相聯。雖南閩久已刊行，而北方尚未多見。欲全編之徧及，豈獨力之能爲？洞貫古今，可束諸子百家於高閣；式彰聲教，庶儷四書六籍於清朝。謹疏。至治元年五月日疏福州路總管可堂吳繹題

至治二年九月印造

總序

11·5　東都事略殘本六十卷　宋刊本

宋王偁撰　存卷三十一至四十、四十六至四十八、五十一至六十、八十四至一百五、一百十六至一百三十，凡六十卷，每葉二十四行行二十四字。

11·6　契丹國志二十七卷　元刊本

宋葉隆禮撰　闕卷十六至末，抄補。

葉隆禮進表淳熙七年

11·7　元秘史十五卷　抄本

不著撰人名氏　《文淵閣書目》著録，文詞鄙俚，未經譯潤，故傳本絕稀。然《元史》叙次太祖、太宗兩朝事迹顛倒複沓，誠有如錢氏所云者。此書論次頗詳，且得其實，實可羽翼正史，是亦讀

《元史》者所不廢也。

　元太祖，刱業之主也，而史述其事迹最疏舛，惟《秘史》叙次頗得其實。而其文俚鄙，未經詞人譯潤，故知之者尠，良可惜也。元之先世譜系，史亦缺略。據《秘史》，乃知太祖之大父葛不律始自稱合罕，史稱"葛不律寒"，寒，當爲罕，方與它文一例。葛不律没，遺言以叔父之子俺巴孩代領其衆，是爲泰赤烏氏，即史所稱咸補海罕也。俺巴孩爲金人所殺，諸部又立葛不律之子忽都刺爲合罕，此皆《元史》所未詳也。太祖少與泰赤烏有隙，爲泰赤烏所執，欲殺之。太祖伺守者隙逃去，鎖兒罕失剌匿之家乃得免。鎖兒罕失剌者，赤老温之父，史既不爲赤老温立傳，而鎖兒罕失剌之事亦不著於本紀，亦闕漏之甚者也。蔑兒乞部，故與烈祖有怨，聞太祖在不兒罕山，襲掠之，虜夫人宏吉剌氏。太祖求救於克烈王罕。王罕資太祖兵，與札木合合兵擊之，悉收其所掠。太祖遂與札木合合營。札木合者，太祖之疏屬。太祖幼時同嬉戲稱安答者也。居歲餘，札木合復疑之，乃乘夜去。諸部多棄札木合從太祖者，遂議立太祖爲成吉思合罕。紀皆不書，而忽書麾下搠只與札木合部人構怨一事，繫於"帝方幼沖"云云之下，此大誤也。當太祖幼時，勢甚微弱，賴王罕、札木合二人假以徒衆，羽翼漸成，始立名號。紀但云"丙寅歲，羣臣上尊號曰成吉思皇帝"，不知成吉思罕之號蓋已久矣，其後遣使誚青按彈火察兒等，謂"昔者吾國無主，汝等推戴吾爲之主"者，正指此事也。先稱合罕者，一部之主；後稱皇帝，乃爲羣部之主。豈可略稱罕一節而不書乎？紀又云"哈答斤部、散只兀部、朵魯班部、塔塔兒部、宏吉剌部聞乃蠻泰赤烏敗，皆不自安，會於阿雷泉，斬白馬爲誓，欲襲帝及王罕。宏吉剌部長迭夷恐事不成，潛遣人告變，帝與王罕逆戰于盃亦烈川，大敗之"。其下文又云"宏吉剌部欲來附，哈撒兒不知其意，往掠之，於是宏吉剌歸札木合部，

與朶魯班、亦乞剌思、哈答斤、火魯剌思、塔塔兒、散只兀諸部會於
犍河,共立札木合爲局兒罕,盟於禿律別兒河岸,誓畢驅士卒來侵。
抄吾兒知其謀以告帝,帝即起兵逆戰破之。札木合脫走,宏吉剌部
來降。"據《祕史》則此兩條本是一事,當時從札木合者實有十二
部,立札木合爲罕,將以拒王罕與太祖也,而乃蠻泰赤烏之敗則在
札木合等散去之後,紀所書顛倒複沓,皆不足據。論次太祖、太宗
兩朝事迹者,其必於此書折其衷與? 嘉定錢大昕跋

雜史類

11·8　國語二十一卷補音三卷　元刊本

吳韋氏解補音宋宋庠撰
韋昭國語解序

11·9　戰國策三十三卷　影寫宋剡川姚氏本　陸氏敕先手校

漢高誘注
曾鞏序
劉向序
李文叔書後
王覺題後
孫元忠書後　記劉原父語
姚宏序紹興丙寅

《戰國策》經鮑彪殽亂,非復高誘元本。而剡川姚宏較正本,
博采《春秋》《後語》諸書。吳正傳駁正鮑注,最後得此本,嘆其絕
佳,且謂於時蓄之者鮮矣。此本乃伯聲較本,又經前輩勘對疑誤,
採正傳、補注標舉行間。天啟中以二十千購之梁溪安氏,不啻獲一

珠珠船也。無何，又得善本於梁溪高氏，楮墨精好。此本遂次而居乙。每一摩挲，不免以積薪自哂。要之，此兩本實爲雙璧，闕一固不可也。崇禎庚午七月曝書於榮木樓。牧翁謹識

陸氏手跋曰，《戰國策》，世傳鮑彪注者，求吳師道駁正本已屬希有，況古本哉。錢遵王假余此本，係姚宏較刻高誘注，蓋得之於牧翁宗伯者。不特開卷便有東西周之異，全本篇次前後、章句煩簡，亦與今本迥不相侔，真奇書也。因命友印錄此册。原本經前輩勘對疑誤，採正傳、補注標舉行間，宜并存之，一時未遑也。牧翁云“天啟中得此於梁溪安氏，無何又得善本於梁溪高氏”。今此本具在，已出尋常百倍，不知高氏本又復何如耳。戊戌孟春六日錄校并識。虞山陸貽典

又曰，庚寅冬，牧翁絳雲樓災。其所藏書俱盡於咸陽之炬，不謂高氏本尚在人間。林宗葉君印錄一本，假余校此，頗多是正。而摹寫誤字，猝未深辨，并一一校入，尚擬借原本更一訂定也。戊戌季冬六日校畢記

又曰，己亥春從錢氏借高氏原本，校前十九卷。孟冬暇日過毛氏目耕樓，借印錄高氏本校畢，此書始爲全璧云。敕先

黃氏手跋曰，《戰國策》高注本向傳二本：一出於梁溪安氏，一出於梁溪高氏，皆宋刻高氏本，余已刊行於世矣。安氏本影寫者，出常熟陸敕先家。敕先跋語皆係親筆，并高氏異同亦粘籤於上，余甚珍之。以二本不可偏廢，并重昔賢手跡也。復翁炙硯書

11·10　戰國策十卷 元至正刊本　陸敕先藏書

宋縉雲鮑彪校注　**元**東陽吳師道重校　四五卷末有“至正乙巳前藍山書院山長劉鏞重校勘”一條，蓋至正二十五年刊本也。卷首牒文銜名及劉氏、曾氏序抄補，末頁有陸敕先題識云，乙未三

月借顧僧虔本録全

　　皇帝聖旨裏江南浙西道肅政廉訪司平江路守鎮分司准司官僉
事伯顔帖木兒嘉議牒。嘗謂著書立言，乃儒者之能事；闡幽顯善，
實風憲之良規。事有干於斯文，述宜永於來世。切覩《戰國策》，
乃先秦故書，羣經之亞，記事之首，辭極高古，字多舛訛。在漢則劉
向校定，高誘爲註，已病其錯亂相糅；宋則曾鞏、鮑彪再校重注，用
意益勤。爲説各異，讀者病焉。故禮部郎中吳君師道憫是書之靡
定，懼絕學之無間，參考諸書，折衷衆説，存其是而正其非，闕其疑
而補其略，使當時之事蹟文義，顯然明白，如指諸掌。其有益於來
學也，功亦大矣。然而簡帙既繁，抄録莫便，匪鋟諸梓，曷傳於時？
煩爲移牒平江路於本路儒學贍學錢糧内命工刊行，以廣其傳。爲
此牒，請照驗施行。准此憲司今將校注《戰國策》隨此發去，合行
故牒可照驗，委自本路儒學教授徐震、學正徐昭文、學録邴經，不妨
學務提調校勘，命工刊鋟，合用工價通行除破。開牒稽考先具，不
致違悮。依准牒來須至牒者

　　　牒件今牒平江路總管府照驗故牒

　　　至正十五年六月二十一日牒

　　　劉向序

　　　鮑彪序

　　　吳師道序<small>泰定二年</small>

　　　陳祖仁序<small>至正十五年</small>

　　　李文叔書後

　　　王覺題後

　　　孫元忠書後

　　　姚宏序<small>紹興丙寅</small>

　　　吳師道姚宏國策注序<small>至順四年</small>

姚寬序

耿延禧序 紹興四年

11·11　奉天錄四卷　舊抄本

唐趙元一著　紀朱泚作亂事,涇源之難,鍾簴不移,廟貌如故者,李西平、渾咸寧二公之力實多。是書原始竟委,叙述詳備,而於秉節不屈,視死如歸,如段太尉輩尤三致意焉。有唐舊籍傳世日稀,此書自《崇文總目》、《通志》、《直齋書錄解題》外,藏書家絶少著錄者,洵僅見之祕笈也。

自序

《直齋書錄解題》:《奉天錄》四卷,唐趙元一撰。起建中四年涇源叛命,終興元元年克復神都。

11·12　東觀奏記三卷　先君子手抄本

唐史官右補闕裴庭裕撰

自序

11·13　中興禦侮錄二卷　舊抄本

不著撰人名氏

11·14　襄陽守城錄一卷　舊抄本

宋門生忠訓郎鄂州都統司同副將特差兼京西北路招撫使司準備差遣趙萬年編

11·15　辛巳泣蘄錄一卷　舊抄本

宋從政郎蘄州司理權通判兼淮西制置司僉廳行司公事趙與裦

編　廸功郎蘄州黄梅縣主薄權録事參軍兼僉廳陶時叙校勘

　曹彦約跋曰，李茂欽死守蘄城併毀其家，立志最堅，受禍最慘
□罪。其志有餘而才不足，則亦苛矣。武定軍入城，反爲郡告示，
金陵軍及境而不恤郡急，池軍怯而不進，雖有張巡、許遠之才，不得
霽雲、萬春之助，決不龍以千人之力，守九里之郭，却數萬騎之敵
矣。韓昌黎論巡遠事，以爲當是時棄城而圖存者不可一二數，擅彊
兵坐而觀者相環也。不追議此，而責二公以死守，亦見其自比於逆
亂，設淫辭而助之攻也。私意妄議從古則然，要之久而自定。昌谷
曹彦約讀《泣蘄録》爲之霣涕。

11·16　汝南遺事四卷　文瀾閣傳抄本

　元王鶚撰

愛日精廬藏書志卷十二

史　部

詔令奏議類

12・1　唐大詔令集一百三十卷　舊抄本

宋宋敏求編　闕卷十四至二十四卷、八十七至九十八，凡二十三卷。

《唐大詔令集》者，先君宣獻公景祐中書第三□所纂也。先公以文章名世，更內外制之選，而朝廷典冊多以屬之，及入陪宰政，仁宗數面命撰述，於是有中宮冊文、三后不遷及條列兵農、置睦親宅、朝集院等詔，機務之隙，因裒唐之德音號令非常所出者彙之，未次甲乙、未爲標識而昊天不弔，梁木遽壞。小子不肖大懼失墜，祕其書於家楗者蓋有年矣。僕射王文安公累以爲問，謂當垂世不朽。乃緒正舊稿，釐十三類，總一百三十卷、錄三卷。文安見許序而名之，未果而公薨。治平二年，先皇帝簡拔孤陋，寘在西掖，固欲澡雪蒙滯而鑽仰衆製，方繕寫成編，會忤權解職，顧翰墨無所事，第取《唐大詔令》目其集而弆藏之云。熙寧三年九月晦右諫議大夫宋敏求謹序

12・2　西漢詔令十二卷東漢詔令十一卷 宋刊本

宋林慮編　東漢詔令宋樓昉編

右《西漢詔令》四百一章，舊傳《西漢文類》所載，尚多闕略。吳郡林德祖慮實始采括傳志，參之本紀，斷章析簡，掇之無遺。方薈蕞在紙，未遑詮録，間以示余。余因取其具稿，以世次先後。自高祖至平帝，人別爲篇。又差考歲月，纂而成書。且叙其末曰：古之盛王與道爲一，故其酬酢之間，理言遺事，皆足以爲萬世法。是以事爲《春秋》，言爲《尚書》。而書之所傳，自唐、虞、夏、商、周，上下千數百載，間而存則今之五十八篇而已。由秦、漢以來，置學官，弟子誦説研究，至有白首没身，莫能詣其極者。大哉王言，蓋聖人之防表也。自五十八篇而後，起衰周至五代之末，又千數百載間，其爲詔令，温醇簡盡而猶時有三代之遺法者，唯西漢爲然。其進退美惡，不以溢言没其實。其申飭訓戒皆至誠明白，節緩而思深。至叢脞大壞之餘，其施置雖已不合古道當人心，然猶陳義懇到，雍容而不迫。此其一代之文，流風未泯，顧猶不可及，又況文實兼盛哉。昔者文中生以聖人之重自任，迺始斷自七制之主，列爲四範，以續典謨、訓誥、誓命之文，然其書世不傳，莫得而述，故備載如彼。德祖以學行名搢紳，方將以文詞爲時用。方今昭回之章，絲綸之美，固以軼絶中古陋漢、唐而莫稱是書也。雖未能比唐、虞、夏、商、周之隆，庶其或者亦足爲王言之斧藻，尚書之鼓吹云。大觀三年歲次己丑十月壬申朔信安程俱叙

聖人者，羣言之所折衷也。唐、虞以來，凡經聖人所刊劌，則後世尊之曰經。炳如日星，人皆仰之，莫得而損益也。左氏、太史公才雖名世，號爲廣記備言，多愛實録而已。此皆自度去取，不可望聖人，故不敢以爲己任也。西漢接三代末流，訓詞深厚，文章爾雅，

猶有渾渾灝灝噩噩之餘風。下視晉、魏、周、齊、陳、隋號令，文采卑
陋甚矣。三代而上，超軼絕塵，不可方駕。學者勉追古人，庶乎接
武漢世，不猶愈乎。余讀班固書，罔羅詔令之文，一言必錄，亦莫敢
去取焉。吾友程子致道，類次成裒，遂爲完書。二百年間興衰情
僞，不待區別，白黑較然。今聖人在上，衆言折衷之時也。倘取而
賜觀，掇其若《費》《秦誓》者列諸經以詔萬世，則安知其湮晦洇汩
不繇吾二人以光明乎？程子精敏，工於爲古文。其才堪討論潤色之
職者也。故於此書，欣然比次，不日成之。越三日甲戌吳郡林虙書

　文之用於世，尚矣。繇三代而下，温厚壯麗，號爲近古，宜莫如
西漢。然而訓告命令之文，雜出於紀表志傳之間，離散漫漶，卒然
求之而不可得，是故學者病之。吳郡林德祖始蒐裒會粹，離而出
之，章收句采，無所遺逸，四百一章。信安程致道又從而差考比輯，
類爲完書。起高祖，迄孝、平。以世統年，以年統月，以月統事。其
先後有倫，其始卒有序，條貫備具，上下洽通。於是二百十四年之
間，漢之所以理亂崇替、興衰得失之原，灼然可考，如指諸掌，信乎
有功於斯文也。先人有言，學者知讀西漢書。其爲辭章必有可觀。
余以是言，陰察天下之文士，百不失一二焉。德祖、致道，皆有俊
才。究極羣書，溢於文辭，既已追古作者爲徒矣，又以其餘力繹味
漢史，紬其詔令，成一家言，非深知而篤好之疇克爾。惟漢去三代
未遠，其號令文章未必皆不合古，顧不更聖人靡所折衷耳。昔揚子
雲以爲經莫大於《易》，故作《太玄》，《傳》莫大於《論語》作《法
言》。今二君亦取《西漢詔令》纂次成書，以續虞夏商周五十八篇
之後，是亦子雲之志也。若乃經史奧義與所以述作之由，則二君論
之詳矣。此不復云。大觀三年十二月十六日宜興蔣璪書

　　林虙跋曰，虙與致道成此書久矣。族弟釋慶然曰：主上天縱睿
聖，欽明文思，所下詔令典雅謹嚴，千載以來莫能及也。將備演綸，

尤當竭才，少望清光。學者之於文章，必師唐虞三代。然如西漢訓辭，宜在所采，以爲潤色之助。願請是書鏤板，以廣其傳，庶得此者便於考閱。慮嘉其志而不得辭，遂以授之。

　　光曩侍迂齋樓先生誨席，一日讀《五代史》，先生笑謂光曰："歐公作之，命徐無黨註之。徐，六一門人也。"嗚呼，先生之志遠矣。先生生死文字間，茂製滿家，少須薈蕞，次第流傳。惟《東漢詔令》成書已久，手所勘訂，當在他書先。亟求鋟梓，俾與《西漢詔令》駢行，以續成一代典章。嗚呼，先生又豈以此書爲身後名哉。紹定戊子中秋日壻范光識

　　河汾王仲淹續書以存古，欲取兩漢制詔接虞夏商周之緒，君子議其僭。雖然，世有華質，道有窊隆，則一代之號令文章，亦與之爲升降。若周之委曲繁重，固已不如商之明白峻絜。而所謂灝噩云者，視渾渾之風則已漓矣。然謂書之後不復有書，是誣天下後世也。走幼嗜西漢書，每得一詔，輒諷咏不忍釋。噫，一何其沈浸醲郁，雍容雅裕，入人之深也。暇日常欲掇其散在志傳者，附之本紀，考其歲月，以類相從，稡爲一編，因循未果，而吳郡林君德祖之書傳焉。走可以無述也。然東都二百年間，王言帝制雖乏西京渾厚之氣，若光武與隗囂、公孫述、竇融等書，則有以見心事之磊落焉；敕鄧禹、馮異、岑彭等書，則有以見機神之英晤焉；頭鬚爲白之言，平定安輯之訓，與夫責劉尚以斬將弔人之義，有以見不得已之心焉；驚河西、感市椽，不待識者而占其中興焉。明、章二帝雖不逮前烈，然永平即位之詔有曰"萬乘至重而壯者慮輕"，元和擇史之詔有曰"安靜之吏日計不足，月計有餘"，其小心畏忌，忠厚惻怛，藹然見於言外。而所與東平王酬答者，讀之使人流涕也。和安以降，政出房閨，權歸宦孺，陋矣。而勞來勤恤之意，猶時有前人之遺風焉。是未可槩以爲華不副實而併棄之也。或者又曰帝王之言，出於其

心而發於其口，故言即其心。兩漢以來率付詞臣之手，亦何足錄邪？嗚呼，此又未深考者爾。武帝以淮南王善文辭，每爲報書，輒召司馬相如視草，天水多文學掾，光武有所辭答特加意焉，未必無儒生學士相與彌縫於其間也。至觀文帝《與尉佗書》，自謂“高皇帝側室之子”，光武以司徒比堯，必非代言者之所敢道矣。由此觀之，漢之制詔非若後世一委之詞臣也。竊不自揆，倣林君前書之體，纂次成之，目曰《東漢詔令》，非敢傳之他人，亦聊以備遺忘。與我同志者，幸訂正而刊削之，毋以河汾譏我。嘉定十有五年歲次壬午二月甬東樓昉自序

迂齋先生樓公，四明儒碩也。其文祖韓、柳，其學尊濂、伊，其論議辯博，步趨於老泉坡穎間。平時游意藝苑，採擷會粹，動有程式。朝華夕秀，部居條流，如匠石觀於鄧林。凡㮂桷杙楹，方圓修短，默計而潛蓄之。斧斤一入，了無遺材。其用力於古史，若《東漢詔令》，網羅散軼，輯成一書，特其刃餘耳。然足以彰炎國之盛治，備昭代之華典，久未鏤傳。日者東粵帥卿程公以無垢先生《語孟解》摹本寖泐，易而新之，且亟見遺。因還書惎以前說錄其副。往公雅敬前修，思惠後學，必能出帑餘刊善本，布之同文之世，俾觀者知文章爾雅不獨專美於西都云。紹定癸巳中秋日門人通奉大夫參知政事兼同知樞密院事鄭清之謹識

12·3　宋朝大詔令集二百四十卷　抄本

不著編輯者名氏　《直齋書錄解題》曰“寶謨閣直學士豫章李大異伯珍刻於建寧，云紹定間宋宣獻公家子孫所編摹也，而不著其名”，《郡齋讀書志》曰“宋宣獻公家所編纂”，“嘉定三年李大異刻於建寧”，則此書出何人手，自宋已不可考矣。是書裒集北宋詔令始建隆迄宣和，分類編次，曰帝統、曰太皇太后、曰皇太后、曰皇太

妃、曰皇后、曰妃嬪、曰皇太子、曰皇子、曰親王、曰皇女、曰宗室、曰宰相、曰將帥、曰軍職、曰武臣、曰典禮、曰政事。存者凡十七類。每類又各分子目。高文大冊，眉列掌示，炳炳烺烺，亦可云制誥之淵海矣。闕卷七十一至九十三，又一百六至一百十五、一百六十七至一百七十七，共四十四卷。又闕目錄卷一至一百十五。

《郡齋讀書志》曰：《皇朝大詔令》二百四十卷，宋宣獻公家所編纂也，皆中興以前之典故，嘉定三年李大異刻於建寧。《直齋書錄解題》曰：本朝《大詔令》二百四十卷，寶謨閣直學士豫章李大異伯珍刻於建寧。云紹興間宋宣獻公家子孫所編摹也，而不著其名。始自國初，迄於宣政。分門別顥，凡目至爲詳悉。

12·4　范文正公政府奏議二卷　元元統刊本
毗陵周氏九松迂叟藏書

宋范仲淹撰　　目錄後有"元統甲戌褒賢世家歲寒堂刊"木印。

先文正公《奏議》十七卷，韓魏公爲序。在昔板行於世，雖不復存，其《政府奏議》二帙卷中不載。茲得舊本，惜多漫滅，將繕寫鋟梓，而鄉士錢翼之見焉，樂爲之書。於是命工刊成，置於家塾，期世傳之。元統二年甲戌九月八世孫文英謹識

12·5　孝肅包公奏議集十卷　明正統刊本

宋包拯撰

張田題辭曰：仁宗皇帝臨御天下四十年，不自有其聖神明智之資，善容正人、延讜議，使其謀行忠入，有補於國，卒大任以股肱者，惟孝肅包公止爾。或曰："先朝任諫官御史多矣，不三四年歘至侍從近列。然類弗遂大用，又多不得善名以去。獨孝肅之進終無他吝，而天下不得異議者，何哉？"曰：包公一舉甲科，拜八品京官，令

大邑。當是時，同中第者雖下流庸人猶數日月以望貴仕，公拂衣去養，十年亡宦意。其心亡也，止知孝於親而爲得也。已而還朝，天子器其才高行潔，處之當路。公上裨帝闕，下瘳民病，中塞國蠹，一本於大中至正之道。極乎，是必乎聽而後已。其心亦無他，止知忠於君而爲得也。他人或才不勝任，望不厭人，方且死黨背公，挾撼復怨，如鷙得搏，若虺肆毒，顚墜於憔頡泯滅之地，以甘其心，此衆所以多不得善名以去。公進無他吝，而天下不得異議也。初公之歸養也，至畢親喪方復任，嘗有詩云“秀翰終成棟，精鋼不作鉤”，卒踐其言而得大位，美矣。雖然，愚謂非會仁宗皇帝至明上聖，有不可感之聰，公欲必行其道於時，難矣乎。孔子有言邦有道，危言危行。《坤》之六二亦曰“直方大不習无不利”。此公所以逢辰也。公薨後三年，田守廬州，盡得公生平諫草於其嗣子大祝君。因取其大者列三十門，凡一百七十一篇，爲十卷。恭題曰《孝肅包公奏議集》，遂納諸家廟，庶與其後嗣亡窮也。公之事業，始卒官閥遷拜，有國史與天下公論在此，不敢輒書云

　　孝肅包公名塞宇宙，小夫賤隸，類能談之。第其平昔嘉謨讜論、關國家大體者，雖搢紳間或未盡聞。廬江帥毘陵胡公彥國，倅建安章公籍，一日相與言曰：“此邦素多奇士，如包公實間出也。惜其後無顯人，弗克爲之發揚。”因搜訪遺藁欲傳之，爲不朽計，有攝助教蘇林進曰：“林舊藏公奏議集十卷，亡於兵火。今淮差總司屬官徐公修家有是本，請徃求之。”遂不遠數百里，手抄以歸。前所謂嘉謨讜論，悉粲然在目矣。帥倅得之，喜曰：“茲可以廣吾志也。”迺俾祇若是正訛謬，鏤板郡學，且命錄公傳及祠記、逸事附於末。其好賢樂善之誠蓋如此，不可以不識。紹興二十七年九月望日左修職郎充廬州州學教授括蒼吳祇若書

　　右《孝肅包公奏議》十卷，紹興間胡帥治廬，以公本廬人，丘墓

祠堂在焉。命置板郡學，艱難悉爲煨燼，獨歲時蒸嘗之奉得不廢祀
典。淳熙元年春郡既肇新學宫，別作公像，迎致于東序。懼其書之
弗傳，將敬慕有時而怠，乃訪舊本於學正湯氏家，教授雪川吳公芸
又從幕屬假番陽辛氏所藏補亡書七篇，是正訛謬及遺脱計二百八
十六字，遂爲繕本鋟版，以附新學。或公之道未墜於地，讀者必慕
其爲人，且以遺君子之鄉，知名節取重於世，尚友先烈，庶幾乎遺風
之不泯，是磻老區區建學刊書之意也。夏五月書成合肥假守東平
趙磻老敬書其後

　　胡儼重刊序_{正統元年}

　　方正跋_{同下}

　　張岫後序_{成化二十年}

12·6　元城先生盡言集十三卷　明刊本

宋劉安世撰

　　司馬溫公與王介甫，清儉廉介，孝友文章，爲天下學士大夫所
瞻仰。然兩人所趣則大有不同。其一人以正進，其一人以術行。
介甫所學者，申、韓而文之以“六經”；溫公所學者，周、孔亦文之以
“六經”。故介甫之門多小人，而溫公之門多君子。溫公一傳而得
劉器之，再傳而得陳瑩中；介甫一傳而得吕太尉，再傳而得蔡新州，
三傳而得章丞相，四傳而得蔡太師，五傳而得王太傅。介甫學行，
使二聖北狩。嗚呼悲哉。器之在諫垣，專攻王氏黨。其扶持正道，
亦云切矣。余雖不及參識其人，讀其遺藁，徒深慨嘆而已。紹興丙
子八月日左奉議郎充秘閣修撰知溫州軍提舉學事兼管内勸農使張
九成序。

　　先公宫傅，天性嗜學，於書無所不讀，問之亦無不知，多聞強
識，自以進士貢則稱博洽。元祐戊辰，以彭山令丁内艱，歸寓畿邑。

時復制科，即慨然益蒐討舊學，期以是舉進。居三四年，待問之業悉備，人未甚知，亦不求知於人。邑距京不百里，獨不一往。或勸之曰："聞從官往往薦所知。未剡章者亦既許人左右，無乃後乎？"先公笑而答曰："患不能爾。會有知者。"久之至都城，果如所聞。唯寶文閣待制樞密都承旨劉公，難其人猶未舉也，作書以謁，一見稱獎，乃錄所撰策論。繼見則深愛之，遂應詔舉焉。明年甲戌改元紹聖。時事更新，公自鎮帥坐向所言事謫嶺外，先公以是不與召試。絢侍側，每聞言知遇特達之意，欲登其門，恨不能也。大觀戊子，先公沒既踰歲，絢扶其喪泝汴趨洛，過永城，聞公寓傳舍，亟往見之。與進甚厚，以門人之子留飯，諄誨良渥。因話及初除諫官時，入白太夫人曰："言責之任，稱職實難。依世吐茹則忝先人，直道不同將蹈禍患，詒慈親憂。方今孝治，某無兼侍，以親辭必得請，辭之如何？"太夫人愀然曰："是職也，汝父平生修蘊，欲爲而不得者。今朝廷命汝，汝父之意伸矣。第爲之，萬一斥，吾誓偕行，慎無以吾撓汝素志。"某再拜受教，辭不獲命，乃不固辭。既就職，則遇事極言無留。婦及孫以養，某當攜它子之貶所。太夫人曰："吾向許汝偕行。臨事食言，吾弗爲也。且吾留則憂思益甚，不如前邁。死生命也，避可得乎？"家人猶疑，強勉慰其子爾。從容微伺之，恬恬不異平日。遇患難幾三年，一夕無疾而終，卒無悼怛之色。嗚呼，世徒知公正色立朝，論議風節，冰霜凜然，蓋其母大夫人之賢如此。雖傳記所載賢母烈婦，又何以加？所顧避以報異知，及後被譴，即曰："高年適炎荒，非便請諸。"絢以行速，不果再造，起立，願聞治心行己之要。公命之坐，乃告之曰：某少學溫公，既擢第筮仕，行有日，即往別，且丐一言，終身行之。溫公曰："其誠乎？吾平生力行之。其後用之不可既。"某曰："行之何先？"溫公曰："當自不妄語始。"絢服膺欽誦，奉以周旋。初猶勉強，久乃安之。凡所云爲，無一不出於誠者。絢心識之，願學焉，病未能也。建炎丁未，今上即祚睢陽，絢時守壽春，復召爲給事中，過同寮直舍傅公諫草《盡言集》者。就觀之，首見者德魁雋世所共賢者舉錯非是，公必言之不少假，或者甚之。絢應之曰：“治己如公則可苟爲，不然必有躡其後而攻之者。”欲傳之未暇。甲寅，絢自會稽得請外祠，來寓崑山，公季子至叔以尚事郎職事繼至，絢借《盡言集》則己爲人所先矣。獨得公所爲文《元城集》二十卷，且傳且讀，躬自是正，反復推驗，以求公之志趣而則傚焉。今至叔除守海陵，復來待次。絢始求是集傳録親校，讀玩再三，備見所上章疏諷諭，論列動繫國體，諏訪審訂，咸有根據。嚴而恕，簡而不苟，氣平守固，辭直事核，皇皇乎仁義之説也。大旨務在人主慎微師古，總攬綱柄，輔臣協恭弼直，杜絕阿私。凡百有位，持身顧禮義，莅官循法度。如是而後已。則是書乃言官之模楷，輔弼之龜鑑，卿士大夫之藥石。絢觀其書則思其人，思其人則誦其言。因憶疇昔致誠不妄之語，無少不合。故輒題其集後并記親聞之説，以見一話一言未嘗不根於誠也。噫，先公出公之門十六年而後絢識其面，又二十年而後見其集，又十年而後得其全書，家藏而時觀之。景仰之心，蓋四十四年矣，非特如是，搢紳好事者多傳其書以爲師法，方將盛行於世，爲時利澤，施諸千載而未艾也。絢雖老矣，猶庶幾及見之。紹興六年丙辰季冬望日資政殿大學士左中大夫提舉臨安府洞霄宫河南王絢題

　　元城先生南遷，往還皆道曲江。比得其手帖十餘紙於州人鄧氏，迺刻石清淑堂上。適先生曾孫孝騫自連山來訪，出其家藏《盡言集》十三卷，因命工鏤版，置之郡齋。淳熙五年戊戌閏月初吉假守括蒼梁安世謹書

12·7　國朝諸臣奏議一百五十卷　宋淳祐刊本

宋龍圖閣直學士朝散大夫成都漳川府夔州利州路安撫制置使兼知成都軍府事兼管内勸農使充成都府路兵馬都鈐轄祥符縣開國伯食邑九百户臣趙汝愚編

是書除此本外，有明會通館活字本，謬誤不可枚舉。如卷四十六謝泌《論宰相樞密接見賓客疏》，卷六十一傅堯俞《再論朱潁士李允恭疏》，此本俱存上半篇。卷一百廿四蘇轍《乞募保甲優等人刺爲禁軍疏》存首二行，呂陶《論保甲二弊疏》存下半篇。卷一百三十三范仲淹《論元昊請和不可許者三大可防者三疏》存首三頁。活字本俱删去，猶可曰以其殘闕而去之。最可異者，如卷廿六司馬光《論任人賞罰要在至公名體禮數當自抑損疏》"恩雖至厚而人不敢婟者何也，衆人"下，此本闕兩頁，活字本於"衆人"下竟直接傅堯俞《上慈聖皇后乞還政疏》"誠贊翊援皇帝於藩邸以繼大統"。卷一百廿四范純仁《乞揀閱保甲疏》"乞並給盤纏赴闕委殿前"下，此本闕兩頁，活字本於"殿前"下竟直接王嚴叟《乞免第四等第五等保丁冬教及罷畿内保甲第二疏》"釋然放之也"，不思字句之不貫，不顧文義之隔絕，藉非宋本尚存，奚從訂正其誤。板心内間有注"大德至大刊補"者，蓋宋刊元印之本，闕卷一、卷一百九、卷一百四十四至一百五十，共九卷，抄補。

福國忠定趙公以宗臣帥長樂，政成多暇，輯我朝之羣公先正忠言嘉謀，粹爲一編，彙分臚別，冠君道邪邊防，而以總論脉絡之。凡天人之感通，邪正之區別，内外之修攘，刑賞之懲勸，利害之罷行，官民兵財之機括，禮樂刑政之綱目，靡所不載。至蜀書成，上之乙覽。誅莝律呂之相宜，奎璧光芒之胥映。蓋與皋、益、伊、傅之所陳者，閎宇宙，同關鍵，於以見羣賢之納約自牖，知無不言，列聖之大度無我，從諫如流者也。猗歟休哉。忠定尚友古人，胸中有全奏議。美在其中，發於其外，砥天棟國，雲八荒，霖四海，其相業之赫，實本諸此。聞孫必愿縣常伯接踵是邦，祗承先志，思永其傳，屬泮宫以繡諸梓，久而未就。繡衣使者史季温念其先世同纂輯之勤，克相其事。郡文學朱魏孫遂鳩攻木之工而墨之，使前賢夏愛之盛心炳炳如丹，抑亦學爲忠定者也。希潙來此，鋟板始畢，得遂披閱，竊有志焉。淳祐庚戌九月既望諸王孫希潙拜手敬書

　　古之人臣所以告其君者，不可得而詳矣。考之於書，皐陶之矢厥《謨》，伊尹之作《伊訓》，傅説之作《説俞》，周公之作《無逸》，大抵皆後之諫疏也。至於《君奭》之篇，所以告召公者，既歷舉商之諸臣，而又曰有若虢叔、閎夭，有若散宜生、大顚，有若南宮括，併及乎周之賢臣而申言之，蓋古聖賢之相告相勉者，無非以前聞人爲法，雖五臣之謀謨不可見。以周公之言推之，則遺風餘烈尚可想也。漢興，將相名臣議論務在寛厚，意其當時蘭臺石室之所藏，金匱玉板之所載，一時名臣奏陳，未必不萃此書。降武宣以後，博士議郎備中朝顧問應對者，未聞舉一言以告其主，宜乎武宣之治，不能守高文之舊，若魏相條漢興以來賢臣賈誼、鼂錯、董仲舒所言奏請施行，雖曰得國家之大體，然考其時濫趙、蓋、韓、楊之誅，開金、張、許、史之漸。宣帝雖以中興之君而爲基禍之主，烏在其爲條陳故事也。惟我國朝淳化懿綱，遠接三代。小臣不佞，竊窺累朝國論，則淳厚見於立國之初，中正作於慶曆之際，矯激起於熙寧之後。方其淳厚也，如大羹元酒，淡乎其味；朱弦疏越，純如其音。及其中正也，則朝陽鳴鳳，而見者歌舞；法筵龍象，而聞者作興。至其矯激也，則大冬嚴霜，而松柏不彫；驚湍駭浪，而巨石不轉。即諸臣之言以考一代之治，雖醫者用藥，各有不同，而參苓烏喙皆足以收藥石之效。故當時公道大行，盡言無隱，忠言極諫，皆萃於朝。流芳簡

册，足以垂萬世之宏規。逮夫紹聖以後，議論一反一覆，鉗天下以一人之口，揜天下以一人之目，而祖宗良法美意無復一存。夫以先朝名公鉅卿章疏聯篇累牘，未易管窺，然要其大綱則畏天命也，法祖宗也，恤人言也。而或者乃以三不足之說反不遂，使小人祖述其說以禍天下，始作俑者未嘗不痛恨於荊舒也。明鑒之垂，前車之戒，凡有志於國家者其可捨是而他求哉。先正丞相忠定福王趙公，曩嘗編類《國朝名臣奏議》，開端於閩郡，奏書於錦城，亦已上徹乙覽。淳熙至今，踰六十年矣，蜀舊鋟木已燬於兵。公之孫尚書閣學必愿繩武出填，嘗命工刊刻而未就。適季溫以皋事攝郡捐金，命郡文學掾朱君貔孫繼成之。念昔先大父蓬室容受忠定之知，嘗同蜀之名流，預討論之列。今既遂尚書之志，亦可發揚先祖舊事。自茲家藏此書，舉以告君，推以治國，以復我宋純懿之治猶有望焉。詩云“子子孫孫，勿替引之”。尚二家臣子拳拳繼世之忠云。淳祐庚戌立秋日朝請大夫權福建路提點刑獄公事兼本路勸農提舉河渠公事提舉弓手寨兵借紫眉山史季溫百拜謹跋

趙汝愚《迄進皇朝名臣奏議劄子》曰：臣嘗讀漢、魏相傳，見相好觀漢故事及便宜章奏，以爲古今異制，方今務在奉行故事而已。臣竊惟自古以來，凡有國家者莫不自有一代規模制度，其事切於時而易行，不必遠尋異世之法，故相爲丞相，數條漢興以來國家便宜故事及賢臣賈誼、晁錯、董仲舒等所言，奏請施行之。此最明於治體之要者也。臣學術淺陋，不足仰睎古人萬一，然嘗備數三館，獲觀秘符四庫所藏及累朝史氏所載忠臣良士便宜章奏，論議明切，無愧漢儒。臣私竊忻慕收拾編綴，歷時寖久，篋巾所藏殆千餘卷。而臣識性遲鈍，不能強記。每究尋一事首尾，則患雜出於諸家，文字紛亂，疲於撿閱。自昨蒙恩假守閩郡，輒因政事之暇，與數僚友因事爲目，以類分次，而去其複重與不合者，猶餘數百卷，釐爲百餘

門。始自建隆，迄于靖康。推尋歲月，粗見本末。上可以知時政之得失，言路之通塞；下可以備有司之故實，史氏之闕遺。然雖廣記備言，務存聖代之典，若匪芟煩舉要，恐勞乙夜之觀。臣欲更於其間，擇其至精至要、尤切於治道者，每繕寫成十卷，即作一次投進。伏望時於間燕深賜考詳，庶因藥石之規，能致涓塵之益。然則臣身雖在嶺海，猶如日侍冕旒之側也。幸甚，幸甚。如蒙聖慈允臣所奏，伏乞送尚書省劄付臣照會施行，取進止。淳熙十三年正月一日三省同奉聖旨依

又序曰：臣竊維國家治亂之原，係乎言路通塞而已。蓋言路既通，則人之邪正、事之利害，皆得以其實上聞人君，以之用捨廢置，罔有不當，故其國無不治。言路不通，則人之邪正、事之利害，皆壅於上聞，雖或聞之，亦莫得其實。人君以之用捨廢置不得其當，故其國無不亂。臣嘗以是歷觀前古，上自周、秦，下及五季，相望數千載間，或治或亂，俱同一轍。然則天地之至理，古今之常道，無易於是矣。恭惟我宋藝祖開基，累聖嗣業，深仁厚澤，相傳一道。若夫崇建三館，增置諫員，許給舍以封還，責侍從以獻納。復唐轉對之制，設漢方正之科。凡以開廣聰明，容受讜直，海涵天覆，日新月益。得人之盛，高掩前古。逮至王安石為相，務行新法，違衆自用，而患人之莫己從也。於是指老成為流俗，謂公論為浮言，屏棄忠良，一時殆盡。自是而後，諂諛之風盛而朋黨之禍起矣。臣伏覯建隆以來，諸臣章奏，考尋歲月，蓋最盛於慶曆、元祐之際，而莫弊於熙寧、紹聖之時。方其盛也，朝廷庶事微有過差，則上自公卿大夫，下及郡縣小吏，皆得盡言極諫，無所諱忌。其論議不已，則至於舉國之士，咸出死力而爭之。當是時也，豈無不利於言者，謂其強聒取名，植黨干利，期以搖動上心，然而聖君賢相卒善遇而優容之，故其治效卓然，士以增氣。及其弊也，朝廷有大黜陟、大政令，至無一

人敢議論者。縱或有之,其言委曲畏避,終無以感悟人主之意,而獻諛者遂以爲内外安靜,若無一事可言者矣,殊不知禍亂之機發於所伏,今尚忍言哉。臣仰惟陛下天資睿明,聖學淵懿,顧非羣臣所能仰望,而若稽古訓,虛受直言,二紀於兹,積勤不倦。嘗命館閣儒臣編類國朝文鑑奏疏百五十六篇,猶病其太略。兹下臣既愚且陋,復許之盡獻其書。萬機餘間,幸賜紳繹。推觀慶曆、元祐諸臣,其詞直,其計從,而見效如此。熙寧、紹聖諸臣,其言切,其人放逐,而致禍如彼。然則國家之治亂,言路之通塞,蓋可以鑒矣。臣不任惓惓之誠。龍圖閣直學士朝散大夫成都潼川府夔州利州路安撫制置使兼知成都軍府事兼管内勸農使充成都府路兵馬都鈐轄祥符縣開國伯食邑九百户臣趙汝愚謹上

12·8　歷代名臣奏議三百五十卷　明永樂刊本

明黄淮楊士奇編

愛日精廬藏書志卷十三

史　部

傳記類

13・1　孔氏祖庭廣記十二卷　抄本　從錢塘何氏藏蒙古刊本傳錄

　　金孔元措撰　元措字夢得，先聖五十一世孫也。先是，元豐八年先聖四十六世孫宗翰撰家譜，宣和六年先聖四十七世孫傳撰《祖庭雜記》，夢得合爲一書。又博考前史，旁參傳記，分門臚載。凡族世名號，典禮沿革之始末及歷代崇奉先聖故事，並詳著於篇。其兩漢至金林廟碑刻備錄全文，以垂永久。又圖聖像、廟宇、山林、手植檜等列於卷首，名之曰《祖庭廣記》。蓋仙源之文獻至是始大備矣。後有“大蒙古國領中書省耶律楚材奏准皇帝聖旨，於南京特取襲封孔元措，令赴闕里奉祀。來時不能挈負《祖庭廣記》印板，今謹增補校正，重開以廣其傳”云云，後題“壬寅年五月望日”。考壬寅爲蒙古太宗皇后尼瑪察氏稱制元年。彼時蒙古未有年號，止以干支紀歲，在宋則淳祐二年也。是書《文淵閣書目》著錄。何君夢華從曲阜購得，金吾從之傳錄者。

　　舊書《家譜》并《雜記》分三卷，門類一十八，計五百四十三字。新書并世次添九卷，於舊書內襄出門類五，刱增門類三，計二百九十七事，分一十二卷，類二十六門，計八百四十事。

先聖傳世之書，其來久矣。由略積詳，愈遠而益著，蓋聖德宏博殆有不可揜者。爰自四十六代族祖知洪州軍州事柱國纂集所傳，板行四遠，於是乎有《家譜》。尚冀講求，以俟他日。逮四十七代從高祖邠州軍州事朝散克承前志，推原譜牒，參考載籍，摘拾遺事，復成一書。值宋建炎之際，不暇鋟行。至四十九代從祖主祥符縣簿承事懼其亡逸，證以舊聞，重加編次，遂就完本布之天下。於是乎有《祖庭記》，二書並行。凡縉紳之流，靡不家置，獲覽聖迹，與夫歷代褒崇之典，奕葉繼紹之人，如登崑崙而披日月，咸快瞻仰。比因兵災，闕里家廟半爲灰燼，中朝士大夫家藏文籍多至散没，豈二書獨能存歟？元措托體先人，襲封世嗣，悼斯文之將泯，恐祖牒之久湮。去聖愈遠，來者難考。迺與太常諸公討尋傳記及諸典禮，於二書之外，得三百二事，皆往古尊師之懿範，皇朝重道之宏規，前此所未見聞者。於是增益二書合爲一編，及圖聖像、廟宇、山林、手植檜等，列於篇首題，曰《孔氏祖庭廣記》。其兩漢以來，林廟碑刻舊書止載名數，今併及其文而錄之，蓋慮久而磨滅，不可復得。且先聖生於周靈王二十一年庚戌，迄今凡一千七百七十八歲。其間經世變亂不知其幾，而聖澤流衍無有窮已，固不待紙傳而可久也。然所以規規爲此者，特述事之心不得不然。是書之出也，不惟示訓子孫，修身慎行，不墜先業，流芳萬古，是亦學者之光也。正大四年歲次丁亥十月望日資政大夫襲封衍聖公知集賢院兼行太常丞五十一代孫元措謹記

古之君子皆論譔其先祖之德明，著之後世。蓋先世有美而不知者，不明也；知而不傳，不仁也。明足以見，仁足以顯，然後爲君子。故素王之孫穆公師子思首論祖述憲章之道，魏相子順稱相魯之政化，漢博士子國復推明所修“六經”，垂世之教，當世莫不賢之。自夢奠兩楹之後，迄今千七百載，傳家奉祀者數贏五十。繼繼

公侯，象賢載德，如聯珠叠璧，輝映今古。於乎休哉，聖人之澤，流光如此。後之人能奉承不墜又如此，宜有信書，廣記備言，顯揚世美，以示于將來，傳之永久。于是襲封資政公因《家譜》、《庭記》之舊，質諸前史，參以傳記，併錄林廟累代碑刻，兼述皇統、大定、明昌以來崇奉先聖故事，博採詳考，正其誤，補其闕，增益纂集，共成一書，凡一十二卷，名曰《孔氏祖庭廣記》。應祖庭事跡，林廟族世，古今名號，典禮沿革之始末並列於篇，粲然完備。於國則累朝尊師重道之美，靡所不載；于家則高曾祖考保世承祧之美，靡所不揚。故先聖配天之德，愈久而愈彰。噫，若資政公者可謂仁明君子能世其家者也。資政公嘗以書示予。予歛袵觀之，既欽仰其世德，又嘉公之用心得繼志述事之義，乃磨鈍彫朽爲之題辭焉。正大四年歲次丁亥十月丁未朔資政大夫前尚書左丞致仕張行信

　　孔宗翰《家譜》舊引曰：家譜之法，世次承襲，一人而已。疎略之弊，識者痛之。蓋先聖之没，于今一千五百餘年。宗族世有賢俊，苟非見於史册，即後世泯然不聞，是可痛也。如太常諱臧、臨淮太守諱安國、丞相諱光、北海諱融、蘭臺令史諱僖、議郎諱昱，纔十數人，非見於漢史，皆不復知矣。魏、晉而下，迫于隋、唐，見紀者止百餘人。按議郎本傳云：自霸至昱七世之内，至卿郡守者五十三人，列侯七人。今考於傳記，乃知所遺之多也。宗翰假守豫章，恩除魯郡，將歸之日，遂以舊譜命鏤版，用廣流傳。或須口求以待他日。實宋元豐八年十一月二十日四十六世孫朝議大夫知洪州軍州事兼管内勸農使充江南西路兵馬鈐轄柱國賜金魚袋宗翰謹題

　　孔傳《祖庭雜記》舊引曰：先聖没迨今一千五百餘年，傳世五十。或問其族，則内求而不得；或審其家，則舌舉而不下。爲之後者得無愧乎？竊嘗推原譜牒，參考載籍，則知鄭有孔張出於子孔，衛有孔達出於姬姓，蓋本非子氏之後而徙居於魯者，皆非吾族。若

乃歷代襃崇之典，累朝班賚之恩，寵數便蕃，固可枚陳而列數，以至
駭祖壁之遺書，訪闕里之陳迹，荒墟廢址，淪没於春蕪秋草之中，魯
尚多有之。故老世世傳之，將使聞見之所未嘗加接於耳目之近。
于是纂其逸事，綴所舊聞，題曰《孔氏祖庭雜記》，好古君子得以觀
覽焉。時宋宣和六年歲次甲辰三月戊午曲阜燕居中申堂記

右聖蹟

13·2　晏子春秋八卷 元刊本　吳方山藏書

周晏嬰撰　凡內篇六卷、外篇二卷，合八卷。卷首有吳岫印記
劉向序

吳氏手跋曰：顧英玉先生，南都清介丈夫也。以憲副罷官，而
兄時爲大司寇。家无長物，出宦日所得書，貨以給日。躬疊册門
左，顏無怍色。予重其所爲，隨所質得二書。嗚呼，誦徃哲之懿言，
法時賢之景行。小子何幸，於此兼得二書。《晏子春秋》其一，《大
唐六典》其一。蘇郡後學吳岫筆

13·3　魏鄭公諫錄五卷 明正德刊本

唐王方慶撰
曾大有重刊序正德二年

是書字畫之疑，偏旁之誤，呼吸之譌，莫不讐正。至若闕文，非
史有所證，則姑存其舊，不敢增損。蓋春秋夏五郭公之意也。茂陵
馬萬頃謹書

李名闕跋曰：《魏鄭公諫錄》五卷，《唐·藝文志》以爲魏徵諫
事，司馬文正《通鑑》書目以爲魏元成故事，蓋一書也。鄭公事太
宗，以諫爭爲己任。前後二百餘奏，無不剴切當帝心。世徒聞其
語，而見於史纔斑斑焉。至於問對之辭，往往略去。間有登載，或

文之太過。其君臣之間相與以誠，不事形跡，往復難詰而詞語無所
緣飾，則於是書乎見之。是爲有補世教，不可以不傳。□□□陳叔
進舍人得本以屬予，俾馬叔度校正，凡謬誤一百四十五字刊於齋。
淳熙己亥十月上澣吳興_{下闕}

　　杜啟重刊後序_{正德二年}

13·4　李相國論事集六卷　_{文瀾閣傳抄本}

　　唐蔣偕撰　原七卷，今佚一卷，從《歷代名臣奏議》補錄四條
附後。又卷六《上言德宗朝事》條“卿等當悉之”下脱七十餘字，
《論邊事》條“選擇公忠清”下脱二十字，俱從《名臣奏議》校補。

　　蔣偕序_{大中五年}

13·5　襄陽耆舊傳一卷　_{明五雲溪活字本}

　　不著撰人名氏　所叙人物上起周、秦，下迄五代，蓋宋人因習
鑿齒原本重編者。板心有“五雲溪活”字兩行。

　　系右漕司舊有此版，歲久漫不可讀。於是鋟木者郡齋，庶幾流
風遺跡，來者易考焉。紹熙改元初伏日襄陽守延陵吳琚識

13·6　豐清敏公遺事一卷　_{舊抄本　菉竹堂藏書}

　　宋章貢李朴編次　卷首有“葉氏菉竹堂藏書”印記，板心有
“怡顏堂鈔書”五字。

　　右《清敏公遺事》一編。公之季孫漸自番禺道贛石，扣門通家
世，出以謂朴曰：“惟清敏公遭際盛時，受知神廟，逮事泰陵。元符
末命，首蒙召擢，執法中司。出入侍從，歷三十年。直道危言，諸老
先生知稱頌之。惟是平生章奏，隨手焚藁。晚陷鈎黨，有旨搜取，
隻字不留。雖了翁誌公之墓，猶止序次爵里，狀不敢一言及於行

已。痛念先君伯父不幸皆早世，二兄相繼淪亡，漸時方童稚，無所
聞見，不能道先世以詔後嗣，俾公之遺事久而湮没。異時史官無所
考載，罪在漸輩。賴外兄潁昌郭維以儒學修謹侍清敏公左右最久，
能摭其本末，歷歷如數一二。間於搢紳故家求得遺文，猶有存者，
亦庶幾焉。幸加編次，以垂永久。”朴於先生尚預門下士，仰惟公
清德重望，被遇三朝，始終一節，表表在人耳目。中興天子追褒賜
謚，足以發潛德之幽光矣。豈待斯文而後顯也？漸曰：“我祖恬夷
靜退，不求聲名。今之所録，非以夸世，姑著爲家法云爾。”乃不敢
辭。門人章貢李朴識

　　仲尼亟稱于水曰：“水哉，水哉。”其詞約而旨微矣。而孟子論
其所取之意，乃取以原泉直混，不舍晝夜，盈科而後進，放乎四海者
言之，非其深造默識有以得乎聖人之心，孰能知其所説之如此，而
有志之士欲有爲於此世者，又豈可以不察乎。此而先立其本哉？
然自聖賢既遠，道學不明。士大夫不知用心於内以立其本，而徒恃
其意氣才力之盛，以能有爲於世者蓋亦多矣。彼其見聞之博，詞令
之美，論議之麗，節槩之高，一時之間，從其外而觀之，豈不誠有以
過人者？然探其中而責其實，要其久而待其歸，求其充然有以慰滿
於人心，而無一瑕之可指者，則什百之中，未見其可以一二數也。
嗚呼，若故禮部尚書縉雲清敏公者，其真所謂有本者歟？觀其平居
暇日，所以治心養氣而修諸身者，蓋天下之物無足以累其志。是以
爲子則孝，爲吏則廉，進而立乎本朝，則上自宗廟以及人主之身，内
自禁掖近幸之私，而外及乎朝廷卿相之重，知無不言，言無不盡。
蓋有當時法家拂士所爲低回遷就而詭詞以幸濟者。公獨正色立
言，無少顧避，退未嘗以語乎家，而其計慮之明，諫説之切，所以不
諧於時而卒驗於後者，乃反因深文巧詆之筆而後顯。及其出而賦
政於外，退處於鄉，以至流放轉徙於荒寒寂寞之濱而遂奄然以没其

世,則其所以處乎巨細顯微之間者,又皆清明純潔而無一豪之歉。是非所謂原泉混混而放乎四海者耶?孔子之歎,孟氏之言,於是而益見其不我欺矣。熹愚不肖,生長窮鄉。聞公之名而鄉往之久矣,獨恨未能盡得其行事之本末。前年公之曾孫中散大夫誼持節南來,亟往請焉。大夫公乃出是書而遂以其序見屬,熹不得辭也。因次是説,以附於章貢李公跋語之後。雖於公之懿德馴行,剛毅大節,無能有所發明,然使讀公之書,而仰高山行景行者,知循其本而用力焉,則亦世道人材之一助而非獨爲豐氏之私也。大夫公清苦廉直,勤事愛民。屢爲刺史、二千石入居郎省,皆有顯聞。然多不得久於其官,蓋有公之風烈云。紹興二年夏四月戊寅朔朝散郎直寶文閣權發遣漳州軍州事朱某序

13·7 雲韓堂紹陶録二卷 舊抄本

宋泰山王質述

孔子之詠嘆鮮矣。夫一嘆顏子"賢哉,回也。一簞食一瓢飲,在陋巷,人不堪其憂,回也不改其樂"。再歎曾子"莫春者,春服既成,冠者五六人,童子六七人。浴乎沂,風乎舞。雩詠而歸,喟然嘆曰吾與點也"。孔子間微宣其至情,"飯疏食飲水,曲肱而枕之,樂亦在其中矣。不義而富且貴,於我如浮雲"。

夫惟忘世故能濟世。行夏之時,乘商之輅,服周之冕,樂則《韶》舞,在顏子固從容矣。鳳鳥不至,河不出圖,吾已矣夫,在孔子仰標末哉。好事功者,事功起而本身沉;好名義者,名義著而真心隱。聖賢超然遺之,數內在世,數外在天。世有推移,天無變遷。即死生觀聖賢然耶,又況逆順成虧乎?原始反終,故知死生之説。既知矣,何加焉?晝夜之道,幽明之故,死生之説,一也。朝聞道夕死可矣,非耶。予欲無言,此之故也。嗛簞瓢之所欣,玩沂雩之所

適，默以曲肱會之，則紹陶之録，姑存可也。王質序

13·8　种太尉傳一卷　舊抄本　汲古閣藏書

宋河汾散人趙起得君撰　卷首有“毛子晉”、“毛斧季”印記。

13·9　漢丞相諸葛忠武侯傳一卷　舊抄本

宋廣漢張栻撰

廣漢郡張栻曰：三代衰，五伯起，而功利之説盈天下。謀國者，不復知正義明道之爲貴。三老董公獨得宏綱以告漢高帝，惜高帝猶未能盡其用也。獨侯當漢祚之季，乃能執其機而用之。其言曰：“漢賊不兩立。臣鞠躬盡力，死而後已。至於成敗利鈍，非臣之明所能逆睹。”嗚呼，此夏少康四十年經營宗祀而卒以配天之本心也。若侯者可謂有正大之體矣。自幼讀書，獨觀大略。晨夜從容，抱膝長嘯。其胸中所見，豈淺識所能窺哉？高臥隆中，不求聞達，蓋將終身焉。昭烈漢室之胄也，而三顧之於草廬，義既正，好賢之意又篤，安得不以身許之昭烈與□□□□一以道義而忘勢受遺際，君臣肝膽相照□□□□□□□迹何其盛也。侯恢復規摹，先務爲根本之計。建興初務農訓兵，内治國事。國事既定，北向致討，軍旅將發，拳拳之心實在後主。拜表納忠，反復曲折，專以宮中府中之事爲言。且陳親賢臣、遠小人之義，薦郭攸之等使在左右。一篇之中三四致意焉，而其終章尤爲切至，侯之慮抑深且遠矣。即侯行事而觀之，絶姑息之私意，本常理之大公，如明鏡洞然四達。其聞過惟恐不及，見善若出諸己，用人各盡其器能。至或有罪，雖入幕上賓，如馬謖流涕斬之而弗釋也。故李平、廖立既被廢放，没齒懷德，蓋侯於斯世所欲不存焉。娶婦沔南，惟賢是取，人之訕笑不復顧也。身都將相三十年間，家之所有僅足子弟衣食之奉。及其

既没，内無餘帛，外無贏財，視天下無一足以動乎中者，其正大之體，豈不宜哉。侯之事後主，小心恭恪。一國之柄，舉出其手，而人不知其爲權，彼懷姦稔逆，竊竊窺人宗祀者，雨雪見睍而謂侯敵哉。侯之規摹，至使耕者雜於渭濱，而軍無私焉。興圖之復，已恢恢然在目中矣。不幸蕆謝，匪大數然歟？或謂侯勸昭烈取荆州爲不義，不知劉琮既已迎降於操，則荆州固魏之荆州矣，于以取之，豈不正乎？惜昭烈之失此機也。又或謂魏延之策，惜侯不用。不知夫天將昌漢，以侯之舉措掃禽亂賊直餘事耳。行險僥倖，非侯志也。嗚呼，秦、漢以來，士狃於戰國之餘習，張子房爲拔出者而猶未免乎雜以伯術。若侯真豪傑之士，無文王猶興者耶，然使侯得游於洙泗之門，講學以終之，則其所至又非□所知也。予每恨陳壽私且陋，凡侯經略次第，與夫燭□□□國用人馭軍行師之要，悉闇而不章，幸雜見□□□□□松之所注。因衷而集之，不敢飾辭以忘其□。其妄載非實者則刪之，庶幾讀者可以得侯之心。近世鉅公作史書，編年乃以魏年號接漢獻之統，故其所書名不正而言不順。予謂獻帝雖廢而昭烈以正義立於蜀，武侯輔之，漢統未墜地也。要盡後主末年始係魏年號爲正。始侯在隆中，傳稱以管樂自許。予謂侯蓋師慕王者之佐，其步趨則然，豈與管樂同在功利之域者哉？意其傳者之誤，故不復云。

　　又曰：予既作侯傳以示新安朱元晦。元晦以予不當不載以管樂自許事，謂侯爲後主寫申韓、管子、六韜之書及勸昭烈取荆、益以成伯業，可見其所學未免乎駁雜。其説亦美矣，而予意有未盡者，侯之所不足者學也。予固謂使侯得游於洙泗之門，講學以終之，則所至又非予所知，不無深意矣。然侯胸中所存，誠非三代以下人物可睥睨，豈管樂之流哉？時有萬變而事有大綱。大綱正則其變可得而理。方曹氏篡竊之際，孰爲天下之大綱乎？其惟誅賊以復漢室而已。侯既以身從帝室之英胄，不顧强弱之勢，允執此綱，終始不渝，管樂其能識之乎？使侯當齊桓之時，必能率天下明尊王之義，協相王室，期復西周，其肯務自富其國而忘天下之大訓乎？使侯當燕昭之時，必能正名定國，撫其民人爲天吏而討有罪，以一天下之心，其肯趨一時之近効，志在土地珍寶而自以爲功莫大乎？是其心度與侯絶相遼邈，故不欲書以惑觀聽，拔本塞源之意。予讀《出師表》，見侯所以告後主一本於正。其所以望其君者，殊非刻核陰謀之説□□□□申韓等書之事亦疑之疑則可闕也。侯在草□□□□□遂定取荊、益之計。蓋侯之心欲昭烈以興復漢室爲己任。以興復漢室爲己任，則天下諸侯内懷□圖者，吾固得以正名而討之矣。時昭烈未有駐足之地也，歷觀諸國，劉氏不能守益，是誠天所資也。若昭烈以荊、益無志討賊，坐務自大，正其罪而代之，則夫誰敢不服。然昭烈之爲人，徇於小不忍而妨大計，故劉琮降操，荊、益可取而不取，是侯之策昭烈猶有未能盡從者也。及狼狽而遁，雖藉吳之力敗操赤壁，然終迫於吳，乃始入蜀，以譎計取之。予知侯於此時，蓋亦有黽勉不得已焉者。非草廬所以告昭烈之本意也。嗟乎，五伯以來，功利之説盈天下，大義榛塞，幸而有若侯者堅守其正，不以一時利鈍易不共戴天之心，庶其可以言王道者。故予推明其本心，證以平生大節，而削史之説有近於霸術者。區區妄意，扶正息邪而不自知其過也。然侯之於學，爲未足者，奈何知有未至也。知有未至，則心爲未盡。未能盡其心，則於天下之事物有所不能徧該而以一貫之也。故昭烈譎取劉璋，於行一不義殺一不辜之道，終爲有媿。侯當此時，處之亦有未盡焉。若夫開國建后，大事也。而奉册所立者，乃亡國之宗婦。以日易月，後世之大夫也，而照烈之喪，冢宰所贊者，乃固謬之禮。兹可見其學之未至歟？然則當斷之曰，若侯者體正大而學未至者也。故備列於此，以與朋友其講焉。

《直齋書錄解題》曰:《諸葛武侯傳》一卷,侍講張栻撰。以陳壽作史私且陋,裒集他傳及裴松之所注爲此傳,而削去管樂自許一則。朱晦翁以爲不然,又爲後論以達其意,謂其體正大而學未至,使得游洙泗之門,所就不止此。

13·10　鄂公金佗粹編二十八卷續編三十卷　元刊本

宋奉議郎權發遣嘉興軍府兼管内勸農事岳珂編進

宋高宗承祖宗之緒,雖間關播越,退保江南,然與漢光武不階尺土者異矣。而靖康之敵,又非新室赤眉之比。南渡將相,肺附爪牙之臣,亦非若曩時馮異杖劍而崛起者。加以重熙累洽之仁,漸摩浸漬,淪膚浹髓垂二百年,一旦兩宮蒙塵,宗社爲墟,中原父老,日夜欷歔,思宋不減三輔。然光武弟兄徒步南陽,左袒一呼,盡復高皇帝舊物。其故何哉? 蓋光武知人,明見萬里。高宗舉國聽於權臣,故冏溪之敗,馮異之罪小;朱仙鎮之捷,岳飛之功大。光武不以一挫之失忘遠圖,故異卒以再造之功興漢室;高宗不能因戰勝之鋒用岳飛,而徇主和之議任秦檜。故以恢復自任者,適足以媒忌嫉之口;以忠貞許國者,卒無以逃鍜鍊之禍。夫所貴乎中興之主者,不以其能雪父兄之恥,光祖考之烈乎? 今舉垂成之業而棄之,使馮異君臣專美於千載,岳飛父子銜冤於地下。此孝子忠臣所以讀《金佗粹編》者,未嘗不爲高宗惜也。飛父子没餘二十年,孝宗受禪,其孫珂實始以《籲天辨誣録》詣闕訴上。由是詔賜墳廟,復爵位,頒封諡,禄遺孤。時高宗爲太上皇,猶及見之。吾意其北望舊京,必恨不誅秦檜以謝天下。嗚呼,已無及矣。編總若干卷,今江浙行中書平章政事兼同知行樞密院事吳陵張公,命斷事官經歷吳郡朱元佑重刻,且曰"西湖書院,岳氏故第也。宜序而藏諸"。至正二十三年三月甲子左右司郎中臨海陳基序古者傳書有公私之異，五十九篇，上世之書也，則更寫竹簡，悉上送官，藏名山而副京師。蓋非金鐀石室之故文，不得以並錄一家之記載。若可以備史闕矣，掘筆廢紙，僅得不泯。而著書遺札，雖關國大議如封禪者，亦必俟詔求而後徹聞。書之不可苟傳如此。開陽刻經，宣存六藝；親藩請史，弗畀權謀。著之舊章，維見可考。越自銘碣起漢，著錄盛唐。而後世之潛德幽光，或者託植楹之遺，以詒久集錄，固多見矣。文詞之富，著作之工，亦惟與栢棬之澤，俱傳于家。豈非疏戚緬殊，觀覽隨變，孝子慈孫之用心，固不得以責塗人之如己。而徇時棄置，視物重輕，於蠟車覆瓿，亦出於理之或至者歟？嗟呼，事病於違時，誼信於同欲。斷壺而致千金之用，人固未必逆信。酸鹹土炭，顧嗜者或均取焉，盍亦觀諸理而已。世固有問百年之血食而推其餘烈，考前人之逸事以上之史官，況當規恢大有爲之秋，魚復之圖，穀城之略，豈無一二可俎豆於斯世，摭其所當行，稽其所可驗，而勿視之芻狗之已陳，則雖公天下之傳可也。珂試守檇李之明年，始刻家世籲天之書於郡塾，即漢制佩章之義，粹五編爲一，名之曰“金佗”。惟先王勳在王家、名在國史。遺跡之存者，文昌章公固嘗傳而上之朝，既碑之襄陽，又梓之江夏，當世名公鉅卿拊舊興懷，盛心激烈，尚欲作九京而起之也，其忍以遺孤之不肖，遂即人而廢其言乎？故刻傳不疑而豫比於罔羅放失之助，萬世開功名者或將有考焉耳。不然，寫琬炎，積縑緗，猶珂之私書也，而何敢辱郡故府之藏。嘉定著雍攝提格歲橘涂初吉珂謹序

《天定錄》既成書，刊鋟而傳。惻然若予感焉，復從而系之曰：嗚呼，天下之理託於物而後傳者，要其終必不可恃。雖勢也而理則存，湯盤、衛鼎、淮碑、岐鼓，銘之所託以傳也。吾意古人之所以鑱著其勳明，昭宣其令德，一時祝之者若可以不朽矣。而千載之下，或仆或缺，或湮或没，博雅之士歆豔其馨烈，欲一挹而不可得。雖

培塿剔蘚杳不得傳，而若盤若鼎若碑若皷，顧乃託其所託以自見於世。悲夫，物之不可恃蓋如此。且天下之堅且久者，莫若金石。曾幾何時而蕩爲浮埃，收爲太虛。凡吾之所恃以傳者，悉從而反之，而珂乃欲以區區無纇之文，以昭明先王遺忠於萬世之下，瓿覆未可期，僭曰猶在，安知其不胥爲失所恃也。謏學陋聞，童蒙顓魯，文字不足以傳於遠，姓名不足以昭於時。則藏之名山，散之通都大邑，傳之其人，珂固不得與斯舉也，則豈特反所恃而已哉。嗚呼，以先王之忠之節，而聖朝推是非常之典，使得一世立言君子紀而傳之，雖千萬世焉可也。而獨以珂之愚不肖，惕然反顧，凜無所恃，以傳念至如此，則珂不孝之罪誠上通於天矣。於珂猶竊有所恃者，以爲先臣報國之心昭如皦日，正理之在人心郯然有不可泯。珂以七十年讒誣未白之先，凡公議之所予下缺六字論或庶幾焉。嗚呼，此或可恃也，四方萬里之廣，名人鉅公之衆，苟能哀其心而進之，則此書亦或可傳也。是故珂之所恃者在彼，而所託者在此。誠使人心有公議，天下有正理，則忠邪是非之辨，固己在於追褒未逮之先，而特昭明於殊恩既霈之後。方其未辨是理未嘗不存，及其既明是理亦未始增益，則是書不傳可也，不作亦可也。嗚呼，羣陰煽邪，異論方興，先王障狂瀾於不可支之際，卒從以靡。方是時也，身且不計，而況於名乎？ 一時之名且不計，而況於後日之名乎？ 身與名俱所不計，而況於是書之傳否乎？ 嗚呼，先王誠得所恃矣，珂何有焉？ 若夫金石之必不可恃而反恃其所託以存，則不可以諸孫之無聞而遂淰然也。方□公道宏開，真儒才卿執椽筆而發幽光者，項背相望，豐碑隨道，奎璧下臨。有祖宗之故事在，珂雖無似，尚當嗣請於朝。則所以恃者，其又庶幾乎？ 嗣歲孟陬之月癸丑朔珂後序

　　岳鄂忠武王之孫有名珂者，彙集王之豐功茂績者爲《金佗粹編》凡若干卷。其版舊刊之嘉禾，歲久版脫壞無存。其文藏諸民

間者又遺闕而無全書。宥府經歷朱君佑之，乃爲之徧求四方，得其殘編斷簡，參互考訂，合其次第，始克成書。復得《續集》五卷於平江，蓋江西本也，通爲若干卷，比前尤詳。於是將刻梓於平章相國大新祠宇之後，郎中陳君初菴爲之序。予惟是編視《宋史》加詳，而王之豐功茂績雖昭如日星，得此編宜無遺憾矣。竊嘗因是而論之，宋高宗之有忠武王，猶周宣之有方召，漢光之有鄧禹也。奈何高宗非宣、光之匹，優柔而不能斷，卒俾死於奸檜竊弄神器之手，可勝惜哉。嗚呼，高宗豈真不知也耶？向使王之事蹟不顯著，忠心不明白，則寢間之命，亦豈無讒佞之人之可入哉。當是時，金人兀朮正彊而諸將若張、韓、楊、王輩莫敢與敵，獨挫於王之手若乳子耳。胥此以復中原卓有賴者，特以車駕南行，倦於北顧，雖王屢有事機之可復，朝廷未嘗不嘉之而亦未嘗不沮之，此其所以爲可惜也。所大可惜者，朱仙鎮之役，一鼓渡河，則金人束手就擒，兩河望風待下，天下之定，固在此舉。方以此振兵，而班師之命已至，豈奸檜者果有措天下之謀哉？特以循常嗜瑣而不能有所爲耳。吁，中原之地，自此不可復；父兄之讎，自此不可報。太行忠義之社，兩河歸戴之民，遮道而哭，從師而南。朝廷其果忍聞之哉？曾不此之料，而且彼之圖宜乎符洛下書生之言而終爲秦檜之所誣也。吁，宋德至此亦涼矣。然檜者雖能逞志於一時，不能免誅於千載。此王之事業所以愈遠而愈光。宜乎，刻之金石，傳之竹帛者，代有仁人君子之所相崇尚也。觀是編者必有感於斯。朱君佑之名元佑，吳門之世家云。會稽戴洙序

《續編》序曰：《易》曰大君有命，開國承家。夫辨五等選羣辟建侯於經綸草昧之初，列爵於崇德報功之後。故古先哲王之所以公天下而非以爲一家之私也，庭堅之邁種，逮於蓼六；周召之夾輔，載于燕魯。大勳開四履，盛德祀百世。是國也，非所謂世其家者

歟？國有春秋，家有譜諜。紀事雖殊，爲用不廢。夫其著鼎彝，登
胼常，胙土疇功，此國之所縣開也。昭明其湮蝕，罔羅其放軼，廣記
備録，思以盡爲子若孫之心，又豈非傳家克承者之責耶。先王佩佗
綬于鄂，珂不肖，幸因今天子霈泰時之澤，獲以支邑，紹分舊封，亦
既頒蒲瑞於朝。執而歎曰：三趙命名，此贊皇氏之命，以不忘乎先
也。家故有《金佗編》，因先爵以叙遺烈。嘉定戊寅嘗刻之橋李
矣，而辛巳之褒忠，乙西之錫諡，異渥殊榮，焜燿狎至則未之續也。
行有述也而弗該乎絲綸，見聞有取也而莫並乎百氏。宸奎之藏，扣
閣之已進，嘗彙之於前矣，而搜訪之嗣獲，顧闕之於後。《天定》之
録，非劉之曠典，槩表乎其未矣，而思陵之盛心反賂乎厥初，顧其可
已哉。夫析圭儋爵，上之恩也；馳德流慶，先王之澤也。知侈金佗
之寵，而不知乎櫛沐以致之之功；知家之承，而不知國之所以開之
之自。斯責也，珂將奚辭？即觚棐之末伎，以文其肯堂析薪之未
能，何異乎持洴澼絖以自獻，猶竊恕曰易之所以開國承家者，或在
於是斯，又類乎聞鍾揣籥以求乎日者也。凡書四種，合三十卷，命之
曰續。蓋以合橋李舊刻同爲一編云。嗚呼是續也，焉知其不復續子
孫之心，聞斯傳之，其又何時而可已耶。紹定改元歲重九日珂謹序

13·11　鄜王劉公家傳三卷　舊抄本

不著撰人名氏　光世律身不嚴，馭軍無法，不肯爲國，任事方
之韓、岳不迨遠甚。是書疑出當時僚屬之手，故侈陳戰功往往過
實，然光世事迹叙述頗詳。所載御筆制誥備録全文，可與《宋史》
相參考。此本趙清常從文淵閣宋本傳録，卷一闕。

閣本宋刻《鄜王劉公家傳》二卷，乃劉光世之家傳也。第一卷
脱十八葉，惟存十九葉尾張而已。三卷止於紹興元年，不知後當逸
去幾何卷，姑録之以俟異日。世稱張、韓、劉、岳爲中興四大名將。

張俊卑卑無足道，且傅會秦檜而殺岳飛，罪不容誅矣。光世亦瑣瑣孱弱，何以厠名其間，吁亦幸矣。豈四人者同時俱爲大帥，故世人順口而稱耶？不然，劉錡之矯矯者，乃不得並稱哉。夫亦以其後於四人而已。清常道人志。皆萬曆三十九年季冬念有五日初漏下書於奉常齋中

13·12　劉文靖公遺事一卷　舊抄本

元中奉大夫浙江等處行中書省參知政事趙郡蘇天爵編次　板心有"怡顏堂鈔書"五字。

13·13　復齋郭公言行録一卷　元刊本

元福州路儒學教授徐東述　郭公名郁，汴之封邱人。金末避兵，徙大名。仕元，歷官至福建都轉運鹽使，歜歷中外，所至有聲。東採摭聞見，撮其切要，依朱子《名臣言行録》例，爲《郭公言行録》。備載居官治民事跡，自初掾都省至除福建鹽使凡十條，後附《福州路儒學陳御史臺狀》，又《舉狀》暨郭公《義田牒文》。

工食技，傭食力，士大夫食其言行。故無技者不能食以工，無力者不能食以傭，士大夫思工與傭之必以技以力而得食於人，寧不思仕之所以得食於君者，當何如可以素食否乎？經曰：非先王之法，言不敢言；非先王之德，行不敢行。此爲卿大夫言也。時有窮達，禄有崇卑，而言行不敢不勉。方其言行未見知也，則仲尼食於乘田委吏不以爲淹；及其言見信於上，行見信於世，則伊尹、周公相天子，致太平，分土而食不以爲泰。與其守口以待時，豈不愈於撑腸而哇以菑其身哉？昔人有言曰宰相須用讀書人，謂其有言行可爲法爲則，於天下亦有口書耳書，而心與書違者，是猶穿窬竊貨而不竊經籍。工與傭肯爲是乎？君子學而仕，仕而學。言顧行，行顧

言。以此食君之禄，則和而安，淡而爽，飲清泠如醇酎。然奈何人莫不飲食，知味者鮮。高車駟馬滿天下，而其言行可以興人之耳目者幾何，是可歎也已。閩漕使古汴復齋郭公，讀書有言行人也，幼而好學，長而力行。既貴猶學《易》，出入臺省二十年，外歷守牧。司憲則以身爲律，司漕則以義理財。江東西民數饑，則隨地賑而活之，有疾疫則官遣醫療之。湔有民田失科糧者四萬餘石，則抉隱懲欺而賦之鹽課，因民則請減額以甦之。漕有冤獄十七起，悉更讞平反之。四明滯訟三百餘宗，各鈎沉舉壓而決之。南康之三皇廟，慶元之侯泮郡倉，雙溪之浮梁，閩中之南臺鹽倉，苟有關於政化，闕必置，弊必修。此特取其大者，舉一以見百耳。若夫僚佐之間，黎庶之上，陰分陰寸，千常萬細，非善言無以孚其情，非善行無以示其事。數十年之事業，頓見之十餘紙之文辭，是猶大桃蟠三千里而掇幾枝采幾萯乎。今復齋公官躋三品，力猶彎一石，不類七十者，堅請掛冠，將歸，移文所在官司曰：“吾少壯驅馳中外，在官以儉積俸，在家以勤營生。自買田八百餘畝，上目奉親，下資給三弟。父嘗戒諸子曰：‘田兄田也，汝無擅。’三弟曰‘謹遵命。’遺文尚在，今老矣乃大傷爲兄者心。願以己田立約爲義田，以教養四房子孫，希公文移鄉郡。”斯非可法之言，可法之行歟？孔子曰“惟孝友于兄弟，是亦爲政”。推其所爲，於爲政乎何有？或疑以工與傭喻士大夫非其倫，曰：彼亦人耳，言亦言，行亦行。技之與力，舍言行無以爲也，惟貴賤大小則有殊。使食於大家作勞，其口無定言而莫可與商，行無定跡而莫可以尋，則皆不敢用而爲世之棄。人小而賤者，失其言行，則憂日無二升之食，百錢之直；貴而大者，失其言行，則成敗禍福繫焉。以賤喻貴，以小喻大，可不思哉？苟食禄者，言常思可對人語，行常思可使人知，太平治之其庶幾乎？至順二年辛未上元日古候佚老獨愚黃文仲謹序

《言行録》，録復齋郭公言行也。公自初爲樞密史至今嘉議大夫。凡掾中外，省爲都事者二，爲牧守者三。檢校中書，僉贊風紀，兩職齪運，向爲貳今爲正。嘉言善行，炳炳人心，章章册牘，形諸歌詩，刊諸金石，合爲今《言行録》，誠爲政之範模，檢心之繩尺也。僕閩人也，福星之所臨照，莫非言行之光華。澄源之訓，欺天之戒，惻然之情見乎家諭戶曉之餘，所謂德言而爲羣言之長也；削冗濫負百餘人，於亭戶而除其豫辦之擾，於鹽徒而止坐事發之家，所謂德行而爲羣行之宗也。若夫孝之於父子，學之於師友，義之於兄弟，宗族大本大原之可法，天下師百世之則有言行全録在。三山林興祖謹書

張復題後曰：閩漕使復齋古汴郭公，爲童稺時己好學不倦，及成人，慨然有志事功。當時名公鉅卿爭汲引之，臺省聲猷日以大。後守昌江秦郵，課兩浙鹽，佐江西憲，牧四明，遂入閩爲一道福星，高潔剛明。其德政洽於人心，著於事蹟，田父買堅皆能道。長樂郡文學徐古道採摭聞見，倣近代名臣言行録爲公書之。嗟夫，自有生民以來，未有如皇元之大者也。地大則生者衆，生者衆則用人多。由中書省下至百司庶府，外至天下郡縣，遠至屬國，所置大小文武暨雜流以萬計不知幾，莫不食君之禄，資民之利，以求富貴。有能不欺天，不欺國，不欺心，不肯以身與草木俱腐，斷斷然立功立名於當世者，數百中或一。蓋流俗移人，惟以富貴爲功名，而不知利濟天下謂之功，流芳後世謂之名。既無意有爲於兹，則亦無事可書於兹爾。三代而上，遠莫得言。三代而下，自秦至於宋、遼、金凡二十代，惟漢爲大，雖不及今，然嘗聞哀帝時自丞相至郡縣佐史，凡用十三萬人。如彼其多，歷年四百，如彼其久，而書於列傳者，如彼其少。孔子曰才難乃爾，甚耶。今古道作是録，事皆有徵足信。爲晉山飢民請粟，病民散藥，活者三千餘口。又爲吉贛南安乏食，賑糶

數十萬戶。公之視民甚於已，仁也。修都城，定水閘，官省鈔千三百定，民不知勞。市湯羊，增常數三千口，價比他省三千定。覈江浙失科民糧四萬餘石，追松江夫役冒除糧一十六萬石。行使至大錢則建言母毁成器，察浙鹽利病則請減常額。公之制事一一有方，義也。修浮梁慶元泮宮，以期道化之效；建南康三皇廟，以廣聖濟之心。復謂漢儒惟董仲舒克傳心學，朱子之後真西山能宏道統，宜在從祀。陳請於朝，先崇善教而後可以淑惡，道以正也。平反浙漕鹽冤十有七起，剖斷定海訟怨三百餘宗。先清宿弊，而後可以行簡服以明也。公之所爲必可言，所言必可覆。初非欲人美我，而爲之爲所當爲而已矣。彼聞人言美而不知勸，聞人言惡而不知恥者，惟曰富與貴，吾之命。不學無術，正難責之，滔滔皆是，然後以爲所當爲者爲難，復美其言行不敢遺。今日之録，即異時之列傳耳。復齋公讀書人也，言顧行，行顧言。爲此録者，豈不當哉。夫富貴輕於鴻毛，言行重於太山。每見文人詞中翰多以汾陽期公，是尚富貴也，似與公氣節殊。林宗有道之士，史紀其言行，亦得漢一列傳。汾陽壽望百爵，稱王官中令，史紀其言行，亦不過唐一列傳。公今官三品，年方耆指，使心深道熟，使遇汾陽之時，有汾陽之事，真所優爲者也。蓋謂公之言行得於聖賢之學，華州之郭武學未之聞焉。是録也必纂，纂有續筆，以待他日之歐宋云。

　　右名臣

13·14　紹興十八年同年小録一卷 明初刊本　述古堂藏書

宋紹興十八年王佐榜進士題名録也。　卷末有"虞山錢曾遵王藏書"印記。

13·15　新刊名臣碑傳琬炎之集前集二十七卷中集五十五卷下集二十五卷　抄本

宋眉州進士杜大珪編

自序曰：國朝人物之盛，遠追唐虞三代之英，秦、漢以來鮮儷矣。自建隆、乾德之肇造，暨建炎、紹興之中天，因時輩出，豐功偉烈，焜燿方冊，雖埋光鑣采，位不稱其德者亦各有紀。於時欲求之記事之書，則灝灝噩噩未易單究，雜出於野史見聞者，其事又裂而不全，未足以觀其人之出處本末。好事者因集神道、誌銘、家傳之著者爲一編，以便後學之有志於前言往行者。韓退之、韓洪碑，杜牧之、譚忠傳，今質諸正史而皆合，學者將階此以考信於得失之迹不爲無助云。紹興甲寅暮春之初謹書

13·16　中興四將傳四卷　舊抄本　汲古閣藏書

宋史官章穎纂

章穎進表曰：臣穎言，天扶昌運，必生禦侮之臣；帝念雋功，當有特書之史。事關勸激，跡貴昭明。敢衰竹帛之藏，仰撤冕旒之聽。臣穎誠惶誠懼，頓首頓首。粵若稽古，誰能去兵。執干戈以衛社稷者，固所難能，聞鼓鼙而思將帥，則求之已晚。欲屬有爲之志，當於無事之時；仰惟國家之興，尤得人材之盛。開基創業，虓將雲蒸；復古中興，虎臣角立。率屬熊羆之士，掃空虺豸之羣。名書旂常，功耀天地。或繪象於原廟，或侑食於大烝，爪牙宣勤，項背相望。當時稱誦姓名，可止於兒啼；後世傳聞韜略，尚驚於敵膽。頃紛紜於議論，稍變易於是非；事實浸以湮微，士氣爲之沮抑。雖已加於褒典，猶未快於興情。非假汗清，何由暴白。故太尉威武軍節度使贈開府儀同三司臣劉錡，甚雋順昌之戰，大摧兀术之鋒。誰其

妨功而害能,遂爾投閑而置散。故少保武勝定國軍節度使贈太師
臣岳飛,兵方精而可用,功竟沮於垂成。既撓良謀,更成奇禍,事皆
有證。其書雖見於辨誣,言出私家,後世或疑於取信。故太尉威武
軍節度使贈開府儀同三司臣李顯忠,家世諸李,父子一忠。縛撒
里,曷若雞豚;阼偪齊,豫如犬彘。氣吞強敵,志在本朝。當其杖策
之歸,適近囊弓之際。故右武大夫果州團練使贈寧國軍節度使臣
魏勝,爲山東忠義之冠,當清口寇攘之衝。雖血戰於淮陰,竟身膏
於草野。況又皆志未盡展,時不再來,失機一瞬之間,抱恨九泉之
下。雖生未及盡俘於醜類,其没或能爲厲於敵人。宜有屢書以旌
多代,況方大規恢之略,所宜彰果毅之能。恭惟皇帝陛下,天運廟
謨,日開公道。用宣昭於賞罰,以駕馭於豪英。代不乏人,用則爲
虎。西有梁洋之義士,東多荆楚之奇材。怒髮衝冠,雄心撫劍。儻
在上有激昂之術,則凡人懷奮發之心。臣嘗忝史官,獲觀舊載,悉
紀當時之實,以呈乙夜之觀。伏乞斷自宸衷,付諸東觀。然後可傳
於百世,庶幾聳動於四方。張大國家之威,發舒華夏之氣。事雖已
往,可爲鑒於將來;謀或有遺,幾成功於今日。臣所譔到劉、岳、李、
魏傳,繕寫其計七冊。謹隨表上進以聞。臣穎誠惶誠懼謹言

13·17　寶祐四年登科録一卷　明初刊本

宋寶祐四年文天祥榜進士題名録也。

13·18　京口耆舊傳九卷　文瀾閣傳抄本

不著撰人名氏

13·19　敬鄉録十四卷　文瀾閣傳抄本

元吳師道撰

　　吳師道《敬鄉前録序》曰：師道曩侍先大父傍，及見故時遺老談鄉里前輩事，頗竊聽一二，遺文殘槀，借玩傳抄，每樂而不厭。然亦恨其時尚少，弗能問而識其詳也。比年諸父淪喪，衣冠道消，出里門無與言儒者，時時番閱故藏，則近因里中火後，散軼已多，俛仰四十年，欲質其事而無從。或子孫僅存者，率遷業變智，問之茫然反笑，怪其不切。當發策校庠，舉數人爲問，亦無有能言之者，可勝嘆哉。因念蘭溪縣漢隸會稽，後爲三河戍。唐咸淳始置縣，迄宋季上下千數百年，山川如昨，清英秀美之氣實鍾于人。其間豈無名世者。而郡志所載僅六人，且仙佛之徒半之，則記載缺略可知已。南渡都杭，近在畿甸。文學之風，何啻什百於前。碩儒才士，名卿賢相，相望輩出，不可謂不盛矣，易世來未有紀者。若其人名位論著，顯然固不可泯，不幸而不爲人所稱，今遂浸微，更數十年豈復有知之者哉。因比次得若干人，略識本末，間采詩文附焉。無則缺之，非徒尚詞藻也。因其言論風旨，而其學問志節與夫當時風俗人物亦可槩見，而祠廟碑志則又是邦故實之所存，如《東峰亭記》。進士鄉飲題名之屬亦當在所考，并置於前，名之曰《敬鄉録》焉。烏乎，維桑與梓必恭敬止。桑梓猶恭且敬之，況賢者乎？某生也後，弗獲執御於諸老先生，然仰高山而挹遺風，未嘗不振飭興起，可不知所自耶？君子之學，上希聖人。生乎吾前者之所以階而至於聖也，善無往而弗存，歸求有餘，行遠自邇，況朱呂之傳有在是者乎。彼其闊視六合而狹小一鄉，凌厲千古而厭薄近代，則與重鄉士、尊前輩之意不類，非某所敢知也。

　　又《敬鄉後録序》曰：宋紹興二十四年，婺通守洪遵修《東陽志》。其紀當代人物僅僅數人，蓋斷自渡江以前。理則宜然，而其所記有下及紹興者，又不盡用此例，則所遺固多。仙釋之徒與賢士大夫執愈，若滕章敏、宗忠簡輩又皆出于其前而不見列，何也。最後事類一卷，凡稗官小說，怪誕猥褻之事，涉於婺者悉不棄，博則博矣，無乃詳於所不必錄，而略於所當錄者乎。按吾婺昔隸會稽，後爲東陽郡，以至於今千幾百年矣。晉、魏以前如江治中、王徵士，非劉孝標之文則莫得而知，郡志亦失考而賴是以傳，然猶不得其名，信乎紀載之不可闕也。況自宋中葉以來，材賢繼出，其顯於靖康炎紹之際者，皆生於嘉祐以後，涵濡之深，風氣之開，豈苟然哉？忠義功名，宗公當爲第一。下逮乾道、淳熙，呂太史道德文章，鄒魯一方師表百代，視前世又遠過焉。於是名卿賢相牧伯，大魁碩儒，名人偉士，肩摩踵接，蓋不可勝數。而其季年，北山何公、魯齋王公，則又紹紫陽之的傳，至今私淑者猶不失其正，亦盛矣哉。夫其名爵在史編，論著在天下，章章傳頌之，決不遂泯沒，無伺纂集可也。特沉微不著者，遺文逸事，稱道殆絕。或地望舛錯，久亦失真，逝者有知，豈無憾於冥冥耶？愚不自量，既集錄蘭溪諸賢，因及一郡。茲事體重而聞見單寡，不能盡知，故所錄僅止此。方且與同志博考而具載之，非敢有所舍取也。然初意主於表微而并及顯者，其或人文俱顯，錄所弗及者，亦不無微意焉。吁，士之傳世，視其所立而已。是編不因予錄而傳者固多，因予錄而傳者間一二。然亦非區區之愚所能使傳也，夫何憮於僭哉。

13·20　國朝名臣事略十五卷　元元統刊本

元趙郡蘇天爵伯修輯　目錄後有“元統乙亥余志安刊於勤有書堂”一條，中多闕文，據淡生堂抄本校補。

聖元基朔方，立人極。世祖皇帝混破裂而一之。廣輪疆理，古職方所未，半其天地之再，初乎渾淪所鍾，命世卓絕之才，實輩出輔成之故，盛德大業之所著，自顯穹生民未之有也。然而百餘年來，元勳偉績，世未盡白。故老知者，湮沒無幾。家乘志銘，不能家至而徧知也。仁皇御極，敕太史，傳功臣，而玉堂秘奧，世莫得而見焉。監察御史趙郡蘇天爵伯修輯《國朝名臣事略》十五卷，湖北憲刻諸梓，徵叙其端。有壬在京師，早知伯修之才，而未知其有是編也。惟其培學上庠，歷史屬久，故考之也詳，擇之也審。其類例倣朱子《言行錄》，條有徵據，略而悉，豐而核，其四方之爭先快覩者乎。竊惟國朝真才雲集，是編才四十七人，有齊民知名而未錄者，蓋朱子例，嗣有所得，當續書之也。若是則四方之快覩者不一，伯修之學，其益昌矣。又不知今士大夫用心如伯修者幾人，世所望於太史氏出於《事略》之外者，其將有所屬乎。憲長篤禮，質班幕府，李穀、王大有職風紀，育人材，俾覩者率作，是亦韓子所謂牽聯得書者也。至願。壬申良月中議大夫前參議中書省事相臺許有壬序

應奉翰林文字趙郡蘇伯修，年弱冠即有志著書。初爲胄子時科目未行，館下士囂言詞章講誦，既有餘暇而筆札又富，君獨博取中朝鉅公文集而日抄之。凡而元臣世卿，墓表家傳，往往見諸編帙中，及夫閒居，紀錄師友誦說，於國初以來文獻有足徵者，彙而粹之。始疏其人若干，屬以其事，中更校讐，櫛去而導存，抉隱而蒐逸，久而成書，命曰《國朝名臣事略》。他日，余與伯修同預史屬，從借讀之，作而歎曰：壯哉，元之有國也，無競由人乎？若太師、魯國、淮安、河南、楚諸王公之勳伐，中書令丞相耶律、楊、史之器業，宋、商、姚、張之謀猷，保定、藁城、東平、鞏昌之方略，三王、楊、徐之辭章，劉、李、賈、趙之政事，興元、順德之有古良相風廉，恒山、康軍國之有士君子操，其他臺府忠藎之臣，帷幄文武之士，內之樞機，外之藩翰，班班可紀也。太保、少師、三太史天入之學，陵川、容城名節之特，異代豈多見哉。至於司徒文正公尊主庇民之術，所謂九原可作我則隨武子乎？嗟乎，乾坤如許大，人才當輩出。伯修是編未渠央也。姑志余所見如是云。天曆己巳四月乙卯翰林待制冀郡歐

陽元謹序

　　自古帝王有天下，或受于人，或起而取之。堯舜禪讓，湯武弔
伐，厥時義大矣。《書》紀虞夏之際，《易》稱湯武革命，應天順人。
皆有輔佐，同心一德，後世可述焉。孟子曰："五百年必有王者興，
其間必有名世者。"傳曰："有立德立功立言，是謂不朽。"誠哉是言
也。三代而降，其盛者曰漢、曰唐、曰宋。夫子言革之時，蓋謂必有
不得其義者矣。彼近代是也。皇元起朔方，紹帝運，接天統，資始
於天，不因於人。遂大作明命，訓咸宇內。一啟而金人既南，遼海
和輯。再啟而西域率服，遂拓坤隅。三啟而靖河北，秦晉戢集，河
南是同，分宗子以方社，胙功臣之士。四啟而庸蜀是柔。五啟而江
漢奄從，趙氏為臣，陸道西北見角端，溟海無際①，舶乃旋艫。凡有
血氣者莫不尊親而崇極配天矣。厥初受命，南北割裂，天氣不通，
二氏不享，天實醜之。乃眷北顧，俾我聖人作神民主。完顏璟割虐
下民，趙擴爽盟，背約自伐，喪其國家。大哉貞矣。其允時義也，
《易》曰"田有禽，利執言"，此之謂也。其始桓毅討伐虔劉戡定之，
其暨蕭楊恪勤秉圍輯柔就緒之，其暨勸相富厚之。定之以上下，道
之以名分，淑之以庠序，秩之以禮樂，慶之以官賞，董之以威罰，而
天下成矣。列聖運於上，賢臣贊於下。穆穆明明，相須以成，相濟
以寧，是故舜有臣五人而天下治，武王有亂臣十人非虛言也。故論
本朝輔亮之臣，其佐命垂統，或鷹揚於外，或運籌於內，有同肇迹之
艱難者矣。其輔翼成化，或規模宏遠，或論思密勿，有登治道之鴻
熙者矣。翰林修撰趙郡蘇君天爵，始為成均諸生，好訪當今之故，
放失遺迹，構百家行狀碑誌傳贊敘述及他文該載者，見其本末。既

_____

　　①　"角端"原作"用端"，"溟海"原作"慄海"，參照《名臣事略》改。角端，亦作角
端，獸名。

而仕爲典籍應奉，凡三爲史氏，在職八年，遂徵以所知，無所乖舛，於是紀述其故。自國初至於延祐之際，自太師國王以下，或周召懿親，或岐豐舊姓，或秉義效順，或降附後見，或策杖上謁，或徵起草野，功格皇天，保乂國家，所謂名世者夫。德器優遠，悉心盡職，不顧己私，所謂不朽者夫。歷代以來，善始善終，未有若今日之懿者也。昔漢高之臣，皆戰國之餘，非南面而王之，不能畢其功，全莫我若也。光武之臣，皆生西漢，多經術之士，功定天下，不過封侯，賞莫我若也。使高、光易世而居，亦不能相反，何哉？其人異也。天生聖賢，共成大業，豈漢敢望哉。書成凡十五卷，號《名臣事略》。其事之所載，盡標作者姓氏，示不相掩也。其名位顯著，功在帝室。求未得者，續爲後錄。蘇君嘗閔宋氏以來，史官不得盡其職，載筆之士，多乖故實。宋人詳而不端，曲文以比時。遼、金簡而徑，事多湮昧。於是著其故，輯其闕漏，別爲《遼金紀年》。皇道之成，與三代同風，身爲史氏，顧已職業繹而明之，君子哉其用心也。蘇氏自唐宰相味道以文章顯，宋太史文忠公軾父子兄弟稱欒城焉，所從來遠矣。繼之者，修撰君也。泰定初，故侍講會稽袁公薦君亮達前代文獻，今侍講蜀郡虞公舉君該洽，文辭爾雅。由是遷修撰云。至順辛未六月辛亥賜進士出身文林郎翰林國史院編修官南鄭王理謹敘

　右《國朝名臣事略》，趙郡蘇君伯修所編也。爲書凡十五卷，四十又七人。惟我國家起於朔方也，則有國人族姓服其勤勞。及定中土也，則有才臣碩輔任其經畫。凡百有爲，天實相之。然猶列聖相承，歷時既久，而大統始集。故世祖之用人，不以異域之臣爲疑，亡國之俘，爲賤拔於卒伍，聘於韋布，皆能佐一王之業，輔萬世之基。致治之規，上軼隆古，何其宏遠哉。粵兹在錄其從太祖之肇基王迹事，世祖之受天明命，曆成宗、武宗、仁宗之繼體守文。其時有後先，故人人事功或有異焉。然使昭代之典，煥乎可述。得人之

際，於斯爲盛。凡家傳、碑誌之所載者，此得以摭其略，詳則具於國
史。蘇君學博而材周，器宏而識遠。今爲應奉翰林文字同知制誥
兼國史院編修官。天曆二年二月朔旦太常博士王守誠書

13·21　元統元年進士題名録一卷　影寫元刊本
從吳門黃氏藏元刊本影寫

元元統元年進士題名録也。　一甲三名，二甲十五名、三甲三
十二名。蒙古、色目人與漢人、南人分兩榜，合百人。進士增至百
人。自是科始，錢氏已言之，元自延祐設科以來，兩榜第一甲止放
一人。是科從讀卷官宋本之請放三人。見《蕉石集》。一甲放三人，
亦自是科始。《元史·選舉志》所謂元統癸酉科廷試進士稍異。
其制左右榜各三人，皆賜進士及第是也。錢氏未之及，故表出之。
蒙古、色目人一甲第一名曰同，同其第二名則余忠宣公也。忠宣公
生當多難，戰守之功，鮮有儷者，及至孤城援絕，一門赴義，精忠勁
節，上徹霄漢，視文信國無愧色矣。宋題名録存於今者二：一以朱
子存，一以信國存。則謂是書以余忠宣公存可也。

此元統元年進士録。録前當有讀卷、監試、執事諸臣銜。今惟
存監膳、供給、口造、公服數人，餘皆失之。是年歲在癸酉，以十月
改元，故列傳或書至順四年，其實一也。元自延祐設科，賜進士五
十有六人。嗣後遞有增廣，無及百人之額者。是科增至百人，史家
以爲科舉取士，莫盛於斯者也。廷試進士，例以三月七日。是年順
帝以六月即位，故廷試移在九月三日。此亦當書於選舉志者，可以
補史文之闕。是榜蒙古、色目五十人，漢人、南人五十人。有兩丑
閭，兩脫穎，敏安達爾與明安達耳音亦相同，當時不以同名爲嫌也。
李齊貫保定路祁州蒲陰縣但户，而史云廣平人。丑閭貫昔寶赤身
役唐兀氏，而史云蒙古氏。皆當以録爲正。右榜第三甲第十六名

字彥輝，而名已殘缺，唯末筆似"歹"字曳脚。以《元史·史義傳》證之，當是塔不台，"台"與"歹"元人多通用也。此百人之中，《元史》有傳及附見者凡十人。余闕月魯不花、李齊、聶炳塔不台、明安達耳、丑閭，皆以忠義顯名，而成遵之政績，張楨之讜直，宇文公諒之文學，亦卓卓可稱，斯足徵科舉得人之效矣。宋無登科録，傳於今者唯王佐、文天祥兩榜。元之登科録，前輩未有及見者。頃黃君蕘圃於書肆中偶得之，詫爲希有，屬予審定，爰記所考證於卷末。時乙卯重五日夏至竹汀居士錢大昕書

　　右總録

愛日精廬藏書志卷十四

史　部

載記類

14·1　吳越春秋十卷　影寫宋刊本

後漢趙曄撰

右《吳越春秋》十卷，後漢趙曄所著。予既刻《越絕書》，遂併刻之。蓋二書實相表裏，而曄又爲郡人，其書固宜廣。第訛舛特甚，惜無從可以是正云。嘉定甲申八月望日新安汪綱書

14·2　吳越春秋十卷　明初刊本

後漢趙曄撰　元徐天祐音注　前有天祐序、題舊序，蓋明初重刊本也。

吳越，古稱東南僻遠之邦，然當其盛疆往往抗衡上國。黃池之會，夫差欲尊天子，自去其僭號稱子，以告令諸侯及越。既有吳句踐大盟四國，以共輔王室，要其志皆歸於尊周，其知所天矣。孔子作《春秋》，雖小國猶録而書之，而況以世言則禹稷之裔，以地言則會稽具區。其川其浸，周《職方氏》列爲九州之首，皆足以望天下，故記可闕而不傳乎？《吳越春秋》，趙曄所著。隋、唐《經籍志》皆云十二卷。今存者十卷，殆非全書。二《志》又云楊方撰《吳越春

秋削繁》五卷，皇甫遵撰《吳越春秋傳》十卷。此二書今人罕見，獨曄書行於世。曄傳在儒林中，觀其所作乃不類漢文。按邯鄲李氏《圖書十志目》亦謂楊方嘗刊削曄所爲書，至皇甫遵遂合二家考正爲之傳注。又按《史記》註有徐廣所引《吳越春秋》語，而《索隱》以爲今無此語者。他如《文選註》引季子見遺金事，《吳地記》載闔廬時夷亭事及《水經註》嘗載越事數條，類皆援據《吳越春秋》，今曄本咸無其文，亦無所謂傳註，豈楊方所己刊削而皇甫所未考正者耶？曄書最先出，東都時去古未甚遠，曄又山陰人，故綜述視他書所紀二國事爲詳，取節焉可也。其言上稽天時，下測物變，明微推遠，憭若蓍蔡。至於盛衰成敗之迹，則彼己君臣，反覆上下。其論議種蠡諸大夫之謀迭用則霸，子胥之諫一不聽則亡，皆鑿鑿然可以勸戒萬世，豈獨爲是邦二千年故實哉。曄書越舊嘗鋟梓，歲久不復存。汴梁劉侯來治越，獎厲學校，蒐遺文，修墜典，乃輟義田廩羨財，重刻於學。不鄙諛聞，屬以考訂，且命序其左端。夫越人宜知越之故，則是舉也於所闕不爲無補，遂不得辭。厥既刊正疑訛，過不自量，復爲之音註，併考其與傳記同異者，附見於下而互存之。惜其間文義猶有滯礙，不可訓知，不敢盡用臆見更定，又無皇甫本可證，姑從其舊，以俟後之君子考焉。侯名克昌，世大其字云。郡人前進士徐天祐受之序

　　大德十年歲在丙午三月音注。越六月書成刊板，十二月畢工前文林郎國子監書庫官徐天祐音註

14·3　越絕書十五卷　明刊本

漢袁康撰　無名氏跋尾鈐“虞山”印記，或牧翁故物歟？

　　無名氏跋曰：《越絕》，復仇之書也。子胥、夫差以父之仇，句踐以身之仇，而皆非其道焉。夫君、天也。君有臣而君殺之，尚可

仇乎？故子胥鞭平王之墓爲不義。闔廬之死，夫差使人謂己曰：
“而忘越王之殺而父乎？”則對曰“不敢忘”，三年乃報越。故夫椒
之敗，釋越而不誅爲不孝。會稽之棲，苦身焦思，嘗膽而食，卒以滅
吳。不知滅實得罪於吳而吳之赦己也。故其郤公孫雄之請爲不
仁。《春秋》書子胥之事曰“吳入郢”，狄吳而諱楚也。於夫椒之戰
則不書，蓋不足乎書也。於黃池之會書，於越入吳，狄越而咎吳也。
春秋之末，復仇之事莫大於斯三者，《越絕》實備之。有國有家者
可以鑒觀焉。

14·4　華陽國志十二卷　舊抄本　錢磬室藏書

晉常璩撰　明何鏜、吳琯本俱闕卷十上中兩卷，此則足本也。
卷末有“叔寶”、“中吳錢氏”所藏印兩印。

李曁叔重刊序嘉泰甲子

何氏手跋曰：《華陽國志》十二卷，初閱，見其訛謬甚多，疑非
善本，及以新刻對校，乃知後來妄加竄定，有使人笑來者。此本尚
存舊刻之真，而出於錢叔寶家，亦可信也。康熙己丑焯記

黃氏手跋曰：此書無宋刻則舊抄貴，兼有郡先輩錢磬室圖記、
何義門跋，并硃筆評閱語，古色斑斕，令人可愛。紙本莓爛破損，係
義門返吳時覆舟黃流所厄，恐不耐展讀。命工重加裱托，改裝倒摺
向外，庶免敝渝之患。予友顧澗薲藏空居閣抄本，與此同出一源。
然楮墨之間，古意稍遜，當讓此本爲甲本。因古書難得，并著之，以
見磬室而外，空居亦足競爽也。黃丕烈

14·5　江南野史十卷　文瀾閣傳抄本

宋龍袞撰　原二十卷，今闕十卷。

14·6　錦里耆舊傳四卷　舊抄本

宋前榮州應靈縣令句延慶纂。　　原八卷,今存五至八四卷。

14·7　南唐書二十卷　元刊本

宋馬令撰　序目、卷一缺,抄補。

傳曰:太熙之後,述史者幾乎罵矣。唐季五代大盜割據,各亦有史,而太熙之風,往往有之。南唐寖滅,史官高遠慮貽後悔,悉取史草焚之而死。徐鉉、湯悅奉太宗皇帝敕,追録所聞,而忘遠取近,率皆疎略。先祖太傅康元世家金陵,多知南唐故事,旁搜舊史所遺并集諸朝野之能道其事者,未及撰次,遽捐館舍。今輒不自料,纂先志而成之,列爲三十卷。雖有愧於筆削,而誅亂尊王,亦庶幾焉。崇寧乙酉春正月陽羡馬令

嗚呼,五代之亂,符璽竊於大盜,中國變於夷狄。先王之禮樂制度掃地盡矣。李氏初據江淮,建唐廟以隆親,與夫祖契丹而絶其父者孰賢? 始郊祀於圓丘,與夫尚野祭而焚紙緡者孰重? 五代之君,若彼南唐之制若此,則正統疑於不存,而僭竊疑於無罪也。予作此書,尊天子於中原,而僭僞之事則不爲南唐諱者,豈無意哉? 蓋尊天子,所以一天下之統;書其僭,所以著李氏之罪。其統既一,其罪既著,則竊土賊民者無遁刑於天下後世矣。昔孔子作《春秋》,非徒載其陳言也,竊取其義以爲人道之大法而已。予之所論有合於此者,弗可不察也。王通之作《元經》,第以進退南北而亂其正統,輒自比於孔子,曰《春秋元經》於王道是輕重之權衡。且孔子所書,彼善於此則有之,而正統常在於周;通之所書者,朱魏之間其統未嘗一也,使後世擾擾而不知其正者,必自通始。嗚呼,法《春秋》而不知《春秋》之法者,豈特王通乎?

14·8　南唐書三十卷　茶夢主人手抄本

宋馬令撰　板心有"茶夢齋鈔"四字。

目序見上

姚氏手跋曰：正德辛巳，予聞江陰葉潛夫云，靖江朱生藏有宋刻馬令《南唐書》，許借未往。迄二十餘年，予恒往來於懷，竟無所遇。客歲館於宮保秦公，偶鬻書者持元刻陸游《南唐書》來售，殘編斷簡，漫不可讀。姑手錄之，以備一家言。今年春得主洛川張君家塾，暇日乃出馬令《南唐書》觀之，云是從先公官閩時所錄。予曰"此予二十年前求之未獲者也。"遂抱疾錄一過，藏諸篋笥，庶爲陸游合璧。若評隲異同，具馬端臨《經籍考》，茲故略云。嘉靖辛丑夏四月晦日勾吳茶夢道人姚咨跋

14·9　安南志略二十卷　文瀾閣傳抄本

元黎崱撰

14·10　高麗史一百三十九卷　抄本

明朝鮮正憲大夫工曹判書集賢殿大提學知經筵春秋館事兼成均大司成臣鄭麟趾等奉教修　前有景泰二年進書箋。景泰二年，朝鮮恭順王名珦之元年也。凡世家四十六卷，志三十九卷，表二卷，傳五十卷，目錄二卷，合一百三十九卷。高麗王氏自梁末帝貞明四年代高氏有其國，建元天授，稱後高麗，傳三十二主，歷年四百七十五，爲其臣李成桂所篡國亡。此書紀王氏一朝之事，治亂興廢，制度文物，粲然可考，亦可云高麗之良史矣。　《四庫全書》存目有《高麗史》二卷，蓋偶存之殘帙，此則足本也。

鄭麟趾進高麗史箋景泰二年

愛日精廬藏書志卷十五

史 部

地理類

15·1 三輔黃圖六卷 明刊本 臨毛氏斧季校

不著撰人名氏 金吾受業師黃琴六先生臨毛氏斧季校宋本,卷二《建章宮》條"構"字注"御名",蓋據南宋高宗時刊本也。

序

黃琴六先生手跋曰:此本據長洲千里顧君校本傳錄。顧君又從吾邑毛斧季校宋本錄出者也。首尾通爲一卷,與《隋志》合。元本有鈎乙,行欸係每半葉十行行每二十字至二十二三字不等,惜其中有缺,而未鈎幾處。顧云"無從全識其面目",今亦不復備錄。又中有宋本謬誤顯然者稍去之。其兩通及存疑可備參考者,並著於篇云。道光初元拙經居士廷鑑校訖識

15·2 三輔黃圖六卷 先君子手抄本

不著撰人名氏

15·3 歷代宮殿名一卷 抄本 從陳君子準藏舊抄本傳錄

宋翰林學士承旨太中大夫守工部尚書知制誥上柱國臣李昉等

奉聖旨纂。　首周、秦、漢、魏，次西晉、後魏、周、隋、唐、五代爲正統，又次三十六國、六朝、北齊爲僭僞。蓋宋承五代，五代承唐，唐承隋，隋承周，周承後魏，後魏承西晉，故序次如此。

《中興館閣書目》曰：開寶中翰林學士李昉承詔，以前代宮殿、池苑、臺觀、門闕、名號，見於載籍者集爲一篇上之。《玉海》一百五十八

《直齋書録解題》曰：《歷代宮殿名》一卷，翰林承旨李昉等纂。歷代及僭僞宮殿、門闕、樓觀、園苑、池館名，無不畢録。

15·4　禁扁五卷　舊抄本

元東平王士點纂次

歐陽元序至順元年

虞集序至順癸酉

自序

右宮殿簿

15·5　元和郡縣志四十卷　舊抄本

唐金紫光禄大夫中書侍郎同中書門下平章事兼集賢殿大學士監修國史上柱國趙國公臣李吉甫撰　闕卷十九、二十，卷二十三、二十四，卷二十六，卷三十六，凡六卷。

自序

15·6　太平寰宇記二百卷　舊抄本　季滄葦藏書

宋朝奉郎太常博士直史館賜緋魚袋樂史撰　闕卷四，卷一百十三至一百十九，凡八卷。每卷末有校勘，未知撰人。卷首有“季振宜藏書”印記。

自序

15·7　輿地紀勝二百卷　影寫宋刊本　從錢塘何氏藏宋刊本影寫

宋東陽王象之編　是書敘述詳核,採摭繁富。凡沿革、風俗、形勝、景物、古迹、官吏、人物、仙釋、碑記、詩文,分門臚載。上可作考證地理之資,下可爲登臨題詠之助。其所引書如《國朝會要》、《中興會要》、《高宗聖政》、《孝宗聖政》、《中興遺史》等書,皆傳本久絶,藉此得考見崖略。伏讀《欽定四庫全書總目》云,王象之有《輿地紀勝》二百卷,今未見傳本,則其佚久矣。此本從宋雕本影寫,闕卷十三至十六、卷五十一至五十四、卷一百三十五至一百四十四、卷一百六十八至一百七十三、卷一百九十三至二百,共闕三十二卷。

世之言地理者尚矣。郡縣有志,九域有志,寰宇有記,輿地有記。或圖兩界之山河,或紀歷代之疆域。其書不爲不多,然不過辨古今,析同異,考山川之形勢,稽南北之離合,資遊談而誇辯博則有之矣。至若收拾山川之精華,以借助於筆端,取之無禁,用之不竭,使騷人才士於一寓目之頃,而山川俱若効奇於左右,則未見其書。此紀勝之編,所以不得不作也。余少侍先君,宦遊四方,江淮荆閩,靡國不到,獨悵未能執簡操牘以紀其勝。及仲兄行甫西至錦城,而叔兄中甫北趨武興,南渡渝瀘,歸來道梁益,事皆袞袞可聽。然求西州圖記於篋中藏未能一二,雖口以傳授而猶恐異時無所據依也。余因暇日,搜括天下地理之書及諸郡圖經,參訂會粹。每郡自爲一編,以郡之因革見之編首,而諸邑次之,郡之風俗又次之。其他如山川之英華,人物之奇傑,吏治之循良,方言之異聞,故老之傳記,與夫詩章文翰之關於風土者,皆附見焉。東南十六路,則倣范蔚宗《郡國志》條例,以在所爲首,而西北諸郡亦次第編集。第書品浩繁，非一家所有，隨假隨閱，故編次之序，未能盡歸律度。然而一郡名物，亦庶幾開卷而盡得之，則回視諸書似未爲贅也。或者又曰："昔太史公方行天下，上會稽，探禹穴，歷覽山川奇傑之氣，以爲著書立言之助。先儒至欲効子長之遊，而後始學其爲文。今子乃合天下之書，不出户牖而欲名山大川若躬履焉，於子長之遊未免有戾乎？"余因自笑曰：昔子長因遊而得作書之趣，余乃因書而得山川之趣。其迹雖不同，然亦未可盡以迹拘也。當從識者而問之。嘉定辛巳孟夏東陽王象之謹序

東陽王象之儀父著《輿地紀勝》一書甚鉅，書成勾余爲序，且曰："吾書收拾天下郡縣山川之精華，使人於一寓目之頃，而山川俱若効奇於左右，以助其筆端。取之無禁，用之不竭。"余告之曰：昔昌黎韓公南遷，過韶州，先從張使君借《圖經》。其詩曰"曲江山水聞來久，恐不知名訪倍難。願借《圖經》將入界，亦逢佳處便開看。"然則天下郡縣山川之精華，是真名人志士汲汲所欲知也。然所在《圖經》，類多踈略舛訛，失之鄙野多矣。必得學者參伍考正而勒爲成書，然後可據也。本朝真宗時，翰林學士李宗諤等承詔譔諸道《圖經》凡一千五百六十六卷，今其書存者止十之三四，甚可惜也。然四方一郡一邑，隨所至亦各有好學之士收攬，記識甚備。其目一一見於册府纂錄。最可稱者如唐麗正殿直學士韋述《東西兩京新記》及本朝龍圖閣直學士宋公敏求《長安》、《河南》二志，尤爲該贍精密。今儀父所著，余雖未睹其全，第得首卷，所紀行在所以下觀之，則知其論次積日而成，致力非淺淺者。蓋其書比李氏《圖經》則加詳，比韋、宋所著《記》、《志》庶幾班焉，使人一讀便如身到其地。其土俗、人才、城郭、民人與夫風景之美麗，名物之繁縟，歷代方言之詭異，故老傳記之放紛，不出户庭皆坐而得之。嗚呼，儀父之用心可謂瘒矣。然余又嘗語儀父曰：古人讀書，往往止

用資以爲詩。今儀父著書，又秖資它人爲詩，不亦如羅隱所謂徒自苦而爲它人作甘乎？儀父笑而不答。余以是知儀父前所與余言者，特寓言耳。其意豈止此哉。夫昌黎大儒也，固嘗云六土地之書，未嘗一得其門户，且謂古之人未有不通此而爲大賢君子。方欲退而往學焉，意其學也，必也窮探力究，洞貫本劋，非著近世膚末昧陋爲口耳之習，姑以眩人夸俗而已。是則昌黎道術文章之盛，所以名當代而傳後世者，非以此乎？蓋聞之，凡爲士者，學必貴於博，非博則無以至於約。然其大歸必貴於有用則始爲不徒學也。蕭何從沛公入關，先收秦府圖書，故因以知天下阨塞，户口多少之處。漢之得天下，此亦其大助。東方朔、劉向皆以多識博極獲備天子訪問，爲國家辨疑袪惑。豈曰小補。其事今見《山海經》首。本朝劉侍讀原父奉使契丹，能知古北口、松亭、柳可道里之迂直，以詰敵人。敵相與驚顧羞惡，卒吐實以告。士君子多識博極至此，豈不足以外折四夷之姦心，表中國之有人哉。是則地里之書，至此始爲有用之學。至若許敬宗之對唐高宗，第能明帝丘得名所自，遂過眩其長以矜忕於人，此則爲士者之所笑而不道者也。然則余之所望於儀父者，固以朔、向及劉侍讀之事；豈但以資它人爲詩而已乎？前言姑戲耳。寶慶丁亥季秋三日眉山李垕序

　　□鳳□□誨墨示所著《紀勝》之書，□拜涵讀，略窺一斑。輿地萬里，如在目前。備見學識之博，收拾之富，考究之精，會粹之勤。不勝嘆伏作邑而有餘力及此，豈俗吏所能爲哉。久欲率諸公薦歊於朝，以連日禱雨未暇。及近方得與□師言之，亦不過在□鳳未行之前。具此稟復，伏幸知悉。凡有手諭願承下疑有闕

　　右謹具呈

　　七月日朝請大夫直寶章閣□□□制□□□□事同知洪州

□□□□曾□鳳劄子①

　　《直齋書録解題》曰，《輿地紀勝》二百卷，知江寧縣金華王象之撰。蓋以諸郡圖經節其要略，而山川景物、碑刻詩詠，初無所遺。行在宮闕、觀寺，寘冠其首。關河版圖之未復者，猶不與焉。眉山李説齋季允爲之序

　　王氏《輿地紀勝》二百卷，予求之四十年未得。近始於錢唐何夢華齋見影宋鈔本，假歸讀兩月而終篇。每府州軍監分子目十二，曰府州沿革、若有監司軍將駐節者，別叙沿革於下。曰縣沿革、曰風俗形勝、曰景物上、曰景物下、曰古迹、曰官吏、曰人物、曰仙釋、曰碑記、曰詩、曰四六。今世所傳《輿地碑記目》者，蓋其一門，不知何人鈔出，想是明時金石家爲之也。此書所載皆南宋疆域，非汴京一統之舊。然史志於南渡事多闕略，此所載寶慶以前沿革詳贍分明，裨益於史事者不少。前有嘉定辛巳孟夏自序，寶慶丁亥季秋李壘序及曾治鳳劄子。象之字儀父，金華人，嘗知江寧縣事，不審終於何官。其自序云：“少侍先君，宦游四方，江淮荆閩，靡國不到。”又云：“仲兄行父西至錦城，叔兄中父北趨武興，南渡渝瀘。”而陳直齋亦稱其兄觀之爲夔路漕，則中父疑即觀之字。又記一書稱王益之字行甫，金華人。蓋即儀父仲兄。而其父之名則無從考矣。此書體裁勝於祝氏《方輿勝覽》而流傳絶少。雖闕三十二卷，究爲人間希有之本。予以垂老得寓目，豈非大快事耶。嘉慶壬戌中冬竹汀居士

　　　　　　　　　　　　　　　　　　　　　　　　　　

　　①　陸心源《儀顧堂續跋》卷八記此書缺葉甚詳。并云：曾治鳳劄子，系照治鳳草書手迹勾摹上版，其官銜爲“朝奉大夫直寶章閣江西置制新除直焕章閣知廣州廣東經略”。又云，此札首行“□鳳□□”，當作“治鳳伏被”；“□拜”當作“再拜”，“拜”下一字不辨，張氏誤釋作“涵”；四行“及近方得與□師言之”，當作“及近方得與大師言之”；“在□鳳未行之前”，當作“在治鳳未行之前”；五行“具此稟復”，當作“且此稟復”。七行空缺處，亦當以其官銜爲正。詳見陸氏原書《影宋鈔輿地紀勝跋》。

錢大昕書

15·8　新編方輿勝覽七十卷　舊抄本

宋建安祝穆和父編

　　輿地有書尚矣。自上世《九丘》既逸，而夏之《禹貢》，周之《職方》，燦然明備。至秦郡縣天下，兩漢遂有地理、郡國志，歷代多傲之。唐圖《十道》，皇朝志《九域》，皆是物也。然秉筆紀載實難，文獻不足，無以參稽而互考，非足履目睹，則真贗詳略何從信之？司馬遷貫紬經傳，旁採子史，又聞長老之所稱，而必觀九江，望五湖，闚四海，行淮泗而後成《河渠》之書。東方朔誦詩書二十二萬言，三冬文史足用，又隨師踐赤縣，遨五嶽，行澤陂，息名山，猶以所見，參酌《山海經》，而後《神異經》、《十洲記》始作。學問不博，聞見不廣，涉歷不親而欲會集四海九州、山川風俗、土產景物、人材文章、名數沿革之詳，特誣而已。建陽祝穆和父，本新安人，朱文公先生之母黨也。幼從文公諸大賢游，性溫行淳，學富文贍，雅有意於是書。嘗往來閩浙江淮湖廣閒，所至必窮登臨。與予有連，每相見必孜孜訪風土事，經史子集，稗官野史，金石刻列，郡志有可採摭，必晝夜抄錄無倦色，蓋爲紀載張本也。且許異日成編，當以相示。如是者累年。近訪予錢塘馬城之竹坡曰：“編成矣，敢名以《方輿勝覽》，而鋟梓以廣其傳，庶人人得勝覽也。君幸爲序，以冠其首。”予丕視所載，辭簡而暢，事備而核。各州風物見於古今詩歌、記序之佳者，率全篇登入。其事實有可拈出者，則纂緝爲儷語，附於各州之末，較之錄此而闕彼，舉略而遺全，循訛而失實，泛濫於著述而不能含咀其英華者，萬萬不侔也。信乎，其爲《勝覽》矣。學士大夫端坐牕几而欲周知天下，操弄翰墨而欲得助江山，當覽此書，毋庸他及，所謂執璿璣以觀大運，據要會以觀方來，不勞餘力，盡在目中。信乎，其爲勝覽矣。雖然我瞻四方，禹迹茫茫。思日闢於先王，慨未歸於故疆。必也志存乎修攘，步極乎亥章。使吾和父涉歷彌長，聞見彌詳，紀載益鋪張，而《勝覽》益輝煌。是乃爲邦家之光，予尚得以攫攘其旁。嘉熙己亥良月望日新安呂午序

始予遊諸公間，强予以四六之作，不過依陶公樣，初不能工也。其後稍識户牖，則酷好編輯郡志，如耆昌歜，予亦自莫曉。其癖所至，輒借圖經。積十餘年，方輿風物，收拾略盡。出以謚予友，乃見譏曰："還如食小魚，所得不償勞。"予恍然自失，益蒐獵古今記序、詩文與夫稗官小説之類，摘其要語以附入之。予友又喑曰："天吳與彩鳳，顛倒在短褐。"予復愧其破碎斷續而首末之不貫也。又益取夫鉅篇短章所不可闕者，悉載全文，大書以提其綱，附註以詳其目。至三易藁而體統粗備。予友亦印可矣，予猶未敢以爲然也。[1]既又攜以謁今御史呂公竹坡先生，幸不斥以狂僭，辱爲之序，走不足以當也。嗟夫，昔者孔子嘗曰："爲命裨諶草創之，世叔討論之，行人子羽修飾之，東里子産潤色之。"夫以一命令之出，猶更四賢之手，矧予陋聞謏見，徒以兩耳目之所及而欲該天下之事事物物，坎蛙窺天，其不量甚矣。雖然，世有楊子雲必知是編之不苟，豈直爲四六設哉。若夫網羅遺逸，啟發愚蒙，予方有望於博雅君子。嘉熙己亥仲冬既望建安祝穆和父書

15·9　寰宇通志一百十九卷　明景泰刊本

明文瀾閣大學士陳循等奉敕撰　成祖時採録天下郡縣圖經，編纂方始，成祖上賓，更歷三朝，未克竣事。景帝即位，紹述先志，續命纂輯，勒爲成書，爲卷凡一百一十有九，名曰《寰宇通志》。英

---

① "未敢"原作"未欲"，據《方輿勝覽》改。

宗復辟，以其書氾濫，命儒臣約爲《一統志》。自《一統志》行而是書遂晦。三百年來流傳絶少，故著於録云。

　　景帝御製序_{景泰七年}

　　陳循等進書表_{同上}

　　右總志

愛日精廬藏書志卷十六

史　部

地理類

16・1　吳郡圖經續記三卷　舊抄本

宋朱長文撰

自序 元豐七年

常安民書後 元祐元年

林慮後序 元祐七年

祝安上鏤板序 元符庚辰

孫佑跋 紹興四年

16・2　乾道臨安志殘本三卷　抄本

宋吳興周淙彥廣撰　原十五卷，今存首三卷。

厲鶚跋

杭世駿跋

16・3　三山志四十二卷　抄本

宋梁克家撰

予領郡暇日，訪無諸以來遺蹟故俗，聞晉太康既置郡之一百一

十三年,太守陶夔始有撰記,又四百五十六年,至唐郡人林謂復增
爲之,皆散逸無存者。獨最後一百九十二年、本朝慶曆三年,郡人
林世程所作傳於世,自言視前志頗究悉,然不過地里人物、土物産
之大槩,哀次亦復缺略。迄今又一百三十九年興廢增改,率非舊
制,故闕不書者十九矣。① 追惟往昔之事不可復記,竊常以爲恨。
至耳目所接,謂未遽泯没,則又不急於紀録,歲月因循,忽莫省憶,
使來者復恨之,斯古今□□□爲甚惜也。② 乃約諸里居與仕於此
者,相與纂集,討尋斷簡,援據公牘,採諸長老所傳,得諸閭里所記。
上窮千載建創之始,中閱累朝因革之由,而益之以今日之所聞見,
厥類惟九,靡不論載。豈惟使四方知是邦於是爲盛,抑鄉古者有考
焉。書成爲四十卷,名曰《三山志》。淳熙九年五月八日丁丑清源
梁克家序

16·4　吳郡志五十卷　朱刊配舊抄本

宋吳郡范成大撰　闕序目、卷八、卷九、卷十一、卷十四、十五、
十八、卷二十三至二十五、卷二十九至三十一、卷四十一、四十二、
四十六、四十七,凡十六卷,以舊抄本補。

趙汝談序 紹定二年

16·5　吳郡志五十卷　毛板校宋本

宋吳郡范成大撰　　卷十一鄭守題名"吳淵"下,毛本闕"鄭
霖"等六人,此本從影寫宋本從補。

趙汝談序

---

① "人物士俗"四字原缺,"舊制,故"三字原缺,據《三山志》補。
② "斯古今□□□爲甚惜也",《三山志》作"斯亦守土者之責也"。

16·6　新安志十卷　抄本

宋羅願撰

趙不悔敘

自敘淳熙二年

16·7　雲間志三卷　抄本

宋楊潛撰　　上中兩卷自"封域"至"進士題名"凡二十七門,下卷則詩賦、墓誌、記序、說箋、銘祭文是也。叙述簡核,不漏不支,蓋輿志中之有古法者。

自敘紹熙癸丑

16·8　會稽志二十卷會稽續志八卷　明正德刊本

宋施宿等撰。續志宋張淏撰

陸游序嘉泰元年

張淏續志自序寶慶元年

16·9　嘉定鎮江志二十二卷　抄本　從陳君子準藏本傳錄

宋盧憲撰　　原書不著撰人名氏。案《直齋書錄解題》載盧憲《鎮江志》三十卷。是書卷五《寬賦》有"憲謹釋曰"云云,卷二十一《雜錄》有"憲竊謂"云云,卷二十二《人物雜記》有"盧憲論曰"云云,則是書爲憲所撰無疑。卷十《學校》載嘉定癸酉教官盧憲謁廟事,則志當成于此時。若卷五《常賦》載及嘉熙、寶祐、景定、德祐時事,蓋後人所增入者。首叙郡終拾遺,凡七十三門,而以郡縣表冠首,體例謹嚴,採摭繁富。所附案語,鉤稽考核,亦極精密。兩宋遺文,所載尤夥。考京口文獻者,要必以是書稱首焉。

《直齋書錄解題》曰，《鎮江志》三十卷，教授天台盧憲子章撰。

16·10　剡録十卷　文瀾閣傳抄本

宋高似孫撰

山陰蘭亭，禊剡雪舟，一時清風，萬古冰雪。王、謝抱經濟，具二戴，深經學，奈何純曰高逸也。嗚呼，山川顯晦，人也。人顯晦，天也。天下多奇山川，而一禊一雪致有爽氣，可謂人矣。江左人物如此，然二戴剡，王謝亦剡，孫阮輩又剡，非天乎？漢迨晉永和六百餘年，右軍諸人乃識剡。永和至皇宋嘉定幾千年，史君尹剡，訪似孫，錄剡事，剡始有史。桑欽《水經》，酈道元註。道元魏人，先儒辨其北事詳，南事略。似孫剡人也，如其精覈俟剡人。宋嘉定甲戌高似孫序

剡在漢爲縣，在唐爲嵊州，未幾復爲縣。本朝宣和間，以剡爲兩火一刀，不利於邑，故更今名。邑舊有鄉四十，後分十有三，別爲新昌縣，今所存纔二十七鄉耳。夫州縣之名，雖數變更，然山川之靈蓋自若也。使剡古而有志，則歷代因革廢興之典，百世可知也。予懼夫後之視今，亦猶今之視昔，故爲《剡錄》十卷。錄皆高氏所作，凡山川城池，板圖官治，人傑地靈，佛廬仙館，詩經畫史，草木禽魚，無所不載。度此板可支百年，後之人毋以印刋而輒廢斯書也。宋嘉定八年歲次乙亥縣令鄞人史安之序

16·11　赤城志四十卷　明宏治刊本

宋陳耆卿撰

圖牒之傳尚矣。今地隘萬里，縣不登萬戶，亦必有成書焉。矧以台爲名邦，且稱輔郡，綿涉千歲，迭更數百，守而闕亡，以詔難之歟，抑因陋襲簡，不暇問歟？蓋昔有守四人，嘗匱其力於斯矣。如

尤公袤、唐公仲友、李公兼,類鞅掌不克就。最後黄公辔辱以命余偕陳維等纂輯焉。會黄去匆匆,僅就未備也,束其藁十年矣,更久則非惟不備,而併與僅就者失之。今青社齊公碩始至,欲迄就未暇。踰年報政,遂復以命余。於是郡博士姜君容總權之,邑大夫蔡君範以下分訂之,又再囑陳維及林表民等採益之。既具,余爲諗沿革,詰異同,劑鉅纖,權雅俗。凡意所未解者,恃故老。故老所不能言者,恃碑刻。碑刻所不能判者,恃載籍。載籍之内有漫漶不白者,則斷之以理,而折之於人。情事立之,凡卷授之,引微以存教化,識典章,非直爲紀事設也。如是者半載而書成。嗟夫,同是州也,非可成於今,不可成於昔也。或曰有時爾。昔歐陽公論學,概述吏道,以爲有司簿書之所不責者,謂之不急。夫豈惟學哉,語以圖諜,非不急之尤者邪?然而莫奥於圖諜,莫渫於簿書。有司之所不急,固君子所急也。今公之爲政也,剖叢滌煩,燭幽洞隱,於有司所急者誠井井矣,而於君子所急者尤卷卷焉。用能以半載之間,紉千歲之闕,增十年之未備,洗數百守之因襲,成四人之厪。嗟夫,此豈以其時哉?書成者時也,所以成者公之志也。其志立則時赴之矣,無其志而曰需其時者,吾未之聞也。豈惟一圖諜爲然,天下事皆然。嘉定癸未十一月既望郡人陳耆卿序

謝鐸重刊序宏治丁巳

16·12 寶慶四明志二十一卷開慶四明續志十二卷

文瀾閣傳抄本

宋羅濬撰　續志宋梅應發等撰。

《四明志》作於乾道,述於寶慶,詳矣。然則何續乎所以志。大使丞相履齋先生吳公三年治鄞,民政兵防,士習軍食,興革補廢,大綱小紀也,其已作而述者不復志。昔人謂舊相作鎮者多不以民

事爲意，惟向文簡大耐官職，勤於政事，所至著稱。公不均其逸而先其難，過於文簡數等矣。又謂寇萊公所至多游晏，張文定尚蕩任情，獲盜縱遣。公慨念海道東達青、齊，禦侮弭盜之方，周防曲至，世人未必盡知也。若夫切切欸欸，盼盼雨晴，一游一詠可以觀焉，故併載之於後，以詔來者。蓋公之學達於體用，自身而家，家而國，國而天下，有本者固如是也。豈規規然求度越於寇、張二公哉。雖然鄞猶故鄞也，昔何爲而匱，今何爲而豐者，昔何爲而蕩無綱紀，今何爲而麤知理法，覽者必有得於是編之外。開慶元年中秋日門生廸功郎慶元府府學教授梅應發、奉議郎添差沿海制置大使司主管幾宜文字新添差通判鎮江府劉錫百拜謹書

16·13　海鹽澉水志八卷　文瀾閣傳抄本

宋常棠撰

嘗謂《六典》不作，無以考周家風土之厚薄，民物之耗豐；圖籍不收，無以知秦人山川之扼塞，戶口之強弱。此澉水之志不可無也。澉水斗大一隅，厥土斥鹵，凡邱源之流峙，稅賦之重輕，道途之遠近，聚廬之衆寡，與夫選舉名數，先賢遺跡，索乏圖經，茫無可考。叔韶效官于兹，甫及半禩，正欲搜訪興理，爲紀載史事，鞅掌未暇也。竹窗常棠字召仲，寓居是鎮。一日告余曰："郡有《嘉禾志》，邑有《武原志》。其載澉水之事則甚略焉，使不討論聞見，綴緝成編，則何以示一鎮之指掌？"於是正訂稽考，集作一經，名曰《澉水志》。澉水者，蓋《水經》所載"谷水流出爲澉浦"者是也。召仲其容辭。紹定三年重陽前一日修職郎監嘉興府海鹽縣澉浦鎮稅兼煙火公事羅叔韶序

紹定三年，鎮尹羅儀甫屬余撰《澉水志》，雖一時編集大略，而儀甫滿去，竟弗暇聞。逾七八政粵歲既久，訂正尤詳，因見邊孫君

來此聽訟優長，遇事練熟，雖鎮場廢壞非疇曩比，然能公謹廉敏，明燭隱幽，才幹有餘，趁辦自足，爰割己俸，售募鑱行。水軍袁統制聞而喟然曰：“是書不刊於鎮稅全盛之前，乃刊於鎮稅凋弊之後，甚可嘉已。”銳捐梓料，肅贊其成。噫，《元和郡縣志》，丞相李吉甫所制也，後三百餘年，待制張公始刻于襄陽。今余所編《潊水志》，後二十七禩，權鎮孫君即鏤于時阜，則是書之遇知音，不又大可慶耶？竹窗常棠

16·14　淳祐臨安志六卷　抄本

宋施鍔撰　原書卷數無考。今存城府、山川兩門。自卷五至卷十凡六卷，題稱“臨安志”，無“淳祐”字，亦無撰人名氏。伏讀《欽定四庫全書總目》云，周淙創爲《臨安志》，其後淳祐間施鍔、咸淳間潛說友歷事編纂，皆有成書，今惟潛志尚存鈔帙，周、施二志世已無傳云云。是書所載事迹至淳祐止，稱理宗爲“皇上”，其爲施志無疑。敘述簡雅，徵引該洽，所引《祥符圖經》宋代已佚，藉此得稍存崖略。遺文逸詩，多有《咸淳志》所未載者。書雖殘闕，亦足爲考證之資也。

城府小序曰：自古圖諜所載郡國，必繫之於山。蓋陵谷之遷變不常，而城邑之更易亦異，山則終古表立，而考論輿地者恃以爲識焉。錢塘舊治武林山猶云逼江，則今之湖固與江通也。華信作塘乃徙平地，則已漸爲陸矣。若沙河漾沙坑與所謂灞頭之類，皆古水所及也。隋代始州於柳浦西，依山築城。嘗慨然求所謂柳浦者，已不可考，而依山所築則今之鳳凰山也。前治武林山、治後鳳凰山，兩山之間昔水今陸，豈非天所以啟神明之隩乎？厥今商邑翼翼，四方之極，巍巍煌煌，不可尚已。抑嘗聞長安之都，八街九陌相爲經緯，中爲馳道，無得輒行，而左右升降，有上下之別。是知壯麗以重威矣，亦知京兆爲郡國首矣。然馬瘝歷舉，高結大袖之謠，以爲雖

或吏不奉法，良山慢起。京師周良有言，尚方今造一物，小民明已瓣睨，宮中朝製一衣，庶家晚已裁學。然則所謂爲四方極爲郡國首者，要必有在，而天造地設，以成神皋盛大之勢，已非一時一世所積。又如是其不易然也。故具論之。叙城府第三

山川小序曰：蓋嘗登天目山，憑仙壇石屋，見山皆西南馳，雙溪並趨，而合于於灂縣。嶜岢似少駐，回望天目，曾雲中如沉雄，古大將按轡其後，山大勢不可遏，少決驟已抵臨安縣大官山者，直培塿耳。循而至九鑠山，蓋略爲盤礴，環以天柱諸峰，若甍止息者。已而矗矗赴餘杭，下武林，靈隱山始韶秀，而山於是左右分：北高峯左轉，抵葛嶺下，標以保叔塔；右轉一支挾南山，標以雷峯塔。二塔爲西湖門戶，而山特派起爲南高峰，犍以八蟠、慈雲諸嶺，翼爲七寶鳳凰山，昂頭布尾，若翔而集，前界大江乃止。吁，亦誠異矣，猶未爲異也。又嘗自黟、歙諸山循行，括蒼、天台皆魁岸嶄特，至沃州下崿嵊，山漸平衍，薄雲門、會稽，浸以鏡湖，纔少舒暢。文巒細巘，靡靡至西陵，所謂越王山者，旁率諸山咸聳，亦界江而止。吳越兩山於是相主賓，而湔河衡貫焉。然後瞿然嘆曰：山川無情也，而天以是爲巧。天非能巧也，而氣以是爲會。然則氣之所會，天不知其爲巧，山川不知其爲情。彼大行、黃河、嵩洛、雍渭之勢可坐想也。夫杭之山川，其美衆矣，大較當以是觀之。叙山川第四

16・15　　淳祐玉峰志三卷續志一卷　抄本

宋陽羨凌萬頃　陳留邊實撰　續志宋陳留邊實撰　理該文核，綱舉目張。考崑山文獻者，以是二書爲最古。原書闕文頗多。庚辰仲夏，從陳君子準藏舊抄本校勘一過，訂誤補缺，始稱完善云。

崑山爲吳壯邑，地險而俗勁，田多而賦重，凋弊積有年矣，故於稽古載籍之事多缺焉。考之《吳郡志》雖附書一二，其詳不可得而

聞。公澤承乏學製,每與鄉校諸友議斯缺典,欲網羅補苴,然方有公事,未皇也。直學凌君、掌儀邊君俱有俊譽,慨爲己任,搜訪掇拾,斯已勤矣。地理標名,財賦之件,目嘗與參訂。至若廢置因革、人物異聞,視昔爲詳,將求印證於多識前言往行者。俄及瓜,懼失其傳,而二君之勞孤矣,姑鋟諸梓以俟方來。庶知今者果不謬,古者猶可質云。淳祐壬子中和節東嘉項公澤謹跋

郡縣必有志,獨崑山無之。豈前人之長不及此哉?期會之事,有急於此則謂之不急也亦宜。然往無所稽,來無所據,識者每以爲歎。永嘉項公出宰茲邑,百廢具興。一日,下叩圖經事,以萬頃嘗輯叙一二,蓋略焉而未備也。掌儀邊君尤勤於搜訪,遂相與編次,期年乃成。本古今郡志所附而益以耳聞目見之可考者,大槩公之修創增益爲多。昔人以笏比甘棠,後之覽者猶笏,然則是志爲不徒作矣。博雅之士尚訂正之。松臞凌萬頃叔度書

玉峰有志尚矣。淳祐壬子編類於邊君直學之筆,刊鏤傳信,距今逾二十稔。咸淳壬申,余捧檄代庖斯邑,繙閱是書,頗有遺佚。若派買之公田撥隸,若學校之創主學,建直舍,或述前輩之詩,而曰載諸雜詠者爲不見全璧之嘆。或題掄魁之名,而不編入人物者,有幹乘周鼎之疑。是皆累於時之所不及,失於見聞之所不逮耳。余因以《續志》屬之邊君。邊君曰:"某有志於此久矣,敢不自力。"迺會粹古書,搜覽今籍,三閱月而書成,增入者三十餘條,改定者二十餘條。混混乎風土之攸宜,總總乎事物之備舉。理該文核,綱舉目張。其長公訓導,銓釋雜詠,亦一新之。余重鄉拜觀,不忍釋手。謹命工繡梓以壽其傳。後之覽者,與吾同志嗣而續之,庶斯文之不泯也。是歲中秋日合沙玉淵謝公應謹書

石湖先生志吳郡,嘗與龔、滕、周三君子相詮次。有某人持某事求入志不得,遂譁曰:"志非石湖筆也。"石湖嘆不辨。崑志之作向出

於二人之手，事詞或未一。今夏不揆續修，將以釐前誤而紀新聞。或有議其擅者，其與議《吳志》者若相反焉。於此可以知後進之視先達，天地之相遼絕也。於其鋟梓之畢，書以自訟此意。邊實謹書

余先世自常熟雙鳳里，徙家嘉定西鄉，迨余八傳矣。嘉定本崑山地，宋南渡始析爲縣。徵吾鄉掌故者，泝而上之，當求諸崑山。而宋、元志乘訪尋終不可得，意常恨之。今春聞袁又愷購得凌萬頃、邊實《玉峰志》及實《續志》，亟假歸讀之。《志》成於淳祐壬子，《續志》成於咸淳壬申，皆在析縣以後，不叙嘉定事。然遍覽近代藏書家目錄，均未之及，乃知天壤間奇秘之物，固自不乏，特未遇波斯，不免埋没於瓦礫耳。宋世士大夫宦成之後，往往不歸故鄉，而舉子亦多就寄居求解。此志所載人物，如王絢、劉過、吳仁傑、陳宗召、敖陶孫、張匯、趙監、樂備輩皆寓公也。《王葆傳》稱，崑山自孫載登第，甲子一周，而葆繼登第，邑人美之。今檢進士題名，則孫後王前尚有龔程、龔况、唐輝、黃偉、衛闐、張德本六人，殆皆由寄居登第，而不由本縣申送者乎。凌萬頃字叔度，景定三年進士，本陽羨人。其父爲顔氏壻，因家焉。邊實本開封人，樞密直學士肅七世孫。自高祖以下始居於此。《志》既爲其曾祖惇德立傳，而《續志》復爲自序一篇，追本得姓之始，遥遥華胄，敷衍千言，難免汰哉，叔氏之譏矣。嘉慶丁巳秋八月嘉定錢大昕跋於紫陽書院

16·16　景定建康志五十卷　舊抄本

宋承直郎宜差充江南東路安撫使司幹辦公事周應合修纂　闕卷六至十、卷二十九至三十三、卷四十三、四十四，凡十二卷，抄補。

馬光祖序景定辛酉

馬光祖進表

馬光祖獻太子牋

周應合修志本末

顧氏手跋曰：此讀未見書齋所藏《景定建康志》，依宋本舊抄也。失去者十二卷。六至十、二十九至三十三、四十三、四十四。羲圃既從家抱沖本抄完，復以卷中闕頁屬予補寫，意謂當是所據宋本糢糊，抱沖本雖有，或係出於補板，故不羼入而附於後，蓋慎之至也。抱沖本有錢竹汀先生校語十餘條，別爲一紙録之。嘉慶丁巳澗蘋記

黃氏手跋曰：嘉慶丙辰，從書肆得影宋抄《景定建康志》殘本九册有半。問其由來，蓋浙省書攤以此爲糢褙書籍之廢紙，已去其二册有半，彼以素紙易之，故奇零如是。予因假抱沖本抄補，至丁巳冬竣事。抱沖本爲鎮洋聞公名琏字書臺之所藏，與嘉定錢少詹相友善。少詹曾從借觀，故附校語於其中。黃丕烈識

又曰：嘉慶庚申，陽湖孫觀察借予是本，寫樣付梓。孫僑寓金陵，從節署獲視康熙間敕賜宋本，間有闕失，故假影鈔本相勘。辛酉冬，以原書歸予，并惠新刻本。予逐一繙閱，其間實有誤處，宜增補更改者如，卷一第六葉留都圖，原本闕，宜存空白。卷十三第三十二葉，原本有宜補。卷二十二古南苑以下行欸改，宜更正。卷二十九第一葉，卷四十五第一葉文異，俱宜更正。未知校勘時何所據，而不遵影宋本也。壬戌小春丕烈識

16・17　景定嚴州新定續志十卷　　文瀾閣傳抄本

宋鄭瑶，方仁榮撰

方逢辰序曰：郡之有誌，所以記山川人物、户口田賦，凡土地之所宜也。嚴於浙右爲望郡，而界於萬山之窟。厥土堅而隔，上不受潤，下不升鹵。雨則潦，霽則槁。厥田則土淺而源枯，介乎兩　節節級級，如橫梯狀。其民苦而耐，其俗嗇而野。其户富者畝不滿百。其賦則土不產米，民僅以山蠶而入帛。官兵月廩率取米於隣

郡以給，而百姓日羅則取給于衢、婺、蘇、秀之客舟，[1]較之浙右諸郡，其等爲最下下。而嚴之所以爲望郡而得名者，不以田，不以賦，不以戶口，而獨以雲山蒼蒼，江水泱泱，有子陵之風在也。郡誌自淳熙後缺而不修者，距今七十餘年矣。吳越錢君可則以太府丞來守嚴，政事之暇，爲之訪蒐，以補其缺。編削訖事，走書屬予爲序。予謂嚴爲我太宗皇帝、高宗皇帝建旆之地，今皇儲賜履則封，則一郡之山川、人物風俗、戶口田賦，職方氏皆欲究知之，矧惟天子聖明，勤恤民隱，凡州牧之出辭入覲必詳訪焉。是編之作，非惟可以備顧問，亦可以少助宵旰民瘼之萬一也。[2]《蛟峯集》

16·18　咸淳臨安志一百卷　舊抄本

宋潛說友撰　闕卷六十四、卷九十、卷九十八至一百，凡五卷。

恭維聖宋受命，奄甸萬方，大明中天，爝燼自息。廼太平興國三年，吳越以其地歸我職方氏。是歲杭始置守丞，建炎陞府，遂爲行在所。按古志，杭舊屬會稽，禹於此舍航而陸故名。恭聞光堯大駕初臨，登郡治中和，嘗作爲歌詩，慨懷夏后氏之烈聖，心曠數千百載而神交，固有幾乎。禹蹟之外，其亦見夫流風蹟俗，得過化之所存而有感焉耳。嘗試觀之，有車船檋樏之蹟，故其人至於今忠以勤。有苗山封爵功德之會，故其人至於今勸於爲善。有織貝橘柚之貢，故其人至於今知尊君而愛親。錢氏生長其間，性習自然，國三世四王而終不失其臣節。迨宋之興也，深察夫人心歸德之天，如川斯赴，莫之能止。則一旦決然舍去，其固有之業以委命于朝，忠

---

①　“山巒”之“巒”、“月廩”之“月”原缺，“秀之客舟”原作“又之客丹”，均據《景定嚴州續志》補正。

②　同上書此下有“景定壬戌四月朝奉郎主管成都府玉局觀方逢辰序”二十一字。

懿誠忠矣，抑杭之人何莫非忠懿。天地之間，燥溼風雲，萬物一氣，杭獨爲天下先者，以先王聲教之所漸者遠，知帝王正統所在焉故也①。自國家際之如在甸服，率選公卿大臣寵綏之，豈徒以地大故。② 要必有所甚重者，湛恩釀化，涵浸滋久，益固結而不可解。南渡艱難之際，旄倪提攜，左簞右壺，朱酒相屬於道，頓首六蚪之下，如見父母，誓有殞無貳，雖屢更大震，撼而莫之變，迄用永我命於茲新邑。迹是三百年間，杭之有功於國家也甚大，而祖宗之有德於杭亦深矣。開慶羣小誤國召戎，一時謀臣或倡異議，幾搖根本。賴先皇帝蔽自上志，獨倚今太傅辯章國公，外頓八紘，内維九鼎，宗廟社稷之靈，恃以妥寧。卒之披攘蒙霧，再奠宇宙。至今八街九陌，歌鼓四時，往往相與咨欷，不圖復見今日。烏乎，我理宗有德於杭也，不又大歟？ 杭之福，諸夏之福也。肆皇上克篤前烈，宅中圖大，不以遇臣爲不肖，命殿是邦。幸遇朝廷治平，年穀屢登。浩穰之府，化爲簡淨，因得以蓋其疵粃。暇日視故府，閱郡乘，或病其漏且舛，乃葺而正之，增而益之。凡爲圖爲表爲志總百卷，而冠以行在所録，尊王室也。既成，上之天府，以備政教之萬一焉。《禹貢》稱“冀州既載”，釋者謂以貢賦役事載之書，其於天子所自治之國謹重固如此。“九州攸同，言歸舊京”，聖子神孫尚充念我光堯，懷禹之遺志云。中奉大夫權户部尚書兼詳定敕令官兼知臨安軍府事兼管内勸農使兩浙西路安撫使馬步軍都總管兼點檢行在贍軍激賞酒庫所縉雲縣開國男食邑三百户臣潛説友謹序

---

①　“獨”字下原注“空十字”，同上書有“爲天下先者，以先王聲教”十字，據補。
②　“選”字下原注“空十字”，同上書有“公卿大臣寵綏之，豈徒以”十字，據補。

16·19　嘉禾志三十二卷

元徐碩撰

圖志之書，古史筆也。成周職方掌天下之圖，外史掌四方之志，事亦重矣。嘉禾爲志何昉乎？猶記袁似衢爲郡治中，其家當有古書，江浙圖志無不備，獨禾興闕。然非闕也，禾興經邑爲州才三百載。五代至宋初皆倥傯不暇。真宗景德四年嘗詔諸道脩圖經，僅得海鹽一志而已。淳熙甲午郡守張元成始延聞人伯紀爲郡志。此作古也。前乎伯紀，所謂舊經，雖博覽之士無所見，其簡略可知；後乎伯紀，郡守岳珂嘗命鄉先輩闕表卿重修，且徧檄諸邑，搜訪古跡，可謂勞於用力。書未成，而勃翁改調。上而無紀錄之冊可參，次而無老成之士可質，又次而無賢子弟可詢其家世。其欲正譌補闕，豈不難哉。仰惟皇帝考圖數貢，自北而南，此不容於浸廢。往者郡經歷單君慶因請重修，郡博士徐君碩承命屬筆，搜獵散亡，其綱正，其篇目加多。既完矣而母丘之板則未也。萊山劉公傑來殿是邦，路推翟公汝弼啟其議。諸路官又相其成，可謂是書之幸。夫圖志，重事也，其存亡夫豈偶然。雷次宗非無《豫章紀》，洪駒父求之不得見。范石湖非不橐《吳郡志》，以妄議而不得刊。今《嘉禾志》闕而全，絕而續，郡侯其有功矣哉。昔竇德元不能對帝丘之問，人到於今陋。今郡人得是書，可以不爲德元矣。余故喜爲之辭。至元戊子孟夏里人郭晦序

郡有志，倣《九丘》遺意也。書以志名，凡一郡之事皆在所當錄，豈特土地所生，風氣所宜而已哉。嘉禾在春秋爲檇李，至吳黃龍三襪以禾生由拳野故名。自春秋距今千七百餘年，其間有沿有革，有廢有置。世道污隆之故，人物盛衰之由，與夫山川風景之所以殊，郡邑事蹟之所以異，其可紀者何可勝數，而舊志多簡略弗載。

宋嘉泰甲戌，郡守岳侯珂悼前聞之遺闕，嘗命鄉先輩關表卿杕任行人子羽之事，編藁將上而岳侯去，鄉論惜之。越六十三載，皇帝撫有江南，寸天尺地，無一不入版圖內。迺至元甲申，克齋單公慶來佐郡幕，公餘過從，輒清談竟日，每喟然歎曰：“圖志三歲一上，法也。此邦自總府開藩亦既數年，而郡志未備，非關典歟？”遂創議檄委郡博士徐君碩重加修纂。君承命惟謹，網羅散失，抉剔幽眇，考古訂今，裒集會粹。曩之爲卷者五，今之爲卷者三十有二；曩之爲門者二十有五，今之爲門者四十有三。彪分臚列，此志得爲全書。徐君之用功亦勞矣。編成，而萊山劉侯傑實來，一日喊鸞戾泮，路推良佐，翟公汝弼以是白侯。侯喜退而謐於同列，同列亦喜。亟命工刻諸梓。時與人會，事與機投，莫不慶是書之遭。昔張茂先志博物，士歆其才；蕭相國收圖籍，史韙其識。向非侯有相國之識，思以其知戶口爲急務，則此志編而不刊與不編等。徐君雖有茂先之才，其何以自見。是舉也侯既能俾創議者，不至爲岳之中沮；又能俾修纂者，不至爲關之徒勞。侯亦賢矣哉。侯不鄙屬余序，奚敢以老鈍辭。雖然此一郡事也，侯賦政於外，屢殿名邦，入坐廟堂，將以均四海爲己任。他日志輿地、志九域，必有能紀侯之勳業者，侯其勉之。至元著雍困敦孟夏朔日里人前進士納軒叟唐天麟書

16·20　　類編長安志十卷　舊抄本　菉竹堂藏書

　　元京兆路儒學教授駱天驤纂編　開成路儒學教授薛延年校正
　　是書取宋敏求《志》删去繁蕪，撮其樞要，增入金、元沿革，分門類聚，故曰類編。宋、元地志，大江以北自《齊乘》外無一存者。是書雖以古蹟爲主，凡州郡之變更，城郭之遷移以及山川名勝，宮室第宅，邱陵冢墓，與夫古今興廢之殊，名賢游覽之作，無不備録，又附之以紀異辨惑而以石刻終焉，則列之郡縣志中當無不可。所採如《地理

叢編》、《三輔會要》，今且無有知其名者。金、元詩文所載尤夥，俱足
以資參考。是書也，非所謂絕無僅有者歟。卷首題薛延年校正。延
年當即注《人倫大統賦》者，《文淵閣書目》、《菉竹堂書目》俱著録。
此本有葉伯寅圖記及"葉氏藏書"印記，知即菉竹堂舊藏本也。

　　雍之長安其來久矣，乃古之鄉聚名，在豐、鎬間，周秦時已有
之。李善《西都賦注》，漢高帝都關中，築宮城，擇嘉名，可長安於
子孫，故曰長安城，可長樂於宮室曰長樂宮，長安之名自此始著。
宮室記曰：秦之咸陽，北至九嵕，南至南山，東至河，西至汧。離宮
別館相望，聯屬木衣綈繡。土被朱紫，宮人犬馬不移，樂不改懸，窮
年忘歸，猶不能遍。至漢武廣開上林苑，中有三十六宮、二十二觀。
秦之故宮，莫不增葺。秦迄今寥寥千五百載，兵火相焚蕩，宮闕古
蹟，十亡其九。僅有存者，荒臺廢苑，壞址頹垣，禾黍離離，難以詰
問。故老相傳，名皆訛舛。如秦莊襄王陵爲韓信冢，漢長安城爲陽
甲城，隋太極殿基爲走馬樓，董仲舒墓爲蝦蟇陵，漢武太一谷爲炭
谷，唐興慶宮爲九龍池。雖有舊記，各紀一時之事，其沿革互換之
名各不同。宋敏求編《長安志》，自周、秦至唐、宋。唐京兆府管二
十三縣，宋永興軍領十三縣。華、耀、乾三州，鳳翔一府，關商、同二
州。華止有渭南、蒲城兩縣，役祔一名今爲三縣。漆、沮二水同爲
一河。漆出耀州，俗號石州河。至櫟陽南交口，合渭、沮出同州，號
洛河三合口。合渭相去百餘里，爲漆沮一河。其故事散布州縣，難
以檢閱。僕家本長安，幼從鄉先生游。兵後關中前進士、碩儒故
老，猶存百人。爲士林義契耆年，文會講道之暇，遠游樊川、韋杜，
近則鴈塔、龍池。其周、秦、漢、唐遺址，無不登覽，或談故事，或誦
詩文。僕每從行，故得耳聞目覩。每有關疑，再三請問。聖元皇子
安西王胙土關中，至元癸酉創建王府，選長安之勝地，王相兼營司
大使趙，以僕長安舊人，相從遍訪周、秦、漢、唐故宮廢苑，遺蹤故

蹟。自豐鎬、阿房、未央、長樂、太極、含元、興慶、魚藻，靡不登歷。是以長安事跡足履自見之熟，從心之際，每患舊志散漫，乃剪去繁蕪，撮其樞要。自漢、晉、隋、唐、宋、金迄皇元，更改府郡州縣，引用諸書，檢討百家傳記，門分類聚，并秦中古今碑刻，名賢詩文，長安景題及鴻儒故老傳授，增添數百餘事，裒爲一集，析爲十卷，目之曰《類編長安志》。覽之者不勞登涉，長安事迹如在目前，豈不快歟。老眼昏花，中間多所脫略訛錯，更竢好古博雅君子改而正之。元貞丙申中元日藏齋遺老駱天驤引

　　長安，古都會也。自周、秦、漢、魏已降，有國者多建邦於此，所以山川之形勝，宮室之佳勝，第宅之清勝，丘陵之名勝，爲天下最。以其歷代沿革之不同，互換之或異，有好事者爲書以志之，如《三輔黃圖》、《三輔決録》、《西京雜記》、《關中記》、《景龍文館記》等書，或失之於繁，或失之於簡，莫如《長安志》之詳且盡也。然或間一山一水、一臺一榭，茫然莫之能對，良由卷軸之多，分布散亂，未能詳涉而遍窺也。學者病之。藏齋先生駱公飛卿辭聲利而遠市朝，老於翰墨者也。讀書樂道之餘，取長安舊志前後二十卷、十餘萬言，門分而類別之，使水能會涇、渭、灞、滻之名，山能萃太華、終南之秀，凡都邑宮觀、丘陵墳衍、沿革興廢之名，賢豪居處之迹，士夫經行之地，儁人題品之文，又注於下。棋布星羅，若綱在綱，有條而不紊。書成，或病其碎。愚曰：世之類書多矣，如《儀禮》則指某事而必窮其源，《通典》指某事必盡其要，《通鑑》事總，韓、柳《文類》皆此意也。儁人物混，則孰能辨夷夏之殊；五穀雜，則孰能辨菽麥之異。且志曰方以類聚，物以羣分。不如是則不能成治道而贊化育也。物且如是，書何不然？若鋟木以行，使游秦者不勞登涉而知地理之詳；未至秦者，得觀此書，日下長安宛在目前矣。又不可謂秦無人焉。大德戊戌清明后二日安西路儒學教授鹿溪賈有彧文裕序

《九丘》有書，九州有貢，地理有志，寰宇有記，皆四海之學也。或有山崩川移，陵遷谷變，歷代沿革，隨時廢興，所以不能必其主名。儻非識究堪輿，學探今古，至有皓首弗克致其知者。方輿雖未遍覽，而所居鄉國懵然未知，可乎哉？京兆教授駱飛卿，長安故家也。嘗集先儒舊志并古人詩文，從游前輩，周訪鄉老，其所得者其載無遺，目曰《類編長安志》。而廢殿荒陵，離宮別館，城郭之損益，州郡之變更，脫遺者增補，訛舛者訂定。駱公自序已詳之矣，茲不必云。較之舊志，一完書爾。長安，古都會也。是編一出，或平居暇日，披瓻於几硯之間，其周、秦、漢、唐遺蹤故實不待諮訪，一一可知。足跡未及，如在目前。使居是邦者胸中了然，問無不知，亦士君子之一快也。駱公用心仁矣。大德戊戌夏四月中澣日前翰林直學士太中大夫安西路總管兼府尹諸軍奧魯管內勸農事山木老人王利用序

16・21　大德昌國州圖志七卷　文瀾閣傳抄本

元馮復京等撰

史所以傳信，傳而不信不如亡史。故作史者，必擅三者之長，曰學、曰識、曰才，而後能傳信於天下，蓋非學無以通古今之世變，非識無以明事理之精微，非才無以措褒貶之筆削。三者闕一，不敢登此職焉。然而有天子之史，有諸侯之史。晉之《乘》，楚之《檮杌》，魯之《春秋》，是諸侯之史也。後世因之，郡各有錄，所以備天子史官之採錄，亦豈可易為哉。若昔素王刑賞二百四十二年，列國之君臣游夏不能贊一辭。司馬氏以良史才而作《史記》，議者皆猶謂《十二諸侯年表》為殽亂於聖經。然則侯邦之志，亦以記事纂言也，而可易為哉。往宋末運，人主好諛，宰相導諛，士大夫習諛，內外遂以成風。操史筆者，多患得患失之夫，希合顧望，不惟泯其實以誣公朝之是非，抑且駕其虛以騁私意之向背。故光、寧、理三朝

之史，皆權臣黨與之蕪辭，而郡縣間一時之志，亦侯牧誇張之誕筆。今宋史既與國偕亡，惟志書之見於郡縣。間者版籍所計，或以寡爲多；風土所宜，或以亡爲有。形勢所在，或以險爲夷；貢賦所出，或以儉爲泰。評人物則多過情之譽，陳民風則少退抑之辭。粧飾富麗，競爲美觀；詳覈其實，百無一二。苟上之人按其圖數其貢，流毒貽害，可勝言哉。昔蕭何入關，收秦圖籍文書，具知虛實險要，用以相漢，厥功茂焉。藉使今世，或有踵蕭何之智，信往宋所存之記載，責其實於天下郡國，豈不敗乃公事。余益以悲世變之至宋，獨圖書文籍一事鑿空駕僞，顧不如秦之猶爲務實，而且貽禍於來世蒼生也。昌國中海而處，由縣陞州，而州志不作，此固僕厮吏不知稽古之務，而爲士者亦有罪焉。余來首訪圖經，徒起文獻不足之嘆。越歲餘，始於里民搆得其籍，大率浮誇如前所云。議欲刊削，且書混一以來之沿革，既以授州之文學士，屬余往吳中，此事遂廢。今瓜戍已踰，滯留臥疾，豈其機乎？乃趣學官，捃摭舊載，芟其蕪，黜其不實，定爲傳信之書。使州之闕文著於所補，以俟掌建邦之《六典》者采焉。故序作史之大略與異時文勝其質之流弊，俾二三子知所決擇而復有以告之。孔子曰吾猶及史之闕文也。嗚呼，史闕則紀綱將板蕩而無稽矣，是豈斯民之幸。聖人猶幸闕文之及見也，蓋逆知他日諸侯惡其籍之害已而去之也。今余於舊志得之既難，本復無二。二三子不亟圖之，余幸而受代，則是籍之存於有司者幾矣。嗚呼，猶欲及於闕文，得乎？大德戊戌七月朔日潼川馮復京序

16・22　延祐四明志二十卷　文瀾閣傳抄本

元袁桷撰　闕卷九至十一三卷。

　　自序曰：成周疆理之制，審於王畿，首合同姓以夾輔，至於四履則必假異姓焉，以控揭之先後疏附，曲盡其制，何周且詳也。四方

之志，猶懼其不能以悉知也，則必以外史掌之。社亡入秦，而書具在，區區刀筆吏獨能收其書，據要漢中，夫豈偶然也哉？世祖皇帝，聖德神武，混平寰宇。首命秘書臨儒臣輯《大元一統志》，沉幾遠略，與昔聖人意旨脗合。然而郡志缺落，其遺軼未備焉者，不復以徹於上。馬侯澤潤之，固嘗爲中祕官知之矣，暨守四明，乃曰：“明舊有經，今爲帥大府，浙東七州推明爲首，阨塞户板，物産地利，是宜究察以待間清風舊德與昔之高門巨閥屬於宅里者，獨可考也。”謂楠久爲史官宜有述。楠嘗聞之，洙泗遺俗，稽之以久遠者，道德之澤也。詫錙銖之利以害於若民，昔人之所不道，空虛説增，農日益困。甚者紀其山林屋室之盛，奉書詣庭，若幸符契，爭莫能已。是殆昔之無知者根其禍也。管夷吾作書訓子弟良厚，而内政以魚鹽爲急，儒者訴之。維明負山横江，歲阨於水旱，河渠是先牧民之本。推其沿革，覽其山川。知昔時得人之宫，盛室户口之無恒，釋道遺文之盛衰，是皆足以增其永嘆焉者矣。乃爲十二考，以志其事，遂不敢以荒落而有辭也。馬侯爲政，愷悌惻隱以宜於民，民以不病。郡博士吳君某，勤恪承令，詢索州縣之所宜，聞者良備。因是得以成書焉。

16·23　至順鎮江志二十一卷　抄本　從陳君子準藏本傳録

不著撰人名氏　案：至順時，鎮江路總管府達魯花赤曰明里答失，_{至順二年六月七日代。}曰狗兒。_{至順二年六月七日。}總管曰脱因，_{至順元年十一月一日至。}曰兀都馬沙。_{至順四年正月十日至。}脱因下，備載祖父名位爵謚及脱因歷官始末，較他人特詳。其時之參佐，則趙禹珪、王傑、孔世英，學官則韓琪、徐圓。或者脱因任總管時命僚屬所修歟？始敍郡，終考古，凡一百門而亦冠之以郡縣表。徵引詳瞻，叙述該洽。土産、貢賦兩門，臚陳名狀，尤爲賅備。至於郡守絫佐，遠溯六朝鄉賢寓公，近蒐元代，與《嘉定志》互相補苴，是亦足以相輔而行矣。

16・24　金陵新志十五卷　元至正刊本　陳眉公藏書

元前奉元路學古書院山長張鉉輯　卷首有麋公印記

郡志之見於世者多矣。其間名是而實非、語此遺彼者，比比皆
是。求其紀載有法，序事詳密，使人如身履其地而目擊其事者，則
百不一二見焉。豈以其陵谷之變遷，事文之繁縟，故紀述有難詳
與？不然，何其可觀者鮮若是哉？甲申春，浮光士張君鉉以其所撰
《金陵新志》首蘘見示。其《修志本末》略曰：“首爲圖考，以著山
川、郡邑、形勢所存；次述通紀，以見歷代因革、古今大要；中爲表志
譜傳，所以極天人之際，究典章文物之歸；終以撫遺論辨，所以綜言
行得失之微，備一書之旨。”至其終又曰：“文撫其實，事從其綱，亦
詳矣哉。”是年夏，集慶路將以是編鋟諸梓，上之臺僉曰善，且以序
見屬。辭不獲命，應之曰：是編首蘘，固嘗見之，而有以知其叙事之
詳也。使其中皆然，豈不能使覽者如身履其地而目擊其事哉。予
聞張君博物洽聞而作事不苟。於是編也，容有始詳而終略者乎？
是夏四月初吉奉直大夫江南諸道行御史臺都事索元岱序

　　修志文移
　　修志本末

16・25　崑山郡志六卷　抄本　從陳君子準藏舊抄本傳錄

元浦城楊譓纂　元成宗元貞二年升崑山縣爲州，故云郡志。是
書分目十五，簡核謹嚴，誠有如楊鐵崖序所云“言博而能要，事核而
不蕪”者。惟書止六卷，與序二十二卷之數不符。或經後人合并歟？

崑山州楊才抱其先人履祥公所著州乘凡二十二卷，因其友袁
華謁予錢塘曰：“先君嘗以州之志籍多散漫踈漏，更而新之。積勞
於是者蓋十餘年而獲成此編。今州監宇羅帖木爾將壽諸梓。吾子

與才系同出浦城文公十葉後,幸惠一言引諸首。"余謂金匱之編,一國之史也,圖經一郡之史也。士不出户而知天下之山川疆理、君臣政治、要荒蠻貊之外,類由國史之信也;不入提封而知其人民城社、田租土貢、風俗異同、户口多少之差,由郡史之信也。然則操志筆者,非有太史氏之才,孰得與於斯乎? 吾曩入吴,竊見公所著《宋朝菁龜》之録凡若干卷,今之修史者購之而未得也。又有《帝王圖辨》、《素王道史》、《姓氏通辨》行於時。吁,公之博學、有史才可占矣,宜其成是書也。立凡剏例言,博而能要,事核而不蕪,與前邑志不可同日較工拙。且吾聞崑山自縣陞州,户版與地利日增,租賦甲天下,郡縣市買之舶萃焉,海艖之艘出焉,庸田水道之利害在焉,忠臣烈女代不乏絶,鴻生碩士爭爲長雄。不有史才者出而任筆削,何以爲是州之信史哉? 吁,是書之得記者今幸矣。故余不辭爲之敍。抑予又聞公所著《菁龜》爲採書使者賺而去之,而賞爵罔及焉,以才之不平而公九泉之憾也,故併敍及之。公諱謙字履祥,東溪老人,其自號云。至正四年秋七月泰定李黼牓賜第二甲進士會稽楊維楨序

崑山本縣也,元成宗元貞二年升縣爲州,故履祥此書有郡志之名。延祐中移州治於太倉,故志中有新治、舊治之别。新治今太倉州城,舊治則今縣也。至正中仍徙州舊治,則履祥已不及見矣。鐵崖序稱二十二卷,今按之止六卷,首尾完具。豈鐵崖所見乃别本邪? 此書世罕傳本,嘉慶丁巳十月假妙士孝廉所藏舊鈔本讀之,嘆其簡而有要,因綴數言於末。竹汀叟錢大昕

黄蕘六先生手跋曰:《崑山郡志》,元楊謙撰。鐵崖先生叙云二十二卷,今止風俗起至異事止,十六門共六卷,蓋不全本也。竹汀詹事跋云"首尾完具,疑鐵崖所見爲别本",其説非也。地志首重建置、沿革、輿圖、城池、鄉都、橋梁、水利、户口、賦役、學校、官署、壇廟、祠宇諸大目,今皆缺而不載,且楊叙中明言崑山自縣升州,户版地利日增,賦税

甲天下。州縣庸田水道利害所在,而志中絶不及之,其非完帙可知。此第全書之後六卷,幸科第、名宦、人物、雜記諸卷尚存,足備宋、元來是邦之掌故,不以殘缺忽之可耳。道光甲申春正上元日琴溪拙叟記

16・26　重修琴川志十五卷　影寫元刊本

從外舅言耐偲先生藏元刊本影寫

元盧鎮撰　《琴川志》自宋慶元丙辰縣令孫應時創修後,迨嘉定庚午縣令葉凱始廣其傳,至淳祐辛丑縣令鮑廉又加飾之,然後始爲成書,更百餘年,舊梓殘毁無遺,鎮屬耆老顧德昭等徧求舊本,參考異同,重鋟諸梓,則鎮特因鮑氏原本重爲刊板耳,非有所更定也。案自序曰"其成書後,凡所未載,各附卷末"。是則凡分附卷末者,皆鎮所增葺,以補鮑氏所未備者,故仍題鎮名云。

戴良序至正乙巳

丘岳序寶祐甲寅

褚中序

自序至正癸卯

龔立本跋崇禎己巳

16・27　蘇州府志五十卷圖一卷　抄本

從陳君子準藏明洪武刊本傳録

明郡人盧熊輯　始沿革終集文,而冠之以圖。十八圖後各繫以説。吾郡自《吳郡志》後,宋章悊、元趙鳳儀遞有撰述,皆未克竣事。盧氏芟繁撮要,損益舊志,勒爲成書。一郡文獻釐然大備,考吾郡掌故者,以之繼《吳郡志》焉可也。

吳在周末爲江南小國,秦屬會稽郡。及漢中世,人物、財賦爲東南最盛。歷唐越宋以至於今,遂稱天下大郡。然其因革盛衰之際,

紀載於簡册者，自《吳越春秋》、《越絶書》以下，若晉張勃、顧夷，隋虞世基，唐陸廣微等所述，及《元和郡縣志》、《寰宇記》各有所明。迨宋之時，羅處約有《圖經》，朱長文有《續記》，范成大、趙與籌皆撰類成書。厥後有章悊者病其未完，作《吳事類補》。宋亡，書頗散軼。元趙鳳儀爲總管，嘗集諸儒論次遺闕，會改官不果成。入國朝，吳縣教諭盧熊閔前志之乖紛，以爲苟不合而臺之恐不足示來者，乃攬衆説，摭遺事，芟繁取要，族別類分，爲志以述地理、都邑、文學、祠祀、食貨、兵衛之屬，爲列傳以見古昔人物之美。其目曰名宦、名臣、儒林、文藝、良吏、忠義、孝友、高行、隱逸，而列女之節，方技之良及其事有六可棄者附焉。前爲畫圖以著疆域之異同，後有集文以備古今之制作。總之爲五十卷。於是數百里之內，二千載之間，其事可按書而得矣。洪武十一年，知府盧陵李侯亨嘉是書之有繫於政也，將命工刻板以傳，丁內艱去。已而高郵湯侯德來繼其職，遂督成之。熊用薦者出，由工部照磨爲中書舍人。以余有同朝之好，請叙其首。古者列國皆有史官，下至州閭莫不有之，然不過記言書事而已。及漢司馬遷、班固創爲序紀傳志年表之法，由是四海之內無復遺事，信史氏之善者也。後世郡得專社稷山川之祭，有政令教化之施，儼如古諸侯之國，固不宜無所紀述，而況於吳嘗爲封國，非他郡之比者哉。歷漢至今，雖間有所作而無完文以考其事物之全，誠政之闕者也。熊獨能毅然以筆削爲己任，效史漢之法，損益舊典，爲一郡成書，豈非好古之士乎。李、湯二侯能知所重而圖其傳，亦可謂達於政體者矣。後之人覽此書，治身居官，取前人之成憲以爲法，將見道德興而習俗美，勾吳之區與鄒魯無異矣，則是書之爲教不亦大哉。余喜熊能急於世俗之所緩，篤於好古也，爲序其槩俾刻焉。洪武十二年四月既望前翰林承旨嘉議大夫知制誥兼修國史兼太子贊善大夫金華宋濂叙

　右都邑郡縣

愛日精廬藏書志卷十七

史　部

地理類

17·1　水經注四十卷　舊抄校本

後魏酈道元注　是本係馮氏巳倉手校。黃筆塗改者，據柳大中影寫宋本也。行間青筆側注者，據朱鬱儀校本也。紅筆增改者，據謝耳伯所見宋本也。每卷未俱有馮氏題識。

馮氏題識曰：校用柳僉本，黃塗改者是奇事，用青△。朱改亦用青。佳言瑋句用黑○，或△。此本不誤而柳本誤者，亦用朱筆側注。柳本所作之字，直用紅筆增者，謝耳伯所見宋本也。

又曰：校閱此書，俱炤柳僉宋版印抄本，行間青筆炤朱謀墇鬱儀所校。

17·2　上虞縣五鄉水利本末一卷
抄本　從陳君子準藏明嘉靖刊本傳錄

元陳恬撰　上虞有三湖，曰夏蓋、曰上妃、曰白馬。五鄉民田_{五鄉者，永豐鄉、上虞鄉、寧遠鄉、新興鄉、孝義鄉也。}實賴其利。自唐迄元，興廢不一。恬衷集古今沿革興復事實暨公牒、訟牘、歌謠、碑刻，以及疏濬圍築之規，啟閉蓄泄之法，臚載無遺。俾後之有志水利者，得以據籍而求是，亦可云留心經濟者矣。

井田廢，阡陌開，而畖澮溝洫之制隳，由諸侯之去其籍也。鄭國白渠、芍陂之利興，没世不忘。苟求其故，不有傳載，亦何所引考。諗此則上虞縣五鄉水利之編所宜作也。縣舊有三湖，曰夏蓋、曰上妃、曰白馬，五鄉受田之家，實蒙其利。疏治圍築之規，啟閉蓄泄之法，自東漢逮今，既詳且密，間有擅爲覆奪更易者，賴載籍明白，持以證據，於是乎得不泯。鄉之人陳恬又懼其久而或訛也，裒集古今沿革、興復事實以及誌刻、左驗、公規、訟牘，鋟梓成帙，將垂不朽，俾諗來者，其用心亦溥矣。携求叙引。噫，讀《禹貢》而知河洛，考《水經》而尋源委，詎不信然。夫水利之在天下，善用之則其施博，有考證則靡湮廢。司口受民，寄庸不究，其利病耶。是湖也，在往歲嘗有横民獻佃於横政者，適余視師上虞，亟力止之得弗奪。兹故重其請而輒序焉。不徵不信，有如此水。至正二十又二年秋九月望日奉直大夫温州路總管管内勸農防禦事天台劉仁本書

士君子有天下國家之責，則當思所以利乎天下國家。無天下國家之責，而能思所以利其鄉者，其賢亦可尚已，而况所利不在於一時，而有以及於後世之遠且博哉。上虞陳晏如以五鄉之水利，具有本末，不徒輯而爲書，又必刻而傳之，以垂永久，是其思以利其鄉於後世之意何如也。蓋夏蓋、上妃、白馬之爲湖於上虞舊矣，幸而不爲田，則其鄉之利甚厚；不幸而不爲湖，則其鄉之害有不可勝言者。利害之分，較然明著。奈何細人之膚見，往往没於小利，率倒施之，可爲浩歎。此晏如所爲夙夜惓惓，欲使後世長享厚利而毋蹈遺害焉。予見其書而悲其意曰，今而見士君子不任天下國家之責，而能思於其鄉貽後世之利如斯人者。遂爲題其首簡，俾後世覽者於是乎尚其賢。至正二十二年龍集壬寅十二月朔從仕郎江浙等處儒學提舉楊翮序

17・3　水利芻言一卷　抄本

明常熟李卿雲撰　論開濬白茆河事。

鄧黻序正德辛巳

七世從祖果齋先生序曰：吳爲澤國，率多水患。吏於其土者，政有興廢，一惟其人。昔蘇文忠公爲政於吳，聞單鍔善於水學訪之，得其所爲書上於朝。君子謂：公與人爲善，智也；嘉謀不隱，忠也；式敷民德，仁也。頃年以來，三江既塞，諸浦日微。太湖奔潰，罔用疏洩，被患猶數且甚。吾友李君瑞卿嘗有疏濬之議矣，而時無文忠，漫莫之省。大司空李公以天子之委重，講求起廢之功。瑞卿右條陳二十策將上之，會河南馬公以按治之職涖吾常熟，覽而韙之，命有司馳瑞卿於南以見公。瑞卿水學不下於鍔，而二公能以蘇公之心爲心，邑大夫劉侯又樂爲之勸駕，吾知是書必有遇也。瑞卿遇事敢言，其所論列不暇文飾，操觚立就，盡其所欲言而止。識者謂其文直，其事核，有子長之遺風。若其當窮居而懷世慮，則又有范文正之隱憂焉者，是可嘉已。故爲之序，以相其行。正德歲在辛巳秋七月望後支川張京安書

右河渠

17・4　東南防守利便三卷　舊抄本

宋右廸功郎江南東路安撫使司準備差遣臣陳克　左宣教郎添差通判建康軍府提舉圩田臣吳若同進

呂祉進東南防守利便繳狀

右邊防

17・5　洛陽伽藍記五卷　先君子手抄本

魏撫軍府司馬楊衒之撰

自序

17・6　雍錄十卷　明嘉靖刊本

宋新安程大昌泰之撰

康海序嘉靖辛卯

李經重刊序嘉靖十一年

右古蹟

17・7　北戶錄三卷　文瀾閣傳抄本　從陳君子準藏舊抄本校

唐段公路撰　崔龜圖注閣本姓缺，據舊抄本補。　舊抄本目錄後有
"臨安府太廟前尹家書籍鋪刊行"一條。

陸希聲序

17・8　桂林風土記一卷　舊抄本

唐銀青光祿大夫檢校左散騎常侍使持節融州諸軍事守融州刺
史莫休符撰

自序光化二年

17・9　岳陽風土記一卷　明嘉靖刊本　葉石君藏書

宋宣德郎監岳州在城酒稅務范致明撰　卷首有葉石君印記。

徐學謨序嘉靖癸亥

陸琬跋嘉靖甲辰

17·10　六朝事迹編類二卷　舊抄本
汲古閣藏書　臨馮氏實伯校

宋新安張敦頤編　卷首有毛子晉斧季印記

建康，《禹貢》揚州之域，斗牛分野。在周爲吳，在春秋末爲越。魯哀公二十二年越王句踐滅吳。自越之後一百四十年爲楚。周顯王三十六年楚滅越。自楚之後一百四十年爲秦。楚王負芻五年爲秦所滅，乃周赧王時也。初楚威王因山立號，置金陵邑。或云以此有王氣，因埋金以鎮之。或云地接金壇之陵，故謂之金陵，今石頭城是也。及秦兼諸侯，分天下爲三十六郡，以金陵屬鄣郡。故鄣爲今吳興郡也。時望氣者云，五百年後金陵有天子氣。始皇東巡，乃鑿鍾阜，斷金陵長隴以通流，改其邑爲秣陵縣。秦秣陵縣在今府城東南六十里秣陵橋。漢武帝元封初，廢鄣郡，置丹陽，爲秣陵縣。初漢置揚州，治無定所。《輿地志》云先理歷陽，後理壽春。其後又徙曲阿。漢建安十六年，孫權自京口徙治秣陵。明年城石頭，改秣陵爲建鄴。晉太康初，廢建鄴，復爲秣陵。愍帝諱業，即改爲建康。元帝即位，以建康太守爲丹陽尹。宋、齊而下，咸都於此焉。隋平陳，廢丹陽郡，乃於石城置蔣州，併秣陵、建康、同夏三縣入江寧縣。唐武德二年爲揚州東南道行臺，置尚書省。輔公祐據江東，七年平，又改爲蔣州，八年罷行臺，稱揚州大都督府，領上元、金陵、句容、丹陽、溧水等縣。九年移揚州治江都，改金陵爲白下縣，屬潤州。正觀七年復爲揚州。乾元元年改爲昇州。上元二年廢，光啟三年復，仍以上元、句容、溧水、溧陽四縣隸之，置節度使。天祐四年，楊行密據其地爲金陵府，號曰齊國，封李昇爲齊王，以建康爲西都，以廣陵爲東都，昇僭位，國號唐。二主在位共二十三年。皇朝開寶八年平之，復爲昇州。天禧二年改江寧府，建炎三年改建康府。此金陵郡邑升降廢置之不常也。余因覽圖經、實錄，疑所載六朝事尚有脱誤，乃取《吳志》、《晉書》及宋、齊而下史傳，與夫當時之碑記，參訂而考之，分門編類，綴爲篇目，凡十有四卷。雖猥陋無益於治道，然展卷則三百餘年興衰之迹，若身履乎其間，非徒得之於傳聞而已。同志之士，盍補其所未備者而傳之。紹興歲次庚辰八月左奉議郎充江南東路安撫司幹辦公事新安張敦頤序

高陽許嵩作《建康實錄》，文多汗漫，紊考者疲於省閱。新安張養正衷舊史而爲《六朝事迹編類》，部居粲然，俾江左三百餘年之故實，名布方册，非博雅好古，未易成此書也。余叨守建康，養正適以議郎居幕府，因取其書刊於此邦。養正名敦頤，婁專侯洋，以文章道義爲學者之所矜式。此特餘事爾。紹興庚辰立冬日東魯韓仲通書

是書摭拾遺事，分別條理，洵是作手。然引據失實，如以"王謝"作"王樹"之類，不免爲識者所嗤，且語氣頗似不文。今人耳食相尚，至以此爲奇書，家錄一册，沾沾自喜，不暇校讐至有脱落數行，增入助語，以夾注作正文，備書之弊也。癸巳之夏，借得宋刻，亟爲勘對。復見是編面目，然後册已是印抄本子，不能復見完璧矣。虞山馮武識

17・11　會稽三賦三卷　明初刊本　述古堂藏書

宋東嘉王十朋撰　剡谿周世則注　郡人史鑄增注　卷首有錢遵王印記。

會稽之山川風物，載於圖經、地志者固不少也，然人一一泛觀則興易盡，屑屑徧讀則神且疲。儻非有所去取，纂次成文，焉能資於玩繹。紹興間，詹事王公以射策魁多士，入官越幕，資治之暇，乃於圖志掇其奕奕之事迹，志謂興地志之類。今賦注所引惟《會稽志》一書，非先生作賦之前所有者。加以舊傳新覩，可紀之事，從類鋪張，著爲《風俗

賦》，以抑揚品藻，寫於答問。其事實，其詞贍，旨趣明暢，字字淵
源，誠爲傑作。公之究心，可謂平章風物之宗主，其有光於吾邦者
大矣。及賦民事堂、蓬萊閣，文皆醇正，語亦高妙。其有見於奉君
命紀勝槩者備矣。吁，昔人所言擲地作金聲者，豈得專其美哉。竊
惟《風俗》一賦雖有剡溪周君之注，惟以表出山川事物爲意，而公
之文章以經史百家之言盤屈於筆下者，殊未究其根柢，暨民事蓬萊
之作，其注又缺然無聞，遂使覽者惜其未備。鑄平日嗜公之文，至
於成癖，由是不揆譾淺，輒皆爲之注。雖未必一一盡得公之本意，
且以補周君遺闕。至其間固有闕略詳備之不齊者，然而意各有所
謂，闕謂故闕不注者，如西子、王室、風騷、遺跡、德教、民事、啜菽之類是也。略謂出處
非一而只取一二書爲注者，如話言、處子、多士、舞干戚、一統、甄陶、九重之類是也。
大率事涉於隱者則從詳備，目熟乎見者則從闕略，蓋非徒事夫繁文
而貴夫有以證明也。李善注《文選》云，諸引文證皆舉先以明後，以示有所祖述。
愚今注賦亦本此意，然間有於事不切者，恐其繁冗，不敢悉取，如黃冠不引《禮記》之文
而引《唐書》是也。若夫士大夫居是邦，遊是境，則是賦也不可以不知。
其或外此者，苟能一目則不必上會稽，探禹穴，不必投剡中，登天
姥，其若耶雲門又不必青鞋布襪也。或從官於此，則鏡湖秦望之
遊，亦不必月三四焉。況人材風俗與夫登覽之勝班班靡不具在，俾
盛傳於世，豈曰小補哉。凡讀之者嘗患乎奇字之爲梗，從而爲釋音
區布於句讀之下，凡檢《類篇》、《集韻》無見者，據夏英公《古文四聲韻》爲音，則
故其中有特詼出處者也。庶幾不俟討論，可以助眼過電而口傾河也。區
區注釋之意，於是乎併書。時嘉定歲在丁丑日長至愚齋史鑄序

17·12　莆陽比事七卷　抄本　從陳君子準藏舊抄本傳錄

　　宋龍坡李俊甫幼傑纂輯　是書仿《急就篇》、《蒙求》體，取莆
陽山川風俗、古迹名勝、人物科第、道流釋子，彙聚科分，括以四言

韻語,幼傑自爲之注,蓋地志創格也。所採如《紹熙莆陽志》、《長樂志》、《信安志》、《游洋志》、《清源志》、《泉南錄》、《南恩圖經》、本朝《元輔表》、《中興百官題名志》、《閩川名士傳》、《唐登科記》、《五代登科記》、《離塵不夜編》、《劉夙手記》、《鑑明錄》等書,多他書所未見者,雖稍有殘闕,亦足爲莆陽文獻之徵也。

陳讜序曰:吾莆山川清淑,風俗醇美,民生其間率多秀異,恥事末作一歸於儒。自唐距今,歷紀數百,如節行揚芳,文學乖範,代不乏人。進士擢第則有祖孫首榜,魁亞聯名,異科有賢良詞學之英,一門有公卿岳牧之盛,至於軼材絕藝,隱士高襌,間見軼出,殆難悉數。固炳靈之助,亦漸靡使然也。舊誌間多疏略,由夫主其事者期於速成,操觚之士不暇博訪,遂使覽者不無遺憾。今國家貢士李君俊甫幼傑慨然有志斯事,上考史記,旁摭紀錄,下至諸家文集、行實、碑碣、書尺,悉從采掇,詢於耆儒,參諸故老,積十餘年心目之勤,釐爲七卷,幾數萬言。彙聚科分,聯比而書,又爲綱目於前,偶儷成編,尤便披閱,可謂勤矣。書成,適國子博士三山林公來牧吾郡,李君以其書獻,一見嘆賞,命書史就抄,給以筆札,不閱月而畢,親翰抵僕諉以序。讜竊自念齒耄學荒,理當推避。既而喟然謂,士未遇時,往往編綴古今以爲選舉之圖,講學鬻文以爲俯仰之計。奚暇採拾鄉閭逸事以爲前輩不朽之傳,後來慕用者之勸也哉。是書之成,若不遇博雅君子爲賞覽,但藏巾笥耳。今使君仁賢,不薄鄉郡,樂其風土之美,人物之盛,爲之主盟,將以傳信久遠,使後人更相勸勵,斯爲忠孝冠冕言行楷式之歸,風化美意實在乎是。何此書之幸,吾郡之逢耶?使君以鼎甲師儒,宜爲序冠,顧乃謙抑,以筆授僕。若又固辭,恐幼傑用心之勤與使君樂善之懿,終無以表見。是題於卷首云。

僕至郡之三月,李君幼傑來訪,出其書一編。閱之,《莆陽比事綱目》也。其言纔千有餘，其事上下千百年間，可法、可勸、可喜、可愕，無所不有。於是嘉其工歎其勤也，命工就錄全帙。延訪儒生往復訂正，凡踰年而書始成，乃鋟木以傳後。吁，僕之力僅止是耳。如此山川人物，方興而未艾，高蹈而遠跨者，又將月異而歲不同也。幼傑勉乎哉。僕老矣，自是休影衡茅之下，萬事棄置，行樂餘暇。時懷此郡好風南來，每聞述一佳話，往往得解顏而笑，蓋於此興復不淺。嘉定甲戌四月下澣玉融林璟書於儒雅堂

17·13　武林舊事十卷　舊抄本

宋泗水潛夫輯

自序

《武林舊事》乃弁陽老人草窗周密公謹所集也。刊本止第六卷。山中仇先生所藏本終十卷，後歸西河莫氏家。余就假於莫氏，因手鈔成全書，以識歲月，藏於家塾。至元後戊寅正月忻厚德用和父

此書二册，予假於太子太保遂安伯陳公家。同年友文部副郎黃君廷用錄之以歸予云。弘治乙卯夏四月望從靖手跋

遵王抄本，前六卷舊抄，缺後四卷，命工寫足。黼季假得，既屬竇伯校此，又浼余校一過，頗有是正處。朱筆出竇伯手，墨筆蓋余所校也。此本係余姻友孫峸自舊藏。峸自不禄，屈指已十有三年矣。撫此不勝人琴之痛。康熙丁巳小春下浣覢菴陸貽典識於山涇老屋

17·14　武林舊六卷　明正德刊本

宋四水潛夫輯

宋廷佐刊板跋正德戊寅

留志淑跋_{同上}

右雜記

17·15　游志續編一卷　抄本

元南村居士陶宗儀九成編　前有宋天台陳仁玉《游志編序》
并目。是書繼仁玉《游志編》而作，故云《續編》。所載皆唐、宋、
金、元人游覽之文，頗有世不經見者。如劉祁《游西山記》、《北使
記》等篇，他書俱未之載，其存佚之功爲不小矣。至李格非《洛陽
名園記》、范成大《驂鸞錄》、《吳船錄》，蓋以世有傳本，故存其目而
未錄其文，非有所殘闕也。

淳祐癸卯置閏在秋，景氣極高，迴望屋角，山光與天合碧，左右
矗矗獻狀，似相招相延，竝有不勝情者。而余適病趾弗能遊焉，時
獨雉首引酌，誦《遠遊》、《招遊》諸篇以自宣暢。因懷自古山川之
美，人物之勝，登覽遊從之適，雖其有得於是、有感於是者不能盡
同，而皆超然無有世俗垢氣物欲之累。意謂古今樂事無過此者。
乃取自《咏沂》而下二千載間，迄於近世張朱氏衡山之游，高情遠
韻，聚見此編。若身參其間，而目與之接胥應和而俱翱翔也。吁，
世亦有好遊若予者乎？旬有五日編成，是爲序。天台陳仁玉

辛酉九月望，偶過孔嘉兄雲光閣，見有此本在几上，云是借陸
元洲者，遂爾袖歸，燈下錄之，以爲齋中卧遊之玩。少俟閒暇，盡將
載籍所傳遊覽諸作錄之，以續二公之不足，未知遂此志願否。令徐
問之，裝完併記。十一月朔錢穀

《游志續編》一冊，錢馨室先生手鈔本。予假於長塘鮑君以
文，命胥錄之。古人於小碎文字，編之錄之，不遺餘力若此。惜陳
氏《初編》僅存其目，異日當一一按目補之也。乾隆丙戌秋七月晦
日吳翌鳳志

明錢罄室手鈔《游志續編》，吳郡陸白齋先生所貽，吳君枚菴借録未還，出游踰十稔不歸，家所藏書散失殆盡。此書幸爲黃孝廉蕘圃所得，予輒元刻《道園遺稿》易之不可，則以枚菴手鈔本歸予。予喜過望，如獲璦寶，舊本不復置念矣。枚菴書法秀逸，手書秘册幾及千卷，他所收儲亦皆善本，今之錢罄室也。一旦化爲煙雲，其歸也蓋有大難爲懷者矣。展卷嘆息久之。嘉慶甲子十一月望通介叟鮑廷博識於知不足齋

右游記

17·16　宣和奉使高麗國經四十卷　舊抄本
毛斧季照宋刊本手校

宋奉議郎充奉使高麗國信所提轄人船禮物賜緋魚袋臣徐兢撰後附張孝伯撰兢行狀。末卷“儒學雞林之人引領嘆慕至”以下，明海鹽鄭休仲本脱一葉，鮑氏本同。此本據宋槧校補二百五十三字，可稱完善。每卷俱有“虞山毛扆手校”印記。

自序宣和六年

徐蕆刊板跋乾道三年

毛氏手跋曰：此本抄手最劣，且多錯簡，久置不觀。甲申五月從宋中丞借得宋槧本。自六月十五日校起，時方校訂《詩詞雜俎》，鳩工修板，因多間斷，至七月二十三日方畢。他日從此録出，可稱善本矣。惜宋本亦缺三葉，無從是正爾。二卷四八卷五六虞山毛扆識

17·17　島夷志略一卷　文瀾閣傳抄本

元汪大淵撰

九州環大瀛海，而中國曰赤縣神州。其外之州者復九，有裨海

環之，人民禽獸莫能相通，如一區中者乃爲一州。此騶氏之言也。人多疑其荒唐誕誇，況當時外徼未通於中國，將何以徵驗其言哉。漢、唐而後，於諸島夷力所可到、利所可到，班史傳固有其名矣。然考於見聞，多襲舊書，未有身遊目識而能詳記其實者，猶未盡徵之也。西江汪君煥章，當冠年嘗兩附舶東西洋，所過輒采錄其山川、風土、物産之詭異，居室、飲食、衣服之好尚，與貿易賚用之所宜，非其親見不書，則信乎其可徵也。夫言海中自多鉅魚，若蛟龍鯨鯢之屬，羣出遊鼓濤鉅風，莫可名數。舟人燔雞毛以觸之，則遠遊而没一島嶼間，或廣袤數千里。島人浩穰，其君長所居，多明珠、麗玉、犀角、象牙、香木爲飾，橋梁或甃以金銀，若珊瑚、琅玕、玳瑁，人不以爲奇也。所言由有可觀，則騶衍皆不誕，焉知是誌之外，煥章之所未歷，不有瑰怪廣大，又逾此爲國者歟？大抵一元之氣，充溢乎天地。其所能融結爲人爲物，惟中國文明則得其正氣。環海於外，氣偏於物，而寒燠殊候，材質異賦，固其理也。今乃以耳目弗逮而盡疑之，可乎？莊周有言“六合之外，聖人存而不論”，然博古君子求之異書，亦所不廢也。泉修郡乘，既以是誌刊入之，煥章將歸，復刊諸西江，以廣其傳，故予序之。至正十年龍集庚寅二月朔日翰林修撰河東張翥序

　　中國之外四州維海之外夷國以萬計，唯北海以風惡不可入，東西南數千萬里皆得梯航以達其道路，象胥以譯其語言。惟有聖人在乎位，則相率而效朝貢、通互市，雖天際窮髮不毛之地，無不可道之理焉。世祖皇帝既平宋氏，始命正奉大夫工部尚書海外諸蕃宣慰使蒲師文與其副孫勝夫、尤永賢等通道外國，撫宣諸夷。獨瓜哇負固不服，遂命平章高興、史弼等帥舟師以討定之。自時厥後，唐人之商販者，外蕃率待以命使臣之禮，故其國俗土産，人物奇怪之事，中土皆得而知。奇珍異寶，流布中外爲不少矣。然欲考求其故

實，則熟事者多秘其說，鑿空者又不得其詳。唯豫章汪君焕章，少負奇氣，爲司馬子長之遊，足跡幾半天下矣。又以海外之風土，國史未盡其蘊，因附舶以浮於海者數年，然後歸其目所及，皆爲書以記之，較之五年舊語大有逕庭矣。以君傳者，其言必可信，故附録《清源續志》之後。不惟使後之圖王會者有足徵，亦以見國家之懷柔百蠻蓋此道也。至正己丑冬十月又二望日三山吳鑒序

　　《清源續志序》曰：古有《九丘》之書，誌九州之土地，所有風氣之宜，與《三墳》《五典》並傳。周列國皆有史，晉有《乘輿》，楚有《檮杌》，魯有《春秋》是也。孔子定《書》以黜《三墳》，衍述《職方》以代《九丘》，筆削《春秋》以寓一王法，而《乘輿》、《檮杌》遂廢不傳。及秦罷侯置守，廢列國史。漢馬遷作《史記》，闕牧守年月，不表郡國，記載浸無可考，學者病之。厥後江表華陽有誌，汝穎之名士，襄陽之耆舊有傳。隋大業首命學士十八人著十郡誌，凡以補史氏之闕遺也。閩文學始唐，至宋大盛，故家文獻彬彬可考，時號海濱洙泗，蓋不誣矣。國朝混一區域，至元丙子郡既内附，繼遭兵寇，郡城之外莽爲戰區。雖值承平，未能盡復舊觀。《清源前誌》放失，《後誌》上於淳祐庚戌，逮今百有餘年。前政牧守，多文史武夫，急簿書期會，而不遑於典章文物。比年修宋、遼、金三史，詔郡國各上所録，而泉獨不能具，無以稱德意，有識愧焉。至元九年，朝以閩海憲使高昌偰侯來守泉，臨政之暇，考求圖誌，見是邦古今政治沿革，風土習尚，變遷不同，太平百年，譜牒猶有遺逸，及今不紀，後將無徵，遂分命儒生搜訪舊聞，隨邑編輯成書。鑒時寓泉，辱命與學士君子裁定删削，爲《清源續誌》二十卷，以補清源故事。然故老澌愚新學，淺於聞見，前朝遺事，蓋十具一二以傳焉。至正十一年暮春修禊日三山吳鑒序

　　右外紀

愛日精廬藏書志卷十八

史　部

職官類

18・1　大唐六典三十卷　明正德刊本

唐玄宗御撰　集賢院學士兵部尚書兼中書令修國史上柱國開
國公臣李林甫等奉敕注上

詹棫題識紹興四年

王鏊重刊序正德乙亥

18・2　麟臺故事三卷　抄本　從吳門黃氏藏本傳録

宋紹興元年七月朝請郎試秘書少監程俱記　伏讀《欽定四庫
全書總目》云，是書自明以來，自《說郛》所載數條外別無傳本，惟
《永樂大典》所載頗爲繁夥，排比條貫，猶可成書。原本五卷，十有
二篇。今篇名散見於《永樂大典》中者，曰沿革、曰省舍、曰儲職、
曰修纂、曰職掌、曰選任、曰官聯、曰恩榮、曰禄廩，衹存其九。謹依
類裒輯，仍爲五卷云云。此本凡三卷，闕四、五兩卷，蓋不完本也。
卷一曰官聯、曰選任，卷二曰書籍御製御書附、曰校讐，卷三曰修
纂、曰國史，凡六篇，與武英殿聚珍本命篇叙次多有異同。又篇名
見《永樂大典》者凡九，而此本所載書籍、校讐、國史不與焉，合之

恰十有二篇，俱足以資參考。前有紹興元年尚書省劄一通，中如凡十有二篇及繕寫成二冊等字俱缺，又改分爲“五卷”爲“三卷”，併於每卷填“上”“中”“下”字，蓋影寫者欲泯其不全之迹，故不惜多方作僞耳。原本末頁有錢叔寶題識云“隆慶元年八月十日蘇州府前杜氏書鋪收”，蓋從錢磬室藏本傳錄者。

18·3　中興館閣錄十卷續錄十卷　舊抄本

宋陳騤撰　《續錄》不著撰人名氏　闕卷一“沿革”，《續錄》闕卷九“祿廩”。

《中興館閣錄》十卷，淳熙四年秋天台陳騤叔晉與其僚所共編集也。上世官修其方，故物不抵伏。後世弗安厥官，置方莫修，職業因以放失。夫方云者，書也。究其本原事迹及朝夕所當思營者悉書之，法術具焉。使居是官者，奉以周旋，雖百世可考爾。《周官》三百六十，官各有書，小行人適四方，則物爲一書，多至五書，蓋古之人將有行也，舉必及三。惟始衷終，依據審諦，則其施設斯可傳久。彼狄焉滅棄典籍，縱意自如，幸闕六龍駐蹕臨安踰四十年，三省樞密院制度尚稽復舊，惟三館祕閣巋然傑出，非百司比。自唐開元韋述所集《記注》，元祐間宋宣獻之孫匪躬作《館閣錄》，紹興改元，程俱致道作《麟臺故事》，宋氏皆祖韋氏。而程氏《故事》并國初它則多闕，蓋未知其有宋錄也。惜最後四卷俄空焉。余屢蒐采弗獲，欲補又弗暇，每每太息。今所編集，第斷自建炎以來，凡物巨細靡有脫遺，視程氏誠當且密。官修其方，行古道者不當如是耶？昏忘倦游，喜見此書，乃援筆爲之序。李燾仁父

《續錄序》曰：《中興館閣錄》，淳熙四年成書。其後附錄者，多訛舛缺略。嘉定三年十月重行編次，是正訛舛，其缺略者增補之，名曰《館閣續錄》。逐卷之末，不題卷數。貴在他日可以旋入繼

今。每於歲杪分委省官，取歲中合載事略加刪潤，刊於卷末。前錄凡例，其目有九，今並從其舊云。

18·4　宋宰輔編年錄二十卷　明刊本　汲古閣藏書

宋太常博士徐自明著　卷首有毛子晉印記

本朝《大詔令》登載相麻，不及執政之制。宰輔拜罷，錄僅紀歲月名氏，而揚廷之命無述焉，覽者病之。故太常博士徐君自明，纂成《宋朝宰輔編年錄》二十卷。首起建隆庚申，至於嘉定乙亥，凡二百五十餘年。本之以《長編》、《繫年錄》，緯之以《大詔令》、《拜罷錄》與夫《玉堂制草》諸書，而一時黜陟之由，羣公評品之論，奉常行實之考，旁引曲彙，靡有漏略，其用心亦勤矣。夫一代之盛，則有一代之元勳碩輔，鉅德豐功，銘於彝鼎，書於旂常竹帛，固不待贊述。其間賢佞進退，正邪消長，關於世道泰否者，瞭然一覽之頃，辭令云乎哉。彼齊魯大臣，史失其名；漢相列傳，獨書免冊。是編也，其亦足爲信史羽翼歟？君之子居誼宰永陽，有廉稱，輙奉鋟梓于學，可謂能成先志者。我宋億萬年無疆，惟休臣亦有無窮之聞，續而書之，未有艾云。寶祐丁巳清明寶章閣學士通議大夫提舉隆興府玉隆萬壽宮嘉興縣開國子食邑六百戶陸德輿序

永嘉徐常博自明作《宋朝宰輔編年錄》，其子永陽邑大夫居誼刊之於梓，謁序於予。予曰，宰輔者，安危治亂之所寄也。漢四百年，稱蕭、曹、丙、魏；唐三百年，稱房、杜、姚、宋。豈不戛戛乎其難矣哉。國朝自建隆以至嘉祐，趙韓、王普、李公昉、宋公琪、張公齊賢、呂公蒙正、呂公端、李公沆、向公敏中、畢公士安、寇公準、李公廸、王公旦、王公曾、晏公殊、杜公衍、富公弼、文潞公彥博、韓忠獻王琦，又何其彬彬然盛也。中間不幸而王安石相，姦庸相繼，庸則陳升之、吳充、韓絳，姦則王珪、蔡確、韓縝。元祐更化，幸而有司馬

文正公光、吕正獻公公著、范忠宣公純仁數人，又不幸而章子厚相，姦凶復相繼。蔡京過於章子厚，王黼過于蔡京。若曾布、趙挺之、何執中、劉正夫、余深、鄭居中微不及子厚京黼。造禍者姦，成禍者庸。禍極於吳敏、何㮚輩而不可制矣。若二人者，又姦庸相半者也。嗟夫，人耶，天耶。天將開建隆以來之治，故名臣相項背；天將兆靖康之禍，故姦凶接武。李公忠定綱，言驗於疏水，功驗於圍城。高皇帝以其爲命世之英而相之，不越七十有五日，間之者黃潛善也。忠定昭武人，潛善亦昭武人，並生而並相，豈非天乎。潛善罷忠定，亦竟不得志。趙公鼎、張公浚，忠定之亞也，相皆不得久。而久於其位者，秦檜也。忠定張趙，敵所惡也；檜，敵所喜也。其久其近，天意可知矣。自後相有可稱者，陳公康伯、陳公俊卿、趙公汝愚而已。中興而後，又何其太寥落耶？伂冑之徒，則世目以爲京、檜者也。賢者則不見久，而伂冑之徒皆得久於其位。此豈人耶？予嘗論三代而上，伊、傅、周、召皆以儒者相，大儒如孔子不過攝相而已。孔子而後，以儒得相者惟司馬文正公，豈非盛哉，然亦不得久。向若神宗以所以待安石者早相司馬公及程公顥，天下豈不被儒相之福耶？論皇宋宰輔者，每爲之三太息。常博之爲是録也，於美惡皆不没其實，賢於世之類書多矣。寶祐五年五月五日[①]龍圖閣學士朝奉大夫新知西外宗正事趙下缺。

　　故太常博士徐公，永嘉之經師宿儒，容止靖嚴，言悉中節，行不越矩。論著滿室，蠅頭手筆，無一字不端楷，皆有益於世教。其録宰輔也，昉時年十八九，執册應對其間，粗審顛末。後三十餘歲欲板於三山郡齋而未果。會公之子居誼來宰永福，政成能以俸金刻之縣學，爲一代之盛典，可敬也。公字誠甫，號愷堂，終零陵郡守

---

　　① "五月五"三字，據《宋宰輔編年録》增入。

云。寶祐五年五月五日朝散郎集英殿修撰提舉建寧府武夷山冲佑觀永嘉縣開國男食邑三百户賜紫金魚袋陳昉謹書

司馬温公既體《春秋左氏傳》爲編年一書,又欲倣班史叙宋興以來百官沿革,公卿除拜,作《百官公卿表》以便省覽。今觀徐公《編年》惟及宰輔而百官不及,則予省覽爲尤便。宋朝歷代名德,布滿百職,輝映史册,先後相望。温公猶思表而出之,夫豈不足於夷考,而公之《編年》曰,姑舍是非略也,媲諸作室之工,書於棟者惟都科匠與副之,而梓人不與焉。公之《編年》意或以是夫?大臣之進退藏否,國之否泰繫焉,關涉至大。故公之爲此書也,自建隆庚申訖嘉定乙亥,其間元臣碩輔,誥命所褒,建議所否,出處之顛末,德業之污隆,《長編》《繫年》所不載,《拜罷録》、《年表》所不具,而雜出於他書,旁搜遠括,靡有遺棄,釐爲卷帙,用工雖勤,然操其樞要,舉其宏綱,賢於勞而寡要者遠矣。談者咸謂是書之成,可觀世道。吁,豈惟是哉?觀慶曆之盛,則杜、富、韓、范之事業在所勉;觀熙豐之事,則荆舒之學在所懲。下不負所學,則景行先哲,區別邪正,以丕寅亮之規;上不負吾君,則追法前猷,吹薤往徹,益謹乎若時登庸之道。則是書有補於世,所以續皇家萬億年無疆之休。自此《編年》始真作宋一經者也。公諱自明,嘗爲太常博士。子居誼宰永陽,以廉名。鳴琴之暇,取家藏之秘,鋟於邑序,使垂世懿範不至無傳,厥功不在《編年》下。寶祐丁巳八月朔中奉大夫福建路轉運判官章鑄序

18·5　祕書監志十一卷　文瀾閣傳抄本

元王士點商企翁撰

右官制

18・6　作邑自箴十卷　抄本　從陳君子準藏本傳錄

宋李元弼撰　述爲政之要，茊論民之方，極爲核備，雖篇帙無多，而條目詳盡，區畫分明，固司牧者之矜式也。末卷曰登途須知，曰備急藥方，亦行路所必需者。《直齋書錄解題》、《文淵閣書目》、《世善堂書目》俱著錄。末頁有"淳熙己亥中元浙西提刑司刊"兩行，蓋從宋刊本影寫者。

　　嘗謂子男之任，實難其人。漢之郎官出宰百里，聖朝鼎新法度，以達官稱薦者錄之。予濫縮銅章，才微識隘，何以承流宣化民社之重？可不勉焉。剽聞鄉老先生論爲政之要，僅得一百三十餘說。從而著成規矩，述以勸戒。又幾百有餘事，釐爲十卷，目之曰《作邑自箴》。置之几案，可以矜式。政和丁酉秋七月李元弼持國待次廣陵書

　　直齋書錄解題曰：《作邑自箴》十卷，李元弼持國撰，政和丁酉序。

18・7　官箴一卷　明成化刊本

宋紫微舍人呂本中居仁著

邢讓重刊跋成化戊子

右官箴

愛日精廬藏書志卷十九

史　部

政書類

19·1　太平寶訓政事紀年五卷　抄本

　　不著撰人名氏　是書以富弼《三朝政要》、林希《兩朝寶訓》爲藍本而益之，以國朝《會要》、《事實類苑》等書始太祖迄高宗。稱高宗爲"太上皇帝"，蓋孝宗時人所編輯也。太祖、太宗、真宗三朝，每年後俱有"臣弼等釋曰"云云，蓋即陳振孫所謂"每事之後，各釋其意"也。《文淵閣書目》著録。

　　此書廼將富公弼所進太祖、太宗、真宗《三朝寶訓》案：富弼所進，乃《三朝政要》，非《寶訓》也。此蓋沿《館閣書目》之誤。及林公希所進仁宗、英宗《兩朝寶訓》及國朝《會要》、《事實類苑》編年之書，與夫建隆以廼紹興詔令旨揮、歷朝名臣章奏之集、言行紀録搜括殆盡，以成是編。庶幾開卷一覽，則我祖宗盛德大業，厚澤深仁，爛煥乎其溢目，豈小補哉。伏幸詳鑒。

　　《直齋書録解題》曰：《三朝政要》二十卷，宰相河南富弼彥國撰。慶曆三年，弼爲樞副，上言選官置局，以三朝典故，分門類聚，編成一書以爲模範。命王洙、余靖、孫甫、歐陽修同共編纂，四年書成，名《太平故事》，凡九十六門。每事之後，各釋其意。至紹興八

年,右朝議大夫吕源得舊印本刊正增廣,名《政要》。釋明策備上
之於朝。《館閣書目》指"政要"爲"寶訓",非也。

《玉海》曰:慶曆三年九月,樞密副使富弼請考祖宗故事可行
者爲書,置在二府,俾爲模範,得以遵守。上嘉其奏。丙戌命史館
檢討王洙,集賢校理余靖、歐陽修,秘閣校理孫甫等同編,命弼領之
名,曰《太平故事》。四年九月上之,凡九十六門二十卷,弼爲序。
凡三朝賞罰之權,威德之本,責任將帥之術,升黜官吏之法,息費強
兵之制,禦戎平寇之略,寬民恤災之惠,睦親立教之本,御臣防患之
機,察納諫諍之道,率編録焉。

又曰:元豐五年六月八日戊午,宰臣王珪言天聖中修真宗正
史、別録、《三朝寶訓》以備省覽。今當修仁英《兩朝寶訓》,詔吏部
郎曾肇、著作佐郎林希編修,至六年四月十九日書成,凡二十卷,希
上之。賜銀絹二百。始於孝德,終於治夷,分七十六門。

右寶訓

19·2　唐會要一百卷　舊抄本

宋推忠協謀佐理功臣光禄大夫守司空兼門下侍郎同中書門下
平章事監修國史上柱國太原郡開國公食邑二千户實封四百户臣王
溥纂

19·3　建炎以來朝野雜記殘本六卷　宋刊本

宋李心傳撰　板心有記乙十及十一至十五等字,蓋乙集卷十
至卷十五六卷也。卷十、十一曰時事,卷十二曰故事,卷十三、十四
曰雜事,卷十五曰官制,分卷與聚珍本異。是本首尾卷數俱經刊
改,妄填一二三四五六等字,幸板心未動,得以考見原書卷第,據之
更正云。

19·4　文獻通考三百四十八卷

宋鄱陽馬端臨貴與著元刊元印本

自書契至唐而《通典》成，至宋過江而《通志》略成。過江文獻家，惟扶風氏久。上下數千年，幽者屋壁，叢者棟宇，書市罕值，寒窗少儲，用之階庭焉，磅礴鬱積，次第增損。近始嘉定，遠接天寶，泝而上之，於是過江四丁未矣，而《通考》又成。三書在宇宙間，皆不可闕。若《通考》鳩僝粹精，芟夷蕪翳，宿疑解駁，新益坌涌，自爲一家。昔顧子敦恨不伊川入山讀《通典》，有爲而言之也。漁仲進《通志》，詔許於三館借書，務觀謂館中諸公，皆不樂以館中所有而易所無，豈非快事，一時名勝狹中乃爾邪。史筆志最難。此書疑延壽史無志，故南北日食多異同。予見《舊唐書》，張太素撰《魏志》百卷，志天文則其姪一行。一行嘗追步日食，至于春秋視七十九，如發曚耳，今亡矣夫。《中州集》蔡珪《補南北志》六十卷。珪、戀之孫，松年之子，他書述稱是。河洛多好古君子，時代未遠，倘或可求，使延壽無遺憾。吾按延壽自爲南北《史》，預修《晉史》。一人之身尚相牴牾，《晉志》璽文八字，晉也而謂之秦。辛述傳郭元建所郵强加以秦八字。若太平真君七年出佛像者二真秦也，旁又鐫曰“魏所受漢”。夫真秦既彼留，則江左非其晉耶而淆之耶。李心傳僂指於慕容小差，仍欠質佛像，是非變化，如蟠螭者何限。安得二志忽焉呈現，以爲君書之助。王肅魏中，蘇綽魏末，從周變夏，華風丕粲，君有意乎？君文獻故家，考制度於江左，斯文極盛七餘；禮補綴以朱黃，史錯綜以呂葉。深尋以真魏，遠騁以周洪。陳陳相因，且唯唯且否否。舊編屢脫，初槀頻抄，神識晶熒，顛末完整，不然何以膽勇於君卿、漁仲之旁而睨其後哉？使老先生及見帙端數語，當益佌益崇，如拔地倚天，森羅萬象，照耀杲杲。而予也何足以

知之？何足以知之，以君下問之勤也，不敢以不能爲解。君故相國番易公仲子。至大戊申七月既望，鄱陽公門下士李謹思序

　　自序

　　王壽衍進書表<small>延祐六年</small>

　　饒州路總管府下樂平州刊印通考指揮<small>至治二年</small>

　　鄱人宋相子馬端臨，述《文獻通考》於家。泰定元年，江浙省彫實於西湖書院。越十有一年，予由太史氏出，統學南邦，因蒞杭，閱究其文，或譌或逸，版咸有焉。時端臨既没，厥壻楊元長教於東湖，乃俾造厥嗣志仁詢，取先文用正斯失。至則就俾元偕西湖長方員率學者正之，踰年而訖，將圖正於梓未諧。又踰年，中書遣太常陳氏來訪求典籍於兹，行中書以其事惟予是任，乃克遂舊圖，俾儒士葉森董正梓工且足於不逮，必予復省功乃已，幸獲底於備可觀。烏呼，考之述，繼世而成，歷代而行，踰十年而徵，又三年而明，匪易匪輕，可戒於德之不恒。至元又五年三月朔江湖等處儒學提舉余謙叙紀

19·5　大唐開元禮一百五十卷　抄本

　　唐蕭嵩等奉敕撰

　　周必大序曰：三代以下，言治者莫盛於唐，故其議禮有足稽者。始太宗文皇帝以濬哲之姿，躬致上治，顧視隋禮，不足盡用，乃詔房玄齡、魏徵與禮官學士增修《五禮》，成書百卷，總一百三十篇，所謂《正觀禮》是也。高宗纂成之，復詔長孫無忌、杜正倫、李義府以三十卷益之。然義府輩務爲傅會，至雜以令式，議者非焉，所謂《顯慶禮》是也。二書不同，蓋嘗並用。春官充位，莫之或正。開元皇帝綏萬邦撫，重熙於是。學士張説奏言，儀注矛盾，盍有以折衷之。乃詔徐堅、柳鋭、施欽本載加撰選，繼以蕭嵩、王邱仲等，歷

數年乃就,號曰《大唐開元禮》,吉、凶、軍、賓、嘉,至是備矣。書必有序,序所以爲作者之意。禮書一代之典也,其可闕耶?謹爲序曰:夫爲國必以禮,以時爲大。商之去夏未久也,其損益已可知矣。況乎自秦迄漢,典籍殘缺,所可見者二戴之《記》,《周官》之書,其綱則備,其紀則略。二戴之《記》雜出於漢儒,或繁密難遵,或牴牾莫辨。此泯泯紛紛,所以無敢輕議也。雖然大輅没而椎輪不可以復用,宮室備而茅茨不可以復拘。若明堂以致嚴父之孝,孝致矣則汶上之圖不必盡合于黄帝;圓邱以竭事天之誠,誠竭矣則澤中之祀不必盡合於成周。蓋古今之不同,文質之適變,雖先王未之有者可以義起,奈何區區殘編斷簡,泥古而窒。今使我朝盛典不傳於後世耶。唐受命,奄有方夏。吉禮以事神祇,賓禮以親邦國,嘉禮以親萬民,不得已而施之軍禮、凶禮者甚衆也。朝廷之所用,有司之所守,非一定之論則内外無所適從,非不刊之書則子孫無所取法。今自正觀而至顯慶,閱歲未久,二禮之不同,固未害損益之義也。然既出義府傅會,則非所謂一定之論;猥雜有司令式,則非所謂不刊之書。開元皇帝勵精政治,有意太平,故能遴擇儒臣,釐正鉅典。惟堅等辨博通貫,體上之意,故能不泥不肆,克輯成書,因時肇興。朝廷有大疑,不必聚諸儒之訟,稽是書而可定;國家有盛舉,不必野外之謀,即是書而可行。世守之,毋敢失墜,不其休哉。書凡百五十卷,各以類從。讀者如按圖而知四方,此不具載。姑叙作書之旨云。謹序

19·6　大唐郊祀録十卷　抄本　從錢唐何氏藏本傳録

唐朝散郎前行河南府密縣尉太常禮院修撰　臣王涇上　卷一至三曰凡例,卷四至七曰祀禮,卷八曰祭祀,卷九卷十曰饗禮。凡例者,如辨神位,視牲器,卜日齋戒,玉帛牲牢,奠獻祈禱,祭服雅

樂,雜例之類是也。祀禮者,如冬至祈穀,雩祀明堂,朝日夕月,風師雨師,靈星五龍及五方感生帝,九宮貴神之類是也。祭祀者,如皇地祇,神州地祇,太社太稷,嶽鎮海瀆之類是也。饗禮者,如薦獻太清宮,元元皇帝宮薦獻太廟,德明皇帝等廟,天寶三載追尊皐陶爲德明皇帝。及先農先蠶,文宣王,武成王,先代帝王之類是也。稽歷代郊祀之制,述有唐沿革之由,中如祀九宮貴神於東郊,升風師雨師爲中祀,及嶽鎮海瀆之封爵,風雨雷師之樂章,俱《開元禮》所未及載者。一朝典制,藉此可補其闕。注中所引《三禮義宗》,多有他書所未見者,亦足以資考核。有志於經史之學者,宜亦共知寶貴哉。表云神位升降,寫而爲圖。今其圖已佚,無可考矣。《崇文總目》、《通志》、《直齋書錄解題》、《文淵閣書目》俱著錄。

　　王涇上表

　　《直齋書錄解題》曰:《大唐郊祀錄》十卷,唐太常禮院修撰王涇撰。考次歷代郊廟沿革之制及其工歌祝號而圖其壇屋升降之序,貞元中上之。

19·7　太常因革禮一百卷　抄本

　　宋推忠協謀佐理功臣光禄大夫行尚書吏部侍郎參知政事上柱國樂安郡開國公食邑三千三百户食實封八百户臣歐陽修等奉敕編
　　案:宋太祖始命劉溫叟等約唐貞觀、顯慶、開元《禮》爲《開寶通禮》,更太宗、真宗隨事損益。天聖中禮官王暐等論次其事,名曰《禮閣新編》。其後賈昌朝等復加編定,名曰《太常新禮》。嘉祐中,修以二書不能兼收博采,未足以示後世,且二書之外存於簡牘者尚多,付之胥史,日以殘脫,乃建編纂禮書之議。仁宗允其請。嘉祐六年,命蘇洵、姚闢置局修纂。治平二年書成,賜名《太常因革禮》。分八類,曰總例、曰吉禮、曰嘉禮、曰軍禮、曰凶禮、曰廢禮、曰新禮、曰廟議，凡一百卷。始自建隆，迄於嘉祐，以《開寶通禮》爲主，糸以《禮閣新編》、《太常新禮》、《禮院儀注》、《禮院例冊》、《慶曆祀儀》及實録、會要、封禪記、鹵簿記等書，四朝典禮粲然具備。是固《政和五禮新儀》以前所不可無之書也。《文淵閣書目》、焦氏《經籍志》俱著録。伏讀《欽定四庫全書總目》云，北宋一代典章，如《開寶禮》、《太常因革禮》、《禮閣新儀》，今俱不傳云云，則是書之佚久矣。此本傳自蕭山陸氏，蓋從舊抄本傳録者，缺卷五十一至卷六十七凡十七卷。

臣修等聞，昔秦燔滅《詩》《書》，而禮樂尤其所惡，故漢興二百餘年，而郊祀之禮聽於方士，乘輿所御，不過袀服。及至顯宗，然後發憤太息，鑿空耕荒，以有三雍七郊，百官備物，輅車衮冕以祀天地，養三老五更於學，然後後世有述焉。漢末喪亂，永平遺文復就湮滅，而江左學者猶能言之。蕭梁之時日不暇給，猶命陸連、賀瑒等五人分治五禮。及至隋文，天下初合，享國日淺，亦能於兵燼之餘收集南北儀注，爲百三十篇。故唐興得以沿襲，爲正觀、顯慶、開元之禮。古之君子於戰伐崎嶇之中，猶不忍禮樂之廢，苟有一日之安，則相與戮力講求，其勤如此。宋有天下，承平百年，憲章文物，遠追三代。而觀書於太常者，獨有《開寶通禮》得爲完書，其餘顛倒脫落，無所考證，至不及漢、唐者。此有司失職，學者不講之過也。昔太祖皇帝始命大臣約唐之舊爲《開寶通禮》，事爲之制以待將來。其後更歷三朝，隨事損益，與《通禮》異者十常三四。苟新書不立，而恃《通禮》及爲備，則後世將有惑焉。故天聖中禮官王皞等論次己行之事，名曰《禮閣新編》。其後賈昌朝等復加編定，名曰《太常新禮》。而《禮閣新編》止於天禧之五年，《太常新禮》止於慶曆之三年，又多遺略，不能兼收博采，以示後世，而二書之外，存於簡牘者尚不可勝數，付之胥史，日以殘脫。故嘉祐中，臣修以爲言，而先帝以屬修與凡禮官，命臣關、臣洵專領其局，始自建隆以來，訖於嘉祐，巨細必載，罔羅殆盡，以爲《開寶通禮》者，一代之成法。故以《通禮》爲主而記其變，其不變者則有《通禮》存焉。凡變者皆有所沿於《通禮》也，其無所沿者謂之新禮。《通禮》之所有而建隆以來不復舉者謂之廢禮。凡始立廟皆有議論，不可以不特見謂之《廟議》。其餘皆即用《通禮》條目，爲一百篇以聞，賜名曰《太常因革禮》。雖不足以稱先帝考禮修業傳示無極之意，猶庶幾於守職不廢以待能者。尚書吏部侍郎參知政事提舉編纂臣歐陽修、龍圖閣直學士尚書兵部侍郎兼侍讀同判太常寺兼禮儀事臣李東之、龍圖閣直學士左諫議大夫兼侍講崇文院檢討官同判太常寺兼禮儀事臣呂公著、尚書工部郎中知制誥兼同判太常寺兼禮儀事臣宋敏求、尚書屯田員外郎充集賢殿修撰同判太常寺兼禮儀事臣周孟陽、尚書度支員外郎直祕閣兼充史館檢討同知禮院兼丞事臣呂夏卿、尚書祠部員外郎充秘閣校理同知禮院臣李育、秘書丞充集賢校理同知禮院臣陳繹、太常博士禮院編纂臣姚關、守霸州文安縣主簿禮院編纂臣蘇洵等謹上。

　　《太常因革禮》，老蘇先生奉詔所修也。先是，歐陽文忠公同判太常寺始建編修禮書之議，朝廷雖從其請，然猶重置局就以命禮官，既不專任，閱歲久之，書不果成。嘉祐六年七月己酉，乃以先生爲霸州文安縣主簿，使食其禄，與陳州項城縣令姚關同編纂，判寺官督趣，歐陽公以參知政事提舉。閱五年，當治平二年九月辛酉而奏書成。國史謂建隆以來三輯禮書，嘉祐尤悉，則謂此書也。古者《經禮》三百，《曲禮》三千。自後世以禮著書者僅存其大槩，或闕其彌文，《經禮》粗詳而《曲禮》盡廢，以故往往不可復考。嘉祐書獨於損益去取，異同之際莫不咸任。當此時，知制誥張環奏以國朝禮不合古制，欲命大臣與禮官釐正紬繹，然後垂之永久。先生爭之，以爲今亦編集故事，使後世無忘之耳，非曰制爲典禮，遂使尊而行之也。遇事而載之，不擇善惡，是記事之體也。然則其凡例條目，先生之定論，蓋若此而昧者，顧謂繁簡失中，以楦釀目之，抑未之思歟。其書以《開寶通禮》爲本，而以儀注、例册附見之，且絫以實錄、封禪記、鹵簿記、大樂記及他書，《經禮》、《曲禮》，於是兩備。張文定公所謂其事業不得舉而措之於天下，獨新禮百篇今爲太常施用者是也。錢侯太虛爲吾州，盡刻蘇氏之書於學宮，所以加惠諸生甚厚，且屬璧識其歲月，因備列之於末云。淳熙十五年正月郡人李璧書

　　《郡齋讀書志》曰：《太常因革禮》一百卷，皇朝姚闢、蘇洵撰。嘉祐中，歐陽修言禮院文書放軼，請禮官編修。六年用張洞奏以命闢、洵。至治平二年乃成，詔賜以名。李清臣云，開寶以後，三輯禮書，推其要歸，嘉祐尤悉。然繁簡失中，訛闕不補。豈有拘而不得騁乎，何楦釀之甚也。

19·8　政和御製冠禮十卷五禮新儀二百二十卷　舊抄本

　　宋鄭居中等撰　前有御筆指揮及尚書省議禮院累次所上劄子。《御製冠禮》十卷，蓋當時頒此爲格式者，故以弁首不入卷。闕卷七十四、卷八十八至九十、卷一百八至一百十二、卷一百二十八至一百三十七、卷二百，共闕二十卷。

　　御製序曰：禮緣人情而爲之節文。先王稽其典常，制其等差，辨其儀物，秩其名位，所以正人倫，定尊卑，別貴賤也。故有君道焉，有父道焉，有子道焉。夫唱而婦隨，兄友而弟恭，莫不有叙，人倫正也。上不可以逼下，下不得以僭上；大不可以凌小，小不可以加大。無得而踰，尊卑定也。朝廷邦國，鄉黨遂序，有典有則，有倫有節，有條而不紊，貴賤別也。天下有萬不同之情，先王同之於一

堂之上，薄海內外，雖愚夫愚婦，莫敢以私智側言，改度易制者，以分定故也。夫人倫正，尊卑定，貴賤別，則分守明。分守明，則人志一。人志一而好作亂者未之有也。下不好亂，上無僭差，而天下不治者亦未之有也。先王以是成教化，移風俗。其和至於廣樂，其大至於與天地同節，深所慕之。朕獲承至尊，洪惟祖考，燕翼之謀，垂休錫美，功成治定。歷考前世承平之久，莫如今日。然承五季禮廢樂壞大亂之後，先王之澤竭，士弊於俗學，人溺於末習。忘君臣之分，廢父子之親，失夫婦之道，絕兄弟之好。至以衆暴寡，以智欺愚，以勇威怯，以彊陵弱。庶人服侯服，牆壁被文繡。公卿與皁隸同制，倡優下賤，得爲后飾。昏冠、喪祭、宮室、器用，家殊俗異，人自爲制，無復綱紀。幾年於茲，未之能革。昔在神考，憲道立政，稽若往古，非新斯人，以追三代之隆。謂安上治民，別嫌明微，釋回增美，莫善於禮。親降策問，下詢承學，造庭之士，將因今之材而起之也。命官討論郊祀之儀，服章之飾，是正訛舛，大勳未集。仰惟先志，明發不寐，繼而承之，罔敢忽怠，乃詔有司張官設屬，講求比次，以書來上。朕乙夜省閱，考驗先王制禮之文，親加筆削。復命有司循古之意，而勿泥於古；適今之宜，而勿牽於今。乃作吉禮，以祀、以祭、以享；乃作凶禮，以哀、以弔、以檜、以恤；乃作賓禮，以朝、以會、以覲、以問；乃作軍禮，以用衆、恤衆、簡衆、任衆、合衆；乃作嘉禮，以親宗族、親男女、親賓客、親異國。籩豆尊罍，冕弁旂常，車輿圭璧，羔鴈幣筐，有不可施於今，則用之有時，示不廢古；有不可用於時，則惟法其義，示不違今。又爲之多寡之數，高下之等，長短之度，疏數之限，將自躬而達之天下，自朝廷而達於庶民。使士安於分，無見利忘義之心；人知所守，無犯令陵政之悖。四方以無拂而天下如一家，爭訟之端，庶幾永息，廉恥之道，庶幾乎興，而刑其措歟。傳曰："商因於夏禮，所損益可知也。周因於商禮，所損益可知也。其或繼周，百世可知也。”今天下去周千有餘歲，道之不明，未有疏於此時也。世染污俗，冒上無等，未有甚於此時也。朕因今之俗，傚古之政，以道損益，制而用之，推而行之。由乎百世之後，奮乎百世之上，等百世之王。若合符契，其歸一揆，所謂百世而繼周者也。雖其法其制本頒天下，朕將禮刑並用，俟之以慶賞刑威，遹觀厥成焉。萬機之暇，書其意，記其制作之因，以兼明天下後世。政和新元三月一日序

尚書省牒議禮院知樞密院事鄭居中等剳子奏。竊以禮有五經，而威儀至於三千。事爲節文，物有防範。本數末度，形名比詳。遭秦變古，書缺簡脱。遠則開元所紀多襲隋餘，近則開寶之傳間存唐舊。在昔神考躋時，極治新美，憲章是正，郊廟緝熙，先猷實在今日。恭惟陛下德備明聖，觀時會通。考古驗今，沿情稱事。斷自聖學，付之有司，因革綱要。既爲禮書，纖悉科條，又載儀注。勒成一代之典，跨越三王之隆。臣等備員參訂，後更歲月，悉稟訓持，靡所建明。謹編成《政和五禮新儀》并序例總二百二十卷，目録六卷，共一百二十六册。辨疑正誤，推本六經；朝著官稱，一遵近制。上之御府，仰塵乙覽；恭候宸筆，裁定其當。以治神人，以辨上下。從事新書，其自今始。若夫蒐補闕遺，講明稀闊，告成功而示德意，則臣等顧雖匪材，猶當時順聖志而成之。取進止。牒奉敕宜頒降，牒至准敕。故牒。

政和三年四月二十九日牒

19·9　大金集禮四十卷　舊抄本　述古堂藏書

金張暐撰　闕卷十二至十八，又卷三十三。是書紙質甚鬆，蓋以閣中預備禀擬之紙寫録。《敏求記》直以爲金人鈔本，似未的。

何氏手跋曰：此書乃錢遵王故物。康熙己丑，余偶至虞山，得

之質庫所鬻褫書中,不知何時何人從文淵閣抄出者。前代稟擬,皆裁此紙作籤,今則彌踈而易壞,爛然其種類一也。何焯記

19·10　大金德運圖説一卷　<small>文瀾閣傳抄本</small>

金貞祐二年,尚書省集議德運之案牘也。

19·11　廟學典禮六卷　<small>文瀾閣傳抄本</small>

不著撰人名氏
右儀制

19·12　補漢兵志一卷　<small>舊抄本　玉蘭堂藏書</small>

宋白石先生錢氏文子撰　玉蘭堂、毛子晉、季滄葦、席玉照、楊繼梁俱有印記。題籤尚是子晉手筆,可貴也。
陳元粹序<small>嘉定甲戌</small>
王大昌跋<small>嘉定乙亥</small>
右軍政

19·13　故唐律疏議三十卷附釋文纂例　<small>元至順刊本</small>

唐太尉揚州都督監修國史上柱國趙國公長孫無忌等撰　釋文此山賈冶子撰<small>時代未詳</small>。元奉訓大夫江西等處行中書省檢校官王元亮重編　《纂例》奉訓大夫江西等處行中書省檢校官王元亮撰
《柳貫序》後,有“至順壬申五月印”一行,《釋文序》後有“至正辛卯孟春重校”一行,又有“崇化余志安刊於勤有堂”木記。末卷有“考亭書院學生余資編校”一行。
柳貫序<small>泰定四年</small>
劉有慶纂例序<small>泰定二年</small>

無名氏釋文序

進表永徽四年

19·14　律文十二卷音義一卷　抄本　從陳君子準藏影宋本傳録

《音義》宋翰林侍讀學士中大夫尚書兵部侍郎兼羣牧使判國子監太常禮院上柱國樂安郡開國公食邑二千二百户食實封四百户賜紫金魚袋臣孫奭等撰　曰名例、曰衛禁、曰職制、曰户婚、曰厩庫、曰擅興、曰賊盜、曰鬭訟、曰詐譌、曰雜律、曰捕亡、曰斷獄，凡十二律，爲十二卷。後有"天聖七年四月日准敕送崇文院雕造"一行。

《直齋書録解題》曰：《律文》十二卷、《音義》一卷，自魏李悝、漢蕭何以來，更三國六朝隋唐，因革損益備矣。本朝天聖中，孫奭等撰《音義》，自《名例》至《斷獄》，歷代異名皆著之。

19·15　慶元條法事類八十卷附開禧重修尚書吏部侍郎右選格二卷　抄本

不著撰人名氏　案《宋史·寧宗本紀》，嘉泰二年謝深甫等上《慶元條法事類》。《直齋書録解題》有《嘉泰條法事類》八十卷，云宰相謝深甫等嘉泰二年表上。蓋舉其奉詔之時則曰慶元，據其成書之日則曰嘉泰，一書而異名耳。闕卷一、卷二、卷十八至二十七、卷三十三至三十五、卷三十八至四十六、卷五十三至七十二，共闕四十四卷。末附《開禧重修尚書吏部侍郎右選格》二卷，蓋即《宋史》所載《開禧重修七司法》。《文淵閣書目》著録二十册，此其殘闕之本也。

《直齋書録解題》曰：《嘉泰條法事類》八十卷，天台謝深甫子肅等嘉泰二年表上。初吏部七司有《條法總類》，淳熙新書既成，孝宗詔倣七司體分門修纂，别爲一書，以《事類》爲名。至是以慶元新書修定頒降此書,便於檢閱引用,惜乎不併及《刑統》也。

19·16　大元聖政國朝典章六十卷　舊抄本　曝書亭藏書

不著撰人名氏

大德七年中書省劄節文,准江西奉使宣撫呈,乞照中統以至今日所定格例編集成書,頒行天下。照得先據御史臺,比及國家定立律令以來,合從中書省爲頭,一切隨朝衙門各各編類。中統建元至今聖旨條畫及朝廷已行格例,置簿編寫檢舉,仍令監察御史及各道提刑按察司,體究成否,庶官吏有所持循,政令不至廢弛。已經遍行,合屬依上施行去訖,今據見呈仰照驗施行。

19·17　大元聖政典章新集至治例　舊抄本

至治二年新集

《大元聖政典章》自中統建元至延祐四年所降條畫,板行四方已有年矣,欽惟皇朝政令誕新,朝綱大振。省臺院部恪遵成典,今謹自至治新元以迄今日,頒降條畫及前所未刊新例類聚梓行,使官有成規,民無犯法。其於政治豈小補云。

至治二年以後新例,候有頒降,隨類編入梓行,不以刻板已成而靳於附益也。至治二年六月日謹咨

右法令

19·18　營造法式三十四卷　影寫宋刊本

宋通直郎管修蓋皇弟外第專一提舉修蓋班直諸軍營房等臣李誠奉聖旨編修

編修《營造法式》所準崇寧二年正月十九日敕,通直郎試將作少監提舉修置外學等李誠劄子奏契勘,熙寧中敕令將作監編修

《營造法式》，至元祐六年方成書，準紹聖四年十一月二日敕，以元祐《營造法式》衹是料狀，別無變造用材制度，其間工料太寬，關防無術。三省同奉聖旨，著臣重別編修。臣考究經史羣書，并勒匠人逐一講說，編修海行營造法式，元符三年內成書，送所屬看詳。別無未盡未便，遂具進呈。奉聖旨，依續準都省指揮只錄送在京官司。竊緣上件法式係營造制度工限等關防功料，最爲要切，內外皆合通行。臣今欲乞用小字鏤版，依海行敕令頒降。取進止。正月十八日三省同奉聖旨依奏

　　臣聞上棟下宇，《易》爲大壯之時；正位辨方，禮實太平之典。共工命於舜日，大匠始於漢朝。各有司存，按爲功緒。況神畿之千里，加禁闕之九重，內財宮寢之宜，外定廟朝之次。蟬聯庶府，碁列百司。㭍櫨枅柱之相枝，規矩準繩之先治，五材並用，百堵皆興。惟時鳩僝之工，遂考翬飛之室。而斲輪之手，巧或失真；董役之官，才非兼技。不知以材而定分，乃或倍斗而取長。弊積因循，法踈檢察。非有治三官之精識，豈能新一代之成規。溫詔下頒，成書入奏，空靡歲月，無補涓塵。恭惟皇帝陛下，仁儉生知，睿明天縱。淵靜而百姓定，綱舉而衆目張。官得其人，事爲之制。丹楹刻桷，淫巧既除；菲食卑宮，淳風斯復。乃詔百工之事，更資千慮之愚。臣考閱舊章，稽參衆智。功分三等，第爲精粗之著；役辨四時，用度長短之晷。以至木議剛柔，而理無不順；上評遠邇，而力易以供。類例相從，條章俱在。研精覃思，顧述者之非工；按牒披圖，或將來之有補。通直郎管修蓋皇弟外第專一提舉修蓋班直諸軍營房等編修臣李誡謹昧死上

　　平江府今得紹聖《營造法式》舊本并目錄看詳，其一十四冊。紹興十五年五月十一日校勘重刊。

　　右考功

愛日精廬藏書志卷二十

史　部

目録類

20·1　秘書省續編到四庫闕書二卷　舊抄本

紹興□年改定　《玉海》云：紹興初改定《崇文總目》《秘省續編四庫闕書》。又云，紹興十七年，鄭樵按秘省所頒《闕書目録》，集爲《求書闕記》七卷。此本即改定頒行之《闕書目録》也。《通志·藝文略》引《四庫書目》，書名、卷數俱與此合。《校讐略》曰《四庫書目》以星禽、洞微之書列於天文。又曰：軌革一家，四庫收入五行類。又曰：謚法，《四庫書目》入禮類。又曰：《四庫書目》既立命書類，今本作命術。而三命五命之書，復入五行卜筮類。又曰：遁甲，一種書耳，《四庫書目》分而爲四類，兵書見之，五行卜筮又見之，壬課又見之，命書又見之。又曰《月令》乃禮家之一類，《四庫書目》見於禮類，又見於兵家，又見於農家，又見於月鑑。今本無月鑑一類，或亦稍有闕佚耶。又曰：《太玄經》以諱故，《崇文》改爲太真，《四庫書目》分太玄、太真爲兩家書。又曰：唐《志》以封演《錢譜》列於小説家，《崇文》《四庫》因之。凡此之類，證之此本一一符合。《郡齋讀書志》曰：《藝文志》以《爾雅》附《孝經》類，《經籍志》又以附《論語》類，皆非是。今依《四庫書目》置於小學之首。亦與此本合。若是則是書初名《四庫書目》，紹興時添注"闕"字，頒之天下者也。至《四庫書目》編於何時何人，姑俟續考。

《直齋書錄解題》曰：《秘書省四庫闕書目》一卷，亦紹興改定。其闕者注"闕"字於逐書之下。

20·2　直齋書錄解題殘本四卷　舊抄本

宋陳振孫撰　存《楚詞》類一卷，別集類三卷。《四庫全書》著錄本係從《永樂大典》錄出者，此則原本殘帙也。

右經籍

20·3　金石錄三十卷　舊抄本　菉竹堂藏書

宋趙明誠撰　此葉文莊公舊藏本也。首尾二頁及板心卷數則公所自書。見國華及何義門跋

自序

劉跂序政和七年

明誠室易安後序

趙不譾跋開禧改元

葉氏手跋曰：《金石錄》，余求之三十年不可得。壬辰冬始遇此善本於京師，如獲寶玉。然鈔畢略觀一度，其於《集古錄》正誤最多，誠亦精審已。雖然自昔著書家几塵風葉之喻，前後彼此，蓋恒有之，不足怪也。吾安得歐陽棐《集古錄目》、洪丞相《漢隸釋》等書悉集於此，而又有閒暇工夫，稍盡心焉，亦平生之一適也。漫筆之以俟。成化九年二月朔旦吳郡葉仲盛甫志

葉國華手跋曰：《金石錄》近無刻本。是本爲先文莊公鈔藏，復經先大父手輯一過，不知何時散逸。頃從吳興書買高價售之，還我舊物。先公云遇此善本，如獲寶玉。今小子得之，則不啻傳家之

天球河圖矣。後之人其□□□□崇禎癸未仲秋晦日六世元孫國華
百拜識

上闕及卷心次第數目，皆先公手蹟。

何氏手跋曰：《金石録》三十卷，崑山葉文莊公故物。首尾二
紙，則公手所自書。余收得吳文定公寫本書亦皆然，乃知前賢事事
必有體源，貴乎多見而識之也。康熙己丑五月何焯記

乙上闕在京師心友書來，則又收得吳文定叢書堂本矣。并以下
闕

20·4　金石録三十卷　舊抄本　汲古閣藏書

宋趙明誠撰　是本行欵、格式俱仿葉文莊公原本。惟原本二
十四卷以下有破損霉爛處。予所見義門藏本，如《華陽國志》、《張
來儀文集》等書往往如是。蓋何氏覆舟西江所致也。何氏《羅昭諫集
跋》云，庚辰嘉平月，焯自潮郡榕城旋里，道經西江烏屯，舟被風偃，琴書游囊盡入水中。
而時際仲冬，雨雪連綿，曝無日色。舟師急於請行，凡濕書籍咸以爐火烘焙，奈奚童又
不經心，失于翻檢，微染焦薰之痕云云。此本尚係未經水厄時所鈔，可補原
本之闕，故並存之。

趙明誠序

劉跂序

明誠室易安後序

趙不譾跋

葉仲盛跋俱見上

何氏手跋曰：鈔此書者，格行皆仿澂東老漁元本槧成，可謂好
事矣。康熙壬辰，汲古主人命余校後跋中譌字，因識。後生何焯

20·5　隸續七卷　元泰定刊本

宋洪适撰　三四卷末有"泰定乙丑寧國路儒學重刊"一條。

20·6　隸續十四卷　校影鈔宋本

宋洪适撰　顧君澗薲據毛氏影寫宋刊本校。卷十三鄧君闕畫象下校補跋尾一段,計八十八字,又補無名人墓闕畫象一行。王稚子闕、沛相范皮闕,後俱補繪畫象。

顧廣圻爲薆圃校,自第八卷至末,皆據汲古閣毛氏影鈔宋本。時嘉慶丁巳八月共一百十九葉,又跋三頁,又元空三十五頁。

20·7　寶刻叢編二十卷　文瀾閣傳抄本

宋陳思撰　闕四卷、九卷、十一、十二、十六、十七,凡六卷。

20·8　寶刻類編八卷　文瀾閣傳抄本

不著撰人名氏

20·9　絳帖釋文二卷　抄本　從陳君子準藏書抄本傳録

宋曾槃撰　案自序曰:“《絳帖》筆勢放逸,石本磨滅。學者每患其難通。槃嘗欲作《釋文》未果。會有以北人所著見畀者,因附益以舊所考證,刻之桐川郡齋”云云。蓋金人舊本而槃附益之者也。

諸家書帖閣下舊本今時已不多見,惟《絳帖》尚復流傳。但筆勢放逸,石本磨滅,學者每患其難通。槃嘗欲取古今訓釋,參其同異,爲作《釋文》,因循未果。會有以北人所著見畀者,因附益以舊所考證,刻之桐川郡齋。大抵古帖多非全文,歲月既深,傳摹不一。其語意之斷續,字畫之誤舛,欲書通貫難矣。今亦姑取其可解者訓釋之,固不敢自以爲是。好事者開卷之際,儻有所見,能爲鍼砭,以成此書,是所望也。嘉泰癸亥六月下澣贛川會槃樂道謹識

右金石

史評類

20・10　類編皇朝大事記講義二十三卷　抄本

宋黃甲省元肇慶府學教授溫陵呂中講義　省元國學前進士三
山繆烈皋蘭蔡柄編校

　　子頃遊膠庠，有同舍示一編書曰：此止齋水心之徒，以其師講
貫之素，發明我朝聖君賢相之心，所以措之事業，垂億萬年無疆之
休者，其槩可見也。是書年以記大事，一朝之事類之。隨朝分類，
隨事通釋，考求源委，顯微闡幽，言近而指遠也。大抵論朝廷必歸
之君心，論官僚必歸之宰輔，論良法必歸於美意，敵國外患必歸於
自治其國。食其實者審其根，酌其流者滌其源也。至於論治體之
寬嚴，謂：建隆尚嚴也。自李文靖焚四方利害之言，所以積而爲慶
曆、嘉祐之緩勢。仁祖尚寬也。自范文正公天章閣一疏不行，所以
而爲熙豐之急政，且謂王荊公之即范文公之遺意。文正公主於立
國，荊公主於利國。使文正之說遍行，則荊公之口可塞。惟正公之
言不遍行於慶曆，故荊公之學乃遍行於熙豐。神宗銳然有爲之志，
不遇范仲淹而遇王安石，此世道升降之會也。至於祈天永命，保民
長世之基，則以祖宗之仁意，常在於紀綱整肅之中，而紀綱不出於
仁意流行之外。故治體似寬柔而實凝，制度似煩密而實，國勢似緩
弱而實久。雖中更新法之毒亂，强敵之憑陵，權奸之剝喪，貪酷之
奮攘，敢於怨吏而不急讐吾君，敢於籲天而不忍叛吾國，於是天心
之仁愛，亦惓惓而不忍釋。實甫斂衣，端誦纔竟。藝祖皇帝一編已
屢掩卷而三嘆也。嗟夫，厭亂之民思治，玩治之民思亂。排患難之
膠輵者以安爲危，不期於質朴而自不能不淳也；習太平之見聞者以
安爲危，不期於奢麗而自不能不薄也。思治而一於質朴者，聖人出
而萬物覩矣；思亂而競於奢麗者，雖聖人亦必百倍其功而後可挽

也。然則藝祖皇帝之闔闢造化，所以使人人一心，事事一實者，何其盛哉。夫當世道之極變而道之，惟卓然思所以更新者，靡一事一物之可因仍也。故世非承平，不得以承平之事爲比，夸言慶曆、元祐於非慶曆、元祐之世者，非愚則諛。抑又嘗拜觀藝祖皇帝問趙普曰："天下何物最大？"普對曰："道理最大。"此堯、舜之問稷，契之對也。我朝所以理學□□者，其論已兆於此。而國家延洪之休，所以超軼漢、唐者，徒恃有此義理耳，舍義理而言治，非知言者也。此書之作，其有本乎？書肆請以刻梓且求序之，因書於首編如此。抑嵇叔夜有云：野人快炙背而美芹子者，欲獻之至尊。雖有區區之意，亦已疎矣。愚則不敢。惟願與學者審其是而已。淳祐丁未上元前一日廸功郎前興國軍軍學教授劉實甫序

吕府教舊遊庠序，慣熟國史，因作監本《資治通鑑》。摘其切於大綱者，目分爲門，類集爲講義。塲屋中用之，如庖丁解牛，不勞餘刃。昨已刊行，取信於天下學者有年矣。今來舊板漫滅，有妨披覽，是用重加整頓，正其差舛，補其疎略，命工繡梓，整然一新。視原本大有徑庭，所謂愈出而愈奇者。收書君子，幸垂藻鑑。

20·11　皇朝大事記九卷中興大事記四卷
舊抄本　千頃堂藏書

宋黃甲省元肇慶府學教授溫陵吕中講義　省元國學前進士三山繆烈皋蘭蔡柄編校　《皇朝大事記》，始太祖迄欽宗，後附《治體》、《制度》、《國勢論》三篇。《中興大事記》，始高宗迄寧宗，後附《中興規模》、《中興制度》、《中興國勢論》三篇。每一朝爲一卷。《皇朝大事記》較二十三卷本頗多刪節。《中興大事記》世無傳本，以《宋史全文》所引考之，蓋亦刪節之本也。

黃氏手跋曰：中字時可，晉江人，淳祐七年廷對第六人，教授肇

慶府,除國史實録院檢閲。上疏言當去小人之根,革贓吏之弊,遷國子監丞兼崇政殿説書。言人能正心則事不足爲,人君能正心則事不足治。理宗嘉納之,以予給歸召爲祕書郎。丁大全忌之,出知汀州,尋復舊官,主管成都玉局觀卒。是書予得之戊子春,迄今丁巳已三十年矣。鄉後學黄虞稷題

20·12　舊聞證誤殘本二卷　宋刊本　汲古閣藏書

宋秀巖李心傳伯微甫撰　原十五卷　《四庫全書》從《永樂大典》録出,編爲四卷。此則原本一二兩卷也。

20·13　史纂通要後集三卷　影寫元刊本

元番陽董鼎季亨纂　是書括宋金兩朝事迹,繫以論斷,以續胡一之書,故曰後集。

愛日精廬藏書志卷二十一

子　部

儒家類

21·1　家語十卷　臨毛氏斧季校南北兩宋本

魏王肅注

21·2　家語八卷　明建寧守十世祖端巖公刊本

明郴陽何孟春注

吾夫子遺言，自《六經》、《論語》、《孝經》外，惟《家語》爲近。《家語》雜於漢儒之手，故先儒以爲未純。夫先秦、兩漢去古未遠，其傳流要有所自，殆亦未可棄也。燕泉先生嘗註《家語》，又採秦、漢間稱述吾夫子之言爲《家語外集》，其取於聖人者博矣。注援引百氏，討論異同，固致慎擇意也。舊王肅注已失傳，先生之注其殆不可少哉。所謂《外集》者，亦盍遂併出之。是本先生自滇寄至，因托建寧郡伯張侯公瑞梓行書坊而題其後。正德辛巳良月望日後學莆陽黃鞏謹識

21·3　荀子二十卷　影寫宋呂夏卿大字本

唐登仕郎守大理評事楊倞注　後有"將仕郎守秘書省著作佐

郎充御史臺主簿臣王子韶同校、朝奉郎尚書兵部員外郎知制誥上
騎都尉賜紫金魚袋臣呂夏卿重校”兩行。案呂夏卿本宋槧尚存,
惟是本從宋槧初印本影寫。現存之宋槧則紙質破損,字迹糢糊,且
爲庸妄子據俗本描補,殊失廬山真面,故宋槧轉不若影宋本之可貴
也。金吾聞之黃蕘圃先生云。

楊倞序元和十三年

　　顧氏手跋曰:《荀子》向唯明世德堂本最行於世,乃其本即從
元纂圖互注本出,故重意之刪而未盡者,猶存兩條于楊注中,一《修
身篇》“丘山崇成”句下,一《王制篇》“何獨後我也”句下。又何怪乎本之不精
也。餘姚盧抱經學士彙諸本,參以己意,校定重梓,首列影抄宋大
字本。即今此本,從朱文游家見之也。考《困學紀聞》所引如“青取
之於藍”、“請占之五帝”諸條。殆監本,是已採用頗多,咸足正世德堂之
誤。然如《君道篇》“狂生者不胥時而樂”,正與《爾雅・釋詁》“暴
樂”,《桑柔》《毛傳》及《鄭箋》“爆爍”所用字同,則“樂”不得如世
德堂本之改爲“落”明甚,而盧學士略不及此本之有“樂”字,然則
此書不幾亡此字乎? 他亦每有漏略抵牾,皆當據依以正之。今歸鄉
嚴周君收藏,蕘圃借得命校一過,兼訪知宋槧印本在東城,藏書家持
來擬售,略一寓目,樂字,槧本與抄同。他日倘竟爲蕘圃所有,當仍假此
本一一覆審之云。嘉慶元年八月書于黃氏之士禮居澗蘋顧廣圻

21・4　賈誼新書十卷　明弘治刊本

　漢賈誼撰

　　沈頡重刊跋弘治乙丑

21・5　新書十卷　明正德乙亥吉府刊本

　漢長沙太傅賈誼撰

胡价序_{淳熙辛丑}

黄寶序_{正德九年}

楊節跋_{正德乙亥}

21·6　劉向説苑二十卷　元刊本

漢劉向撰

曾鞏序

護左都水使者光禄大夫臣向言，所校中書《説苑》雜事，及臣向書民間書誣校讐，其事類衆多，章句相溷。或上下謬亂，難分別次序。除去與《新序》復重者，其餘者淺薄，不中義理。別集以爲百家，後人以類相從，一一條別篇目，更以造新事十萬言以上，凡二十篇七百八十四章，號曰新苑，皆可觀。臣向昧死。

21·7　揚子法言十三卷　臨義門何氏校宋刊李氏注本

漢揚雄撰　晉李軌注

絳雲樓舊藏李注《揚子注言》，序篇在末卷，未淆本書次序。後轉入泰興季氏，又歸傳是樓。康熙己亥心友弟偶獲見之，略校訛字，寄至京師。冬日呵凍，自校此本，他日餘兒苟能讀之，乃不負二父殷勤訪求善本，以貽後人之意也。老潛記

21·8　潛夫論十卷　明刊本

漢王符撰　嘗取是本校程榮本，改正頗多，《氏姓篇》尤甚。則《潛夫論》自宋槧外，是本其最善歟？

21·9　徐幹中論二卷　明弘治刊本

漢徐幹撰

無名氏序

曾鞏序

石邦哲題識_{紹興二十八年}

陸友跋_{至治三年}

都穆重刊跋_{弘治壬戌}

21·10　顏氏家訓七卷附考證　舊抄本

北齊黃門侍郎顏氏之推撰　《考證》後有結銜九行。

無名氏序

沈揆跋_{淳熙七年}

21·11　中説十卷　元刊本

隋王通撰**宋**阮逸注　前有文中子纂事。

阮逸序

21·12　續顏氏家訓殘本三卷　宋刊本

宋董正功撰　原八卷，今存卷六至八三卷。自《誡兵》至《終制》凡七篇。卷六闕一二兩頁。其書以《顏氏家訓》列前，而正功所續者繫其後，叙次體例一依原書。引據詳贍，辭義宏博，視之推書如驂之靳矣。原書崇尚內典，是其一失。是書《歸心篇》載李翶之《論佛》，《終制篇》載姚崇之遺令，深斥釋氏之妄，顯闢崇奉之非，亦足以矯顏氏之失而解後人之惑也。《讀書敏求記》曰，《續顏氏家訓》七卷，半是宋槧本之絶佳者，半是影宋本舊鈔。則遵王時已不獲見宋槧全書矣。此本止存三卷，較錢氏時又多殘闕。然神物會合，要自有時，安知述古藏本不更出於異日耶？且安知今所闕之宋槧五卷，不尚在天壤間耶？姑識之，以俟博訪。

《郡齋讀書志》曰，《續顏氏家訓》八卷，皇朝董正功撰，續顏氏之書。

《直齋書録解題》曰，《續顏氏家訓》八卷，左朝請大夫李正公撰，皆用顏氏篇目而增廣之。

21·13　朱子成書　元刊本

元廬陵後學黃瑞節附録　黃虞稷《明史藝文志補》曰，黃瑞節字觀樂，以薦授泰和州學正不赴，輯朱子《太極圖》、《通書》、《正蒙》、《西銘》諸解及《易啟蒙》、《家禮》、《律呂新書》、《皇極經世》、《陰符經》、《參同契注》，而以己所見爲附録。此本凡《太極圖説注》、《通書注》、《西銘注》、《正蒙注》、《律呂證辨》、《家禮》六種，俱不分卷。缺《易啟蒙》、《皇極經世》、《陰符經》、《參同契》四種。

吾友黃觀樂取晦菴朱氏諸書在《四書》外者，粹爲十種，博註增説，名之曰《朱子成書》，俾予序。嗚呼，是可以言成矣，朱子前蓋未嘗有成書也。傳註繁蕪，雜著偏駁，至《通書》而後，粹然出於正。然自爲書與諸子相望，非述而不作意也。朱氏出而後《六經》之説粲，然復興諸子百家之可傳者，亦各有論著，始終條理，可以言大備矣。昔者吾夫子蓋未嘗著書，《書》定《詩》删，《春秋》筆削而已。今誦《四書》者，《六經》如可後，遵集註者，他書皆可畧，甚不然也。余少不佞，自爲時文時，每欲窮索古人心胸，趣味不但雷同，是非止嘗，盡讀朱氏書，漫試語同輩，朱氏於熙寧、元祐孰主？介父、君實孰右？無不謂主元祐，右君實，乃殊不盡然。由是觀之，議論之不可盡如此，況學問哉？《四書》外政大有事，此成書之不容已也。今成書爲《太極圖》、《通書》，此所爲異象山而費論辨者也。《正蒙》由《易》以起，而《啟蒙》又本義之所以本也。《西銘》則天地萬物之同體，所以施之天下國家之道也。《皇極》指要則西山相與沉潛,趣悟天人之要,而門弟子之不得聞者也。冠昏喪祭,折衷三千年之異同而歸之一,莫備於《家禮》。陰陽水火,流行造化之妙,度量權衡,統和天人之本,莫博於《參同契》。《律吕書》若陰符之説,所以袪世惑而反之正者。皆不可以不之知也。嗟乎,《四書》者,天地也。是十書者,二氣五行也。微是十者,無以發《四書》之用。不觀於此者,亦無以集朱氏之成。學者試以予言思之,豈不足以矯然而有省矣乎。不然無有乎爾,則亦無有乎爾。觀樂是編,繙語録全,集披同時,往復跋涉,闚訂質確。又將類詩話雜説於此,外如千種未整也。觀樂學於先子有年,往從廬山西坡家,有異聞,得遺墨。今爲此書,與勉齋西坡皆當家盡力於朱門云。大德乙巳冬至廬陵劉將孫謹書

21・14　至書一卷　明嘉靖刊本

　　宋蔡沈撰　《至書》者,至理之所載也。明秦王序曰:古昔聖賢,以至理蘊于心,則爲至德;以至德洩于言,則爲至論;以至論措於行,則爲至道;以至道載于典籍,則爲《至書》。此《至書》之所由名也。遠取堯舜、禹湯、孔子、曾子、子思、孟子之書,近述周子、程子、張子、朱子之論,彙集成編,以闢佛老之所謂虚寂者。是書也,其爲學之本歟?《宋史・藝文志》著録。

　　《至書》者,言乎理之極至者也。天下之理中而止矣。堯舜禹之相授,孔子、孟子之相傳,上下數千百年,而其言若出於一者,天之降衷,民之受中,理無二本,故言無二致也。然而理有體有用。静而無所偏倚者體也,動而無過不及者用也。體則虚明而無一善之不備,用則該貫而無一事之不周。聖聖相承,其所以互相發明者,雖或有議論詳略之不同,稱述名義之不一,若夫根源之發,旨趣之歸,所以講明乎此理者,則固同一本也。三代之前,上之所以爲

教,下之所以爲學,則從事乎灑掃、應對、進退之節,禮樂、射御、書數之文,若司徒之職,典樂之官,不過使其由夫日用之常而已。夫禮儀三百,威儀三千,而精微之論不過數語。當是時也,風俗醇,人心正,本原不差,故士亦積學而造於自得。自孟子没,聖人之道不傳。學者專記誦之工,溺詞章之技,博而寡要,勞而少功,於是異端邪説得以乘間投隙。言道德,論心性,舍實取虛,棄有語無以其似是而易以惑人也。是以天下靡然趨之。其信之者固入於老佛矣,其疑之者亦入於老佛也,其與之者固入於老佛矣,其攻之者,亦入於老佛也。泯泯棼棼以至于今,天理民彝,幾何而不至於淪喪也哉。嗟夫,人惟無得乎此也,是以有慕於彼。竊念古先聖賢之書,所以持挈綱領,闡究精微者,非不明著,惟其散諸簡策,讀者不能會而一之。是以窒礙而難通,辛苦而無得,私竊懼焉。因遠取堯舜、禹湯、孔子、曾子、子思、孟子之書,近述周子、程子、張子、朱子之論,天下之言理者無以加矣。因是求之,則知夫精粹純一,溥博淵深,萬善所宗,萬事所出。而老佛之所謂虛寂者,不待辨而明矣。父子而親,君臣而義,夫婦而別,長幼而序,朋友而信,藹然其和,怡然其順。而聖人之所謂典常者,固可勉而至矣。昔者嘗聞之父師曰:世道既降,邪説交作,人心不明。苟不先示本原,鮮不誘於異端而陷溺之者。此書之輯,皆極至之理。其庶乎所謂本原者歟? 聖言深遠,未易測識。擇之未精,録之未備,同志其損益之。若夫力行之序則自下學始。日用常行之間,即道體精微之所在。學者不可不勉焉。嘉定戊辰正月望日建安蔡沈序

秦府重刊序嘉靖丁巳

21·15　孔子集語二卷　抄本

宋永嘉薛據纂

聖人之道至大矣，其猶天乎？三光二氣經其常，雷霆風雨霜露緯其變。斯人由之而不自知，知之而莫能盡。子曰：“予欲無言，吾無行而不與二三子者。”然則當時鑽仰之淵騫，蓋亦僅得之耳目所接耳。及夫逍遙曳杖之歌作，而金聲玉振之響不嗣，則其一話一言之記載，尚左尚右之彷彿，轉相授受，奚止百家。漢承嫚秦滅學之後，逮景、武之世，其去孔子未遠也，去曾子未遠也，去子思、孟子又未遠也。董仲舒對策，獨推明孔氏，令學者知所統一。方是時，有韓嬰者與董生齊名，學《詩》著《詩》内外傳數萬言，多引孔子言行以爲之證。仲舒所引悉與《論語》合，嬰所載頗與《荀子》同。又有曾子、《大戴禮》、《孔叢子》所取，可謂備而傳之矣。及長，讀《左氏》、《公羊》、《穀梁》、荀卿、列禦寇、韓嬰、劉向等書，其所記者益衆，惑滋甚焉。設以爲孔子没，諸弟子追思料簡，止以《學而》以下二十篇爲確耶，則此非君子之言，齊東野人之語，當時蓋擇之精矣。豈傳僞者哉？遂取諸書所載，裒而聚之。日累月積，寖成篇帙。而見於曾子、《大戴記》、《孔叢子》、《家語》四全書，與夫載於左氏、莊周、列禦寇、荀卿者，皆不與，而錯見於漢儒諸書者録之，其草創也訂之。丞相克齋游先生，先生曰：嘻，夥哉。子勉成之。時禮部侍郎蓬徑、東叫二曹先生，十餘年間列官秘府，遂得借書以閱。辛卯火，秘書之藏逸矣，古書有不得盡見者。屬南宫下第，乃詮次此書爲二十篇，題曰《集語》以畢其志。世有得而讀之者，其猶兊之戈、和之弓、垂之竹、矢在金櫃云。淳祐丙午孟夏庚申朔永嘉薛據叔容父序

中書省看詳所進孔子集語狀

大中大夫尚書刑部侍郎兼給事中兼太子諭德徐經孫、朝議大夫中書舍人兼國子司業常挺、通議大夫尚書兵部侍郎兼中書舍人兼直學士院兼侍講劉克莊等准尚書省送下朝奉大夫祕書監兼太子

侍讀謝子强等狀,申乞爲收藏廸功郎浙東提舉司稽山書院山長薛
據所進《孔子集語》,令本省看詳。克莊切見近世伊洛門人各記其
師弟子問答之語,謂之語録,或者又纂輯諸家所記,彙次爲朱氏、張
氏語略,不厭其詳且盡也。《論語》一書乃孔門高弟記其師弟子問
答之語,然孔氏之言滿天下,薛據采摭夫子之語不載於《家語》,與
夫莊周、列禦寇、荀卿所未録,或散於諸子百家之書者,集爲二十
篇,名曰《集語》。其尊師嗜學之志,賢於學伊洛者遠矣。此書有
益學者,委可嘉尚。如蒙激賞,念其行誼之美,著書之勤,非泛泛
比。察克莊等惓惓公舉之意,見之擢用,可爲尊經立行者之勸。仍
將所進《孔子集語》付秘書省收藏,克莊等不勝幸甚,伏候指揮。
景定元年五月十三日,尚書省劄,薛據行誼之美,著書之勤,特與陞
擢差遣,其所進《孔子集語》付秘書省。

兵家類

21 · 16　何博士備論一卷　述古堂鈔本

宋何去非撰　原二十八篇。此本止二十六篇,從陳君子準藏
舊抄本補録《鄧禹論》一篇,每頁格闌外有"虞山錢遵王述古堂藏
書"一行。

元祐四年正月日翰林學士朝奉郎知制誥兼侍讀蘇軾狀奏,右
臣伏見左侍禁何去非本以進士六舉到省,元豐五年以特奏名御廷
唱名。先帝見其策對,策詞理優贍,長於論兵,因問去非願與不願
武臣官。去非不敢違,聖意遂除右班殿直武學教授,後遷博士,今
已八年。嘗見其所著述,材力有餘,識度高遠。其論歷代所以廢興
成敗,皆出人意表,有補于世。去非雖喜論兵,然本儒者,不樂爲武
吏。又其他文章無施不宜,欲望聖慈特與換一文資,仍令充太學博

士，以率勵學者，稍振文律，庶幾近古。若後不如所舉，臣等甘伏朝典，謹録奏聞，伏候敕旨。奉聖旨特授承事郎依舊武學博士。

元祐五年十月十八日龍圖閣學士左朝奉郎知杭州蘇軾狀奏，右臣自揣，虛薄叨塵，侍後常求勝己，以爲報國。恭惟先皇帝道配周孔，言成典謨。雲漢之光，藻飾萬物。而臣子莫副其意，蓋嘗當食不御，有才難之歎。伏見承事郎徐州州學教授何去非，文章議論，實有過人。筆勢雄健，得秦、漢間風力。元豐五年以累舉免解，答策廷中，極論用兵利害。先帝覽而異之，特授右班殿直使教授武學，不久遂爲博士。臣揆聖意，必將長育成就以待其用，豈特以一博士期去非而已哉。而去非立志强毅，不苟合于當時公卿，故莫爲一言，推轂成就之者。臣任翰林學士日，嘗具以此奏聞，乞換文資，置之太學。雖蒙恩換承奉郎，而今者乃出爲徐州教授，比于博士，乃似左遷。非獨臣人微言輕，不足取信，亦恐朝廷不見其文章議論，無以較量其人。謹繕寫去非所著備論二十八篇，附遞進上，乞降付三省執政考覽。如臣言不謬，乞降一官職，非獨以取羅逸才，風曉士類，亦以彰先帝知人之明。一經題目，決無虛士，書之史策，足爲光華。若後不如所舉，臣甘伏朝典。謹録奏聞，伏候敕旨。

法家類

21·17　刑統賦解二卷　舊抄本　曹倦圃藏書

宋左宣德郎律學博士傅霖撰　元東原郘名闕，《述古堂書目》作秉原。韻釋　益都王亮增注　第四韻“己囚己竊則親等他人”下原脱十句，第七韻“雖戲雖失而不從戲失”下脱二十句，第八韻“親故乞索不論於挾勢”上脱十六句，俱從沈氏疏本補。韻釋、增注仍闕，當覓足本補之。

聖人作刑以明威，所以儆媮暴而全民性也。舜命臯陶期于無刑，法制之立，欲民知所懼而不犯，故明罰敕法，在《易》爲雷電震曜之象，聖人忠厚之意至矣。呂刑之作起於周衰，子產鑄書，識者譏焉，亦皆出於不得已也。秦、漢以降，科條日繁，下逮隋、唐比例愈密。柴氏有國，爰命臣下刊爲《刑統》，或者以其文義簡古，可亞“六經”，治獄之吏，咸所誦習，實百代不易之典。夫愚民雖無知，終不敢蹈水火、觸豺虎者，知其爲己害也。律令格式之文，動踰千萬。參比議論之，則纖粟易差，老於文案者，或莫盡識。故科制雖詳，猶有冒憲網罹禁辟者，政以義例深晦，未能盡知耳。傅霖隴爲詞賦已爲利益，東原郤君又從章析而韻釋之，律義昭燦，灼然明白。其隱恤之念，蓋以綱維政治、推廣古人忠厚之意，其用心亦仁矣。昔九鼎鑄，而民不逢神姦；《春秋》修，而亂賊懼。是書流行，搢紳得之，罔有輕重出人之失；黎庶得之，自無抵冒觸犯之辜。將使化淳俗厚、馴致刑措者，繫是書之助。故爲叙其大槩云。延祐三年正月集賢學士資德大夫趙孟頫序

查氏手跋曰：《宋史·藝文志》，《刑統賦解》四卷，不詳作者姓名。晁公武《讀書後志》著録者二卷，云皇朝傅霖撰，或人爲之注。則傅乃宋人，非元人也。趙文敏序云“東原郤君，章析而韻釋之”，而不稱載其名，則郤必元人。竹垞槪以爲宋人者亦訛。此本爲古林曹氏藏本，甲午五月余從西吳書估購得之。初白老人查慎行志

21·18　刑統賦疏一卷　元人抄本

元沈仲緯撰　是書取傅《賦》而爲之疏，章分句析，訓釋綦詳。疏文後每條有直解、通例兩門。直解者，隴括疏文，以一二語該之也。通例者，則取有元一代斷罪條例，以爲之證。可與《大元典章》及《元史·刑法志》相參考。明洪武時，江西蕭岐字尚仁，嘗取

《刑統賦》引律令爲之解，體例與是書合。今蕭氏之書已佚，而前乎蕭氏者乃巍然獨存，謂非沈氏之厚幸歟？是書傳本絕稀，自來儲藏家無著録者。此本尚是元人舊抄，宜珍秘之。第四韻“矜其稍遠則不舉輕乎不糾”下脱正文十句，從邵氏本補，沈疏則無從考矣。

　　《刑統》一書，猶《春秋》之例議也。罪有輕重之情，加減之法，而不以律意參之，刑罰不中，而民無措手足矣。三代刑書不見於今，象刑讀法之典不行於後世。酌古準今，而律以唐爲本，即其全文博而寡要也，不觀其會通，膠於一定而無變也。故詳於法者爲難，而精於法外之意爲尤難。得其意於律有未備者可擬也，徒守其文在律之所已定者不足以該其情也。此傅霖設爲問答之辭，所以申公法而原律意者，將以敬民命於議刑之際耳。吾友沈仲緯以儒餙吏，以《詩》《書》用律，欲自信於謹毋害也，乃釋傅書，作爲明解。前疏文義，後引律條，證據精詳，情義昭著。舉常該變而一以仁恕爲本，不刻不汎。咸通正中明啟而胥占之天下獄情，即是書無難辨者。賢哉，其用心也。人得是書，不惟知有所畏，而亦知有所警。有畏則不犯於法，有警則不入於法。是書之行將有堯、舜其民、三代其俗者，在人所以用之者何如耳。易於明罰，勅法以難言之，欲其明也；書以明刑，弼教以欽恤言之，欲其敬也。獄不可以不得其情，獄得其情，可謂明矣。苟自喜之心生，則非式敬爾，由獄者惟内惟貨惟來一出於此書之外，則孰無此書哉。惟事神之心治民。余於仲緯，益信其爲著書也，非徒托空言以自見也。謾書以爲序。後至元五年歲在己卯十二月廿日洛陽令俞淖

　　刑定律有限，情博愛無窮。世欲以有限之律，律天下無窮之情，亦不艱哉。漢初約法三章，未幾九章，遂至三百五十九章，後代滋至一千五百三十七章。何其所教之多也。然情不能以數究，則

凡一千五百三十有七之數亦甚少耳。唐襲隋律，統爲十二，乃約武德以來袼勸二千八百六十五爲七百一十一條。使徒詳律不詳情，則七百一十一與二千八百六十五孰爲多寡哉。傅霖氏賦《刑統》，設問答急急於原律究情，君子猶有取焉耳。故五刑十惡，八議六臟，七殺之法，或輕或重，或減或加，極乎萬變而通者，欲以索天下之情耳。然是賦之出，《詩》《書》者薄之而不讀，市井雖讀而不能通其義。苟察大吏，且或妄引他比以殺人，則霖之志荒矣。吳中沈仲緯氏爲郡府掾，獨能盡心於文事，指明霖意，取其《刑賦》，章分句解。又以本朝律欬會而通之，辨取其要，無不中隙。持論厚而詩書者樂聞，演義白而俗胥所共曉。析類例最精，而大吏者取信，書且梓而行矣，求予敘。吾聞注六經者誤而不得其意，則其禍萬世；經非不祥器，而誤者如此，刑爲不祥，可使誤而不得其意乎？仲緯慎於慮是而人之誤書一出，又烏有妄引殺人之患乎？吾於仲緯有媿也。學經於筆削而屬比義例，未能如仲緯之明以教人也。吾於仲緯實媿之。至正元年賜進士會稽楊維楨序

21·19　粗解刑統賦一卷　舊抄本

宋律學博士傅霖撰　**元**鄒人孟奎解

　　規矩者，刑法之體；刑法者，規矩之用。夫人外規矩則罹於刑法矣，蓋執法者可不知所畏哉。大抵古人用心於刑法者，莫非齊人於規矩之域歟？律學博士傅先生擇律爲賦，舉綱立法，列韻分條。對偶問答而律法可尋，臟罪輕重而尊卑易曉，使人熟讀玩味，久則自然貫通。其用心也不淺矣。前輩律士詳論精微，發明蘊奧。或文或歌，無不備具。惜乎泥於傍蹊曲徑，巧於贅辭强解，殊使初學之士驟不能知，展轉昏晦難明而失其本意。愚也孤陋無學，敢誤後人而以俗語粗解，故不揣也。然世之蹈規矩而明刑法者，幸勿以畫

虎效顰爲哂。旹至正庚辰仲夏鄒人孟奎文卿自序

　夫刑之有律，猶樂之有律也。樂之律以求聲氣之和，刑之律以定賞罰之當，其有關於世道博矣。舊律學博士傅霖韻唐律爲賦，鄒邑孟氏文卿略加箋注，然後大義數十，炳如日星，其用心亦懇矣。觀者幸勿以爲粗解而略之。至正壬辰仲秋前鄉貢進士沈維時謹題

愛日精廬藏書志卷二十二

子　部

醫家類

22·1　靈樞經十二卷　元至元刊本

唐王冰僞托《黄帝内經》十八卷之九也。　目録後有"至元己卯古林胡氏新刊"一條，卷一後又有"至元庚辰菖節古林書堂印行"兩行。

22·2　黄帝八十一難經纂圖句解七卷　抄本　從道藏本傳録

周盧國秦越人撰　宋臨川晞范子李駉子埜句解　隨句箋釋，故云句解。

可以生人可以殺人，莫若兵與刑。然兵刑乃顯然之生殺，人皆可得而見。醫乃隱然之生殺，人不可得而見。年來妄一男子耳不聞《難》《素》之語，口不誦《難》《素》之文，濫稱醫人，妄用藥，餌誤之於尺寸之脉，何啻乎尺寸之兵？差之於輕重之劑，有甚於輕重之刑。予業儒未效，惟祖醫是習，不揆所學，嘗集解王叔和《脉訣》矣，嘗句解《幼幼歌》矣，如《八十一難經》，乃越人授桑君之秘術，尤非膚淺者所能測其秘，隨句箋解，義不容辭。敬以十先生補註爲宗祖，言言有訓，字字有釋，必欲學醫君子口誦心惟，以我之生觀彼之生，自必能回生起死矣。何至有實實虛虛醫殺之譏？吁，醫有生人之功如此，豈不賢于兵刑之生殺哉。時大宋咸淳五年歲次己巳孟春臨川晞范子李駧子埜自序

《黃帝八十一難經》，盧國秦越人所撰。《史記》列傳曰扁鵲者，姓秦氏名越人，楊雄所謂扁鵲盧人是也。假設問答以釋疑難之義，凡八十一篇，故謂之《八十一難經》。醫經之興，始於黃帝，故繫之黃帝焉以明其義，皆有所受之而非私智曲説也。今世所傳，雖有呂廣、楊元操註釋，皆淺陋闊略，而又汩之以異端之説。近代爲之註者，率多蕪雜，無足觀焉。是故《難經》奧旨闇而不彰，醫者莫能資其説以施世也。余讀其書，輒妄意古人言爲之義解，又于終篇撮其大法，合以《素問》論而圖之。而楊元操之註，有害義理者，指摘而詳辯焉，然後切脉之綱要，粲然可觀。醫者考之，可以審是非而闢邪説矣。

22·3　傷寒論注解十卷　影寫金刊本

漢張仲景述　晉王叔和撰次　金成無己注解

夫前聖有作，後必有繼而述之者，則其教乃得著于世矣。醫之道，源自炎黃，以至神之妙，始興經方。繼而伊尹以元聖之才，撰成《湯液》，俾黎庶之疢疾咸遂蠲除，使萬代之生靈普蒙拯濟。後漢張仲景又廣《湯液》爲《傷寒卒病論》十數卷，然後醫方大備。茲先聖後聖若合符節，至晉太醫令王叔和以仲景之書撰次成叙，得爲完秩。昔人以仲景方一部爲衆方之祖，蓋能繼述先聖之所作，迄今千有餘年不墜於地者，又得王氏闡明之力也。《傷寒論》十卷，其言精而奧，其法簡而詳，非寡聞淺見所能賾究。後雖有學者，又各自名家，未見發明。僕忝醫業，自幼徂老，躭味仲景之書，五十餘年矣。雖粗得其門而近升乎堂，然未入於室，常爲之慊然。昨天眷間

西樓，解逅聊攝成公，議論該博，術業精通，而又有家學，注成《傷寒》十卷，出以示僕。其三百九十七法之內，分析異同，彰明隱奧。調陳脉理，區別陰陽。使表裏以昭然，俾汗下而灼見。百一十二方之後，通明名號之由，彰顯藥性之主。十劑輕重之攸分，七精制用之斯見。別氣味之所宜，明補瀉之所適。又皆引《內經》，旁牽衆説。方法之辨，莫不允當，實前賢所未言，後學所未識。是得仲景之深意者也。昔所謂慊然者，今悉達其奧矣。親覿其書，誠難默默。不揆荒蕪，聊序其略。時皇統甲子歲中秋日洛陽嚴器之序

　　張仲景所著《傷寒論》，聊攝成無己爲之註解，言意簡諧，援引有據，直本仲景之旨，多所發明，非醫家餘書傳釋比。未及刊行而成君不幸去世，此書間關流離，積有歲年，竟自致于退翁先生，若成君之靈宛轉授手。然退翁既愛重其書，且憤舊註之淺陋蕪駮也，遂欲大傳於世，顧其力有所不贍，又不忍付非其人，苟以利爲也。每用鬱悒，事與願違，俯仰逾紀。近因感念，慨然謂所知曰："吾年逾從心，後期難必。誠恐一旦不諱，因循失墜，使成公之志湮没不伸，吾亦抱恨泉壤矣。"遂斷意力爲之經營，購募有所不避，歲律迄周，功始克究。嘻，是書之成也，成君得所附託，退翁私願獲畢，相與不朽矣。此其所及屬予爲序歟？不然則退翁清節素著，其筆耕餘地，足樂終身。豈以遲暮之年，遑遑然爲庶人計哉！退翁、道號也，姓王名鼎字大來。詩筆之妙，莫不推仰。至於內行過人，世未必盡知也。大定壬辰重陽日承議郎行澠池令魏公衡序

　　古有言曰：百病之急，無急於傷寒；傷寒之書，莫出於仲景。蓋仲景之書，意深理奧，非夫明經絡，曉運氣，達藥性於運氣之用者，則莫得而擬議也。如晉之王叔和，止銓次而已。唐之孫思邈亦間或引用，而必欲尋其發明之意，皆不可得矣。又如宋謝復古之注，則疑信未明；朱奉議之集，則簡略不備。今者聊攝成無己先生注

解,内則明人之經絡,外則合天之運氣,中間説藥之性味,深造運氣之用,錯而綜之,以釋其經。由是仲景之意較然大著。噫,若先生早生於世,豈特使向之注集者閣筆,抑亦使病者不致橫夭,百數年間可勝計哉? 今此書既已鏤板,好事君子宜探其命工刊行之本意焉,無忽爲幸。大定壬辰九月望日武安布衣王緯序

　　此書乃前宋國醫成無已注解,四十餘年方成,所謂萬全之書也。後爲權貴挈居臨潢,時已九十餘歲矣。僕曩緣訪尋舍弟,親到臨潢,寄迹鮑子顯大夫書房百有餘日,目擊公治病百無一失。僕嘗求此書,公云"未經進,不可傳"。既歸,又十七年,一鄉人自臨潢遇恩放還,首遺此書,不覺驚歎。復自念平日守一小學,於世無毫髮補,欲力自刊行,竟不能就。今則年逾從心,晚景無多,兼公別有《明理論》一編,十五年前已爲邢臺好事者鏤板流傳于世,獨此書沉墮未出。僕是以日夜如負芒刺,食息不遑。遂於辛卯冬出謁故人以干所費,一出而就,何其幸也。或曰非子之幸,世之幸也。醫者得以爲矜式,好事君子得之,亦可與醫家商略,使病人不伏枕而愈。乃此書駕説《難》《素》之功也,於世豈小補哉? 大定壬辰下元日冥飛退翁王鼎後序

22·4　黄帝三部鍼灸甲乙經十二卷 **明初抄本**

　　晉元晏先生皇甫謐集　後有"熙寧二年四月二十三日進呈,奉聖旨鏤板施行"一條,後列富弼、趙抃等銜名,末有題識云"正統六年琴川永惠堂俞氏家藏"。

22·5　新刊王氏脉經十卷 **影寫元刊本**

　　晉王叔和撰　宋朝散大夫守光禄卿直秘閣判登聞檢院上護軍臣林億等類次　目録後有"天曆庚午誠廣勤葉氏刊"木記。

林億等校定《脉經》序曰：臣等承詔，典校古醫經方書。所校
讐中《脉經》一部，乃王叔和之所撰集也。叔和西晉高平人，性度
沈靖，尤好著述，博通經方，精意診處，洞識修養之道。其行事具唐
甘伯宗《名醫傳》中。臣等觀其書，叙陰陽表裏，辨三部九候，分人
迎氣口神門，條十二經二十四氣，奇經八脉，以舉五臟六腑，三焦四
時之痾，若網在綱，有條而不紊。使人占外以知內，視死而別生，爲
主詳悉，咸可按用。其文約，其事詳者獨何哉？蓋其爲書，一本
《黃帝內經》，間有疎略未盡處，而又補以扁鵲、仲景元化之法。自
餘奇怪異端不經之説，一切不取。不如是，何以歷數千百年而傳用
無毫髮之失乎？又其大較，以謂脉理精微，其體難辨，兼有數候，俱
見異病同脉之惑。專之指下，不可以盡隱伏，而乃廣述形證虛實，
詳明聲色王相，以此參伍，決死生之分，故得十全無一失之謬，爲果
不疑。然而自晉室東渡，南北限隔，天下多事。於養生之書實未皇
暇，雖好事之家僅有傳者，而承疑習非，將喪道真。非夫聖人，曷爲
釐正？恭惟主上體大舜好生之德，玩神禹叙極之文，推錫福之良
心，鑒愼疾之深意。出是古書，俾從新定。臣等各殫所學，博求衆
本。據經爲斷，去取非私。大抵世之傳授不一，其別有三：有以隋
巢元方時行病源爲第十卷者，考其時而繆自破；有以第五分上下卷
而撮諸篇之文別增篇目者，推其本文而義無取稽。是二者均之未
覩厥真，各秘其所藏爾。今則考以《素問》、《九墟》、《靈樞》、《太
素》《難經甲乙》、仲景之書，并《千金方》及異説脉之篇以校之，除
去重複，補其脱漏，其篇第亦頗爲改易，使以類相從，仍舊爲一十
卷，總九十七篇。施之於人，俾披卷者，足以占外以知內，視死而別
生，無待飲上池之水矣。臣等謹上

王叔和自序曰：脉理精微，其體難辨。絃緊浮芤，輾轉相類。
在心易了，指下難明。謂沉爲伏，則方治永乖；以緩爲遲，則危殆立

至。況有數候俱見,異病同脉者乎?夫醫藥爲用,性命所繫;和、鵲
至妙,猶或加思。仲景明審,亦候形證,一毫有疑則考校以求驗。
故傷寒有承氣之戒,嘔噦發下焦之問。而遺文遠旨,代寡能用,舊
經秘述,奧而不售,遂令末學昧於原本。執茲偏見,各逞己能,致微
痾成膏肓之變,滯固絶振起之望,良有以也。今撰集岐伯以來,逮
于華陀經論要訣合爲十卷。百病根原,各以類例相從,聲色證候,
靡不該備。其王、阮、傅、戴、吳、葛、呂、張所傳異同,咸悉載錄。誠
能留心研窮,究其微頤,則可以比蹤古賢,代無夭橫矣。

　　天地以生物爲心,故古之聖賢著書立論,教人以醫而濟人之生
也。得其書而自秘者,豈天地聖賢之心乎?夫治病莫重於明脉。
脉法無出於王氏《脉經》之爲精密□堂□□不顧自秘。先以《針灸
資生經》梓行矣,今復刻《脉經》與衆共之。庶以傳當世濟人之道,
其無負古人著書之意云。時天曆庚午仲夏建安葉日增誌於廣勤書
堂

　　《郡齋讀書志》曰:王叔和《脉經》十卷,右晉王叔和撰。按唐
甘宗伯《名醫傳》曰,叔和西晉高平人,性度沈靜,博通經方。精意
診處,尤好著述。其書纂岐伯、華陀等論脉要訣所成,敍陰陽表裏,
辨三部九候,分人迎氣口神門,條十二經二十四氣,奇經八脉,五臟
六腑,三焦四時之疴,纖悉具備,誠可按用。凡九十七篇。皇朝林
億等校正

22·6　太平聖惠方殘本三卷　宋刊本

　　宋王懷隱等奉敕撰　原本一百卷,今存眼齒兩類三卷。考數
經書賈刊改,妄填一二等字,原書卷第不可考矣。

　　《郡齋讀書志》曰:《太平聖惠方》一百卷,右太宗皇帝在潛邸
日,多蓄名方異術。太平興國中内出親驗者千餘首。乃詔醫局各

上家傳方書,命王懷隱、王祐、鄭彥、陳昭遇校正編類,各於篇首著其疾證。淳化初書成,御製序引。

《直齋書錄解題》曰:《太平聖惠方》一百卷。太平興國七年詔醫官使尚藥奉御王懷隱等編集,御製序文。淳化三年書成

22·7　聖濟經十卷 明刊本卷七至十抄補

宋徽宗御撰　辟雍學生昭武吳禔注　分十篇四十二章。《郡齋讀書志》、《直齋書錄解題》、《文淵閣書目》俱著錄,近則久無傳本。此本從四美堂書坊殘書中搜得之,闕卷七至十。聞士禮居藏有舊抄足本,介何君夢華假錄四卷,始爲完書云。

徽宗御製序曰:一陰一陽之謂道,偏陰偏陽之謂疾。不明乎道,未有能已人之疾者。陰陽相照相益相治,四時相待相生相殺,五行更王更廢更相。人生其間,繇于陰陽,復于四時,制于五行。平則爲福,有餘則爲禍,淫則爲疾。惟非數之所能攝,而獨立於萬形之士;非物之所能制,而周行於萬有之內。爲能以道御時,以神用數,形全精復,與天爲一。昔者,黃帝氏蓋體神而明乎道者也,問道於廣成,見大隗於具茨①,而自親事於法宮之中。垂衣裳,作書契,造甲子,定律曆,所以成天下之亹亹者,雖若風后、力牧、常先、大鴻,奉令承教之不暇而不可跂及。然且嘆世德之下衰,憫斯民之散朴。上悖日月之明,下鑠山川之精,中墮四時之施。至於逐妄耗真,曾不終其天年,而中道以夭。迺詢岐伯,作爲《內經》。通神明之德,類萬物之情。其言與《典》《墳》相爲表裏,而世莫得其傳。至號爲醫者流,此與謂《易》爲卜筮者何異,朕甚悼之。自繼述以

---

① "大隗",原作"大塊"。《莊子·徐無鬼》"黃帝將見大隗乎具茨之山。"據此,"塊"當作"隗"。

來,競競業業,夙夜不敢廢。萬機之餘,紬繹訪問,務法上古。探天人之頤,原性命之理。明營衞之清濁,究七八之盛衰。辨逆順,鑒盈虛,爲書十篇,凡四十二章,名之曰《聖濟經》。使上士聞之,意契而道存;中士考之,自華而擷實。可以養生,可以立命,可以躋一世之民於仁壽之域。用廣黄帝氏之傳,豈不美哉。嗚呼,陰淫寒疾,陽淫熱疾,風淫末疾,雨淫腹疾。陰陽之寇,外傷其形。有如此者,意傷於憂悲而支廢,魂傷於悲哀而筋攣,魄傷於喜樂而皮槁,志傷於恚怒而不能俛仰。情僞之感,内傷其真,有如此者。積虧成損,積損成衰。患固多藏於細微,而發於人之所忽;益止於眇渺,而損在于尾閭。戒之慎之,疾成而後藥,神醫不可爲也。若乃推行道術,輔正而去邪,立學建官,羣多士而教養,廩無告救,病苦而瘞其亡没,則布之政令,載在有司。此不復叙。

《郡齋讀書志》曰:《御製聖濟經》十卷,右徽宗皇帝所製也。政和八年五月十一日詔頒之天下學校。九月二十四日大司成李邦彦等言,乃者從侍臣之請,令内外學校課試,於《聖濟經》出題。臣等竊謂今《内經》、《道德經》既已選博士訓説,乞更以《聖濟經》附二經兼講。從之。

22·8　重校證活人書十八卷　影寫宋刊本

宋朱肱撰　《直齋書録解題》著録十八卷,與此本合。《郡齋讀書志》及進表皆云二十卷,未詳孰是。

僕乙未秋以罪去國。明年就領宫祠以歸,過方城,見同年范内翰云,《活人書》詳矣,比《百問》十倍,然證與方分爲兩卷,倉卒難檢耳。及至灉陽,又見王先生云,《活人書》,京師、成都、湖南、福建、兩浙,凡五處印行,惜其不曾校勘,錯誤頗多。遂取繕本重爲參詳,改一百餘處,及并證與方爲一卷。因命工于杭州大隱坊鏤板,作中字印行，庶幾緩急，易以撿閱。然方術之士，能以此本游諸聚落，悉爲改證，使人讀誦，廣説流布，不爲俗醫妄投藥餌，其爲功德獲福無量。政和八年季夏朔朝奉郎提點洞霄宮朱肱重校

進《活人書》表曰：臣聞鍾山非矯，幽人蹢躅於深林；衡岳雖遙，志士獻書於北闕。蓋行藏之有數，非狂狷所能知。中謝伏念臣出自蓽屋之微，嘗奉大廷之對。昔爲冗吏，今作閑人，乃因三餘，著成《百問》。上稽伊尹《湯液》之論，下述長沙《經絡》之文。詮次無差，搜羅殆盡。從微至著，蓋不可加；亘古及今，實未曾有。載在簡册，圖之丹青。思欲膠口而不傳，大懼利己而無益。恐先朝露，虛棄寸陰。學古入官，既無裨於國論；博施濟衆，庶或廣於仁風。伏惟皇帝陛下，經緯之文，出自天縱；紀綱之治，成於日躋。疆宇開拓於版圖，弦歌洋溢乎天下。棲神內景，屬意生民，收拾人材。凡片善寸長，皆有所用。勤卹民隱，雖沉痾垂老，各安其居。玉燭亘天以流離，朱草填廷而委積。湛恩滂沛，溫詔丁寧，致兹丘園一介之愚，亦効涓埃萬分之助。藏明大道，敷奏彌文。楊雄所懷以既章，蔡澤没齒而無憾。重惟道途修阻，巾笥護持，未免客嘲，焉令鬼泣。顧因果之有在，兹俯仰而不愧。儻合宸衷，自贊輿議，特羈縻於丹竈，徒景仰乎公車。謹遣男遺直齎臣所撰書一函八策共二十卷，躬詣檢院投進以聞。委有觀采，伏乞宣付國子監印造頒行。如臣學植淺陋，違戾於經；即乞委官參詳，然後布之天下，以福羣生。臣無任，干天冒聖，激切屏營之至。政和元年正月一日奉議郎致仕臣朱肱謹上

謝表

謝啟

《郡齋讀書志》曰：《南陽活人書》二十卷，右皇朝朱肱撰。序謂張長沙《傷寒論》，其言奧雅，非精於經絡不能曉會。頃因投閒

設其對問，補苴綴輯，僅成卷軸。作於己巳，成於戊子，計九萬一千三百六十六字。

《直齋書錄解題》曰：《南陽活人書》十八卷，朝奉郎直秘閣吳興朱肱翼中撰。以張仲景《傷寒方論》各以類聚，爲之問答。本號《無求子傷寒百問方》，有武夷張藏作序，易此名。仲景南陽人。而活人者，本華陀語也。肱、秘丞臨之子，中書舍人服之弟，亦登進士科。

22·9　傷寒九十論一卷　舊鈔本

宋白沙許叔微知可述　先列病證，後論治法，剖析頗精。是書諸家書目俱未著錄。伏讀《欽定四庫全書總目》云，叔微書屬辭簡雅，不諧於俗。故明以來不甚傳布。是則因傳本稀少，故藏書家俱未之見歟？陳振孫曰，叔微有《傷寒治法》八十一篇，未知即此書否？

22·10　類證增注傷寒百問歌四卷　元至大刊本

宋建寧府通守錢聞禮撰　案《至元嘉禾志》，紹興三十年梁克家榜有錢聞禮，未知即著是書者否？前一卷爲《傷寒解惑論》，宋龍溪隱士湯尹才撰。是書《宋史·藝文志》、《文淵閣書目》俱著錄，分九十三類。每類括以七言歌訣，以便記誦。注亦頗爲詳核。

雜病有治法，傷寒無定方，蓋□□□變於俄頃，非他疾比也。精是技者，曠千載惟張長沙一人。孫真人著《千金》，探頤鉤微，亦特於仲景法推廣之耳。宋宣和間，朱朝奉肱進《活人書》，及歸中途，猶有餘論，以是見盡美盡善爲難也。雖然，業醫者心誠求之，亦思過半矣。神聖工巧，則存乎其人。湯氏、錢公又作《解惑論》、《百問歌》，彙析條分，使用藥者如執兵捕寇，明指其巢穴、掃清之數。君子之用心仁矣。蓋朱公乃長沙太守之忠臣，錢倅又朱朝奉之忠臣也。繫人之生，六氣不齊，而七情汩之。苟失其養，則疢生焉。世之醫者，以數君子之心爲心，善用其書，使含靈不至夭枉，同躋壽域，其仁豈不博哉？市肆刊書節略舛訛，藥方又關繫最重者。曹君仲立目擊斯敝，取而精刻之，惟恐是書誤人之披閱也。迹其存心，又數君子之忠臣矣。可不謂賢乎？仲立冀人，隨其伯父遊宦江南，撫其弟而教之，不翅猶己子，以慰其伯父地下之靈。此尤人之所難能，蓋薰陶唐氏之遺風，其所漸深矣，不賢而能如是乎？予故樂書之，且以敦薄俗云。至大己酉臘月圓日武夷詹清子子敬序

《解惑論》之作，非務新奇而沽世譽也，一本於仲景之正經。且仲景之書，昔人以金匱名之，其貴重如此。無求子謂孫思邈未能詳仲景之用心。夫如是，豈庸人粗工能窺其髣髴哉？愚因三餘，將傷寒或兩證相近而用藥不同者，或汗下失度而辨證不明者，冷厥熱厥之異宜，陽毒陰毒之異候，其間錯綜互見未易槩舉，輒修舉而別白之。庶幾洞曉，亦足以見《解惑》之深意焉。乾道癸未中秋日龍溪隱士湯尹才謹序

漢張仲景著治傷寒一書，極爲詳備，議論精審，處方至當。後之醫家據是說以治療，萬不失一。華陀謂此書可以活人，信不誣矣。噫，今之世所庸醫，不究古聖賢所論陰陽虛實治狀，不明脉理，不識病證，以意測度，妄投湯劑，殺人者多。余得此論□一儒者潛心醫術。自仲景以下，集諸家之善表而出之，名曰《解惑論》。俾醫者不失於謬誤，病者不至於橫夭，其傷寒治法之要妙又盡善矣。余惜是書世所未見，故鋟本用廣其傳。此論豈止解惑，乃治傷寒之指南也。淳熙壬寅孟夏望日韓玉書

22·11　　醫學啟源三卷　抄本　從吳門黃氏藏本傳録

金易水潔古老人張元素著　元素有《病機氣宜保命集》傳本較多。是書自《敏求記》外無著録者。金吾編輯《金文》,因是書有蘭泉張建一序,購訪十餘年不獲。甲申春讀士禮居書目見有是書,亟假歸録副,爲狂喜者累日。

先生張元素潔古,易水人也。八歲試經童,二十七經義登科,犯章廟諱出落。於是息仕進,遂潛心於醫學二十餘年。雖記誦廣博,然治人之術不出時右。其夜,夢人持柯斧長鑿,鑿心開竅,納書數卷於其中,見其題曰《内經主治備要》,駭然驚悟,覺心痛,以爲凶事也,不敢語人。自是心目洞徹,便爲傳道軒岐,指揮秦越也。河間劉守真,醫名貫世,視之蔑如也。異日守真病傷寒,八日無下證,頭疼脉緊,嘔逆不食。門人侍病,未知所爲,請潔古診之。至則守真面壁不顧也,潔古曰:"視我直如此卑也。"診其脉,喻之曰:"脉病乃爾。是初下某藥犯某藥味乎?"曰"然。"潔古曰:"差之甚也。"守真遽然起曰:"何謂也?"潔古曰:"某藥味寒,下降走太陰,陽亡汗不散也。今脉云云,當以某藥治之。"守真懇首,大服其能,一服而愈。自是名滿天下。潔古治病不用古方,但云"古方新病,恐不相宜,反以害人。"每自從病取方,刻期見效,藥下如攫。當時目之曰神醫。暇日緝集《素問》五運六氣,《内經》治要,《本草》藥性,名曰《醫學啟源》,以教門生。　有《醫方》三十卷傳於世,壬辰遺失不存。所存者惟《醫學啟源》。真定李明之,門下高弟也,請予爲序,故書之。蘭泉老人張建吉甫序

22·12　　新刊惠民御藥院方二十卷　元至元刊本

元御藥院編集　案:太醫一官,歷代分隸門下、殿中諸省,及太

常寺、宣徽院。元始別爲一署，無所隸屬。又別置御藥院，掌受各路進獻藥品，修造湯煎等事。高鳴序曰"提點太醫榮禄許公暨二三僚友，取御藥院壬寅所刊方書板，正其訛，補其闕，求其遺亡而附益之。"壬寅爲蒙古太宗皇后尼瑪察氏稱制二年，宋理宗淳祐二年也。越二十五年至元丁卯，而許公爲之增補重刊，分十七門，凡一千七十二方。卷五"檳榔圓"下注"泰和五年御直馮元童傳奉聖旨，降到檳榔丸方一道，便交合者"。卷七"半夏利膈圓"下注"崇慶元年改作檳榔利膈圓"。卷九"兩炒圓"下注"大安三年本院劉仲珏改用姜湯送下"。卷十"酸棗仁煎"下注"興定五年權直長張古以藥稠難濾，添酒半升"。卷十六載明昌、貞祐間醫驗二事。若是，則此書蓋金源舊本而遞有增益者。虞伯生承天仁惠局藥方序稱，採取《和劑局方》、《御藥院方》，冀致君《產育寶慶方序》稱，掇取《御藥院雜病方》，是此書在元代流布必廣。有明以來傳本漸稀，故自《文淵閣書目》外，儲藏家絕無著錄者。此本尚是至元舊槧，首尾完善，洵醫書中不易覯之秘籍也。

　　聖朝以三代相生養之道，域民於仁壽。唯血氣之屬不能無病，又立醫師，掌醫之政令，如周制而加詳焉。醫之術固深，大概已效之方爲前人所寶藏者，尤爲難得。太醫提點榮禄許公暨二三僚友，取御藥院壬寅所刊方書板，正其訛，補其缺，求其遺亡而附益之，將宏肆流傳，俾人人如在良醫左右。余嘉其用心，從而敘述之。自仲景《傷寒論》論證處方之後，後世以方爲書者無慮數百家，至御藥院號稱大備。蓋裒集諸家之善而增損持擇，雖《湯液》齊和，昭然無纖芥畸仵，殆與黃帝《內》《外經》、扁鵲《八十一難》相表裏，其功用豈淺淺哉。雲起太山，膚寸而合，不崇朝而徧雨乎天下。格物君子請以是觀之。至元丁卯八月九日翰林直學士河東高鳴序

22·13　鍼灸四書八卷　影寫元刊本

元建安竇桂芳編　《文淵閣書目》著録凡四種：一曰《流注指微鍼賦》，金南唐何若愚撰集，常山閻明廣注。若愚、明廣仕履俱未詳。案序云“近有南唐何公撰《指微論》”，又云“近於貞元癸酉收何公所作《指微鍼賦》”，貞元癸酉，金海陵王貞元元年也，則若愚、明廣俱金人可知。《賦》後即附明廣《子午流注鍼經》合三卷。一曰《鍼經指南》一卷，金竇傑撰。傑字漢卿，肥鄉人。宋、金時有兩竇漢卿，同時同名而字，而且同以醫顯。金之漢卿，仕至太師，即撰《鍼經指南》者。宋之漢卿，隱居不仕，即竇桂芳之父也。一曰《黃帝明堂灸經》凡三卷，一曰《灸膏肓腧穴法》一卷，宋清源莊綽季裕撰。《宋史·藝文志》著録，合四種爲《鍼灸四書》凡八卷。桂芳序後有“皇慶壬子中元燕山活濟堂刊”木記。

鍼灸有劫病之功，其言信矣。鍼必明其孔穴，灸必定其尺寸。孔穴明，尺寸定，則膏之上，肓之下，何患乎厥疾之弗瘳歟？在昔孫公真人有曰“爲醫知藥而不知鍼，知鍼而不知灸，不足以爲上醫必也”。藥與鍼、灸，三者俱通，始可與言醫已矣。余先君漢卿公，以藥與艾見重於士大夫。如雨嵓吳憲與以借補憲司官醫助教之職達齋游，憲親爲書其藥室曰活濟堂。至元丙子以來，余挾父術遊江淮，得遇至人授以鍼法，且以《子午流注鍼經》、竇漢卿《鍼經》、《指南》三書見遺，拜而受之，珍藏玩味，大有進益。且喜其姓字醫術與先君同也，因是作而言曰：南北有二漢卿，姓同字同，而爲醫亦同也。北之漢卿得時行道，鍼法精於八穴，以愈疾名顯於世，官至太師。南之漢卿隱居求志，惟以藥與艾推而積活人濟世之陰功。由是觀之則信矣，南北氣質之不同，而達則爲相，不達則爲醫，亦其志之出處異矣。今將面授鍼法己驗指南之書，牛提舉所刊竇漢卿

《鍼經》二本，參究訂誤補遺，與《子午流注鍼經》及家世所藏《黃帝明堂灸經》、莊季裕所集《灸膏肓穴法》四者之書，三復校正，一新板行，目是書曰《鍼灸四書》，樂與四方醫士共寶之。凡我同志，留心是書，則藥與鍼、灸三者並通，庶可進而爲上醫之士，亦可無負於孫真人之垂訓歟。謹書以紀此書之本末云。至大辛亥建安後學靜齋竇桂芳序

《流注指微鍼賦》序曰：竊以幼習醫業，好讀《難》《素》，辭理精微，妙門隱奧，古今所難而不易也。是以針刺之理，尤爲難解；是以博而寡要，勞而少功；窮而通之，積有萬端之廣。近世指病真刺，不務法者多矣。近有南唐何公務法上古，撰《指微論》三卷，探經絡之原，頤針刺之理，明營衛之清濁，別孔穴之部分，然未廣傳於世。又近於貞元癸酉年間收何公所作《指微鍼賦》一通，叙其首云，皆按《指微論》中之妙理，先賢祕隱之樞機，復增多事凡一百餘門，悉便於討閱者也。非得《難》《素》不傳之妙，孰能至此哉。廣不度荒拙，隨其意韻，輒伸短說，採摭羣經爲之注解。廣今復採《難》《素》遺文，賈氏《井滎六十首法》，布經絡往還，附針刺孔穴部分，鈐括圖形，集成一義，目之曰《流注經絡井滎圖歌訣》，續於賦後。非顯不肖之狂述，故明何氏之用心，致念於人也。自慮未備其善，更俟明智，仍懇續焉。常山閻明廣序

無名氏《鍼經指南》序曰：夫醫者，以愈疾爲良。其愈疾之理，著妙乎鍼。故知鍼者，有決病之功，立効之能，且夫學鍼之士，宜審而刺之，莫縱巨膽，妄爲施設，非徒無益而又害之。要在定孔穴以精於心，是以取神功而應於手。信知除疴見於目下，決病在於手中。是以軒岐開端，越人知要。《素問》隱其奧，《難經》彰其妙。況爲鍼者，豈曰小補之哉。謹題

《鍼經指南》序曰：人受陰陽以生，足一歲之日，有三百六十肢

節，亦分三百六十有五穴，象周天之度也。若稽古神聖成天之功，立民之命，爰作鍼法。鍼某穴，療某病，手得之，心應之，非天下之至神，孰能與於此。盧扁尚無，此法罕傳。余先人心友竇先生，以鍼法活人甚多，嘗著《八穴真經》，演之爲論爲贊，鉤深索隱，披洩玄蘊。後學之士得此一卷，口而熟讀之者思過半矣。余於壬辰冬被旨來南，遍歷閩中諸郡，求其所謂鍼法者皆不獲。舊篋中得先生之遺書，敬用鋟梓，以廣其傳。先生名傑字漢卿，古洛肥鄉人，官至太師，以醫學傳於世云。時貞元元年歲次乙禾良月成和郎福建等處官醫提舉燕山朱良能致之序

　　竇傑《流注指要賦》後序曰：望聞問切，推明得病之源；補瀉迎隨，揭示用鍼之要。予於是學。自古迄今，雖常覃思以研精，竟未鉤玄而索隱。俄經傳之暇日，承外舅之訓言，亡了世紛，續罹兵擾。其人也，神無依而心無定，或病之精必奪而氣必衰。兼方國以亂而隔殊，藥物絶商而那得。訪歷市而求方效，不若砭力排疾勢。既已受教，遂敏求師，前後僅十七年，無一二真箇輩。後避屯於蔡邑，方獲訣於李君。名源巨川斯人以鍼道救疾也，除疼痛於目前，愈瘵疾於指下。信所謂伏如橫弩，應若發機，萬舉萬全，百發百中者也。加以好生之念，素無竊利之心。嘗謂予曰：「天寶不付於非仁，聖道須傳於賢者。」僕不揆，遂伸有求之懇，獲垂無吝之誠，授穴之所秘者四十有三，療疾而弗瘳者萬千無一，遂銘諸心而著之髓，務拯其困而扶其危，而後除疼迅速，若手帖破結，浩然如冰釋，夫鍼者也果矣哉。然念茲穴俞以或忘，借其聲律則易記，輒裁八韻賦就一編。詎敢匿於已私，庶共傳於同志。歲次壬辰重九前二日題

　　無名氏《明堂灸經》序曰：夫玄黄始判，上下爰分。中和之氣，爲人萬物之間最貴，莫不稟陰陽氣度，作天地英靈。頭象圓穹，足模厚載。五臟法之五岳，九竅以布九州，四肢分彼四時，六腑配乎

六律。瞻視同於日月，呼吸猶若風雲，氣血以類江河，毛髮比之草木。雖繼體於父母，悉取象於乾坤。貴且若斯，命豈輕也。是以立身之道，濟物居先；保壽之宜，治病爲要。草口有木痾之力，鍼灸有劫病之功。欲滌邪口信兹益矣。夫明堂者，聖人之遺教，黃帝之正經。氾血脉循環，明陰陽俞募，窮流注之玄妙，辨穴道之根源。爲臟腑權衡，作《經絡津要》。今則採其精粹，去彼煩蕪。皆目視有憑，手經奇劲。書病源以知主療，圖人形貴免參差。并集《小兒明堂編類》於次，庶幾長幼盡涉安衢，欲俾華夷同歸壽域云爾。

《灸膏肓腧穴法》序曰：□自許昌遭在狄之難，憂勞艱危，衝冒寒暑，避地東下。丁未八月抵渭濱，感痎瘧。既至琴川，爲醫妄治，營衛衰耗。明年春末，尚苦胕腫脹腹，氣促不能食，而大便利，身重足痿，杖而後起。得陳了翁家專爲灸膏肓俞，自丁亥至癸巳，積三百壯灸之，次日即覺中氣平，腫脹俱損，利止而食進。甲午已能肩輿出謁。後再報之，仍得百壯，自是疾症浸減，以至康寧。時親舊間見此，殊切灸者數人，宿痾昔除。孫真人謂"若能用心方便，求得其穴而灸之，無疾不愈"，信不虛也。因考醫經同異，參以諸家之説，及所親試，自量寸以至補養之法，分爲十篇，并繪身指屈伸坐立之像圖於逐□□後。令覽之者易解，而無徒冤之失，亦使真人□穴濟□□仁益廣於天下也。建炎二年二月十二日朝奉郎前□□都總管同幹公事賜緋魚袋莊綽記

22·14　衛生寶鑑二十四卷補遺一卷　明永樂刊本

元羅天益撰　天益字謙甫，藁城人。謙甫受業東垣，蓋升其堂而入其室者。是書採撫李氏精確之論，益以諸家之説，而以己意駕括之，實爲醫家至要。書之卷一至三曰"藥誤永鑑"，卷四至二十曰"名方類集"，卷二十一曰"藥類法象"，卷二十二至二十四曰"醫

驗紀述"。後附補遺一卷,述外感、傷寒等證,疑韓夷重刊時增茸者。《文淵閣書目》、焦氏《經籍志》、《傳是樓書目》俱著錄。

太醫羅先生,學於東垣李君源,流於易水張君。其道大行,懼夫二君之傳久而泯没也,集錄銓次而刻之梓者非一編矣。暇日攜成書四帙見示,而曰"且將板行一序,毋吝"。繙而閱之,曰"藥誤永鑑"者,知前車之覆,恐後人蹈之也。曰"名方類集"者,古今之方擇之已精,詳而錄之,使後人有所據依也。曰"藥類法象"者,氣味厚薄,各有所用,證治增損,欲後人信之也。曰"醫驗紀述"者,遇如是病,用如是藥,獲如是效,使後人慎之也。大抵皆仁者之用心。抑論之天下之事辨之不明,固有似是而非,利於此而害於彼者。況醫之爲道,陰陽虛實,千狀萬態。神聖工巧,存乎其人。合四者而一之,名曰《衛生寶鑑》。夫鑑之本,明其應物也。無心乎妍醜,而妍醜莫能揜。得是書者,誠能習而讀之,玩而味之,了然於心而無疑。一旦臨用,如鑑之虛,明物來而應,若妍若醜,無纖毫之差,其用豈不博哉。不然,未用時置之高閣,倉卒間但備檢閱,殆有辨之不明,似是而非,其所失不啻霄壤。《詩》云"伐柯伐柯,其則不遠"。執柯以伐柯,睨而視之,猶以爲遠,殆非先生垂示後人之意也。至元辛巳冬至日郾城硯堅題於卷首

夫醫與造化,參學之精者爲難。至著書垂訓,冀後世必然之用者爲尤難。羅君謙甫,東垣先生之高弟。嘗謂予言,初受簡席下,東垣先生曰:"汝將爲爲人之學歟?聞道之士乎?"請曰:"愚雖不敏,幸蒙先生與教理之深指,乃所願也。故十數年間,雖祁寒盛暑,親灸不少,輒真積力久,盡傳其私淑不傳之妙。大抵人之疾疢,不外乎陰陽變微,我能參兩,間會一身,推窮其所受根源,方爲可爾。用是,以所得日用之間,如敵在目中,然後審藥爲攻,未嘗不如吾之所必取也。因集爲一書,題曰《衛生寶鑑》。曰'辨誤者',證世之

差謬，明其理之所自也；曰‘擇方’者，別夫藥之精粗寒暑，以酌其疾證之宜否也；曰‘紀驗’者，述其己之治療與彼之深淺，見其功效之實也。僕平昔所得者如是，吾子其爲我序之。”余聞醫之爲學，古聖賢致知格物之一端也。軒岐以來，《難》《素》《靈樞》等書累千萬言，自非以醫爲任者，孰克而究之。若羅君者，可謂以醫爲任而究其理之所自歟？昔王彥伯醫聲既著，列三四竈煮藥於庭，老幼塞門來請。彥伯曰：“熱者飲此，寒者飲此，風者氣者各飲此。”初不計其酬謝。今羅君亦以道心濟物，復能著書垂後，冀必然之用。其仁心普濟，當以彥伯同流。其誰曰不然，故樂爲題其端云。至元癸未清明日中議大夫治書侍御史汲郡王惲序

　　天益《上東垣先生啟》曰：切以射不師於后羿，豈能成躔日之功；匠非習於公輸，未易聳連雲之構。惟此醫藥之大，關乎性命之深，若非擇善以從之，烏得過人之遠矣。兹者復遇先生聰明凤賦，穎悟生資。言天者必有驗於人，論病者則以及於國。驅馳藥物，如孫、吳之用兵；條派病源，若神禹之行水。是以問病而證莫不識，投藥而疾靡不瘳，有元化滌胃之神功，得盧扁起人之手段。猶且謙以接物，莫不忠於教人。□□□□□□□□□□□□幼承父訓，俾志學於《詩》《書》。長值危時，遂苟生於方技。然以才非卓犖，性實顓蒙，恐貽□人之譏。常切求師之志，幸接大人之餘論。始慚童子以何知，即欲敬服弟子之勞，親炙先生之教，朝思夕誦，日就月將。其奈千里，子身一家數口，內□生涯之逼，外爲官長之拘，不得免焉，是以難也。今乃謹修薄禮，仰瀆嚴顏。伏望憐鄙夫之間，爲之竭焉；見互鄉之童，與其進也。使得常常之見，得聞昧昧之思。若味親糟粕之餘，是賜獲丘山之重。過此以往，未知所裁。謹啟

　　胡廣序永樂十五年

　　楊榮序同上

金幼孜序_{同上}

蔣用文序_{同上}

韓夷重刊跋_{同上}

無名氏《補遺》序曰：羅謙甫先生《衛生寶鑑》一書，分門別類，纖悉具備。惟治傷寒之法，雖紀述一二而不全録，蓋以其一門理趣幽深，未易殫舉。況其玄機妙旨，已備於仲景以下歷代名醫書中。先生之意，欲使可醫者究心尋繹，庶得其奧。今猶恐遐方僻壤臨病倉卒，醫者欲求全書檢閱，豈可得乎？故粗述仲景諸公治内傷外感經驗方并中暑方附刊卷末，名曰《補遺》。庶免鹵莽滅裂之輩，妄投匕劑，誤傷於人耳。若欲究其極致，則仲景治外感三百九十七法一百一十三方，東垣治内傷初中末三法及歷代各醫方論具有全書，誠能刻意推求，以施治療而全人生，亦仁者之用心也。兹不能盡述云。

22·15　活幼心書決證詩賦三卷　元至元刊本

元後學曾世榮編次　世榮字德顯，一字育溪，衡州人。德顯業醫三十年，古今醫書讀之殆遍，取其平日閱證用藥之已效者，著爲方論，纂爲詩歌，名之曰《活幼心書》。上卷曰決證詩賦，凡七絶七十四篇，賦一篇；中卷曰明本論，自胎寒至小兒常安，凡四十二論，又拾遺八則；下卷曰信效方，分子卷四，曰湯散門、曰圓膏門、曰丹飲門、曰金餅門。門各一卷，又拾遺十四方。古今言幼科者，是書其津梁歟？《文淵閣書目》、焦氏《經籍志》俱著録。錢氏《補元史藝文志》云二卷，蓋未見足本也。

醫家惟小兒科爲尤難，蓋目其能言而被病者，猶可以問而知之，而其未能言者不可知。不可知也，史言扁鵲入咸陽爲小兒醫，然鵲之書多不傳。其言有曰“望而知之謂之神，聞而知之謂之聖”。鵲之術固不在於書歟？信斯言也，惟鵲爲可也。夫醫不可以無書也，太倉公乃亦以醫者意耳不肯爲書。使倉公者常有於世焉，雖無書可也，如倉公之不常有何哉？且吾聞學醫者與學儒無異。儒者求聖賢之心法，以有聖賢之書存焉耳。醫無其書，則軒岐之心法泯焉而不傳久矣，又何由而學之？故醫書之浩衍與儒書相埒，殆又過之。然板行於天下，人得而有之者，往往大方脉之書爲多。彼爲小兒者，每以專科自名。或私得一方，即祖子孫相傳，世享其利，它人萬金不願授也。其肯與天下後世公共之哉。育溪曾君，用儒攻醫，得戴、劉二家之傳。自少至老凡活人之幼者，枚數不知幾何人。在證處方皆超然衆醫之表，乃以得之師傳者廣粹精叕，爲《活幼心書》一編。既成，不以私其家，將以公之天下後世，使爲其術者，無學醫廢人之患，凡人之幼，皆有成人之望焉。厚哉，育溪之用心也。人孰無此心哉，皆能以育溪之心爲心則善矣。雖然書本陳言心須活法，或徒泥其書而不善用，譬之兵家不知合變，膠柱而調琴焉，吾未見其可也。昔臨安李立之者，以小兒科擅名一時。有嬰兒忽病瘖求治之，立之令人乘高撲之地下，以一衿盛之。兒不覺大驚，遂發聲能言。問之，曰“此乳搐心也，非藥所能療”。此活法之説也，因附著之。泰定丁卯閏九月朔中議大夫前同知海北海南道宣慰使司事副都元帥和尼赤序

　育溪曾德顯，儒家者流，明小方脉，幼幼之心不啻父母，仁人之用心也。余家有襁褓童子，感驚風疾，居父母者咸憂焉。德顯乃不憚煩暑，隨招隨至。一視之曰“毋慮”，遂用對證之藥療之。藥未既而效已隨之，誠可嘉尚。原其平昔用心之勤，集諸方書之經驗者，著以成帙，目之曰《活幼心書》。夫心者，虛靈善應，神妙不測，主宰一身，應酬萬事者也。推廣此心以及人及物，使顛連無告者爲同胞，癃疴疾痛者爲同體，乃刻諸梓以廣其傳。非爲傳之余，亦且傳諸後，俾

後人亦能推此心以及人及物，則活幼之心爲無窮也。豈曰小補哉。
天曆己巳八月廿又一日朝散大夫同知衡州路總管府事廉公亮引

　　人得天地生物之心以爲心，則當視天地萬物爲一體。癢痾疾
痛，舉切吾身，仁者事也。先儒謂醫家以手足痿痺爲不仁，斯言善
在仁字，蓋手足痺則氣脉不相通，痛癢無所覺，心之生道息矣，烏得
仁？況醫家之於嬰孩，語言未足辨，脉理未足憑，必能以心體之，然
後可以察其癢痛痾疾之所在，非志於仁者其能若是乎？粲西曾君
德顯，儒而爲醫，幼從鄉先生李月山，固已得儒學於心。稍長，從世
醫劉氏又能得醫學於心傳。精讀醫經，詳味藥性，參前輩之奧議，
伸自己之獨見。有求必應，不倦于貧。集其平時論證與方，名曰
《活幼心書》，將與同志共之。夫作書以述其心之所用，而且克廣
其傳，亦庶乎仁者之用心矣。嘗觀其書，則審證施劑，信有異乎人
者。五苓散在諸家正用之，解傷寒、溫濕、暑毒、霍亂，而德顯於驚
風、痰搐、瘡疹等疾，通四時而用之。前同知衡州府事胡省齋，因其
子驚風得愈，問之曰：“五苓散何以愈斯疾乎？”德顯曰：“此劑內用
茯苓，可以安此心之神，用澤瀉導小便，小腸利而心氣通，木得桂而
枯，足能抑肝之氣而風自止，所以能療驚風。施之他證，亦皆有
説。”省齋深然之。此其善用五苓散也。小兒驚風搐制，醫者視爲
一病，輒以金石、腦麝、蜈蠶、蛇蝎等劑投之，非徒無益，反激他證。
德顯則謂有因驚風而搐者，有因氣鬱而搐者。驚屬心，風屬肝，而
鬱於氣者亦有搐，陳氏所謂“蓄氣而成搐”者是也，但未著其方。
余於驚風則隨證施治，若氣鬱而搐者則用寬氣飲治之，只以枳殼、
枳實爲主。嘗因患搐者，倉卒求藥，教服鋪家枳殼散，而搐亦止，病
者深感之。凡又治搐之特見也。其他緊證，俱能究心，用藥之奇，
盛效之速，有未易縷述者。寄寓予家將十年，二孫藉其調護，每識
證於微眇，制疾於萌芽。其用心之溥，非特於吾輩爲然。蓋其篤志

於仁，重義輕利，亦自讀書中來，非可以庸俗例視也。讀其方論，因
敘數語於篇端。識者儻察予言，必有知其用心者。元貞乙未上巳
日前太學篤信齋進士吳剛中謹書

　　吾鄉月山李先生博極羣書，操行修潔，最謹於義，利界恨媚，學
之子翩翩從之。其誨諸生也，不止於詞藝而已，必勉以正心修身，
俾之有士君子之行。德顯曾君，從游者之一也。居無何，場屋之事
廢，於是以業儒者而業醫焉。昔賢達則願為良相，窮則願為良醫，
其心均在濟人耳。醫豈細事哉？而幼幼之醫，尤不易也。蓋氣色
微，勛骨脆，瘍痏疾痛不可問而知。他人止於面色指紋之間，揣摩
投劑。德顯則切脉先之，儻證陽而脉陰，證陰而脉陽，必治脉不治
證。精思詳究，探本索原，藥餌所施，百不失一。未嘗以病家之貴
賤貧富而異用其心。或遇窘乏太甚之家，亦隨力捐貲，濟其饘粥，
以故全活者衆。德顯非饒於財者，能推是心亦賢矣哉！業醫三十
年，古今醫書讀之不輟。今取其平日閱證用藥之已効者，著為方
論，纂為詩歌，名之曰《活幼心書》。是心也，恒心也，惻隱之心也，
心誠求之之心也，對越天地神明而無愧矣。且欲鋟梓，以為海內共
之。用心廣大，可敬也夫。余嘗觀趙德麟《侯鯖錄》，有人得癰疽，
方甚奇，寶而不傳，後為虎所食，非天譴歟？德顯心事若茲，天必福
之，以誘世人之善用其心矣。德顯衡之氽西人，號有溪，名世榮。
德顯其字也。丁未中秋，邵清遺老七十翁羅宗之巨海甫謹序

　　聞之先儒曰：天向一中分，造化人於心。上起經綸，大哉心乎。
其萬事之機括乎？前乎千百世而上，為天地立心、生民立命者，此
心也；後乎千百載而下，為往聖繼絕學來者續師傳，亦此心也。是
心也，以之活幼，則有惻隱之真，所謂乍見孺子將入於井，皆有怵惕
惻隱者，無非自此心中來。宋翰林侍御世醫戴克臣者_{徽宗朝，名堯道}。
活幼家師也，取信當時，有聲朝野，心以傳心。得其妙者惟氽西高

原劉茂先。名祀，自號固窮山更。茂先之心，其五世孫字直甫者名思道又深得之。推其所得，隨施輒効，亦可以見其用心矣。然昔賢之學固以心而傳，而昔賢之心非書又無以衍其傳。況自開慶以來，其有散漫戴、劉二公之心傳業不復見。予生二公之後而無默契乎？二公之心，蓋歲師事直甫於蘇有年，面命心傳，領會多矣。但念一宗醫書，方論詩訣，歲月寖遠，卷帙不齊，設有危難，未易檢閱。呼，得其心者，敢不究其心哉？明窗晝薰，短檠夜雨，因就其遺書而精加編次，繁者删之，缺者補之。書非可用不敢錄，方非已効不敢收。脱亡遺漏，存十一於千百。上探三皇前哲之遺意，下探克臣、茂先之用心。實則吾心固有之理，旁求當代明醫之法，亦姑爲活幼一助云耳。遂名其書曰《活幼心書》。書成，客或難予曰："醫者意也。但觀形切脉，以意逆志，是爲得之。何必一切求法書，而且以心書命之哉？"予曰：不然，予非有心於著述而求異於人也。不過推廣劉氏數傳之貞心，以求契夫戴氏之初心耳。朱文公有言，意者心之所發也。書之所述，豈非心之流行發見者乎？客唯而退。於是乎書。
至元甲午菊節衡陽後學曾世榮德顯識

22·16　瑞竹堂經驗方十五卷　明刊本

元薩里彌實撰[1]　前有王都中序。從文瀾閣傳抄本補錄，後有重刊《經驗方》序缺末頁，撰人及刊刻年月俱缺。序云"侍御尚賢田公按蜀重其神驗出示鄭方伯志道方伯刻留藩省"云云，按《四川通志》，天順時有巡按御史田斌，景泰時有布政使鄭寧，當即序

---

[1]　《四庫全書總目》卷104云：《瑞竹堂經驗方》五卷，元沙圖穆蘇撰。注云："原作薩里彌實，今改正。"按，下錄王都中序有"謙齋先生沙公"云云。傅增湘《藏園訂補邵亭知見傳本書目》作"沙圖穆蘇"。

所稱田、鄭二公，則是本殆天順時所刊歟？分十五門，曰諸風、曰心氣痛、曰小腸疝氣、曰積滯、曰痰飲、曰喘嗽、曰羨補、曰瀉痢、曰頭面口眼耳鼻、曰髮齒、曰咽喉、曰雜治、曰瘡腫、曰婦人、曰小兒，凡十五門。門一卷。《四庫全書》著録五卷，蓋從《永樂大典》録出重編者。此則原書足本也。

曩予誦范文正公良相良醫之言，未嘗不歆袺嘉歎。何則？良相輔弼元首治天下，興利除害，選賢任能，使人樂其業，而吾仁之見諸事者，足以澤被四方。良醫導和人身，療百病，脱疴起痼，幹元色而開壽域，使人安其生而吾仁之蘊諸心者，亦足以波及萬姓。蓋出處之轍雖異，而吾仁之用則同。君子不可斯須而忘吾仁，則吾仁之在天下亦不可勝用矣。謙齋先生沙公，志文正之所志，學文正之所學，輕車埋輪，繡衣直指，所至摧奸貪之膽①，拯生民之命。由柏垣而登薇府，一以是心，民以是厚。今爲建昌守也，殆將小試龔黃事，爲異日姚宋張本，良相之効，豈不著哉。然公猶以爲未盡，乃退而考訂名醫方書常經驗者，分門別類，爲一十五卷，鋟梓郡庠，因目其書曰《瑞竹堂經驗方》，以惠斯世。噫，如公之仁可謂至矣。予故序諸篇端，欲人人之誦此書者，不惟知公之心良於醫，又當知公之志良於相。二者皆自公仁心，一點中出。王都中序

22·17　重刊經驗方序　殘闕

吳澄序曰：人有恒言，看方三年，無病可治，治病三年，無藥可療。斯言何謂也？謂病之有方不難，而方之有驗爲難也。盱江郡侯歷仕風憲，民社愛人，一念隨寓而見。有仁心，有仁聞。人之被其惠澤者，奚翅百千萬。而莅官餘暇，猶注意於醫藥方書之事。每

---

① “衣直指”原作“文直捐”，“摧”字原作“攜”，據《瑞竹堂經驗方》原序改。

思究病之所由起，審藥之所宜用。或王公貴人之家，或隱逸高人之手。所授異方，率《和劑》《三因》《易簡》等書之所未載。遇有得，必謹藏之；遇有疾，必謹試之。屢試屢驗，積久彌富。守旴之日，進一二醫流相與訂正，題曰《瑞竹堂經驗方》，爰鋟諸木以博其施，一皆愛人之仁所寓也。既仁之以善政，復仁之以善藥，孰有能如侯之仁者哉。噫，世之醫方甚繁，用之輒效者蓋鮮。今之所輯，悉已經驗，則非其他方書所可同也。侯名薩德彌實。瑞竹堂者，往時侯插竹爲樊，竹再生根，遂生枝葉，人以爲瑞，而侯以扁其堂云。吳文正公集

22·18　瑞竹堂經驗方殘本五卷　元刊本

元薩里彌實撰　原十五卷，今存卷四至卷八五卷。

22·19　類編南北經驗醫方大成十卷　元刊本

元文江孫允賢編纂

《醫方集成》一書，四方尚之久矣。蓋所謂《濟生》《拔粹》、《宣明論》，瑞竹堂、張子和、徐同知、計方尤爲切要，所不可遺。本堂今得名醫選取奇方，增入孫氏方中，俾得通貫，名曰《醫方大成》，重新繡梓，以廣其傳。合衆流而歸一源，使覽者便之，不必求之他書可也。明醫之士，幸共鑒之。

愛日精廬藏書志卷二十三

子　部

天文算法類

23·1　新儀象法要三卷　影寫宋刊本

　　宋蘇頌撰　末有"乾道壬辰九月九日吳興施元之刻本於三衢坐嘯齋"兩行。

23·2　銅壺漏箭制度一卷　抄本　從吳門黃氏藏舊抄本影寫

　　不著撰人名氏　紹興初韓仲通守明州造蓮花刻漏,簽判許堯昌爲撰記銘。淳祐時郡守顏頤仲刻之。《文淵閣書目》著録。

　　夫更漏箭壺高三尺,徑一尺,重四鈞。其内别爲銅浮蓮。以泛箭,闊七寸高三寸,重三十兩。壺面盤徑一尺三寸,□□□八斤,捧箭仙人重八斤,床二十五兩,前雀右虎各二斤,□□□二斤二兩,後龜一斤七兩。皆銅爲之。仙人坐盤中,鐶以四□□手捧小盤,箭穿其中,隨水之積以生時刻。箭長三尺六寸□徑四分,面各爲二十五刻,晝夜四易而百刻同。每時出盤心,即朱雀吐朱,繫下銅盤以警守者。盤連莖重四十三兩,壺之前有盆深一尺,徑二尺五寸,重二百斤,以貯乾坤艮巽四時易箭之退水。壺下有臺高七寸,面徑一尺三寸,重三鈞,以承壺,使鼇首吐水而登於盆。箭揔二十五枝，每氣用上下二箭，二至各用一箭而始終之，摠太史四十八箭之法也。籠負荷承下斛，渴烏之水注壺中。渴烏長一尺八寸，水竅容一中，芥子斛方一尺五寸，深一尺二寸，重七鈞，傍臨屑一寸作螭首，爲減水之穴，承以小斗。斗長廣皆一尺，重一百斤，使斛水常平而均渴烏之水勢。下斛之上木爲蓋，又植一銅荷承上櫃渴烏之水。烏竅稍大，而長加二寸，櫃長二尺，深廣如下斛，重二百八十斤。櫃斛斗盆座皆冶鐵爲之，櫃斛之下爲暗爐，□置火以休漏，布幂櫃上以濾水，新舊相半，否則小差遲速□。

龍眠李伯詩序

今四方無遠近，知有四明刻漏者，以王金陵之銘也。

南渡燬于兵火，遺跡餘墨，無所于考。惟蓮花漏者　紹興末郡侯韓公仲通之新製也。壺表具存銘識如故，而挈壺無職則器之垢弊、水之塵腐、箭之遲速，寧無毫釐分寸之差。是舉一州之耳目，視聽于一日四時之間，昔爲守者誤之也，余懼焉。一日取籌箭試加測驗，則昏明之候不啻差一中朔，于是洗滌其器，易小之中而一新之，池壺不移而晨昏以正，大小興居之節，風雨晦明之候，俾皆于是取則而無爽焉。仍擇其稍通於曆者謹視以時，使有常職，庶乎亦足以盡吾之心爾。又慮承襲之久，易至舛戾，乃取李龍眠刻漏之製，併王之銘韓之刻並鋟于梓。後之知爲政者當於此有考云。淳祐丁未授衣節日郡守龍溪顏頤仲書於進思堂

23·3　準齋心製几漏圖式一卷　抄本

從吳門黃氏藏舊抄本影寫

宋孫逢古撰　文淵閣書目著錄

昔挈壺氏之制壺漏也有四：其一曰天池，其二曰平水，三曰受水，四曰減水。規模宏大，惟可施之官府，若夫燕居則煩矣。近時

雖有異製，多是不準，蓋推測不得其法故也。只知百刻平分，殊不究水之昇降。方其滿則速，淺則遲，差舛由此。逢吉以心法創茲小壺，因水之淺滿昇降推測，上契天運昏曉相符，晝叅日景，夜應中星，略無頃刻之差。尤且水之去來不露，內可施之堂奧，外可帶之舟車。至於夙夜在公，優游燕處，皆可置之坐隅，備知時刻之正。最便宜士大夫出入起居之用。豈云小補哉。箭分兩面，自卯至酉為晝。自酉至卯為夜。下卯酉之餘，刻以備晝夜長短之候。裝水之法，遇早以濾水篩搭於壺口，以新水和舊水濾入壺中，但取接此時刻畫際，晚亦如之。或遇日出，更以景輪圭格印證其端，的無分毫爽。器不洗濯則埃塪不除，水不篩濾則塵垢成積。或有滯澀，當以豬髮透之，此荊公《明州刻銘漏》所謂"匪器則弊，人存政舉"者也。凡晝夜百刻，節序短長，日出為晝，日入為夜，發更皆在日入二刻半後，攢點皆在日出二刻半前。分界定數二十有五箭，如冬至後自第一箭順數用之，夏至後自二十五箭逆數用之。脚依日曆，參照節候。今序分晝夜，更點昏曉之度，圖述於後。惟此小壺準的隨水校定，功在一竅。蕪孔竅微，細僅通絲髮。惟要澄濾水清，略無塵滓，不滯水道為佳上。壺水滿則疾，流注如線。水至半壺漸遲，將滴至下。水淺其滴尤慢。蓋水有重輕，流有遲疾，不可視之常流。或有垢滯，只可用豬髮穿透，切不可用竹木與鍼動及竅眼。纔略有分毫侵損，便成廢器，切宜慎之。如遇收拾須管，拭抹乾淨，常以豬髮穿透，庶毋蹇塞之弊也。事宜畢備用贊。古嚴準齋孫逢古叙

23·4　大宋寶祐四年丙辰歲會天萬年具注曆一卷　抄本

宋荊執禮等算造頒行　前列是歲節氣時刻，每月每日下具注吉星、凶星、宜某事及人神在某處等類，與今時憲書大略相同。至所謂　辟卦、大壯、乾、遯、否、觀、剝、坤、復。公卦、解、革、小畜、咸、履、損、賁、

困、大過、中孚、升。侯卦、需、豫、旅、大有、鼎、恒、巽、歸妹、艮、未濟、屯。卿卦、晉、蠱、比、井、渙、同人、大畜、明夷、噬嗑、頤、睽。大夫卦，隨、訟、師、家人、豐、節、萃、无妄、既濟、蹇、謙。則漢焦延壽分卦值日之法也。

太史局先準中書省劄子，奉聖旨二十四氣，氣應時令，印造具單狀，於曆日前連粘頒賜施行。今據換授保章正充同知算造譚玉等依會天曆推算，到丙辰歲氣節加時辰刻，頒賜具如後。

右宋寶祐四年會天曆保章正荆執禮、譚玉、靈臺郎楊旂、相師堯、判太史局提點曆書鄧宗文等算造具注頒行。是歲在丙辰元日立春，田家諺所云百年罕遇者也。按《會天曆》初名顯天，淳祐十二年太府寺丞張湜、秘書省檢閱林光世同師堯、玉等推算，略見於《宋史·律曆志》。既而寶祐改元定名曰會天。於是尤學士熖被命作序。原授時之典，歲頒曆於萬國，鏤板印行，莫可數計。然歲既更，無復存焉者。馬氏《經籍志》載金人《大明曆》，正以其不易得也。是本爲崑山徐閣老公蕭甫所藏，余假之編修道積錄其副。按南渡以後，自統元至會天，曆名凡七改，惟會天史稱闕其法試，繇丙辰一歲推之，曆家可忖測而得其故已。歲在屠維赤奮若夏四月朔秀水朱彝尊跋

23·5　天文會元占二十卷　舊抄本

不著撰人名氏　原書卷數無考。今存三垣及畢觜參井尾箕斗牛須女虛危鬼柳星張翼十六宿，共二十卷。是書諸家書目無著錄者，惟《天一閣書目》有《天文會元》十二册，未知即此書否。中引《景祐新書》、《乾象通鑑》、《增廣天文考異》、《宋天文書》，惟《乾象通鑑》尚有傳本，餘俱久佚。藉此得考見大略，疑是宋、元人舊帙，宜珍秘之。

23·6　數書九章十八卷　**舊抄本　脈望館藏書**

宋魯郡秦九韶撰　《四庫全書》著録本係從《永樂大典》録出者，此則原本也。

周教六藝，數實成之，學士大夫所從來尚矣。其用本太虛生一，而周流無窮。大則可以通神明，順性命；小則可以經世務，類萬物。詎容以淺近窺哉。若昔推策以迎日，定律而知氣。髀矩濬川，土圭度晷，天地之大圍焉而不能外，況其間總總者乎？爰自《河圖》《洛書》，闡發秘奥，八卦九疇，錯綜精微，極而至於大衍、皇極之用，而人事之變無不該，鬼神之情莫能隱矣。聖人神之言而遺其粗，常人昧之由而莫之覺，要其歸則數與道非二本也。漢去古未遠，有張蒼、許商、馬延年、耿壽昌、鄭玄、張衡、劉洪之倫，或明天道而法傳於後，或計功策而效驗於時。後世學者自高，鄙不之講，此學殆絶。惟治曆疇人能爲乘除，而弗通於開方衍變。若官府會事則府史一二叅之，算家位置素所不識，上之人亦委而聽焉。持算者惟若人，則鄙之也宜矣。嗚呼，樂有制氏，僅記鏗鏘，而謂與天地同和者止於是，可乎。今數術之書尚三十餘家，天象曆度謂之綴術，太乙壬甲謂之三式，皆曰內算，言其秘也。《九章》所載，即《周官》九數繫於方圓者爲專術，皆曰外算，對內而言外也。其用相通，不可岐二。獨大衍法不載《九章》，未有能推之者。曆家演法頗用之以爲方程者誤也，且天下之事多矣，古之人先事而計，計定而行。仰觀俯察，人謀鬼謀，無所不用其謹。是以不愆於成，載籍章章可覆也。後世興事造始，鮮能考度，浸浸乎天紀人事之殽缺矣，可不求其故哉。九韶愚陋，不閑於藝。然早歲侍親中都，因得訪習于太史。又嘗從隱君子受數學。時際敵患，曆歲遥塞，不自意全於矢石間。嘗險罹憂，荏苒十禩，心槁氣落，信知夫物莫不有數也。乃肆意其間，旁諏方能，探索杳渺，粗若有得焉。所謂通神明，順性命，固膚未於見，若其小者，竊嘗設爲問答以擬於用，積多而惜其弃，因取八十一題，釐爲九類，立術具草，間以圖發之，恐或可備博學多識君子之餘觀，曲藝可遂也，願進之於道。儻曰藝成而下，是惟疇人府史流也，烏足盡天下之用？亦無瞢焉。時淳祐七年九月魯郡秦九韶叙，且系之曰：

昆崙旁礴，道本虛一。聖有大衍，微寓于《易》。奇餘取策，羣數皆捐。衍而究之，探隱知原。數術之傳，以實爲體。其書《九章》，惟茲弗紀。曆家雖用，用而不知。小試經世，姑推所爲。述大衍第一

七精廻穹，人事之紀。追綴而求，宵星晝暈。曆久則疎，性智能革。不尋天道，模襲何益。三農務穡，厥施自天。以滋以生，雨膏雪零。司牧閔焉，尺寸驗之。積以器移，憂喜皆非。述天時第二

魁隗粒民，甄度四海。蒼姬井之，仁政攸在。代遠庶蕃，墾菑日廣。步度庀賦，版圖是掌。方圓異狀，衺窳殊形。專術精微，孰究厥真。差之毫釐，謬乃千百。公私共弊，盍謹其籍。述田域第三

莫高匪山，莫濬匪川。神禹奠之，積矩攸傳。智創巧述，重差夕桀。求之既詳，揆之罔越。崇深廣遠，度則靡容。形格勢禁，寇壘仇墉。欲知其數，先望以表。因差施術，坐悉微渺。述測望第四

邦國之賦，以待百事。畎田經入，取之有度。未免力役，先商厥功。以衰以率，勞逸乃同。漢猶近古，稅租以算。調均錢穀，何菑之扞。惟仁隱民，猶已溺饑。賦役不均，寧得勿思。述賦役第五

物等斂賦，式時府庚。粒粟寸絲，褐夫紅女。商征邊糴，後世多端。吏緣爲欺，上下俱殫。我聞理財，如智治水。澄源濬流，維其深矣。彼昧弗察，慘急煩刑。去理益遠，吁嗟不仁。述錢穀第六

斯城斯池，乃棟乃宇。宅生寄命，以保以聚。鳩功雉制，竹箇

木章。匪究匪度，財盡力傷。圍蔡而栽，如子西素。匠計露臺，俾漢文懼。惟武圖功，惟儉昭德。有國有家，兹焉取則。述營建第七

天生五材，兵去未可。不教而戰，維上之過。堂堂之陣，鵝鸛爲行。營應規矩，其將莫當。師中之吉，惟智仁勇。夜算軍書，先計攸重。我聞在昔，輕則寡謀。殄民以幸，亦孔之憂。述軍旅第八

日中而市，萬民所資。買貿壘鬺，利析錙銖。蹻財役貧，封君低首。逐末兼并，非國之厚。述市易第九

趙氏手跋曰：《數書九章》十八卷，宋淳祐間魯郡秦九韶撰。會稽王應遴董父借閱抄本而錄也，予轉假錄之，原無目錄，予爲增入。旹萬曆四十五年新正五日清常道人趙琦美記

術數類

23·7　太玄經十卷　**明嘉靖刊本**

漢揚雄撰　晉范望叔明解贊　前有吳陸績《述玄》一篇，後有《說玄》五篇，題唐宰相王涯廣津纂。案《郡齋讀書志》曰，說玄一卷，唐王涯廣津撰，凡五篇。明宗一、立例二、摽法三、占法四、辨首五。《直齋書錄解題》同。蓋完書也。又《釋文》一卷，注云此本自侯芭、虞翻、宋衷、陸績互相增損，傳行于世，非後人之作也。《直齋書錄解題》引之，蓋自宋已不知作者矣。

郝梁重刊跋**嘉靖甲申**

23·8　太玄集注十卷　**抄本**

宋司馬溫公注　前有《讀玄》一篇，後四卷則襄陵許翰所注也。仿韓康伯注《繫辭》例，合溫公書爲十卷，末附明徐禎卿等識語。

　　張敦實之言曰："子雲作《太玄》以明《易》，溫公作《潛虛》以明《玄》，則溫公之於子雲有深契焉。"能知玄者，非溫公孰集其大成哉。近時《太玄》傳本祇有晉范望解，余家舊藏惠半農評閱本，深譏晉人不識字，注解多譌，半農頗有駁正之處。今觀《集注》已有先半農而言之者，不誠勝于范注乎？至是書原本，已屬鈔本，而此又從鈔本鈔出，魚豕之疑，知所不免。若卷首《讀玄》一篇已取《傳家集》中所載者，補其脫，正其訛。如薑鞠之正而爲萬物，此即宿疑頓破之一。古書難讀，于此益信云。蕘圃黃丕烈識

　　《郡齋讀書志》曰：溫公《太玄經》十卷，右皇朝司馬光君實集漢宋衷《解詁》、吳陸績《釋文》、晉范望《贊》、唐王涯《注經》及首測、宋維幹《通注》、陳漸《演玄》、吳祕《音義》七家爲此書。自慶曆至元豐凡三十年始成。其直云宋者衷也，小宋者維幹也。維幹、漸、祕皆國朝人

　　《直齋書錄解題》曰：《太玄集注》六卷，司馬光撰。自宋衷而下四家之外，有直昭文館宋惟幹注、天水尉陳漸《演玄》、司封郎吳祕《音義》，通前凡七家，集取其說，斷以己意。

　　又曰：《玄解》四卷，《玄曆》一卷，右丞衰陵許翰崧老撰，所解十一篇，通溫公注爲十卷。倣韓康伯注《繫辭》合王弼爲全書之例也。大抵玄首加象，贊加爻，案原本脫象贊加三字，今《據文獻通考》補入。測加象，文如《文言》，攤瑩捯告如《繫辭》，數如《說卦》，衝如《序卦》，錯如《雜卦》之類，其於《易》也規規，然擬之勤矣。《太玄曆》者，亦翰所傳云。溫公手錄，不著何人作。

　　右數學

23·9　唐開元占經一百二十卷　抄本

唐瞿曇悉達奉敕撰

張一熙跋萬曆丁巳

23·10　譙子五行志五卷　抄本　從陳君子準藏舊抄本傳錄

唐濮陽夏撰　《新唐書·藝文志》、《崇文總目》著錄,言天文占驗事。《讀書敏求記》曰"譙子不知何時人",殆未之詳考歟?

右占候

23·11　大易旁通天元賦八卷提綱一卷　元刊本

不著撰人名氏　蓋占課之書也。

余讀書之暇,蓋嘗覃思乎鴻濛未分之前,混沌既判之後,天地奠位,日月代明,四時行而百物生,五穀熟而民人育,皆日月之運也,蓋日月麗乎天而隱乎天。寒暑之所以相催,晦明之所以迭用者,莫不由此。雖文字未生,卦爻未畫,日往月來而《易》固已行乎天地之間矣。故曰"乾坤毀則無以見《易》",詎不信乎?是《易》也,自伏羲既畫而爻象著,文王周孔贊而理義明。陰陽奇偶可揲而見,吉凶悔吝可玩而推。前乎千萬世之帝王弗能違也,後乎千萬世之蓍龜弗能外也。豈《連山》《歸藏》可得而並列哉。世道日降,風俗日漓,無復聖人者出,而《易》之道隱矣。逮秦及漢,傳其書者不過句讀而誦之,訓詁以通之。雖各自名家皆有義說,歷魏迨晉其書散亡。惟王弼、鄭玄得之於費氏者,其傳至今未泯也。他若揚子雲之《太玄》、邵堯夫之《皇極》、司馬公之《潛虛》、蔡仲默之《皇極內篇》,亦皆著書立言,以垂不朽。然皆不附於《易》而邵子度越矣。子雲書成,當時以爲將以覆醬瓿,雄曰"使後世復有子雲,則必好之矣",然迄今未有好者。豈後果無子雲耶?堯夫書成,手自緘題曰"呈正堯夫",豈當時果無可與共觀者下闕豈當時隱者不欲著名氏,猶曰"無是公""烏有先生"云爾。烏有先生、無是公云爾,安得起若人與之論陰陽之消長，日月之盈虧，《剥》《復》之相推，《否》《泰》之反類，以繼《漁樵問答》。姑序其賦，以致余之意云。建陽鶴田叟蔣易師文父序

右占課

23·12　新編四家注解經進珞琭子消息賦六卷
抄本　從子謙姪藏朱刊本傳録

宋保義郎監内香藥庫門臣王廷光、宜春李仝、嘉禾釋曇瑩、東海徐子平注　《四庫全書》著録本係從《永樂大典》録出者，此則原本也。

王廷光進書序宣和五年

23·13　人倫大統賦一卷　文瀾閣傳抄本

金張行簡撰　元薛延年注

夫閱人之道，氣色難辨，骨法易明。骨法者，四體之幹有形象列部分，一成而不可變。欲識貴賤、貧富、賢愚、壽夭，章章可驗矣。至于氣色，通於五臟之分。心爲身之君，志爲氣之帥。心志有動氣必從，氣從則神知，神知則色見。如蜂排沐，蠶吐絲，隱現無常。欲別旺相，定休咎，於氣色則見矣，非老於是者不能。若精是術，必究是書。是書蔓延，於世甚夥。苟不抉擇而欲遍覽，猶入海算沙。成功幾日：善乎金尚書張行簡《人倫大統賦》，與芟諸家之冗繁，撮百世之機要，提綱挈領，不三二千言，囊括相術殆盡。條目疏暢而有節，文辭華麗而中理，其心亦勤矣。是以初入其門者，未免鑽仰之勞。僕觸憯竊之非，以劦聞管見附註音釋其下，仍括諸家之善以解之，目之曰音注集解，庶使學者有所依藉。然而知面部分，莫知適從，亦徒勞耳。面圖世傳者多，指龜爲鼈。近獲邰陽簿李廷玉所圖

面部凡六，其部分、行運、氣色、骨法、紋痣，至真且悉，其義愈明而意愈彰，可謂發蹤指示之標的也，故弁諸賦首。庶學者披圖按賦，相爲表裏。決人吉凶，如示諸掌。可謂胸中天眼不枯矣，豈無補哉？雖然，獲兔魚必由筌蹄，能樂五教切學必興其藝。有心於是而欲齊唐舉之肩，接許負之踵，諒亦不能不自此始爾。皇慶二年蒼龍癸丑端陽曰秋潭薛延年壽之序

　　右命書相書

23·14　三曆撮要一卷　影寫宋刊本

不著撰人名氏　按月具載嫁娶求婚、上官出行等吉日，所引《萬通曆》、《會要曆》、《百忌曆》、《具注曆》、《萬年曆》、《集聖曆》、《撮要曆》、《集正曆》、《廣聖曆》及《壇經》、《彈冠必用》等書，今惟《集聖曆》宋楊可撰載晁《志》，《百忌曆》唐呂才撰《彈冠必用》宋周謂撰載陳《錄》，餘俱無考。是亦選擇家之祕籍也。

　　直齋書錄解題曰：《三曆撮要》一卷，無名氏。又一本名《擇日撮要曆》，大略皆同。建安徐清叟真翁云：其尊人尚書公應龍所輯，不欲著名。

　　右陰陽五行

愛日精廬藏書志卷二十四

子　部

藝術類

24·1　廣川畫跋六卷　舊抄本

宋董逌撰　琴六夫子據楊升菴刊本校補闕文。

《文獻通考》云《廣川畫跋》五卷。陳直齋下闕逌撰。今所録之本，迺宋末書生傳寫，誤下闕於作相德作浙不可枚舉。自一陽節目下缺午目輆卷。華亭孫道明明叔謹識，年六十下缺至正乙巳十一月二十三日書于泗北村居

黃琴六先生手跋曰：《廣川畫跋》一書，世鮮傳本。愛日廬中藏有舊抄本，是從元人孫道明本録出者。余曾借抄一帙，惜卷中多空格，而末卷後四葉歲久紙敝。每行末有脫去三四字者，及傳寫訛繆，間有不可讀處，惜無別本可校。今秋月霄又得明嘉靖間升菴楊氏刊本，屬余校勘。前有劉大謨序，後有升菴自叙。苐楊本訛繆亦多，中脫文有連失一二篇者及此文錯入他文之尾者二處。惟六卷中脫字尚全，而舊抄亦有脫去全行者四五處，皆據以補完，亦快事也。至兩本字句，异同處頗多，而得失亦互見，並録之，以俟善讀者之自擇焉。黃廷鑑校訖識

24·2 書苑菁華二十卷 舊抄本

宋錢塘陳思纂次

古以書爲名。如《周官》掌達書名于四方,《儀禮》百名書于策,則今所謂字也。是故欲知學者必先識字,不識字則無以名物。雖張顚草聖,阿買八分,猶爲不識字也。臨安粥書人陳思乃能集漢魏以後論書者爲一編,曰《書苑菁華》,豈不可尚。雖然,是猶後世誇工鬭妍,非吾所謂識字者。若好學者又於此遡流尋源,以及於秦、漢而上,求古人所以名之意,則讀書爲文也其庶乎。鶴山翁題

右書畫

24·3 漢官儀三卷 抄本

宋劉敞撰

凡此書皆漢儀也。故始爲戲者,先置盆入金,以象口錢,非劉氏不得。王爲宗正及尚公主以象一姓。漢自董仲舒,言曆者皆曰土德之運,其數五,五五二十五極矣。故率二十五擲,乃一終局。

吾幼年時,集西漢士大夫遷官故事爲博戲,仲原父爲之序,書遂流行。及後四十五六年,予年六十,爲亳州守,得舊書閱之。惜其少年,讀書未能精熟,未盡善也。因復增損之,然後該備。吾年前後相望如此之久,而嬉戲不異前時,世言老人與小兒同,豈謂是邪。又佛説形有衰壞,而識未嘗改,於此効矣。漢之仕宦,異於今居官者,輒累歲,不數數遷徙,故亦變改戲采令其相似,又皆爲諸采定名,令其雅而不俗。可喜云。

《郡齋讀書志》曰:《漢官儀》《采選》一卷,右皇朝劉敞撰,删取西漢之官而附其列傳黜陟可戲笑者,雜編之以爲博弈之一物。

右雜伎

譜録類

24·4　文房四譜五卷　抄本

宋武功蘇易簡太簡輯　卷一《列仙傳》條下脱四十二條，卷二《毛穎傳》下脱魏傳公《選筆銘》，卷三"張彭祖"條下脱九條。其餘闕文譌字，約有二百八十餘處。　琴六夫子從何君夢華假鶴夢山房、振綺堂兩抄本校補。

聖人之道天下之務，充格上下，綿亘古今，究之無倪，酌之不竭。是以君子學然後知不足也。然則士之處世，名既成，身既泰，猶復孜孜于討論者蓋亦鮮矣。昔魏武帝獨嘆於袁伯業，今復見折武功蘇君矣。君始以世家文行，貢名春官。天子臨軒考第，首冠羣彦，出入數載，翱翔青雲，綠衣朱紱，光映里閭，其美至矣。而其學益勤，不矜老成，以此爲樂。退食之室，圖書在焉。筆硯紙墨，餘無長物。以爲此四者爲學所資，不可斯須而闕者也。由是討其根源，紀其故實，參以古今之變，繼之賦頌之作，各從其類，次而譜之，有條不紊，既精且博，士有能精此四者，載籍其焉往哉。愚亦好學者也，覽此書而珍之，故爲文冠篇，以示來者。東海徐鉉

班《志》有言曰，小説家流千三百八十篇，蓋出于稗官道途之説也。孔子曰"雖小道亦有可觀者焉"，苟致遠而不泥，庶亦幾於道也。矧善其事者，必利其器；尋其波者，必討其源。吾見其決洩古先之道，發揚翰墨之精，莫不由是四者方傳之無窮乎。苟闕其一，雖敏妙之士如廉頗，不能將楚人也。嘗觀《茶經》、《竹譜》，尚言始末，成一家之説。況世爲儒者，焉能無述哉。因閲書祕府，遂檢尋前志，并耳目所及，交知所載者，集成此譜。聞之通識者，識者亦曰可，故不能棄。其冠序則有騎省徐公述焉。敢以瞀臆之志，復

書于卷末云。時皇宋龍集丙戌雍熙紀號之三載九月日翰林學士蘇易簡書

　　黃琴六先生手跋曰：此書向無善本，照曠閣刊學津時，出其家藏抄本屬校，謬誤殆不可讀。譬勘再三，粗成句讀，而中如《文嵩四侯傳》及《墨譜》中段溫《贈答書狀》十二首，不見于他類書徵引者，槩從闕如。緣是錄副未梓，己卯冬晤錢塘夢華何君，云近得鶴夢山房舊抄完本，從之借校。今春夢華攜書來，知又新從振綺堂汪氏本校過者，狂喜欲絕。鑑遂從兩本合校一過，補卷一“筆之雜說”脫文四十二條，卷二“筆之詞賦”一條，卷三“硯之叙事”九條，其餘闕文錯字，約計二百八十餘字。其異同處兩通及存疑者不計焉。是書至是可稱完善矣。特未知視《敏求記》所云“絳雲勘對疑似之本”相去又何如也。拙經老人黃廷鑑識

名家類

24・5　古迂陳氏家塾尹文子二卷　宋刊本

　　周人尹文子著　　伏讀《欽定四庫全書總目》曰，《尹文子》，《文獻通考》著錄作二卷。此本通爲一卷，蓋後人所合併也。是本分上下二卷，猶是原書舊第，可貴也。

　　魏山陽仲長氏序黃初末　殘闕

雜家類

24・6　白虎通德論十卷　元大德刊本　項氏萬卷堂藏書

　　漢玄武司馬臣班固纂集　前有無名氏跋。案是書爲無錫州守劉公平父錄梓，或即平父所識歟？目錄後又有題辭云“敬以家藏

監本刊行”，是則平父所識無疑。跋《中論》不敢改“迎子劉”一事
云，“班固漢人，去古未遠，必有所祖。假借通用，未可盡知。後人
未得班固之心，安可輕議班固之述作”云云。誠哉，是言。亦可見
其篤信好古，謹慎不苟矣。漢時《尚書》立學官者凡四家，曰歐陽
氏、曰大夏侯氏、曰小夏侯氏、曰《古文尚書》。《古文尚書》東漢未立學
官，止選高才生講習。師承各守，訓解多岐，至字句之異同，見於《釋文》
諸書者蓋難枚舉。安知四家中不有作“迎子劉”者？古書散亡，百
不存一，敢據今日所見之本爲定耶？明遼陽傅鑰本改“迎子劉”爲
“迎子釗”，並删去此跋。以後吳琯、程榮、何允中、胡文焕、鍾惺諸
本，俱襲其謬，沿誤至今。不特無一人糾正，且有以不改“劉”字爲
過於拘泥者。于此益嘆平父之卓識爲不可及也。

張楷序大德九年

嚴度序大德乙巳

無名氏跋

劉平父跋

24·7　獨斷二卷　明弘治刊本　葉石君藏書

漢左中郎將陳留蔡邕撰

呂宗孟刊板跋淳熙庚子

劉遜重刊序弘治癸亥

24·8　近事會元五卷　舊抄本

宋贊皇李上交撰

　　儒家者流，誠資博洽，天下之事，散有本原。苟道聽之未詳，則
實圍而奚解。實繁廣記，以避無稽。嘗謂經籍之淵，頗易探討；耳
目之接，或難周知。上交以退，寓鍾陵靜。尋近史及諸小說、襍記

之類。起唐武德而下，盡周人顯德之前；擷細務之所因，庶開談之引據。如曰小足不講，惜則包羞，聊此篇聯，無誚叢脞。凡五百事，釐爲五卷，目曰《近事會元》爾。時丙申嘉祐改元長至日也

太歲乙酉避亂於洋蕩之村居，是年閏六月，憂悶無聊，遂手書此，二十日而畢。是書是秦季公所藏，余從孫岷自借抄之。七月初六日屠守老人記

24·9　芥隱筆記一卷　舊抄本

宋龔頤正撰

士非博學之難，能審思明辨之難。古人固有耽玩典籍，涉獵書記，窮年皓首，貪多務得者矣。然履常蹈故，誦書綴文，趣了目前，不求甚解。疑誤相傳，莫通倫類，漫無所考按也。檢討龔公，以學問文章，知名當世。諸公要人，爭欲令出我門下。自六藝百家、諸史之籍，无所不讀；河圖洛書，山鑱冢刻，方言地志，浮屠老子，騷人墨客之文，无所不記。至於討論典故，訂正事實，辨明音訓，評論文體，雖片言隻字，必欲推原是正，俾學者，知所依據。此其閒居暇日，有得於一時之誦覽者，隨而錄之，故號曰筆記。若夫他日當大典册，渙大號令，則武夫感泣，癃老扶觀，當埒燕許輩秉太史筆，褒貶是非，勸善懲惡，凛然有遺直之風。回視筆記，特翰墨之游戲耳。嘉泰改元孟冬既望，汶人劉董敬用鋟木于東寧郡庠，庶侈其傳。

民獻竭來分教，玉融荒陋絕少。書籍間有闕疑，无復訂正。一日使君袖出此書，相與誦詠，片言隻字，音辨義明。迺知公之該博，尤深於探討。宜闡之以不艾，後學公之學問，殆不止是，俾來者窺一斑云。苕溪雍民獻謹書

24·10　蘆浦筆記十卷　舊抄本

宋劉昌詩撰

自序嘉定癸酉

觀《石林燕語》多故實舊聞，或古今嘉言善行，可謂博洽矣。而懷玉汪先生每事辨其誤，信乎述作之難也。昌詩讀不多，託子墨以自試。好事者間欲得之，而筆札或不給。後二年乙亥秋輟清，俸錢梓于六峰縣齋。非敢以傳世也，亦願聞其誤焉爾。重陽日書

謝兆申跋萬曆三十九年

24·11　古今考三十八卷　明正德刊本

宋鶴山魏了翁華父撰　元紫陽方回萬里續

鶴山先生自序曰：渠陽山中，暇日編校經傳。自兩漢諸儒去古未遠，已不能盡識三代遺制。凡冕服車旗，類以叔孫通所作漢禮器制度爲據。其所憶度者無以名之，則曰猶今之某物。然孔、賈諸儒爲之疏義，則又謂去漢久遠，雖漢法亦不可考。因嘆三代遺制，始變於周末，大壞於秦、漢，而盡亡於魏、晉以後。雖名物稱謂，字義音釋，亦鮮有存者，故使經生學士白首窮經而疲弊於訓詁佔畢之末，有終其身而不能盡知者。嗚呼，是誰之咎歟？《解》之《彖》曰："無所往，其來復吉。有攸往，夙吉。"漢承秦弊，大難既解，是無所往也。而昧於來復、夙往之戒，徒能隨世就事，爲秦、漢以後規模，賈誼所謂建久安之勢，成長治之策，蓋欲及時定制，盡復三代之舊，爲萬世太平計。而一時君臣不足以知此，至董仲舒、王吉則寖遠寖疏，蓋自是人情習於簡陋，古制蓋不可考矣。姑即《漢紀》隨文辨證，作《古今考》。

右鶴山先生初藁所撰。先生次子故大府卿浙西安撫使知臨安

府靜齋先生家藏。佪客門下，自淳祐十二年壬子，於知吾州時入書塾，咸淳丁卯國子正遭論，寄家於先生之鶴山書院。秋九月借親筆繹觀，遂錄諸此，所謂《古今考》者，僅成二十則而未竟。所以今大全集不載，謹錄二十則者於後，以見夫前輩讀書用功有如此者，而亦以見夫此書之不成，遂使後學無繇考知古今異同之變爲可惜也。靜齋謂鶴山之意，以漢最近古，用班固書帝紀隨句解釋，則知古制之所以變者，在於周末及秦，而古制之所以不復者，在乎漢之因秦之陋。善學者從是而推之，亦可髣髴其遺意云。紫陽方佪書

　　泰定甲子，先君文英任監官州幘職，時知州方公存心乃虛谷先生冢子也。間嘗論《易》，蓋以先君深嗜《易》學者也。每以魏文靖公十七家《易集義》爲言，謂辭變象占乃《易》綱領，而繇象爻象之辭，畫爻位虛之別，至反飛伏之説，乘承比應之例，一有不知則義理缺焉。文靖公仲子靜齋先生知徽州時，嘗以《集義》與《九經要義》同刊於紫陽書院，墨本則藏於虛谷家。南於侍旁猶及見之，今亦已矣。又以漢高之時去古未遠，可復三代之舊。惜乎一時君臣不足以知此，遂使古制益不可考。故即遷史本紀所載論其得失，考禮樂制度名數，作《古今考》及著《皇極經世書考》。書成而皆未脫藁。其未備者，則虛谷先生續之。知州悉出三藁以示，先君嘆曰當宋之季，真魏之學大鳴於南北。《讀書記》乃義理之本根，《九經要義》乃典故之淵藪，誠學者所由入之門也。今又得觀此二書，則知文靖公之學，實真切之學也。豈習於簡陋者可窺測哉？遂親校讎其故藁，俾能書者謄寫二本。擇楷正者歸於知州，圖壽諸梓，以次本藏於家。後十年知州來吳，則知其所藏者皆燬於火。又十年先君亦奄棄，二書卒未能板行。丙申兵興，南家所留《經世書考》亦失之，僅有存者，《古今考》耳。竊嘗考之，西山先生真文忠公建寧浦城人，鶴山先生魏文靖公卭州蒲江人，天下謂之真、魏同生，淳熙五年

戊戌同登慶元五年己未進士第，同顯於朝。文靖公以權工部侍郎坐言事忤時相，謫靖州囚縶。閒僻日從經史，精研極討，卧五溪窮處踰七年，類聚成編，遂傳於時。然不如是，則後世焉得是書而讀之耶？噫，聖如孔子，天不使之居周公位，大儒如濂、洛諸賢，天亦不使之得行道於一時，而使之立言於萬世，其有以哉。南晚生，學疎材下，而力有所不逮，未能卒成先君之志。姑以《古今考》與世同志者抄寫數十本，以廣其傳云。至正二十年庚子十一月甲寅後學周南拜手謹書於卷末

24·12　困學紀聞二十卷　元泰定刊本

宋浚儀王應麟伯厚撰　卷末有"孫厚孫寧孫校正，慶元路儒學學正胡禾監刊"二條

牟應龍序　至治二年

袁桷序　泰定二年

自序

陸晉之序　泰定二年

右雜考

24·13　論衡三十卷　元刊明修本

漢王充撰　目錄後有"正德辛巳四月吉旦南京國子監補刊完"木記。卷一《累害》"垤成丘山，污爲江河"下一頁，通津草堂以下諸本俱闕。

王充氏《論衡》，《崇文總目》三十卷，世所傳本或爲二十七卷。史館本與《崇文總目》同。諸本繕寫互有同異。宋慶曆中進士楊文昌所定者號稱完善，番陽洪公重刻於會稽蓬萊閣下，歲月既久，文字漫滅，不可復讀。江南諸道行御史臺經歷克莊公以所藏善本

重加校正,紹興路總管宋公文瓚爲之補刻,而其本復完。充生會稽而受業太學,閱書市肆,遂通衆流,其爲學博矣。閉門絕慶弔,著《論衡》八十一篇,凡二十餘萬言,其用功勤矣。書成,蔡邕得之,祕之帳中,以爲談助。王朗得之,及來許下,人稱其才進。故時人以爲異書,遂大行於世,傳之至今。蓋其爲學博,其用功勤,其著述誠有出於衆人之表者也。嘗試論之,天地之大,萬物之衆,無一定之形而有一定之理,人由之而不能知,知之而不能名也。古昔聖人,窮神知化,著之簡編,使天下之人皆知其所以然之故,而各有以全其才。五三六經爲萬世之準則者此也。先王之澤熄,家自爲學,人自爲書,紫朱雜厠,瓦玉襍揉,羣經專門,猶失其實,諸子尺書,人人或誕,論説紛然,莫知所宗。充心不能忍,於是作《論衡》之書。以爲衡者,論之平也。其爲九虛三增,論死訂鬼,以袪世俗之惑,使見者曉然知然否之分。論者之大旨如此,非所謂出於衆人之表者乎? 然觀其爲書,其釋物類也,好舉形似以相質正,而其理之一者,有所未明。其辯訛謬也,或疑或決,或信其所聞而任其所見,尚有不得其事實者。況乎天人之際,性命之理,微妙而難知者乎? 故其爲書,可以謂之異書,而不可以爲經常之典。觀其書者,見謂才進而實無以自成其才,終則以爲談助而已。充之爲書,或得或失,不得而不論也。雖然,自漢以來,操瓠之士,焦心勞思,求一言之傳而不可得。《論衡》之書,獨傳至今,譬之三代鼎彝之器,宜乎爲世之所寶也。且充之時,去三代未遠,文賢所傳,見於是書者多矣,其可使之無傳乎? 今世刻本,會稽者最善。克莊公爲之校正而補刻之,傳之人人。其與帳中之書戒人勿廣者,可謂遼絕矣。至元七年仲春安陽韓性書

　　王氏族姓行狀,於自紀篇述之詳矣。范氏東漢列傳云,充字仲任,嘗受業太學,師事班彪。博覽而不守章句。家貧無書,嘗遊雒

陽市肆，閱所賣書，一見輒能誦憶，遂博通衆流百家之言。充好論說，始若詭異，終有理實。以爲俗儒守文，多失其眞，乃閉門潛思，禮絕慶弔。户牖牆壁，各置刀筆。著《論衡》八十五篇二十餘萬言，釋物類同異，正時俗嫌疑，訂百氏之增虛，詰九流之拘誕。天人之際，悉所會通。性命之理，靡不窮盡。析理折衷，此書爲多。既作之後，中土未有傳者。蔡邕入吴會始得之，常祕玩以爲談助。故時人嫌伯喈得異書，或搜求其帳中隱處，果得《論衡》，抱數卷持去。邕丁寧之曰：“惟我與爾共之，勿廣也。”其後王朗來守會稽，又得其書，及還許下，時人稱其才進。或曰：“不見異人，當得異書。”問之，果以《論衡》之益，繇是遂見傳焉。流行四方，今始千載。撰《六帖》者，但摘而爲備用；作《意林》者，止鈔而同諸子。吾鄉好事者，往往自守書櫝爲家寶，然其篇卷脱漏，文字踳駮，魯魚甚衆，亥豕益訛。或首尾顛躓而不聯，或句讀轉易而不紀。是以覽者不能通其讀焉。余幼好聚書，於《論衡》尤多購獲。自一紀中得俗本七，率二十七卷。其一程氏西齋所貯，蓋今起居舍人彭公秉曾所對正者也。又得史館本二，各三十卷，乃庫部郎中李公秉前所校者也。余嘗廢寢食，討尋衆本，雖略經修改，尚互有闕遺。意其謄録者誤有推移，校勘者妄加刪削，致條綱紊亂，旨趣乖違。儻遂傳行，必差理實。今研覈數本之内，率以少錯者爲主。然後互質疑謬，沿造本源。譌者譯之，散者聚之，亡者追之。俾斷者仍續，闕者復補。惟古今字有通用，稍存之，又爲改正塗注，凡一萬一千二百五十九字。有如日星之麗天，順經躔而軌道；河海之紀地，自源委以安流。其文取譬連類，雄辯宏博，豈止爲談助才進而已哉？信乃士君子之先覺者也，秉筆之士能無祕玩乎？即募工刊印，庶傳不泯，有益學者，非矜已功不敢同王、蔡之徒。待搜之，然後得而共問之，然後言其益也。時聖宋慶曆五禩二月二十六日前進士楊文昌題序

24·14　新刊王充論衡殘本十卷　元至元刊本

漢王充撰　是本合兩卷爲一卷，凡十五卷。闕六至十五卷。每半頁十二行、行二十四字。"垤成丘山，污爲江河"下一頁不闕

楊文昌序

韓性序

右王充《論衡》三十卷，王君是邦人也。帳中異書，漢儒之所爭覩。轉寫既久，舛錯滋甚，殆有不可讀者。以數本俾寮屬參校，猶未能盡善也。刻之木，藏諸蓬萊閣，庸見避堂舍蓋之意。乾道丁亥五月十八日會稽太守番陽洪适景伯書至元六年良月重鈔于白雲方丈

24·15　封氏見聞記十卷　舊抄本

唐朝散大夫檢校尚書吏部郎中兼御史中丞封演撰

24·16　文昌雜録六卷　述古堂抄本

宋龐元英撰　每頁格闌外有"虞山錢遵王述古堂藏書"一條

自跋

衛傳跋

24·17　却掃編三卷　先君子手抄本

宋徐度撰

予閒居吳興卞山之陽，曰呂家步。地僻且陋，旁無士子之廬。杜門終日，莫與晤言。間思平日聞見可紀者輒書之，未幾盈編，不忍弃去，則離爲三卷。時方杜門却掃，因題曰《却掃編》。雖不足繼前人之述作，補史氏之闕遺，聊以備遺忘示兒童焉。睢陽徐度

　　紹興吏部侍郎徐仲立父,以宰相子自力學問,踐世科登,法從而不能苟合於時。故得以家食之日讀書山中,多所論著。《國紀》一書,其子嘗上送官,今在中祕。凡中原之文獻,亦既足證矣。是編特隨筆所紀,然其大者可備太史公之纂述,下至譚笑之餘,尚皆足傳於世。嘗聞習於徐氏之門者,言其襟韻蕭散,論議英發,有晉宋簡遠之趣。而考訂根據,辨析精敏,不竟不止。迺若收拊晚輩,教以前言往行,窮日夜無倦色,有以知其天姿之過人也。因遂與論世考古者共之。時嘉泰壬戌立秋日金華邵康書於桂水郡齋

24·18　寓簡十卷　舊抄本

　　宋寓山沈作喆明遠纂　板心有“小草齋鈔本”五字。卷首有“晉陵謝氏家藏”圖記,蓋明謝肇淛藏本也。

　　自序

24·19　密齋筆記五卷續筆記一卷　文瀾閣傳抄本

　　宋謝采伯撰

　　寶祐乙卯天台謝公皷院來守臨川,宗旦實爲贅貳。一日以《密齋筆記》授宗旦曰:“此吾先君子晚年之所著也。”宗旦受而讀之,驚喜歎賞,如游寶山,如閱海市。瑰奇詭異之物襍然前陳,駭目洞心,應接不暇。是豈淺鮮者所能到哉?其殆貫穿百家,馳騖千載者歟?夫士非窮愁莫能著書,一行作吏,此事遂廢,常情之通患也。矧者臺高蹈,燕引居恬,未有肯措意於筆硯者。密齋以宰相子敭歷中外,薦更麾節。晚境倦游,乃能逍遥里第,䀡玩《墳》《索》,抽毫漬墨,述所得以自見於世。所謂富貴不能淫,年彌高而德彌劭者,密齋有焉。陸賈當功成名遂之餘,乞身歸田,擁車騎,負寶劍,遨遊諸子間,釃酒擊鮮以自娛樂,追思向來新語,殆如夢事。向子平隱

居讀《易》,自男婚女嫁之後,斷絶家事,勿使相關。迺肆意於名山大川之觀,曩時韋編不得過眼矣。王逸少蘭亭一序,似能言者。及其守早退之節,又不過企慕子平所爲,盡山水之遊,求藥石,植桑果,抱子弄孫以卒歲。於著書乎何有?以密齋視三子,富貴年齒,度越遠甚。謂宜屏却簡編,燕酣登眺可也。而密齋之所樂爲,有三子之所不克爲者。由是言之,士大夫晚節嗜好,有不迷其初者鮮矣。觀密齋自序,謂以此書傳示子孫,使知其老不廢學。噫,此其詒謀微意,又可與俗人言哉?越明年鋟梓郡齋,輒爲題其後。鼓院名奕楙,密齋先生次子也。寶祐丙辰夏五中澣,通直郎添差通判撫州軍州兼管内勸農營田事王宗旦謹書

余好漁獵書傳,時年六十有三。易班東歸,天賜一閒,無以解日。書生結習未除,亦自觕有聞見。豈應以鶡弁泯没,遂著於篇以示兒輩。曰或問者,兒輩所質問也。經史本朝文藝雜説幾五萬餘言,固未足追媲古作,要之無牴牾於聖人。不猶愈於稗官小説,傳奇志怪之流乎?庶後之子孫,知余老不廢學云爾。淳祐元年辛丑長至謝采伯元若甫引

右《密齋筆記》,别經史本朝文藝雜書,釐爲五卷續記一卷。先公易班東歸,晚年著此。比鋟梓家塾,而字小不便,老眼舛誤,未暇考訂。奕楙挈來臨汝,欲刻置郡齋,迺是正魯魚。其間至有脱簡者,亦復增補使備,始得爲善本。一夕夢先公若有喜色,謂奕楙曰:“汝日所爲,吾從旁覘之,行又往婺女矣。”蓋大卿兄守婺故也。嗚呼,先公没六年,而精爽炯然,托諸夢以詔諸。孤一舉措,頃在其左右,顧不肖何以稱塞。惟戰戰兢兢,是戒是懼而已。既刊此書,屬兩倅題卷末,輒復記此。時寶祐丙辰孟秋中浣男奉議郎權知撫州軍州兼管内勸農營田事節制軍馬奕楙百拜書

昔歐陽公著《歸田録》,范蜀公作《東齋記事》,皆在辭蟬捨冕

後,蓋前輩於文章翰墨,若飢食渴飲,未嘗一日廢,非有老壯之分仕止之間也。密齋先生年六十有三,即弭節杜門,淡然無營。惟耽玩書史,遠紹旁搜。今觀《筆記》一書,如武庫乍開,戈矛劍戟,犀利森列,使人毛髮竦豎,非肯次千古筆力萬鈞疇克爾歟?其視歐、范二公風流蘊藉相似也。臨川使君一日出示家集,且病舊板漫漶,字有脫誤,將屬太史王公是正之,別鋟之梓。方動念間,忽夢密齋如平生,是知公於斯文,雖神遊八極,未能忘情。嗚呼,其精爽豈不可敬畏哉。漢韋賢父子以明經爲宰相,時爲之語曰:"遺子黃金滿籯,不如教子一經。"今密齋獨以文印傳子孫,而使君又克成先志,是亦韋氏一經之教。由此觀之,君家之福未艾也。寶祐丙辰季夏朔日通直郎通判撫州軍州兼管內勸農營田事成公策識

24·20　吹劍錄一卷　夏氏益虞手抄本　秦酉巖藏書

宋括蒼俞文豹撰　板心有"元覽中區"四字。

自序淳祐三年

秦氏手跋曰:己丑秋,予嘗手錄此冊。夏君虞逸借觀,竟失去。虞逸雅不自安,復從周見心原本錄此見寄。庚寅正月下澣日再識

孫氏手跋曰:《吹劍錄》前後二集,酉巖秦公藏書也。前集夏益虞先輩所書,後集爲秦公手筆。公手抄甚富,而筆法流潤,莫過於是。是蓋老年筆也。寶之寶之。岷自孫江記

24·21　困學齋雜錄一卷　文瀾閣傳抄本

元鮮于樞撰

24·22　敬齋先生古今黈殘本十一卷　舊抄本

元敬齋李冶撰　原四十卷,今存卷一至十一,凡四百七十餘

條。《四庫全書》著録本從《永樂大典》録出，此則原書殘本也。後有“萬曆庚子春三月之吉，武林書室蔣德盛梓行”兩行。

24·23　玉堂嘉話八卷　<small>淡生堂抄本</small>

元汲郡王惲著　文瀾閣傳抄本，卷八頗有闕文。是本較爲完善，舊抄之可貴，以此板心有“淡生堂抄本”五字。

自序<small>至元戊子</small>

右雜説

愛日精廬藏書志卷二十五

子　部

雜家類

25・1　續談助五卷　茶夢主人手鈔本　錢遵王藏書

宋晁伯宇名闕編　凡《十洲記》、《洞冥記》、《琵琶録》、《北道刊誤志》、《乘軺録》、《文武兩朝獻替記》、《牛羊日曆》、《聖宋掇遺》、《沂公筆録》、《竹譜》、《筍譜》、《硯録》、《三水小牘》、《漢武故事》、《漢武内傳》、《殷芸小説》、《大業雜記》、《營造法式》、《緑珠傳》、《膳夫經》，手録合二十種。每種後俱有跋。是書無撰人名氏，惟於《乘軺録》、《牛羊日曆》、《漢武内傳》、《營造法式》跋中知爲伯宇所編耳。又惟於《十洲記》跋中知伯宇爲崇寧時人，曾權陳留縣尉耳。若伯宇之爲名爲字及其姓氏爵里，則均無可考矣。所採如《北道刊誤志》、《大業雜記》、《琵琶録》、《乘軺録》等書今皆失傳。其存於今者如《十洲記》、《洞冥記》、《漢武内傳》、《漢武故事》之類，亦多與今本不同，俱足以資考訂。《文淵閣書目》著録，列之古今志中，殆以開卷係《十洲記》，故誤以爲地志歟？

續案《西溪叢語》引晁伯宇《談助》云云，《宋史・藝文志》，晁氏《談助》一卷。《郡齋讀書志》載《封丘集》二十卷，云世父封丘府君諱某字伯宇，官封丘丞。

右鈔世所傳漢太中大夫東方朔所撰《海内十洲記》。朔之自序，其略曰：漢武帝既聞王母言，八方巨海之中有十洲，始知朔非世俗庸人，是以延之曲室而親問十洲所在。朔云："臣學仙者耳，非得道之人，有國家之盛美，將招儒墨於名教之内，抑絶俗之道於虛詭之迹。臣故韜隱逸而赴王庭，藏養生而侍朱闕矣。曾隨師主履行，北至朱陵、扶桑、蜃海、冥夜之丘，純陽之陵。始青之下，月宫之淵。内游七丘，中旋十洲。踐赤縣而遨五岳，行波澤而息名山。臣自少及今，周流六天，所陟天光極於是耳。未若淩虛之子，飛真之官，上下九天，洞視百方。北極鉤陳而并華蓋，南翔大丹而西掖大夏。東之通陽之務，西薄寒穴之野。日月所不逮，星漢所不與。其上無復物，其下無復底。臣所識安及於是，媿不足以疇廣妙矣。"按朔雖多怪誕詆欺，然不至於著書妄言若此之甚，疑後人借朔以求信耳。然李善注《文選》郭景純《遊仙詩》已云"東方朔《十洲記》曰，臣故韜隱逸而赴王庭，藏養生而侍朱門矣"，則此書亦近古所傳也。景純《游仙詩》曰"朱門何足榮，未若託蓬萊。"善之注如此。其後又曰"圓丘有奇草，鍾山出靈液。"善之注曰"東方朔《十洲記》言北海外有鍾山，自生千歲芝及神草，靈液謂玉膏之屬也。"若景純所言果以此，則此書誠出于晉、魏之前矣。至其載月支使者謂武帝曰："臣今日仰鑒天姿，亦乃非有道之君也。眼多視則貪忍，口多言則犯難，身多動則淫賊，心多餙則奢侈。未有用此四多而成天下之治也。"其言亦誠可録，故廣鈔之。崇寧五年歲在丙戌七月二日記時年四十一權陳留縣尉捕劇賊于故牆法雲寺

右鈔郭子横所撰《漢武帝別國洞冥記》。子横之論以爲，漢武明特雋異之主，東方朔因滑稽誕誕以匡諫。洞心於道教，使冥跡之奧昭然顯著，故譔記名之《洞冥》。而張柬之言，隨其父在江南，拜父友孫義强、李知續二公，言似非子横所録。其父乃言，後梁尚書蔡天寶與岳陽王啟稱，湘東昔造《洞冥記》一卷，即《洞冥記》梁元

帝時所作。其後上官儀應詔詩中用影娥池學士，時無知者。祭酒彭陽公令狐德棻召束之等十餘人問此出何書。束之對在江南見《洞冥記》，云"漢武穿影娥池於望鶴臺西"，於是天下學徒無不繕寫。而尋劉歆、阮籍《七錄》了無題目。貞觀中撰《文思博要》、《藝文類聚》，紫臺丹笥之祕罔不咸集，亦無採掇。則此書僞起江左，行於永禎明矣。昔葛洪造《漢武內傳》、《西京雜記》，虞義造《王子年拾遺錄》、王儉造《漢武故事》，並操觚鑿空，恣情迂誕，而學者耽閱以廣聞見，亦各其志，庸何傷乎。按，束之所稱湘東所造《洞冥記》一卷，而此分爲四，然則此書亦未知定何人所撰也。又此書記曼倩父張氏，而王充《論衡‧道虛篇》復言朔姓金氏。神仙道家之言，其荒誕舛錯，類皆如此。故并鈔之，以廣聞見，且使後生知雜家小說爲不足多尚，此余之志也。

　　右廣鈔唐國子司業段安節《琵琶錄》。安節，文昌孫，成式子。□□中爲司業，善樂律，能度曲，故今錄特詳。舊史言，成式好弋獵，所述《酉陽雜俎》，紀鷹鸇事最多，而安節以善樂律，錄琵琶，又詳術，固不可不慎也。七月二十三日陳留崇寧寺法堂

　　右鈔熙寧四年集賢王璹字君玉校　所纂集《北道刊誤志》。時大河自澶州東南流，今河徙迃遼客者，自滑由磁相邱趙，至于瀛莫矣。蓋此書本以備迎送北客問答之間，聞君玉之子仲勇今續成其書矣，未之見也。

　　按錄，是歲振受詔充契丹國主生辰使，故其錄如此。契丹今改其國號大遼，見宋使無常處，不皆在中京也。自虎北口以南皆漢唐故地，因續鈔之，以備他日遼人歸我幽薊輿地之考。崇寧五年歲次丙戌八月三日壬戌陳留縣故牆法雲寺伯宇記

　　右鈔李德裕《文武兩朝獻替記》，其已爲史官所取，與挾黨情者皆略之。

　　右鈔大和九年秋季《牛羊一作楊日曆》，其後有檀欒子皇甫松續記云：太牢作《周秦行紀》，呼德宗爲沈婆兒，謂睿真皇后爲沈婆。此乃無君甚矣。承和公私之事，必啟太牢而後行。世傳太牢父事承和，諸犢又父事叔康，乃好事之說，過其實也。八日陳留崇寧監伯宇記

　　右鈔《聖宋掇遺》，其首云"天聖紀元甲子秋八月哉生明海陵序"，而不書姓名，當問於知之者。

　　右《沂公筆錄》一卷，三十一事。特鈔其九沂公，姓王氏，名曾，青社人。世所謂青州王相公也。

　　右鈔武昌戴凱之所撰《竹譜》，而率爲韻語舊於《竹譜》下，注云并序而無之。又其文脫錯，殆不可讀，故鈔之特略。八月己卯記

　　右鈔沙門贊寧所作《筍譜》，其僞謬亦多，故鈔之亦略。庚辰陳留净土院記

　　右鈔本朝北海郡侯唐詢所編《硯錄》。詢字彥猷，善書扎。其第硯以紅絲爲首，蓋詢嘗自遣青州益都縣石工蘇懷玉者，采石於黑山之顛。懷玉以爲洞穴深險，相傳云紅絲石去洞口□□□有刻字，乃唐中和年采石者所記，竟不知取之何用。迄今二百餘年，人不復有至者。懷玉獨與詢所遣白真往，六七日得石，廣四五寸者二，鑱以爲硯。自嘉祐六年辛丑夏四月至癸卯春三月，歷二年，凡工人數十往，得硯大小餘五十。工人告以洞門巨石摧掩，不可復入，石遂絕。其後得之者，皆洞外黃赤之石，一耳五寸。硯流落人間者絕少。詢自以紅絲石發之自我，又人不能徧見品第之，故以其私意，置之第一。余嘗於世父秘閣院見所謂紅絲者，其理太細，磨之拒墨，但可研雌黃、朱粉，色亦不甚紅。豈所謂洞外黃赤之石者耶？不然，詢以世所罕見者爲錄，以欺後人哉？

　　右鈔安定皇甫枚所編《三水小牘》。枚自言天祐庚午歲寓食

汾晉爲此書。三水，安定郡地名，枚安定人故云。其末云三水人，遵美蓋其字也。枚又言“外王父中書令晉國公宣宗朝再啟黃閣”，蓋謂自敏中。其書卑腳犬花、鵲吠刺客、李龜壽事無甚異，且慮出白氏之私，故不鈔。

右鈔世所傳班固所撰《漢武故事》。其事與《漢書》時相出入而文不逮，疑非固所撰也。武帝以雄才大略，不肯安於守文，汲黯之言是矣。雖其將死之言，然自謂所爲狂教，又言仙人盡妖耳，節食服藥，差可少病。而史亦載輪臺哀痛之詔，蓋亦偉丈夫所爲也，與其終身不悟，若唐憲宗以金丹被弑者有間矣。辛巳淨土北窗燭下記

右鈔世所傳《漢孝武皇內傳》。其言淺陋，又什有五六皆增贅《漢武故事》與《十洲記》。其上卷之末有云“右從淮南王至稷丘君，凡八事附之”。案《神仙傳》，淮南仙事的指又不出八公定何姓氏，據劉根《真人傳》，潁川掾吏王珍問劉君曰：“聞神丹不可倉卒求。不審草木藥何者爲良？”君曰：“昔淮南八方，一云公各服一物，以得數百歲，而命神丹而昇天。太清韓衆服菖蒲，趙他子服桂，衍門子服五味子，羨門子服地黃，林子明服石韋，杜子微服天門冬，任子季服伏苓，陽子仲服遠志。此諸君並已登真，降授淮南王，道成，能變化自在，持此故事仙昇定矣。”今因此傳末并八公所氏以明之焉。予以唐天寶五載景戌歲十月十五日終南山居元都仙壇大洞道士王遊巖緒附之矣，其言鄙俗，其文脫錯至此。然則此書遊嵓之徒所撰也。癸未伯宇記

右鈔《殷芸小說》。其書載自秦、漢迄東晉江左人物。雖與諸史時有異同，然皆細事，史官所宜略。又多取劉義慶《世說》、《語林》、志怪等已詳事故，鈔之特略，然其目小說則宜爾也。至於目若嚴電事，或云，裴令公姿容爽儁，疾困，武帝使王夷甫往看之。裴

先向壁臥，聞王來強迴視之。夷甫出，語人曰：“雙眸爛爛如巖下電，精神挺動，故有小惡耳。”出《世說》或云：裴令公目王安豐，眼爛爛如嵒下電。出《語林》俱收並錄，並無考，則其書亦可下關

右鈔崇寧二年正月通直郎試將作少監李誡所編《營造法式》。其宮殿佛道龕帳，非常所用者皆不敢取。五年十一月二十三日潤州通判廳西樓北齋伯宇記時蔡晉如通判潤州事。

右鈔直史館樂史所撰《緑珠傳》。史猶精地理學，故此傳推考山水爲詳，又皆出於地志、雜書者也。二十六日西樓北齋鈔

右鈔唐巢縣令楊曄所撰《膳夫經》。手錄大中十年六月成書，迨今二百餘年矣。其間如茶目、食飲之類，茗粥之類別抄皆與今不同。以此知古今之事異宜者多矣，必曰井田肉刑籩豆而飲食者，非通之論也。臘月八日西樓記。

《續談助》五卷，宋刻本。爲故友秀水令江陰徐君子寅家藏。子寅没後，其家人售于秦汝立氏。汝立廼余門人汝操之弟，青年癖古，儲蓄甚富，亦友于余。假而手錄，閱三踰月始訖事。惜乎斷簡缺文，未敢謬補，藏之茶夢閣，以俟善本云。嘉靖壬戌之秋八月二日皇山人姚咨識時年六十有八

25 · 2　紺珠集十三卷　明天順刊本

不著撰人名氏

紺珠之集，不知起自何代。試嘗仰觀乎天文，俯察乎地理，凡可以備致用者，雜出於諸子百家之說。枝分派別，原始要終，粲然靡所不載，誠有益於後學。然珠之爲物，生於淵而崖不枯，固寶之矣。是珠也，其色紺然，異乎夜光之類，特取其文焜燿而已。凡人之思慮，有爲物所蔽而昏昧者，取其珠而玩之，則了然心悟，決然冰繹，固足以開窗明，備記遺忘，豈小補哉。學者於此能勤而熟攬之，

亦若提珠在手,歷歷無忘其所能,雖相去千百歲之久,可以坐見其創述之末,則囊括倫類,蓋無餘蘊矣。以是而名其帙,不亦宜乎。建陽詹公寺丞出鎮臨汀,僕幸登其門。一日出示玆集,俾之校勘訛舛,將命工鏤板,以廣其傳。僕因得以詳究焉,增益其所未能,所得多矣。揚子不云乎,"侍君子,晦斯光,窒斯通",其是之謂歟。紹興丁巳中元日左承直郎全州灌陽縣令王宗哲謹序

賀榮重刊序天順庚辰

25·3　重校類説五十卷 舊抄本　秦酉巖藏書

宋曾慥撰　卷首有酉巖山人印記

小道可觀,聖人之訓也。余僑寓銀峯,居多暇日,因集百家之説,採摭事實,編纂成書,分五十卷,名曰《類説》。可以資治體,助名教,供談笑,廣見聞。如嗜常珍,不廢異饌;下箸之處,水陸具陳矣。覽者其詳擇焉。紹興六年四月望日溫陵曾慥引

前言往行,君子貴於多識;稗官小説,良史列之九流。曾公所編《類説》蓋此意也。余舊藏麻沙書市紹興庚申年所刊本,字小而刻畫不精,且多舛誤。意必有續刊大字善本。分符來此,徧令搜訪,咸無焉,併板亦不存矣。因取所藏舊本稍加是正,鋟板于郡齋,庶可壽此書傳。士或有志於聖門友多聞之訓,當謂不爲無補。寶慶丙戌八月初吉古杭葉崑書于建安堂

25·4　類説殘本 宋刊本　汲古閣藏書

同上　不分卷。存《仇池筆記》、《隱齋閒覽》、《東軒筆錄》三種。每頁二十行,行十六字。殆即葉崑所稱紹興小字本歟。案自序"編纂成書"下直接"名曰類説",無"分五十卷"四字,則慥之原本本不分卷。此《汲古閣秘本書目》所以有真本之稱也。卷首有

毛晉印記。

自序

25·5 皇朝類苑六十三卷 舊抄本

宋江少虞撰

古之史者，載籍極博。其所表見皆不虛書，其軼乃時時見於他說，不可不知也。太史公網羅天下放失舊聞，至於分散數家之事，則甚多疎略，後世猶或非之。然則自漢以來千有餘歲，君臣善惡，治亂之外，紛紛籍籍，日有日繁，使論著之人隨世哀掇有所未盡，況軼入他說者。歷年浸久，疏殘之餘，不少槩見，則史失其傳矣。史册所無有，學者不道也。錯亂磨滅，不可復知者，可勝計耶。我宋肇興，聖神克繼。二百年太平憲物容典，踔古治而增華，未有輯熙炳煥，可考如今者也。不刊信史，誠足以表襮萬代。然而秘省遂嚴，非外學所得見。若其遺文逸說，事美一時，語流千載者，搢紳先生尚能言之，往往皆前日今世巨公名卿、老師宿儒，以其所接於耳目，可以警憲于世者，筆之載錄傳紀，無慮數十家。嘗惜其畔散不屬，難以稽考。曩因餘暇，備極討論。自一話一言，皆比附倫類而整齊之，去其文不雅馴，或有牴牾者。自餘據實條次，不敢以一字增損，總凡會目，今爲一書，名曰《皇宋事實類苑》。聖謨神訓，朝事典物，與夫勳名賢達前言往行，藝術、仙釋、神怪之事，夷狄風俗之殊，纖悉備有，釐爲二十八門，選義按部，考詞就班，如出一家語。不待旁搜遠覽，而太平遺逸之美麗具在，足以觀見當時風議，庶幾乎尚有典刑哉。此學士大夫之所欲聞，亦喜傳而樂道也。深媿識見淺陋，擇焉不精，取焉不詳。故於每門之末不敢斷意訖詞，篇篇存之，將以有望於後之君子云。紹興十五年五月十七日謹序

少虞自幼喜雜覽，家居摘諸史雜史關於風化者纂成此篇，題曰

《皇宋事實類苑》。始於本朝祖宗聖訓，終於風土雜志，總六十三卷。少虞不敏，何敢爲著述，但傳舊而已。考之歲月，越十四寒暑。更俟博洽君子訂焉。紹興戊寅九月日江少虞志

25·6　皇朝仕學規範四十卷　明刊本

宋張鎡撰

士大夫多嫩天資，至錯諸行事，往往鮮合中道，才非不逮，微法度也。前言往行，可傚可師，佩服弗替，如循三尺。則幼學壯行，焉往而不中節，藐前修爲易與肆，吾意之所嚮跌宕乖盭，漫亡據依。幸而齟齬亡聞，人猶以不能恕，其如得聲名，處貴顯，有識將起賢者過之之歎。斥規矩以覬全材，屏範模而良器是圖，世固無若事也。仰惟熙朝累聖纘承，一以姬孔道學造天下士，名公碩儒，聞風作興，步武相屬。其大者功烈在天，銘在鼎彝，誠未易闚測。至如問學之困深，操行之端方，政事之精醇，與夫陰功隱德，奇辭奧論，流播簡册者，皆足以擅稱一時，詒憲百世。鎡天資庸樸，粗知讀書。日思扱滌膏粱之習，以從賢士大夫後。是以瘄瘃前哲，採摭舊聞。凡言動舉措，粹然中道，可按爲法程者，悉派分鱗次，萃爲鉅編，以便省閱。夫致知必繇學，故先之以爲學。學行之上也，故次之行己。行己有餘，斯可推以及人，故次之以涖官。爲政莫如德，故次之以陰德。有德者必有言，故以詩文終焉。謂其皆可爲終身法，遂目之曰《皇朝仕學規範》，且析爲四十卷。庶幾口詠心惟，趣向弗謬，昭然《中庸》《大學》之可歎，儼乎正人端士之在左右也。傳不云乎，"過者俯而就，不至者跂而及"。僕方用是自警，亦願與同志共之。淳熙歲丙申四月秦川張鎡時可序

右雜纂

愛日精廬藏書志卷二十六

子　部

類書類

26・1　北堂書鈔一百六十卷　舊抄本　曹棟亭藏書

隋祕書郎虞世南撰　此本係永興原本，未經陳氏增刪竄亂者。分甲乙丙丁戊己庚辛壬癸十册。卷一百三十九車總載篇，卷一百五十八至一百六十穴、泥、沙、石四篇，俱係大字，無注，與全書異。陳氏改從一例，立題分注，遂使原本面目不復可識。且所增補，或屬入五代十國事，更失限斷。藏書家每以不得一覩原書爲恨。今細核陳氏之書，大約原書所引之句與題不甚協者則刪，絕無文義可通者則刪，其書人人習讀無所用注者則刪，其書世無傳本不復可校者則刪，或改引他書，如謝承、袁山松等《後漢書》，則改引范蔚宗書，十八家《晉書》則改引房元齡書是也。有原本正文而改作小注者，有原本小注而改作正文者，有陳氏所增而未注補字者，有原書所有陳氏稍加增改而注補字者，攙亂刪改，不可枚舉。《讀書敏求記》云："今行《北堂書鈔》，爲吾鄉陳抱中所刻，攙亂增改，惜無從訂正。聞嘉禾收藏家有原書，蒐訪十餘年而始得。"朱氏竹垞《大唐類要跋》云："書賈有以《大唐類要》求售者，反覆觀之，即《北堂書鈔》也。今世所行，出常熟陳禹謨刪補，盡失其舊。儲書者多藏

之，而原書罕覯矣。"《欽定四庫全書總目》云，《北堂書鈔》，明陳禹
模校刻。"明人好增删古書，逞臆私改。其庸妄無識，誠有如錢、
朱二氏所譏。然今嘉禾舊本及《大唐類要》均已不可得見，獨禹謨
此本猶存。其增加各條，幸皆注明'補'字，猶有蹤跡可尋。惟其
所改所删，遂竟不可考。是則刊刻之功不贖其竄亂之過矣。"蓋是
書自國初已極貴重，今又更百七十年，日久日微，幾成斷種。合浦
之珠，豐城之劍，不足比其珍貴也。前有《郡齋讀書志》等四則，後
題"嘉靖丙午六月十二日五川居士在萬卷樓記"，蓋從楊夢羽藏本
傳錄者。

26·2　藝文類聚一百卷　馮氏已蒼校宋本

　　唐太子率更令宏文館學士渤海男歐陽詢撰　金吾藏《藝文類
聚》凡三本：一小字本，每頁二十八行，行二十三字。一蘭雪堂活字本，一
閩人詮刊本。馮氏已蒼據宋刊本手校，即是本也。三本中以是本
爲最善。

　　自序

　　胡纘宗鋟梓序

　　陸采跋嘉靖戊子

　　馮氏手跋曰：歲丙子，閩人劉履丁贈錢宗伯牧齋以宋刻《藝
文》。予從牧翁借校此本，始于丁丑之四月，畢于六月之十七日。
是年閏五月，蓋百日而終卷也。劉本正是此本之祖，中有模糊缺失
處，無不因襲，始知陸采所云劍半之說謬也。卷末有葫蘆"碧沙"
印，又"舊學圖書"四字方印，未知何家物也。屠守居士記

　　又曰：崇禎丁丑，借錢宗伯牧齋宋本校過，與此本正同，劍半之
說妄也。此書似非全書，但宋時已止存此，想世無完本矣。馮已蒼
書

錢氏手跋曰:陸采云"劚其半以示存羊",意謂胡可泉刻成此書後,俗人欲焚此板,今劚去以示不忍之意,非謂此書之不全也。附記于此,馮先生必以爲然。求赤漫識

26·3 太平御覽一千卷 舊抄本

宋翰林學士承旨正奉大夫守工部尚書知制誥上柱國隴西縣開國伯食邑七百户賜紫金魚袋臣李昉等奉敕纂

蒲叔獻重刊跋慶元五年

李廷允跋

26·4 太平御覽殘本六卷 宋刊本

同上 存卷二百一至二百五,又二百十一,凡六卷。每葉二十六行,行二十二字。吳門周氏藏明文淵閣殘宋本三百六十六卷,自一百七十二卷至二百卷,又自二百十二卷至三百六十八卷,其二百零一至二百十一適闕。此本二百零六至二百十以舊抄本補,與宋刊本合釘一本。或即明文淵閣故物歟?

26·5 新刊監本册府元龜一千卷 舊抄本

宋推忠協謀同德守正佐理功臣樞密使特進行吏部尚書檢校太尉同中書門下平章事修國史上柱國太原郡開國公食邑七千户食實封二千八百户臣王欽若等奉敕纂 標題與北宋本同,蓋從北宋本傳錄者。闕卷三十四,又四十至五十一,八百四十九至八百六十五,共三十卷。

26·6 新刊監本册府元龜殘本九卷 北宋刊本

同上 原一千卷。今存卷二百四十九至二百五十四,又二百

六十一、二百六十二、二百七十六，凡九卷。鈐宋璽二，曰“御府圖
書”，曰“緝熙殿寶”。鈐明璽一，曰“文淵閣印”。蓋宋、明兩朝內
府舊藏本也。明中葉以後，文淵閣書漸次散失，是數卷者歸汲古閣
毛氏，列之《秘本書目》。年更二百，轉易數主，故物依然，仍歸吾
邑，謂非有神物護持不至此。每頁二十六行，行二十四字。

26·7　册府元龜殘本四百八十三卷　南宋刊本

同上　此南宋重刊本也。每頁二十八行，行二十四字。存卷
一百二十九至一百六十六，一百七十一至一百八十，一百八十二至
二百四，五百五至五百三十八，五百四十二至五百六十五，五百六
十七至五百七十七，五百八十三至五百九十九，六百四至六百五，
六百八至六百六十，六百六十六至七百一，七百六至七百八，七百
十七至七百二十，七百二十六至七百三十二，七百三十七至七百三
十九，七百四十二至七百五十六，七百六十一至七百九十一，七百
九十六至八百，八百三至八百六，八百十一至八百十二，八百十五
至八百六十五，八百七十六至九百，九百六至九百三十三，九百三
十六至九百三十八，九百四十至九百四十二，九百四十四至九百四
十七，九百五十至九百五十六，九百六十七至一千，共四百八十三
卷。

26·8　事物紀原集類二十卷　校宋本　致爽閣藏書

宋高承撰　明刊本十卷。校者據宋閩中刊本分二十卷，與
《直齋書錄解題》合。卷十四明刊本卷七“州郡方域門”明刊本門作部
“驛”下校補敕書樓鼓、角樓、酒務、遞鋪四事，計二百餘字。每卷
俱有毛褒印記，或即褒手校歟？

閻敬序正統十二年

李果序成化八年

26·9　實賓錄十四卷　　文瀾閣傳抄本

宋馬永易撰

26·10　班左誨蒙三卷　　抄本

宋左通奉大夫徽猷閣待制除提舉萬壽觀實錄院修撰程俱撰《直齋書錄解題》著錄，後有"紹興三十一年五月日南劍州雕匠葉昌等鏤板"一條。

中古以還，叙事之文，唯左丘明《春秋傳》、太史公《記》、班固《漢書》最爲近古。班、左得善注，故訓詁益明，世之人發言下筆，終日出其中，乃或不知其所謂。如館穀、跂履、遲明、傾蓋、上下其手、富有春秋。又若字畫不異而音釋頓殊。如三百之百音陌，豆區之區音頤，搶攘，宿留，朱提，浩亹。苟爲道聽意讀，其不遺笑於人者幾希。余於讀書幼而貪，故略中而鈍，不得不致詳也。詳研孰復乃始懼焉，加以羈孤憂懣之餘，習習病忘。間取書至，誦閱數紙過，反茫然不知爲何書。比觀二書隨筆之紙，既又觀古人用意，雖常言細事皆叙載不繁，自然爾雅。如以孤人，毋西兵，宋百牢我，陵字立政日少公，米汁可以沐髮者爲潘沐，巨拇之爲將，指馬舖之爲鹿置，孫甥之爲彌甥。與夫古言異字，名物制數之微，獵取殆盡。又以《公》《穀》附焉，古言如無不祥大焉，魯故之以。異字如臧藏廩凜忽明譽善奪辟氏首名。制數如六畜、五牲、侵伐、滅入、鄉亭、成旅、韅靷、氋桐之類。且叙其端而藏於家，名之曰《班左誨蒙》，以謂成學之士當易而咺之，髫齔之童將以一二誨之，則或有取焉耳。政和三年癸巳六月信安程俱致道叙

26·11　帝王經世圖譜十六卷　文瀾閣傳抄本

宋唐仲友撰

漢司馬談父子貫穿經傳,馳騁古今,謂當時六藝已千萬數,故有儒者博而寡要,勞而少功之言。唐韓愈文不絕吟,編不停披,然亦記事提其要,纂言鈎其深。矧去古逾遠,衆說日繁。才學未逮于前賢,宜其用力勞而見功微。此《圖譜》所繇作也。雖然分門類事者固多,其能旁搜遠紹,合異爲同則鮮矣。金華唐仲友字與政,于書無不觀,于理無不究。凡天文地志、禮樂刑政、陰陽度數、兵農王霸,皆本之經典,兼采傳注。類聚羣分,旁通午貫。使事時相參,形聲相配。或推消長之象,或列休咎之證。而于郊廟學校、畿疆井野,尤致詳焉。各爲總說附其後,始終條理,如指諸掌。每一篇成,門人金式輒繕寫藏弄,積百二十有二篇。又得與政猶子別本相與校讐,釐爲十卷,以類相從。會分教廬陵,將鏤版校官而郡守趙侯善鏐助成之,屬予題辭。夫水之流東,惟海是歸;車之指南,其塗不迷。今是書折衷于聖人,示適治之路,故名曰《帝王經世圖譜》,非其他類書比也。昔漢儒專通一經,仍守師說,居家用以修身,涖官取以決事。況乎"六經"旨趣,百世軌範,皆聚于此。學者能因之廣記備言,精思博考,守以卓約,則他日見諸行事,豈不要而有功也歟? 與政名臣子,少登兩科,歷秘書省正字著作佐郎,出知信、台二州,擢江西提點刑獄。孝宗深奇其才,不幸得年僅五十三。凡所蘊蓄,百未究一。予每與士大夫共惜之。因序其書併告來者。嘉泰元年七月庚戌前進士周必大書

26·12　新刻歷代制度詳說十二卷　舊抄本

宋東萊先生呂祖謙伯恭編撰　板必有"怡顏堂鈔書"五字。

彭飛刊板序_{泰定三年　殘闕}

26·13　新箋決科古今源流至論前集十卷後集十卷續集十卷別集十卷　元延祐刊本

宋閩川林駉德頌撰《別集》前進士三山黃履翁吉父編　《前集》目錄後有"延祐丁巳孟冬圓沙書院刊行"木記。

財貨而費於源流之知,德義而取夫源流之喻,治不結繩,文籍以生。三代而來至于我宋,上下三千餘年,帝王代興,聖明繼作,典章文物,宏模懿範,本未源流所當講明者,奚獨貨德義而已①。儒家者流以多閱爲貴,以博聞爲高。塞胷滿腹,潰洞聲昧而無條貫,或舉其中而不知其本,或原其始而不要其終。高談有餘,待問不足。三山先生林君德頌,雅有遠度,志在邦典。博古通今,出於生知。平居私淑,嘗取夫治體之大者,約百餘目,參古今之宜,窮始終之要。問而辨之端,如貫珠舉而行之,審如中鵠。嘻,有大學問而後有大議論。先生以其淹貫之學,發而爲經濟之文。是非品藻,確乎其當。昔漢武帝之策仲舒,欲叩大道至論。先生之論,其至論也歟?故名之曰《古今源流至論》,以廣其傳焉。時嘉熙丁酉三山前進士黃履翁吉父書

《別集》序曰:昌黎外藁,後來所次;坡老數論,又文集之續者。至論之作,豈能無遺論耶?予擢第西歸,又有逐海濱之臭者而求續作,伎癢未歇,不免復爲之索筆。噫,斯集果盛傳於世耶?予不敢効福畤《中說》以盜人之名,果未足重於世耶,又安敢爲魏泰《碧雲

---

① 此段缺文較多。"我"下補"宋上下"三字,"帝"下補"王代興聖明繼"五字,"章文"下補"物宏模懿範本未源流所當講明者奚獨"十六字。據《古今源流至論前集原序》。

稯》嫁惡於人哉？故特於篇首言之以自見云。癸巳書雲之旦合
沙,西峯主人黃履翁吉父序

26·14　新編分門標題皇鑑箋要六十卷　舊抄本

宋閩川林駉德頌撰　取宋一祖十一宗事迹,區別事類,分門編
纂。曰君德、曰君政、曰官制、曰貢舉、曰科目、曰用人、曰臣道、曰
儒學、曰兵制、曰賦役、曰財用、曰荒政、曰時弊,凡十三門。每門又
各分類,每類爲一篇,駉自爲之注。盛德豐功,宏綱細目,蓋詳哉乎
其言之。雖揚休播烈,未免有意鋪張,而一朝政治條分縷析,多可
與史傳相參。是固考宋事者所不廢也。其所引書如《寶訓》、《實
錄》、《國朝會要》、《續會要》、《三朝政要》、呂源《政要增釋》、《高
宗聖政》、《九朝通略》、蔡龍圖《官制》、《官制舊典》、《職源》、《職
略》、《歷代纂議》、《丁未錄》等書,今皆久佚,尤足以資叅考。是書
諸家書目俱未著錄。此本尚是明人舊抄,總目後有"是書鼎新編
述,與蹈襲塵言者不侔。取青之士幸詳鑒"三行,當是從元刊本影
寫者。

語人以漢、唐,聽之者觸屏;語人以三國,聽之者噴案;語人以
六朝五代,有扼腕不已者。姑舍是,語之以國朝盛事,則聳焉躍焉,
訴訴焉歛襟肅容之不暇。嘻,帝王之豐功盛德,其感寤人意如此
哉。余濯纓龍鬏,日與其徒談前代事。有攎而趨者曰:"《史》、
《漢》而下,飫聞之矣,盍觀諸國朝。"余曰:談何容易。諳歷典故,
吾不如趙康靖;區別事類,吾不如富韓公。談何容易。既又思之
曰,聖謨洋洋,嘉言孔彰,在人耳目藹如也。講誦吾職,吾不可以
已。於是會稡所藏,日得一二事。積之以月,巨帙成焉。有好事者
揭而名之曰《皇鑑》。嘻,揚鴻休播,芳烈汪汪乎丕天之大律。鋪
張揚厲,余有志焉而未能也。姑誦所聞,以俟君子。嘉定丙子孟夏

閩川林駉德頌序

26·15　玉海二百卷附辭學指南四卷　元刊本

宋浚儀王應麟伯厚甫撰　目録後列慶元路儒學刊造玉海書籍提調等官銜名。

胡助序_{至元四年}

阿殷圖序_{至正十一年}

王介序_{至正辛卯}

李桓序_{至元六年}

浙東道宣慰使司都元帥府牒_{至元三年}

26·16　重刊增廣分門類林雜説十五卷
舊抄本　吳方山藏書

金平陽王朋壽編　分一百門,始孝行,終禽獸、蟲魚。每門各繫以贊。其自序曰:傳記百家之學,散漫不倫,難於統紀。前賢有區別而爲書號曰《類林》者,其來尚矣。惜次第失序,門類不備。予因暇日輒爲增廣,較之舊書多至三倍云云。案《新唐書·藝文志》有于立政《類林》十卷,《崇文總目》同。《中興書目》云唐于立政《類林》十卷,分五十,分記古人事迹。見《玉海》則朋壽此書或因于氏原本增廣歟? 宜其徵引古籍多有他書所未載者。不僅如《讀書敏求記》所舉眉間尺一事也。原書十卷,今本十五卷。序云"多至三倍"者,蓋言三分之中多一分耳。《述古堂書目》云王朋壽增補陽休之《類林》十五卷。案《北齊書·陽休之傳》云,休之著文集三十卷,又撰幽州《人物志》並行于世,未載其著有《類林》。《隋志》、新舊《唐書志》亦俱無陽休之《類林》。惟《新唐書志·小説類》有裴子野《類林》三卷。遵王或誤記歟? 是書《文淵閣書目》著録，近則久無傳本。此本係吾郡吳方山舊藏，尚是明初人鈔本，中遇"堯"字_{睿宗諱}皆缺筆。陳君子準藏有金刊本《明秀集》注"堯"字亦皆缺筆，版式亦略相似。則此本殆從大定刊本影寫歟？

傳記百家之學，率皆有補於時。然多散漫不倫，難於統紀。故前賢有區別而爲書號曰《類林》者，其來尚矣。惜乎次第失序，門類不備。予因暇日輒爲增廣，第其次序，將舊篇章之中添入事實者加倍，又復增益至一百門，逐篇係之以贊，爲十五卷，較之舊書多至三倍。若夫人君之聖智聰明，臣子之忠貞節義，父子兄弟之孝慈友愛，將相之權謀大體，卿士之廉潔果斷，隱遁之潛德幽光，文章之麗藻清新。風俗之好尚，陰德之報應，酒醴之耽沉，恩怨之報施，形軀之長短，容貌之美惡。男子之任俠剛方，婦人之妍醜賢慝。神仙之清修，鬼神之情狀，宮室之華靡，屋宇之卑崇，天地之運移，日星之行度，山海之靈潤，醫筮之精專，草木之奇秀，金玉之純良，蠻夷之頑獷，禽魚之巨細。凡六合之内所有，無不臚舉。雖不敢謂之知所未知，亦可謂之具體而微矣。其於善者不敢加於褒飾，惡者不敢遂有貶斥。姑齊其本所出處，芟其繁，節其要而已。覽者味其雅正，則可以爲法；視其悖戾、則可以爲戒。豈止資談柄而詫多聞，不爲無可取也。鄉人李子文一見曰："專門之學，不可旁及。至如此書，無施不可。好學通變之士之所願見。我爲君刊鏤以廣其傳，如何？"予謹應之曰諾。於是舉以畀之，併爲之序。甚大定己酉歲夏晦平陽王朋壽魯老序

26·17　新編古今姓氏遙華韻九十六卷　抄本
從天一閣舊抄本影寫

元臨川布衣洪景修進可編　是書以姓繫韻。凡甲集十卷，乙集十卷，丙集十一卷，丁集十卷，戊集十一卷，己集八卷，庚集十卷，

辛集十卷，壬集八卷，癸集十卷，共一千一百八十九姓。忠臣孝子，義夫烈女，相業將略，家法官箴，有益民彝世教者，必加詳錄。其名賢詩文及風流逸事可資談助者，亦間及焉。戊集王姓末附載董更生《王烈女傳》一篇，備錄全文，與全書體例不符，是蓋褒揚忠烈，俾後世知宋社淪亡抗節捐生者，自文文山、謝疊山諸人外，宮禁中尚有一王烈女其人也。而賣國降臣，如傳中所列張晏然、陳弈、范文虎輩，讀書亦可少愧矣。是殆洪君微意所在，故特表出之。洪君自題"臨川布衣"，意者入元不仕，以勝國遺民終歟？其所引《元和姓纂》，多有出今本外者，是亦足資參考也。《文淵閣書目》著錄。

　　譜系之學，古有專門。其書浩如煙海，其言雜如軍市。至唐文帝始刪茹繁濫，勒成族志，不幸火於邪辭。別加紀錄，世不尊信，譜學遂荒。洪君進可以韻纂姓，以姓萃事，臧否小大悉所不捐。雖有祖述，然亦勤且勞矣。又却縮衣食，鋟版布行。其博文之心亦可謂篤矣。視終日據案呻其佔畢，而殊無一字可對人言者，亦有逕庭哉。惜余眵昏旦復病暑，未能考其著書之旨、立言之凡，而徒志其太息，起敬於篇端而已。至大三年歲在庚戌立秋後一日庚辰程鉅夫書

　　達觀洪先生至元壬午處吾齋三年，觀受之際，見其蟲鏤鼈績之書，而幼不識何書也。至大戊申，先生又處吾齋，昔年書者堆案沓几，視之，則姓韻成書矣。惟我與爾，其論衡不可，請刊以傳廣，即與集工。嗟夫，先生于是書，精神寄於歲月之茫茫，姓氏承於古今之落落，豈洸洋自恣以適己，將與千金懸之咸陽市門，求一字增損，主衣妍籍湜敢去。予是以述此書之本末，非跋非序。至大元年三月三日門人安性仁題

　　有達尊大雅問僕曰："姓氏有初乎？"曰：有，姓氏源三皇，派《春秋》，淆濁於《河南官氏志》。黃帝二十五子，得姓十四。《春

秋》國百二十四，爵姓具者四十有七，爵姓俱亡者三十有三，有爵無姓十有七，有姓無爵十有八。富辰曰：管、蔡、郕、霍、魯、衛、毛、聃、郜、雍、曹、滕、畢、源、酆、郇，文之昭也。邘、晉、應、韓，武之穆也。凡蔣、邢、茅、胙、祭，周公之允也。或地或官，或王父字謚，若柳下、展氏、南宮、司馬，魯三桓、鄭七穆是也。魏以拓跋爲長孫，邱穆陵爲穆，獨孤爲劉，弗忸于爲于。《河南官氏志》八姓勳族，四姓衣冠，列爲著姓。梁元時魏九十九姓復如舊，於是古今姓氏淆濁滋甚。王通謂任、薛、王、劉、崔、盧之婚非古也，何以視譜。唐太宗命高士廉、岑文本志氏族二百九十三姓[①]，首宗室，次外戚，褒忠良，貶姦逆。至韋述撰《開元譜》、柳冲撰《氏族系録》，宋洪忠宣公撰《姓氏指南》，今孰從而見之？僕生晚學膚，自咸淳戊辰敦半餘力，隨見輒筆，積歲月得姓九百有奇，抄爲《姓氏遥華韻》。參章定類，蘗千一百八十九姓，無其人者不信不徵。鄭夾漈《姓氏略》太簡無倫。僕起敬忠臣孝子，義夫烈女，英雄豪傑，師友淵源，家法官箴，相業將略，有益民彝世教必加詳録。其有風流談諧，亦可助談資笑。開卷思齊，自省千載對面又思死節名臣尚宜表章，以廣唐人褒忠盛心。第慙讀書不多，譌舛曷正。惟冀達尊大雅特賜砭愚。至大元年歲在戊申南昌月吉臨川布衣洪景修進可拜手稽首謹志

26·18　漢唐事箋對策機要十二卷後集八卷　元至正刊本

元進士旴黎朱禮德嘉著　是書取漢、唐事實有關治體者，分門編載，隨事箋釋。前集專論漢事，後集專論唐事。體例與《源流至論》同。叙述詳明，議論精核，蓋將陳往古之治道爲當時之法戒，不僅供場屋採掇之用也。《文淵閣書目》、《季滄葦書目》俱著録。

---

① "岑文本"，原作"岑文"，據《新唐書·藝文志二》《大唐氏族志》條補"本"字。

目録後有"至正丙戌日新堂栞"木記。

《漢唐事要》，吾友朱君所作也。凡其沿革廢置，損益更張，纖息節目，有關於治體者，罔不領舉而綱提，并包而囊括，遡流尋源，隨事箋注，悉有據依。一覽之餘，了然在目。噫，是書之作，豈但塲屋計哉？學優而仕，輔世長民之道，□不□是有志於斯世者，苟能鑒漢、唐之迹而隆萬世之規，庶乎此書之傳不爲紙上語耳。此吾友以私淑人者也，不敢終秘，用鑱之木以廣其傳云。時至正元年孟秋之月前進士盱江南窻謝升孫子順父序

愛日精廬藏書志卷二十七

子 部

小說類

27·1 西京雜記二卷 明活字本

晉丹陽葛洪字稚川集

27·2 北夢瑣言二十卷 精抄本

宋富春孫光憲纂集

自序

《北夢瑣言》二十卷,富春孫光憲纂集唐末後梁後唐石晉時事。此書乃武林忻悦學家藏陝刊舊本,介歸成芥庵夏隱君,中間刊誤舛訛,如日曰、纂篡、歡歎、雖難、關闕、禍福等字可以意改,餘不敢强,以俟別本訂之。至正二十四年歲次甲辰五月七日寫起,至二十七日庚寅輟卷。華亭在家道人孫道明識于泗北村居映雪齋。時年六十又八也。連日梅雨,時雨西南二鄉皆成巨浸,豐年未卜。今日喜晴,聊書記耳。

27·3 東齋紀事五卷補遺一卷 文瀾閣傳抄本

宋范鎮撰

自序曰：予嘗與修唐史，見唐之士人著書以述當時之事，後數百年有可考正者甚多，而近代以來蓋希矣。惟楊文公《談苑》、歐陽永叔《歸田録》，然各記所聞而尚有漏略者。予既謝事，日於所居之東齋燕坐暇多，追憶館閣中及在侍從時交游語言與夫里俗傳說，因纂集之，目爲《東齋記事》。其蜀之人士與其風物爲最詳者，亦耳目之熟也。至若鬼神夢卜率收録而不遺之者，蓋取其有戒于人耳。

27·4　青箱雜記十卷　舊抄本

宋朝散郎知漢陽軍吳處厚撰

自序曰：前世小說有《北夢瑣言》、《酉陽雜俎》、《玉堂閒話》、《戎幕閒談》，其類甚多。近代復有《聞苑》、《聞録》、《歸田録》，皆采摭一時之事，要以廣記資講話而已。余自筮仕，未嘗廢書，又喜訪問，故聞見不覺滋多。況復遇事裁量，動成品藻，亦輒紀録，以爲警勸。而所紀皆叢脞不次，題曰青箱雜記，凡一十卷。元祐二年春正月甲寅日謹序

27·5　丞相魏公譚訓十卷　抄本　從子謙姪藏書抄本傳録

宋長孫左朝請大夫蘇象先編　述其祖魏公頌遺訓，分二十六類，凡三百餘事。

象先自少不離祖父之側，元祐丙寅祖父爲天官尚書，居西岡楊崇訓之故第。祖父以南軒爲書室，列大案，列書史於前。又置小案於椅間，俾象先侍坐。每至夜分，退而記平日教誨之言，作《譚訓》百餘事。後三年，祖父執政，無復曩時閒暇。又十有二年捐館於潤。又十有九年象先在鎮江卧病。閱五年，當靖康元年，偶記舊稿而散失脫落，尚多遺逸，因廣而續之，凡三百餘篇，分爲十卷。以見

一日未常忘祖訓,而諄諄之誨不可無傳也。

《蘇魏公譚訓》十卷。公之意第欲示訓子孫,不祈於傳也。泌既得之於公之曾孫無爲判官煇,因刻之郡府。紹熙癸丑孟夏八月濟南周泌

《直齋書錄解題》曰:《蘇氏譚訓》十卷,朝請大夫蘇象先撰。述其祖魏公頌子容遺訓。

27·6　續世説十二卷　抄本　從照曠閣藏本傳錄

宋魯國孔平仲字毅甫撰　是書取宋齊梁陳隋唐歷代事迹,依劉義慶《世説》之目而分隸之,爲書十二卷。後有沅州公使庫總計紙板數目并印造紙墨、標褙工食錢數。目後又有右廸功郎司法兼監使庫翁灌等五人銜名,皆沅州官也。王士禎《居易錄》曾載是書,云已失傳。近代儲藏家亦罕有著錄者。此本照曠叔父介何君夢華從宋刊本影寫,金吾從之傳錄者。

史書之傳信矣,然浩博而難觀。諸子百家之小説誠可悦目,往往或失之誣。要而不煩,信而可考,其《世説》之韙歟?舊本分纂前言以爲要覽,略而未備。爰有博雅君子倣而增廣之,此《續世説》之所以作也。學士孔君毅甫平仲囊括諸史,派引羣義,疏剔繁辭,揆叙名理,釐爲十二卷。可謂發史氏之英華,便學者之觀覽,豈曰小補之哉。惜其書成,未及刊行,轉相傳寫,不無烏焉成馬之弊。今兹善本,從義郎李君敏得之於前靖守王君長孺,相與鏤板而藏焉。王親授於孔,知其不謬,李今爲沅人,徒有其本而所傳蓋未廣也。紹興丁丑春雒陽王公無染擢守沅之明年,郡學鼎新,人材益進,嘗顧謂僚佐曰:“沅爲郡僻遠,史書尤不易備。會史之要,莫善於《世説》,《續説》又盡善也。”俄李氏以其書板來售,即加是正,復命鐫刻以補其不足,將俾人得其傳,其溥利哉。此書載言行美惡,

區以別之。學者博古考類，擇善而從。去古人何必有間，不但資談説而已。然後知公措意，豈苟然哉。後之爲政者，能謹其藏，勿靳其傳，是亦公之用心也。三月初一日長沙秦果序

《直齋書録解題》曰：《續世説》十二卷，孔平仲毅父撰，編宋至五代事，以續劉義慶之書。

27・7　續墨客揮犀十卷　**舊抄本**　**葉石君藏書**

宋彭乘撰　《直齋書録解題》云，《墨客揮犀》十卷《續》十卷，不知名氏。《述古堂書目》云彭乘《續墨客揮犀》十卷。伏讀《欽定四庫全書總目》云，《墨客揮犀》，商濬刻入《稗海》，題彭乘姓名，蓋以書中自稱名爲據，而止有十卷，則已佚其續集矣。此本係明人舊抄，亦希覯之書也。後有題識云"正德己巳歲夏日舊刻本摹于志雅齋"。

27・8　歸潛志十四卷　**舊抄本**

宋劉祁撰

自序

趙穆跋至大辛亥

27・9　靜齋至正直記四卷　**舊抄本**

元闕里外史行素居士孔齊著

雜記者，記其事也。凡所見聞可以感發人心者，或里巷方言可爲後世之戒者，一事一物可爲博聞多識之助者，隨所記而筆之，以備觀省，未暇定爲次第也。至正庚子春三月壬寅記

右雜事

27·10　穆天子傳六卷　舊抄本

晉郭璞注　前有荀勗序。序首有結銜五行云“侍中中書監光
禄大夫濟北侯臣勗一行領中書令議郎上蔡伯臣嶠言部二行祕書主
書令史譙勳給三行祕書校書中郎張宙四行郎中傅瓚校古文《穆天子
傳》已訖謹並第錄”五行世行本無此五行。案《史記·索隱》引《穆
天子傳》目録云傅瓚爲校書郎，與荀勗同校定《穆天子傳》。蓋即
指此。板心有“元覽中區”四字，蓋秦西巖藏本也。

荀勗序

27·11　唐闕史二卷　茶夢主人手抄本

唐參寥子高彦休撰　卷首有姚舜咨印記

自序

政和三年秋於東都清平坊傳此書，叙云“甲辰歲編次”，蓋唐
僖宗中和四年也。其間有已書僖號者，或後人追改之。彦休叙事
頗可觀，但過爲緣飾，殊有銑谿虬户體。此其贅云。次年三月七日
再閲一過。黄長睿父書

凡史載必朝廟典故，職員政績。雖濫及閭閻，亦關風化。參寥
子名曰《闕史》，而事涉瑣細，非筆載之急，史云乎哉。然敷叙條
暢，詞句温雅，唐家小説自别有一種風趣。參寥子，唐高彦休，乾符
中人。姑蘇吳岫

右異聞

27·12　酉陽雜俎二十卷　元刊本

唐臨淄段成式撰

自序

27·13　古杭雜記詩詞集四卷　精抄本

元李有撰　目錄後有識語云“已上係宋朝遺事，一新繡梓。求到續集，陸續出售。與好事君子共之。”

右瑣記

愛日精廬藏書志卷二十八

子　部

釋家類

28・1　釋迦譜十卷　明支那本

蕭齊釋僧祐撰　述撰迦降胎至分塔,披經按記,原始要終,爲譜記十卷,三十四篇。

《自序》曰:蓋聞菩提之爲極也,神妙寂通,圓智湛照。道絕於形識之封,理畢於生滅之境,形識久絕,豈實誕於王宫,生滅已畢,寧真謝於堅固哉。但羣萌長寢,同歸大覺;緣來斯化,感至必應。若應而不生,誰與悟俗;化而無名,何以導世。是以標號釋迦,擅種剎利,體域中之尊,冠人天之秀。然後脱屣儲宫,貞觀道樹,捨金輪而御大千,明玉毫而制法界。此其所以垂跡也。爰自降胎至於分塔,瑋化千條,靈瑞萬變,並義炳經典,事盈記傳。而羣言柔差,首尾散出,事緒舛駮,同異莫齊。散出首尾,宜有貫一之區;莫齊同異,必資會通之契。故知博記難該而總集易覽也。祐以不敏,業謝多聞,時因疾隙,頗存尋覽。遂乃披經按記,原始要終,敬述《釋迦譜記》,列爲十卷。若夫允裔託生之源,得道度人之要,泥洹塔像之徵,遺法將滅之相,總衆經以正本,綴世記以附末。使聖言與俗説分條,古聞共今跡相證。萬里雖邈,有若躬踐;千載誠隱,無隔面對。今抄集衆經，述而不作。庶脱尋訪，力半功倍。敬率丹心，略敷誓願。

28·2　弘明集十四卷　明支那本

梁釋僧祐撰

《自序》曰：余所集《弘明》爲法禦侮，通人雅論，勝士妙説，摧邪破惑之衝，宏道護法之塹，亦已備矣。然智者不迷，迷者乖智。若導以深法，終於莫領，故復撮舉世典，指事取徵，言非榮華，理歸質實，庶迷塗之人不遠，而復總釋衆疑，故曰《弘明》。論云夫二諦差別，道俗斯分。道法空寂，包三界以等觀；俗教封滯，執一國以限心。心限一國，則耳目之外皆疑；等觀三界，則神化之理常照。執疑以迷照，羣生所以永淪者也。詳檢俗教並憲章五經，所尊唯天，所法唯聖。然莫測天形，莫窺聖心。雖敬而信之，猶矇矇弗了。況乃佛尊於天，法妙於聖，化出域中，理絶繫表。肩吾猶驚怖於河漢，俗士安得不疑駭於覺海哉？既駭覺海則驚同河漢。一疑經説迂誕，大而無徵。二疑人死神滅，無有三世。三疑莫見真佛，無益國治。四疑古無法教，近出漢世。五疑教在戎方，化非華俗。六疑漢魏法微，晉代始盛。以此六疑，信心不樹，將溺宜拯。故較而論之，若疑經説迂誕大而無徵者，蓋以積劫不極，世界無邊也。今世咸知百年之外必至萬歲，而不信積極之變[①]，至於曠劫，是限心以量造化也；咸知赤縣之表必有四極，而不信積極之遠，復有世界，是執見以判大虛也。昔湯問革曰：“上下八方有極乎？”革曰：“無極之外，復無無極。無盡之中，復無無盡。”“朕是以知其無極無盡也。”上古大賢據理訓聖，千載符契，懸與經合，井識之徒，何智得異。夫以

————————

① “積極”原作“積萬”，觀下文“不信積極之遠”，作“極”是。據《弘明集》補正。

方寸之心,謀己身而致謬,圓分之眸,隔牆壁而弗見。而乃侮尊經,背聖説,誣積劫,罔世界,可爲愍傷者一也。若疑人死神滅,無有三世,是自誣其性靈而蔑棄其祖禰也。然則周、孔制典,昌言鬼神。《易》曰"游魂爲變",是以知鬼神之情狀。既情且狀,其無形乎?《詩》云"三后在天,王配于京",升靈上旻,豈曰滅乎?《禮》云"夏尊命是鬼敬神",大禹所祗,寧虚誕乎?《書》稱周公代武,云"能事鬼神",姬旦禱親,可虚罔乎?苟亡而有靈,則三世如鏡,變化輪回,孰知其極。俗士執禮而背叛五經,非真誣佛,亦侮聖也。若信鬼於五經,而疑神於佛説,斯固聾瞽之徒,非議所及,可爲哀矜者二也。若疑莫見真佛,無益國治,則禋祀望秩亦宜廢棄,何者?蒼蒼積空,誰見上帝之貌;茫茫累塊,安識后祗之形。民自躬稼,社神何方;人造庸啜,蜡鬼奚功。然猶盛其犧牲之費,繁其歲時之祀者,豈不以幽靈宜尊,教民美報耶。況佛智周空界,神凝域表。上帝成天,緣其陶鑄之慈;聖王爲人,依其亭育之戒。崇法則六天咸喜,廢道則萬神斯怒。今人莫見天形而稱郊祀,有福不覩金容而謂敬事。無報輕本重末,可爲震懼者三也。若疑古無佛教,近出漢世者,夫神化隱顯,孰測始終哉。尋羲農緬邈,政績猶湮,彼有法教亦安得聞之。昔佛圖澄知臨淄,伏石有舊像露盤;犍陀勒見槃鵄,山中有古寺基墌。衆人試掘,並如其言。此萬代之遺徵,晉世之顯驗。誰判上古必無佛乎。《列子》稱周穆王時西極有化人來,人水火,貫金石,反山川,移城邑,乘虚不墜,觸實不礙,千變萬化,不可窮極。既能變人之形,又且易人之慮。穆王敬之若神,事之若君。觀其靈跡,乃開士之化。大法萌兆,已見周初;感應之漸,非起漢世。而封執一時,可爲嘆息者四也。若疑教在戎方,化非華夏者,則是前聖執地以定教,非設教以移俗也。昔三皇無爲,五帝德化。三王禮形,七國權勢。地當諸夏而世教九變。今反以至道之源,鏡以大智

之訓,感而遂通,何往不被。夫禹出西羌,舜生東夷,孰云地賤而棄
其聖。某欲居夷,聃適西戎。道之所在,寧選於地。夫以俗聖設
教,猶不繫於華夷,況佛統大千,豈限化於西域哉?案《禮·王制》
云四海之內方三千里,中夏所據亦已不曠,伊、洛本夏而鞠爲戎墟,
吳、楚本夷而翻成華邑。道有運流而地無恒化矣。且夫厚載無疆,
寰域異統。北辰西北,故知天竺居中。今已區分,中土稱華,以距
正法,雖欲距塞而神化常通,可爲悲凉者五也。若疑漢、魏法微,晉
代始盛者,道運崇替,未可致詰也。尋沙門之修釋教,何異孔氏之
述唐虞乎?孔修五經,垂範百主,然春秋諸侯莫肯遵用,戰伐蔑之,
將墜于地,爰至秦皇,復加燔燼,豈仲尼之不肖而《詩》《書》之淺鄙
哉?邇及漢武,始顯儒教,舉明經之相,崇孔聖之術,寧可以見輕七
國而遂廢後代乎?案漢玄之世,劉向序仙云,七十四人出在佛經。
故知經流中夏,其來已久。逮明帝感夢,而傅毅稱佛,於是秦景東
使,而攝騰西至,乃圖像於闕陽之觀,藏經於蘭臺之室。不講深文,
故莫識奧義。是以楚王修仁潔之祠,孝桓建華蓋之祭。法相未融,
唯神之而已。至魏武英鑒,書述妙化;孫權雄略,崇造塔寺。晉武
之初,機緣漸深,耆域耀神通之跡,竺護集法寶之藏。所以百辟縉
紳,洗心以進德;萬邦黎憲,刻意而遷善。暨晉明叡悟,秉壹棲神,
手畫寶像,表觀樂覽。既而安上弘經於山東,什公宣法於關右,精
義既敷,實相彌照,英才碩智,並驗理而伏膺矣。故知法雲始於觸
石,慧水流于濫觴,教必有漸,神化之常。感應因時,非緣如何。故
儒術非愚於秦而智於漢,用與不用耳;佛法非淺於漢而深於晉,明
與不明耳。故知五經恒善而崇替隨運,佛化常熾而通塞在緣。一
以此思,可無深惑而執疑莫悟,可爲痛悼者六也。夫信順福基,迷
謗禍門,而況矇矇之徒多不量力,以己所不知而誣先覺之徧知,以
其所不見而罔至人之明見。鑒達三世,反號邪僻;事拘目前,自謂

明智。於是迷疑塞臂，謗讟盈口。輕議以市重苦，顯誹以買幽罰。言無錙銖之功，慮無毫釐之益。逝川若飛，藏山如電，一息不還，奄然後世，報隨影至，悔其可追。夫神化茫茫，幽明代運，五道變化，于何不之。天官顯驗，趙簡、秦穆之錫是也。鬼道交報，杜伯、彭生之見是也。修德福應，殷代、宋景之驗是也。多殺禍及，白起、程普之證是也。現世幽徵，備詳典籍；來生冥應，布在尊經。但緣感理奧因果義微微奧難領，故略而不陳。前哲所辨，關鍵已正。聊率鄙懷，繼之于末。雖文非珪璋，而事足鑒鑑。惟愷悌君子，自求多福焉。

28·3　高僧傳十四卷　**舊抄本**

梁會稽嘉祥寺沙門慧皎撰　採自漢至梁六代高僧，分爲十科，曰譯經、曰義解、曰神異、曰習禪、曰明律、曰遺身、曰誦經、曰興福、曰經師、曰唱導，凡二百五十七人。

《自序》曰：原夫至道冲漠，假蹄筌而後彰；元致幽凝，藉師保以成用。是由聖迹迭興，賢能異託。辯忠烈孝慈，以定名教之道；明詩書禮樂，以成風俗之訓。或忘功遺事，尚彼虛冲；或體任榮枯，重兹達命。而皆教但域中，功在近益，斯蓋漸染之方未奧盡其神性。至若能仁之爲訓也。考業果之幽微，則循復三世；言至理之高妙，則貫絶百靈。若夫啓《十地》以辯慧宗，顯《三諦》以詮智府。窮神盡性之旨，管一樞極之致餘方，亦猶羣流之歸巨壑，衆星之拱北辰。懋哉邈矣，信難得以言尚至。迺教滿三千，形遍六道，皆所以接引幽昏，爲大利益，而以淨穢異聞，昇墜殊見。故秋方先音形之奉，東國後見聞之益。雲龍表於夜明，風虎彰乎宵夢。洪風既扇，大化斯融。自爾西域名僧，往往而至。或傳度經法，或教授禪道，或以異迹化人，或以神力拯物。自漢之梁，紀歷彌遠，世踐六代，年將五百，此土桑門，含章秀發，羣英間出，迭有其人。衆家記録,叙載各異。沙門法濟,偏叙高逸一跡;沙門法安,但列志節一行;沙門僧寶,止命遊方一科;沙門法進廼通撰論傳,而辭事闕略,並皆互有繁簡,出沒成異,考之行事,未見其歸。宋臨川康王義慶《宣驗記》及《幽明録》、太原王炎《冥祥記》、彭城劉悛《益部寺記》、沙門曇宗《京師寺記》、太原王延秀《感應傳》、朱君台《徵應傳》、陶淵明《搜神録》,並傍出諸僧,叙其風素,而皆是附見,亟多疏闕。齊竟陵文宣王《三寶記》傳,或稱佛史,或號僧録,既三寶共叙,辭旨相關,混濫難求,更爲蕪昧。琅琊王中所撰《僧史》意似該綜而文體未足。沙門僧祐撰《三藏記》止有三十餘僧,所無甚衆。中書郗景興《東山僧傳》、治中張孝季《廬山僧傳》、中書陸明震《沙門傳》,各競舉一方,不通今古,務存一善,不及餘行。逮于即時,亦繼有作者。然或褒贊之下,過相揄揚;或叙事之中,空引辭費,求之實理,無的可稱;或復嫌以繁廣,删減其事,而抗迹之疇多所遺削,謂出家之士,處國賓王,不應勵然自遠,高蹈獨絶,辭榮棄愛,本以異俗爲賢。若此而不論,竟何所紀?嘗以暇日遍覽羣作,輒搜檢雜録數十餘家,及晉宋齊梁春秋書史,秦趙燕凉荒朝僞歷,地理雜篇,孤文片記,并博諮故老,廣訪先達,校其有無,取其同異。始於漢明帝永平十年,終至梁天監十八年,凡四百五十三載,二百五十七人,又傍出附見者二百餘人。開其德業,大爲十例:一曰譯經,二曰義解,三曰神異,四曰習禪,五曰明律,六曰遺身,七曰誦經,八曰興福,九曰經師,十曰唱導。然法流東土,蓋由傳譯之勳,或踰越沙險,汎漾洪波,皆亡形殉道,委命宏法。震旦開明,一焉是賴。兹德可崇,故列之篇首。至若慧解開神則道兼萬億,通感適化則彊暴以綏,靖念安禪則功德森茂,宏贊毘尼則禁行清潔,忘形遺體則矜吝革心,歌誦法言則幽顯含慶,樹興福善則遺像可傳。凡此八科,並以軌迹不同,化洽殊異,而皆德劭四依,功在三業。故爲羣經之所稱美,衆聖之所褒述。及夫討覈源流,商搉取捨,皆列諸贊論,備之後文。而諸所著辭,微異恒體。始標大意,類猶前序;未辯時人,事同後儀。若間施前後,如謂煩雜,故總布一科之末,通稱爲論。其轉讀宣唱,原出非遠,然而應機悟俗,實有偏功,故齊宋雜記,咸條列秀者。今之所取,必其製用超絶,及有一分通感,乃編之傳末,如或異者,非所存焉。凡十科所敘,皆散在衆記,今止删聚一處,故述而無作。俾夫披覽於一本之內,可兼諸要。其有繁辭虛贊,或德不及稱者,一皆省略。故述六代賢異止爲十三卷,并序録合十四軸,號曰《高僧傳》。自前代所撰,多曰名僧,然名者本實之賓也。若實行潛光則高而不名,寡德適時則名而不高。名而不高,本非所紀;高而不名,則備今録。故省名音,代以高字。其間草創,或有遺逸。今此十四卷,備贊論者,意以爲定。如未隱括,覽者詳焉。

　　右此傳是會稽嘉祥寺釋慧皎法師所撰。法師學通内外,精研經律,著《涅槃疏》十卷,《梵網戒》等義疏,並爲世軌。又撰此《高僧傳》及序共十四卷。梁末承聖二年,太歲癸酉避侯景難來至溢城,少時講説。甲戌歲二月捨化,春秋五十有八。江州僧正慧恭爲首經,營葬于廬山禪閣寺墓。時龍光寺釋僧果同避難在山,遇見時事,聊記之云耳。

28·4　廣弘明集三十卷　明刊本

唐釋道宣撰

28·5　釋迦方志三卷　明支那本

唐終南太一山釋氏道宣撰　分八篇,曰封疆、曰統攝、曰中邊、曰遺跡、曰游履、曰通局、曰時住、曰教相。

　　自序

28·6　集古今佛道論衡實録四卷續集一卷　明支那本

唐釋道宣撰續集唐沙門智昇撰　集漢至唐佛道角試論辯事。

自序

28·7　大慈恩寺三藏法師傳十卷　明刊本

唐沙門慧立本　釋彥悰箋　卷一至五紀玄奘西游所歷諸國。卷六至十紀玄奘西歸,自貞觀十九年入西京,至麟德元年捨化。其間崇奉恩禮并備載詔敕、碑記、經序、謝表、書啟等文。

彥悰序

28·8　集沙門不應拜俗等事六卷　明支那本

唐宏福寺沙門釋彥悰纂録　集東晉至唐議沙門不應拜俗等文,凡詔敕、表狀、書啟、論議、答難,按代編載,分三篇,曰《故事篇》,明隋以上沙門致敬等事也。曰《議不拜篇》,明沙門不應拜俗也。曰《議拜篇》,明沙門應致拜也。

王隱容序

28·9　開元釋教録二十卷　明支那本

唐崇福寺沙門智昇撰

自序

28·10　大方廣佛華嚴經音義四卷　明支那本

唐京兆靜法寺沙門慧苑述　是書與《翻譯名義》徵引儒書甚夥,足爲稽古之助。詳藏君跋。

自序

　　《大方廣佛華嚴經音義》四卷,唐京兆靜法寺沙門慧苑撰。近同里孫淵如編修輯《蒼頡篇》,興化任幼植主事輯《字林》,徵引《一切經》、《華嚴經音義》而二書,始見知於世。《唐志》載玄應《衆經音義》二十五卷,而慧苑書未著錄。余見而嗜之,于自纂錄凡屬梵言悉從省節,有涉儒義並列簡編,仍存其卷第、篇目,俾後人可考也。或謂慧苑學識不及玄應之精,其書亦遠遜。時余方寫定《韓詩》,試以此書所引之《韓詩》傳論之,以明其可貴焉。有云“墠猶坦,因知作‘東門之墠’者爲《毛詩》,作‘東門之墠’者爲《韓詩》。今詩作‘墠’,因定本而誤。定本作‘墠’,因韓詩而改。《釋文》、《正義》、《開成石經》固皆作‘壇’也”。又云:“遭、遇也。此即‘遭我乎猈之閒兮’。傳毛氏無之。”又云“焜謂燒草,傳火焰盛也,按《毛詩》‘蘊隆蟲蟲’,《釋文》謂《韓詩》‘蟲’作‘焜’正合。此皆《釋文》、《正義》、《後漢書注》、《文選注》諸書所未引者。”“叔在藪”,《釋文》引《韓詩》“禽獸居之曰藪”爲節引。此引“澤中可禽獸居之曰藪”爲原文。嘉定錢莘楣少詹輯《風俗通》逸文,而此引云“天子治居之城曰都,舊都曰邑。春秋之末,鄭有賢人著書一篇,號鄭長者,謂年長德艾、事長於人,以之爲長者故也”。皆錢本所無。至錢本有之而文或節轉,不如此引爲完善者尚多,餘若引劉子珪《周易義疏》、王子雍《尚書傳》、劉兆《儀禮注》、蔡伯喈《月令章句》、服子慎《左氏解誼》、賈景伯《國語解詁》、鄭氏《孝經注》、劉成國《孟子注》,皆今日已亡之經部也,若張揖《埤蒼》、李登《聲類》、楊承慶《字統》、葛洪《字苑》、服虔《通俗文》、李彤《字指》、阮孝緒《文字集略》、《漢書音義》,皆今日已亡之小學家也。每稱《珠叢》、《韻圃》。按《唐書·藝文志》載諸葛穎《桂苑珠叢》一百卷,《桂苑珠叢略要》三十卷。《儒林傳》上煬帝令曹憲與諸儒譔《桂苑珠叢》,規正文字,而《韻圃》無考。餘引漢魏古籍尚夥,亦可以見此書之足貴矣。此定當與《一切經音義》並傳，又何可爲之較短絜長哉？惜此本出鈔胥手，未及學士勘對，故脱誤甚衆。余正其可知者，而闕其不可知者，未審何日得藏本細校并付梓以公海內也。時乾隆癸丑仲冬十七日武進臧鏞堂識於金閶袁氏拜經閣

鏞堂寓吳門時，故友王西林爲畢秋帆宮保掌守經典，從之索借唐以前遺書，西林以《華嚴經音義》四卷寫本見示，蓋宮保撫陝右時所得釋藏本也。讀之如獲一海外奇珍，旬日間盡纂録之。鈕君匪石與余同好，每纂一卷成，匪石隨取披讀，並勘正其誤謬，援引證據，羅列上下方，時即欲刊布而未能。後宮保撫山左，招鏞堂課，孫學使、阮芸臺少司農一見首問此書，以手録本呈閱。司農曰善，當即以此本付梓，并出北藏板二卷，屬爲校讐，始知西藏本爲後人竄改，遠不及北藏本之真。竊幸素願可酬，而宮保頗好佛老家言，謂當以完書開雕，並許爲刻先高祖《經義雜記》。既而仍督兩湖，死於軍事，皆不果。今來粵東爲司農校刊《經籍纂詁》，始自决意爲之。稽玄應唐貞觀閒人，而慧苑無考，此書引李善《文選注》、歐陽詢《藝文類聚》，則在玄應之後，蓋生唐之中葉者也。其論字體，往往與今異趣，一則慧苑所據唐籍與時本不同，二則秦、漢隸書既行，晉、宋六朝咸多俗體，均未可以今本《説文》繩尺之，兹悉以北藏爲正。惟顯係傳寫之譌者甫敢改正，餘並闕疑，以俟能者通之。噫，自慧苑譔述以來千有餘年矣，沈霾釋藏，世無知者，幸本朝文運天開，有好學深思之人旁搜二典，徵引此書，此書始見知於世。倘及今不爲之傳布，一旦亡逸，深可憫矣。鏞堂衣食不遑恤而孜孜於此，不敢視爲不急之務也。有與我同志者亦無隱也。時嘉慶四年九月一日鏞堂後序於南海古藥洲

28·11　紹興重雕大藏音三卷　明支那本

宋精嚴寺沙門處觀集　以《唐韻》、《集韻》、郭迻《大藏音》爲
本。凡傳寫破體皆爲辨正。始人部終雜部，凡一百七十四部。

柳豫序曰：豫待次銓衡，晦跡里閈，得以優游僧舍，尋訪開士。
有精嚴寺觀上座惠然見訪，曰："處觀落髮學佛，未能明了智慧。
願讀一大藏，教以純熟般若。然而卷軸浩渺，義理淵奧，常患字畫
舛誤，音義疎略。窮日累月，尋繹不暇。雖精進勉强，而常恐有所
不逮。而又反思，吾徒凡有志者，未始不以此爲患也。昔瑤法師嘗
著《音釋》附於函末，而其文不詳備，先後失次，披閱之際，未免凝
滯。故處觀不量淺昧，討論《集韻》洎唐、宋二韻、郭迻《衆經音》，
又嘗訪求別本，搜索偏旁，發明義例。遍閱者幾十數藏，讐校者餘
二十年。始於熙寧庚戌歲而成於元祐癸酉孟冬月，凡一百七十四
部，分爲上中下三卷。欲以精嚴新集《大藏音》爲標目。其間如㩴
摐則才木不辯，恍慌則巾小不分，搏摶、惕愓、衣示、日曰，則筆畫差
互，文理混淆。又㗊分五種，蠢有七樣。此類至繁，不可梟舉。皆
由書生傳寫破體者多，對讀滅裂辯正者少。今一切別白於逐字之
下，使觀者得以考信而無探討之勞，亦庶幾有補於吾道也。嚮聞君
有志於外護久矣，願求序引冠之篇首，幸無辭焉。"豫敬聞之曰諾。
豫早歲棲心空門，耽味禪悦。嘗有志願徧閱内典，而中間事物侵
擾，相仍憂患，不知老之將至，曾未能涉獵一二，況欲縱横貫穿於妙
道之域耶？自非屏跡自緣，焦心勞思，積以歲月，詎能從吾之所好。
故遊經藏則作禮恭敬，視讀誦則隨喜讚歎。又況勤苦方便，利樂學
者有如吾師，則敢不詳言之以取信於後人，亦所以成吾之志也。元
祐九年四月初五日序

28·12　翻譯名義集二十卷　明支那本

宋姑蘇景德寺普潤大師法雲編

周敦義序曰：余閱《大藏》，嘗有意效《崇文總目》，攝取諸經要義以爲内典總目，見諸經中每用梵語，必搜檢經教，具所譯音義，表而出之，別爲一編。然未及竟而顯親深老示余平江景德寺普潤大師法雲所編《翻譯名義》，余一見而喜曰是余意也。他日總目成，別録可置矣。已而過平江，雲遂來見，願求敘引。余謂此書不惟有功於讀佛經者，亦可護謗法人意根。唐奘法師論五種不翻：一祕密故，如陀羅尼；二含多義故，如薄伽梵具六義；三此無故，如閻浮樹，中夏實無此木；四順古故，如阿耨菩提，非不可翻，而摩騰以來常存梵音；五生善故，如般若，尊重智慧輕淺，而七迷之作乃謂釋迦牟尼，此名能仁。能仁之義，位卑周孔。阿耨菩提名正徧知。此土老子之教，先有無上正真之道，無以爲異。菩提若埵，名大道，心衆生，其名下劣，皆掩而不翻。夫三寶尊稱譯人存其本名，而肆爲謗毀之言，使見此書將無所容其喙矣。然佛法入中國經論日以加多。自晉道安法師至唐智昇，作爲目録圖經蓋十餘家，今《大藏》諸經猶以昇法師《開元釋教録》爲準，後人但增《宗鑑録》《法苑珠林》於下。藏之外如四卷《金光明經》、《摩訶衍論》及此土《證道歌》尚多有不入藏者。吾國家嘗命宰軸爲譯經潤文，使所以流通佛法至矣。特未有一人繼昇之後，翻譯久遠，流傳散亡，真膺相乘，無所考據，可重歎也。雲雖老矣，尚勉之哉！紹興丁丑重午日序

28·13　釋氏稽古略四卷　元刊本

元釋覺岸寶洲編集

吳興有大比丘曰寶洲岸公，博學通古今。嘗考釋氏事實，上下

數千載，年經而國緯，著書一編，曰《稽古手鑑》。既又以爲未備，復因其舊輯而廣之爲《稽古略》。至正十四年秋九月，太原劉堯輔爲之持其書請於余爲序，以冠其編首，因取而閱之。蓋自有佛以來，凡名師大德之行業，出處以及塔廟之興壞，僧侶之衆置，靡不具載。本之內典，參之諸史，旁及於傳記，而間以事之著顯者爲之據。將以侈歷代之際遇，而寓勸戒於其閒。歲月先後，考覈精審，無所遺闕。可謂瞻且詳矣。然猶以略名之，寶洲自謙也。竊嘗怪夫佛之爲教，自身毒萬里，遠至於中國，愈久益盛，根本深固而不可搖拔，其故何也？豈非扶植其教者代有其人，與若是編之所記，往往皆英偉魁傑之才，自重不屈，卓然有立，而使王公卿大夫向慕崇信，奔走之不暇，則其扶植之功爲何如。此師所以加之纂述，表而出之之意也。傳之言曰"道不同不相爲謀"，佛氏之書非余之所學，余特嘉其聞見之博，用心與力之勤。道雖不同而不可以不序。嗚呼，觀其書而見其教之盛，知彼之扶植爲有人，則亦可以有感也夫。中山李桓序

28・14　辨僞錄五卷　明支那本

元雲峯禪寺沙門祥邁奉敕撰　辨老君化胡成佛經及八十一圖之僞。

道家類

28・15　道德真經傳四卷　抄本　從道藏本傳錄

唐吳郡陸希聲傳　前有自序，大意謂老氏之道同於夫子，故夫子嘆爲猶龍，從之問禮無間。然後世不能通其意，妄爲區別，致其道不甚顯於世。此注者之罪也，因作此傳以發明其指歸。雖未免

援儒入墨,然探本窮源,研幾索隱,推性命之極,闡道德之奧,俾老氏之微言大義,昭昭然與聖人之道同符。是亦老氏之功臣矣,故錄存之。

自序

28・16　沖虛至德真經八卷　元刊本　季滄葦藏書

晉張湛處度注

自序

28・17　纂圖互注南華真經十卷　元刊本

晉郭象子玄注　唐陸德明音義　板心有刻工姓名,如張輝、景亨、文顯、文富、余以正等名,蓋猶沿宋板舊式也。

自序

28・18　南華真經新傳二十卷　舊抄本

宋王雱元澤傳

無名氏刊板序曰:王元澤待制《莊子》舊無完解,其見傳於世者止數千言而已。元豐中始得完本於西蜀陳襄氏之家。其間意義淵深,言辭典約,向之無說者悉皆全備焉。予是時銳意科舉,思欲獨善,遂藏篋笥蓋有歲。年前一日,賓友謂予曰:"方今朝廷復以經術造士,欲使天下皆知性命道德之所歸。而《莊子》之書實載斯道,而王氏又嘗發明奧義,深解妙旨。計其爲書,豈無意於傳示天下後世哉。今子既得王氏之說,反以祕而不傳,則使莊氏之旨終亦晦而不顯也。與其獨善於一身,曷若共傳於天下與示後世乎?"予敬聞其說,乃以其書親加校對,以授於崔氏之書肆,使命工刊行焉。丙子歲季冬望日序自序曰：世之讀《莊子》之書者，不知《莊子》爲書之意，而反以爲虛怪高闊之論，豈知莊子患拘近之士不知道之始終，而故爲書而言道之盡矣。夫道不可盡也，而《莊子》盡之，非得已焉者也。蓋亦矯當時之枉而歸之於正，故不得不高其言而盡於道，道之盡則入於妙，豈淺見之士得知之宜乎？見非其書也，吾甚傷不知《莊子》之意。故因其書而解焉。

28·19　通玄真經纘義十卷　舊抄本

宋南谷子杜道堅纂　《四庫全書》著録本從《永樂大典》録出，缺《道原》、《九守》、《道德》、《上仁》、《上禮》五篇，此則舊抄足本也。

《文子》者，《道德經》之傳也。老子本《易》而著書，文子法《老》而立言，所以發明皇帝王伯之道，欲爲君者必羲軒之君，爲民者皆大庭葛天之民，其垂意於世亦深矣。後人莫究，或相詆訾。今南谷杜高士探《易》《老》之頤、合儒《老》之説，每以著書立言爲心。其行於世者，有《道德原旨》若干卷。初居吳興計籌山，探奇訪古，得文子故居之地，刱白石通玄觀，復得《文子》全書，遂爲析篇章，分句讀，纘義附説，使學者目擊道存。予嘗謂乾坤開闢之後，天道自北而南，聖朝肇基朔方，玄運一轉六合。爲家洪荒之世，復見今日。南谷應運著書以昭皇道，將措斯世於華胥氏之域。山林士不忘致君澤民之心，誠可尚也。吾教有人，喜而才其端云。至大三年六月旦日元教嗣師吳全節敬序

古之士用人家國，必有世外隱者爲之師。磨礲淬厲受其書，盡其道，然後功成而名立。越有上將軍范蠡，其師爲計然。計然親見聖人於衰周，懷至寶而不耀，嘗究觀天道人事，强弱興廢，自然之理，著書十有二篇。蠡用之平吳而霸越，又以其緒餘全身肥家，三

積三散，保其令名。觀蠡之始終，以信其師之道；觀蠡屢對勾踐之言，皆其師之言也。其書於諸子爲道家，柳子厚芟除冗駁，掇取精微，自爲一書，頗發其意，惜不傳。南谷先生按圖以得計然舊居之山，踞高峰之峻嶒，俯具區之渺瀰。既爲之築室肖象，復取《文子》作纘義，融會貫通，削嶮就夷，發舒皇帝王伯之蘊，與所著先經《原旨》，並行於代。先生有道者，其清勤儉素，不爭而善勝，深得柱下宗旨。立言立事見於薦紳韋布之所論著，固己勒堅石而鎪華梓矣。抑太史公之論陶朱，謂其苦身戮力與越深謀，又謂苦身戮力致産數千萬，復言之不厭。先生於此事異而同其功，名高而不享其富，則其所以得於計然之書者，豈在文字章句之末？去之千載，真有若合符契者焉。獨恨名卿大夫知先生者多，登門問道不少，迺未能盡用其說，如古人之謀國，豈信道之未篤歟？山林之士不忘斯世，肉食其忘之歟？不然所以尊吾老子之道者，何所爲而然也。余故表記范師友之所從受於篇端，以俟。至大庚戌仲夏廬山道山寓南真館黃石翁序

　　古之君天下者，太上無爲，其次有爲。是故皇以道化，帝以德教，王以功勸，伯以力率。四者之治若四時焉。天道流行固非人力之能強，然則時有可行，道無終否。冬變而春存乎歲，伯變而皇存乎君。此文子作而皇道昭矣。文子，晉之公孫，姓辛氏，名銒，字計然，文子其號。家睢之葵丘，屬宋地，一稱宋銒。師老子學，早聞大道。著書十有二篇，曰《文子》。歸本老子之言，歷陳天人之道，時變之宜，萃萬古於一編，誠經世之樞要也。楚平王聘而問道，范蠡從而師之，勾踐位以大夫，佐越平吳，功成不有，退隱封禺之地，登雲仙去吳興。計籌之陽乃其故處。唐玄宗時徵士徐靈府隱修衡嶽，注《文子》之書上進，遂封通玄真人，號其書爲《通玄真經》。僕生江左，身老吳邦，訪《文子》之遺踪，建白石通元觀，因獲《文子》

故編。暇日分章纘義,參贊玄風,若夫化教勸率道德功力之辯,則
不無望於世之大賢云。爾後學當塗南谷子杜道堅謹序

愛日精廬藏書志卷二十九

集　部

楚詞類

29·1　離騷草木疏四卷　宋慶元刊本　焦弱侯藏書

宋通直郎充國子録河南吳仁傑撰　焦弱侯、徐健菴俱有印記

自序慶元丁巳

方燦跋慶元庚申

別集類

29·2　蔡中郎文集十卷外傳一卷　蘭雪堂活字本

漢左中郎將蔡邕伯喈撰

　　漢蔡中郎《傳》，邕博學辭章，爲《靈紀》、十意①及諸雜文章凡
百四篇傳於世。《傳》所載者《釋誨》、《幽冀刺史關疏》、《所陳政
要七事》、《金商門答災異疏》、《被收時表》及世傳《獨斷》、《女
訓》，《文選·陳太丘》等碑文、《初學記·短人賦》纔十數篇而已。
按《唐書·藝文志》洎吳氏《西齋書目》並云邕集十五卷，今之所傳

---

① 　“十意”，原作“十裔”，據《後漢書·蔡邕列傳》改。

纔十卷,亡外計六十四篇。其中可疑者,《宗廟頌》贊述武皇平亂之功,又有"昊天眷佑我魏"之句,以魏宗廟也。又有魏武帝《祠喬太尉文》稱"丞相冀州牧魏主操謹遣掾再拜"祠文,《姜伯淮碑》稱"建安二年卒①",又《平劉鎮南碑》"建安十三年薨,太和二年葬"。按邕《傳》本董卓被誅,邕爲王允所害,時年六十一。據邕《金商門答災異》《被收表》云"臣今年四十八",靈帝光和元年也。董卓被誅,獻帝初平三年也。光和元年戊子至初平三年壬申,邕正六十一矣。又初年盡四年改興平,二年改建安,至五年正月薨。操薨三月改延康,十月禪于魏王丕,即初平四年,是爲二十六年。太和二年乃魏明帝之二年。至是又八,計邕死已三十六年矣。按初平已前操尚在,誅卓之歲操始爲東郡太守,破黃巾於壽張。至建安十三年,操自爲丞相,二十一年操自進爲魏王,亦有魏宗廟,而操不得先稱魏王武帝及武皇也。其姜伯淮、鎮南薨葬相後,年代差遠,邕安得紀述耶? 是集也今既缺五卷矣。見所傳者,蓋後之好事者不本事迹,編他人之文相混之耳,非十五卷之本編固矣。建安、黃初之文體多相類,復不逮廣被衆集,固不可知其誰之作也。偶閱而有得,識于帙末。天聖紀號龍集,癸亥余月哉生明後八日,海陵西齋平陽歐靜識之序

29·3 曹子建集十卷 明活字本

魏陳思王曹植撰

29·4 稽中散集十卷 明嘉靖刊本

魏稽康撰

---

① "卒"字據蔡集原序補。

29·5　陸士衡文集十卷　明正德刊本

晉平原內史吳郡陸機士衡撰

《二俊集》序曰：民瞻幼閱晉陸機士衡《傳》，太康末士衡與弟雲士龍俱入洛，造太常張華。華素重其名，一見如舊，識曰："伐吳之役利獲二俊。嘗伸卷反覆，求二俊所以名於世者。"張華所以稱道而有得士之喜者觀之，蓋其兄弟以文章齊驅並駕於兵戈擾攘之間，聲聞闒茸，人無能出其右者，時號二陸。華聞服之久，一旦驟得之，宜其欣慰而稱道之也。吁，二俊沒寥寥且千載，其人不可得而見矣。其文章所謂如朗月之垂空，重巖之積秀者，固自若也。耳目可無所見聞乎，其載於《文選》諸書中者亦多，即而熟讀之。其詞深而雅，其意博而顯，遠超枚、馬，高躡王、劉，百代之文宗也。每以未見其全集為恨，聞之鄉老曰："士衡有集十卷，以《文賦》為首。士龍集十卷，以《逸民賦》為首。雖知之，求之未遂。偶因乏使承雲間民社之寄，二俊雲間人也，拜命之日，良慰于中，謂平素願見而不可得者遂於此行矣。到官之初，首見遺像於吏舍之旁，塵埃漫污，曖昧殊甚，大非所以揭虔妥靈之本意。即日關縣學之東偏建祠宇，奉以遷焉。邦人觀瞻，無不懽喜稱嘆。因訪其遺文於鄉曲，得《士衡集》十卷于新淮西撫幹林君。其首篇冠以《文賦》；《士龍集》十卷則無之，明年移書故人祕書郎鍾君，得之于冊府，首篇《逸民賦》，悉如所聞。亟繕寫，命工鋟之木以行，目曰《晉二俊文集》。二俊之文，自晉歷隋、唐，更五代，迄於我宋又二百四十餘年，湮沒不彰。今焉恍如揭日月於雲霧之上，震雷霆於久息之中，焜燿雲間。雲間學士大夫宗之仰之有餘師矣，二俊之名不朽矣，民瞻之欲遂矣。又明年書成，謹述於篇首。慶元庚申仲春既望信安徐民瞻述

都穆重刊跋正德己卯

29·6　陸士龍文集十卷　明正德刊本

晉清河内史陸雲士龍撰

都穆重刊跋正德己卯

29·7　陸士龍文集十卷　影寫宋刊本

晉清河内史陸雲士龍撰

《二俊文集》以慶元六年二月既望書成，縣學職　校正監刊者三員題名于后：

　縣學司計進士朱奎監刊

　縣學直學進士孫垓校正

　縣學學長鄉貢進士范公袞校正

29·8　鮑氏集十卷　舊抄本　毛氏斧季手校

宋鮑照撰　毛氏從宋刊本手校，虞炎序上方有識語云“宋本，每幅廿行，每行十六字，小字不等”。卷一《舞鶴賦》“中拂雨停，九劍雙止”上識語云“欽宗諱桓，故宋本書‘丸’字諱去一點，犯嫌名也”。然字形狹長，仍作丸字形而缺一點，與九字不同。每卷首俱有“虞山毛扆手校”印記

虞炎序曰：鮑照字明遠，本上黨人。家世貧賤，少有文思。宋臨川王愛其才，以爲國侍郎。王薨，始興王濬又引爲侍郎。孝武初除海虞令，遷太學博士兼中書舍人，一本云：“時主多忌以文自高，照侍左右，深達凤旨，以此賦述，不復盡其才思。”出爲秣陵令，又轉永嘉令。大明五年除前軍行參軍，侍臨海王鎮荆州掌知内命，尋遷前軍刑獄參軍事。宋明帝初，江外拒命，及義嘉敗，荆土震擾，江陵人宋景因亂掠城，爲景所殺，時年五十餘。身既遇難，篇章無遺，流遷人間者往往見在。儲皇博

採羣言,尤好文藝,片辭隻韻,罔不收集。照所賦述,雖乏精典而有超麗。爰命陪趨備加研訪,年代稍遠,零落者多,今所存者僅能半焉。

29·9　鮑氏集十卷　明活字本

宋鮑照撰

虞炎序

29·10　東皋子集三卷　舊抄本　趙清常藏書

唐太原王績無功著

呂才序

陸淳刪東皋子集序

趙氏手跋曰:金陵焦太史先生本録出,校於清溪官舍。時萬曆三十七年十月十四日漏下初鼓,清常道人

29·11　張説之文集二十五卷　明刊本

唐張説撰　　前有墓誌銘張九齡撰

29·12　張説之文集殘本十卷　影寫宋刊本

唐張説撰　　卷首《喜雨賦》二首,一題御製,一題應制。明刻本刪去"御製""應制"等字。卷五《醉中作》,明刻本有題無詩。卷六"廣州蕭都督入朝過岳州晏餞後"缺一頁。計詩七首,題一行。錢牧翁從宋本抄補。上方有毛展題識云:"此一葉世行本皆缺,牧翁先生從宋本手抄補入。後之讀此書者,勿易視之。"

29·13　唐丞相曲江張先生文集二十卷　明成化刊本

唐張九齡撰

邱濬重刊序_{成化九年}

29・14　杜工部集二十卷附補遺　**影寫宋刊本**　**絳雲樓藏書**

　　唐前劍南節度參謀宣義郎檢校尚書工部員外郎賜緋魚袋京兆杜甫撰　宋王洙編　凡詩十八卷、雜著二卷，後附遺文九篇爲補遺，元稹墓銘附二十卷末。均與《直齋書録解題》合，蓋即王原叔編定本也。杜集以吳若本爲最善，此又若本之祖，中遇宋諱皆缺筆，板心有刻工姓名，如張逢、史彦、余青、吳圭等名，蓋從宋雕本影寫者。絳雲樓、述古堂俱有印記。

　　王原叔記_{寶元二年}
　　王琪後記_{嘉祐四年}

29・15　儲光羲集五卷　**明活字本**　**楊夢羽藏書**

　　唐儲光羲撰　楊夢羽葉石君俱有印記
　　顧況序

29・16　岑嘉州詩七卷　**明初刊本**

　　唐岑參撰　金吾初藏明刊八卷本，繼得此本，反覆考核，確知此本爲原本，而八卷本爲重編本也。何以言之？ 歷考《唐書・藝文志》、《崇文總目》、《郡齋讀書志》、《通志》、《通考》、焦氏《經籍志》並云十卷，從無作八卷者。此本分類編次，與確序所云“區分類聚”合，始五言古詩，終七言絶句，首尾完具，似無脱佚。意者詩七卷文三卷合十卷歟？ 此本或止刊詩集，或并刊文集，而後經散佚，均未可知。確序“勒成□卷”，卷字上一字刓去，或者原作十卷，書買得七卷本疑係不全，故刓去“十”字以泯其迹歟？ 刊八卷本者，既析七卷爲八卷，又改“勒成十卷”爲“勒成八卷”，而原書面目遂致不可復識。通人碩彥且有以善本許之者,非未見原書之遇歟? 排律之名始于楊士宏,八卷本有排律一類而此本無之,則此本在八卷本前,尤顯然者也。卷四有《唐博陵郡安喜縣令岑府君墓銘》、《果毅張先集墓銘》二首,八卷本俱未載。餘與八卷本互異者甚夥。《季滄葦書目》有《岑嘉州詩》七卷,與此本合。

杜確序

陳氏手跋曰:是書先君子所貽,行欸低縮,紙薄而堅,當是宋板。"宋"字似是刊改。中用紙拓,歲久渝落,每以遺脫是懼。頃索居多暇,復易楮重粘,竟日之勞,遂令幾百年之物完緻如故。虛擲光陰,坐失有爲。凡事皆然,爲之感惜。乙酉嘉平十有一日孝將氏識

29 · 17　徐侍郎集二卷　舊抄本

唐中書侍郎集覽院學士徐安貞撰　附録《舊唐書》本傳等六則,及顧況、趙抃、王瓚詩三首,袁文紀贊一首。

29 · 18　晝上人集十卷　賜書樓抄本　錢罄室藏書

唐吳興釋皎然撰　首末葉俱有木記云"百計尋書志亦迂,愛護不異隨侯珠。有假不返遭神誅,子孫不寶真其愚",蓋錢叔寶家藏書印記也。

御書院牒貞元八年

于迪序

葉氏手跋曰:《晝上人集》二冊,乃無錫談學山綽板釘宋抄本,罄室因得借録。予與錢子契合,遂借録焉。《晝上人集》人有藏者,不能如此之備。予何幸,躬逢其盛。因記以示後人云。括蒼山人恭煥志

29·19　劉隨州集十卷　明活字本　楊夢羽藏書

唐劉長卿撰　卷首有楊夢羽、葉石君印記

29·20　錢考功集十卷　明活字本

唐錢起撰

29·21　唐陸宣公集二十二卷　元至大刊本

唐陸贄撰

權德輿序

蘇軾進奏議劄子

淳熙講筵劄子

唐內相陸宣公實鍾橋李扶輿清淑之氣，平生所志不負天子，不負所學。雖遭遇德宗時弗克展布所蘊，然忠誠懇惻，訓辭深雅崎嶇，奉天實資翼贊。今其代言奏對，家傳人誦。自漢賈誼、董仲舒諸賢皆莫之能擬。此中朝達治體，躋顯仕者，往往祖述以爲一代典章。信知宣公之文鑿鑿可見之日，用非徒託之空言也。今其宅里某水某丘已難髣髴，獨仁義百篇炳炳丹青，讀其書，尚友其人，至今生氣凜凜。郡學舊有奏議制誥凡二十二卷，歷歲幾二百，亥豕魯魚，弗便觀覽。盱眙子中王公來守是邦，一廉自律，三年政成。提綱學校，備殫乃心，拘徵逋租，增鑄祭器，踵繪從祀，惠至渥也。復念此書字畫漫舛特甚，乃以推官胡公德修家藏善本，詳加讐正，重新刊梓，以幸多士繼自今，使宣公之文復大行于世，其于鄉泮亦與有榮焉。敬書卷末以識歲月云。至大辛亥季秋嘉興郡博士厲一鶚拜手敬書

29·22　注陸宣公奏議十五卷　元至正刊本

宋郎曄注　前有紹興_{當作"熙"。}二年曄進書表,題銜稱"廸功郎紹興府嵊縣主簿臣曄",不著姓。案《清波雜志》曰:"煇友人郎曄晦之,杭人,嘗注《三蘇文》及《陸宣公奏議》投進",元《吳文正公集·陸宣公奏議增注序》曰"因郎氏舊注而加詳",劉岳《申申齋集》曰"宋紹興中有郎曄嘗注《宣公奏議》",以此知爲郎曄也。表後云"紹興二年八月初七日進呈",案表中有云"恭惟至尊壽皇聖帝",考淳熙十六年光宗受内禪,尊孝宗爲至尊壽皇聖帝,次年改元紹熙,則"興"爲"熙"字之誤無疑。卷一後有"至正甲午仲夏翠巖精舍重刊"木記。《脉望館書目》著録。

權德輿序

蘇軾進奏議劄子

進表曰:廸功郎紹興府嵊縣主簿臣曄言,臣所註《唐陸宣公贄奏議》十五卷,繕寫成帙,謹詣登聞檢院投進者。不負所學,期納忠於一時,據直而言,果爲法於後世,可謂皆本仁義,非徒曲盡事情。雖殫見聞,奚探涯涘。臣誠惶誠懼,頓首頓首。竊以言有逆順,道存是非。大臣知憂國而愛君,有懷必吐;小人喜乘時而射利,流弊無窮。顧忠邪之跡易明,豈聽納之際難辨。倘人主用心或好順而惡逆,則羣下進説必以是而爲非。此忠言多致於不行,而吾道每憂其難合。惟陸贄蘊經濟之略,值德宗當艱難之初,勢雖危疑,動必劘切,無片言不合於理,靡一事或失於機。策之熟,見之明,若燭照而數計言之重辭之,復冀陽長而陰消。惜乎柄鑿不侔,水炭難入。方其多難,姑屈意以聽從;逮至小康,遽追仇而擯棄。主眷則異,臣心益堅,第知卹天下之安危,豈復計吾身之利害。論諫數百,雖晦蝕於建中、正元之間;勸講再三,迺發揮於元祐、淳熙之盛。幸聖賢之默契，宜今古之同符。恭惟至尊壽皇聖帝性本誠明，學全終始，既多識於前言往行；道積厥躬，猶不遺於片善寸長。近取諸贄，折衷一語，鼓動四方，斯蓋恭遇皇帝陛下法乾行健，繼離嚮明，治已至不忘於競業，德雖盛尤樂於討論。粵自潛藩，屢披奏牘。惟精惟一，固得於問安視膳之餘；嘉謀嘉猷，復取於考古驗今之次。臣自憋魯鈍，有愧師承，妄加採摭之工，僭釋精英之論。庶期觀覽，易究端倪。畫蛇寧免於支離，坐井曷窺於小大。徒傾口耳，何補涓埃。伏望皇帝陛下，置座之隅，以古爲鑑，廓日月之明，斷制庶政，恢江海之量。容納衆言，監瓜果而賞不妄加；念兵食而將不輕用。斯皆治道之急務，固亦聖主所優爲。使毫釐有濟於斯民，則竹帛愈光於前哲。其奏議并目録共十一册，謹隨表上進以聞。臣冒犯天威，下情無任、激切屏營之至。臣誠惶誠懼，頓首頓首，謹言。紹興二年八月初七日進呈

　　中興奏議，本堂舊刊，盛行於世，近因囘禄之變，所幸元收謝疊山先生經進批點正本猶存，於是重新綉梓，切見棘闈天開，策以經史時務。是書也陳古今之得失，酌時務之切宜，故願與天下共之。幼學壯行之士倘熟乎此，則他日敷奏大廷，禹皋陳謨不外是矣。至正甲午仲夏翠巖精舍謹誌

29・23　朱文公校昌黎先生文集四十卷外集十卷附集傳遺文遺詩　元刊本

唐韓愈撰　**宋**晦菴朱先生考　黃留耕王先生音釋。

朱子序

王伯大音釋序寶慶三年

29・24　增廣注釋音辨唐柳先生集四十三卷別集二卷外集二卷附録一卷　元刊本　述古堂藏書

唐柳宗元撰　宋南城先生童宗說注釋　新安先生張敦頤音辨雲間先生潘緯音義　卷首有毛友仁及錢遵王印記

陸之淵音義序_{乾道三年}

劉禹錫序

毛氏手跋曰：萬曆丙子，余泊舟荆溪，偶至王鵝湖書肆閱此，因授值攜歸，以舊所藏者參之，乃元延祐間刻也。喜成二帙，援筆志之。會川子友仁

29・25　劉賓客文集三十卷外集十卷　舊抄本

唐正議大夫檢校禮部尚書兼太子賓客贈兵部尚書劉禹錫撰

29・26　呂和叔文集十卷　舊抄本

唐朝議郎使持節衡州諸軍事守衡州刺史上騎都尉賜緋魚袋呂溫撰　後附柳宗元誄

劉禹錫序

29・27　皇甫持正文集六卷　毛板校本

唐皇甫湜字持正撰　卷末有題識云：康熙己亥孟冬將叢書堂抄本對校。

29・28　唐李文公集十八卷　明成化刊本

唐山南東道節度使檢校户部尚書李翺字習之撰

何宜序_{成化乙未}

29·29　歐陽行周文集十卷　舊抄本　臨何氏義門校

唐将仕郎守國子監四門助教晉江歐陽詹字行周撰　李貽孫序

康熙乙丑重陽前一日,從内弟吳紫臣借得所收葉文莊公家抄本手校,改正數處。葉本與此亦互有得失,俟訪得宋雕及他藏書家善本,當再校之。行周文尚當爲李元賓之亞,然其諸序固未減梁補闕,特不宜於多爾。昆湖舟中義門焯記

29·30　李元賓文集五卷　舊抄本　曹倦圃藏書

唐李觀撰　卷首有檇李曹氏印記

陸希聲序_{大順元年}

29·31　賈浪仙長江集十卷　精抄本　錢履之藏書

唐范陽賈島浪仙撰　前有《新唐書》本傳、韓文公《送島歸范陽》詩、《題浪仙贊》及蘇絳撰墓銘、唐宣宗賜島墨制。

王遠後序_{紹興二年}

29·32　沈下賢文集十二卷　舊抄本

唐沈亞之字下賢撰

無名氏序曰:文章盛衰與世升降。唐之文風大振于貞元、元和之間,韓、柳倡其端,劉、白繼其軌。當時學者涵濡游泳,攬其英華,洗濯磨淬,輝光日新。苟有作者,皆足以拔出流俗,自成一家之語,則吳興之文是已。公諱亞之,字下賢,吳興人。元和十年登進士第,歷辟藩府,嘗游韓愈門。李賀許其工爲情語,有窈窕之思,其後杜牧、李商隱俱有擬沈下賢詩,則當時稱聲甚盛,而存于今者,既不盡見。世之所有,復舛錯訛謬,脱文漏句十有二三。頃得善本,再

加校讎，皆得其正。恐其藏于篋笥，不得與好學之士共其玩繹，因欲命工刻鏤，以廣其傳。惜乎志有待而未能也。元祐丙寅十月一日題

29·33　李端集四卷　明活字本

唐李端撰

29·34　白氏文集七十一卷　宋紹興刊本　玉蘭堂藏書

唐白居易撰　中遇"構"字注"犯御名"，"桓"字注"淵聖御名"，蓋紹興三十年以前刊本也。案《讀書敏求記》云，宋刻白集，從婁東王奉常購得，後歸之滄葦。此本玉蘭堂、王煙客、季滄葦俱有印記，蓋文氏故物後歸王氏，轉入錢氏、季氏者。闕卷三十一至三十三，又三十五、三十六，共闕五卷，抄補。

元稹序長慶四年

29·35　樊川文集二十卷別集一卷外集一卷　明重刊宋本

唐中書舍人杜牧字牧之撰

裴延翰序

集賢校理裴延翰編次。牧之文號《樊川集》者二十卷，中有古律詩二百四十九首，且言牧始少得恙，盡搜文章閱千百紙擲焚之，纔屬留者十二三，疑其散落于世者多矣。舊傳集外詩者又九十五首，家家有之。予往年於棠郊魏處士野家得牧詩九首，近汝上盧訥處又得五十篇，皆二集所逸者。其《後池泛舟送王十秀才》詩，乃知《外集》所亡，取別句以補題，今編次作一卷，俟有所得更益之。熙寧六年三月一日杜陵田槩序

29·36　李義山集三卷　舊抄校本

唐李商隱撰　末有護净居士跋,中有"家定遠"云云,蓋馮氏定遠昆季行也。

馮氏手跋曰:崇禎甲戌三月初十日,護净居士勘完此書,先用錢憲副春池公本寫有篇次,無卷目。後得牧齋錢禮部宋板始有卷目,又請謝行甫録之,方爲善本。首尾十年始得完善,後有得此本者,慎勿輕之。是日爲清明日

又曰:乙亥六月十五日,孫方伯功父丈以一本見示,焕然若披雲霧。凡錢本之可疑,一朝氷釋,因與家定遠、何士龍又校一過,凡卷中粉塗處皆是也。孫本三大帙,爲無錫華氏物。卷凡三,亦分上中下,"遘"、"桓"諸字俱不避,其爲北宋本無疑也。廿七日始校完,乃知錢本直坊本耳。錢本亦有善處,併記卷端。

29·37　李商隱詩集三卷　毛板校宋本

唐李商隱撰　後有太丘氏跋,金吾藏舊抄本《汗簡》後有太丘陳鴻跋。案:陳鴻字鴻文,初名煌圖,工大小篆,著《隸釋篆韻》六卷、《詩集》十卷。

陳氏手跋曰:丙戌正月借孫孝若家北宋板本對正,時家南浦,映鈔全部三卷完,復將此讐校過,筆畫無譌,因記。二月初二日太丘氏

29·38　温庭筠詩集七卷別集一卷　毛板校宋本

唐温庭筠撰　前有題識云"從馮定遠攜錢子健校本對過"。末有南浦題識云"假錢遵王抄宋本重勘"。

29·39　丁卯集二卷續集三卷　舊抄本　馮氏藏書

　　唐郢州刺史許渾撰　格闌外有"馮氏藏本"四字，末有題識云"崇禎庚午借柳大中本抄"。

29·40　碧雲集三卷　影寫宋刊本　從吳門黃氏藏宋刊本影寫

　　唐登仕郎守新淦縣令知鎮事賜緋魚袋李中撰　目録後有"臨安府棚北睦親坊南陳宅書籍鋪印"一行。

　　黃氏手跋曰：予見毛刻《碧雲集》多闕文。及見宋刻，初不解毛氏何以有闕。適坊友以毛藏舊鈔本來，始知毛刻據元本，故所闕如此。抄本中多子晉手校字，可與宋本並儲。古香古色，益動人珍重前賢手跡之意。丕烈

29·41　李羣玉詩集三卷後集五卷　影寫宋刊本
從吳門黃氏藏宋刊本影寫

　　唐李羣玉撰　前有羣玉進詩表、延英口宣敕旨及令狐綯薦狀、守弘文館校書郎制詞，後有"臨安府棚前睦親坊南陳宅書籍鋪刊行"一行。

　　黃氏手跋曰：余家向藏書抄本《李羣玉集》有三本，未知何本爲善。及得宋刻此集，知葉鈔最近，蓋行欵同也。若毛刻李文山詩集迥然不同。曾取宋刻校毛刻，其異不可勝記，且其謬不可勝言，信知宋刻之佳矣。毛刻非出宋刻本，故以體分，統前後集，併爲三卷。或以意改之，抑別有本？七言律羨三首，七言絶羨一首，宋刻皆無之。五言古詩二十四韻一首，末有缺。宋刻及抄俱有而毛刻獨注云"缺"，則所據必別有本矣。丕烈

29·42　李羣玉詩集三卷後集五卷　精抄本　錢履之藏書

唐李羣玉撰　守弘文館校書郎制詞後有"臨安府棚北大街親睦坊南陳解元宅經籍鋪印"兩行，蓋從宋刊本傳録者。末題"嘉靖丁未夏季松逸山居童子王臣録"，卷首有"錢履之讀書記"印記，板心有"竹深堂"三字。

29·43　唐皮日休文藪十卷　明正德刊本

唐皮日休撰

自序咸通丙戌

柳開序曰：讀皮子文，其目曰藪，凡藪者澤也，又曰淵藪也，以其事物萃集之也。古國之大，各有藪焉。魯大野，晉大陸，秦陽陓，宋孟諸、楚雲夢，吳越具區，齊海隅，燕昭余祁，鄭圃田，周焦護，皆爲藪也，謂是地之廣，故以名之也。魯、晉、秦、宋、楚、吳、越、齊、燕、鄭、周，分里之不同，各名以異之焉，然一天地矣。予謂皮子之名藪也，疑爲以其文之衆作之藪也，又疑爲若魯、晉、秦、宋、楚、吳、越、齊、燕、鄭、周，以其文類不同各爲藪也。是文之類雖不同而曰藪，亦若魯、秦、宋、楚、吳、越、齊、燕、鄭、周之藪雖異而總一天地也，都以文而統之，是曰文藪也。疑而愛之，觀其首又無所序説，遂盡而讀之，見其藪之爲意也。霍山爲賦之藪，首陽爲碑之藪，隋鼎爲銘之藪，《易》商君傳爲讚之藪，周昌相趙爲論之藪，陵母爲頌之藪①，心爲箴之藪，移成均博士爲書之藪，三羞爲詩之藪。藪之于文不可盡舉，若九諷、十原、決疑、雜著之類也。約其名幾尤者，例而取之

───────────────

①　《陵母頌》當爲頌之藪。原作"陵母爲銘之藪"，"銘"字誤，據上海古籍出版社《皮子文藪》一九八一年版改。

也。謂賦下題名也。大野之下，國之藪焉；霍山之下，文之藪也。孰謂皮子文藪之義不曰是乎？將不曰是，即不在此而在於彼也。傳者得以取義焉。

袁表題後正德庚辰

29·44　雲臺編三卷　舊抄本　汲古閣藏書

唐都官郎中鄭谷撰　後附補遺十三首及祖無擇撰墓表。又附録四則、曹鄴等投贈詩八首，則毛氏子晉所輯也。後附毛氏手跋"清"字缺末二筆，蓋避家諱。每頁格闌外有"毛氏正本汲古閣藏"八字。

自序乾寧甲寅

童宗說後序曰：宗說始見《唐書·藝文志》所載鄭谷《雲臺編》三卷，以謂谷之詩盡於此。及考祖擇之所作墓表，稱《雲臺編》與外集詩凡四百篇行於世。自至和甲午迄今百有七年，外集又缺其半，則知谷於道舍詮次之外者，述尚多而傳者寡也。谷字守愚，宜春人，永州刺史史之子。幼負雋聲，司空圖許其爲一代風騷主，而薛能、李頻當世名士，咸愛重之。擢第於光啟三年，嘗作拾遺補闕。乾寧中以尚書都官郎中退居于仰山東莊之書堂，高尚其事以至于卒。蓋唐自牛、李植黨之後，學士大夫不擇所附，貪得躁進者罕能獨守於義命之戒，而不牽於名利之域。至於吟咏性情，出處默語之際能不悖於理者固希矣。況至於僖、昭之世哉？守愚獨能知足不辱，盡心於聖門六藝之一，豐入而嗇出之論，其格雖苦不甚高，要其鍛鍊句意，鮮有不合於道。其所得於内者，又能信而充之，韜晦里閭，全去就始終之大節，嘗取其《退居》《淨吟》等篇三復而賢之，因其言以求其爲人，又知其行之可賢也。惜其有補於風教而重之者，以村學堂中兒童諷誦，往往視爲發蒙之具，曾不獲齒偏裨於李、杜詩將之壇，日往月來，殆將磨滅，蓋跡其表裏所得而以世俗耳鑒決之，彼烏能知守愚之意哉。顧宗說道梫力綿，豈足軒輊其詩使得以行遠，因典教於此而重其鄉之先賢之難得也，亟請諸郡邑葺其墓宇，又得賢史君家藏善本，鋟木流通而序其顛末，所以致區區之意焉。

毛氏手跋曰：按新舊《唐書》俱不列鄭谷傳，惟《藝文志》載《雲臺編》三卷，又《宜陽集》三卷，注云字守愚，袁州人，爲右拾遺。乾寧中以都官郎中卒於家。歐陽永叔謂兒時曾讀之，其集不行於世，今《宜陽集》不可得見。吳中所傳《雲臺編》迺王文恪公從秘閣抄出，凡三卷，又補遺一十有三首。前有鄭都官自序，後有祖刺史墓表、童參軍後序，洵是善本。余因錄《唐詩紀事》、《袁州志》二則，洎唐、宋諸家詩附焉。但集中佳篇最多，獨《鷓鴣》之名最著，不解何故。其《輦下冬暮詠懷》一篇與才調迥異，豈韋縠改本耶？父史字惟直，開成元年進士，歷官至刺史。《紀事》又云，終國子博士，著賦百篇亡。曾見《永州送姪歸宜春詩》云："宋玉正悲秋，那堪更別離。從來襟上淚，盡作鬢邊絲。永水清如此，哀江可色知。到家黃菊坼，亦莫怪歸遲。"又經過池陽，廉使崔君悅一妓行雲，有詩云"最愛鉛華薄薄粧，更兼衣著又鵝黃。從來南國名佳麗，何事今朝在此行。"臨岐博陵公輒贈之兄啟亦能詩，《嚴塘經亂書事》云："塵生宮闕霧濛濛，萬騎飛龍幸蜀中。在野傅巖君不夢，乘軒衛懿鶴何功。[1] 雖知四海同盟久，未合中原武備空。星落夜原妖氣滿，漢家麟閣待英雄。"又，"梁園皓色月如珪，清景傷時一慘悽。未見山前歸牧馬，猶聞江上帶征鼙。鯤魚爲隊潛鱗困，鶴處雞羣病翅低。正是四郊多壘日，波濤早晚靜鯤鯢。"雖未得其集，亦足見豹斑矣。隱湖晉潛在跋于載德堂中

———————————

[1] "乘軒"二字原缺，據《全唐詩》補。

29·45　司空表聖文集十卷　舊抄本

唐司空圖字表聖撰

自序光啟三年

29·46　玄英先生集十卷　叢書堂抄本　汲古閣藏書

唐方干撰　前有《玄英先生傳》，孫郃撰後有集外詩兩首，《文獻通考》等書十三則。

王贊序乾寧丙辰

毛氏手跋曰：干字雄飛，真應仙翁之後，進士蕭之子，協律章八元之甥也。貌寢又兎闕，晚年遇醫補之，里中呼爲補脣先生。爲人質野，每見客設三拜曰"禮數有三"，戲稱爲方三拜。或謂其謁廉師誤三拜，故云，亦好事者爲之也。樂安孫郃作《傳》，不若吳融贈詩云："把筆盡爲詩，何人敵夫子。句滿天下口，名聒天下耳。不識朝，不識市。曠逍遙，閒徙倚。一杯酒，无萬事；一葉舟，無千里。衣裳白雲，坐卧流水。霜落風高，忽相憶，惠然見訪留一夕。一夕聽吟十數篇，水榭林蘿爲岑寂。拂旦舍我亦不辭，攜筇徑去隨所適。隨所適，無處覓，雲半片，鶴一隻。"①宛然畫出玄英先生小像。居桐廬邑西南四十里白雲原，又名鸕鷀原，與釣臺遥對。宋范仲淹登臺東望，絕壁挿天，林麓蒼秀，白雲徐起。問之，廼知唐處士方干舊隱處，裔孫蒙鼎讀書其上。遂賦詩曰："風雅先生舊隱存，子陵臺下白雲村。唐朝三百年冠蓋，誰聚詩書到遠孫。"遂繪像於臺，以配子陵。《詩》云"高山仰止，景行行止"，雖不能爾，至心尚之。

① "何人敵夫子"，原作"何人獻天子"，據《全唐詩》吳融《贈方干處士歌》改。又據《全唐詩》增補"隨所適"三字。

崇禎庚午秋七月四日虞山毛晉跋於讀禮齋

　　又曰：唐《志》玄英先生詩十卷，與孫《傳》、王序相符。馬氏謂方干詩一卷，想未見全豹耳。余向藏南宋版，雖亦十卷，《傳》、序弁首，詩不及三百。考之伊甥楊夐所編三百七十餘之數，散逸已多矣。故張爲主客圖所采《貽天台中峰客》一聯云“枯井夜聞鄰果落，廢巢寒見別禽來”，集中未見。又從別本得如干首并贈篇紀事數則附錄於後。晉陵徐氏刻本更多逸詩，若五言律《湖上言事》以下九首，七言絕《夜會鄭氏昆季》以下四首，不知何人贗作。第集中“窗接停猿樹，岩飛浴鶴泉”、“雪折停猿樹，花藏浴鶴泉”，“纔吟五字句，又白幾莖髭”、“吟成五字句，用破一生心”之類，自用自句頗多，比之王摩詰“水田飛白鷺，夏木囀黃鸝”又逕庭矣。毛晉又跋

29·47　杜荀鶴文集三卷　舊抄馮氏手校北宋本

唐杜荀鶴撰　每頁格闌外有馮彥淵撰本五字

顧雲序

　　馮氏手跋曰：此予家藏南宋板抄本。癸卯春仲借得隱湖毛氏北宋版細校一過，異同處悉兩存之。海虞馮武

　　葉氏手跋曰：馮氏書法爲臨池正傳，此卷其所抄本也。遒勁流麗，出入鍾、王。不知何時流落敝篋，半充脉望之腹。頃因曬書檢得，深悲其遭際之失所也。拔登鄴架，眠食與俱，又慮其糜蠹之難存也，特爲裱而裝之，以壽於世。其詩雖晚唐，直入風雅，亦工部之的派也。佳章妙筆，可稱合璧。乾隆十年九月庚午朔居由葉坦跋

29·48　唐風集三卷　精抄本　錢履之藏書

　　唐九華山人杜荀鶴撰　卷首有“錢履之讀書記”印記，板心有“竹深堂”三字。

29·49　唐秘書省正字先輩徐公釣磯文集十卷

抄本　從子謙姪藏舊抄本影寫

唐徐夤昭夢著　前有夤裔孫玩序曰"公故有賦五卷,《探龍集》五卷,詩二百五十餘首,今皆亡失。延祐丁酉叔父司訓公於洛如金橋林必載家得詩二百六十餘首,復於己亥歲族叔祖道真公遺賦四十篇,合而寶之,暫編成卷"云云,則此本蓋玩所重編也。缺卷四賦一篇,卷五一卷賦十篇,内《江令歸金陵》、《過驪山》、《樊噲入鴻門》、《隱居以求志》、《山瞑孤猿吟》、《白衣入翰林》、《雷乃發聲》、《寒賦》八篇,伏讀欽定《全唐文》俱有,可據以補入,并多《均田賦》、《衡賦》二篇,爲此本所未載者。此本《薦藺相如使秦》、《玄宗御製盧徵君草堂銘》、《陳後主獻詩》、《外舉不避讐》、《避世金馬門》、《東陵侯弔蕭何》、《貴以賤爲本》、《管仲棄酒》、《叩寂寞以求其音》、《知白守黑爲天下式》、《太極生二儀》、《員半千說三陣》、《文王葬枯骨》、《駕幸華清宮》、《再幸華清宮》、《卞莊子刺虎》、《鑄百鍊鏡》、《元宗御注孝經》、《割字刀子》、《福善則虛》、《竹篦子》等賦共二十一篇,全唐文俱未載,殆偶未見此本歟?

夤族孫師仁序曰:正字諱夤,字昭夢。按《五代史閩世家》稱,正字唐時以進士名,依王審知仕宦。《九國志》列傳,正字莆田縣人。乾寧初舉進士,禮部試《止戈爲武賦》,一燭纔盡已就,有"破山加點,擬戍無人"之句,侍郎李擇覽而奇之。是歲釋褐秘書省。正字歸寧于閩中,屬江淮盜蠭起,退居延壽溪。王審知聞之,辟居幕下,而禮待簡略,内不能平,一旦拂衣去曰:"丈尺之水,前陂後堰,安能容萬斛之舟乎?"尋舊隱,慨然有長往之志。王廷彬刺泉州,每同游賞,及陳郯、倪曙等賦詩酣酒爲樂,凡十餘年求還所居。嘗被病遣求藥物於廷彬。答書曰:"善自調護,亦可自開豁,三皇

五帝,不死何歸?”蓋舉賦語以戲之,竟卒於延壽之別墅。本朝張
丞相齊賢記正字未第時道汴州進謁梁祖,面賦《無雲雨篇》立就,
其斷句云“爭表梁王造化功”,大蒙賞遇。及解褐東還,祖爲開宴,
醉中誤觸諱,歸館了悟,憂在不測,復製《游大梁賦》以獻。其略
曰:客有得意還鄉,游于大梁,遇郊坰之耆舊,問今古之侯王。父老
曰:“且說當今,休論前古。昔時之功業誰見,今日之聲名有覩。”
中一聯云“遂使千年漢將,憑吉夢以神符,一眼胡奴,望英風而胆
喪”。祖曾夢韓信授以兵法。胡奴指李克用也。祖讀至此大悅,
令軍士傳寫,皆諷誦之。敕字酬一縑,不復責前事。按《崇文總
目》正字賦五卷,《探龍集》一卷,題曰“僞唐徐某撰”,正字實未嘗
仕僞唐也。師仁家故有賦五卷,《探龍集》五卷,正字自序其後。
又於蔡君謨家得《雅道機要》一卷,又訪於族人及好事者得五言詩
并絶句,合二百五十餘首,以類相從,爲八卷并藏焉。正字《人生
幾何賦》至今膾炙人口,兒童婦女往往道徐先輩。而集有《贈渤海
高元固詩序》云:高見訪於閩中,言本國得《斬蛇賦》、《御溝水賦》、
《人生幾何賦》,家家皆以金書列爲屏障。又自詠詩註云“溫陵使
宅有圖障二面,張林西樓書手作廻文八體詩,每一首顛倒讀成八
首”,以此知正字之文不獨行於當時,名於後世,亦播於異域也。
然八體廻文詩尋討未獲,小說載紅綾餅餤絶句亦不見全。其餘碑
碣之屬甚衆,類皆亡失。豈其賦名特高,故他文遂不俱傳歟?今觀
牋疏,頗類玉溪,而律詩精練,亦不減同時韓致光、吳子華諸人也。
惜乎遭罹亂世,不獲少伸其志。其來閩中且有前陂後隰之歎,安有
爲朱溫所屈哉?殆亦遜言避禍不得不爾也。張丞相記頗詳,足以
附見。建炎三年三月序

　　裔孫孫玩序曰:文集者,八莆第五代祖先輩公所撰文也。公諱
黃,字昭夢。登唐乾寧進士第,試《止戈爲武賦》魁天下,授秘書省

正字。先輩、時人推尊之稱也。釣磯、乃歸隱適意處號也。予嘗觀舊譜，載十二代著作佐郎賜紫魚袋師仁公所著文集序云：先輩公文字頗多，家故有賦五卷，《探龍集》五卷，又于蔡君謨家得《雅道機要》一卷，詩二百五十餘首，蓋詳論之，既有其序，時必有集，今皆亡失，故常鬱鬱不樂。凡對族人，惟以不得其文爲憂嘆。至延祐丁酉歲，叔父司訓公於洛如金橋林必載家得詩二百六十餘首，復於己亥歲族叔祖道真公遺賦四十篇，不勝欣慰，合而寶之。後則屢求未能再得。泊邇歲塵事稍息，謹述。世緒聲跡已詳於譜牒。復讀威武軍殿中侍御史劉公山甫撰公墓誌銘謂，公所著詞賦“感動鬼神，搜括造化”，又謂“悲泣百靈，包羅萬象。明珠無價，至道不文，窮達理性，諷誡澆浮，合先聖賢之意矣”。讀之至是，愈有所感。今則據其所得詩賦暫編成卷，裝潢類諸譜牒，合與族人暨諸君子共之，可以知吾祖先手澤尚存而流衍無窮，抑祝厥後子孫勉而求之以增是卷，庶不負吾故家文獻之炬燿。遂書之以爲後之識也。玩可珍謹識

29·50　讒書五卷　抄本　從照曠閣藏本傳錄

唐江東羅隱撰　前有《吳越備史》本傳。是書《郡齋讀書志》著錄。今讀其書，大抵皆憂讒畏譏，憤時嫉俗之語，故其書不甚流布。《直齋書錄解題》云“隱有《淮海寓言》及《讒書》，求之未獲”，隨齋批注云“《讒書》刊於新城縣”，則是書在宋已罕覯矣。此本從錢叔寶家影元抄本轉輾傳寫者。

余少讀羅公昭諫《嚴陵釣臺遺刻》，蓋所著《讒書》之一者，氣節凛然，煜煜方冊間，每以未睹全書爲恨。近客徽學會公之遠孫雲叔來爲學正，因得拜觀《讒書》及所賦詩，大抵忿勢嫉邪，舒泄胷中不平之蘊焉耳。公晚唐節士也，抱負卓犖，遭時不偶。受知吳越錢

氏幕辟，歷仕給事中、諫議大夫。首勸調師勤王，問罪朱溫。雖錢不見聽而依中國以自固，遇真主納欵歸疆，終其身及其子若孫無僭竊之志，往往皆出公平日講明之素也。唐末僭偽紛起，立其朝者安食厚祿，充然無復報容。如公沉淪下僚，氣節弗渝者幾何人。吁，士以氣節爲重，而文辭特其餘事。在昔憸邪輩，豈無縟章繢句取媚一時，而泯泯莫聞。公氣節可敬可慕，凡片言隻字皆足以傳世，況其著書垂訓者乎？新城楊令君舊嘗梓行，久而失其板。雲叔不忍廢墜，割俸重刊，亦可謂克承先志矣。讀者當知公之氣節盡在是書，而不可徒以其文辭例視之也。大德六年仲秋後五日前進士東嘉黃真輔德弼父書

　　自序

　　宋子京《唐書》無羅隱姓名，歐陽永叔《五代史記·吳越世家》始書錢鏐以沈松、皮光業、林鼎、羅隱爲賓客。在唐昭宗景福元年壬子之前，去天祐四年丁卯，唐亡十六年耳。唐懿宗即位，咸通元年庚辰隱在京師舉進士，留七載而不第。咸通八年丁亥著《讒書》。唐僖宗光啟二年丙午錢鏐知杭州，丁未拜杭州刺史，今《方輿勝覽》取杭州圖志，書隱唐光啟間爲錢唐令，辟掌書記，爲給事中、遷發運使，即皆錢氏之除擢也。而歐陽公稱爲錢鏐賓客，何耶？自咸通改元至景福改元，歷懿、僖、昭三十三年，隱之本末可考者如此，所爲《讒書》乃憤悶不平之言，不遇於當世而無所以泄其怒之所作。詳見淳熙二年乙未知新城縣楊思濟集叙。裔孫應龍見佐學徽州，將刻俸重刊是書，俾識其本末。大德六年壬寅六月十九日辛巳紫陽山人方回跋

　　隆慶二年二月中旬借顧從化元板本抄第二卷，內闕二葉鈔完。因以《吳越備史》列傳書卷首。錢穀記

　　羅昭諫《讒書》五卷，著錄於《郡齋讀書志》，至《直齋書錄解

題》已云"求之未獲"。《永樂大典》中有隨齋批注曰"《讒書》近刻於新城縣令方萬里",跋所謂"淳熙二年乙未知新城楊思濟集叙",殆即指此。辛亥秋日,從姚子英三假其舊藏寫本第五卷及原跋讀之,内惟《與招討宋將軍書》、《説石烈士》《拾甲子年事》、《請追癸巳日詔疏》四首,載入姚叔祥所刊《羅江東集》,餘皆近代所罕傳。雖殘編斷簡,亦希世之珍也,因亟録之。聞吳興書估言,吳門藏書家見有全帙,尚願宛轉借抄,未知能逮斯志否。至命名之故,大約不離乎憂讒畏譏,同時沈顔有《聱書》,意猶是也。癸丑寒食日松陵楊復吉識

　　海寧吳君槎客,因吳江楊進士彗樓有言,聞吳興書買云,吳門藏書家見有全帙,尚願宛轉借鈔。故託其同邑陳仲魚向余借鈔。其實余無此書,遂謝之,此乙丑春事也。後余從書肆果得吳枚菴鈔本,有前四卷可補吳槎客本,急寓書仲魚,取槎客原本五卷相質證,實較吳枚菴多所裨益,而前四卷復賴余所得枚菴鈔本足之。爰倩鈔胥鈔此,以寄他日可語彗樓,俾遂宛轉借鈔之願云。嘉慶丙寅正月十一日吳趨黄丕烈識

29・51　白蓮集十卷附風騷旨格一卷　舊抄本

唐廬岳僧齊已撰

孫光憲序天福三年

29・52　禪月集二十五卷　舊抄本　雁里草堂藏書

唐西岳僧貫休撰

曇域後序蜀乾德五年

周伯奮跋嘉熙戊戌

童必明跋同上

愛日精廬藏書志卷三十

集　部

別集類

30・1　徐公文集三十卷　舊抄校宋本

宋東海徐鉉撰　後附行狀、墓誌銘李昉撰、李至等祭文挽詞。

胡克順進表曰：臣克順言，伏以德必有言，見稱於君子；文之行遠，用示於方來。矧逢熙盛之期，茂闡欽明之化。臣克順誠惶誠懼，頓首頓首。伏念臣本惟寒族，偶襲緒風。幼服佩於義方，長陶烝於孝治。築室百堵，介處於下鄉；教子一經，敢隳於素業。旌閭雖慙於往事，賜書豈謝於古人。家藏稍多，耳剽亦久。竊見故散騎常侍徐鉉傑出江表，夙負重名。逮事天朝，薦升近列。特受先皇之顧遇，頗爲後進之宗師。文律高深，學術精博。辭惟尚要，思在無邪。克著一家之言，蓋處諸公之右。淳化之歲，被病考終。生嘆伯道之孤，沒慮若敖之餒。而臣頃在塲屋，獲造門牆，情篤鄉閭，禮鈞甥姪，永惟感舊，適值送終。臣家乃具扁舟，載其靈柩，直抵豫章之郡，卜葬西山之阿。一掩佳城，久荒宿草。雖歲時靡輟，爲修黃石之祠，而翰墨罕存，難訪茂陵之札。每思編緝，尤懼舛譌。數年前，故僉知政事陳彭年因臣屢言，成臣夙志，假以全本并兹冠篇，乃募工人鐫形鏤板。竹簡更寫，無媿於前修；緗几迴觀，願留於睿覽。

伏望崇文廣武，感天尊道，應真祐德。上聖欽明仁孝皇帝陛下清衷軫念，鴻需延慈。稍迴虞舜之綸，恩乙東方之牘。淪恩至厚，俾朽骨以重榮；皇範長新，耀遺編而增煥。豈惟疎賤，獨荷照臨。其新印《徐鉉文集》兩部計六十卷，共一十二冊，謹隨表上進。干冒宸嚴，臣無任戰汗，激切屏營之至。臣克順誠惶誠懼，頓首頓首，謹言。天禧元年十一月日三司戶部判官朝散大夫行尚書都官員外郎上護軍臣胡克順上表

陳彭年序曰：昔姬昌既没，文不在於兹乎？韓起有言，禮盡見於魯矣。故尼丘降異，以産民宗；闕里垂言，用爲人極。自哲人一往，作者多岐。則有孟子制其横流，荀卿平其亂轍。戰國之際，百氏沸騰。嬴秦之餘，“六經”煨燼，菁華欲竭，俎豆無歸。故賈生談仁義於前，楊子宗《詩》《書》於後。魏、晉名士，咸重玄言；梁、隋諸公，始興宫體。兹風一扇，踰數百年。唐氏俊乂爲多，比百王而雖盛；文章所尚，方三古而終殊。於是韓吏部獨正其非，柳柳州輔成其事。千齡旦暮，斯豈誣哉。俾大道之將行，故由天意；幸斯文之未喪，亦繫人謀。其有道冠人倫，才爲世表，令名不泯，百代攸宗，今復見之徐公矣。公諱鉉字鼎臣，其先會稽人也。鄒幾之姿，生民之秀，滄溟沃日，流作言泉。建木千星，植爲行囿；英才茂德，光暎於前。修懿範，清規儀，形於來者。弄璋之始，屬唐室之多虞；佩觽之初，值揚都之建號。公文辭濬發，不類幼童；識量淹通，已成大器。彈冠入仕，方居終賈之年；佩玉登朝，即就嚴徐之列。洎江東内禪，文物初興，廊廟之珍，獨當其任，搢紳之望，無出其先。漢之賢臣，蔡邕歷三臺之選；魏之俊士，索靖馳二妙之名。若乃毛玠之公清，汲黯之正直，王倫之知禮，張華之博物，鄭當時之下士，山巨源之薦賢。以公方之，綽有餘裕。故得觀孔光之樹，久奉樞機；寓荀勗之池，常參獻替。雖具瞻之重，猶未正名，而乃眷之殊，已同彼

相。及樓船南伐，青蓋東來，遂於艱虞之辰，克盡始終之節。夫章
臺之璧，早屬秦求；方城之材，果爲晉用。太祖讀豫州之檄，不責其
非；今上聽上林之文，屢言其美。由是甘泉柏殿，重奉宸游；瑣闥貂
冠，更膺王獎。天公慕義，如見古人；名德在時，目爲耆老。李膺交
友，不異神仙；許劭言談，是名月旦。雖來於江左，魯公於是贈詩；
寓彼漢中，武侯以之下拜。無以踰也。及運逢消長，道或盈虛，辭
通籍之簪纓，陪外藩之罇俎。語鬼神之事，歸宣室而未期；留封禪
之書，卧茂陵而長往。嗚呼，惟公禀中和之氣，挺傑出之才。風雨
而不迷，雪霜而不變。瞻其潔白，如珪如璋；聽其風聲，如蘭如蕙。
自成人之始至從心之年，險阻艱難，所經多矣。功名富貴，皆自致
之。若至平仲事君，一心無改；展禽秉直，三黜彌光。百行立身，世
談其盡善；片言違道，人知其不爲。豈但王佐之才，獲稱於士，季公
卿之量，見賞於林宗乎？其有立言之旨，學古之功，究乎天人，窮乎
性命。文房逸勢，楚國之三休；筆陣雄風，宋人之九拒。昔者洞簫
之賦，誦之者後宮；劍閣之銘，刊之者明詔。賈誼過秦之作，史臣置
於篇中；王融曲水之辭，鄰使求於座上。蔡中郎之所自許，則有太
邱之碑；潘黃門之所用工，獨是荆州之誄。公並窮其淵藪，仍在上
游；掇其英華，更多餘力。雖絲簧金石無以均其雅，黼黻元黄不足
方其麗。草《太玄》之客，徒欲載金；述《十意》之人，自將焚藥。豈
獨語其篇什宜升洙泗之堂，畫彼形容當在靈均之廟者哉！矧復六
書之藝，少而留心；二篆之蹤，老而盡妙。研精不捨，常惜寸陰；尺
牘所傳，有同珍寶。聖上方欲恢千年之洪業，答上帝之耿光，朝諸
候而東巡，祀介丘而降禪。若乃以秦丞相之健筆，兼漢郎將之雄
文，銘此成功，垂之不朽，求之輿議，公即其人。斯志未終，大年行
盡，殲良之痛，其可已乎。公江南文稿，撰集未終。一經亂離，所存
無幾。公自勒成二十卷。及歸中國，人直禁林，制詔表章，多不留

草。其餘存者,子壻尚書水部員外郎吳君淑編爲十卷,通成三十卷。所撰《質論》《稽神録》、奉詔撰《江南録》修許慎《說文》並別爲一家,不列於此。彭年越在幼年,即承訓導。通家之舊,與文舉以攸同;入室之知,方子淵而豈異。感生平而永嘆,報德無階;痛音問之長違,殞身莫贖。聊存摭實,用以冠篇。時淳化四年七月序

徐公既没,門人等論次其文爲三十卷。曩祕閣吳正儀,今翰林潁川公並爲之序,論之詳矣。都官員外郎胡君克順通才博雅,樂善好賢。早遊騎省之門,深蒙鄉里之眷。寶兹遺集,積有歲時。鏤板流行,庶傳悠永。因以丞相趙郡文貞公、鄧帥隴西公所作墓誌、挽詠等列於左次,用垂茂實。俾題於後以記厥由。大中祥符九年八月太常丞集賢校理晏殊序

《騎省徐公文集》三十卷,天禧間尚書都官員外郎胡君克順編録刊行,且奉表上進。章聖皇帝降詔獎諭,參知政事陳公彭年爲之序,引丞相晏元獻公復爲後序。騎省在江南有重名,仕天朝爲近侍,以文翰忠直,在當時諸公先。既没,丞相趙郡李文正公實誌其墓,所以稱述推尊之者甚至。距今且二百年,其英名偉節得以不泯而爲後學法者,緊文集是賴。年世复遠,兵火中厄,鮮有存者。偶得善本,使公庫鏤版以傳。紹興十九年十一月十日右朝議大夫充敷文閣待制知明州軍州事提舉學事賜紫金魚袋徐琛跋

周氏手跋曰:嘉慶十三年以影宋鈔本校,十六卷十七卷内缺兩半葉,賴影宋本補全。其餘訛脫亦多校補,以是知名鈔之可寶,僅下宋本一等耳。香嚴居士周仲漣錫瓚記

30·2　咸平集三十卷　抄本

宋京兆田錫著　前有墓誌銘范仲淹撰。神道碑陰司馬溫公撰。蘇軾奏議集序

30·3　乖崖先生文集十二卷附錄一卷　舊抄本

宋張詠撰

郭森卿序曰：故禮部尚書忠定張公以直道事太宗、真宗，雖不登相位，而眷倚特隆，天下誦其事業而鮮有知其文者。今觀其文，大抵脫去翰墨畦逕，無屬辭綴文之迹，而磊磊落落，實大於四國。①國初踵五季文氣之陋，柳仲塗、穆伯長輩力爲古文以振之。公初不聞，切磨於此，而當時老於文學者稱其秉筆爲文，有三代風，蓋其光明碩大之學，尊王庇民之道，英華發外而經奇典雅，得於天韻之自然，殆非言語文字之學所能到也。崇陽本公遺民也，後之君子欲誦其詩，讀其書，將於是乎取，而無傳焉可乎？森卿初至邑，會舊尹三山陳侯樸授一編書，乃公遺文，欲刊之縣齋而未果，屬使成之。讀其歌詩有古樂府風氣，律句得唐人體，若聲賦之作，又其傑然雄偉者。因揭以冠編首。或者以《小英歌》等不類公作，然其詞艷而不流，政自不害爲宋廣平《梅花賦》耳。語錄舊傳有三卷，今採摭傳記僅爲一卷以附焉，遺事所載未備，輒以所聞增廣，又於石刻中增收詩八篇。好事者有爲公年譜，亦加删次，別爲一卷，尚論其世者宜有取爾。舊本得之通城楊君津家，凡十卷。今爲十二卷，其會稡訂證，實屬之尉曹孫君惟寅，而使學生存中參焉。外有韓魏公所作《神道碑》，内翰王公《送公宰崇陽序》，李巽巖《祠堂記》、項平庵《北峯亭記》，此其人皆知公之深者，爰並錄之，覽者得其詳焉。

30·4　王黄州小畜集三十卷　宋刊配舊抄本

宋王禹偁撰　沈虞卿序後附紙墨工價及校正監雕造銜名八

---

① “實大於四國”，《乖崖集序》作“實大以肆方”。

行。卷十二至卷十六、卷十八至卷二十四,宋紹興刊本。餘俱舊抄本。舊抄本板心有"吾研齋補抄"五字。

自序_{咸平三年}

沈虞卿鏤板序_{紹興丁卯}

謝肇淛跋_{萬曆庚戌}

30·5　王黃州小畜外集殘本七卷　舊抄本

宋王禹偁撰　原三十卷。今存卷七至卷十三,凡七卷。又卷六末葉一葉。

蘇頌序曰:或謂言不若功,功不若德,是不然也。夫見于行事之謂德,推以及物之謂功。二者立矣,非言無以述之。無述則後世不可見,而君子之道幾乎熄矣。是以紀事述志,必資于言,較于事爲,其實一也。自昔能言之類,世不泛賢,若乃德與功偕①,文備于道,嘉謨讜論,見信于時主,遺風餘烈不泯於將來,有若故翰林學士、尚書刑部郎中、贈禮部尚書、鉅野王公者幾希矣。公諱禹偁,字元之。生知好學,九歲能詩。與郡從事故相畢文簡公爲唱酬之友。及策名從事,中書令趙韓王薦其文章。太宗皇帝既已知名,命召試中書,宸筆賜題,詔臣寮和《御製雪詩》,序卷篇稱善,自大理評事擢右拾遺直史館,賜緋衣犀帶,以寵異之。端拱二年親試貢士,俾公而賦長歌,上覽而喜曰:"此不踰年月,當遍天下。"一日侍燕瓊林,宣至膝前,顧謂宰相曰:"王某一朝名士,獨步當代。異日垂名不朽矣。"公嘗謂遭知己之主,非盡言無以報稱。故自登文館至涉禁林,知無不爲,入則以告。兩朝獻替,一節始終。由是聖君以忠

---

①　"泛賢"原作"之賢","若乃"原作"若以",據《蘇魏公文集》卷六十六《小畜外集序》改。

亮報之，士論以公卿屬之，然而衿抱冲夷，鋒氣高邁，直躬行己，不爲時屈。上知其然，使宰執喻旨，戒以容物。而憤懣所激，不能自已，三坐在官，皆以直道，因作《三黜賦》以見志①，有"不屈於道，百謫何虧"之句。此其見於行事之深切者也。雍熙中林胡内侵，邊警未艾。公援漢文君單于事，勸上内修德而外任人，若勞民以事邊，則寇在内而不在外矣。於時京畿旱，亢奏省乘輿服御暨紫雲工巧之技，第減百官月俸，願以己先，稍贖尸素之罪。章聖時應直言詔，亦以通和好赦繼遷爲請。復議減冗兵併冗吏，以寬租賦，親大臣，遠小臣，以重國體；艱難選舉，以清士流；澄汰僧尼，以除民蠹；增州郡武備，以防窺竊；推天官洪範，以弭災變。皆切於時宜，有裨朝論。未幾臨潢講和，平夏封策，息民罷兵，省費除弊，多公先識之所啟發。此其推以及物之著明也。前後三直西掖，一入翰林。辭誥深純，得裁成制置之體；册命莊重，兼典謨訓誥之文。端拱箴切劘上，躬待漏記，規警時宰。上三賢疏，推原前代之失，不異方今；請東封賦，前知盛德之事，必行聖代。論議書叙，理極精微。詩詞贊誦，義專比興。雖在燕閑，或罹憂患，凡有論撰，未嘗空言。此其紀事述志之尤最者也。惟公道直行果既如彼，主知人望又如此，若天假之年，久於是位，則經國致君之業，必大施於當時，豈待言而後顯？惜乎壽不及知命，官止於省郎，卒不得究其懷藴。此所以發而爲文章著見於後者也。公之亡也，天子悼嘆，賵家恤後，恩踰常比。嗣子加言擢祥符進士。上以詞臣之裔，特遷大理評事以禄其親。曾孫芬第皇祐甲科，以免解法當降等。仁宗閲卷，首見公名，嘉其有後，特賜元第，未幾考課，上猶記前事，命加秩一級，今爲朝議大夫、集賢校理、諸王府翊善，兹以見文學行義足，以垂裕後昆，則夫

―――――――――――――――――

① "三黜賦"原作"三都賦"，改據同前。

臧孫不朽之言信於是矣。公之屬稿，晚年手自編綴，集爲三十卷，命名《小畜》，蓋取《易》之懿文德而欲己之集大成也。後集詩三卷，《奏議集》三卷，《承明集》十卷，《五代史闕文》一卷，並行於世。而遺編墜簡尚多散落。集賢君購尋衷類，又得詩賦、碑誌、論議、表著凡三十卷，目曰《小畜外集》，因其名，所以成先志也。謂僕常學舊史，前言往行多得其詳，見諸序引，久不獲辭。竊謂文章末流，由唐季涉五代，氣格摧弱，倫於鄙儷。國初屢有作者留意變風，而習尚難移，未能復雅。至公特起，力振斯文。根源於《六經》，枝派於百氏，斥浮僞，去陳言，作而述之，一變於道。後之秉筆之士，學聖人之言，由藩牆而踐突奧，緊公爲之司馬也。集賢君力學名家，克大門伐，振其絶業，傳於無窮。又足以繼紀事善述之美也，不其韙歟？

30·6　河南穆先生集三卷附録一卷　舊抄本

宋穆修伯長著

世不知古文，己獨爲之，是儒之特立者也。吾見三人矣，董生當秦滅學之後，明孔氏之術，道曾子之言，其文甚近古也。雖同時若嚴助、枚臯謂應義理，子長、相如博辨無極，亦自爲其文而已，未始識董生之用心。由東京以後，歷魏、晉、五代而文益衰，至唐昌黎公始知尊孔氏，貴王賤伯，大變而古，李翱、皇甫湜從而和之，然其後亦無傳焉。唐衰更五季，其弊又甚。至我朝乃或推孫、丁、楊、劉爲文詞之雄。是時穆參軍伯長獨不以爲然。實始爲古文，在尹師魯、蘇子美、歐陽永叔之先。自爾以來，學者益以光大，非止求夫文之近於古而已。蓋異端既闢，則必以聖人爲師；不專注疏，則必以經旨爲歸。學均爲已，一變至道，遡其承傳，爰有端緒口口云銀闕闢書，售與有力焉。愚嘗評穆參軍之復古，以爲不在董生、昌黎之下。永州之學教授宜春歐陽椿，得參軍之文於其從孫化州使君淮，

俾零陵鄉貢進士張淡、吳倫校之，不鄙謂愚可紀歲月，深惟會友輔
仁之義，有不得而辭者，輒書其後，大不自量。淳熙丁未孟秋既望
衡陽假守臨江劉清之謹題

30·7　東觀集十卷　舊抄本

宋魏野仲先撰

　　文勝質則史，質勝文則野。夫詩之作不與文偕，大率情根於
意，言發乎情。點而化之，流爲章句。且綺靡者不以煙火爲尚，風
雅者不以金石爲多。但務其陳古刺今，去邪守正而已。非所謂者，
雖懷質文之宏辨，負博勝之逸才，故未能臻極于淵閫矣。鉅鹿魏野
字仲先，甘棠東郭人也。秉心孤高，植性冲淡。視浮榮如脫屣，輕
寵利若鴻毛。友義朋仁，世稀與比。自丱及長，善於詩筆。每叙事
感發，見景立言，非規方體圓，動能破的。故人之美惡，物之形態，
時之興替，事之正變①，遇事激發則可千里之外而應之。舊有《草
堂集》行在人間，傳諸海外，真可謂一代之名流，詎俾乎逸才宏辨
者知也。大中祥符中，先皇帝展祀汾陰，誕由分陝，法輅所幸，博采
隱淪。是時首被溫詔，遜避不起。其介介也如此。余與之交越三
十年，凡遇景遣興迭爲詶唱，每筒遞往還則馳無遠邇。天禧己未歲
冬，余尹正京洛，許造公居，豈謂未及其期而隨物化去。天子聞之，
乃震悼，制贈秘書省著作郎，仍錫之賻幣，蠲以公徭。其光遁也又
如此。今歲之春，余忝綏益部，載歷邵陰，憩止之辰，追訪郊墅。
噫，巖亭索寞淒凉，此時竹樹菁葱依稀舊日，奈伊人之既往，而流風
之如在。有令息閑尤增素尚，綽有父風，能琴之外②，亦酷於二雅。

---

①　“事之正變”原作“事之特變”，據《東觀集原序》改。
②　“之”字原缺，據原序補。

出先君所著新舊詩四百篇，除零落外，以其國風教化，諷刺歌頌，比興緣情者，混而編。凡其詩之所觀者，彙爲七卷。求其序述，欲使乎先君之道之行，彬蔚而不泯耳。余既往知生，不當推讓，聊陳梗概，用布之於編首。《漢書》班固引著作局爲東觀，因取諸贈典故，命之曰《鉅鹿東觀集》。時天聖元年十二月二十七日樞密直學士知益州苑兵馬鈐轄薛田述

30·8　范文正公集二十卷別集四卷附遺文　元天曆刊本

宋范仲淹撰　蘇氏序後有"天曆戊辰改元褒賢世家重刻于家塾歲寒堂"篆文木記。

蘇軾序元祐四年

俞翊跋乾道丁亥

綦煥跋淳熙丙午

30·9　河南先生文集二十七卷　抄本

宋尹洙撰

范仲淹序

30·10　鐔津文集二十二卷　明弘治刊本

宋藤州鐔津東山沙門契嵩撰

陳舜俞鐔津明教大師行業記

沙門如卺引弘治十二年

廣源重刊後叙弘治十二年

30·11　蘇魏公文集七十二卷　抄本

宋蘇頌撰

　　所貴於文者，以能明當世之務，達羣倫之情，使千載之下讀之
者，如出乎其時，如見其人也。若夫善立言者，不然文雖同乎人而
其所以爲文有非人之所得而同者，《孟子》七篇之書，叙戰國諸侯
之事，與夫梁、齊君臣之語，其辭極于辯博，若無以異乎戰國之文
也。揚子之書數萬言，言秦、漢之際爲最詳，簡雅而宏深，若無以異
乎西漢之文也。至其推性命之隱，發天人之微，粹然一歸于正，使
學者師用比之《六經》，則當時所謂儀秦、犀首，谷永、杜欽輩，豈惟
無以望其門牆，殆冠履之不侔也。宋興百餘年，文章之變屢矣。楊
文公倡之于前，歐陽文忠公繼之於後。至元豐、元祐間，斯文幾於
古而無遺恨矣。蓋我宋極盛之時也，於是大丞相魏國蘇公出焉。
公以博學洽聞，名重天下者五十餘年，卒用儒宗位宰相，一時高文
大册，悉出其手。故自熙寧以來，國家大號令，朝廷大議論，莫不於
公文見之。然公事四帝，以名節始終，其見於文者，豈空言哉？論
政之得失，則開陳反覆而極於忠；論民之利病，則爰據該詳而本於
恕。有所不言則已，既言於上矣，舉天下榮辱是非，莫能移其所守，
可謂大臣以道事君者也。若其講明經術之要，練達朝廷之儀，下至
百家九流，律曆占技之書，無不探其源，綜其妙者，在公特餘事耳。
此所以一話言一章句，皆足以垂世立教革澆浮而已。媮薄與軻雄
之書百世相望，而非當時翰墨名家者所能彷彿也。公元豐中受詔
爲《華夷魯衛録》，書成序之以獻。神宗讀之曰：“序卦文也。”今考
其書信然，則公之他文可知矣。公没四十年，公之子攜始克輯公遺
文得詩若干，内外制若干，表疏奏章誌銘雜説若干，使藻與觀焉。
藻少習公文，以不獲拜公爲恨者也。今乃盡得其書讀之，可謂幸
矣。故謹識其端而歸其書蘇氏。[①] 紹興九年三月十五日顯謨閣學

①　“謹”字原缺，據《浮溪文粹》卷八“蘇魏公文集序”補。

士左中大夫提舉江州太平觀汪藻序①

30·12　古靈先生文集二十五卷附録一卷　抄本

宋陳襄撰

唐史論文章謂天之付與,於君子小人無常分,惟能者得之。信哉斯言也。雖然,天之付與固無常分,而君子小人之文則有辨矣。君子之文,務本淵源,根柢於道德仁義,粹然一出於正。其高者裨補造化,黼黻大猷,如星辰麗天而光彩下燭,山川出雲而風雨時至。英莖韶濩之諧神人,菽粟布帛之濟人飢寒,此所謂有德者必有言也。小人之文,務末雕蟲,篆刻締章繪句以祈悅人之耳目。其甚者朋姦飾僞,中害善良,如以丹青而被糞土,以錦繡而覆陷穽。羊質而虎皮,鳳鳴而鷙翰。此所謂有言者不必有德也。君子既自以功業行實光明於時,而其餘緒發爲文章,後世讀者想望而不可及,此豈特其文之高哉,人足仰也。小人乃專以利口巧言,鼓簧當世。既不足以取信於人,而恃才傲物以致禍敗者多矣。由是言之,文以德爲主,德以文爲輔。德文兼備,與夫無德而有文者,此君子小人之辨也。竊觀古靈陳公所著文章,殆所謂有德之言而君子之文歟?初公未仕,刻意於學。得鄉士陳烈、周希、孟鄭、穆相與爲友,以古道鳴於海隅。人初驚笑,其後相率信而從之,四先生名動天下。既登第,累官劇邑。推其所學以治民,利必興,害必除。聽訟決獄,庭無留事。所至修學校,率邑之子弟身爲橫經講説,士風翕然,民俗丕變。已而守列郡,典大藩,益推此而廣之,治績尤著,雖古循吏不能過也。嘉祐中富鄭公入相,首以文學政事薦,公寖被知遇,歷事三朝,鬱爲名臣。判郎曹則執法而不撓,使北庭則守節而不屈,任

---

①　此句原序作"紹興九年二月十五日具位汪藻記"。

諫省則以忠讜補主闕，處臺端則以公正糾官邪，位侍從則竭論思之忠，侍經筵則盡勸講之益。上爲人主之所欽饗，下爲士大夫之所宗師。其功業行實，光明如此。而所爲文章溫厚深純，根於義理。精金美玉，不假雕琢，自可貴重。太羹玄酒不假滋味，自有典則。質榦立而枝葉不繁，音韻古而節奏必簡。非有德君子，孰能與此。故常評之，其詩篇平淡如韋應物，其文辭高古如韓退之，其論事明白激切如陸贄，其性理之學，庶幾子思、孟軻。非近時區區綴集章句，務爲應用之文者，所能髣髴也。嗣子紹夫衷集公文章，得古律詩賦雜文凡三百六十餘篇，冠以紹興手詔及熙寧經筵薦士章藁，合爲二十有五卷，而行狀誌銘附于其後。集成來謁，求爲之序。綱告之曰：太上有立德，其次有立功，其次有立言。如古靈先生三者兼備。又得詔書褒稱，推賢揚善之美可謂盛矣。若其平生行事，則有行狀誌銘可考。誦其詩，讀其書者，可以想見其人，又何以序爲？紹夫曰："先公雖進不極任而蒙累朝之眷特深。諫行言聽不爲無補於時。今即世踰五十年，遭遇聖主，因覽薦士章稿，所以旌寵之者甚厚。輒敢刊行遺文，用圖不朽。願丐一言以發明之。"綱義不得辭，勉副其意。因論君子小人之文所以不同者。昔孔子告子夏曰："女爲君子儒，毋爲小人儒。"夫儒之道通天地人，使小人爲之，則將有託儒以爲姦者，而況於文乎？經緯天地曰文，雖周公之才之美，謚不過文。而小人假文以爲利，則與夫儒以詩禮發冢者同科。自古文士，多陷浮薄而爲弄筆生，無足怪也。如公功業行實，推賢揚善之美如此，而其文章渾全博雅又如此，宜乎被累朝之眷遇，膺聖主之褒崇。士林尊仰，推爲天下君子長者而不敢有異議也。然則有餘力以學文者，可不景慕而知所趣饗哉？公諱襄，字述古。官至樞密直學士、尚書右司郎中，累贈少師。國史有傳云。紹興五年閏月朔觀文殿大學士左銀青光禄大夫提舉西京嵩山崇福宮隴西郡

開國公食邑三千戶實封一千四百戶李綱謹序

家君重刊先正密學遺文于贛之郡齋，俾曄次第年譜以冠之。庶幾平生游宦歲月之先後，與夫壯志晚節，詩文之辭力曉然可見。曄謹承命，恭考三朝實錄暨文集、行狀、墓誌、家譜諸書參校，有可據者乃繫於歷歲之下，云皇宋龍集。辛巳紹興紀號之三十載十月朔旦六世姪孫將仕郎曄謹拜手記

30·13　西溪文集十卷　抄本

宋翰林學士右諫議大夫知制誥充羣牧使兼判吏部流內銓判尚書禮部長興縣開國伯食邑八百戶輕車都尉賜紫金魚袋沈遘遘字注御名，同音。文通撰　　每卷末俱有"從事郎處州司理參軍高布重校兼監雕"一條。

30·14　錢塘韋先生文集十八卷　抄本

宋韋驤撰　　原闕一二兩卷。後附墓誌銘。陳師錫撰

先大父文稿二十卷，家藏日久。中以季父參議携往別塾，最後二卷遺失，不可復得。能定大懼歲月寖遠，復有亡逸，以隳先志。謹命工鋟本於臨汀郡庠。時乾道四年五月中濟孫右奉直大夫知汀州軍州主管學事兼管內勸農使能定謹題

30·15　安岳馮公太師文集十二卷　舊抄本　曝書亭藏書

宋馮山撰　　原三十卷，今佚十八卷。卷首有竹垞印記。

二馮先生文集序曰：父子傳受，古難其兼。有開於前，後莫之嗣，作者窮矣。故父作子述，《中庸》以侈周家之盛，而唐史臣傳，李德裕亦首表而出之曰"元和宰相吉甫之子"。夫君臣之道胥貴於纘承者如此，而況斯文乎？韓昌黎一世儒宗，毫端所向，變化莫

測,而得手應心之妙已不能授其子,他可知也。司馬談之有遷,劉向之有歆,班彪之有固,父子相承,照耀一世,若可尚矣。然三家之子類皆不善用其身,君子或慊焉。豈文章公器,造物者靳之而不畀人以其全耶?獨吾宋三蘇先生之出,掩千古而奪之氣。其文辭渾浩如長江大河,沛然莫禦,非斷港支流之可望。而其名節峻峙,又如泰山喬岳,嚴嚴層霄之間,使人聳瞻而不敢議。父作子述之懿,必如是而後可以無愧也。彼三家者,溟涬然下風矣哉。普慈馮公允南以文名於時,其子澥承之益大以肆。今觀其父子之作,敷腴典重,不費追琢,自合法度,非有本者疇克爾。里人周君銳闉之契於心,乃鋟諸木,俾憙固序其首。辭不獲命,則以其素所感者書焉。嘉定乙亥中秋日梧谿散人何憙固叔堅序

30・16　　洛陽九老祖龍學文集十六卷　舊抄本

宋龍圖閣學士左諫議大夫上柱國范陽郡開國侯食邑二千八百戶賜紫金魚袋祖無擇撰　　後附祖氏源流、龍學始末。無擇曾孫衍撰

30・17　　文潞公文集四十卷　抄本

宋文彥博撰

呂柟重刊序嘉靖五年

石林葉氏序略

30・18　　伊川擊壤集二十卷　元刊本　汲古閣藏書

宋伊川邵雍堯夫撰

《擊壤集》,伊川翁自樂之詩也。非唯自樂,又能樂時與萬物之自得也。伊川翁曰:子夏謂詩者,志之所之也。在心為志,發言為詩。情動於中而形於言,聲成其文而謂之音。是知懷其時則謂

之志，感其物則謂之情，發其志則謂之言，揚其情則謂之聲。言成音則謂之詩，聲成文則謂之音，然後聞其詩，聽其音則人之志情可知之矣。且情有七，其要在二。二謂身也，時也。謂身則一身之休戚也，謂時則一時之否泰也。一身之休戚則不過貧富貴賤而已，一時之否泰則在夫興廢治亂者焉。是以仲尼刪《詩》十去其九；諸侯千有餘，國風取十五；西周十有二王，雅取其六。蓋垂訓之道，善惡明著者存焉耳。近世詩人窮感則職於怨憝，榮達則專於淫泆。身之休戚發於喜怒，時之否泰出於愛惡，殊不以天下大義而爲言者。故其詩大率溺於情好也。噫，情之溺人也甚於水。古者謂水能載舟，亦能覆舟，是覆載在水也，不在人也。載則爲利，覆則爲害，是利害在人也，不在水也。不知覆載，能使人有利害邪，利害能使水有覆載邪。二者之間必有處焉。就如人能蹈水，非水能蹈人也。然而有稱善蹈者，未始不爲水之所害也。若外利而蹈水，則水之情亦由人之情也；若內利而蹈水，則敗壞之患立至於前。又何必分乎人焉水焉，其傷性害命一也。性者道之形體也，性傷則道亦從之矣；心者性之郛郭也，心傷則性亦從之矣；身者心之區宇也，身傷則心亦從之矣；物者身之舟車也，物傷則身亦從之矣。是知以道觀性，以性觀心，以心觀身，以身觀物，治則治矣，然猶未離乎害者也。不若以道觀道，以性觀性，以心觀心，以身觀身，以物觀物，則雖欲相傷，其可得乎？若然，則以家觀家，以國觀國，以天下觀天下，亦從而可知之矣。予自壯歲，業於儒術，謂人世之樂，何嘗有萬之一二，而謂名教之樂，固有萬萬焉。況觀物之樂，復有萬萬者焉。雖死生榮辱轉戰於前，曾未入於胷中，則何異四時風花雪月一過乎眼也。誠爲能以物觀物，而兩不相傷者焉，蓋其間情累都忘去爾。所未忘者，獨有詩在焉。然而雖曰未忘，其實亦若忘之矣。何者，謂其所作異乎人之所作也。所作不限聲律，不沿愛惡，不立固必，不希名譽。如鑑之應形,如鍾之應聲。其或經道之餘,因閑觀時,因靜照物,因時起志,因物寓言,因志發詠,因言成詩,因詠成聲,因詩成音。是故哀而未嘗傷,樂而未嘗淫。雖曰吟詠情性,曾何累於性情哉?鍾鼓,樂也。玉帛,禮也。與其嗜鍾鼓玉帛,則斯言也不能無陋矣。必欲廢鍾鼓玉帛,則其如禮樂何?人謂風雅之道行於古而不行於今,殆非通論,牽於一身而爲言者也。吁,獨不念天下爲善者少,而害善者多;造危者衆,而持危者寡。志士在畎畝,則以畎畝言。故其詩名之曰《伊川擊壤集》。時有宋治平丙午中秋日也。

30·19　歐陽文忠公集一百五十三卷附錄五卷年譜一卷　明天順刊本

宋歐陽修撰　每卷末俱有“熙寧五年秋七月男發等編定,紹熙二年三月郡人謙益校正”兩條

蘇軾居士集序元祐六年

胡柯年譜跋慶元二年

周必大後序

錢溥重刊序天順壬午

彭勗重刊後序天順辛巳

30·20　樂全先生文集四十卷　抄本

宋張方平撰　後附行狀王鞏撰

蘇軾序

30·21　范忠宣公文集二十卷　元天曆刊本

宋范純仁撰

樓鑰序嘉定五年

范之柔跋_{嘉定辛未}

沈圻跋_{嘉定壬申}

廖視跋_{同上}

陳宗道跋_{同上}

30·22　臨川先生文集一百卷　宋刊本

宋王安石撰

30·23　廣陵先生文集四十二卷　舊抄本

宋王逢原令撰甥吳說編次

30·24　經進東坡文集事略殘本二十九卷
宋刊本　季滄葦藏書

宋廸功郎新紹興府嵊縣主簿臣郎曄上進　曄當即注《陸宣公奏議》者。前有孝宗《御製文集贊》及《贈太師制》，東坡詩文衣被天下，然文集未有注者。是書鈎稽事實，考核歲月，元元本本，具有條理，可與施元之《王十朋詩注》相頡頏。原書卷數無考，今存卷一至卷十一、卷三十至卷四十，又卷二十一至二十七。每卷"二"字俱有補綴之迹，細審板口，似是"五"字所改。或卷五十一至五十七歟？《季滄葦書目》著錄，注宋板不全。此本每卷俱有滄葦印記，知即季氏舊藏本也。

30·25　山谷內集詩注二十卷外集詩注十七卷
別集詩注二卷　舊抄本

宋天社任淵注外　集青神史容注　別集青神史季溫注
《六經》所以載道而之後世，而詩者止乎禮義，道之所存也。

周詩三百五篇，有其義而亡其辭者六篇而已。大而天地日星之變，小而虫鳥草木之化，嚴而君臣父子，別而夫婦男女，順而兄弟，羣而朋友。喜不至瀆，怨不至亂，諫不至訐，怒不至絶。此詩之大略也。古者登歌清廟，會盟諸侯，季子之所觀，鄭人之所賦，與夫士大夫交接之際，未有舍此而能達者。孔子曰：“爲此詩者其知道乎？”又曰：“不學詩無以言。”蓋詩之用於世如此。周衰，官失、學廢，大雅不作久矣。由漢以來，詩道浸微陵夷，至於晉、宋、齊、梁之間哇淫止矣。曹、劉、沈、謝之詩非不工也，如刻繢染縠，可施之貴介公子而不可用之黎庶。陶淵明、韋蘇州之詩，寂寞枯槁，如叢蘭幽桂，可宜於山林而不可置於朝廷之上。李太白、王摩詰之詩，如亂雲敷空，寒月照水，雖千變萬化而及物之功亦少。孟郊、賈島之詩，酸寒儉陋，如蝦蠏蜆蛤，一啖便了，雖咀嚼終日而不能飽人。惟杜少陵之詩，出入古今，衣被天下，藹然有忠義之氣，後之作者未有加焉。宋興二百年，文章之盛，追還三代，而以詩名世者，豫章黃庭堅魯直。其後學黃而不至者，後山陳師道無已。二公之詩，皆本於老杜而不爲者也。其用事深密，雜以儒佛，虞初稗官之說，雋永鴻寶之書，牢籠漁獵，取諸左右。後生晚學此秘未覩者，往往苦其難知。三江任君子淵，博極羣書，尚友古人。暇日遂以二家詩爲之注解，且爲原本立意始末以曉學者，非若世之箋訓，但能標題出處而已也。既成以授僕，欲以言冠其首。予嘗患二家詩奧寄高遠，讀之有不可曉者。得君之解，玩味累日，如夢而寤，如醉而醒，如痿人之獲起也，豈不快哉。雖然論畫者可以形似，而捧心者難言；聞絃者可以數知，而至音者難説。天下之理，涉於刑名度數者可傳也，其出於刑名度數之表者，不可得而傳也。昔後山答秦少章云：“僕之詩，豫章之詩也。然僕所聞於豫章，願言其詳。豫章不以語僕，僕亦不能爲足下道也。”嗚呼，後山之言殆謂是耶？今子淵既以所得於二公者筆之於書矣，若乃精微要妙，如古所謂味外味者，雖使黃、陳復生不能以相授，子淵尚得而言乎？學者宜自得之可也。子淵名淵，嘗以文藝類試有司，爲四川第一。蓋今日之國士天下士也。紹興鄱陽許尹叙

　　書存於世，唯《六經》、諸子及遷、固之史，有註其下方者，以其古今之變，詁訓之不相通也。而今人之文，今人乃隨而注之，則自蘇、黃之詩始也。詩動乎情，發乎言而成乎音。人爲之，人誦之，宜無難知也。而蘇、黃二公乃以今人博古之書，譬楚大夫而居於齊，應對唯諾，無非齊言，則楚人莫喻也。如將以齊言而喻楚人，非其素嘗往來莊嶽之間，其孰能之。山谷之詩與蘇同律而語尤雅健，所援引者乃多於蘇，其詩集已有任淵、史會更注之矣，而公所自編謂之外集者，猶不易通。史公儀甫遂繼而爲之注。上自《六經》諸子，歷代之史，下及釋老之藏，稗官之録語，所關涉無不盡究。予官成都，得於公之子叔廉而夜閱之。其於山谷之詩，既悉疏理，無復凝結，而古文舊事，因公之注所發明者多矣。夫讀古人之書，得之於心，應之於手，固非區區采之簡册而後用之也。其爲之注者，乃即羣書而究其所自來，則注者之功宜難於作。而公以博洽之能，乃隨作者爲之訓釋，此其追慕先輩，加惠後學之意，殆非世俗之所能識也。昔白樂天作詩，使媼讀之，務令易知。而揚子雲草《太玄》，其詞難深，人不能通，乃曰“後有揚子雲必好之矣”。古之君子固有不徇世俗而自信於後世之知我者。若公於山谷，既以子雲而知子雲，其爲之訓釋，則又諄諄然爲人言之，是亦樂天之志也。公、蜀青神人，名容，號醉室居士。仕至太中大夫。晚謝事著書不自休，嘗爲《補韻》及《三國地名》，皆極精密。今年餘七十，耳目清明，齒髮不衰。它日傳於世者，又將不止於數書而已也。嘉定元年戊辰十二月乙酉晉陵錢文子序

史容自序曰:山谷自言,欲做莊周,分其詩文爲内外篇,意固有在,非去此取彼。今内集詩已有註,而外集未也。疑若有所去取焉者,兹豈山谷之意哉。秦少游與李德叟簡云:"黄魯直過此,爲留兩日。其弊帚焦尾兩編,文章高古,邈然有二漢之風。今時交游中以文墨自業者,未見其比。"又簡粲寥云:"魯直近從此赴太和。今得渠新詩一編,高古絶妙,吾屬未有其比。僕頃不自揆,妄欲與之後先而驅。今乃知不及遠甚。"赴太和,蓋元豐甲申歲。而焦尾弊帚,即外集詩文也。其爲時輩所推如此。建炎間,山谷之甥洪玉父爲胡少汲編《豫章集》,獨取元祐入館後所作,蓋必有謂,未可據依,此續注之所不得已也。因以少游語冠於篇首。其作詩歲月,别行詮次。有不可考者,悉皆附見,舊多舛悮,略加是正,餘且從疑,以俟博識。

先大父鄉室先生所註《山谷外集詩》脱藁之日,永嘉白石錢先生文季爲之序引,鋟木於眉,蓋寧宗嘉定元年戊辰歲也。是書已行於世。其後大父優游林泉者近十年,復粲諸書,爲之增註,且細考山谷出處歲月,别行詮次,不復以舊集古律詩爲拘。考訂之精,十已七八。其間不可盡知者附之本年。蜀板已燬,遺藁幸存。今刻之閩憲治,庶與學者共之,并以大父實録本傳附見。淳祐庚戌嘉平旦日孫朝請大夫福建路提點刑獄公事季温百拜謹跋

張元楨序弘治丙辰

楊廉後序弘治己未

30·26 山谷黄先生大全詩註殘本六卷 宋刊本

宋天社任淵注 原二十卷,今存序目七卷下闕及卷二至卷七六卷,舊抄本。目録"宿舊彭澤懷陶令"題下注云"舊本自此以上闕二板。以後諸題例之,前各題下皆當有注脚。今詢無此本,姑列各題如右。倘後得之,當别補入"云云。與《敏求記》所稱舊刻合,蓋舊抄即從

舊刻出也。此本二頁宛在，題下俱各有注，可補舊本之闕。以是知以完善實宋槧者，猶未知宋者也。

許尹叙

近世所編豫章　集詩凡七百餘篇，大抵山谷入館後所作。山谷嘗做《莊子》分其詩文爲内外篇，此蓋内篇也。晚年精妙之極具於此矣。然詮次不倫，離合失當。今以事繫年，校其篇目，各如本第。其不可考者，即從舊次，或以類相從。詩各有注，離爲二字刊改作七字卷云。

30·27　後山先生集三十卷　明嘉靖刊本
何氏義門從舊抄本手校

宋彭城陳師道履常著　茶陵陳仁子同甫編校　卷十三《送邢居實序》脱後半，章善序脱前半凡一頁，卷二十《光禄曾公神道碑》約脱二十行。其脱一二行至十數行者不可枚舉。何氏義門從嘉靖以前舊抄本校補。卷五、卷六、卷十三、十四、卷三十後，俱有題識。

魏衍集記政和五年

王雲序政和丙申

任淵詩注序

王鴻儒重刊序弘治十二年

何氏手跋曰：此卷弘治間刻本，《送邢居實序》脱後半，章善序脱前半，凡二十行。己丑七月得嘉靖以前舊抄對校，因爲補寫。錢牧齋蓄書，非得宋刻名抄則云無有，其細心讀書者之言。如浙之某某輩，徒取盈卷秩，全不契勘。雖可汗牛馬，其實謂之無一紙可也。焯記

又曰：康熙己丑秋日，從吳興鬻書人購得舊抄《後山集》殘本，中闕三、四、五、六凡四卷。勘脱一過，改正脱誤處甚多，庶幾粗爲可讀。而明人錯本悮人，真有不如不刻之歎也。焯記

30·28　后山詩注十二卷　宋刊本

宋天社任淵注　闕卷一至卷三三卷抄補

詩無論拙惡忌矜持。"瞻彼日月",不在情景人元,"彼黍離離",不分奇聞異事,流盪自然,要以暢極而止。彼"訏謨定命,遠猶辰告",雖爲德人深致,若論其感發濃至,故不如"昔我往矣,楊柳依依"之句,比之柔腸易斷,復何以學問着力爲哉。詩至晚唐已厭,至近年江湖又厭。謂其和易如流,殆於不可莊語而學問爲無用也。荊公妥帖排奡,時出經史,然格體如一。及黃太史矯然,特出新意,真欲盡用黃卷與李、杜爭能於一辭一字之頃,其極至寡情少恩如法家者流。余嘗謂晉人語言使壹用爲詩,皆當掩出古今,無它,真故也。世間用事之妙,韓淮陰所謂"是古兵法,諸君未知之"者,豈可以馬尾而數,蟲魚而注哉。后山自謂"黃出理實勝黃",其陳言妙語,乃可稱破萬卷者,然外亦枯槁。又如息夫人絶世一笑自難,惟陳簡齋以后山體用后山,望之蒼然而光景明麗,肌骨勻稱。陶公用兵得法外,意以簡齋視陳、黃節制,亮無不及。則后山比簡齋刻削,尚似矜持未盡去也。此詩之至也。吾執鞭古人,豈敢叛去獨爲簡齋放言。或問宋詩簡齋至矣,畢竟比坡公何如?曰詩道如花。論高品則色不如香,論逼真則香不如色。廬陵須溪劉辰翁序

30·29　淮海先生前集四十卷後集六卷　明初刊本

宋秦觀少游撰

30·30　寶晉英光集八卷　舊抄本

宋襄陽米芾元章著

予仕居潤餘十年,會羽書交馳,凡訪古蹟奇皆日力所不暇。僅

能考海岳一遺址，塹槿爲圃，薦菊爲桐，倚江爲堂，礱石爲刻。時一至其間，倚徙縱目，慨想摩挲而已。夫自江而南，名城奧都潤爲大。六朝而下，賢規雋轍潤爲古，而又據景物之會，窮心目之趣，惟潤爲多。人或咎予，謂歷數千百載，它豈無名人才士可以表著，而獨惓惓於英光？予每應之曰：境無凡勝，以會心爲悅；人無今古，以合蹟爲奇。若杖履無日涉之勞，江山有天境之助。風帆沙鳥，晨雨夜虹。凡是園之所包羅，衆目之所覩記者，莫不挾英秀露光彩，雖微遺跡，猶將强附而俎豆之，而況我宋人物如南宮者耶？夫既卜園觀則不可以不祠，既藏祠則不可以不摭遺考文翰，以備一堂之缺。既竣摹瑑之事，而攦放失恰編次爲是集以傳，又次序之所當舉而必不可無者也，則又奚疑？或者無以答。予按《山林集》舊一百卷，今所會稡附益未十之一。南渡而後文獻不足，固無可議。若曰南宮被天鑒流榮名，其在兩朝，元不顯以結字思陵。《翰墨志》有曰："芾之詩文，語無蹈襲，出風煙之上。覺其詞翰，同有凌雲之氣。"噫嘻，此漢武帝所以知相如也。冠於篇端，庶幾覽者有以自得焉。紹定壬辰歲上巳日鄂國岳珂序

30·31　倚松老人詩集三卷　舊抄本

宋饒節德操撰　每卷末有"慶元己未校官黃汝嘉重刊"一條。

倚松老人饒德操名節，江右臨川人。與呂居仁等稱江西詩派，名震一時。後偕僕祝髮爲僧，德操名如璧，僕名如琳，俱嗣法於香嚴智月。按禪燈世譜，智月嗣投子禺，禺嗣圓照，本皆雲門宗派，惜未見。其機緣語録載在祖燈，僅有此詩集三卷，庶可以見其所蘊。《呂紫薇詩話》云："德操爲僧後，詩更高妙，殆不可及也。"歲甲申秋八月，吳後學釋超峻謹識

30·32　長興集殘本十六卷　抄本

宋龍圖閣學士沈括存中著　原四十一卷。今缺卷一至十二，卷二十九至末，共缺二十五卷。

30·33　雲巢集十卷　抄本

宋太常寺奉禮郎審官西院主簿沈遼睿達著

30·34　濟北晁先生雞肋集七十卷　舊抄本

宋晁補之撰

《雞肋集》，左朝奉郎、秘書省著作郎充秘閣校理、國史編修官濟北晁補之无咎，自名其所爲詩文也。夫物有質者必有文，文者質之所以辨也。古之立言者當之。平居論説諷詠，應物接事不能無言，非虎豹犬羊之異也。食之則無所得，棄之則可惜，其雞肋乎？故哀而藏之，謂之《雞肋集》。元祐九年二月旦日序

從兄无咎平日著述甚富。元祐末在館閣時，嘗自製其序。宣和以前世莫敢傳，今所得者古賦騷辭四十有三，古律詩六百三十有三，表啟、雜文、史評六百九十有三。自捐館舍迨今二十八年，始得編次爲七十卷，刊於建陽。紹興七年丁巳十一月旦日，弟右朝奉郎、權福建路轉運判官謙之謹題

30·35　具茨晁先生詩集一卷　明晁瑮重刊宋本

宋澶淵晁沖之叔用撰　卷末有"慶元己未校官黃汝嘉刊"一條。

予曩游都城，於晁用道爲同門生。後三十六年識其子公武於涪陵，又二年見之於武信，愛其辨博英峙，辭藻蔚如也，因與之善。

初不知其爲用道子也，一日來謁，曰："先公平生多所論著，自丙午之亂，埃滅散亡。今所存者，特歌詩二百許篇。涪陵太守孫仁定既爲鑱諸忠州酆都觀，窅然林水之間矣。敢丐先生一言以發之。"予亟聞其語，謝曰：願聞先君之所以含咏而獨游者。公武於是出其家譜諜，乃知其先君名冲之，字叔用，世所謂具茨先生者也。予於是聳然曰：是必吾用道也耶，第今字叔用爲小異耳。已而追懷平昔周旋之舊，蓋自京師之別，絶不相聞。今乃幸與其子游，又獲觀其所論著，爲之慨歎者久之。嗟乎，予安得不爲吾用道一言哉。方紹聖之初，天下偉異豪爽絶特之士，離讒放逐。晁氏羣從，多在黨中。叔用於是飄然遺形，逝而去之。宅幽阜廜，茂林於具茨之下，世之網羅，不得而嬰也。暨朝廷諸公謀欲起之，廼復任心獨往，高挹而不顧，世之榮利不得而羈也。至於疾革，乃取平生所著書，聚而焚之，曰："是不足以成吾名。世之言語文章，不得而污也。"由是觀之，叔用之所以傳於後世者，果於詩乎？顧其胷中，必有含章内奧而深於道者矣。宋興五十載，至咸平、景德中，儒學文章之盛，不歸之平棘宋氏，則屬之澶淵晁氏。二氏者，天下甲門也。太子太傅文元公事章聖皇帝，飛詞禁苑垂二十年。當是時，甄明舊儀，緒正禮樂，一時詔令皆出其手。於是朝廷典章法度之事，非六籍之英則三代之器也。迨其子文莊公繼踐西省。是時，文元公方請老家居也。宋宣獻以謂世掌書命者，惟唐新昌楊氏。及見其子，而晁氏繼之，至慶曆中遂參大政，議論深博，識者韙之。然則叔用以文莊爲曾大父，以文元公爲高祖。其家世風流人物之美，淵渟浚深，蓄厚而發遠。自王文獻、李文正、畢文簡、趙文定四三公，富有百氏八流之書，而晁氏尤瓌富閎溢，所藏至一萬卷。故其子孫焠掌勵志，錯綜而藻繢之，皆以文學顯名當世。予嘗從叔用商搉近朝人物，嘉言善行，朝章國典，禮文損益，靡不貫洽。由叔用之學而達諸廊廟之上，

溫厚足以代言,淵博足以顧問,則以詩鳴者,豈叔用之志也哉。雖
然叔用既以油然棲志於林澗、曠遠之中,遇事寫物,形於興屬,味其
風規,淵雅疎亮,未嘗爲悽怨危憤,激烈愁苦之音。予於是有以見
叔用於晦明消長、用捨得失之際,未嘗不安而樂之者也。嗚呼,所
謂含章内奧而深於道者非耶!秦、漢以來,士有抱奇懷能,留落不
遇,往往燥心汗筆,有怨誹懷悷沈抑之思,氣候急刻不能閑,遠古之
詞人皆是也。太史公作《賈誼傳》,蓋以屈原配之,又裁錄其二賦
焉。至誼論三代之陶世振俗,固結天下之具,與夫秦之所以暴興棘
亡,斬艾天下之術,則遷有所不錄也。何哉?豈遷之意謂誼一不平
於其中,遂哀怨噎鬱泣涕以死,借使文帝盡用其言,則誼亦安能有
所建立於天下乎?惟深於道者,遺於世而不怨,發於詞而不怒。君
子是以知其必能有爲於世者也。嗟乎,吾於叔用,豈直以詩人命之
哉。紹興十一年九月五日,陵陽俞汝礪序

30·36　吳郡樂圃朱先生餘藁十卷　舊抄本

宋朱長文撰姪孫中奉大夫知漢陽軍事賜紫金魚袋思哀次　後
附墓誌銘、張景修撰墓表、米芾撰及國史《文苑傳》。卷七《華嚴經讚
序》一篇,康熙時朱岳壽刊本闕。

長文姪孫思序紹興甲寅

30·37　龍雲先生文集三十二卷　明弘治刊本

宋安成劉弇偉明撰　闕卷一至六、卷二十至二十六,抄補。

盧陵郡自歐陽文忠公以文章續韓文公正傳,遂爲本朝儒宗。
繼之者龍雲劉公也。公諱弇字偉明,居安福縣之龍雲鄉。文忠薨,
於穎公方冠,不及從之游。然斯文未喪,何害爲韓門籍湜也。先
是,汴京及麻沙刻公集二十五卷。紹興初,予故人會昌尉羅良弼徧

求別本，手自編纂，增至三十二卷，凡六百三十餘篇。嘉泰三年，賢守豫章胡元衡平一，表鄭公之鄉里，訪襄陽之耆舊，欲廣其書，激厲後學。予亟屬羅尉之子泌繕寫定本，授侯刻之。頃嘗與鄉人論公之文，如《南郊賦》，氣格近先漢，已爲泰陵簡擢。詩書序記，往往祖述韓、柳，間或似之。銘誌豐腴，規摹文忠。讀者可以自得。至於才學出處，具載李彥弼誌銘、羅氏跋語，皆月旦評之，不可易者也。四年六月日少傅觀文殿大學士致仕益國公周必大序

　　劉璋序弘治乙丑

文果何物耶？大而天地山川，細而草木鳥獸蟲魚，靡不具焉。操觚弄翰，抒思棲棲，孰非從事於斯哉。而蛩啾鷗眊，過耳輒息，固無以議爲者。若夫攬天地之秀，族山川之英，擷草木之芳，而極鳥獸蟲魚之情，使日星不能輝，鬼神不能靈，萬物不能榮者，一何鮮耶。龍雲先生其可謂間世而傑出者矣。先生自爲舉子時已卓詭不凡，能藝出諸老先生右。甫壯，首鄉薦擢進士第，繼中博學宏詞科。元符改元，進《南郊大禮賦》，君相動色，以爲相如、子雲復出，即除秘書省正字，稍遷著作佐郎，駸駸嚮用矣。高麗傳誦其文，力請於朝，將待以賓師之位，而降年不永，竟卒於官。其平生所爲文漫散莫考，浦城所錄纔二十有五卷耳，雄篇大册尚多不著。良弼惜其流落，冥搜博訪，得彭德源、曾如晦等手編數十卷，又得宏詞時議諸編於內相郭明叔家，合而次之，得古律賦三、宏詞四、古詩一百四十、律詩一百二十一、絕句一百一、生辰詩一十一、挽詩一十三、總三百九十二首，印本此有三十九首。樂府六、表一十七、啟五十二、六元黜今附書四十四、序一十、四時議六、策問四十五、記十、雜著五、疏語十、祭文一十一、碑誌二十二，總六百三十一篇，爲三十有二卷，而先生之文略盡矣。先生嘗語，南豐文如白玉出種種渾璞，如青翰客而有秀舉，如天驥跼影，籠理颯灑，如喬松弄芝，真率徑盡，如灸髁聯環而

不窮也，如疾莵者之抱態，脰而絶貙貛也，如鋸齒錯列、初若齟齬而卒乎其相承也，如荀生之辯車輞，叔向之別勞薪，易牙之判淄澠，而不可以非道人者。吾固謂先生之文如此。先生諱弁字偉明，吉之安成人。所居龍雲鄉，故以龍雲名集。紹興四年甲寅重陽日廬陵羅良弼長卿書

30·38　姑溪居士文集五十卷後集二十卷　舊抄本

宋李之儀撰

李公端叔以詞翰著名，元祐間余始得其尺牘，頗愛其言思清婉，有晉、宋人風味，恨未覩他製也。乾道丁亥，假守當塗，因訪古來文士居此邦而卓然有聲於世者，惟李太白、郭功甫與端叔三人。郡舊有太白、功父集而端叔獨闕。然求於其家，而子孫往往散落，無復遺藁。間得之邦人，類而聚之，命郡士戴翬訂正，釐爲五十卷，鋟板於學。昔二蘇於文章少許可尤稱重，端叔殆與黃魯直、晁无咎、張文潛、秦少游輩頡頏於時。今觀其文，信可知己。或謂端叔晚節銳於進取，有所附麗，雖若可疑。然范忠宣公遺奏極於鯁切，詆斥不顧一時。用事者欲寘忠宣之子於理，端叔慨然自列，謂實出其手。既而公所爲忠宣行狀復出，由是得罪南遷，廢錮終身，曾不少悔，其勇於義若此，詎可以微瑕掩之哉。余固愛其文，又表其行誼之可嘉者，併以詔於後云。端叔名之儀，其先景城人。既謫而南，始居姑溪，自號姑溪居士，今以名其集。天台吳芾序

30·39　道鄉先生鄒忠公文集四十卷
明正德刊本　季滄葦藏書

宋鄒浩撰　後附《諫哲宗立劉后疏》一篇，爲續集。同里陳御史察、泰興季御史振宜俱有印記

文章以氣爲主，如山川之有煙雲，草木之有英華，非淵源根柢，所蓄深厚，豈易致耶。士之養氣，剛大塞乎天壤，忘利害而外生死，胷中超然則發爲文章，自其胷襟流出，雖與日月爭光可也。孟軻以是著書，屈原以是作《離騷經》，與夫小辨曲說，綵章繪句以祈悅耳目者，固不可同年而語矣。唐韓愈文章號爲第一，雖務去陳言，不蹈襲以爲工，要之操履堅正以養氣爲之本。在德宗朝奏疏論宮市，貶山陽令，在憲宗朝上表論佛骨，貶潮陽守，進諫陳謀，屢挫不屈。皇皇仁義，至老不衰，宜乎高文大筆，佐佑《六經》，粹然一出於正，使學者仰之如泰山北斗也。道鄉鄒公，自其少時處閭里，遊庠序，登仕途，其節操風流已爲有識者之所推許。至元符間，職在諫省，適有椒房之事，抗章陳列，危鯁言論，聳動四方，遠謫萬里。及建中靖國間召還侍從，又以直道不容於朝，再謫嶺表，而氣不爲之少挫。遇赦得歸，作知恩堂以居。奉其母，友其諸弟，教訓其子侄，欣然不知老之將至。所養如此，故其文章高明閎達，溫厚深醇，追古作者。有蕭黻之文，有金石之聲，有菽粟布帛之用，信乎有德之必有言也。其子柄栩集公平生所爲文，得古律、詩賦、表章、四六、雜著、傳記、序述及紫微制草，合爲四十卷，將鏤板以傳於世，求序於剛。義不得辭，且爲之言曰：國之治亂安危，存乎言而已矣。方嘉祐、治平間，上之所以求言聽納者，既盡其道，下之所以獻言開陳者，又中於理。上下交而志通，宜乎協氣嘉生，薰爲太平而不可跂及也。其後朝廷議變新法，言不便者接武竄逐，朋黨之論浸興，而士始以言爲諱。自紹聖、元符以來，遂無言者。當時臺諫具員，然類皆毛舉細故以塞責，甚者至於變亂白黑，顛倒是非，投時好以取世資，雖謂之無，可也。獨公奮不顧身，犯顏逆鱗，論國事之大者，於言路閉塞之時，號鳳鳴朝陽，然遷謫流離，屢瀕於死。而任言責者益自懲艾，不復激昂，習熟見聞，以緘默爲常，然至崇寧、宣和間則又甚矣。燕山之役，國之大故，莫重於此。臺諫熟視，未嘗有一言及之，馴至禍亂，四海橫流。使公是時猶存，居可言之地，其肯保位愛身，不一開口，爲社稷生靈之計，雖三尺之童，有以知其必不然也。由是觀之，公之文章垂於後世，誦而讀之者，言望風采，其仰慕爲何如哉。紹興五年歲次乙卯三月二十一日觀文殿大學士左銀青光禄大夫李剛謹序

30·40　北湖集五卷　文瀾閣傳抄本

宋吳則禮撰

30·41　溪堂集十卷　文瀾閣傳抄本

宋謝逸撰

30·42　謝幼槃文集十卷　舊抄本

宋謝邁撰　苗昌言跋後列“右從事郎軍事推官宋砥”等五人銜名六行，“淳熙二年十二月陽夏趙煜重修”一條。

臨川謝逸字無逸，其文章學業爲縉紳推重，以其所居溪堂稱之曰溪堂先生。弟邁幼槃，以字行。兄弟以詩鳴江西，有文集合三十卷。邦之學士欲刊之以貽永久，積數年而未能也。粤紹興辛未，趙公朝議來守是邦。朞年政成，民服其教。慨然思以儒雅飾吏事，命勒其書於學宮，以稱邦人之美意。昌言以鉛槧董茲職，於是搜訪闕遺，以相叅訂。晚得溪堂善本於前學正易蔵，又得幼槃善本於其子敏行。蔵知溪堂出處甚詳，敏行迨事其父。詩律有典型，其編次是正，可無恨矣。刀筆方興，士大夫翕然稱贊。工未訖功而四方願致其集者日至，以是知二公之名重當時，欲見詩者惟恐後也。聞之鄉老，無逸之交游，無非天下名士。其後幼槃聲聞寢廣，與之並驅而爭先。既没之後，爲之傳序，爲之哀詞、祭文者甚衆。今未暇博詢

而編録也。特取舍人呂公之書，摹其真蹟於後，庶幾因呂公之文而不失二公文行之實云。壬申冬十一月辛卯朔建康苗昌言題

謝康樂詩規模宏遠，爲一時之冠。而元暉詩清新獨出，又自有過人者。後之善言詩者，於二公蓋未敢有所優劣也。本中竊以爲，無逸詩似康樂，幼槃詩似元暉。此平等之論也。紹興三年秋，自嶺外北還過臨川，去幼槃之没十八年矣。始盡得幼槃書於其子長訥所，伏讀累日，益知前語之不謬。雖然幼槃與其兄無逸修身屬行，在崇寧、大觀間不爲世俗毫髮汙染，固後進者之師也。其文字之好，蓋餘事爾後之學者尊其行并學其文可也。學其文不究其行，則非二子立言之本志。九月二十日呂本中書

幼槃詩文不傳於世。此本從内府借出。時方沍寒，京師傭書甚貴，需銓旅邸，資用不贍，乃自爲鈔寫。每清霜呵凍，十指如槌，幾二十日始克竣，袠藏之於家，亦足詫一段奇事也。萬曆己酉十二月十四日辛酉晉安謝肇淛題

肇淛子杲跋

30·43　慶湖遺老詩集九卷拾遺一卷補遺一卷　舊抄本

宋賀鑄撰　卷九後附墓誌銘。程俱撰

元豐末年，予始筮仕，與方回俱在彭城，爲同僚友。自是一別，聲迹不相聞，蓋三十年餘矣。政和甲午秋八月，予還自京師，過平江謁方回，披腹道舊，相視惘然，如昨夢耳。方回之詩，予見之舊矣。復出《鑑湖集》示予，其辭義清遠，不見雕繪之迹，渾然天成，殆非前日詩也。方回自少有奇才，其器業足以自表於世，意功名可必也。迨今流落州郡不少振，豈詩真能窮人耶？然方回詩益工，名日益高，其傳不朽矣。與世之酖豢富貴與草木同腐者，豈可同日議哉。以此易彼，可以自釋也。是年冬十有二月庚申延平楊時書

公娶濟良恪公之女，公之子提幹君廩復娶良恪之孫，實外姑之親姊，故予獲識其子省幹君承祖者，嘗從訪公遺文，曰：“先祖昔寓毘陵，中間擾攘，凡所著文編，悉爲敵人携去。獨巾箱有別錄《慶湖詩前集》在。”固假傳寫，正其字畫訛舛，而疑者因之。又從趙氏得公墓刻，併書於卷末。庶知公之出處本末云。乾道丙戌歲仲夏望日邯鄲寇翼令威父記

　　賀公詩詞妙天下。幼年每竊聞諸老，稱其名章俊語，今詞盛行於世，詩則罕見。余傳錄此編久矣，意俟後集併爲鋟木。念未易得，恐失因循，廼以所積節儀折色等錢，刻置郡齋。頃爲德清令邑子，以公《留題》《左顧》二絕相示，嘗揭之亭上，今附載於是。紹熙壬子七月朔晉陵胡澄題

　　鑑湖遺老詩，凡四百七十二篇。其五字八句詩，鍛煉出入古今，爲集中第一。其餘大抵名家作也。余少讀唐實錄與會稽石刻，見賀季真棄官本末。方開元、天寶之交，天下號無事。文學士見貴重，季真出入禁省，冠道山友儲副，極當世華寵。然一旦不顧，去爲千秋觀道士，使人望之超然如雲漢，登秦望，行剡川，未嘗不悠然遐想也。季真去後四百二十載，建中辛巳歲，始識其孫方囘江湖上，蓋鑑湖遺老也。方囘落落有才具，觀其詩可以知其人，中間罷官錢塘及通守兩郡，輒謝病去，爲岳祠吏。又一旦掛衣冠，客吳下，窮達雖不同，其勇退樂閑，故有鑑湖餘味。然余謂方囘之爲人，蓋有不可解者。方囘少時俠氣蓋一座，馳馬走狗，飲酒如長鯨，然遇空無有時，俛首北窗下，作牛毛小楷，雌黃不去手，反如寒苦書生。方囘儀觀甚偉，如羽人劍客，然戲爲長短句，皆雍容妙麗，極幽閒思怨之情。方囘忼慨多感激，其理財治劇之方亹亹有緒，似非無意於世者。然遇軒裳角逐之會，常如怯夫處女。余以謂不可解者此也。余奇窮，骯髒可憎，方囘多交遊，乃獨以集副授余曰：“子好直，美

惡無溢言。爲我詳而叙之。"此亦豈其不可解之一端耶？政和三年癸巳歲十月朔信安程俱叙

　　廩伏讀前集序云：自己卯歲嗣有所賦，別爲後集。所謂後集，以經兵火散失，不復得有。近搜故藁所遺，及於佛祠廟宇題詠，洎碑刻鐫勒并士大夫親戚傳誦，得其一二，皆此集中無者，故續書卷尾，爲後集之補遺。廩老矣，不復得全其集。後之子孫續有得者，當綴其末。

　　始予讀公墓誌，謂有詩二十卷，而所得前集財九卷，竊疑其脱略。以公自序如此，且其孫所手抄，遂信之。竭來邵陽因命鋟木，既而有於公家嘗傳卷之十者爲予校讐，果少近體一卷，缺古風一首，絕句二十首。又得之公子廩豫登補遺二十七篇，并程公之序，錄以見寄，屬瓜代之日無幾，不暇附益改作，姑目曰《拾遺》而亟刻之，以全其集云。紹熙癸丑三月五日澄書

30·44　眉山唐先生文集三十卷　舊抄本

宋眉山唐庚子西撰

鄭總序宣和四年

庚弟庚序宣和四年

呂榮義序宣和四年

鄭康佐跋紹興二十一年

庚子文若跋紹興己卯

30·45　李忠愍集三卷　文瀾閣傳抄本

宋李若水撰　後附建炎贈官賜謚誥詞。

　　靖康禍變，敵騎長驅，四郊多壘，猛不可當，所在望風土崩瓦解。欽宗皇帝擢先公於庶官，兩持使者節入尼雅滿軍，誓欲捐軀以

濟艱難。青城之死，素定於臆中，非一時不得已而爲之者。於戲，
人誰不死，先公之死酷矣。頤已解，舌已斷，猶奮罵噴血，終至於身
首異處。當此之時，天地爲之變色，日月爲之無光，戰士爲之嗟惋，
敵帥爲之羞畏。先公已死，適我大父母皆耄年，故事迹中略其所以
死，重貽二老人之深憂也。獨秭歸費守樞爲先公文集序，今鋟木於
蜀中，能不没其實，得以取信。至乾道中諸父淪亡，因於秘稿中又
得其遺事，始盡事之本末。淳懼歲月侵尋，世不得而知之，他日當
列諸朝，祈補史之闕文。先公雖死，謂之不死可也。孤浚淳泣血書

30·46　傅忠肅公文集三卷　抄本

宋傅察撰　後附行狀晁公休撰

周必大序曰：二帝三王時，人才多出於國子。蓋其見聞積習作
成有素，非如秀民必俟族黨州鄉賓興之然後用也。觀舜命夔典樂，
教胄子曰：“直而温，寬而栗，剛而無虐，簡而無傲。”及命契爲司
徒，教民則敬敷五典，在寬而已。《周官》大司樂以樂德教國子曰：
“中和，祗庸，孝友。”及司徒以三物教萬民則置禮樂於六德、六行
之後。其視成材詳略次第，固有別矣。夫子不云乎，“興於《詩》，
立於禮，成於樂。”學至於樂則義精仁熟，和順於道德而性成焉。
故以之事親必孝，事君必忠，臨大節必不可奪，文其餘力也。晉、唐
以來，各學與監置祭酒若司業，皆冠以國子，亦古之遺意歟？本朝
世臣巨室前後相望。在仁宗時，有若獻簡傅公諱堯俞，未冠以進
士，起家平居，號稱長者。及事四朝，屢歷言路，忘身狥國，有不可
奪之節。遭時遇主，致位二府。生都美譽，没保令名，遂爲大家。
其從孫忠肅公諱察，年十有八，復踐世科。宣和末以吏部郎假宗
正，延勞金國賀正使，行及境上，會幽燕交兵，或勸其歸，公不可。
猝遇斡離不强公使拜，公又不可，竟握節死之，詔贈徽猷閣待制。

乾道中追賜今謚。其諸子皆以問學才猷，翱翔仕塗。至孫伯壽文采益高，方以直煥章閣，按刑畿部，興念前烈，既編定獻簡公《草堂集》，又裒公遺槀成三卷，將傳布四方，屬必大序其首。惟公文務體要，辭約而理盡，甚類獻簡。詩尤溫純該貫，間次韻愈多而愈工。惜乎享年纔三十有七，名宦未達，高文大冊，無自而發，其淵源則可考矣。竊嘗論之，獻簡幸生太平無事時，止於正言不諱，是以爲宋良臣。公則不幸將命艱難之際，仗節死難，遂在忠臣之目。要之忠孝大節，易地則皆然，特所遇不同耳。故爲推本帝王之教以及本朝之盛，使學士大夫知公世濟其美，不隕其名者如此。

愛日精廬藏書志卷三十一

集　部

別集類

31·1　梁溪先生文集一百八十卷附錄六卷　抄本

宋李綱撰　後附年譜、行狀、謚議等爲附錄六卷。

陳俊卿序曰：國朝祖宗以仁覆天下而不備武事，然垂二百年，更强敵之變者三，皆得人以任其事。景德契丹之變，寇萊公任之；康定元昊之變，范文正公、韓忠獻公任之；靖康金敵之禍比是二者尤鉅，而丞相隴西李公亦慨然以身當其變。蓋天之佑宋不於其兵而於其人，是數君子者之事君，不於其躬而於其國其事之濟否，則有命與數存焉，要之皆忠烈英特之士也。予既敬服數公之行事，因欲觀覽其遺文。萊公他文不甚見於世，獨其詩傳，蓋百有餘篇，辭健而格高，旨深而思遠，真作之傑者也。至於文正、忠獻，則家集具在，其言之形於文字議奏之間者，或簡重而莊偉，或詳明而剴切。蓋與其謀謨勳業惟稱李公，近與予耳目接，私以不得其文爲恨。淳熙丙申，予帥三山。其子秀之裒集其文以示予，求序以冠其端，蓋表章奏劄至八十卷。予讀之而歎曰：詳哉其言之也。世之有其學者常患乎無其才，有其才者常患乎無其節，二者備矣。然使其辭之不達則不足以動人主之聽，言之不文則不足以永後世之傳，是以君子貴其全也。公學本於經，才見於用，節著於論。水災贊禪議之日，是其章較蓋天下之所其知焉。予竊怪方敵騎闖城之際，在廷之臣爭爲講解遷避之說，公孑然孤忠，殆未易以口舌爭，卒能感悟萬乘爲堅守之策，以何道而致然？及觀公之奏議，明白條暢，反覆曲折。其叙成敗利害，灼然如在目前。宜乎感動明主之聽而亟從之也。使公之謀盡用則敵騎必無再下之禍，而其勳業可以絶寇萊、韓、范矣。惜乎其奪於讒而不之竟也。光、孝中興，因天下之望而首相公十議，所陳規摹宏遠矣。劉麟之役，公雖在外，且畫三策六條以獻。王倫之使，公復憤慨抗疏以爭之，與時論不合，不顧也。嗚呼，其可謂忠也矣。然則公之勳業雖不克大就，然其所奮立陳述，足以暴於後世，況又其言之文哉。昔東坡先生謂，諸葛孔明不以文章自名，而開物成務之姿，綜練名實之意，自見於言語。《出師》之表簡而盡，直而不肆。而鄭亞謂李衛公蘊開物致君之才，居丞弼上公之位，建靖難平戎之策，垂經天緯地之文。嗚呼，若公者可謂兼之矣。予既諾秀之之請，奪於多事，未暇綴思。後三年歸自金陵，乃始書而歸之。

　　朱子序曰：嗚呼，天之愛人可謂甚矣。惟其感於人事之變而迫于氣數屈伸消長之不齊，是以天下不能常治常安而或至于亂，然於其亂也，未嘗不爲之預。出能弭是亂之人以擬其後，蓋將以使夫生民之類不至於糜爛泯滅，靡有孑遺。而爲之君者，猶有所恃賴憑依以保其國。是則古今事變之所同。然而天之所以爲天者，其心固如此也。嗚呼，若宣和、靖康之變，吾有以知其非天心之所欲，而一時人物若故丞相隴西公者，其所謂能弭是亂之人非耶？蓋聞政、宣之際，國家之隆盛極矣，而都城一日大水猝至，舉朝相顧，莫有敢以變異爲言者。公獨知其必有敵國兵戎之禍，上疏極言，冀有以消弭於未然者。不幸謫官而去，而不七年間敵騎遂薄都城。公於此時，又方以眇然一介放逐之餘，出負天下山岳萬鈞之重。首陳至策，而徽宗決內禪之計；繼發大論，而欽廟堅城守之心。任公不疑，遂却強敵。然自重圍既解，衆人之心無復遠慮，而爭爲割地講和之説，以苟目前之安。公獨以爲不然，而數深陳出師邀擊之可以必勝，與其得氣再人之不可以不憂，則讒間蜂起，遠謫遐荒，而不數月間，都城亦失守矣。建炎再造，首登廟堂，慨然以修政事禦強鄰爲己任，誅僭逆，定經制，寬民力，變士風，通下情，改敝法，招兵買馬，經理財賦，分布要害，繕治城壁，建造張所，撫河北。傅亮收河東，宗澤守京城，西顧關、陝，南茸樊、鄧，且將益據形便以爲必守中原，必還二聖之計。然在位七十餘日，而又遭讒以去。其在紹興時，因事獻言亦皆畏天恤民，自強自治之意。而深以議和退避爲非策，懇扣反覆以終其身。蓋既薨而諸子集其平生著作凡若干卷，其言正大明白，而纖微曲折，究極事情，絶去涸飾。而變化開闔，卓犖奇偉。前後事變不同，而所守一説如出於立談指顧之間。今少傅丞相福國陳公序其篇端，所以發揮引重固已盡其美矣。公之孫晉使熹書其後以推明之，熹謝不敢而其請愈力，不得辭也。顧嘗論之，以爲使公之言用於宣和之初則都城必無圍迫之憂，用於靖康則宗國必無顛覆之禍，用於建炎則中原必不至於淪陷，用於紹興則旋軫舊京，汎掃陵廟，以復祖宗之土宇而卒報不共戴天之仇，其已久矣。夫豈使王業偏安於江海之濱而尚貽吾君今日之憂哉？顧乃使之數困於庸夫孺子之口，而不得卒就其志，豈天之愛人有時而不勝夫氣數之力，抑亦人事之感或深或淺，而其相推相盪固有以迭爲勝負之勢而至於然與？嗚呼，昔蒯通每讀樂毅書未嘗不廢書而歎，安知異時不有掩卷太息而出涕於斯者耶？雖然今天子方總羣策以圖恢復之功，使是書也得備清燕之觀，而幸有以當上心者焉，則有志之士將不恨其不用於前日，而知天之所以生公者眞非偶然矣。因次其説

以附於卷之末，使覽者無疑於福公之言云。時淳熙十年十月既望
謹書

　　昔先正李公輔欽宗皇帝忠誠貫日月，勳名震夷夏。其所抱負
亦大矣，而功業未就，茲豈非天乎？中興一代事業，著爲成書乃在
數十年之後。文獻所存，固已寥落，況於靖康之事，欲其無遺逸也
難矣。公之家所藏御札爲多，亦足以見其一時眷遇之隆。至於設
施之略，奏議始末，具存史筆於此當有考焉。公之孫大有欲刊此書
久矣，是書前後序文，諸老先生所述爲詳。穎獨善公之有後，而是
書得以傳于世，故爲之書其刊行之歲月。嘉定元年十月望日朝議
大夫集英修撰知泉州軍州事南郡章穎謹書

　　大有謹按，先大父家傳末云，“每有議奏，下筆數千言，俄頃而
就”。蓋公平日以愛君憂國爲心，籌畫計策，胸次素定，故遇事成
章如此之易也。晚年於《易》尤有所得，著《易傳內篇》十卷、《外
篇》十二卷。其言微妙，頗取卦變互體爲說。動有所稽，異于今世
君子之所辨繹。又著《論語詳說》十卷，所以發明聖賢之意甚厚。
而備文章歌詩奏議百有餘篇。其在政府帥府紀一時之事，則有
《靖康傳信》、《奉迎》二錄、《時政記》、《進退志》、《制誥表劄集》、
《宣撫荆廣記》、《制置江右錄》。嗚呼，亦富矣哉。此叔祖南昌通
守所述也。今《易傳》、《論語說》卷帙仍舊，而文集合政路帥府所
紀，爲篇百有七十，內以《傳信錄》、《時政記》、《進退志》附，蓋表
劄、奏議凡八十卷，是爲今書，蓋其後諸人所離合撰次也。得之先
子，大父生平有作皆楷筆屬稿，書問亦然，則後人裒集當無遺逸。
顧蕘謝距今七十載，獨子孫寶藏，外無傳者。它文或有可議。此書
則實與國史相表裏，其可不廣諸世以圖不朽哉。淳熙末年，先子嘗
繕寫投進，併高宗爲大元帥時所賜大父手書墨本，孝宗嘉獎亟命宣
索宸翰真跡。既奏御，命有司定錫今諡，中間史院取索亦嘗錄上，

然廣内所儲不到人間也。先子方隱居，每恨無力板行大父遺文，而於此書尤切。大有欽承遺旨，食痛心充員峒嶙。適帑藏空匱。兩膚使先後極盟，鳩工鋟木。太守今春宮章公、尚書郎趙德甫皆助以費。而尚書章公又幸爲之跋，以垂信增重於天下。經營涉歲，工始告成，久閟而傳非偶然也。嗚呼，宣、靖、炎、興間中原變故，國步艱難極矣。一時謀議之臧否，處置之當否，敵騎之所以既卻而復至，王室之所以再造而偏安，莫不係於君子小人之進退。世多揣於成敗，已然之見鮮有知者。則是書之傳也，大有敢獨以爲私門存没之幸哉。若夫大父之精忠大節，宏模碩畫，則有正獻陳公晦翁朱先生與今大宗伯章公之序跋在，不肖孫何敢稱述。如其他書未傳，大有不韙，尚庶幾異日卒成先志云。嘉定二年歲次乙未夏五月既望日，孫修職郎差充福建路提舉市舶司幹辦公事大有謹書

　　余里中有巖曰瑞光，去縣十許里。予七八歲時嘗侍先大父遊馬巖，中有丞相讀書堂。大父指示諸孫曰：“鄉人李丞相嘗讀書於此。”因言丞相未達時，巖主僧號丹霞能前知，一日忽書四句云：“青著立，米去皮。邪時節，儘先輝。”初莫曉其意。後丞相貴顯登政府，方悟前一句蓋謂靖康年號也。大父又舉似丞相詩文十數篇，乃留題厓壁間者，往往成誦。應龍從旁習其辭，間記一二，至於今不忘。其後稍長，慨慕丞相之英風義槩，欲徧求遺文而讀之，苦不多見，蓋鄉人無能收之者，每每爲恨。迨守温陵，公之孫提幹大有出示所刊丞相三朝表劄奏議凡八十卷，又總録一卷，及陳少陽《盡忠録》、如是居士《靖康感事詩》，於是得盡讀公之文及見公之行事，望洋而歎，大喜過望。若夫人以立言爲不朽，以有後爲不死。公之文既得其子哀而集之，又得其孫鏤而傳之，將使天下之人家有其書，真足以不死且不朽矣。然武陽者，乃公之父母邦也。聞提幹將以其書之板歸於三山，其何以慰鄉人之思。不然，他日當告於鄉

郡守之好事者，取其書重鋟木焉，并續其家藏文集附益之，庶使吾黨之後進有以稽其典型云。嘉定三年九月朔朝請大夫充寶文閣待制知泉州軍州事兼管內勸農使鄒應龍謹書

忠定公三朝耆德，彭壽願執鞭而不可得。分符樵水，適在鄭鄉。公之去世，六七十載，英風議槩，凜凜如存。敬以公所著，刊於郡齋。若夫出處大節，前輩諸公言之詳矣，彭壽竊附名以託不腐。嘉定癸酉立秋日天台陳彭壽書

登自能綴文時，嘗恭讀國史，已知有丞相忠定公之勳烈。又嘗於碑刻間誦公《元寧上方》詩，適足以見其憂國之憤，敗敗不忘。自此詩之外，他文蓋未之及見。官晝錦之鄉，即事未數月，史君以公文集鋟諸板，且命登董其事，因得盡觀其所爲文。大抵英風義氣，隨遇輒發。其建議切而當，其表奏實而忠。制誥之文宏而溫，諷諭之辭婉而辯。賦如擬騷，有正潔耿介之義；詩如和陶，得冲澹高遠之風。至其感時託興，使人有忼慨涕滂之意。箴銘序贊，體製雅健，莫不悉有典則。中興文人固不爲少，要知公之氣槩益不可揜。若乃相業光明，持論正大，靖康以來一人而已。而文直公之餘事。是集刊於秋之九月，成於冬之十二月，其爲冊三十有三，爲卷一百八十。集既成，史君將廣其傳誦，使有位於朝有職於列者皆得味其文想其人，因以彷彿其立朝之大節，此其意蓋不獨爲傳遠而已也，所謂奮乎百世之上，百世之下聞者莫不興起。登雖無似，不敢不勉。迪功郎邵武軍軍學教授黃登拜手嘉定癸酉年某月某日謹跋

注竊惟大丞相一代鴻儒，三朝元老，豐功偉烈，著在國史，炳若丹青。出處大致，名公鉅卿紀錄尤備。邵武乃公之故鄉，郡齋已刊奏議，獨貽集尚缺，無以副邦人景行之思。注假守繡里，蒞事之餘屢加搜訪，了不可得。會丞相之孫制機與其族孫國錄示以全帙，注盥手薰誦，至于再三。顧雖不肖，亦知興起。鳩工刻梓，屬泮師董

其事，凡三月而後成，於以傳示將來，啟廸後學。注亦得以記名編末，與有榮耀。嘉定歲次庚辰冬十有二月朝請大夫權知邵武軍兼管內勸農事賜緋魚袋姜注謹書

　　余家三山，寓於東報國寺，實李丞相忠定公舊居之右。於公諸孫間盡得拜觀。徽宗、欽宗、高宗三朝，御札批劄百餘軸，與公反覆當時事宜者，今具載公集中。武陽舊有集，辛卯春閩郡遭火燬，官書散落殆盡。明年之春，予被簡命來此，首訪公集，缺五百板。又明年，境內稍安，即刊補之。蓋公之忠義文采，足以扶人心，興世教，而武陽公鄉邦也，集尤宜存。公爲靖康執政，以疑忌去國。首相建炎，七十五日而罷。紹興初羣盜蜂起，用公時湖南帥江西，皆席不暇煖。其所著立猶卓然光明如此，使盡行其言，功業詎止是耶。千載而下，忠臣義士覽斯文者，鮮不拊膺而長嘆。余假守一年有半，值寇荒交急之秋，比公時曾不過疥蚤疥癬耳。而鬚髮爲白，於以知公之爲艱也。追感前事，識於卷末。壬辰日南至長樂趙以夫書

31·2　西渡詩集一卷　舊抄本

宋洪炎玉父著

　　宋牧仲中丞，自吳中鈔寄洪炎玉父《西渡集》僅一卷。考焦氏《經籍志》玉父《西渡集》一卷，與此本合。然編首題“卷第一”，又似不全之書，何也？《坐上呈師用有懷駒父》七律所云“欣逢白鶴歸華表，更想黃龍出羽淵”正在集中。其詩局促，去豫章殊遠。又《經籍志》載洪芻駒父《老圃集》，洪朋龜父《清非集》皆止一卷。此本牧仲鈔之醫士陸其清家。康熙甲戌四月漁洋山人跋

31·3　莊簡集十六卷　文瀾閣傳抄本

宋李光撰

31·4　忠惠集十卷附錄一卷　文瀾閣傳抄本

宋翟汝文撰

31·5　石林居士建康集八卷　抄本　從子謙姪藏舊抄本傳錄

宋葉夢得撰

先君大卿手編《建康集》八卷，乃大父左丞公紹興八年再鎮建康時所作詩文也。別有總集百卷，昨已刊於吳興里舍。姪凱任總司酒官，來索此本，欲寘諸郡庠。倂以年譜一卷授之，庶廣其傳云。嘉泰癸亥重陽日籦謹題

31·6　增廣箋注簡齋詩集三十卷附無住詞一卷　宋刊本

宋竹坡胡稺仲孺箋　前有稺所編《簡齋年譜》暨《續添詩箋正悮》。簡齋之詩，風格遒上，思力沈摯，於南渡詩人中實能自樹一幟。且生當北宋之季，汴京板蕩，臨安播遷，感時撫事，寄託遙深。仲孺以宋人注宋詩，時代既近，聞見較確，故是注鈎稽事實皆能得作者本意，絕無浮塵掠影之談。而集中所與酬增諸人，亦一一考其始末，洵爲讀《簡齋集》者所不可廢，且猶是南宋舊槧，首尾完善，洵可貴也。

少陵、東坡詩出入萬卷書中，奧篇隱帙，無不奔湊筆下，固已不易盡知。況復隨意模寫，曲盡物態，非親至其處，洞知曲折，亦未易得作者之意。蜀趙彥材注二詩最詳，讀之使人驚歎。□亦有未盡處，少陵《留花門詩》有曰"連雲屯左輔，百里見積雪"，彥材略而不言，讀者亦謂止言其多爾。□此則上句足矣，何用積雪之語。惟能

知回鶻□人衣冠皆白，然後少陵之意渙然□□□曰山榮長老方丈□絕其曰東麓雲根金沙渥洼等語，余嘗到山間，方盡見詩意，彥材蓋未知也。粲政簡齋陳公，少在洛下已稱詩俊。南渡以後，身履百罹而詩益高，遂以名天下。雄詞傑句，爭先傳誦。至用事深隱處，讀者撫卷茫然，不暇究索。曉江胡君穉仲孺，約居力學，日進不已，得此詩酷好之，隨事標注，遂以成編。吏部蘇公訓直愛其書，屬余爲敘，因得細觀之。貫穿百家，出入釋老，旁取曲引，能發簡齋之秘，用意亦勤矣。少陵、東坡二詩至多，彥材以一力兼注之，故雖盡平生之功而猶有所遺。胡君用心既專，數年之間朝夕從事，而簡齋之作不過六百篇，故注釋精詳，幾無餘蘊，視彥材之作，力不及而實過之云。紹興壬子正月吉日四明樓鑰大防叙

　　詩者注情之谿也，有所感發則軼入之，不可遏也。其正始之源，出於風、騷，達於陶、謝，放於孟、王，流於韋、柳，而集于今簡齋陳公。故公之詩，勢如川流滔滔汩汩，靡然東注，非激石而旋，束峽而逸，則靜正平易之態常自若也。特其用意深隱，不露鱗角。凡採擷諸史百子以資筆端者，莫不如自其己出。是以人惟見其冲瀜渢瀁，深博無涯涘而已矣。若夫蟂虵蜿蜒之怪交舞於後先，有不能徧識也。余因暇日網斷义摛，所得踰十八九，乃編紀歲月而悉箋之，將使覽者目擊心諭，可撫而翫焉。而或人笑之曰：「古今作者衆多，子獨疲精神，蠹鉛槧，唯簡齋是好，不其惑歟？」余應之曰：高涯之曝，窮谷之湍，非不清且美矣。其源深而流長，或未有如江漢者，則宜以公爲正。況其憂國愛民之意，又與少陵無間，自波、谷以降，誰能企之。余故竊嗜焉。若謂探賾索隱，曾不能發明聖經之萬一，顧乃用力於此，徒費光陰，則余有自笑而深悔不待人言而後知也。夫羊棗之好，雖曾晳之所獨，不當以律天下之人。然天下之人，豈得無好羊棗者？姑留以示同志而已。君無誚云。紹熙改元臘月上

澥竹坡胡穉仲孺識

31·7 北山小集四十卷 影寫宋刊本

宋信安程俱撰 後附行狀程瑀撰

葉夢得序曰：紹聖末，余官丹徒，信安程致道爲吳江尉，有持其文示余者，心固愛之，願請交，未能也。政和間，余自翰苑罷領宮祠居吳下，致道亦以上書論政事與時異，籍不得調，寓家於吳。始相遇，則其學問風節，卓然有不獨見於其文者，即爲移書當路，論以言求士孰不幸，因此自表見其趣各不同，若槩論其過，一斥不復錄，天下士幾何，可以是盡棄之乎，併上其文數十篇。宰相見而驚曰"今之韓退之也"，亟召見政事堂。會有問之者，復得閒秩，然宰相知之未已也。宣和初復召入館，稍遷爲郎。議者翕然，始恨得之晚。自是二十年間，卒登侍從，爲天子掌制命，文章擅一時。蓋嘗論當孔子時固已患直道爲難行而毀譽之不可信。然人之有善，君子未嘗不樂道，其得譽常多。至居下流，天下之惡必歸焉，其毀之者亦衆。則直道雖不可盡行於天下，而天下終不能廢直道。方致道齟齬於初，一夫搖之不能自立。及其久也，雖非其素所厚善亦莫敢不謂然，其善之效歟？今觀其文，精確深遠，議論皆本仁義。而經緯錯綜之際，則左丘明、班孟堅之用意也。至於詩章，兼得唐中葉以前名士衆體。晚而在朝，雖不久遇，所建明尤偉。蓋其爲人剛介自信，擇於理者明所行，寧失之隘，不肯少貶以從物。是以善類皆相與推先惟恐失，雖有不樂之者亦不敢秋豪加玼病。信乎，直道之不可終屈也。嘗衰次平生所爲文，欲屬余爲序，會兵興不果。後遇火焚棄殆盡，稍復訪集，尚得十四五，而益以近所著爲四十卷。夫天既以是假致道矣，乃不使盡暴其所長。病痺杜門里中且十年，豈在人者猶可以力致，而天反不能相之歟？不可知也。紹興十年詔重修哲宗史，復起致道領其事。力辭疾不拜，而以其前欲屬余者請之堅甚，致道之文固不待余言而後著也，乃先衆人而知之深者莫若余，乃爲論其本末歸之。致道名俣，今爲左朝請大夫徽猷閣待制提舉亳州明道宮云。

紫微舍人程公先生，建炎己酉歲自太常少卿出守嘉禾。作肅過之，館於郡齋，會左丞葉公罷政經從謁先生，作肅屬耳屏間聽話言，則聞公曰：“別去未有復見日。吾二人後死者其誌先死者之墓。”先生曰：“左丞勳業未艾。某不日溘先朝露，當勤大手筆。”紹興甲子歲先生卒。其子請公如約，公從之，僅述誌敘未及銘詩而薨，然其藁今傳於世也。其略曰：“其爲文辭，在司馬遷、班固之間。進則掌天子命書，退猶將付以太史氏之筆。蓋有不可誣者焉。”議者謂公之誌文，踐實平生然諾，必不虛美於諛墓中人，有以取信於學士大夫也。作肅昔爲南徐學官時，偶先生卜居在焉，一日裁書問文於先生。先生翌日答書凡數百言，其要曰：昔之作者，自《六經》百氏之書、世傳之史、方外之書無不讀。非惟讀之而已，取舍是非，了然于心。其粲然者，我之文也。而資焉者，《六經》百氏載籍之傳，而吾自得者也。然而莫見其迹也。”嗚呼，先生論文淵源如此，則謂其文辭在司馬遷、班固之間未爲過也。頃又嘗見大參毘陵張公言，先生嘗爲毘陵筦庫，因見鄒忠公。公與語連日，奇之，謂人曰：“程致道所謂北斗以南，一人而已者也。”忠公德名甚重，不輕許可，則其所取又有出文辭之外者矣。門人中吳鄭作肅序

黃孝廉蕘圃得宋槧本《北山小集》四十卷，皆用故紙印刷。驗其紙背，皆乾道六年官司簿帳。其印記文可辯者曰“湖州司理院新朱記”、曰“湖州户部瞻軍酒庫記”、曰“湖州監在城酒務朱記”、曰“湖州司獄朱記”、曰“烏程縣印”、曰“歸安縣印”、曰“監湖州都商稅務朱記”，意此集板刻於吳興官廨也。古人文移案牘所用紙

皆精好，事後尚可它用。蘇子美監進奏院，以鬻故紙公錢祀神宴客得罪，可見宋世故紙未嘗輕棄。今官文書紙率頓薄不耐久，數年之後黴爛蠹蝕，不復可用矣。北山詩文有風骨，在南宋可稱錚錚佼佼者。而此本紙黑古雅，的是淳熙以前物，讀之殊不忍釋手。嘉慶丁巳錢大昕題

黃氏手跋曰：《北山小集》爲宋人集中罕有之本，且其中多與吾郡典實有涉。錢潛研老人取其集中文字入《養新錄》中，謂他日修志可資考證。噫，潛研往矣，是集余不能守，歸之藝芸書舍。當日家藏時無暇傳錄副本，此余生平缺憾事也。歲辛巳，郡中有修志之舉，遂向藝芸主人借歸傳錄，而作一小跋，記其原委歸之。海虞月霄張君愛書好古，收棄祕册甚多，著有《愛日精廬藏書志》，於一書之源流，纖悉畢具。余所歸之書，亦得附名簡末，此真讀書者之藏書也。聞余有此，欲傳其副，遂復從余傳錄本仍分寫予之，并讐校之。古云書經三寫，魯魚亥豕。自謂此寫本出余士禮居，雖未經老人過眼，然兒孫輩頗習聞校書緒論，一一手校，當不致爲鈔胥所悞。同憶初得時及復寫此，已歷三朝，世有三本，可爲此書幸，即可爲余補過幸。安得世有好事者盡如月霄其人，悉舉世間未見之書傳錄其副，是真大樂事。想藝芸當亦不吝余之屢假也。書此以俟。道光三年歲在壬午秋七月蕘夫識

31·8　華陽集四十卷　舊抄本

宋張綱撰

洪邁序曰：《華陽集》四十卷，故參知政事、資政殿學士章簡張公所著也。始大觀、政和間，庠序宏盛，彙四方傑造於京師。公起朱方孤生，持經術驤奮，聲高一時。儒先仄足斂袵，比三冠倫，遂策崇政名爲第一。天子當宸挹歎，有旨隣用矣。老蔡方顓國，挽使聽

己，倡富貴有命之說連拄之，且雅憎王黼爲邪，弗忍識其面。擢纔學館郎官，坎壈過十稔，澹然無嗟悔意，獨玩心於內，不肯頃刻輟。爲文章每一落紙，都人即日傳播，至汗漫棟宇。建炎庚戌，鄉家厄敵兵，篋櫝貯藏，六丁下取略盡。煨燼所存，僅迨百一。既檜相得志，麟齪知名士，惡子組織人語言買進梯禍。公在睥睨中又爲之閣筆袖手。秦亡公亦老，故歷歲久，著錄不既多。薨之明年，嗣子戶部郎中堅銳蒐拾論次，合八百五十九篇，將刊鏤垂世，未克而没。後二十三年，慈孫池州使君釜乃出捐家資，板寘郡學。邁首得其書，伏讀之，大抵制詞嚴而縟，表疏拳拳主敬，雖莫齒退休，未嘗以一篇倩人代作。而講筵故事十九章，剴切明白。如論仁宗得君人之道，舜不窮其民，光武開心見誠，唐太宗察上封者之姦，憲宗御下有術，文宗不能正陳夷行唯阿之罪，皆反復致志，因事納忠，非若等輩區區備課呈而已。池州以書索序，顧晚出遼絶，欲謝不敢。念昔者辱與戶部游，而伯氏文惠公奉使淮東時，築亭結樓於官舍，公爲賦兩詩，"酒瀲搖江，波吞翠璧"之句至今諷味在口，輒藉以自恕然甚慙。公自稱曰華陽老人，集用是以名。紹熙二年三月十六日序①

先君性耆學，壯歲讀書，至忘寢膳。自肄業上庠，以至官中都，著述無虛日。任館職最久，與一時名公賡和尤富。建炎己酉，金師南渡犯浙東，明年三月北歸，所過焚剽無噍類。先君方待浙憲，闕居金壇，倉遑挈家奔句曲之西館戴氏。一夕兵卒至，家人僅以身免。去未一里，而烈焰屬天，由是數十年手澤悉爲煨燼無餘。逮戎馬息，驚魂猶未定，而秦丞相當國，士大夫以文墨買奇禍，斥逐流放，踵相躪於道。先君念太夫人年益高無兼侍，秦又挾微憾，疑不

---

① 《華陽集》"序"字下有"煥章閣學士宣奉大夫提舉隆興府玉隆萬壽宮魏郡公洪邁撰"二十五字。

附己，常恐一旦貽親憂，遂絕意辭翰。嘗爲大理卿譚公哀辭，有
"士應知己用人，豈法家流"之句既出，好事者口語籍籍，幾爲所醞
釀。因此愈自晦屏，去筆研二十餘年。或誘以文字之職，一切力
辭。遇勝日袖手危坐，命子孫讀古人佳製，以寄幽賞。秦相卒，
先君蒙光堯壽聖皇帝擢登政府，旋再辭禄以歸，時年已七十六。閑居
又八年，而即世。晚景多病，頗近藥石。雖時時歌詠太平，然精勤
刻苦不能如疇昔矣。堅不孝，遭大罰，號慕之餘，哀集遺文以類編
次，僅得外制二百二十二，表疏九十八，奏劄六十八，故事十九，講
義十九，啟八十四、雜文七十六，古律詩二百三十九，樂府三十四，
釐爲四十卷。以先君自號華陽老人，目之曰《華陽集》。集中有
宣、政、靖康間所作詩文數十篇，皆綴拾于殘編斷簡之末。或親舊
口所傳誦，十不存一二。唯《尚書解》三十卷，乃先君爲學官日所
作講義訓諸生者。閩士集而成書，別本刊行。嗚呼，先君力學起
家，不幸遭兵火，畏權臣，故文章之傳後世者止於如此。敢摭其實，
載集尾，以俟立言君子爲之叙。乾道三年九月朔孤子堅泣血書
　　先大父平時刻意辭章，老且不倦，不幸厄於建炎兵火。而殘編
斷簡得之煨燼之餘，又不幸沮于秦丞相以深文鉗天下舌，而片言隻
字莫敢出諸口。比及秦亡而大父已告老，然遇佳時勝賞，猶時時技
癢發於吟詠。故身後哀集之文僅如是而止。先叔寶文久欲鋟之木
而志弗遂。釜假守□浦之明年，郡事稍閒，因取所編復加訂正，以
昌先叔之志云。紹興改元冬十二月，孫朝奉大夫權知池州軍州兼
管内勸農營出事釜謹書

31·9　苕溪集五十五卷目録三卷　舊抄本

宋劉一止撰

31·10　沈忠敏公龜溪集十二卷　舊抄本

宋沈與求撰

叔椿少時聞龜溪先生以文鳴當世。及長，從搢紳賢士游，又聞以直道結主知，以盛名諸人望。由是歷霜臺，冠常伯，兼翰苑，兩總天官，進參機務，再秉事樞。崇論宏議，鴻文大册，天下傳而誦之，謂盧、楊、燕、許復出矣。叔椿每得一篇，笥而藏之，如獲至寶。每以不及全見斯文爲恨。淳熙紀號之三禩，粲政姚公以天子大臣來守泉，越數月，政清訟簡，出龜谿所爲文十二卷，命叔椿爲之讐正，玩味不能釋手，留月餘始克歸其書。又俾爲之叙，竊喜附名不朽，有榮耀焉，乃不辭而承公命。嘗觀皇朝晏元獻公被遇仁宗，而富文忠公繼登揆路，冰清玉潤，勳業宏茂，載在史册，後世歆艷。龜谿公丈人行也，其名德相望，前後輝映。又能集其文而流布之，益昭述作之懿，顧不韙歟？先生諱與求，字必先，仕至知樞密院事。紹興七年六月薨於位。若平生出處之大方，則有給事劉公一止，狀其行事爲詳，兹不復列。四年三月一日從事郎兗州學教授永嘉張叔椿序

31·11　栟櫚先生文集二十五卷　舊抄本

宋承事郎守左正言主管江州太平觀賜緋魚袋鄧肅志宏撰

胡瓊序正德己卯

林孜序同上

31·12　屏山集二十卷　明刊本

宋文靖公劉子翬著　前有墓表朱子撰、謚議張磌撰、覆議鄭起潛撰。

人之大倫五，而朋友居其一焉，可謂重矣哉。師道尊，人生有三事之如一，師之謂也。顧不列於大倫者，以朋友兼之也。是以其

服同止於總而已。朋友之道，親如兄弟，相結以誠，相責以善，相與切磋扶持，必期至於有成而後已。故古人所謂自天子至於庶人未有不須友以成者也。後世之所謂朋友者，亦苟然而已。予與彥沖居相鄰，世相好，而臭味又同。然予少出游四方，迨中年始獲見於里中。潭川之上，籍水之濱，杖屨往來，彈琴賦詩，商今略古，每見必有所益。間數日不見，則必折簡相招，襆被對床，所以啟發蒙陋者多矣。其有闕失，必宛轉諷諭，不但已也。予方以親依愜，所願爲幸，乃遽哭其喪。是年予蓋六十有一，而彥沖甫四十七，以如斯人而止於斯痛，念疇昔分好而琢磨之助遂絕望，豈不重可哀邪？越十有三年，其嗣子玶始編次其遺文，凡得古賦、古律詩、記銘、章奏、議論二十卷，目曰《屏山集》，屬予爲序。嗚呼，彥沖不可得而見矣。讀其文如見其爲人，庶可以少紓菀結之思乎。彥沖天資卓異而屬意高深，於書無所不讀，語不妄發。與人交淡而耐久，初無所假借，鄉人子弟來見，必與之欵曲，告以孝弟忠信之道，而勉其學業。由是薰而爲善士者多矣。世俗日益偷薄，面相諛說，則惟予與汝而已。轉背則相非，毀甚則相爲仇敵，朋友之道不幾於喪乎。念死者之不可作也，因感激爲之書。如彥沖之文，豈假予言而後傳哉。紹興二十年六月朔籍溪胡憲序

　屏山先生《文集》二十卷，先生嗣子玶所編次已定，可繕寫。先生啟手足時玶年甚幼，以故平生遺文多所散逸。後十餘年始復訪求以補家書之闕，則皆傳寫失真，同異參錯而不可讀矣。於是反復讐訂。又十餘年，然後此二十卷者始克成書，無大譌謬。熹以門牆灑掃之舊，幸獲與討論焉。竊以爲先生文辭之偉，固足以驚一世之耳目，然其精微之學，靜退之風，形於文墨，有足以發蒙蔽而銷鄙吝之萌者，尤覽者所宜盡心也。因書其後，以告後之君子云。乾道癸巳七月庚戌門人朱熹謹書

31·13　南蘭陵孫尚書大全文集七十卷

明初抄本　王文恪公藏書

宋孫覿撰　覿有《鴻慶居士集》四十二卷，《內簡尺牘》十卷，俱行於世。而《大全集》則未之多見。此本爲王文恪公舊藏，葉氏石君手校，中有據《鴻慶集》補入者，石君手抄附每卷末。每册首有濟之王文恪公字、葉萬印記。

大凡文人才士，少之時屈首受書，未能多閱天下之義理。壯則從事四方，志有所分。及其老也，血氣既衰，聰明隨之，雖有著述，鮮克名家，此古今之通患也。其或軼羣邁往，賦才獨異，而復天假之年，磨淬鍛鍊，重之以江山之助，名章雋語少而成，壯而盈，晚而愈精，有若户部尚書晉陵孫公，蓋千萬人中時一遇焉。公生於元豐辛酉，當大觀、政和間，士惟王氏《三經義》、《字説》是習。而公博學篤志如韓退之，謂禮①部所試可無學而能者，第進士，冠詞科，筆勢翩翩，高出流輩。將及知命，靖康俶擾，爲執法，爲詞臣，旋由瑣闥歷吏序長貳，連守大邦。其章疏制誥表奏往往如陸敬輿，明辯駿發，每一篇出，世爭傳誦。紹興而後，遭值口語，斥居象郡。久之歸隱太湖上，捨蠻蜑而狎鷗鷺，去茅葦而友松菊，所得繙北堂萬卷之鈔，袖明光起草之手，默觀物化，吟咏性情。煙波萬頃，納之胷次，風雲變態，日接於前。如是二紀，於是不可勝計，毋怪乎筆端之袞袞也。天門忽開，訴章上達；論譔次對，璽書繼下。年雖耆老，親爲謝表，至於宰執、侍從、臺諫則人致一啟，各出新意。其用事屬辭，少壯所不逮。又後十載，當孝宗朝，嘗命類編蔡京、王黼等事實上之史官。此與伏生年九十餘詔太常往受《尚書》何異。是豈可以

---

① "之"下原空一字，"謂禮"二字據《文忠集》卷五十三"孫尚書鴻慶集序"補。

他人老少常理論也哉。没既一世，其子興國太守崇以書謂必大曰：
"先君文藁中更兵燼，存者無幾。而閩、蜀所刻，復雜翟忠惠之文，
大懼不足傳信。今定爲十四卷，其未備者裒次爲集。爲我序之。"
憶乾道丁亥，遇公暘羨，公八十有七矣。論文之餘，語及前朝舊事，
健論滔滔，如洪河東注；緒言纚纚，如聚蠒繅絲。屢更僕不能休，然
後知公非文鋒不可當，而老如趙充國猶善爲兵也。茲幸挂名集端，
因具列之。近歲吏部侍郎葛公立方作《韻語陽秋》，載東坡自海南
歸，公方髫齔，坡命對"衡門稚子璠璵器"，公應聲云"翰苑傴人錦
繡腸"，坡嘆曰："真璠璵也。"以公早慧，固應有此。然坡北歸，實
靖國辛巳，公已二十一。得非元豐丁丑自便還常，公纔五歲時乎？
所記訛耳。鄉人既戶傳亦不得而略也。公諱覿字仲益，嘗以龍圖
閣學士提舉南京鴻慶宮，故自號鴻慶居士云。慶元五年十一月日
少傅觀文殿大學士致仕益國公周必大序

葉氏手跋曰：右《孫尚書大全集》七十卷，王文恪公抄藏本，中
多差謬脱落。時無善本全校，將《鴻慶居士集》參校一次，其所補
入皆其集中文也。因性拙，懶於抄謄，故所録皆草草云。順治九年
五月初六日葉石君識

又曰：此書向爲從兄林宗借去，久未得歸，幾十年矣。乙巳之
春，林宗卒爲之整理，書籍始得撿歸。從此可以相攜於老境云。康
熙四年三月廿六日南陽轂道人識

又曰：昔歐、蘇教興，文章大變。從茲而降，名人碩士之尸而祝
者，廬陵眉山，其首庸也。靖康南渡，大家有四：翟公巽、汪浮溪、先
石林公暨孫鴻慶是也。向讀《鴻慶居士集》，愛其流麗秀美，無洛
中校腐氣。後得茲集，知古人文章湮没者不可勝數。再訪翟集，藏
書家皆不見存。有云已雜入孫集中。據茲集，則此言爲未可信也。
汪止有《文粹》。先石林公集，虞山太史曾有之，已爲絳雲之劫灰，

止購得《建康集》一種，而其文方嚴簡重，與孫殊致，然皆取法于歐、蘇而不敢越其榘矱者也。余嘗論古今文章，變化因革，自有定準。漢魏尚矣，六朝以後風氣靡縟，韓昌黎變今而古之。其後佶屈聱牙，流溢甚矣，歐、蘇則變古而今之。四公之出，適值其盛。流元及明，漸以衰止。安得有挽囘氣化者，與之振起頹風邪？再四繙閱，不無三嘆，因書所懷於末。他年全具四公之集而縱觀之，則知所變矣。時康熙四年九月日記，去虞山太史之没，周有餘矣。東陽道戴

　　錢氏手跋曰：孫仲益以文章名世，而《宋史》薄其人，不爲立傳。唯《藝文志》載其所撰《鴻慶集》四十二卷。此本題云《南蘭陵孫尚書大全集》，凡七十卷。係王文恪公家藏本，後歸葉石君氏。曾以《鴻慶集》參校增補，最爲精審。今爲周漪塘明經所得。仲益專主和議，又汙張楚僞命。讀其文，於呂惠卿、莫儔、万俟卨譽之不容口，而詆陳東、李光尤力，幾于無是非之心者。然其駢偶之工，自汪彦章而外，殆罕其匹。譬之河魨江瑤柱，雖知其有毒，不能不一朶頤也。乾隆辛亥七夕竹汀居士錢大昕題

31·14　高東溪先生文集二卷附録一卷　舊抄本

宋高登撰

31·15　雪溪詩五卷　舊抄本

宋潁人王銍撰

31·16　東萊先生詩集二十卷　精抄本

宋呂本中居仁撰

陸游序慶元二年

文集莫盛於唐，亦莫盛於本朝。唐則韓退之、柳子厚，本朝則

歐陽文忠公實爲之冠。是數公固出類拔萃,巍巍乎不可尚已。編次而行於世,退之則李漢,子厚則夢得,文忠公則東坡先生。或其門人,或其故舊,又皆與數公深相知。蓋知之不深,則歲月先後,是非去取,往往顛倒錯亂不可以傳。近世張文潛、秦少游之流,其遺文例遭此患,知與不知之異也。東萊呂公居仁以詩名一世,使山谷老人在,其推稱宜不在陳無己下。然即世多歷年所,而編次者竟無人焉。墨客詞人相視太息曰:"公所謂知吾者希,則我者貴歟?"儀真沈公,宗師名卿之子,少卓犖有奇志。方黨禁未解時,不顧流俗,專與元祐故家厚,公尤知之,往來酬唱最多。沈公之子公雅,以通家子弟從公游,公稱之甚。乾道初元幾就養吳郡,時公雅自尚書郎擢守是邦,暇日裒集公詩略無遺者,次第歲月爲二十通,鋟板置之郡齋。蓋公之知沈氏父子也深,故公雅編次之也備。幾亦受知於公者也,公雅用是屬幾題其後。竊自伏念,與公皆生於元豐甲子,又相與有連雅相好也。紹興辛亥,幾避地柳州,公在桂林。是時年皆未五十,公之詩固已獨步海內,幾亦妄意學作詩。公一日寄近詩來,幾次其韻,因作書請問句律。公察我至誠,教我甚至,且曰:"和章固佳,本中猶竊以爲少新意。"又曰:"詩卷熟讀,治擇工夫已勝,而波瀾尚未闊。欲波瀾之闊,須令規模宏放,以涵養吾氣而後可。規模既大,波瀾自闊,少加治擇,功已倍於古矣。"幾受而書諸紳,今三十有六年,顧視少作,多可愧悔。既老且病,無復新功,而公之墓木拱矣。觀遺文爲之絕嘆,因記公教我之言於篇末,使後生知前輩相與情實如此,且以見幾於公之言雖老不忘也。乾道二年四月六日贛川曾幾題

31·17　胡忠簡先生文選九卷 精抄本

宋胡銓撰

　　故澹菴先生資政殿學士忠簡胡公，中興人物未能或之雙也。
紹興戊午，高宗皇帝以顯仁皇太后駕未返，不得已以大事小，屈尊
和戎。先生上書力爭，至迄斬宰相，在廷大驚。金敵聞之，募其書
千金，三日得之，君臣奪氣，知中國有人，奉皇太后以歸。自是敵騎
不南者三十年。昔魯仲連不肯帝秦，秦軍聞之却五十里，後人疑
之，以爲説士之夸辭。以今揆古，古爲夸矣；以今觀今，今亦夸乎？
信所見，疑所聞，古今一也。吾宋之安疆不以百萬之師，而以先生
之一言，後之人聞之者，焉知不若今之人聞仲連之事者乎？亦以爲
夸，未可知也。若今之人親見先生之事，則誰以爲夸者。今事之夸
與否，可信與否，不較也。使後之人無所疑於古之人者，先生於今
不信古，奚病焉後不信今，必當有時而無不信者，逢其時，思其人，
嗚呼，先生之功其遠矣乎？先生之文肖其爲人，其議論閎以挺，其
記序古以則，其代言典而實，其書事約而悉。其爲詩，蓋自抵斥時
宰，謫置嶺海，愁狄酸骨，饑烏血牙，風呻雨喟，濤譎波詭，有非人間
世之所堪耐者，宜養于心而反昌於詩，視李、杜夜郎夔子之音，益加
恢奇云。至於騷辭涵茫，嶄崒鉢劌，刻屈抉天之幽，洩神之秘，槁瘦
而不瘁，恫愀而不懟，自宋玉而下不論也，靈均以來一人而已。夫
是數者，得其一猶足以行於今而傳於後，而况萃其百者乎？何其盛
也。先生既没，後二十年其子澥與其族子渙、族孫秘裒集先生之詩
文七十卷，目曰《澹菴文集》，欲刻版以傳，貧未能也。之官中都，
舟過池陽，太守蔡侯必勝相見，因問家集，慨然請其書刻之，命郡文
學周南董振之，學録何巨源校讐之，未就而蔡侯移官。山陽雷侯孝
友、顏侯械踵成之。嗟乎，先生之功被於中國，名震於敵國，文範於
學者。學者得其片言半簡，猶寶之師之，求見其書之全，何可得也。
今三侯獨能刻而傳之以惠學者，夫先生此集爲之百年而始成，使學
者得之，今乃一日而盡見三侯之用心，可不謂之賢矣哉？而蔡侯首

發其端,可不謂尤賢矣哉?萬里嘗學於先生者,先生之言曰:"道《六經》而文未必《六經》者有之矣,道不《六經》而文必《六經》者無之。"先生之文,其所自出,蓋淵矣乎。而萬里何足以知之?先生廬陵鄉城人,諱銓字邦衡,澹菴其自號也。若其世系、歷官、行事,則丞相益國周公書之於神道碑云。慶元五年己未八月二十八日,通議大夫寶文閣待制學士致仕門人楊萬里序

31·18　鄭忠愍公北山文集三十卷 抄本

宋鄭剛中撰

《自序》曰:《北山初集》,即余所謂《笑腹編》也。余以紹興己卯至甲子歲所錄文字自號《北山中集》,《笑腹編》則宣和辛丑至乙卯歲中所錄者,因號初集。若辛丑以前見於紙筆者,皆爲盜所火,不復能記憶矣。甲子而後,時時因事有稿,老懶雜置篋中,他日有能爲余收拾者否,所未能知也。紹興甲子十月日序

《北山》初、中二集,先君所自名且手所分類也。蓋錄宣和辛丑至紹興甲子歲所作之文。良嗣因以第其卷,不敢有變易。後集則遷簀中號槀稿者,良嗣放初、中而編次之,自戊辰至甲戌歲無遺焉。總三集爲三十卷,凡一千二百一十四篇,仍以年譜冠于篇首,庶幾覽者按譜玩辭,得以見出處之大致。若乃甲子、戊辰之間數載,先君方經理西南,公餘撰述亦富,而攜稿之桂陽,以橫逆故亡失。良嗣纔能省記一二,以附於中集之後。繼此或訪尋有得,當爲別集以補其闕。先君之序初集也,其末云"甲子而後,時時因事有藁,老懶雜置篋中,他日有能爲收拾者否。"嗚呼,頃所亡失乃爾,是豈逆知其然耶?不肖孤無以塞責,徒悒悒抱恨而重。惟先君一生無他嗜好,惟簡編研墨,未始以居艱治劇而輟,蓋所樂者在是也。少之時業科舉,其所爲文學者爭誦讀之而雅不見喜,故弗見於集。

三集之外有《周易窺餘》十五卷,晚年精力殆畢於此書。又有《經史專音》、《左氏九六編》及其他雜著,皆可傳於世。今刊行自三集始。乾道癸巳夏朔旦男良嗣拜手謹識

31·19　侍郎葛公歸愚集十卷　舊抄本

宋葛立方撰

31·20　香溪先生范賢良文集二十二卷　元刊本

宋范浚撰　門人高梅編

士以志道爲先,而志道以養氣爲本。氣全則道存,氣喪則道亡。故達而在上,任天下之重,安國家,利社稷,進賢退不肖,收功於無窮者氣也;窮而在下,守聖賢之道,榷古今,明治忽,是是而非非,立言于不朽者亦氣也。苟氣之不養,則達而在上,或充詘於富貴以得失爲患,則道不行矣;窮而在下,或隕穫於貧賤,以紛華爲悦,則道不守矣。不守不行,氣喪而道亡,則烏能收功無窮,立言不朽哉。是則氣之在人,窮則獨善其身,達則兼善天下,舉不可以不養也。吾之先友香溪先生以養氣爲本而立言不朽者歟?先生居香溪之上,自少至老,篤學而贍於文,探道而不以世故嬰其慮。其家父祖爲名卿賢刺史,昆弟各登仕籍,而先生了無仕進意。今天子即位之初,詔復制舉賢良方正之士,當時公卿有以先生應詔者,先生力辭之。余嘗過香溪之上而訪先生焉,先生危坐一室,塵埃棲户牖而凝几席敗幃,故器,人所不堪①,而先生貌充體胖,神宇泰然。其言經術,如親得聖人而授其旨;其論語成敗事,如目擊而身履之。已而出示所作文,則辯博而峻整,正與向所言論者相表裏。終日與

①　“人所不堪”原作“□所不供”,據《香溪集原序》改。

之坐而無一語及世間事。此非志於道而全其氣者能若是乎？是日先生謂余曰："是間山水清遠，子能卜居以從吾游乎？"余方累於世故，從官遠方，漂流異鄉。及歸，而先生没已十年。方悼若人之不淑而吾無與居也。一日先生猶子元卿過余曰："叔父平昔爲文至多，今不欲祕於家，而出與世共之，力有未辦，則先刻其詩賦論議雜著爲二十二卷行於時。子嘗與叔父厚，願叙以冠其首。"嗟夫，昔鹿門子著書而自叙之曰："醉士隱於鹿門，不醉則游，不游則息。息於道，思其所未至；息於文，慚其所未周。古聖王旄山夫谷民之善者，意在斯乎？"今先生不醉不游，直息於道而寓之文耳。平時不以外慕累其心。若求旄於時，亦豈先生著書立言之本意哉？故述其志道養氣之實，以見素所蘊云。先生姓范氏名浚字茂明，而元卿名端臣，今亦以文知名，方有志於世者。紹興三十一年四月十三日同郡陳巖肖叙

子朱子集注《孟子》，全載范浚《心箴》，由是天下莫不聞其名，且與天壤俱敝也。浚字茂明，婺之蘭江人。因其里居，稱香溪先生，祠於學宮舊矣。師道幼即訪其文集不可得，嘗讀默成潘公與范賢良書而知其交，讀徐忠壯公徽言傳而知其所取，又得前輩誦傳《姑蘇臺賦》、《雜興》諸詩滋欲見其餘，而仁山金氏《四書考證》謂范集近亡，以金之洽聞而云然，殆無有矣。居其鄉，思其人，而不誦其詩，而讀其書不能不致，予恨焉。至順辛未，始得先生文七卷于親友應氏家，蓋其首編也。陳君巖肖序，稱從子端臣右史所纂文二十二卷，則逸者尚多。一日先生族孫俊來言，家藏缺自一至五卷，惜其無從補也，於是忻然畀之，足以成編。嗚呼，百年之閟，一朝而顯，兩家之藏不期而合，抑亦有數存其間耶。先生當紹興中舉賢良方正，以秦檜當國不起，大節偉矣。其學多本於經，貫穿精覈，諸文皆嶄絕矯健，鑿鑿明整，卓然名家。鄉先正有集，蓋自先生始也。

古之賢者，嘗患無子孫之傳，而有子孫者，每惡其不知學。近時范氏之族豈乏富貴者，恨其不能爲先生置祠奉嘗，至於斯集之傳，又不過當時一餉費耳。浮榮悖貨，倏焉澌盡，而不亡者固自若，亦足以自儆矣。今右史裔孫元璹念殘集之復完，思泯没之，荐至首刊數卷，將率其族中之力而終之，不私其美，又以右史蒙齋集未及刊，則以其與香溪唱酬諸詩先附見焉①。俾予序其事。予於是編固願有述文。嘉元璹之能光昭其先，庶幾賢子孫己。凡與於此者，豈不與有榮乎？年月日後學里生吳師道序

31·21　太倉稊米集七十卷　舊抄本

宋周紫芝撰　格闌外有"浣香居抄本"五字。

　　始余來東南，聞士夫誦宰掾周公少隱時文，每擊節嘆賞。以謂清新偉麗，自成一家，非真有悟解不能名一世，獨恨不覩其全。逮守九江之明年，歲次甲申，冬至後三日，今吏部侍郎陳君季陵經從集庾樓上，出公《太倉稊米集》七十卷，命余爲序。是時敵再犯淮，沿江郡多故，欲讀未暇。乾道改元，乙酉春，和議成，邊城徹備，民訟少，得餘力觀書。一日臥愛日堂，取公古律詩、記銘、書序、雜著數十佰篇，細讀而哦之。竊駭古人關鍵難名之妙，公盡驅入筆端，蓋前輩文采專以格致爲高，垂世不朽，端不偶然。噫，此豈可以新學小生口舌辨哉。然王震序曾南豐之文，謝克家序陳後山之詩，或謂巨題晚進不當爲。若余則於天下无所畏，讀余序廼知當爲不當爲，自有定論。而公之文，雖不待序而必傳無疑也。左朝議大夫充敷文閣待制知江州軍州提舉學事兼管内勸農營田使眉山唐文若序

---

　　①　上行"蒙"字下原缺，補"齋"字；此句"詩"字下原缺，補"先"字。均據《香溪集》。

宣人之爲詩，蓋祖梅聖俞。聖俞以詩鳴慶曆、嘉祐間。歐、范、尹、蘇諸鉅公皆推尊之。後百餘年，復得竹坡先生繼其聲。而周與梅在宣爲著姓，且親舊家也。竹坡同時，有王次卿、僧彥邦、道常三人者皆能詩。王死于兵不復傳，彥邦學爲詩而未至，道常筆力頗過彥邦，其後亦無聞。惟竹坡之詩聲，厭服江左。天麟未第時，從竹坡游。公謂余曰：“作詩先嚴格律，然後及句法。予得此語於張文潛、李端叔，故以告子。”且言郭功父徒竊虛稱，在詩家最無法度。天麟欽佩此語，退而學詩，不敢越尺寸，久而自定，然後知公之善教人。前年過九江，公在家焉，往拜遺像，哭而弔其孤，誦其遺文，以語太守唐立夫舍人。立夫急取公文集，相與閱於庚樓上，讀之聲震左右。立夫最重許可，至是擊節且爲序之。竹坡於書無所不讀，發而爲文章不讓古作者。其詩清麗典雅，雖梅聖俞當避路，在山谷後山派中亦爲小宗矣。彼郭功父輩執鞭請事可也，官晚而名不達，自興國守罷居九江，貧不能歸宣城，而江山之勝益爲晚助云。公名紫芝字少隱，乾道丁亥上元，左朝散郎充集英殿修撰、知襄陽軍府事兼管內勸農營田使、充京西南路安撫使、馬步軍都總管兼提領措置屯田陳天麟序

自序曰：昔余爲童子，未冠入鄉校，方學爲科舉文。文成，掌教者善之，於是長者稍從而稱其能焉。余曰：是足以得名，不足以名是也。乃喜誦前人之文與其詩，往往爲之廢業。而前日之稱其能者，悉唅之不齒也。一日先君戲爲客言，“是子肩有詩骨，在法當窮，而又好詩，窮固必矣”。自是好之不衰，如人嗜酒，日甚一日，然卒亦不能工也。中年取少時所作而誦之，悉皆棄去，可嘔也。老來取中年所作而誦之，則又皆棄去，可笑也。今老矣，而竟不能佳，安知它人誦之不嘔且笑耶？小兒曹未嘗學之，不識詩病，悞以爲好而掇拾其遺，得若干卷錄而藏之，問名於余。余告之曰：文章一小

技，於道未爲尊也。使有補於世教，猶殆庶幾。不然徒費紙札耳，
不足錄也。昔者山谷先生書告其甥曰“文章直是太倉一稊米耳”。
黄公之文，可與馬遷、楊雄、劉向之徒相爲表裏，若其詩則杜子美、
蘇子瞻而下不數也，而猶小之如此。況不迨其萬有一者乎？後數
年而集亡，當於東家醬瓿上求之，其必有得矣。

　　陳公紹跋曰：《稊米集》，宣城周左司少隱之詩文也。公之所
作，裒聚成集，既没而未傳。乾道丙戌，其鄉人殿撰陳公天麟帥襄
陽始鋟諸木，然校勘之不精，刻畫之舛錯，凡三百八十有五而爲字
千餘。淳熙辛丑春，公紹赴襄陽學官任，道過九江，見左司之仲子
疇，得其家藏善本。比至，重加是正，命工修整，庶幾觀者靡有疑。
時淳熙癸卯孟夏中澣謹誌

31·22　竹洲文集二十卷附録一卷　明弘治刊本　汲古閣藏書

宋吳儆撰　簿面“竹洲集”上下八字係毛氏子晉手書

　　臣資深言，臣曾祖臣儆所著文集二十卷，繕寫成帙，謹詣登聞
檢院投進者。裒輯陳編，悵祖風之悠邈；遭逢聖世，希宸渥之褒揚。
進瀆闕庭，退忘鄙野。臣實惶實懼，頓首頓首。臣竊以唐宗覩故
笏，猶思魏徵之賢；孝廟序遺文，誕錫蘇軾之謚。或睠求於數世，或
褒表於再傳。伊人之懷，惟道所在。臣伏念曾祖臣儆生而坎壈，志
則激昂。抱膝長吟，以伊吕而自許；著書垂世，非孔孟則不談。才
狹垓絃，氣吞中外。係單于之頸，視表餌之策非疏；寢淮南之謀，於
社稷之臣爲近。挺若偉節，著於當時。載觀乾淳之間，實號人物之
盛。朱熹鳴於古歙，張栻顯於長沙。浙左二吕之典刑，江西兩陸之
標致，靡不相友，咸與齊聲。故在膠庠則其行尊，歷州縣則其用顯。
府臺論薦，交章公車。旒扆嘆嘉，興思當宁。雖懷才之甚遠，竟賫
志以莫施。然禮樂彬彬，尚多河汾之弟子；而日月炳炳，猶存屈氏

之《離騷》。儻待時而獲彰，庶流芳之不泯。恭惟皇帝陛下，綱維治統，瘝瘝英賢。聞鉅鹿良將之名，思得復用；讀《上林》《子虛》之賦，恨不同時。蓋嘗振發潛光，褒錄往哲。凡曰先臣之雅舊，皆蒙諡典之徽稱。忍令太陽之華，尚遺枯骨；獨使九泉之恨，空結營魂。臣隕涕潸然，緘書惕若。敢冀燕閒之賜覽，特昭鴻需以易名。起地下之修文，死猶可作；效身後之結草，義其敢忘。臣所繕寫曾祖臣儆《文集》總爲一十冊，謹囊封隨表上進以聞。臣冒犯天威，無任激切屏營之至。臣實惶實懼，頓首頓首，謹言。嘉熙二年十一月日徽州布衣臣吳資深上表

　　雲漢昭回，日星光潔，天之華也；川嶽之融峙，草木之纖穠，地之華也；天秩天叙之彝，皇墳帝典之經，人之華也。然皆一本於自然耳。元氣霏霏而不結，明河澹澹以流光。天何意於華哉？山澤悉付於高平，萬象自爲於容色，地何意於華哉？赤圖馬負於靈河，綠字龜呈於溫洛，聖人亦何心於華哉？大抵乾坤列而道闡，聖賢出而道明。器巨者其聲宏，量淺者其詞薄。才雋而言卓，德厚而言醇；氣餒而言卑，道長而言遠。表裏符，華實貫，斷斷不誣，其可揠而長之哉？竹洲抱負不羣，志氣激烈。思欲提精兵十萬，直入穹廬，繫單于而獻闕下，蓋一飯不忘也。迨其見之詞章，則峭直而紆餘，嚴潔而平澹，質而不俚，華而非雕，穆乎郁乎，有正笏垂紳，雍容廊廟之風，半生湖海之氣，抑何不類若是邪？蓋公大學十年，交當世士，所以涉歷者爲甚深。而公與其兄受徒棣華，旁近數州之士，從之游者歲常數百，所以陶育大醇者爲尤。至晚而湘南，又親得南軒鍼砭而切磋之，至是蓋無遺憾矣。然則學者讀公之言，必當觀公之所養，則本末源流庶乎有所考也。雖然由唐而來數百年間，風人才士，大編長軸，欲以自見于斯世者，殆海藏山委，而世或厭觀之。今觀公之集，大而國家之務，細而州縣之政，又微而民生日用之則，

亹亹卷卷，不絕於口。舉而措之天下謂之事業，又豈止詞章而已。
然儲厚而施狹，曾不得盡見於世，天也。公昔上殿論事，磊落奇偉，
孝皇一見奇之，畀以海陵之符，而言者驚異，卒躓其行。嗚呼，吳江
賦鸚鵡，落筆超羣，英鷔鶚啄，孤鳳千春傷我情，自昔固然也，而又
何有伯休、元瑜輩哉。千載之下，悲公何窮，然詩卷長留天地間，釣
竿欲拂珊瑚樹而公固不窮也。泌生也晚，际公蓋前輩。而公之子
載將梓公之集，欲泌一言於篇末，蓋累年於此矣。而公之孫鉉又復
申言之，誼不得以晚學辭也。乃敬書而歸之。端平乙未閏秋之朔，
敷文閣學士、通奉大夫、提舉隆興府玉隆萬壽宮、休寧縣開國伯、食
邑九百户賜紫金魚袋程泌謹書

　　尚論人物，當自其世觀之。建、紹、乾、淳間，人才項背相望，於
斯爲盛。吾郡竹洲先生吳公，氣蓋一時，名聲大震，事業亦雋偉，大
略見於龍川陳公贈言。其文章則雄深古雅，蔚有先漢風，非若世之
務艱險以爲奇，事雕鐫以爲新也。士及門經，指授作文，皆有法度，
往往多爲聞人。端明程公亦已鋪陳而摛張之，不知此皆先生之細
耳。先生與張南軒諸儒先交，漸摩薫陶，文行兼備而尤孝於親，姑
取一事評之。方自永寧郡丞，終更陛對，孝皇奇之，即日擢守邕筦，
且促趣戍，駸駸鄉用矣。以親老迎養弗便，願尋香火之緣，爰即所
居葺園池亭館，日具壺觴，招致其親所親，相好者徜徉其中以爲親。
娛時作歌詩，父子自相屬和，將終吾身焉。夫人生莫樂於得君，今
一言寤主，立命往鎮南邦，非樂歟？人生莫樂於行志，生平忼慨有
志事功，是行也可以一展抱負，非樂歟？然先生不以結知萬乘爲
喜，而以得遂事親之情爲喜；不以可行吾志爲快，而以得盡愛親之
道爲快。其自處於寂寞之濱，未嘗有幾微見於顏面，是舉天下之樂
無以易其娛親之樂也。没五十有六年，當嘉熙三年，一夕，見夢其
曾孫資深曰：“內相程公序吾文固美，而未及吾孝行，何耶？”蓋端

明先爲內相云爾。此其一念在孝，死猶不忘，豈徒樂以言語文字聞於世而已。昔杜工部以世人誤讀其《八陣圖》詩，亦見夢坡翁，亟自解說。今先生之見夢，不在文詞而在孝行，不以語他人而惟以詔其雲，仍賢於工部遠矣。是可不書爲文人才士者告哉？聖天子方以文孝移風俗，資深既哀輯遺文，囊封上進，以備乙覽。而與其父鉉每見必惓惓屬爲書此夢焉，是真能世其家者，宜牽聯得書云。淳祐七年十月二十七日，朝議大夫、行監察御史兼起居郎、歙縣開國男、食邑三百戶後學呂午謹書

歙、睦桑蔭相屬，錦溪迫境上。竹洲先生往來膠庠必寄徑。一日，歸屬遽甚，先叔祖追餽魚酒。竹洲公緣道採野菜，開尊逆旅，苦魚以薦曰“奇味也”。苦益菜苦魚，自吳益恭始。楊祖諸父猶獲接音吐，家庭之詔偶及是曰：前輩勁氣不忘七筯間如此。歲辛卯，楊祖過歙，得文集於其孫元鼎。奏篇切切多苦語。其論恢復大計，謂進太銳，退太速，屢失事機，寖至自沮。嘆曰“至論也”。後八年元鼎，又携來京，再讀之，掩卷重嘆。因思南軒書剛强勇三說爲贈言，誠得切磋義。楊祖謂恢復至論，惟剛强勇者，能發之使出，熟軟媚耳目者口必將隨時論進退，以陷於沮無疑也。九京可作，願畢斯言，使後生晚輩，猶略識苦菜苦魚風味。元鼎蒐討其先世逸語方切，聞之喜，固要楊祖書，辭弗獲。如坐以偫，將奚辭？嘉熙戊戌三月既望錦溪洪楊祖敬書

塡生晚，想慕乾淳人物，每形之夢寐。蓋于時東南偉彥參錯相望，若雲之蒸，新安二吳公名亦堂播海寓。乃今取竹洲翁文觀之，崖峭軒特，如怒蛟出水，濤勢震湃。數十年後，不及即其聲容，猶能駭聳人毛骨。則南軒贈言，龍川序引，印乎其不誣矣。塡學未知方，生平頗亦好奇，見闤闠餘子輒悶欲睡去，思得如翁者親炙焉，恨世且不能有。琅誦遺集，爲之起色三嘆。嘉熙改元冬十月辛巳外

曾孫壻古鄭陳塤敬書

　程敏政重刊序_{弘治癸丑}

31・23　方舟集二十四卷　文瀾閣傳抄本

宋李石撰

31・24　網山集十卷　抄本

宋福清林亦之學可撰

　學必有師,師必有傳人。揚雄之徒以侯芭爲傳人,授業河汾之門者衆矣。以董常爲傳人,侯董皆窮鄉匹士,功業不著於世,而師道之傳在焉。隆乾間,南方學者皆師艾軒先生,席下生常數百人,而貴顯者相望。然自先生在時,言高第必曰網山。後先生卒六十載,學者論次先生嫡傳亦必曰網山。夫未遇一布衣,死則死矣,而能亢其名與當世大儒並行,非孟氏所謂豪傑之士乎?余嘗評艾軒先生,文高處逼《檀弓》《穀梁》,平處猶與韓並驅。他人極力摹擬,不見其峻潔而古奧者,惟見其寂寥而稀短者。縱使逼真或可亂真,猶虎賁之似蔡邕也,優孟之似孫叔也,有若之似夫子也。形也至於網山,論著句句字字,足以明周公之意,得少林之髓矣。其律詩高妙者,絕類唐人,疑老師當避其鋒,他文稱是。然甫五十而死,子名簡子字綺伯客死,其後遂絕。余童子時師事綺伯,又與網山之嫡孫行林侯蕭翁交友。蕭翁既序其遺文矣,克莊復識其後。網山林氏名亦之字學可,福清人,一號月魚先生。前史官劉克莊序

　　儒者之學難成矣。學成而窮不售,則以空言傳。此不能於人、能於天者也。然巖谷之藏,草木俱化,非附青雲之士,則姓氏且就湮滅。其言豈盡傳哉?是區區者可必乎?或曰芒芒之生,宇宙一律,其間傑然以人物名者,千百年幾見哉?於人物之中卓然有見於

斯道者，又幾見哉？雖不幸擯棄於人以死，意其言語文字之遺，鬼神必且珍惜之，決不至委擲於他日。今夫泮洹禪仍，衰榮倏忽，其摧敗朽落、鼓萬物者，何嘗少靳之。至若劍埋鼎沉，一混泥滓，則精芒夜出，妖怪見焉，必使華赫震耀而後已。豈非以其不輕得，故亦不輕委歟？見伏遲速，特以時爾。然以余觀之，月魚氏竊惑焉。據槁梧，吟空山，生無一事如其意，年纔五十死，死未五十年而子孫瓶盎不守，松楸且幾禿身，前後之窮有不可道説者。遺文僅數卷，獨吾徒猶有知之，至示之他人，莫不掩鼻嚇去。是豈能必傳者哉？果傳也，不應擲棄如是。倘所謂鬼神是耶非耶，雖然未可以耳目懸斷也。千載而下，烏知不有月魚者乎？人心具存，太虛無恙。然而無有乎爾，孰曰無有乎爾，或者之説尚庶幾焉。吾黨寶而竢之可也。先生諱亦之字學可，姓林氏，吾邑龍江人。受道於艾軒，自號網山山人、月魚氏。生高宗丙辰，終孝宗乙巳。請而祠於縣庠也。今上辛卯，後先生之生百有三年，承學從事郎新平海軍節度推官林希逸謹序

　　希逸甲申客壽陽，嘗集艾軒、月魚二先生之詩，序而名之曰吾宗詩法，今有十五年。躔甫以是集來求余文，俾書其首。故帙偶遺，進憶不復得乎先生之文，重有所感，因更叙數語云爾。若其格制精嚴，趣味幽遠，具吾宗正法眼者當自知之，不待余言也。既書，遂以歸之。橫塘劉氏

31·25　止齋先生文集五十二卷附録一卷　明正德刊本

宋陳傅良撰

　　先生稟抱天穎，研盡學力，據《六經》奧會，執《九經》百家之蠻，俾環嚮以趨於一，披剔文義，躪藉衆糾，究明帝王經世宏模，而放於秦、漢以下，治亂興衰之故，獨揭源要，不牽多歧。由是彰往考來，默察當世否平之機，深抱大業，至於化裁推行，不動聲色，使人

冏心而嚮道者。其綱領條目，靡不該具，蓋嘗忘寢廢食，審玩執復，庶幾對越天地百世，以俟後聖而不惑也。雖言論未孚，幾進輒沮，而志念冏皇，與物委蛇，左推右挽，旁接廣誘，其任重道遠，終老未嘗一日敢忘於斯焉。嗚呼盛矣。鄒魯之統緒，河洛之承續，千載以來不知其能幾見也。執經戶外，方屨闐集，片言落筆，傳誦震響。塲屋相師，而紹興之文丕變，則肇於隆興之癸未；屏居梅潭，危坐覃思，超詣絕軼，學成道尊，則邃於乾道之丁亥；博交遍驗，洞礙融窒，對策初第，懇盡獨到，則盛於乾道之壬辰；官太學，倅閩府，祇劬却掃，勤十寒暑，細繹文獻，宏綱具舉，則備於淳熙之丁未；起守桂監，持節湖南，疏瀹拊摩，民信有古，百年之思，鬱乎湘山，則驗於紹興之庚戌；召對光宗，驟遇獎用，侍立代言，贊翌儲邸，次第蘊畫，庶將發揮，則著於紹熙之癸丑；宛轉極諫，徬徨乞身，龍飛急召，十旬乃罷，爰抒舊志，著于訓傳，疾疢漸臻，梁木竟殞，則終於嘉泰之癸亥；叔遠夙蒙，挈策俾窺，津涯薈幹，鶂羽惕負，大賜適當，新義川漲，羣文蝟興，疇昔愬析，而致孤條之靡鬱，砥途之失榛乎。是用敬輯遺藁，寄諸琬炎，儻開後哲，庶弗淪墜。矧韋布眩慕，影響編傳，或混幻作，或雜真贋。詭題叢帙，誕彌遐陬，輪耀掩污，理合釐別。故今裒次，斷自梅潭丁亥之後，凡爲歌辭、古律詩、内外制、奏狀、劄子、表啟、書簡、序記、雜著、祭文、墓志、行狀總五十一卷，即先生燕坐之齋以爲集名。若成書則有《讀書譜》二卷，《春秋後傳》十二卷，《左氏章指》三十卷，《周禮進說》三卷，《進讀藝祖皇帝實錄》一卷。未脫稿則有《詩訓義》、《周漢以來兵制》、《皇朝大事記》、《皇朝百官公卿拜罷譜》、《皇朝財賦兵防秩官志藁》別自爲編，附識其自，庸熄淆亂。先生名傅良字君舉，世系歷官具見於神道碑、墓志銘、行狀云。嘉定戊辰門人承直郎太學博士曹叔遠謹序

　　先生《春秋後傳》諸書，今參知政事樓公既屬永嘉守施公梖刊

眞郡齋矣,惟文集舊未成編,蓋俗所傳如《城南集》之類皆幼作,先生每悔焉。故叔遠所詮次,斷自梅潭丁亥以後,抑先生意云爾。而裒搜衆録,參別唯久,至嘉定戊辰始就緒。又不揆輒陳述先生問學獨出之旨,人所未及知者,僭爲序文,冠諸篇端。樓公復以屬郡守楊公簡續刊之,楊謝不能。郡博士徐公鳳慨然曰:"是吾志也。吾起慕敬於兹久。"乃與前吏部侍郎蔡公幼學更加訂定,即廩士羨緒萬亟成之。於是後學咸得觀先生全文,而樓公美意始無憾焉,徐公之賜厚矣。徐公建安人,弱冠登進士第,以親老不調者十餘年。初官永嘉,搢紳逢掖稱賢無異詞,而又汲汲然懼儒先遺文之泊其傳,而無以私淑諸人也,是真可爲人師矣。嘉定癸酉三月門人承直郎新荆湖北路轉運司幹辦公事曹叔遠,謹再識於集左。

林長繁刊板序正德改元

31·26　梅溪先生文集五十四卷　明正統抄本

宋王十朋撰　凡廷試策并奏議五卷,詩文前集二十卷,後集二十九卷,合五十四卷。

朱子序

十朋子聞禮奏議跋

周炎跋天順六年

黃淮序正統五年

何文淵後序正統庚申

31·27　攻媿先生文集一百二十卷　舊抄本

宋四明樓鑰大防撰

31·28　東塘集二十卷　文瀾閣傳抄本

宋袁說友撰

31·29　野處類藁二卷　舊抄本

宋鄱陽洪邁景盧撰

余自束髮即喜學詩，然隨作隨棄，初不留意也。甲戌之春，家居臥病，因復作詩若干首，以自當去聲緩憂之一物。昔人所謂"內壹鬱外揚爲聲音"者是也。遂取曩時所存而未棄者，録爲《野處類稿》二卷。鄱陽容齋洪邁自序

31·30　盤洲集八十卷　影宋抄本　惠紅豆藏書

宋洪适撰　後附行狀及拾遺。

31·31　應齋雜著六卷　文瀾閣傳抄本

宋趙善括撰

楊萬里序曰：淳熙季年，海内英傑，森布表著，文儒玉映，武衛電耀，廷集孔鸞，陸列牙爪。雖師師瑞虞，濟濟華周，無所與遜。孝宗皇帝一日御正拱殿，顧見廷臣，天顔怡愉，因問左右宗子在廷者爲誰，凡若干人，皆謹對曰"無之"。帝蹇然喟曰："堯明俊德，首乎九族。周封八百，同姓孔庶。今吾聖神子孫枝葉疎，俊乂無寡獨，無一武誕冥文右，是謂靈囿無麟、太液無鵠也。可乎？"即詔近臣各舉屬籍之良者二人。居亡幾何，舒戟奮挋，間乎政駿，茹枝振鷺，大者台斗，小猶郎吏。而應齋居士趙無咎，是時方高臥南州，狎東湖之鷗，弄西山之雲。遠追徐孺，進訪山谷，賦詩把酒，於一世相

忘，訖不求諸公之舉，而諸公亦無求無咎者。君子至今恨之。[①] 或曰：“其亦無咎之才之未卓歟？”曰：“无咎才固先人，文亦不後人也。然則諸公不求而荐之，何也？”曰：“才者，憎之媒也；文者，忌之胎也。漢之董、賈，唐之李、杜，非不才无文之坐也，才與文之坐也。四子且然，无咎可以無憾矣。”予自乾道辛卯在朝列，時无咎爲蘇州別駕，已聞其名。後十八年予再補外，過豫章始識之。至其家，見門巷蕭然，槐柳蔚然，知爲幽人高士之廬也，而其人老矣。无咎既没，其子汝薺來爲太和宰，訪予于南溪之上，出无咎詩文一篇，目曰《應齋雜著》，求予序之。其文大抵平淡夷易，不爲追琢，不立崖險，要歸於適用而非窾非浮也。至其詩，皆感物而發，觸興而作，使古今百家萬象景物皆不能役於我。嗚呼，无咎生无遇也，没而詩文可傳，未爲無遇也，无咎可以無憾矣。[②]

31·32　艮齋先生薛常州浪語集三十五卷　抄本

宋薛季宣撰

乾、道以來六十年間，學士大夫皆知宗薛常州經制之學，而其遺文世獨以未見爲恨。蓋伯祖常州得歲四十[③]，所爲文雖富而猶有未脱稿者。先伯建安簿澋早世，其孤又幼，篋中書因秘不復啟。頃華文曹太博持節東川，嘗取奏劄及簡牘等刊於蜀矣，而亦憾不得其全書，且在外府丞出守臨汝[④]，至既數月，事稍閒，因令師石弟從

---

① “或”字上“者，君子至今恨之”七字，據《誠齋集》卷八十四補。

② 《誠齋集》卷八十四此下有“諱善括嘗知鄂州，終官朝請大夫，撥煩決疑，所至名跡焯焯云。嘉泰壬戌仲夏既望，誠齋野客廬陵楊萬里序”四十二字。

③ “伯”原作“程”，據《浪語集》改。下文“伯”同。

④ “且”原作“且”，本文結尾“田事”下原缺，今補“且”字。均據《浪語集》改。旦爲薛氏姪孫。

其家發篋中書,詮次得三十有五卷而鋟諸梓,此獨篋中所存者耳,
遺軼尚多焉。夫學之爲道,循本至末,由粗入精,必正心誠意而後
可以治國平天下。雖灑掃應對而道存焉,未嘗可離爲二也。儒者
不作,眩高者騖於空无,故言道而不及物;循實者囿於名數,故言物
而不及道。二者岐分,則學不足以應世用,而反爲儒者累。嗟夫,
古今常有之理,孔、孟非有二説,顧在人宏而用之何如耳。伯祖常
州好學,夙成高明縝密,於書無不讀,必略短而取長;於事無不明,
必通今而據古。每以口耳之習爲學者之戒。凡有得於殘篇斷簡,
必參驗訂審,不至於理融不已也。其立朝大節,難進易退,孜孜然
惟以進賢去不肖爲務。奉使淮壖,首正姦欺亡罪,而以忠實報上。
出守苕霅,抗論經總制錢非法,不忍重爲民困,卒以不合而歸,則死
矣。蓋伯祖之學有根有葉,有源有流,本末精粗,内外如一。不變
今,不泥古。措之事業,無非實學實理也。其古所謂儒者歟? 觀先
生之文可以槩見矣。寶慶二年八月日姪孫朝請大夫、知撫州軍州
兼管内勸農營田事旦書於仁壽堂

31·33　誠齋集一百二十二卷 舊抄本　朱竹垞藏書

宋廬陵楊萬里廷秀撰

天以誠而覆地,以誠而載日月,以誠而久照江河,以誠而晝夜
混混不息。誠之一字,非聖人疇克盡此。文節楊公以誠名齋,要亦
自明而誠,苟有爲皆若是也。人皆知先生之孤標勁節,可以薄秋
霜,可以沮金石,而始終不撓,不知始終之所以不撓,先生之誠也。
人皆知先生之文如甕繭綜絲,璀燦奪目,取而不竭,不知文以氣爲
主,充浩然之氣,見諸文而老益壯者,先生之誠也。負天下之望如
誠齋,真所謂一代不數人,而復有東山爲之子。是父是子,前後一
轍,非家學以誠能如是乎? 東山先生曩帥廣東,煒叔貳令南海,辱

置門牆,益深敬慕。乃今假手道德之鄉,誠齋文集獨缺未傳。尊先生之道義,以倡儒學;表先生之志節,以激士習;發先生之詞藻,以振文氣。冒茲承乏,政執先此。東山首從所請,且獲手爲定正,以卷計一百二十有二,以字計八十萬七千一百有八,鋟木於端平初元六月一日,畢工於次年乙未六月之既望。煒叔屢被朝旨,搜討遺書,遂獲羣書之未備者悉上送官,藏之書府云。端平二年□月日劉煒叔序

31·34　頤菴居士集二卷　舊抄本

宋四明劉應時良佐撰　卷下《西郊》三首知不足齋叢書刊本缺一首。

陸游序慶元六年

楊萬里序嘉泰元祀

31·35　水心先生別集十六卷　抄本　從子謙姪藏舊抄本影寫

宋葉適撰　適有《水心文集》二十八卷、《拾遺》一卷、《別集》十六卷,俱著録《直齋書録解題》。此即《別集》十六卷也。陳振孫曰"《別集》前九卷爲制科進卷。後六卷號外稿,皆論時事。末卷號後,總專論買田贍兵",均與此合,其爲原本無疑。明正統中,處州推官黎諒重編適集二十九卷,今世行本是也。其自識曰"嘗求全書,竟不可得",又曰"訪求遺本,無有存者",則原集之佚久矣。更四百年,原本復出,豈書之顯晦有時耶,抑適之精靈,實有以呵護之也?

31·36　後樂集二十卷　文瀾閣傳抄本

宋衛涇撰

先公參政文字七十卷,皆樵執簡膝下,隨日録稿襲藏者也。先

公平昔著述尚多,而樵自人仕居侍旁之日少,於是稿録之備,諸弟
之留侍者有焉。孤苦餘生,悉未編集。樵兹來守永,偶公暇,因以
所藏者纂録校讐,又命舘賓嘉興貢士常南仲相與覆校,敬鋟諸木,
而以櫟齊叔父湜所編年譜冠諸帙首。伊欲罄先公之遺文具載備
録,以至行述、謚議、史傳、隧碑并俟他日續鋟木云。紹興壬辰冬旦
嗣子樵謹書

31·37　梅山續稿十七卷　抄本

宋括蒼姜特立撰

31·38　龍洲道人詩集十四卷附録一卷　舊抄本

宋西昌劉過改之撰

古人以詩名家者衆矣。予兄改之晚出,每有作輒伸大紙以爲
槀,筆法遒縱,隨爲好事者所拾,故無鈔集,詩章散漫,人間無從會
粹。瀰嘗游江浙,涉淮甸,得詩詞表啟序於所交游中。纔成帙,多
爲同儕取去。歲月久,無應酬,幾不能給。或以是而獲謗。吁,上
而李、杜、韓、柳,近而歐、蘇、陳、黃,大篇巨帙,爛如星日,絢如綺
組,膏澤流於無窮。於此何足秘哉?用是鋟木以廣其傳。每得名
賢序跋,詩文亦多,嘗陸續以刻,少有舛闕,不敢輕易竄易。或收善
本,能一賜參對,至願。時端平紀元六月望日劉瀰謹題

31·39　西山先生真文忠公文集五十一卷
八世祖明建寧守端巖公刊本

宋真德秀撰

自孟子没,聖人之學不傳。更千四百餘年以至於宋,得濂溪周
子、河南二程子出,然後不傳之緒始續。程子没,又更百餘年而考

亭朱子出,然後聖人之學益以大明。當其時,傳其學者多矣,至於聞而知之者,則西山先生真文忠公是己。先生爲朱子同郡而生差晚,弗獲及門受業,獨嘗私淑而有得焉。自先爲受朱子罔極之恩,蓋先生之學朱子之學也。先是,權相立僞學之名以錮善類,先生獨慨然以斯文爲己任,講習服行。上以告其君,下與學者語,未嘗不誦言朱氏。其言曰:"學者讀文公之書,未能究竟底蘊已先疑其說之未盡,故常勸朋友間,且將文公四書涵泳,既深達其旨矣,然後以次及於《太極》《西銘解》《近思錄》諸書。如此數年,則於義理之精微不患其無所見矣。又必合知行爲一,致講貫乎此,則必踐履乎此,而不墮於空談無實之病,庶乎其可耳。"於乎先生之言如此,故曰"先生之學朱子之學也"。先生探道專一,資深守固。其平生所著,若《讀書記》《心政經》之類皆行於時。獨其他彙次文集分爲五十一卷者世罕得見。予同年建寧太守常熟張君公瑞近訪得之,地官郎楊君乾叔所因作而欵曰:"書坊羣籍遍天下,有如西山,又郡人使我爲郡而是集忽諸,豈非缺典。"遂圖梓行,且思所以校而叙之者。適鞏被放南歸,過焉則亟以見委,曰"子不得辭也"。明年公瑞考績北上,而予友太倉姜君夢賓謫貳是郡,其僚節推季君明德間以爲言,夢賓則又以書來督。鞏念前哲漸遠,緒言日微,世之學者方疑朱子之說爲未盡,顧如先生之言足以左右考亭發明正學者,又不盡傳於世,私切嘅焉。今幸斯集一出,庶或有因先生之言以求朱子之學而得數百載寥寥之遺緒者,則諸君是舉爲有功矣。遂爲序正而歸之。正德庚辰冬十二月望日後學莆陽後峰黃鞏謹序

　　文麟幼讀西山真文忠公《大學衍義》,私竊議公爲何如人,乃所著述盡皆經綸參贊之術,心實偉之。正德丁丑獲守公鄉郡,意公平生精神、心術之所運用見諸篇章者宜不出此,因求公遺集。至正德乙卯始獲於地官郎楊君乾叔所托同年黃君伯固校正,將欲梓行。

未幾入覲,淹旅邸者及載,抱病南歸,遂有乞休之志。上疏終養,卒不得命,復來視郡,則伯固所校公集至矣,遂登梓。於乎,文麟守公鄉郡,求之三載而得公集,去公郡,復守公郡,又三載而公集始行,公之制作乃與區區爲始終耶? 公仕於寧,理宗時抱經綸參贊之術,爲時所忌,至目公爲真小人,擯斥於外者。久之獲召歸,乃舉平日所述《大學》之義可以經綸天下、叅贊化育者,以告其君。端平乙未三月始獲叅知政事,時公已衰,遂上表乞祠,不得已授提舉萬壽宮,逾旬而卒。稽公在朝之日少而淹留外郡之日多,使公經綸叅贊之術,終無以盡於用。是固氣運之使然歟? 故識者謂,觀公之用舍,知宋室之興亡;而宋之君相有公而不能知,知公而不能用,用公而不及早,固不可全委之運數也。方今聖明御極,切於更化善治。公集出,將有聞公之風而興起講明《大學》之義理,恢宏《大學》之事業,以善吾君之政治而化經綸叅贊之功者乎? 使有如公者出而復如用公之不盡,則非區區之所敢望也。刻成書附末簡。嘉靖元年六月望日從學常熟張文麟謹書

31・40　宋杜清獻公集十九卷別錄一卷　抄本

宋中書右丞相兼樞密院使贈少傅謚清獻黃巖杜範著　黃綰重刊序嘉靖二十六年

　　符驗跋嘉靖丁未

31・41　鶴林集四十卷　文瀾閣傳抄本

宋吳泳撰

31・42　方是閒居士小稿一卷　舊抄本

宋劉學箕撰

有隱君子劉習之，屏山先生的孫七者，翁之暮子也。飲酒賦詩，自其家風。年未五十，忽移家築室於南山之下，疏林剔藪，引泉植竹，蒔魚種秫，造亭立館。其最宏敞者，乃方是閒堂也。堂據池上，芙蕖碧水，桃霞梅雪，具勝四時，誠壺天然。日與佳客飲，飲醉吟詩。詩成更酌，或至達旦，明日復然，若竹林避世者。今十年矣，游季仙近得其新舊藁一編，歸以相示。予嘆其筆力豪放，詩摩香山之壘，詞拍稼軒之肩。至若松江唅遍，直欲與蘇仙爭衡，真奇作也。使屏山先生七者翁二君子不没，見其若子若孫如此，豈不欣愜？不惟季仙溟涬弟之，雖老漢亦須放之出一頭地。但近世詩人零落殆盡，無可考訂。前輩唯一章泉老人近在玉山，予欲爲之拈出以求印證。季仙學詩於習之者，當毋吝一往。嘉定十年立冬日溪翁劉淮序

自溪翁還閩，游季仙足跡不復到吾廬，今日忽犯寒來，問其來之故，則袖有所銜出之，乃吾契家劉習之詩與書也[1]，發緘觀之，令人應接不暇。自卯至申，大略已盡，大抵古今詩文一事耳。若次而言之，則所取或多；極而言，則然者蓋寡。習之詩佳處固多矣，如《與二猶子送生荔枝》詩“驪山往事不古鑒，艮嶽馴到胡雛狂”，如《夏雨嘆》“舊會既收新會降”至“遂令百姓愈惶惑”之類，殊有風人之體。如追和林子仁絕句不類和者。如《武夷山》長句欲删“十年不到武夷山，幾與神仙絕往還”，“我見溪山渾似舊，溪山見我鬢毛斑。”自是一好絕句。《昌蒲記》不惟贊詩俱佳，而記三十四盆斛亦有筆力。所寄兩集既經平子矣，而習之因溪翁之言，必欲使季仙問我。我見如此，季仙口雖諾矣，未知其心以爲如何，又未知習之以爲如何，又未知溪翁以爲如何。溪翁劉氏字叔通。習之名學箕。

---

① “也”原作“邊”，據《方是閑居士小藁序》改。

季仙名梆。嘉定丁丑十月二十九日東里趙蕃昌父書

喬木故家，何地不有聲名，解愈久彌著，以文獻未墜也。維忠顯劉公節義凜然，少傅甬山先生，大勳粹學，前後照映。我外祖忠肅公又爲近世名樞輔，諸舅角立，頡頏縉紳之林，可謂盛矣。方是間居士乃獨隱約，遊戲翰墨間，所以振起芳烈者，蓋在此而不在彼。必愿試邑道德之鄉，負念一掃居士之門。忽不鄙賜書，且教以小藥二集，風啟屏玩，洞心駭目，左酬右接，竟日不暇。讀《卒生荔枝》詩云"書生不負蓋國手，賦成何日奏明光"，《和辛稼軒金縷詞》云"國耻家讐何年報，中夜聞鷄狂起舞"，固知居士之立志，即忠顯少傅忠肅之志。而《養浩堂分題》則深悟乎持養志氣之不畜，又知居士之講學即屏山先生之學也。劉氏文獻，其真不墜矣。居士負挾所長，施用未究，是豈終隱約者耶？必愿欺嘉不足，期望實勤。若夫律語之工，詞藻之富，見於林止之勝賞，寓於湖海之高興，則有東里、溪翁二雋老品題，可以證信，非必愿晚陋所敢贅贊也。嘉定戊寅上元日甥開封趙必愿再拜敬書

游季仙來山中相訪，索余詩文不真口，辭拒不能，爲撿尋舊昌和揭出一百首，新作七十一首，雜著二十七首，詞四十一首，集成兩編以酬其雅志。余語塵俗不足道，季仙先世文學彰彰在人口，而季仙伯仲詞翰又皆稱於朋儕。今棄彼取此，豈厭膏粱而思藜糗，忘黃鐘而取瓦缶者乎？自書其後而歸之。嘉定丁丑重陽後十日種春子劉學箕習之父書於方是間堂

右《方是間居士小藥》二集，乃從高祖種春公之所述也。舊已鏤板，因燬於兵，遂失其本。近偶得於邑士家，捧誦欣喜，如獲重寶。蓋居士厭珪組之榮，樂林壑之勝，得以從容於文墨間，信能振家學而衍遺芳者也。今幸其詩文猶存，其可泯而無傳乎。遂復授諸梓。非敢必其行世，庶幾族之子弟得以諷詠想像，有所感發而興

起,則世業不墜,書脉復續,是所望也。幸相與勉之。時至正二十二年歲在辛丑暮春初吉從元孫張百拜敬書

31·43　翠微先生南征錄十一卷　舊抄本　汲古閣藏書

宋華岳撰　板心有"汲古閣"三字。

31·44　翠微先生北征錄十二卷　舊抄本

宋華岳撰　皆兵家言

顧氏手跋曰:翠微先生華岳字子西,在宋史忠義士。其《南征錄》、《北征錄》皆不著於《藝文志》。《南征錄》詩居十九,即其別集。此《北征錄》皆兵家言,近盧氏召弓《志補》亦著於別集,從類列也。唯云十一卷者,依此是十二卷,蓋俗本誤併其一卷耳。世鮮傳者,得觀於讀未見書齋。楮墨間古香噴溢,三數百年物也,令人於肅然起敬中,仍愛玩不忍釋手云。嘉慶庚申顧廣圻記

31·45　泠然齋集八卷附補遺附錄　文瀾閣傳抄本

宋蘇洞撰

31·46　友林乙藁一卷　舊抄本

宋四明史彌寧撰　前有序,自稱其名曰域。厲氏樊榭云,集有鄭中卿《惠蛌蜂詩》,《文獻通考》鄭域字中卿,當即其人也。

歲在乾道之癸巳,太師文惠魏王先生帥閩,以庠序諸生蒙眄睞寵甚,侍立函丈,飽聆博約,詩埒黃、陳,詞轢晁、晏。片文單字,膾炙士林。域時年二十有二,於甲午僭賡燈夕,所和寶鼎、現詞以獻,最沐稱賞。先生今在天為修文郎久矣,沄沄然人間無復聲容,不自意後四十年墮影湘南,乃得親炙春坊,領閣公之幕下,摛文琢句,追

古作者,惟其有之,是以似之,郁然伯父風烈,典刑固存,凡兩霜侍席,掇拾友林詩稿得百七十首,明作莫傳,士爭借錄,腕爲之脫稿,竊命工鋟之。

31·47　鐵菴方公文集三十六卷　舊抄本

宋方大琮撰

31·48　後村先生大全集一百九十六卷　抄本
從天一閣舊抄本影寫

宋劉克莊撰　克莊有前後續新四集二百卷,見墓誌銘此蓋其合編之本也。案《隱居通議》曰"後村卒,其家盡薈萃其平生所著別刊少本爲大全集",則是書即出後村之家。宋時曾有刊版,天一閣本蓋從之傳錄者。凡詩文、詩話、内外制、長短句合一百九十三卷。其一百九十四至一百九十六則行狀、洪天錫撰墓誌銘、林希逸撰謚議、同上各一卷也。諸家書目止有林秀發編五十卷本,此本則絶無著錄者。惟《文淵閣書目》有劉後村詩二部,俱五十册,殘闕,卷帙繁重,或即是書。盧氏抱經文弨林本《後村集》跋云"《後村集》有百九十六卷,求之數年卒不見",又云"石門吴氏《後村詩鈔》亦無出此集外者",豈其全者,非獨予不及見,即前輩亦未之見耶? 則是書之罕覯久矣。非書城之鉅觀,藝林之鴻寶哉。

《續稿》五十卷,起淳祐己酉至寶祐戊午十月間之所作也。余少喜章句,既仕此事都廢。數佐人幕府,歷守宰庾漕,亦兩陳臬事,每念歐公彝陵閱舊牘之言,於聽訟折獄之際,必字字對越乃敢下筆,未嘗以私喜怒參其間,所決滯訟疑獄多矣,性懶收拾。存者惟建溪十餘册,江東三大册。然縣案不過民間雞蟲得失,今摘取臬司書判稍緊切者爲二卷,附於續稿之後。昔曾南豐《元豐類稿》五十卷,《續稿》四十卷,末後數卷如越州開湖頃畝,丁夫齊州糴米斗斛、户口、福建調兵尺籍員數,條分件列如甲乙帳,微而使院行遣、呈覆之類皆著於編。豈非儒學吏事,廳言細語,同一機棣有不可得而廢歟? 姑存之,以示子孫。開慶改元上巳日克莊題

31·49　彝齋文編四卷　抄本

宋趙孟堅撰

31·50　玉楮詩稿八卷　舊抄本

宋相臺岳珂蕭之著

自序曰:予自戊戌西遊沔鄂,庚子東遊當塗,歲凡三周,裒彙詩稿得三百五十有八,名以《玉楮》,因爲之序。昔宋人有刻玉爲楮,三年而成一葉,雜於楮葉中而莫之辨,工蓋如是其巧也。或從而笑之曰:天地之生物,自質自形,日月之照臨,風雨之滋澤,寒暑之代謝,亦惟因其固有而遂其本然。使必三年而成一葉,則物之有葉者寡矣。以人之僞象天之真,蓋又如是其拙也。今夫發於性情,著於詠歌,雕鏤腎腸,摹寫月露,句鍛月鍊以求其大巧,夫誰不然。至於風行水上,渙而成文;雲出岫間,了非有意。澄江淨練,風雨滿城,尚絅去華,貴乎直遂。兹巧也,蓋寓乎至拙之中,匪徒工之所能爲。夫以它山之攻,昆吾之切,追琢毫芒以取其象似,故必待積月以致其力,則其成也難。遇物感形,因時言志,不責以浮靡,惟取其自然,故不待引日以全其天,則其成也易。彼三年而僅成一葉,此三年而爲篇者幾四百,其巧與拙將誰實辨之。木以不材壽,鴈以不鳴棄,犧尊以青黃喪,大瓠以浮游取。覽吾卷者,其實我於巧拙之間乎? 嘉熙庚子閏月己丑晦序

此集既成,遣人謄録,寫法甚惡,俗不可觀。欲發興自爲手書,

但不能暇。二月十日偶然無事，遂以日書數紙。至望日訪友過海寧，攜於舟中，日亦書數紙，逮歸而畢。通計一百零七版，蕭之記。

31·51　疊山集十六卷　明景泰刊本

宋謝枋得撰

劉儁序景泰甲戌

黃溥後序景泰癸酉

31·52　碧梧玩芳集二十四卷　文瀾閣傳抄本

宋馬廷鸞撰

31·53　蛟峯集八卷外集四卷　明天順刊本

宋方逢辰撰　第八卷逢辰弟逢振撰　後附誥敕及酬贈詩文爲外集四卷。

錢溥序天順七年

31·54　陵陽先生集二十四卷　舊抄本

宋牟巘獻之撰　男應復編

　　文者，言語之精華也。因其道以有傳，然古者文以道傳，後世道以飾文。古之人有是道然後託於文以達之。道若斯文亦若斯，故其言約以實，是謂文以傳道，《易》《詩》《書》《春秋》《論》《孟》是也。後世不必皆以其道，亦欲爲文以自見。道若斯文不若斯，故其言支以虛，是謂道以飾文，文士之文是也。然則終不復古乎，復古有道，道弸乎中，不得已而有言，文斯復古矣。故周、程、張、朱數君子者出，而《太極》《圖説》《西銘》《易傳》語類諸書①不在《中庸》《孟子》下，誰謂文不可復古乎？亦在實之而已矣。西漢之文，道雖不醇，大略言由事發，猶近古也。自餘隨其人品以爲重輕，若諸葛孔明、陶元亮、杜子美、陸敬輿、韓退之、歐陽永叔、蘇子瞻、曾子固數子者，其忠義直諒，磊磊落落，有以自顯於世而其文亦可相爲不朽。至如司馬相如、揚雄、柳宗元、王安石之流，其聲音步驟蓋亦無媿乎數子，然予不知讀其言者視其人何如也。由是觀之，傳道之文與天地悠久，其次與其重輕，下此猶榮華飄風，而畢一世之力而爲之者惑也。故元初陵陽先生牟公巘博學碩德，爲時名卿，天下之書無所不讀，古今典禮無所不考。其源出於伊洛，其出處有元亮大節，故其發於文章，淵深雅淡，從容造理。其法度之妙，蓋有與歐、曾並馳而其實則有道之者焉。天下後世當有慕其人而愛其文、誦其文而想見其人者矣。端學自史院歸田於鄞，公之次子浙東帥府都事應復景陽甫在鄞，出公詩文若干卷將鋟諸梓，屬端學序引。自惟庸陋生晚於公，無能爲役，其敢贊一辭？然一嘗登公之堂而識公之面，亦嘗誦公之文於學者所傳且得交於景陽，悉觀公之著述，非幸與？敢附一言，以識予之幸。若公之德業文章則不待贊也。至順二年八月朔從仕郎前翰林國史院編修官程端學序

　　先父提刑性簡易，嗜學問，自蜀來雪，盡得盛時文獻之傳。先光祿存齋翁清忠大節重一世，公在侍傍贊助居多，人謂存齋有子矣。紹德嗣志，歘歷踰二紀，所至以廉靖仁厚稱。理宗訓辭有曰：“爾名臣之子，漢人所稱家之珍寶，國之英俊者也。”至元丙子即杜門隱居凡三十六年，年八十五以終。公少年爲文，操筆立就，若不經意而有過人者。子弟爲置稿，輒笑裂去。晚歲筆力愈勁，南北學

---

　　①　“語類諸書”原作“序篇書”，據《陵陽集》改。

者皆師尊之，達官鉅人鄉慕拜謁求文詞者相屬於門，文益富於壯作。而應復宦遊四方，且留京師，又不獲抄録，深懼泯軼無以承先緒。近數年來得官吳會間，始遂悉心裒輯，僅若千卷十未及其一焉。應復所知，如靜軒閣平章先世《墓銘》、雪樓程承旨《藏書樓記》、《雪樓記》、士瞻張左丞《其山書院記》、《三省堂記》等作皆未得本。姑集其已得者類成二十有四卷，敢鋟諸梓，俟有所得尚續刊之。至順辛未八月朔旦，男承事郎、浙東道宣慰使司、都元帥府都事應復百拜謹識

世傳牟獻之《陵陽集》抄寫失真，沿襲譌誤久矣。此本購自吳下書賈，魚豕錯綜，字跡草草，近借友人藏本互相差謬，可慨也。秋鐙涼夜，老眼眊眵，研硃讐對，雖闕疑尚多，較元本則雲收霧除，朗然可誦。後之覽者，不可以紙麄字劣而忽之。雍正戊申秋九月西圃老人識

31·55　勿軒先生文集六卷　淡生堂抄本

宋熊禾撰　卷首有"山陰祁氏藏書之章"、"澹生堂經籍記"板心有"淡生堂抄本"五字。

吳高序成化三年

禾六世孫斌跋成化二年

潘本愚後序成化三年

愛日精廬藏書志卷三十二

集　部

別集類

32·1　閑閑老人滏水文集二十卷　舊抄本　何氏義門手校

金趙秉文撰　後附墓誌銘元好問撰、卷首有"髯""何焯之印"兩印。

學以儒爲正，不純乎儒，非學也；文以理爲主，不根於理，非文也。自魏、晉而下，爲學者不究孔、孟之旨而溺異端，不本於仁義之説而尚夸辭，君子病諸。今禮部趙公實爲斯文主盟，近自擇其所爲文章，釐爲二十卷，過以見示。予披而讀之，粹然皆仁義之言也。蓋其學一歸諸孔、孟而異端不雜焉，故能至到如此，所謂儒之正、理之主盡在是矣。天下學者景附風靡，知所適從，雖有狂瀾橫流障而東之，其有功吾道也大矣。余生多幸，得從公游，然聾瞽無與乎視聽，故不足知公。後生可畏，當有如李之尊韓、蘇之景歐者出焉。余雖老矣，猶幸及見之。元光二年歲次癸未十一月庚戌日，前翰林學士、中奉大夫、知制誥皁落楊雲翼引

何氏手跋曰：按元遺山爲公墓誌及《中州集序傳》皆言《滏水集》前後三十卷，則公尚有《後集》十卷，不知藏書家猶有存焉者耶？康熙癸未壯月夜直南薰殿燈下記

又曰：《歸潛志》云，趙閑閑本喜佛學。然方之屏山，顧畏士論，又欲得扶教傳道之名，晚年自擇其文，凡主張佛、老二家者皆削去，號《滏水集》。首以中和誠諸說冠之，以擬退之《原道》性①。然其爲二家所求文并其葛藤詩句另作一編，號《閑閑外集》，以書與少林寺長老英粹中使刻之，故二集皆行於世。外集豈即後集耶？漫記於此。康熙五十年立春後二日燈下焯書

又曰：壬辰九月得李暎碧所藏舊抄本再校。

又曰：興化李暎碧家蓄舊抄本，自云得之吾吳市中石門。呂氏傳之，復抄以出鬻，與此本間有多一二句處，知李所得者趙公之本，然此本則後人病其繁冗而有所删削也。壬辰秋冬之交，積雨無事，費數日校之。何焯記

何小山跋曰：借汲古閣鈔本影寫，借朱竹垞太史本對校。兩家本子俱錯誤，殆不可讀。然朱本實勝毛本也。安得元槧本，盡改其譌字爲快也。康熙癸未仲夏小山記

32·2　滹南遺老集四十五卷　文瀾閣傳抄本

金滹南王若虛從之撰

黄鳥止於邱阿，流丸止於甌臾，羣言止於公是。夫言生於人心，心既不同，言亦各異。其在彼也一是非，其在此也一是非。左右佩劍，其誰能正之？必有大人者出，獨立當世，吐辭立論，掃流俗之所徇，取古今天下之所共與者與諸人，有以寒其口而厭其心，而後呶呶之說息矣。自秦火以來，漢武帝表章《六經》，不謂無功于聖人，然諸儒曲學往往反爲所汩。陵遲至於唐、宋，人自爲説，雖其推明隱奧爲多，其間蹖駁淆混，詿誤後生蓋亦不少。顧《六經》且

---

① 《四庫全書總目》卷166著録此書，《題要》引《歸潛志》此句無"性"字。

如是，況百家乎？子長實錄也，劉子玄黜其煩；孟堅鉅筆也，劉貢父刊其誤；子京俊才也，劉器之病其略。顧史氏且如是，況雜述乎？然則有人於此，品藻其是非，覼縷其得失，使惑者有所釋，鬱者有所伸，學者有所適從，則其澤天下也不既厚矣乎？今百餘年，鴻生碩儒，前後踵相接，考其撰著，旬礴彪炳，今文古文無代無之，惟于議論之學殆爲闕如，豈其時物文理相與爲汙隆耶？其磊落之才，閎大之器，深識英盻，爲世標表者不常有耶，抑亦有其人遭世多故，不幸而無以振發之也？溽南先生學博而要，才大而雅，識明而遠，所謂雖無文王猶興者也。以爲《傳》《注》，《六經》之蠹也，以之作《六經辨》；《論》《孟》聖賢之志也，以之作《論孟辨》。史，所以信萬世，文所以飾治具，詩所以道情性，皆不可後也，各以之爲辨，而又辨歷代君臣之事迹，條分區別，美惡著見如粉墨，然非夫獨立當世，取古今天下之所共與者與諸人，能然乎哉？嗚呼，道之不明也久矣。凡以羣言撓之也，故卑者以陷而高者以行，怪拙者以惉而巧者以徇。欲傳者如是，受之者又如是，尖纖之遑而浮誕之夸，吾將見天下之人人趨於壞而已耳。如先生之學，誠處之王公之貴，賴以範世鎮俗，其庶乎道復明於今日也。先生今已矣，後百年千年得一人焉，食先生之餘，廣先生之心，能使斯文之不墜則雖百年千年吾知其爲一日也。樂城李冶引

　　《溽南辨惑》一書，初江左未之聞也，至元二十年，古滄王公時舉來丞是邦，出於行篋，始得見之。興賢書院謄錄刊行，迨今十年，其板爲復翁所得。以字多差舛，恐誤讀者，欲得行本證之。而王公去此，陞行臺監察御史，尋柄文廣東，宦轍無定，雖欲求之，末由也已。既幸任迴道，過廬陵，吾州士夫以棠陰之舊候迎公來，就乞校正，出脫漏差錯字四百餘，公因得改的付局刊換。公又以元遺山《中州集》所載溽南古律僅二十篇，俾續卷末。收書君子幸加詳

焉。大德三年二月中和節雙桂書院王復翁謹書

　　古之君子學博矣，猶以爲有弗辨，辨之弗明弗措也。惟然，故博而非雜，乃其善學經若史，羣書論議，記稿其存而世有博雅之士潛心焉者，又詳說將考覈而求其是。是殆前乎諸老先生所望乎來者之盛心。而余于《潯南遺老集》讀而知之者以此，所尊者經而於傳記百氏弗盡信，見到處擺脫棄臼而不依隨以爲是非。以是談經與史，則詩文以下可知也。非其學之博而蘄乎辯之明疇克爾。嗚呼，中原文獻之邦，諸老而後百餘年來，知隔宇宙有可慨者，潯南生乎其間，必有遺風餘澤之沾丐者未泯。故所學論說，源委秩然，方將抄其會余意者，隨可讀書，附記同異，切磋究之。值風雪凍指欲墜，握筆復己里興賢書院，行且鏤梓，喜而爲之識於帙之初。閼逢涒灘冬至日前荆臺冷官彭應龍翼夫序

　　予以剽竊之學，由白衣人翰林。當代鉅公如趙閑閑、楊禮部、潯南先生，皆士林儀表，人莫得見之。而一旦得侍几硯，渾源雷晞顏、良鄉王武升、河中李欽叔，亦稱天下之選，而十年得遇從游，故予嘗自謂叨取科第未足爲幸，而忝廁英游之末，茲所以爲幸也歟？玉堂東觀，側耳高論，日夕獲益實多。然愛予最深，誨予最切，愈久愈親者，潯南先生一人而已。先生性聰敏，蚤歲力學，以明經中乙科。自應奉文字，至爲直學士，主文盟幾三十年。出入經傳，手未嘗釋卷。爲文不事雕琢，唯求當理，尤不善四六。其主名節，區別是非，古人不貸也。壬寅之春，先生歸，自范陽道順天爲予作數日留，以手書四帙見示，曰：「吾平生頗好議論，向所雜著往往爲人竊去，今記憶止此。子其爲我去取之。」予再拜謝不敏。明年春先生亡矣。越四年，其子恕見予于燕京，予盡以其書付之。又二年，槀城令董君彦明益以所藏，釐爲四十五卷，與其丞趙君壽卿倡議募工，將鏤諸板以壽其傳，囑爲引。予謂先生之學之大，本諸天理，質

諸人情，不爲孤僻崖異之論，如三老、三宥、五誅、七出之說，前賢不敢口議，而先生斷之不疑，學者當於孔、孟而下求之，不然殆爲不知先生也。先生諱若虛，慨夫其自號云。歲屠維作噩閏月初吉日，後進東明王鶚斂袵書

32·3　莊靖集十卷 文瀾閣傳抄本

金李俊民撰

夫水之有源也，始焉濫觴。其流不已，派而爲川，匯而爲澤，會而爲江，潴而爲海。波瀾吞吐，乾溢如一；乾坤涌浸，古今不竭。噫，觀水者觀至於海，觀止矣，然後乃知其水之有源也。若夫雨集而溝澮盈，潦停而蹄涔漲，朝滿夕除，涸可立待，是惡足以爲水哉？學之有本，亦猶是也。韻而爲詩章，聲而爲樂府，律而爲詞賦，廣而爲騷雅，其文愈宏，其筆愈雄，其篇愈鉅，其辭益富，蓋有本者之如是。其視落霞秋水，畏日薰風，一聯一詠，雖膾炙人口，然器小易盈，敵大則怯，是惡足以爲學哉？吾鄉李用章先生，粵自弱冠，以明經擢第，爲天下甲，爾後仕宦數奇，積年不調①。先生雅志亦厭於乾役，恬於學問，自初筮仕距今四十餘年，手不釋卷，經傳子史，百家之書，無不研究。其學之有本可知矣。故其作爲文章，句句有根源，字字有來歷。格老而意新，辭近而旨遠，不涸不竭。其汪洋之學海歟？郡牧段正卿公退之暇，一日召諸士大夫謂之曰：“澤雖巖邑，俗尚儒風。今桑田更變，桂樹凋零。幸有狀元先生在，是天之未喪斯文於吾地也。使其平昔著述，稱而不揚，我輩不厚顏乎？”遂裒集其文，募工鋟木，以壽其傳，可謂賢於用心矣。豈特此耳，又能重賁大成之像，復新立道之堂，給田以贍學校，蠲役以優鄉秀，此

---

①　“積年不調”原作“厭年而調”，據《莊靖集》改。

一舉也，衆美具焉。自今以始，吾道有所宗主，可無慶乎？故喜而道其實。歲次單閼三月哉生明，長平李仲紳敬序

　　好古樂道之士，作爲文章，豈偶然哉？蓋感物即事，傷時懷舊，陶寫蘊奧之情，涵詠無窮之意，千態萬狀，卒歸於堯舜、禹湯、周孔，援受服行之實。學者仰之若泰山北斗。噫，非極深造之妙者莫能至焉。鶴鳴老人，吾鄉之巨儒，國朝之名士也。經學傳家，尤長於禮，未及壯歲擢進士第一。時方顯用，勇退居閒，朝經暮史，冥搜隱索四十有餘年。其德行文學，庶幾乎古，雖片言隻字，亦必有據。如太羹玄酒，有典則而無浮華。一時文士靡不推讓。郡侯段公銳意文事，時與士大夫會於錦堂，乃鳩集先生近年著述，得詩賦古文僅千餘篇，合爲十卷，鏤板以傳。僕忝預席末，雖不能繪日月之光，詎可無言？故引之。王特升序

　　夫文之爲文，其來尚矣，與造化一氣俱生者也。日月照臨，星辰輝映，天之文也；山川流峙，草木敷榮，地之文也。人得天地之秀而爲萬物之靈，有仁義禮智以根於心，故觸物感情，發而爲言，無非天下之至文也。如風行水上，自然而然，固非有力者之所强能，亦豈徒吟詠風景，摹寫物象而已哉。將以經天緯地，厚人倫，美教化，貫乎道者也。先生世家濩澤，唐韓王元嘉之裔，生而聰敏，幼而能文，弱冠而魁天下，蓋以學問精勤，耽玩經史，諸子百家無不研究，故其文章典贍，華實相副，字字有源流，句句有根柢，格律清新似坡仙，句法奇傑似山谷。集句圓熟，脉絡貫穿，半山老人之體也。雄篇鉅章，奔騰放逸，昌黎公之亞也。小詩高古涵蓄，尤有理致而極工巧，非得天地之秀，其孰能與於此。先生平昔著述多矣。喪亂以來，蕩析殆盡，此特晚年游戲之緒餘耳。每一篇出，士大夫爭傳寫之，第以不見全集爲恨。錦堂主人崇儒重道，侍先生以忠敬，廼與諸同道購求散落篇什，募工鋟木，用廣其傳，使國人有所矜式。門

下劉公濟之君、祥仲寬、姚子昂左右其事，未百日而工畢。瀛久蒙
先生教澤，仍嘉錦堂之好事，不揆荒蕪，姑道其梗概云爾。余月初
吉劉瀛序

　　史稱唐文三變，至韓昌黎而後稍稍可述，誠確論也。以其當世
文士，類皆流於一偏，如白樂天之平易，李長吉之放逸，孟東野之酸
寒，賈浪仙之窮苦，是豈不欲去其偏而就其全乎？蓋以平日所賦之
性、所養之氣、所守之學，迂疎局促，執之而不能變之耳。唯韓昌黎
則不然，中正之學發爲文章，粹然一出於正。其於觴詠之間，給談
笑，助諧謔，叙人情，狀物態，鈎玄提要，據古論今，左右逢原，意各
有寓，爲時人之宗師。豈一偏之所能囿哉？我鶴鳴先生，今之昌黎
公也。其出處事業，自有年譜；德行才學，自有公論。雄文傑句，板
行於世。名儒鉅公又從而備序之，尚何待僕之諜諜也？然承先生
之教，游先生之門，誦其詩、閲其文者三十餘年矣，覩玆偉事，安敢
默然？姑道其萬一，亦涓塵裨益之意也。故喜而書之。癸卯年四
月望日門人史秉直謹序

　　李瀚重刊序正德戊辰

　　葉贄序正德戊辰

32·4　遺山先生文集四十卷　明弘治刊本　玉蘭堂藏書

　　金元好問撰　頤齋張德輝類次。卷首有玉蘭堂、辛夷館暨季
振宜印記，蓋文氏舊藏後歸滄葦者。

　　李冶序中統三年

　　徐世隆序

　　李瀚重刊序弘治戊午

32·5　湛然居士文集十四卷　抄本　從子謙姪藏舊抄本影寫

元耶律楚材晉卿撰

　　士君子困而後學，老乃思歸。博弈者流，猶賢乎已。屏山年二十有九，閱《復性書》，知李習之亦二十有九，參藥山而退著書，大發感歎，日抵萬松，深攻亙擊，退而著書三十餘萬言。內藥心學，諄諄大半。晞顏早立，亞聖生知，追繹先賢，誠難倒指。湛然居士年二十有七，受顯訣於萬松。其法忘死生，外身世，毀譽不能動，哀樂不能入。湛然大會其心，精究入神，盡棄宿學，冒寒暑無晝夜者三年，盡得其道。萬松面授衣頌，目之爲湛然居士。從源自古宗師印證公侯，明白四知無若此者。湛然從是，自稱嗣法弟子。從源自古公侯承稟宗師，明白四知亦無若此者。萬松一日過其門，見執菜根，蘸油鹽，飯脫粟。萬松曰：“子不太儉乎？”曰：“圍閉京城，絕粒六十日。守職如恒，人無知者。以至扈從西征六萬餘里，歷艱險，困行役，而志不少沮；跨崑崙，瞰瀚海，而志不加大。”客問其故，而曰：“汪洋法海，涵養之力也。若乃罾聖安而成贊，戲清溪而發機，行九流而止縱橫，立三教而廢邪僞，外則含宏光大，禦侮敵國之雄豪；內則退讓謙恭和，好萬方之性行。世謂佛法可以治心，不可以治國。證之於湛然，正心修身，家肥國治之明效，吾門顯訣，何愧於《大學》之篇哉？”湛然嘗以此訣忠告心友，時無識者。慨然曰：“惟屏山閑閑，可照吾心耳。”噫嘻，雖欲普慈兼濟天下後世，末由也已。嘗和友人詩曰：“贈君一句直截處，只要教君能養素。但能死生榮辱哀樂不能羈，存亡進退盡是無生路。”至於西天三步遠，東海一杯深，老作衲僧，未易及此。使裴公美、張無盡見之，當斂袵焉。蓋片言隻字出於萬化之源，膚淺未臻其奧者，方且索之於聲偶鍛鍊之排，正如撨指蒙學奧句之牧豎，望涯於少陵詩史者矣。加以志天文以革西曆，翫焦桐而贊南風，在燮理爲難能，皆湛然之餘事。或謂萬松濶論，無乃夸誕乎？曰：王從之、雷晞顔、王禧伯，尚不肯屏山閑閑，形於論辨，萬鍜炎鑪，不停蚊蚋，宜乎子之難信也。吾待來者，千載一人，豈獨爲子設耶？甲午年仲冬晦日萬松野老行秀中夜秉燭序

夫文章天下之公。其言賦者自以與賈、馬爭麗則，言詩者自以與李、杜爭光熖，逞辭藻者不讓蘇、黄，恃歌詞者輒輕吴、蔡，以至氣衝雲霄而莫肯相下。及其較量長短，操賾姸醜，得其全者鮮矣，厭人望者鮮矣。中書湛然，性禀英明，有天然之才。或吟哦數句，或揮掃百張，皆信手拈來，非積習而成之，蓋出胸中之頴悟，流於筆端敏捷。味此言言語語，其温雅平淡，文以潤金石，其飄逸雄掞，又以薄雲天。如寶鑑無塵，寒冰絶翳，其照物也瑩然。向之所言賈、馬麗則之賦，李、杜光熖之詩，辭藻蘇、黄，歌詞吴、蔡，兼而有之，可謂得其全矣，厭人望矣。外省官府得《居士文集》，古律詩襍文五百餘首，分爲九卷，恐珠沉於海，玉隱於山，而輝彩未著。特命良工版行於世，使四方士大夫如披雲覩日，快願見之心。嗚呼，言者心聲也。中書之言，如詠物之外，多以國事歸美爲章句，雖稷契之忠，臯陶之嘉，未易過此。癸巳歲十二月望日平水冰巖老人王鄰叙

乾坤之運，否之則塞，泰之則通；日月之光，蒙之則晦，廓之則明。聖人之道，鬱之則滯，推之則行。化而裁之謂之教，神而明之存乎人。天之未喪斯文，陰有所主宰，亦有所托付。數不終隱，待其人而益宏，况乎啟端發源於新造之初，枝傾拄邪于積亂之後。以任當世之重，以行衆人之難，必有命世大賢，超人異行，舉歷代非常之事，卒前哲未成之志，與時標準，卓然爲吾道之偈。夫道之不明久矣，去古而今，□情其性，典謨遠而淳風衰，雅頌息而淫辭作。以《大學》《中庸》爲虚位，以致知格物爲迂論。聖門閉而不開，正路

梗而莫辟。加之兵革以來，百餘年間，宇宙之内，昏昏默默如夜之未晝，夢之未寤，醉之未醒，病之未藥。伏陰未覿於太陽，寒谷未熙於春律，黎苗之渴望未蘇，黔首之倒懸未解。夫欲濟塗炭而域仁壽，滌瑕穢而鏡澄清，療國脉之膏肓，補天維之罅漏。草刱萬有，權輿百度，興禮樂於板蕩之際，拯詩書於煨燼之餘。黼黻皇猷，經緯政體，變干戈而俎豆，易荒服而衣冠。斷雕反樸，鑄頑成仁，扇美化以風六合，沛膏澤以雨羣生，教續將絶之時，功蓋無形之世。非天下之至神，其孰能與於此哉。惟我中書湛然居士，天姿英挺，上智誠明，蓍龜其識，鈞鼎其器。聳四方之具瞻，遇千載之嘉會。作朝廷之翰，維社稷之楨。牢籠區夏，宰制山川，提封不牧之邦，郡縣不毛之地。正機衡而泰階平，明曆數而靈符定。開元建極，盡彌綸之術；驟帝馳王，入酬酢之計。以唐虞吾君爲遠圖，以成康吾民爲己任，涵養於事業，形容於文章。得之心不受一塵，應之手自能三昧。游戲妙場，掀揭理窟。運天地之橐籥，奪造化之機緘。論性則窮其深源，談道則索其隱旨。以聖經爲根本，故其文體用而精微；以史氏爲枝葉，故其文氣熠而宏麗。盤誥訓誓其格言，詠歌比興其奧義。雖出師征伐之間，猶鋭意經濟之學。觀其投戈講藝，橫槊賦詩，詞鋒挫萬物，筆下無點俗。揮灑如龍蛇之肆，波瀾如江海之放。其力雄豪，足以排山嶽；其輝絢爛，足以燦星斗。斡旋之勢，雷動飈舉；溫純之音，金聲玉振。片言隻字，冥合玄幾；奇變異態，靡有定跡。夐乎出於見聞之外，鏗鍧炳燿，盪人之耳目。所謂造物有私，默傳真宰，胸中別是一天爾。蓋生知所稟，非學而能。如庖丁之解牛，游刃而餘地；公輸之制木，運斤而成風。是皆造其真境，至於自然而然。公之於文，亦得此不傳之妙。若夫湛然之稱不可以形尋，不可以言詰。其處之也厚，其資之也深。靜於内爲善淵，演於外爲道派。即其性而見其文，與元氣俱，粹然一出於剛正。觀夫所稱，其人可知矣。然則作之者創於始,亦在乎述之者成其終。適有中省都事宗仲亨最爲門下之舊,收錄公之餘藁纖悉無遺,今又增補雜文,誠好事之君子。舉其全帙,付之於門下士高冲霄、李邦瑞,協力前修,作新此本,以示學者,可謂兼善之用心。省丞相胡公喜君之文,揄揚溢美,勒成爲書。中有或惎者,更加釐正,命工刊行於世,益廣其傳,真得仁人之雅意。省寮王子卿、李君實、許進之、王君玉、薛正之,皆欣然響應,共贊成之。二公承宗公之志,畢其能事,同諸君累求爲序。僕以兵塵中來,舊學荒廢,不敢應命。蓋公之心術至賾,不能盡探之於文;公之文章高致,不能俱陳之於序。雖其文皆公之寓言,筌蹄而忘象,是亦勳業之餘蘊。公如不言,則人將何述焉。嘗謂雲漢爲章天之文,言辭可法人之文,故觀乎天文以察時變,觀乎人文以化成天下,文之爲用大矣哉。今公之爲言,非徒示虛文而已,實救世行道之具,所以柱石名教,綱紀彝倫,鼓舞士風,甄陶人物,豈惟立當代之典章,端可爲將來之軌範。於戲,大禹不治水,我民憂其魚;孔子不作經,王道幾乎熄。天以文德開通濟物,密藏諸用,扶持聖道之久弊,幽而復顯,見天意之所屬,爲時求定,而能樹治水,遏亂源,活生靈,福弈世。其功德無憨於先聖。斯文之不墜,皆公之力焉。是言也非獨予之所言,迺天下之公言也。歲次癸巳十有二月初吉襄山孟攀鱗序

夫文章以氣爲主,浩然之氣養於胸中,發爲文章,不期文而文有餘矣。古之君子,其文見於簡策,宏深渾厚,言近而指遠,辭約而義深,非後世以雕篆爲工者所能比,蓋其浩然之氣貫於中也。諸葛孔明暨近代范文正公,懷王佐之才,有開物成務之略。自任天下之重,初不欲以文名世,然《出師》一表可與《伊訓》《說命》相表裏,而萬言一書,議者亦比於管仲、樂毅二子者,豈嘗學爲如此之文也哉? 其忠義之氣形之於文,亦不自知其所以然也。嗚呼,世之作文

者非不衆也，言語非不工也，及其建功定業，任大持重不若昔之人者，其胸中所養者小也。今吾湛然居士其庶幾乎？公當聖朝開荆之際，膺鹽梅鼎鼐之任，仰贊天子茂宏德威，臣上古所不臣之國，籍《禹貢》所不籍之地，公之功業著見於天下，炳如日星。雖月氏殊俗，蠻荆遠方，莫不仰戴其威名。觀其從事征討，軍務倥傯，宜其不暇留意於文字間，然雄篇傑句散落人間，復如彼其多。或吟咏其情性，或寄意於玄機，千彙萬狀，會歸於正。又皆肆筆而成，若不用意爲者。人雖服其精敏，意者何爲而能然邪？殊不知公善養具浩然之氣，充於其中，形於言動，發於功業，見於文章，有不得不然者矣。孔子曰"有德者必有言"，其是之謂乎？邇者中書省都事宗公仲亨更新此集，募工鏤版，過雲中同監納樊子通見屬爲序。微以爲文章者，公之餘事也。公之德業天下共知之，固不待文而顯也。其文天下共傳之，又奚待以序而彰哉？雖然不爲之辭者，微東城一鄙人也，幸齒於門下士之末，若復獲掛名於文集中，固所願也。于是乎書。癸巳年十月晦日九山居士李微子微序

32·6　藏春詩集六卷　舊抄本　曹倦圃藏書

元劉秉忠撰　中書參知政事魯國文定公左山商挺孟卿類集胡菊圃重從天順刊本校并補録天順五年馬偉、黎近兩序。板心有"檇李曹氏倦圃藏書"八字。

《易》曰"觀乎天文以察時變，觀乎人文以化成天下"，大哉文乎？在天爲日月之著明，雲漢之昭囘，星辰之錯綜；在人爲三綱五常之道，禮樂刑政之方，典章法度之美。文乎文乎，章句云乎哉？太傅文貞公學參天人，思周變通，早慕空寂，脱棄世務。一旦遭際聖主，運應風雲，契同魚水。有若留侯規畫以興漢業，召公相宅以營都邑，叔孫奉常綿蕝以定朝儀。陸賈詩書之語，賈生仁義之説。

當雲霾草昧之世，天開地闢，贊成文明之治。其諡曰文，不亦宜乎？至於裁雲鏤月之章，陽春白雪之曲，在公乃爲餘事。公没後十有四年，是集始行于世。夫人竇氏暨其子璋介翰林待制王之綱求爲叙引。晚生愚陋，誠不足知公萬一，姑以時論所同然者附諸編末云。至元丁亥四月初吉，翰林學士大中大夫知制誥同修國史閻復序

馬偉序<small>天順五年</small>

黎近序<small>天順五年</small>

胡氏手跋曰：劉公名侃，更名秉忠，字仲晦，自號藏春。以沙門佐元定天下，始拜光禄大夫太保參領中書省事贈儀同三司太傅，諡文貞。至元中，學士閻復嘗序其遺集。明天順間處州守馬偉哀次公詩爲《藏春集》六卷，鋟板行世，今書肆中亦罕有之，僅於顧俠君《元詩選》中見數十首而已。余近得吾鄉曹侍郎倦圃家寫本二册，又爲王贊之氏所藏，而魯魚觸目，脱文時見，因慨曹氏書亦有未經點勘者，不得稱善本也。兹借武元張氏清綺齋藏雕本校對，一一改補，因識歲月。乾隆丙戌歲仲秋十日安定小書隱生重手識

又曰：集中止有七言律詩、七言集句及詩餘而無古詩及五言律絶詩，其非全書明矣。至章奏碑版之文，劉公所作必富，而集中亦無一字，殆編次時失之耳。菊圃學人記於書隱閣

32·7　張文忠公文集二十八卷　<small>元刊本</small>

元張養浩撰　後附畫像記、<small>至正甲午倪中撰</small>贊、<small>劉耳撰</small>神道碑銘、<small>張起巖撰</small>祠堂碑銘。<small>撰人闕</small>

聖朝牧菴姚文公以古文雄天下。天下英才振奮而宗之。卓然有成如雲莊張公，其魁傑也。公自弱齡以才行名縉紳間，仕於朝盡讜言，行直道。自禮部尚書參議中書，請謁親濟南。俄以吏部尚書召，親疾終喪，省臺奏召，至再至三至五六不起。文皇即位，關陝以

西兵侵旱屬，民荐政荒，拜行臺中丞迺起西馳。及秦民四流亡，耄穉孑遺，若鼎魚筱蟻，天毒方熾，湯沸衆溢，吏士猖蹶，目瞠神駭，莫克拯拔。公懇惻率倡務用仁術，官帑不繼，傾己囊橐，日不勝給，每每大慟，民僅蘇復，公疾薨。天子聞之，惻然閔悼，贈攄誠宣惠功臣陝西等處行中書省平章政事柱國，追封濱國公，諡文忠，中外嗟惜。無何，嗣使憲陝西。士民談道，琅琅耿耿，未始不悽愴以聽之。秦人悲思，樹石刊頌不忘。公質厚剛毅，正大明白。仁於家，忠於上，確信不渝。己善不伐人之善，推獎若不及。其文淵奧昭朗，豪宕妥帖。其動盪也，雲霧晦冥，霆砰電激；其靜止也，風熙日舒，川嶽融峙。綽有姿容，闔翕頓挫。辭必己出，讀之令人想像。其平生，千載而下凜有生氣，不可摩滅，斯足尚已。公素知嗣，其子引偕其婦翁吳肅彥清持公所輯《歸田類藁》三十八卷徵序，因書其概如此。公諱養浩，字希孟，雲莊其自號也。行業履歷，家乘、國史具載，茲不容贅。元統三年龍集乙亥二月甲寅朔，中奉大夫江浙等處行中書省叅知政事字朮魯嗣序

32·8　桐江集八卷　抄本　從錢唐何氏藏本傳録

元方囘撰　囘有《桐江續集》，皆入元後所作，此其《前集》也。《千頃堂書目》載有囘《虛谷集》，未審即此書否。卷七鄭清之所進《聖語考》五，後有“弘治十四年重光作噩歲閏七月二十六日，寅紫雲溪范文恭録”一條。

32·9　月屋漫藁四卷　舊抄本

元天台山人黃庚著

唐以詩爲科目，詩莫盛于唐，而詩之弊至唐而極；宋以文爲科目，文莫盛于宋，而文之弊至宋而極。甚矣，詩與文之極其弊而難

於其起弊也。自有虞明良之賡歌，已非太古忘言之天矣。三代以還，雖王者之迹熄而世猶近古，其播于聲詩，發爲辭令，形於規諫諷刺者，皆所以紀一時之實。豈好爲是虛言哉？國以詩文立科目，非世道之幸。士以詩文應科目，又豈人心之幸，宜古道之滋不可挽也。嗚呼，自孔子删定繫作以來，《詩》《書》《易》《春秋》之文僅存，而其道則泯矣。以言乎《詩》，自三百五篇訖於戰國，詩之脉幾絕而騷續之，故騷有功於詩。騷之下有選，由選而至於唐，惟杜少陵爲備。以言乎文，自獲麟絕筆之餘，諸子百家蝟興蜂起，不有《孟子》之書出則聖人之道晦矣，故孟子功不在禹下。至若荀、楊之簧鼓聖言，班、馬之户牖古史，歷三國六朝隋唐之世，斯文微如一髮。而韓昌黎力挽古學，沿唐而宋，則歐陽出焉。嗚呼，盛者乃所以爲衰也。然詩盛於唐，唐之詩脉自杜少陵而降，詩以科目而弊極於五代之陋；文盛於宋，宋之文脉自歐陽諸公而降，文以科目而弊極於南渡之末年。以科目而爲詩則窮於詩，以科目而爲文則窮於文矣，良可歎哉。僕自齠齔時讀父書承師訓，惟知習舉子業，何暇爲推敲之詩、作閒散之文哉？自科目不行，始得脱屣場屋，放浪湖海。凡平生豪放之氣，盡發而爲詩文。且歷考古人沿襲之流弊，脱然若醯雞之出甕天，坎蛙之出蹄涔而遊江湖也，遂得率意爲之。惟吟詠情性，講明理義，辭達而已，工拙何暇計也。於是裒集所作詩文，繕寫成編，命之《漫藁》，以爲他日覆瓿之資。若曰復古道起文弊，則有今之韓、杜在。天台山人黄庚星甫氏序，時泰定丁卯孟夏作

32·10　剡源戴先生文集三十卷　抄本　臨何氏義門校

元四明戴表元帥初撰

《自序》曰：先生姓戴氏，名表元，字帥初，一字曾伯。其世譜可知者，六代祖居奉化縣小方門，三傳而徙坊郭，又再傳而徙剡源

之榆林。先生生淳祐甲辰，五歲知讀書，六歲知爲詩，七歲知習古文，十五始學詞賦，十七試郡校連優，補守《六經》諭，即厭去遊杭，作書言時政，激摩公卿大人無所避。杭學每歲貢士得三百員，試禮部中者十人，入太學謂之類申。二十六歲已巳用類申入太學。明年庚午試中太學，秋舉歲終校外舍生試優升內舍。辛未春試南省，中第十名。五月對策中乙科，賜進士及第，授廸功郎，昇學教授。癸酉冬起昇，及乙亥春以故歸舊廬，改杭學教授辭不就。既而以恩轉文林郎都督掾，行户部掌故國子主簿。會兵變走避鄰郡。及丁丑歲兵定歸鄞，至是三十四歲矣。家素貧，燼劫之餘，衣食殆絕，乃始專意讀書，授徒賣文以活。老稚鄞居，度亦不可久，遂買榆林之地而廬焉。如是垂三十年，執政者知而憐之，薦授一儒學官，因起教授信州。噫老矣，大德丙午歸自信州。時體氣益衰而婚嫁漸已畢，即以家事屬諸子，使自力業，以治養具。然性好山水，每杖策東遊，西眺不十里，近才數百步，不求甚勞，意倦輒止。忘懷委分，自號曰剡源先生，因以名其集。或稱質野翁，充安老人云。

宋濂序_{洪武四年}

周儀序_{萬曆元年}

戴洵重刻序_{萬曆辛巳}

始予病此集譌謬不可讀，遇藏書者必問嘗蓄善本以否。康熙庚寅始從隱湖毛十丈借得嘉靖以前舊抄一册，爲文秖六十五篇，分甲乙丙丁四卷，以校新刊，則《唐畫西域圖記》一篇後半幅脱去二百六十餘字，其他賴以改正處甚多。集中文爲新刻所逸者凡十二篇，復補録焉。毛丈憐余校之勤也，云家有《剡源詩》亦舊抄本，將并以借我，乃書以志喜。焯

帥初爲學，自《六經》百氏無不貫穿，而得之莊騷者爲深。文格尤近子厚。其間似蘇門者所從出均也，能從容於窘步，萌茁於枯

條。若高山大川之觀，桑麻菽粟之用。乃其所少則賦才者殊，而亦遭遇變故，無自發耶。然綵筆妙吻，宋季以來莫有匹敵。宜乎伯長所專師，晉卿所深推矣。康熙辛巳二月何焯題于陽羨舟次

32·11　剡源文集五卷　抄本

元戴表元撰　分甲乙丙丁戊五集。前四卷即何氏所據之本，後多戊集一卷，蓋後人附益之也。

宋濂序洪武四年

32·12　養蒙先生文集十卷　舊抄本

元張伯淳撰　卷末有"孫承事郎湖州路武康縣尹兼勸農事知渠堰事炯編類"一條，板心上有"九賈堂書"四字，下有"辨惑"二字。

先公文穆在宋世，由童子科及第逮事聖朝，復以詞臣錫封受爵，然不喜以藻翰自能。既沒無成藁，命男炯訪求遺逸僅得若干篇，釐爲十卷，刊之家塾，使無亡前人之徽烈。其藏諸人散於四方者未能兼收並錄，則中心之深嗛也。至正六年正月望日，中議大夫、河東宣慰副使致仕男采拜手謹識

至元庚辰間，文原侍先人側，獲識檇李張公師道。時江南達宦者多中州文獻故老，而南士裸將之餘，屏居林谷者往往而在，交游中雅器重公，薦牘交馳。爲杭郡文學掾，遇士介然不可撼以私，與上官不合去。薦者益知公可授以政。居淛東，閩海憲幕徵入，遂直詞林，陪講習。而文原以供奉忝司譔著，情義益歙洽，不可僚屬遇我也。自公至京師，友道曰廣，醻接無少懈。暇則伸紙濡豪，作爲詞章，以應四方之求，時時爲文原誦之，蓋取尚鉤棘而舂容，紆餘鏗乎金石之交奏也。士論咸以斯文屬公而公病矣。檇李故多文士，

昔唐陸宣公爲學士，居中多所參決，時號内相，有論諫數十百篇，至今讀者尚挹其高風而興起。公受知聖主，蒙被顧問，敷對剴直，皆經國之要務，惜不果大用，而世以文字知公者特緒餘耳。自古瑰傑之士，勳業不得表見，而僅以文字傳下缺

養蒙先生文集若干卷者，故翰林侍講學士嘉興張公諱伯淳字師道之所著。公至元中用薦者言，除閩憲幕。又有爲天子言，此人非直憲幕才也，即日遣馹騎一自海隅召至闕得見上，論事數十條皆當世急務，辭意剴切，上爲動容聽之，命就中書，與執政以次議舉行。其一曰罷冗官。方條具其事，而大官貴人已不悅，曰：“何物遠人，欲奪吾官。”使健者候諸途要詰之，幾不得免，而事亦浸罷，公遂留翰林。大德中天子命近臣修時祀於嶽瀆，必老成慎重者，公在遣中。公以老病辭行，久之遂不起。昔賈生爲漢文帝陳《治安》之策，太息不足以起之，繼以痛哭，可謂切至。其言雖不盡行於當時，而其說如衆建諸侯子弟之類，皆稍稍采而舉行之。而公之亡，至於今三十有餘年，中外大夫士多能誦公所爲世祖言者，思見其議論而想其風采，邈乎幾就泯沒，未嘗不爲之慨歎。今其子采輯其文而傳之，使來者知公之才，可見者猶在於此。此固孝子之心，亦大夫士之意也。故爲序其端云。至順三年四月望日，奎章閣侍書學士、翰林侍講學士、通奉大夫、知制誥同修國史、蜀郡虞集序

伯淳曾孫跋闕名　宣德七年

32・13　牆東類稿二十卷　文瀾閣傳抄本

元陸文圭撰

32・14　巴西鄧先生集一卷　明初抄本　汲古閣藏書

元鄧文原撰　卷首有毛子晉、季滄葦印記。

楊氏手跋曰：性父以此集與王止仲《楮園稿》同見示。鄧公何得比擬止仲。略讀一二，知其大略，因書。弘治二年二月廿四日楊循吉

32·15　松鄉先生文集十卷　抄本

元句章任士林叔實甫著

在漢東都御史中丞句章任奕以文辭進，其名著於會稽典錄。近世任氏多工於詞賦，有聲場屋間。豈中丞苗裔耶？丹穴鳳皇羽，風林虎豹章，信有種哉！叔實尚友前修，鎔意鑄詞，賦傳二篇，師法孟堅，幽通昌黎。百川學海以至于海，其進也孰禦？因書卷後，以識嘗鼎一臠之味。他日大篇短章，金舂玉鳴，又當嗣書焉。浚儀王應麟書於奉川龍津驛舍

厚齋王先生客廣平，余偶錄《復志賦》、《壽光先生傳》求正。先生遽題其尾如此。今沒且數年，因理故稿，目覩手札，感愴久之。予老矣，言語彫落，無復精碩；諸老淪亡，孰與首可。乃錄其語於端，以自訂云。士林識

32·16　小亨集六卷　文瀾閣傳抄本

元楊宏道撰

元好問序

32·17　遺山遺稿二卷附錄一卷　明嘉靖抄本

元楊奐撰

王元凱序 嘉靖元年

32·18　魯齋全書七卷　明正德刊本　曹棟亭藏書

元許衡撰

何瑭序正德戊寅

32·19　靜修集二十二卷　宋氏賓王手抄本

元劉因撰　卷一後注云"元刻"，有"至順庚午孟秋宗文堂刻"十字，蓋從元刊本影寫者。宋氏賓王跋云："明永樂間所刻詩文遺集附錄分三十卷者，較之此本，詩文則有闕無多，譌字脫落則倍之"。案三十卷本首載至正九年牒文一通，中云"抄錄詩文附錄共三十卷"，則三十卷蓋至正時所定，永樂本從之重刊者也。至正本後此本凡二十年，且哀集不出一手，不若是本之完備。杜肅撰靜修先生壙記見至正本附錄云"有文集二十二卷"，蓋即是本，後附補遺二卷，宋賓王從《容城兩賢集》抄入者。

劉君夢吉，天資卓軼。早歲讀書屬文，落筆驚人。既又涵浸義理，充廣問學，故聲名益大以肆。裕宗皇帝方毓德青宮，聞其賢，以贊善大夫召至京師。未幾辭以親老歸養。居數歲，朝廷尊仰德誼，拜集賢學士，又以疾辭。踰年，遂不起。春秋纔四十有二，縉紳惜之。門生哀集詩文得數百篇，右轄張公子有篤故舊之義，且哀其無後，將鋟木傳，需僕爲序。僕與君同侍從春坊，相從非一日。嘗以事過保定，君適居母憂，衰絰中留連，願接爲半日留。頗訝君形體癯瘁，須髮頒白，意其哀毀而然。不謂一別，遽成永訣，其悵惘爲何如也。若夫君之辭章，閑婉冲澹，清壯頓挫，理融而旨遠，備作者之體。自當傳之不朽，庸何序爲？姑述梗槩如此。君諱因，夢吉其字，自號靜修云。東平李謙序

宋氏手跋曰：此影鈔元版多闕文，亦微有譌字，共二十二卷二

百十四頁。又有前明永樂間所刻詩文遺集附錄分三十卷者，實二十五卷。校之此本詩文則有闕無多，譌字脫落則倍之，第多附錄一卷耳。鈔較之下，點識其譌字，增補其脫落。以便後之翻刻劉先生集者。雍正三年六月古東倉後學宋賓王記

又曰：此影鈔前元至順間宗文堂刻本也。後從邵先生所閱《容城兩賢集》較對，復增補遺二卷。《容城集》刻於前明萬曆間，其脫譌錯簡頗多，錄補以稱其全云。雍正丁未春正月望後二日宋賓王記

32·20　静修先生文集三十卷　明弘治刊本

元劉因撰　凡丁亥集五卷，樵菴詞一卷，遺文遺詩各六卷，拾遺七卷，續三卷，附錄二卷，合三十卷。宋賓王云"三十卷實二十五卷"，蓋偶見缺五卷者耳。

皇帝聖旨裏江南淛西道肅政廉訪司准本道僉事哈剌那海儒林牒：嘗謂國有名賢，幸遺言之未泯；職司風紀，惟見義則必爲。切覩故徵士集賢學士嘉議大夫贈翰林學士資德大夫追封容城郡公謚文靖靜修先生劉因，負卓越之才，蘊高明之學。說經奚止於疏義，爲文務去乎陳言。行必期於古人，事每論乎三代，漢、唐諸子莫之或先，周、邵正傳庶乎可繼。戶外之屨常滿，邱園之帛屢來。咸虛往而實歸，竟深居而簡出。雖立朝不踰於數月，而清節可表於千年。慨想高風，蓋已廉頑而立懦；訪求故槀，所當微顯而闡幽。考諸學官，或文有可采，或事有可錄，皆得鋟梓以傳。況先生詩文大關世教，豈容獨缺。今抄錄詩文附錄共三十卷，於各路儒學錢糧多處刊行傳布，則上可以裨國家之風化，下可以爲學者之範模。牒請照驗施行。准此，憲司今將上項文籍九本隨此發去，合行故牒可照驗，依上施行，須至牒者。

牒件今牒嘉興路總管府照驗故牒。

至正九年九月十一日

陳立序_{永樂癸卯}

明肅府重刊序_{成化己亥}

周旋後序_{弘治癸酉}

32・21　雙溪醉飲集六卷　文瀾閣傳抄本

元耶律鑄撰

中書省掌書記李暐，一日袖書一編詣余曰："此雙溪之歌詩也。即公蒙年所爲者，約千首，且十竊其一焉，并附近作，共得一百五十餘篇，離爲五卷。今欲廣傳之，庶在綺紈者見而思齊焉。因之可以起吾風之已僨者也。請子文以引其端，幸毋讓。"余受而觀之，見轇龍輢鳳，鞭虬笞黿以求其變。極其所變而發諸心思，則羅雪縠月，紉秋藻春以盡其情。噫，實天下之奇作也。如"金檠夜延螢燭暗，翠簾風窣月鈎間"，此時年十五耳。"兩漢水乾秋飯馬，五城霜重夜屯兵"，此又十七時語也。蓋天與之性，發言便高。公諱鑄，字成仲，雙溪自號也。公以東丹王之後，右丞文獻公之孫，中書令玉泉老之子。鑠盡貴氣，屈己以下人；刮去驕佚，折節以讀書。及所爲詩文又如此，在天地間豈易得哉。故樂爲之引。庚辰年上巳日龍山居士鴈門呂鯤書

詩之爲義也大矣哉。三百篇而下，《離騷經》得風雅之變。秦亡漢興，王澤未遠。元鼎已來，河梁之別，始作得《離騷》之變也。黃初綿絡以至於大業之際，詩文比比而出，大名於世者亦不可多得。漢有蘇、李，魏有曹、劉，晉有潘、陸，宋有陶、謝而已，是故遺風不泯焉。武德再造，徐庾淫靡尚且存焉，爲陳子昂一變而至於魯，爲李太白、杜子美再變至於道。退之後來，使文起八代之衰，道濟

天下之溺,於文章慎許可。至於歌詩,獨推之曰"李杜文章在,光焰萬丈長",及乎天寶亂息,大曆、元和詩律再變,以至今日矣。嗚呼,風雅不可復得,見唐人之餘烈斯可矣。《雪浪齋日記》有云"建安纔六七年,開元數兩三人",則所取其難如此。又云"書止於晉,詩止於唐",誠不誣矣。若李若杜,若韓若柳,豈愧六朝諸賢歟?國朝自取魏以來,詩人益盛。余嘗在貞祐季年親見玉泉大老《懷親詩》云:"黃犬不來愁耿耿,白雲望斷思依依。欲憑鱗羽傳音信,海水西流雁北飛。"又云"黃沙三萬里,白髮一孀親。腸斷邊城月,徘徊照旅人"。所以見哀思之情極矣。又《和人詩》云"仁義說與當途人,恰似春風射馬耳"。此見感憤之懷亦已極矣,思之有以見唐人之餘烈焉。雙溪成仲,即玉泉中令君之子也,生長北溟,十三作歌詩,下筆便入唐人之閫奧。嘗作《高城曲》云"城高三百丈,枉教人費力。賊不從外來,當察城中賊。又曰將出帶,將來小胡笳。"《擬回文》、《暮春曲》、《磨劍行》、《春夜吟》、《獨倚門》之類,皆十三時作也。又《陰不雨》、《惜花吟》、《琵琶詞》、《公子行》、《廣陵散》,十五六作也。又《贈坐竿道士》、《水平橋》、《題籃采和》、《早行吟》,十八九作也,又《山市吟》、《暮春對花》、《寄故人》、《題牧牛圖》,二十一二作也。則知興寄情趣,前人間有所不到者。此詩向時往往傳至熙臺,人初未深信。及其去歲秋八月來自北庭,大葬既已,明日首禮於香山寺,元吕及余從行。禮成,長老拂几捧硯,請各賦詩。雙溪即書古詩云"渺渺入平野,悠悠到上方。雲開見天闕,囘首超凡鄉"。元吕垂書,余亦落筆既,而雙溪復次元韻云"人去豪華山好在,夢囘歌舞水空流。"又次余韻云"翠輦不囘天地去,白雲飛盡海山秋"。時已夕矣,不及次吕之韻。會九日登瓊花島,用吕香山詩韻留題云"蓬萊宮殿遺基在,休對西風仔細看"。及載觀次韻之作,如蘭依修竹,菊映青松,輝彩省淨,氣韻深長，便覺首倡大似落絮飛花，雖有流風廻雪之態，豈能倫擬。
未幾復書途中之所作云。《松聲曲》、《春雪謠》、《蟄龍》、《興雨
圖》、《休嗟》、《行路難》，大傳燕市。使向之未深信者，私用慚怍。
自是與燕之士大夫唱酬無虛日，每一篇出，識者益增歎服，不及悉
書，俱在前帙。或謂余曰："雙溪自十三以至今日，方二十有餘，便
入唐人之閫奧，而雕蟲篆刻，白首坐窗，見之者莫能，何謂也？"余
曰：夫騏驥墮地，一日千里；駑駘百里十駕而始至分也。又何足怪？
歐陽文忠公有云"能以技自顯於一世，亦悟之天，非積習致然"。
信哉，愚謂源深者自長矣。向玉泉作《懷親詩》時亦是方冠之時。
今雙溪《思親三絕》云"一上居庸萬里心"，又"一聲長笛野雲秋"，
又云"躊躇搔首無人會，時下樓來卻上樓"。有是父有是子，良然。
繼作《甕山有感三絕》云"仙佩飄飄駕彩鸞"，感之至也。又《雪後
吟》《立春前一日》，曲情之至也。《春日登蓬萊島》首聯云"既解
寶藏秦照膽，也須珍惜漢吹毛"，用事之至也。《過故宮》云"柳柏
風來雪滿沙"，理之至也。《擬古》云"水涵春色柳涵煙，半是人間
半是仙"，境之至也。《以代留別余》云"燕南春色老，燕北草初肥。
露冷野花瘦，月明江樹稀"。又云"芳草不隨鶯燕老，好山依舊水
雲深"，遠之至也。惜乎李子取之不多，詞彩風流皆可被之管絃
矣。容雅而體閒，意深而清婉，氣修而色粹，調逸而聲諧。抑之則
紆餘委備，揚之則條達疏暢，得不蕩搖性情者哉。執此過余，求爲
後引，懇切再四，義不可辭。此非小道，實文章之菁華也。可以意
名，難以言狀。噫，古今之人惟貴耳而賤目，特異者廼見此耳，不然，
安能結天下識者之舌也。其經國圖遠之略，推賢去惡之心，而已形
諸歌詠。余雖老矣，猶可拭目而待續，勒銘於雙溪未晚云。趙著序

　　中書大丞相之子有奇名，善爲詩。余在朔方時嘗見其一二，駭
喈以爲異。及獲觀雙溪小藁，始信嚮所傳不謬云。趙虎巖、呂龍山

世雄於歌詩，爲之序引甚備，余辭其贅歟。古人嫌其少作，往往削
藁不傳，如李賀七歲賦《高軒過》迄，於今傳誦，亹亹在人口不能
廢，則少作何負乎？况雙溪相門子，生長北庭戎馬間，甫十餘歲已
能爲歌詩至於斯。噫，亦過人遠甚。搏而躍之，有激頹俗，可無傳
乎？門下生秦人李暐明之實爲倡，而我曹又和之，其傳蓋無疑。今
雙溪已嗣行中書事，將見沛然爲文，黼爲卿雲，蒸爲雨露，以芘澤天
下。此特其土苴耳。雖然源於細流，廼成江漢，則是集其權輿歟？
固不可以不志。麻革序

　　雙溪，一代佳公子也。蚤歲作詩有聲，每一篇出輒誦人口，遇
得意處不下古手。此蓋天機穎脱，有不可掩者使然也。是歲秋八
月，以詩近百篇寄虎巖趙君。虎巖、詩人也，見之擊節賞嘆，以謂天
下奇才，而欲版行，一新耳目焉，而囑予題於後。或者曰："乃公之
少作，其可乎？"余曰："不然，昔唐元微之有《代曲江老人百韻》及
《清都夜境》等篇，至于元和中，李長吉《高軒過》，二公之作皆年未
及冠，今在集中。數百年間，孰能以少壯爲辨而少之耶？言詩者不
當以區區歲月計其工拙矣。歲次甲寅季冬二十有五日木庵老衲性
英題

　　嘗觀雙溪詩氣體高遠，清新絶俗，道前人之所不道，到前人之
所不到，情思飄如，馭風騎氣，真仙語也。①

　　安識所謂神者，每以不多得爲恨。今年秋八月承寄僅百篇於
趙虎巖，光祖不敢珍藏秘惜，乃復刊行之以新。世欲見而不得者，
此可與奪標掣鯨手道，難爲餘子言也。王萬慶跋

---

　　①　"騷奴詩偷"四字原缺，據《雙溪醉隱集》補。

32·22　許白雲先生文集四卷　舊抄本

元許謙撰

李紳序正統丁卯

陳相序成化丙戌

張瑄跋成化乙酉

32·23　雲峯胡先生文集十卷　明正德刊本　葉石君藏書

元胡炳文撰　卷首有石君印記

林瀚重刊序正德丁卯

陳音序弘治戊申

儲巏序

汪舜民序弘治己酉

汪循序正德戊辰

何歆書後正德丁卯

炳文裔孫濬重刊後序正德戊辰

愛日精廬藏書志卷三十三

集　部

別集類

33・1　秋澗先生大全文集一百卷　舊抄本

元王惲撰

昔我世祖皇帝，肇登大寶，思惟祖宗鴻業，昭載信史，傳播無窮，於是招延碩儒，建立史館。時秋澗王公年方而立，首選爲修撰。公資魁碩宏雅，抱負甚偉，挺然有憫濟之志，而以斯文爲己任。蒐奇抉勝，旁鶩遐騁，一歸於義理之正。治世之音，笙鏞奏而工歌諸也。其後薦歷顯要，建言折務，切中時宜，薦紳之士舉皆歸美。逮自外臺徵長翰林，器益閎，守益篤，辭理愈精熟，雄文大册，光賁館閣，學者翕然師尊之。公之年已邁而神觀不衰，猶日作文書，字不少倦。朝廷優禮，恩數有隆。公則年年請老，趣歸鄉閭。嗚呼，如公之材望具孚、進退有裕者，其可得而多見邪？公既捐館，其子太常司直公孺彙集遺文餘百卷，請予置言其端。予從公游久，知公爲深。夫文爲用於世，宏矣哉。我聖元崇稽古之義，敦叙儒教。自文康王公縉持文衡，肇修史事，敬齋、鹿菴諸公次之，而公首膺選擇，復繼其後。洎諸同輩翼其有華，史牘既修，典策益明。至元大德間，辭令彬彬，郁乎仁政之所施，何其盛也。若公之自著述，不泛不雜,有補世教。其用意之遠,立言之妙,自成一家,可儷於前修,可則於後世。有子克紹先志,集而成之,則公之文爲不朽而公志之未究者,亦因文以傳矣。惟具眼者以予言爲不妄。至大己酉春二月,翰林學士承旨、中奉大夫、知制誥兼修國史王構謹序

士熙童卯時,侍先魯國文肅公獲拜先正王文定公履綦。逮延祐己未與公之孫苟同在臺察,又聯事六曹,出公之大全集見示,曰:"茲御史請於朝,命江浙省刻梓以行矣。"既觀先正之制作而我先公之序在焉。謹書而歸之。延祐七年百拜謹識

世祖皇帝聖文神武□□□功,奮發天威,統一海內。驅塞馬百萬,南牧江滸。外徵貅虎之臣,馳鶩邊陲,內則招徠文學之士,興起制度。典章文物一朝大備,與三代兩漢同風。文定公於是時獨以文詞稱雄。或以制詔播告四方,訓迪臣下,多出公手。辭氣忠厚,開張鈜大,蔚然甚盛。蓋所謂興王之言自有體也。延祐庚申八月,太守伯常王侯以公大全文集俾本學鋟梓。時衆以禾庠廩粟有限,議欲均派諸學。王侯謂應龍曰:"刊印文集出於上命。學校當委曲之,以副朝廷崇尚文雅、嘉惠後學之意。雖重費,庸何傷?"屬應龍計料分類篇目爲一百卷,命儒生繕寫刊刻。工未及竟,而王侯遷廣東廉使。己行,凜乎其不可留。辛酉九月,本道分司盧僉憲到路,適會公之長孫赴福建僉事,道由嘉禾,議論翕合,遂委本路治中壽之,高侯專一提調。高侯舊參省幕,聲譽素著。視刊匠不滿十人,慮以遷延歲月爲病,洊申省府,取發工匠。鄰郡不旋踵而至者二拾餘人,併工相而成之,繇是賴以完備。役繁費殷,良不易也。儻非高侯主維於上,諸君協贊於下,烏能繢而成耶?應龍備員禾教,獲聆王侯□□□公之才名深用起敬。今幸獲覿公之全書,又獲拜公之次子同知、公之長孫僉事,皆英傑也。昔吳季札嘗有"衛多君子"之言,信不誣矣。時至治壬戌春孟嘉禾郡文學掾晚學羅

應龍謹書集後

　　右計其工役始于至治辛酉二月，畢于至治壬戌正月。

　　憚子名闕跋殘缺

　　皇帝聖旨裏中書省御史臺呈：據監察御史呈，切見故翰林學士秋澗王文定公，文才博雅，識見老成，廼中州之名士也。頃在翰林暨居臺，察觀其因事匡時，立言傳世，未嘗不以致君澤民爲心，端本澄源是務。進呈承華事略，蒙裕宗皇帝嘉納，俾諸皇孫傳觀，宏益良多。近日又蒙聖上特命張司農等，再行繪寫，以賜東宮。若非深有可取，豈能如是哉！即係兩朝御覽，珍重文集，有《元貞守成事鑑》、《中堂事記》、《烏臺筆補》、《玉堂嘉話》，并其餘雜著，光明正大，雅健雄深，皆出於仁義道德之奧，裨益政務，有關風教，足爲一代之偉觀。故追贈制詞有云：“觀其遺書，蓋抱經綸之志；詢夫成迹，豈徒黼黻之才。惟先朝著蔡之是稽，繫後生斗山之所仰。”其子太常禮儀院司直公孺，編類成書，計一百卷，字幾百萬。家貧不能播刊，無以副中外願見之心。翰林國史院已嘗爲言，未蒙定奪。若依祕書少監楊桓《六書統》、郝奉使《文集》例，具呈都省移咨江浙或二西行省，於學田子粒錢內刊行，昭布諸路學校，以示後進，非唯儒風有所激勵，實彰聖朝崇儒之盛事也。　　具呈照詳得此，送據禮部。呈照到郝文忠公例，著述《陵川文集》十八冊、《三國志》三十冊已經具呈都省，於江南行省所轄儒學錢糧多處，就便刊行去訖。本部議得翰林學士王秋澗《文集》，合准監察御史所言，比依郝文忠公例，移咨江浙行省有儒學錢糧內，就便刊行。相應具呈照詳，得此照得郝文忠公《文集》，已咨江西行相委官提調如法刊畢，各印二十部裝褙完備，咨來去訖，今據見呈。今將秋澗王文定公《文集》隨此發去都省，合行移咨，請照驗依上施行須至咨者。

　　右咨江浙行中書省

　　先考文定公人品高古，才氣英邁。勤學好問，敏於製作。下筆便欲追配古人，騰芳百代，務去陳言。辭必己出，以自得有用爲主。精粹醇正，非他人所可擬。自其弱冠，已嘗請教於紫陽、遺山、鹿菴、神川諸名公。愛其不凡，提誨指授，所得爲多。及壯，周旋於徒單侍講、曹南湖、高吏部、郝陵川、王西溪、胡紫山之間。天資既異，師問講習者又至，繼之以勤苦不輟，致博學能文之譽聞於遠近。其後五任風憲，三入翰林，遇事論列，隨時記載，未嘗一日停筆。平生底蘊雖略施設，然素抱經綸，心存致澤，桑榆景迫，有志未遂。一留意於文字間，義理辭語愈通貫精熟矣，故學者以正傳名家推尊之。既捐館，公孫編類遺蘽爲一百卷，字幾百萬，咸謂學有餘而不盡其用者，則其言必大傳於後。奈家貧無力，不能刊播，言之盡傷，若牸牸在疢，恐一旦溘先朝露，目爲不瞑矣。延祐己未歲冬，季孫苛方任刑曹郎官，走書于家，取其遺文云：朝廷公議，先祖資善府君，平生著述光明正大，關係政教，嘗蒙乙覽，致有宏益，當移江浙行省給公帑刊行，以制中外願見之心。公孫聞之不勝欣躍，因念韓文公爲唐大儒，學者仰之如山斗，其文集自唐至宋歷二百年之久，賴柳如京之賢，方刻版本流傳於世。先君去世，今纔十五寒暑，特蒙朝廷表揚如是，實爲希闊之遇。於以見聖朝崇儒右文之美光賁千古矣。延祐七年庚申正月載生明男王公孫百拜叙書於后

　　翰林承旨文定王公，衛之名儒，秋澗其號也。從游遺山、鹿菴、紫陽、神川四先生之門，講貫漸磨，深造閫域。語性理則以周、邵、程、朱爲宗，論文章則以韓、柳、歐、蘇爲法。才思泉湧，下筆輒數千言，星回漢翻，韶鳴鳳躍，千變萬狀，可駭可愕，文中巨擘也。學古入官，歷歷清要。内而金馬玉堂，外而多冠繡斧。所至有令譽，雖公務填咽，手不釋卷，耽書嗜古，天性然也。公長子翰林待制紹卿，嘗集公平生所作分爲百卷，題曰《秋澗先生大全文集》，庋藏家塾，

以貽後人。繼而有聞於朝者,取而貫之黃閣。未幾,咨發江浙行省議鋟諸梓,卷帙繁,工費夥,或者難之。庚申冬,檄送本路,俾會學廩之贏以給其用,命出省府,奉行惟謹。矧余與文定居同鄉、姓同氏,視公猶父行,承乏嘉禾,幸獲覯公之遺文,又安敢不用情耶? 迺命郡博羅君應龍任其責,學錄余元第專董其事,仍委蘭溪州判唐泳涯校正,擇諸生中能書者重爲繕寫,以授刊者,工役甫見次第,余適叨廣東憲節之命,秣馬就道,遂書此以畀禾學,刻之卷末云。昔至治改元重光作噩歲清和月古衛王秉彝謹序

33·2　楚國文憲公雪樓程先生文集三十卷　明洪武刊本

元程鉅夫撰 奉直大夫秘書監著作郎男大本輯錄 翰林侍講學士中奉大夫知制誥同修國史同知經筵事門生揭傒斯校正 前有《元史》本傳,附錄一卷,年譜一卷。闕卷五至卷七三卷,抄補。

自古帝王之興,必有宏毅任重之士應時而出,以綱維正論,扶植善類爲己事。由是人才以多,國是以定,而治具張矣。我世祖皇帝混一天下,於時大司徒程文憲公初至京師,以重臣薦。召見便殿,敷對稱旨,上給筆札使之條陳。公一揮數千言,言皆切當。上大悦,即擢實詞垣,尋俾以風紀之任。公感知遇,知無不言,排擊大姦,靡悼後患。立朝三十餘年,立胄監教條,徵南中遺逸,頒貢舉程式。凡國家斯文之事,悉自公倡議焉。非宏毅任重之士,豈能及於是哉? 公之爲文,以氣爲主。至於代播告之言,偉然國初氣象,見於辭令之間,故讀公之文者可以知公之事業也。夫氣寓於無形,其有迹可見,政事、文章二者而已。其間涵蓄之深,培養之厚,以之爲政而剛明,以之爲文而渾灝,惟程公有焉。公之子著作郎大本編輯公文將畢而卒。孫少府世京繼迺父之志,始克成之,屬予爲叙。余誦公之文,知公之行,有過人而不可及者,誠非腐儒俗士之所能也。

爲卷四十五,起制誥、詔諭、册文,終詩、樂府云。至正丙戌夏四月下澣日,翰林學士承旨榮禄大夫知制誥兼修國史後學廬陵歐陽玄序

聲音與政通,文章與時高下。原其理則與氣合,道與時合,要其歸則亦泯然而無間,三代而上醇乎醇者也。漢猶近古。其文則雄偉渾厚,由其氣質未漓,故其發爲聲音者似之。魏、晉以降,剥剖分裂,作者龐乎不醇,豈風氣乖而習弗善與?至唐韓、柳氏出,起弊扶弱,剗垢易新,遂爲後世作者之宗匠。宋盛於前而靡於後,金則無以議爲也。我國家以泰初混龐之氣,開闢宇宙。世祖皇帝合南北爲一家。於斯之時,人物之生辟猶春陽始達,生意奮發。甲者畢拆,勾者畢出。挺英揚葩,駢榮競秀,條達暢茂,滋息雨露而收其實者也。公生於宋淳祐己酉,當我憲宗嗣服前之二歲,至至元丙子江南始平,遂以侍子入見,尋命入翰林,年方壯也。自始識學至于有立,其所以儲精畜思,藏器待時,鬱而未施者,固天所以遺聖明之世,膺作興之運,以恢宏大業,黼黻太平者也。公之文悉本於仁義,輔之以《六經》,陳之爲軌範,措之爲事業。滔滔汨汨,如有源之水流而不窮,曲折變化,合自然之度,愈出愈偉,誠可謂一代之作者矣。初世皇之在潛邸也,已喜儒士。凡天下之鴻才碩德,靡不延訪,招致左右。爰暨即位,乃考文章,明制度,興禮制樂,爲天下法。一時名士彙征並進,文采炳蔚,度越前代。如王文康公鶚、王文忠公磐、李文正公冶、太常徐公世隆、内翰徒單公履之儔,多前金遺逸,皆爲我用。惟公南來,際遇隆渥,逮事四朝,四十餘年,雖出入顯要,而居侍從之列者有半。仕履之久,一人而已。故其謨謀獻納,輸忠盡職,一寓之文,古所謂立德立言而不朽者,公其有焉。今其存者,内外制詞及諸襍文若干篇,詩若干首,樂府若干首,總四十五卷,仲子大本之所録也。烏乎盛哉。公諱文海字鉅夫,後避武宗

御名以字行，雪樓其號云。至正十有四年歲在甲午四月生明前一日，翰林學士資善大夫知制誥同修國史兼太子諭德端本堂事後學李好文謹序

　　嗚呼文章者，天下之公器也。非人力所得而私之，故其存於天地間，歷千萬世而不泯者，殆必有神物以呵護之而能然也。觀夫六籍之書，嘗遭秦火，而藏於孔壁者，傳以迄今，詎偶然乎？洪武辛未秋，盱江程潛致其仲兄淳之言，來南豐邑庠告從吉曰："先曾祖文憲公有文集四十五卷，實先大父祕書公之所編輯，而揭文安公之所校正者。先君子集賢公嘗請教授許先生叔異繕寫以藏，至正甲申，持入燕京。承旨歐陽文公、平章諭德李公咸爲之序。戊戌冬復囊以浮海至閩，暇日與文安公子僉憲公泑重定爲三十卷，癸卯歲刻於建陽市，僅成前十卷。值戊申革命，劉氏之肆兵燹失焉，幸已印行，其後廿卷未刻。庚戌秋先君子攜以歸盱江，未暇再刻也。世運隆平，捐貲遣人詣書市，托朱自達氏刊爲全集，列肆以傳，冀其永久。惟是集也，非先君子往返南北，攜以自隨，若止藏於家。壬辰變故靡常，湮淪久矣。茲以繡梓將完，愿子叙其後。"嗟夫，道之低昂，文之顯晦，信有其時。若文憲公之德澤，宜其流於無窮。今其遺文屢厄而獲全，子孫終刻以傳世，則與孔壁藏書而卒暴白者，豈相遠哉？所謂神物呵護之者，不其信歟？則夫文憲公垂名宇宙，歷千萬世而不泯者，又可徵矣。予以丁亥歲入燕，識集賢公於安貞賜第，繼交公長子源。聯領秋闈流寓，書薦上春官俱不偶，浮沉南北，今四十餘年，復與潛會於南豐，獲覯文憲公之全集，何其幸耶？凡程氏之繼志述事，朱氏能成人之美，俱可書也。故不讓而記其實於卷末。至於文憲公之出處事業、功德文章，則有《元史》本傳及諸鉅公序述碑贊，不敢復聲。是歲日南至前貢士宜陽彭從吉拜書

　　文章之盛與世運相關。立德立言之士，秉心中正，涵融乎混元

之氣，出逢其時，吐詞發義，非有蹈襲，自然成一代之言矣。有元楚國程文憲公，當至元之間特起東南，作爲文章脫略宋季靡陋之弊，振起乎作者之風。其始也，大廷召見，答問稱旨，即解武職轉任館閣，一時被遇之隆，蓋異數也。公之文雄渾雅則，叙事詳密，鋪張正大，議論恢宏。昭晰如青天白日，雍容如和風慶雲。故其揄揚至治，黼黻皇猷，天下之士翕然歸之，思有以企及於其後焉。制詔見代言之懿，國史備述作之工。公卿大夫碑版題品，得一言者如獲拱璧。然求其敷布運用，一皆發乎積中之蘊，有仁義道德以爲之本故也。在朝幾四十年，入居翰林集賢，商議中書，出司風紀，因侍從以獻替，議立胄監條約，定設科舉程制，陳利病，論權姦。行部四方，則肅厲方岳；薦拔遺逸，灼灼乎忠誠之心。文章政事，相爲表裏，又可見矣。公之早歲，受學於族祖徽菴先生，與吳文正公爲同業。徽菴得石洞之傳，以上探考亭、濂洛之緒。公之學有淵源，德廣氣充，宜其一出而與興運相符也。嗟夫，公一言而當世信重之，必也流傳於後世矣。今其全集行於世者，揭文安公之所校正，起制誥，止樂府，凡三十卷。公之曾孫潛重刻梓成。清朝適徵其集，欲備乙覽，亦既送官矣，潛復屬釗序之。斯文也，不待傳而無不傳之于永久。因其文而知其學，襲其德美，論其世，其豈小補也乎。公之行事，載諸信史，備於碑贊，世稱雪樓先生云。洪武二十有九年龍集丙子春三月甲子，前貢士後學江陵熊釗謹序

　　右文集三十卷，謄寫始於至正癸卯之春，書市余通父筆也。前十卷刻而復燬，後二十卷寫而未刻。洪武辛未春，以印本寫本併刻於朱氏之肆。甲戌冬，郡邑奉禮部陶字二百二十九號勘合，坐取是集以補書府之闕籍，越明年春梓成，遂備楮，先印送官，於是贖行四方。始終相其事者，嘉禾唐彥清也。曾孫潛請於邑庠訓導李叔鈞、吳嗣宗與同志之士校讎畢，遂記其後云。洪武二十八年上巳日謹識

33・3　清容居士集五十卷　舊抄本

元袁桷撰　後附謚議王瓚撰、墓誌銘蘇天爵撰

王肄跋永樂丙申

33・4　周此山先生詩集四卷　舊抄本

元周權撰

風雅頌不作,詩之變屢矣。大抵與世相爲低昂,其變易推也。近世爲詩者,言愈工而味愈薄,聲愈號而調愈下。日煆月煉,曾不若昔時閭巷美刺之言①。世德之衰,一至於此哉。我國家以淳麗雅大之風丕變海內,爲治日久。山川草本之間,五色成文,八風不姦。士生斯時,無事乎文章而其言自美,況以文章而歌詠雍熙之和者乎?此山周先生自括蒼來京師,訪予靈椿寓舍,與語竟日,知能爲詩,因索其所作觀之,何其言之藹如也。夫志得意滿者,其辭騷以淫;窮而無所寓者,其辭鬱以憤;高蹈而長往者,其辭放以傲。先生懷材抱藝,盍有意於用世。既而托跡邱園,不見徵用,且老矣。今考其詩,簡澹和平,無鬱憤放傲之色,非有德者能如是乎?傳曰"溫柔敦厚,詩教也",先生可謂有溫柔敦厚之德矣。予官橋門七年,凡四方文字當程校者,莫不與寓目焉。嘗疑山林間必猶有可觀者未之見也,此詩蓋山林之魁壘而予所未見者乎?故閱之不能去手,因爲選其最佳者得若干首,題爲《此山先生集》云。登仕郎江浙等處儒學副提舉陳旅書

詩有經緯焉,詩之正也;有正變焉,後人傳益之說也。傷時之失溢於諷刺者,果皆變乎?樂府基於漢,實本於詩。考其言皆非愉

① "美刺"原作"刺草",據《此山詩集》改。

悦之語。若是則均謂之變矣歟？建安、黃初之作，婉而平，羈而不
怨，擬詩之正可乎。濫觴於唐，以文爲詩，韓吏部始。然而春容激
昂，於其近體猶規規然守繩墨，詩之法猶在也。宋世諸儒一切直
致，謂理即詩也，取乎平近者爲貴，禪人偈語似之矣。擬諸採詩之
官誠不若是淺。蘇、黃傑出，遂悉取歷代言詩者之法而更變焉。音
節凌厲，闡幽揭明，智析于秋毫，數殫於微眇①，詩益盡矣止矣，莫
能以加矣。故今世作詩者咸宗之。括蒼周君衡之，磊落湖海士也，
束書來京師，以是編見贄，意度簡遠，議論宏深。法蘇、黃之準繩，
達騷、選之旨趣。歷覽名勝，長歌壯吟，亦皆寫其平生胷中之耿鬱。
至於詞筆，尤爲雅健。讀之亹亹忘味，誠有起予者，乃知山川英秀
之氣，何地無奇才。感歎之餘，因書此以贅其卷首。延祐六年閏八
月庚申，前史官會稽袁桷書

　　括蒼周君此山，初以四明袁文靖公薦選預館職。君雅志沖抱，
垂成而歸，乃得肆力於詞章。所爲樂府、歌行，大篇小章，古律近
製，衆體畢具，往往多可頌之句。頃國子生葉敬常携其編詣予評
之。予愛其無險勁之辭，而有深長之味；無輕靡之習，而有春容之
風。因謂敬常曰："周君其溫然有德之士乎？"他日君乘小車來過
予，體充而氣龐，神腴而言揚。此其蓄於内者厚，發於外者閎，若合
符契。或曰："能詩者不必有德，有德者不必能詩。君於周君以何
因言而知人若蓍蔡耶？"予曰：不然。古之人聞樂以知政。詩與樂
同出一。初皆感於性情而動於聲音者也。因詩以知人，蓋文士之
通技也。抑予不獨因是以知周君之平生，且有以觀世尚矣。宋、金
之季，詩人高者不必論。其衆人之作，宋之習近骫骳，金之習尚號
呼，南北混一之初猶或守其故習，今則皆自刮靡而不爲矣，世道之

----

①　"微眇"原作"章亥"，據《此山詩集》改。

日趣于盛矣乎？雖然，昔者子貢問子石"何不學詩"，曰："父母求吾孝，兄弟求吾悌，朋友求吾信，何暇哉？"子貢曰："損吾詩學子詩矣。"若周君則有是三者而從事於詩者也，其孰能過之。因志予之說於是。元統二年八月初吉，翰林直學士中憲大夫知制誥同修國史廬陵歐陽玄序

僕既序，復見詩集留莆田陳君處。陳爲之精選又倍神采焉，僕因致點校之助於其間云。歐陽玄識

此山詩不但簡澹和平，而語多奇雋。予爲校選，故能深知之也。比翰林袁學士以其才堪充館職，力薦諸朝。吾恐此山不能遂肥遯之樂也。旅又書

括蒼周此山詩若千首，故翰林學士侍讀袁公伯長，謂其意度簡遠，議論雄深。今翰林直學士歐陽君原功則謂其無險勁之辭，而有深長之味；無輕靡之習，而有春容之風。浙江提舉陳君衆仲又謂其簡淡和平，語多奇雋。三君子之言皆信於世，則君之詩信可以傳矣。予友翰林修撰宋顯夫裒集中統至元以來之詩，特選其精者，手自繕寫，已踰數千篇而猶採摭未已，期他日鋟梓以傳。予欲求此山此集示之，而衆仲之官餘杭，攜其詩稿與俱往，周君亦將歸括蒼矣，則顯夫之所集者，猶有滄海遺珠之一恨也。周君其肯録以寄予乎？翰林侍制中順大夫兼國史院編修官謝端跋

余近從國子先生陳君衆仲讀所作周君衡之詩集序，恨未見其詩與其人。後月餘，衡之并攜故袁文靖公伯長、今歐陽翰林原功所爲序見予樂道里，且以詩見貽，適余在公未還。及讀三家所爲序及其詩，益恨不及見其集與其人。然以三家所稱，雖不及見而其人之賢、其集之可傳可見矣。夫詩道之在天下，其正如日月星辰，山川草木鳥獸，其變如風雲雷電，龍騰虎躑，豈難知哉？在盡其常，通其變而已，惜不得與衡之共論之。元統二年九月二十日揭傒斯書

自予去班行退栖田里，清事廢而鄙吝生，固已久矣。過姚江，葉君敬常留止官署，見周君衡之古近體詩一大編案間，因取日讀盡卷，喜其體裁深妥，音節清邁，亟問而得其人閱其序篇，猶故友袁文靖公居京師所在也。當文靖在兩院時，予亦竊紆朝跡，不知予何以不得遂識衡之而與之極論詩道哉。衡之諸詩，中朝顯人題品具在，奚俟余言？獨惜婺括壤地相連，馬牛之風可及，有士如衡之而予不獲與之周旋上下，以自附於韓孟龍雲之末，予滋愧焉。因識之卷末，寓神交之意。至元五年冬十有二月五日東陽柳貫書

33·5　申齋劉先生文集十五卷　抄本

元劉岳申撰　門人蕭洵德瑜校正　番易費震振遠編次

廬陵，文章詩書之鄒、魯也。斷自歐陽公而下，春容大雅、鳴琚佩玉者有之，刻削峭厲、鼠眼澗耳者有之。琳琅炳煥，磊珂奇傑，或同時競秀，或殊世儷美。在有元國，初時猶聞有相頡頏以甲乙數者。近至四五十年之間，則唯申齋劉先生昂然獨步一時，無所與讓。當時在朝諸老，如草廬吳公相知最先且厚，虞、揭諸老亦相與推敬，恨不及相挽，入直館閣。四方齎糧執贄而來請者，足相躡於庭。由是而先生之文日益富矣。先生學問根據切實，故其文思深遠；閱涉積久，故其文氣老成。好持論，論古今事變，人品高下，確然不可易，故其文辭簡而盡，約而明，峻潔修整而和易暢達，決不肯厠一冗語，贅一冗字，以自同衆。人與人文，至有一言而足以得其終身者。此先生之文之大略也。先生之文多至千餘篇，遭世亂蕩，失過半。其門人蕭洵德瑜日夜捃摭編校，將以刻諸梓而無其材。於是吉水郡侯番易費君振遠慨然領之，期以梓成，當寘諸郡庠，使四方之聞者見者，知廬陵文章一代之統系在此。而德瑜復來請予文爲序，且謂予嘗侍教於先生，先生極知愛，予宜不可辭。因念予

之生也後數十年，又遠隔江湘數百里，不及見廬陵先輩諸老而猶以得見先生爲幸。先生每見予，輒舉老杜好心事真顔色之句爲予誦之，予亦每念不忘。今也何幸，復見先生文章之有傳哉。先生與客坐談笑，又常好舉先輩諸老言論行事及其肖貌舉止，一一可敬可慕。故予私竊自幸，以爲予雖不見廬陵先輩諸老，見先生如見諸老焉。後之來者雖不及見先生，見先生之文章如見之諸老焉。德瑜之請不可辭，費侯之美意不可泯，故爲述之，亦因以寄予懷云。雲陽李祁序

蕭洵跋曰：先生之文，深於道而高古要妙。自歐陽子以來，遂得其宗。當時先後詞林諸老皆爲之推讓，若臨川吳文正公嘗三薦於廟朝，卒終老下寮，無代言一日之責。或者爲可恨。先生嘗謂東坡生前富貴，死後文章語極痛快，蓋文章果足以傳世行後，不患世無知者。此先生之志也。洵昔嘗受教門下，蹉跎暮色甚矣，無能爲先生之役矣。因與一二同志，於喪亂後得遺藁什一。荷州之賢侯費君振遠梓成而列於學宮，庶幾以俟後之來者。四方君子苟有先生之文，未載兹集，尚希惠寄，以備一家之言。斯文幸甚。

33·6　貢文靖公雲林詩集六卷　明弘治刊本

元貢奎撰　後附行狀李黼撰、神道碑銘馬祖常撰

陳嶷序洪熙元年

范吉刊板序弘治庚戌

33·7　憲節堂惟實集八卷附錄二卷　舊抄本

元鷺溪劉鶚楚奇先生著　男遂尊賢述　尊武輯。

有客攜廬陵劉鶚詩一袠來，予觀之，五言七言、古體五言七言、近體五言七言、絕句凡六體，無一體不中詩人法度，無一字不合詩

家聲響。夫人之才各有所長，學詩者各有所從。入唐、宋以來，詩人求其六體，俱有者亦希，如之何不爲之嘉歎。觀詩竟，觀諸人序引，而又知鶚之早慧。年二十已能詩。北走燕、趙，南走湖、湘等處，廣覽山川風俗，以恢廓其心胷耳目。志氣卓犖不羣，詩之不凡也宜。卷首一序，乃其大父桂林翁所作，年過期頤，訓其孫作詩貴實，蓋知作詩作文之要領，且謂當推此實於言行，則其學識知所根底，非但文士見趣而已。世之訓其子孫而能若是者幾何人哉。聞翁九十有五，時人以衛武公日誦《抑》詩自警之事美之，武公固未易及，然《抑》之詩曰"斯言之玷，不可爲也"，又曰"相在爾室，尚不愧於屋漏"，其慎言慎行至矣。翁以實其言行貽孫謀，殆比武公之意，與劉氏祖孫壽而德、少而才一家有二瑞焉。天之厚於其家必有由也。翁字叔正，長吾父三歲，今一百有二。鶚字楚奇，與吾諸子之年相後先，今三十有六。予喜翁之壽，敬之如吾父；嘉鶚之才，愛之如吾子。於是書此而授之客，以遺劉氏。泰定乙丑八月，翰林學士吳澄書

　　詩原諸性情，非漫然而作也。性發乎情則言，言出乎天。真情止乎禮義，則事事有關名教，所謂《關雎》好色而不淫，小雅怨君而不亂，豈非以發乎性情而止乎禮義者歟？三百篇後有《離騷》，亦詩之變也。而屈子之《九歌》、《九章》等作可以追十五國風。何哉，以其去古尚未遠耳。漢、魏、晉五言猶爲近古，至唐變而爲近體，若陳拾遺之感寓，李供奉之清新俊逸，亦變而不失其正者。迨至杜少陵，勃然振興，光焰萬丈，可謂集詩人之大成，而忠君愛國之誠，往往發於咏歌，如《曲江》《杜鵑》《北征》諸什，情有所觸，感慨係之，故雖光怪瓌奇，千彙萬狀，所賦各殊，而知爲少陵之意。李長吉之窮幽極遠，獨抒所見，而不出於長吉之心。故吾論楚奇之作，高處在陶、阮之間，非拘拘於文辭言，以性情言之也。其大父貴實

之説,乃作詩之要,爲學之本,古今之通議。非余之所云云者,余本所賦而言之也。所賦不同,所造自異。能移其所賦之偏而歸之性情之正,惟學者能之。以楚奇無所賦之偏而有所學之正,其詩至此,不亦宜乎。至順三年五月,翰林院直學士、朝列大夫揭傒斯書

桂林翁百一歲時,喜其孫鶚之遠遊而能詩也,親爲序其稿,而以實之一字訓之,能詞章華也,慎言行實也,因愛以致教,使斂華而就實也。溫柔敦厚,使其孫油然有得於其間。人之樂有賢父兄如此。臨川先生天下師表,謂桂林之年與其父相若而敬之如其父,謂鶚之年與其子之年相若而愛之如其子,尚齒貴德,固君子之事也。鶚既能文矣,苟無以承其大父詩道貴實之訓,亦何以得此於先生之言哉。余嘗聞諸《孟子》之説曰:“誠身有道,不明乎善,不誠乎身矣”。能以作詩之實,推而至於言事行道、君親朋友之際,無一而不體桂翁之言,吾知其有進於斯乎。鶚字楚奇,與予同客都門。既讀其詩,六體皆善,信如臨川先生之言。此固桂林翁素知其孫者也。翁去世已久,楚奇進思其德,故余又得推桂林臨川屬意之所在而發明之,遂書其詩稿之後云。翰林學士、奎章閣侍講學士虞集伯生書

湖廣儒學副提舉劉君楚奇有詩一集,乃祖桂林翁年一百一歲爲之序,曰“詩道貴實,乃有佳處可傳”。旨哉,斯言。非期頤老人平生悟道於詩,體驗極至,出其至蘊以授其至親言,豈至是哉。《禮記》載孔子之言曰“情欲信,辭欲巧”。予幼受讀至是,私謀諸心,謂斯言雖未必出於聖人而實切於詩。今之爲詩者,情患不信,故其辭不誕而戾於事,即僻而窒於理,求其雅以正,麗以則,何可得也? 擬騷者失於怨而無據,擬樂府者失於蕩而忘返。此無他,無情實故也。予嘗執此以言詩,世之工詩者不知信。晚得桂林翁貴實之言,犁然有當於素志。及觀楚奇作,辭氣深妥,境趣一真,所謂佳

處可傳者真如乃祖之訓,宜表而出之,以爲後學刻意於詩者之勸云。應奉翰林院、資善大夫、知制誥同修國史、學士歐陽玄讚并書

　　予聞永豐劉氏有百歲老人,將就見而往拜之。入門見一翁可六七十,不知即老人也。一門羣從森然,亦不知孰爲楚奇也。其後數年,楚奇以老人銘屬筆於余。余既銘老人,愛楚奇。楚奇有奇氣,不知其能詩也。又數年相見於維揚,楚奇將之燕,而予不果,如遼陽,亦未嘗與論詩也。又十年,楚奇以京畿漕幕來歸,過余出其詩,大抵平易圓熟,而馳騁之態,崎嶇之氣,有不可繫而羈者,有不主故嘗自不可掩,抑何其能也。予愧焉。玩臨川先生序,稱其"六體俱善"。評詩之中,寓有敬老憐才、有廣孝慈之意。楚奇得此,復何求哉!余愧不知楚奇,亦由楚奇自負不眩,本不求知於人,其能詩良有以也。予嘗謂自古江淮財賦給天下大半,而世罕南士無一有取爾也,如楚奇者又何罕焉。雖然,子益慎重自愛,毋忘乃祖之訓,毋負臨川之望。里生劉嶽申撰

　　劉虬序_{永樂二十一年}

　　周孟堅序_{洪熙元年}

33·8　馬石田文集十五卷　_{元至元刊本}

　　元馬祖常撰　後附桐鄉阡碑_{虞集撰}、神道碑_{許有壬撰}、石田山房記,爲附錄一卷。闕卷六至卷八三卷,抄補。

　　皇帝聖旨裏江北淮東道肅政廉訪司,照得近准本道廉使蘇嘉議牒。洪惟聖代,治安百年,當有奇才,表儀羣士。其謀論,足以裨益國家;其詞章,足以黼黻皇猷。人雖云亡,文不可泯。伏覩故資德大夫、御史中丞、知經筵事馬祖常,系出西州之舊族,生爲中朝之偉人。迨夫延祐隆儒之初,首登貢舉甲科之選。擢拜御史,彈射柄臣。左官開平,幾枉遭其毒害;屏居淮甸,幸得際於休明。遂代言

於北門，摛詞獨推其典雅；及進官於南省，取士皆稱其至公。一佐薇垣，贊畫機務；四入柏府，振肅憲綱。俊髦由是而薦揚，風化以之而淳厚。遵大體而略苛細，務實學以抑浮華。日邇清光，屢橫經於廣內；時承異數，親賦詩于御前。斯維儒者之遭逢，宜傳其文於永遠。擬合照依左丞王結例，鈔錄遺文於淮東路學，刊板傳布。豈惟見科舉得賢之多，實足彰國家右文之盛。牒請照驗施行。准此照得先奉御史臺劄付據監察御史呈，切見故中書左丞、文忠公王結，博聞强記，淹貫經史。蓋由沉潛道義之既篤，歟歷臺閣之有年。故其著述綽有淵源，可以追配前哲，模範後人。本官位終宰執，嘗在憲使。如蒙比依學士元明善例，將所著文集移文江淮，拘該學校錢糧內刊行，傳布於世，不惟不負其才，抑且有補風教。具呈照詳得此，憲臺合下仰照驗依上施行，承此，看詳御史中丞馬資德所作文章，遠擷班、馬之英華，近接姚、元之步武。如准廉使蘇嘉議所言刊板印行，誠可範模其後生，又能裨益於世教。申覆御史臺照詳去後，至元五年九月二十九日，承奉憲臺劄付仰依上施行。承此，中丞馬資德，其家見居光州憲司，合行故牒，可照驗差人抄錄本官《文集》，委自總管不花中議，不妨本職提調刊印，仍選委名儒子細較讐無差，發下本路儒學，依上刊板，傳布施行。先具依准牒呈須至牒者

　　牒件今牒揚州路總管府照驗故牒

　　至元五年九月日

　　故御史中丞馬公諱祖常字伯康，系出西裔。延祐初設科舉以兩榜取士，公應河南鄉貢，及會試俱冠右榜，時已稱公有文學，初非以高科致儒名。公志氣修潔而筆力尤精詣，務刮除近代南北文士習氣，追慕古作者。與姚文公燧、元文敏公明善實相繼後先，故其文詞簡而有法，麗而有章，卓然成家。其在禮部爲尚書，在中書爲

叅議,在御史臺爲治書侍御史中丞,在樞密爲副使,累階要官。自奉清約,讀書刻厲,如始學者,雖一話言不苟。及以病歸終於家,大夫士之聞者無不悼惜。嗚呼,篆鐘編磬,淡乎其韻;璠珉盪琫,栗然其光。質古而文益奇,以之考律吕之和,資佩服之華,皆用於宗廟朝廷之上者也。詩曰“惟其有之,是以似之”。公實有而似焉。公之家世勛閥,具《國史》及《墓碑》。太原王守誠與趙郡蘇天爵,在游從中感知尤多,故爲序其《文集》。至元五年己卯九月丁巳,中議大夫御史臺都事王守誠序。

　　文章何與乎天地之運哉。元化之幹流,神氣之推盪,凡以之而生者,則亦以之而盛衰焉。吾嘗觀於禮與樂矣,升降揖讓,周旋裼襲之容;屈伸俯仰綴兆,繁瘠廉肉之節,文之著也。而樂山天作,禮以地制,禮樂不曰天地之文乎?昔者聖人之以禮樂爲天下也,治與運會,文從而生焉。世之爲文章者,蓋亦有出於此而已矣。漢、唐之治不及三代遠甚,而其人之述作乃或有治古之風者,亦幸而際夫天地之運之盛也。趙宋鉅儒載道之書與歐、曾、王、蘇數子之文,君子於是有所徵矣。而其運往治弛,則凡以文鳴者,皆靡然若緒風之泛弱卉也。我國家龍起朔漠,運符羲軒,淳厖大雅之風於變四海。士大夫爭自奮厲,洗濯舊習。至仁宗時遂以科目取天下之士而用之。浚儀馬公伯庸褒然以古文擢上第,聲光煜如。清河元文敏公謂其所作,可以被筦絃,薦郊廟。天馬、寶鼎諸作,殆未之能優也。公早歲吐辭,即不類近世人語言。古詩似漢、魏,律句入盛唐,散語得西漢之體。嘗謂人學詩文,固貴有師授,至於高古奇妙,要必有得於天。吾未嘗有所授而爲之計所嘗師者,往往爲近世人語言,吾故自知吾之所爲者非繇有所授而然也。蓋公以英特之資,而涵毓於熙洽之世,自決科以來踐敭清華。至爲御史中丞,其所際者盛矣。則其文章又豈繇有所授而然哉?國家且益崇禮樂,以對天地之景運。能言之士幸而際乎斯時，則其所著當益有可觀者。而美盛德之形容以昭天地之至文，則亦有賴於若人之爲者，而公不可作矣。淮東憲使趙郡蘇伯修甫彙公文藁若干卷，將鋟梓以行于世。適旅至廣陵，乃使綴一言於編端。伯修在成均時，公以監察御史試國子生，得其所試《碣石賦》，嗟賞不置。伯修以學行政事致位通顯，非徒以文知名，獨不能忘昔之嘗知己者，風誼之篤可以愧澆俗矣。旅光州人而生于甌粵。延祐中公以襘事入閩，歸而告諸朝之公卿大夫士曰：“閩中有陳旅者，可與言文事也。”則公亦旅之知己者矣。追念曩日與公晤言，至夜分不休，約他日還浮光，爲我結屋，並石田山房，暮年數往來相歡。今則不然，乃執筆序公遺文於空江落木之間，俯仰人世，不知涕泗之橫流也。應奉翰林文字、從仕郎同知制誥、兼國史院編脩官陳旅序

　　昔者仁宗皇帝臨御天下，慨然憫習俗之於文法，思得儒臣以圖治功，詔興貢舉，網羅英彦。故御史中丞馬公首應是選，入翰林爲應奉文字，與會稽袁公、蜀郡虞公、東平王公，以學問相淬礪，更唱迭和，金石相宣，而文日益奇矣。未幾，擢拜御史，劾權貴人擅弄威福，遂罷相位。久之，其人再竊政柄，左遷公尹縣開平，實欲深中傷之。公退耕浮光之野，泊然不以介意。權貴人死，復入翰林爲待制，遷直學士，訓誥誓命，溫厚典則，有西漢風。在禮部爲尚書，兩司貢舉選士，專求碩學，崇雅黜浮。至順天子親見郊廟，祼獻禮文，多公裁定。及爲臺臣，端重正大，百辟鎮肅，議論廊廟，有關於治體。一時薦拔，皆重厚清慎之士。公少嗜學，非三代兩漢之書不讀。文則富麗而有法，新奇而不鑿。詩則接武隋、唐，上追漢、魏。後生爭慕效之，文章爲之一變。公之先出雍古部族，世居天山。殆入中國數世，宦學不絶，至公位益光顯。嗚呼，我國家龍奮朔土，四方豪傑，咸起而爲之用。百戰始一函夏，干戈既輯，治化斯興。而

勛臣世族之裔,皆知學乎《詩》《書》六藝之文,以求盡夫修身事親,
致君澤民之術。是以列聖立極,屢降德音,興崇庠序,敦延師儒,非
徒爲美觀也。至于仁皇始欲丕變其俗,以文化成天下,猗歟盛哉。
觀公治行卓偉若此,則祖宗取材作人之效,豈第文辭之工而已。雖
然,非此無以表公之蘊。公既没,其從弟察院掾易朔出公詩文若干
篇,合天爵所藏共若干卷,請于中臺刊諸維揚郡學。嗚呼,覽者尚
能考公之行也夫,及識愚之悲也夫。至元五年己卯冬十一月朔,嘉
議大夫、江北淮東道肅政廉訪使趙郡蘇天爵謹序

33・9　道園學古錄五十卷　明景泰刊本

元雍虞集伯生撰　目錄後有重增目錄,嘉靖本散入各卷不另列。所
增詩文散入各卷末,或元本所無而鄭達增入者歟?

鄭達重刊序景泰七年

33・10　雍虞先生道園類稿五十卷　明人抄本

元虞集撰　《學古錄》世多有之,《類稿》則不之概見。所載詩
文多有出《學古錄》外者。錢氏《補元史藝文志》載《類稿》,不著
卷數,或未見全書歟? 末有"門人吳彤編類,門生重喜胡式點對,
臨川袁明善戈直重校"三行。

斯文與造化功用相彌綸,國家氣象相表裏。故文人生於世有
數,文章用於世有時。斯言若夸,理實然也。皇元混一之初,金宋
舊儒布列館閣,然其文氣高者崛強,下者委靡,時見舊習。承平日
久,四方俊彥萃於京師,笙鏞相宣,風雅迭倡。治世之音,日益以盛
矣。于時,雍虞公方同翔胄監容臺閒,吾鄉有識之士,見其著作法
度謹嚴,辭指精覈,即以他日斯文之任歸之。至治天曆,公仕顯融,
文亦優裕一時。宗廟朝廷之典冊,公卿大夫之碑板,咸出公手,粹

然自成一家之言。山林之人，掖逢之士，得其贈言如獲拱璧。公之臨文隨事，酬酢造次天成。初無一豪尚人之心，亦無拘拘然步趨古人之意。機用自熟，境趣自生。左右逢原，各識其職。故自其外觀之，如深山穹林，葱蒨鬱蓊，莫測根柢。鉅野大澤，汪洋澹泊，不爲波濤試刿其中。則日月之精，凝結歲久，皆成金龍虎珠之氣，變化時至，即爲風雲。孰能窮其妙也哉。太史夏臺劉君伯温蚤歲鼓篋，從公成均，及爲江右肅政使者，近公寓邑，乃哀公之文，將傳諸梓。書來京師，屬玄爲序。玄惟李漢於昌黎，子瞻於廬陵，皆能知而能言者。走豈能爲前人役乎？第於公有世契，生平敬慕公之文，以附著姓名爲幸。又高劉君政事之暇，敦篤風誼如是，遂不敢辭而爲之序。至正六年二月翰林學士承旨榮祿大夫知制誥兼修國史歐陽玄序

皇帝聖旨裏江西湖東道肅政廉訪司，准本道廉訪使太中牒。嘗謂文以載道，匪尚空言；制作之興，有關時運。三代遠矣，兩漢猶爲近古。八代之衰，文益弊而道益晦。唐昌黎韓愈以天挺之資，出而名世，後學仰之，如泰山北斗。欽惟我聖元區宇光大，治化休明。時運之盛，亘古所無。而任制作之重，亦必有其人焉。伏覩前翰林奎章學士、資德大夫虞集，閥閱名家，久居禁近，以文章道德黼黻皇猷。後韓子而繼出者，士論有所歸矣。其所著詩文若干卷，前福建閩海道廉訪副使幹玉倫徒已嘗命有司鋟梓，然字畫差小，遺逸尚多。撫州路乃本官寓閒之地，如蒙移文本路詳加編録，大字刊行，豈惟可以爲法後學，實足以彰國家制作之盛。牒請照驗施行，准此，看詳學士虞翰林所著文章，詞華典奧，追唐韓柳之風；體制精嚴，紹宋歐蘇之作。俾鋟諸梓以傳世，實足模範于將來。如准廉使太中所言，允符公論。爲此憲司合行故牒，可照驗委自正官提調，選委名儒子細校讐無差，發下本路儒學依上刊板施行。先具依准

牒來須至牒者

　牒件今牒撫州路總管府照驗故牒

　至正五年五月日

　憲司牒文具錄如右。切惟監憲公嘉惠後學，表章斯文。憲使憲副憲僉諸公道同志，合相與署牒，刻之臨川郡學。而憲幕經歷東平司圉執中知事河中張君允中、照磨保定崔君文翼，協贊以成其美焉。惟賢人君子會合於一時，俾昭代文章永貽於百世，猗歟盛哉。撫州路總管詹天麟，經歷黃天覺謹識。

33·11　道園遺稿六卷　元刊本

元雍虞集伯生撰　闕序目及一二兩卷，抄補。

　故奎章閣侍書學士蜀郡虞公《道園學古錄》，其季子翁歸與公門人之所編。今建寧板行者是也。書始一出，如景星鳳凰，士爭先覩之為快。而湖海好事者復輯公詩，另為一編。然與《學古錄》所載時有得失。予意其蒐葺已無遺憾，近於一二士友間，每見公詩文，皆公所親筆，較之二集中多所不載，然後知公之篇章在世，不能無遺佚者。予外姪克用，公之諸孫也，好古嗜學，蚤夜不倦。聞士友間有公詩文輒手編成帙，如是者累年，積其所得凡七百餘篇皆板行，二集所無者，遂分類編次為六卷，附以樂府，題曰《道園遺藁》，屢欲刊之而未能也。近克用假館於吳江之金君伯祥家。伯祥之先君子樂善公，至治間嘗識公於吳，蓋平日之所欣慕而樂道之者。克用偶出是編，伯祥亟命鋟諸梓，觀其所好可以知其為人矣。噫，昔虞公南來，予以總角獲拜公於錢唐。予從叔祖母家氏博涉書史，嘗手書《蓮經》一部。一日出以示公，公不勝渭陽寒泉之思，至賦七言古詩，辭極淒愴，且手跋於後者垂數百言。今二集既不錄，而予又不能追憶以附克用集中，可勝歎哉。然觀克用所編，凡公平日之雄詞健句，膾炙人口者，悉以收入，則其所遺者僅一二，而克用之用心尚未已也。予嘉克用之用心，伯祥之好事，且因其請而爲識於篇端云。至正己亥夏五望眉山後學楊椿序

　　自昔文章家著述之盛，其集有内外、前後、續別之分，蓋由其體製有同異，歲月有蚤暮，故其編纂彙次之法各有所存。然其文之可傳者，雖片言半簡皆不得而棄置，又復有所謂拾遺者也。國朝一代文章家，莫盛於閣學蜀郡虞公。公之詩文曰《道園學古錄》者，其類目皆公手所編定，天下學者既已家傳而人誦之矣，然其散逸遺落者，猶不可勝計也。其從孫堪乃爲博加討訪，積累之久，得古律詩七百四十一篇，而吳郡金君伯祥爲鋟諸梓。是編之傳，其殆所謂拾遺者乎？予嘗獲執筆從公之後，而竊誦公之詩，以謂國朝之宗工碩生後先林立，其於詩尤長者如公及臨江范公，蓋不可一二數也。學者讀乎是編則知其殘膏賸馥，所以沾丐後人者多矣。今公已不可復作，予是以三復是編而爲之永慨也，抑公平生所爲文無慮餘萬篇，今《道園錄》中所載不啻十之三四而已。然則并加討訪而使之盡傳焉，豈非堪之志而予之所深望者乎？是故昌黎之集成於門人，河東之集託於朋友，惟廬陵歐陽公之集，其嗣人能致其力焉。若堪之汲汲於此，其亦可謂無媿於歐陽氏矣。堪字克用，一字勝伯好學有文，能世其家。而公之行能官伐已具於歐陽内翰所爲碑銘，兹不著。至正二十年正月十日金華黄溍序

　　先叔祖學士虞公詩文有《道園學古錄》、《翰林珠玉》等編已行于世。然竊讀之，每慮其有所遺落。凡南北士夫間輒爲蒐獵，求之累年，始得詩章七百餘首，皆章章在人耳目，及得之親筆者，蓋懼其以僞亂真，故不敢不爲之審擇也。惟先叔祖鴻文鉅筆著在天下，家傳人誦，其大篇大什諸編蓋已得其八九，此蓋拾遺補缺，庶免有湮没之歎。方類聚成編，以便觀覽，而吾友金君伯祥乃必用壽諸梓，

以廣其傳，命其子鏐書以入刻。伯祥之施，不其永耶。外有雜文諸賦，尚有俟於他日云。至正十四年五月甲子從孫堪百拜謹識

33·12　揭文安集十卷　舊抄本　菉竹堂藏書

元揭曼碩俟斯著　前有《元史》本傳，後附録遺文四篇，首頁有"葉氏菉竹堂藏書"印記。

右揭文起《上李秦公書》，止《劉福墓志銘》，共五十七首，今廣州所刻，題曰"揭文粹"者是也。此文楊文貞公家本題曰"續録"，蓋公嘗録文安他集，此則續得之，多能補他集之闕，但不知其何從録得也。惟文安遺文在人間者尚不少，茲用虛紙四十番於此文之後，偶有一遇，當亦録附焉。成化丁亥歲八月十二日涇東道人識

王氏手跋曰：《揭文安集》十卷，歲已丑得於崑山葉氏，後有文莊先生名號、圖記，意謂文莊時舊本，每焚香讀一過，即什襲而藏。歲壬辰初夏，搆書於甫里之高陽氏，丹臣許兄慨然出揭集眎予，乃以繭綿紙紅格書寫，紙墨俱古，校對文目與予藏本無異，共計九十一葉。獨不分卷帙，書頭多改字，後有文莊親筆跋語，因録增此集之後，復假歸細校，改注增損計二百一十有三字。蓋丹臣壻于葉，故揭集亦得之葉，乃知丹臣之書爲葉氏初本。此本蓋校後復録，亦文莊時物也。初本又有白紙，別録雜文四首並鈔附後。康熙壬辰蓮涇後學王聞遠識於孝慈堂

33·13　揭曼碩詩集三卷　影寫元刊本

元揭俟斯撰　門生前進士夒理溥化校録　目録後有"至元庚辰季春日新堂印行"一行。錢氏《補元史藝文志》有《揭俟斯詩》三卷，當即是本。孫慶增、席玉照俱有印記。

愛日精廬藏書志卷三十四

集　部

別集類

34・1　黃文獻公集二十三卷　影寫明正統補刊本

元黃溍撰　卷一至三曰"初稿"，卷四至十曰"續稿上"，俱題"臨川危素編"。卷十一至十六曰"續稿中"，題"門人王禕編"。卷十七至二十三曰"續稿下"，題"門人宋濂、傅藻同編"。合二十三卷。伏讀《欽定四庫全書總目》云"危素所編本爲二十三卷，今未見"，則傳本之稀可知。杜桓後序云"《黃文獻公集》刊置學宮，垂及百年。正統丁巳，學燬於火。教授王君樂孟從烈焰中挾文集板出，得弗燬。既而檢閱，闕板百餘。金華縣大夫余侯捐俸刊補"云云。此本從正統補刊本影寫，中多闕文，異日當以元刊殘本補之。

天地之氣，日新而無窮，文辭亦與之無窮。蓋其升降翕張，俯仰變化，皆一神之所爲。神也者，形之而弗竭，用之而彌章。氣之樞，文之所圍也。成周而上，六藝興焉①。《禮》不同乎《春秋》，《春秋》不同乎《詩》，《詩》不同乎《書》，《書》不同乎《易》。成周

———————

① "焉"字原缺，據《文獻集》補。

以下，諸家言雖不能如經，亦各以所學鳴，龍門則異於河汾，河汾則異於昌黎，昌黎則異於廬陵，廬陵則異於伊洛。夫豈欲騁異哉？文與氣資神以生，其勢則然也。近代自寶慶之後，文弊滋極，唯陳腐之言是襲。前人未發者，則不能啟一喙。精魄淪亡，氣局荒靡，漸焉如弱卉之汎緒風，文果何在乎？逮入國朝，羣工疊出，□華而踐樸，革澆以趨真，爛然五色之文照耀於天下。沿至先生，號爲極盛。先生之所學，雖其本根則師羣經，揚其波瀾則友遷固①。沉浸之久，超然有會於心。嘗自誦曰文辭各載夫學術者也②，吾敢爲苟同乎？無悖先聖人斯可已。故其形諸譔述③，委蛇曲折，必罄所欲言。出用於時，則由進士第，教成均，典儒臺，直禁林，侍講經幃，以文字爲職業者殆三十年。精明俊朗，雄蓋一世，可謂大雅弗羣者矣④。今之論者，徒知先生之文，清圓切密，動中法度⑤，如孫吳用兵，神出鬼没，而部伍整然不亂⑥。至先生之獨得者又焉能察其端倪哉。於戲，蹏涔之水，其流不能尋尺⑦，通河巨海則涵浴日月。一朝而萬變，土鼓之聲其聞弗及。百武迅風⑧，驚霆則振撼萬物，衡縱上下，無幽而不被。此無他，神與不神也。文辭之出，與天地之氣相爲無窮，奈何不河海風霆之若而規規蹏涔土鼓間，果誰之過也？上而六藝，下而諸家，言所倡雖有大小之殊，其生色之融液⑨，

---

① "友"字原缺，據《文獻集》補。
② "各載"二字原缺，同前。
③ "譔述"二字原缺，同前。
④ "可"字原缺，同前。
⑤ "度"字原缺，同前。
⑥ "整"字原缺，同前。
⑦ "尋尺"原缺，同前。
⑧ "武"字原缺，同前。
⑨ "融液"二字原缺，同前。

至今猶津津然,是誠何道哉? 學者尚以是而求先生也。先生薨後之五年,家藏日損齋藁共二十五卷,縣大夫胡君惟信恐其没,亟取鋟梓以傳,①謂濂嘗從先生學,俾爲之序。濂也不敏,何足以知先生? 追念疇昔,侍几杖華川之上,先生酒微酡,歷論文辭,原乎學術,每至數百言。自顧於道,無聞溺志。汗漫無根之域②,不足上承明訓,方將刻厲,别去陳腐,以振華英,而九京不可作矣③。俯仰今古,能無感乎? 姑誦所聞,以書於篇端。若先生所以擅一代之盛者④,則不待序而後見也。先生諱溍字晉卿,姓黄氏,婺之義烏人。其官序行業具見臨川危公所撰神道碑銘,兹不著。門人同郡宋濂謹序

杜桓補刊後序正統戊午

34·2　金華黄先生文集殘本二十三卷　元刊本

元黄溍撰 臨川危素編次 番易劉耳校正　原四十三卷,今存卷一至十三,卷二十二至三十一,合二十三卷。

翰林侍講學士《金華黄先生文集》總四十三卷,原刊改作三十一卷,據《貢玩齋集》改正。其初稿三卷,則未第時作,監察御史臨川危素所編次。續稿四十卷,原刊改作廿八卷,據《玩齋集》改正。則皆登第後作,門人王生、宋生所編次也。先生之文章,刮劘澡雲,如明珠白璧,藉以繚綺。讀之者但見其光瑩而含蓄,華縟而粹温,令人愛玩歎息之不已,而不知其致力之勤,用心之苦也。故其見諸朝廷簡册之紀載,山林泉石之詠謌,無不各得其體而極其趣,以自成一家之言,不既甚盛矣乎。余嘗論之,文章與世運同爲盛衰,或百年或數

---

① “鋟”字原缺,同前。
② “域”字原缺,同前。
③ “京”字原缺,同前。
④ “盛”字原缺,同前。

十年輒一見焉。先生當科目久廢之餘，文治復興之日，得大肆力於
爲已之學以擅名于海内，雖其超見卓識有以異於人，其亦適值世運
之一盛也耶？譬諸山川之風氣，草木之華實，息者必復，悴者必榮，
蓋亦理勢之必然者。夫豈偶然而已哉？先生領延祐甲寅鄉薦，先
文靖公實爲考官，於師泰有契家之好。其後同居史館，又同侍經
筵，文誼爲尤篤。比廉問閩南，過金華，得先生之集於王生，故叙而
授之三山學官，俾刻梓以惠來學。先生登進士第，授將仕郎，台州
寧海縣丞，歷石堰場監運，諸暨州判官。浮沈州縣幾二十年始入翰
林應奉文字，尋丁外艱。除服改國子博士，居六年，以太夫人春秋
高乞外補，遂提舉江淛儒學。年六十有四，竟辭禄歸養，以中順大
夫、秘書少監致仕。及終太夫人喪，年已踰七十矣，復被召爲翰林
直學士兼經筵官，陞侍講學士，中奉大夫，同知經筵事。數告老不
許，久迺得謝去。今年七十又九，猶康强，善飲啖，援筆騁馳如壯歲
云。至正十五年十月既望，朝散大夫福建閩海道肅政廉訪使宣城
貢師泰序

　　錢氏手跋曰：曩在都門，從友人許借讀《黄文獻公集》十卷，乃
明仙居張儉存禮删本，病其去取失當，而附筆記、碑狀、諡議於第七
卷末，尤乖剌不倫。兹於吴門黄孝廉蕘圃齋見元槧《金華黄先生
集》不全本，紙墨精善，始快然莫逆於心也。考宋景濂撰公行狀，
述所著書有《日損齋初稿》三卷、《續稿》三十卷、《義烏志》七卷、
《筆記》一卷。此編排次，自卷一至卷三十一，《初稿》三，《續稿》
一至廿八，雖無日損齋之名，其爲一書无疑。但闕《續稿》十一至
十八、廿九至三十耳。貢師泰序稱，《初稿》臨川危素編次，《續稿》
門人王生、宋生編次。所云王、宋二生即子充、景濂也。而每卷首
但列臨川危素名，蓋太樸在元季負重名，王、宋皆後進，不敢與抗行
也。行狀云《續稿》三十卷，今貢序云廿八卷，蓋作僞者洗改，痕迹

宛然。廿八必三十之譌，并《初》《續稿》爲三十三卷耳。癸丑九月
錢大昕識

34·3　圭齋文集十六卷　抄本

元歐陽元撰　　宗孫銘鏞編集

宋濂序

34·4　順齋先生閒居叢稿二十六卷　抄本

元蒲道源撰　　男蒲機類編　　門生薛懿校正

故贈秘書少監順齋先生蒲公既没，仲子御史君機哀輯遺文，曰
《閒居叢稿》者爲二十又六卷，以授潛，俾序之。《孟子》曰"頌其
詩，讀其書，不知其人可乎?"是以論其世也。按公行狀，公生而岐
嶷，卯歲就學，強記過人。未成童已通經大義，弱冠文聲籍甚，諸老
多折行輩與之交。逮乎立年，復以濂洛諸儒之説倡於漢中[1]，而漢
中之士，知有道德性命之學。蓋公之求端用力，務自博以入約，由
體以達用，真知實踐，不事矯飾。而於名物度數，下至陰陽、醫藥無
不究其精微。教人具有師法，大抵以行檢爲先。而窮經則使之存
心靜定，而衆透於言語文字之外。郡縣長吏或有所取正，亦必引以
當道而行其所無事。臨終却藥弗御，飲酒賦詩，夷然而逝。由是觀
之，則公之爲人可知也。粤自國家統壹宇内，治化休明，士俗醇美，
一時鴻生碩儒所爲文，皆雄深渾厚而無靡麗之習。承平滋久，流風
未墜。皇慶、延祐間，公入通朝籍，以性理之學施於臺閣之文，而其
文益以粹，譬如良金美玉，不俟鍛鍊琱琢而光輝發越，自有不可掩
者矣。時上新即位，方嚮用儒術，設科目，以網羅四方之賢俊。而

---

① "復以"二字原缺，據《文獻集》卷六補。

御史君以公在班，列之日策，名於昕陛，士大夫咸以爲榮，論其世則太平極盛之際也。滒浮湛州縣，白首登畿，忝以非才，承乏胄監，實在公去官十有五年之後。無從接聞緒論，兹幸獲以疵賤之氏名自附於公，是用忘其衰朽荒落而序其梗概如右。後之攬者論其世而知其人，則於公之文思過半矣。公諱道源字得之，系出漢蒲將軍，至晉安西大將軍遂避亂入蜀，而宋資政殿學士贈太師楚國公宗孟居眉之青神，公之皇考贈禮部郎中諱政午①，又以國初徙興元。公嘗爲郡學正，終更絕口不言仕進，晚以遺逸徵詣京師，編摩史館，供奉詞林，尋以博士教國子。居歲餘，輒自引去。詔起公提舉陝西儒學，訖不就，後用御史。君貴以有今贈。其年壽、卒葬與言行之詳，壙有誌，神道有碑，兹不贅述焉。至正十年冬十月二十四日，前史官金華黃溍序

34·5　吳禮部文集二十卷附録一卷　抄本

元吳師道撰

34·6　傅與礪文集十一卷附録一卷　舊抄本

元傅若金撰　弟傅若川次舟編刊

文章之興也，觀之《六經》可概見。迨後之作者，或善於叙述，或優於論議，往往以偏長見稱。矧詠歌之辭，必聲韻之叶，而音節之諧，又非徒貴於辭達，宜兼之之難也。自昔鉅儒若唐之韓、柳，宋之歐、蘇、王、陳，元之虞、揭，於文與詩皆兼精焉。由其學之富，才之全，是以能人所不能而名高於一世。吾郡之先輩傅君與礪，希古之鉅儒而有合焉者也。其官止於廣州文學，卒之年纔踰四十，而文

---

①　“皇考”原作“考皇”，據《文獻集》卷六改。

章之譽著海内，蓋其天才過人，學識超卓。范太史德機先生居百丈峰之下，自少承其口傳者爲多，迨遊燕都，縉紳先生既咸獎飭，而諸公大人願見惟恐後。其才優禄薄，固時所共惜。君既卒後，詩文俱嘗刻之，捧其詩乃范、虞、揭三先生爲之叙，流傳於四方也久矣。君之弟次舟以後進願見之多而舊刻不存，乃取而重刻之，且續刻其文，屬寅爲之序。寅自弱冠遊鄉校，見君所爲《觀瀾賦》，固已知其名，敬其爲傑士，且與君同邑生，又同歲月。而君之才名播京師，結交海内士，寅屏跡巖谷，窮居以老，乃竟不識君，然所以知君者亦深矣。其爲文春容而雅暢，質不失之俚，贍不失之浮，固宜與詩歌並傳，無愧於古之兼美者。君子觀之，當知愚言之非妄也。洪武甲子歲冬十月蒙陽梁寅叙

34·7　瓢泉吟稿五卷　文瀾閣傳抄本

元朱晞顏撰

前輩教人靜坐，正欲使學者於靜處下工夫。設不得已處，事物應酬狎至之際，有所搖奪，將遂成間斷乎？天下之理，散在事物，觀於靜未若觀於動，求於簡未若求於繁爲得也。爲詩亦然。退之嘗謂吏人休白事，公作送春詩，鄭五作相亦謂詩思在灞橋驢子上，此猶戲語。若孟東野喜平陵水木幽深，每坐石上吟哦，至暮迺歸，曹務盡廢，則詩與事果判爲二矣。謀於野則獲，於邑則否。以禪諶一人之身，心隨境遷，智愚懸絶，又不可曉。豈東野之詩亦求之於野乎？朱晞顏年甚少，篤志於學。大夫多從之遊。顧其居近市，蓋廛隱也。坌塲之蓬勃，里巷之喧啾，車馬之呃塞，日旁午於前，而晞顏方乃挾册危坐，若擺落世事，初不介意。然其親承賓友，泛應曲當，未嘗廢事，亦未嘗違俗，而詩輒成軸，紙長三過，讀之愈出愈奇。擬古則不失古人作者之意，詠史則能得當時之情。至於他詩，各有思

致,大抵老蒼雋健,尤非近學所能窺,俗情所能泪,良可喜也。予謂晞顏儻能於事物應酬之際,嘗存主靜之心不爲外奪,則此理卓然,隨在而見,亦隨在而有得。何莫非學,學進則詩益進,他日又當求之於此軸之外。庚子夏五月十日陵陽牟巘序

鄭僖序曰:瓢泉朱君曩仕予鄉州,交分相得也。當是時,君之才氣銳甚,自謂天地間風月無盡藏,平章在我,化裁在我。故日以詩歌與騷翁墨客相頡頏不厭。二十年餘,復胥會於錢唐,而其氣益銳,詩益奇。其騫騰迅邁,如大鵬遇風之脱氛埃也;其連軒清警,如舞鶴出林之引圓吭也。人所于我獨紆餘。由是知坡老所謂昌其詩不如昌其氣者益信。君嘗丞長林,醮事麗茸,窾導棼疏,日就成緒。乃能與李君五峯恣覽雁蕩山,瓌容瑋狀,倡和彪休。風雲協其律呂,煙霞爲之澄廓。於時運使本齋王公方巡际其所職也,改容禮貌之,無操約鐫譙意。其在江西事尤劇,吟詠不廢。以是知君之才周於世用,不獨昌於詩而已。至其爲文,規繩古制,不事浮靡。《麴生》《菊隱》二傳尤爲奇贍幽蔚,又不獨昌於詩而已。予嘗觀吳草廬先生爲其先翁墓表,稱君"能詩能文,有猷有守,可爲良吏,爲聞人",蓋紀實云。

34·8　番易仲公李先生文集三十卷
明永樂刊本　季滄葦藏書

元李存撰　前有墓誌銘危素撰,末附虞集答書一編,卷首有"季振宜藏書"印記。

鄱陽先生李仲公,蚤歲聞道,其學得聖人傳心之精微。與祝蕃遠、舒元易、吳尊光三君子遊,並生其時,志同而行合,人號"江東四先生"云。先生之道,吾不得而知也。渾渾乎千古之在吾前也,浩浩乎萬古之存吾後也。而先生以一心貫之,吳文正所謂"陸子

之學如青天白日，皦然不可昧”者，至先生而驗乎。予嘗謁先生，先生年幾七十，耳目聰明，神氣以完，真有道者也。見予，方繳纏訓詁，爲解乾坤《易》簡，予因是有省先生之道，其大者既如此，其於文辭，鑿鑿乎菽粟布帛之可服啖乎生人，溫醇若經輩，視韓、歐無意於工而不能不工。爾時之作者，言談性命而不知文字之體，或循蹈規矩而忽忘義理之實。兼是二者，千百無一二焉。獨先生之文精深而切近，高古而渾全。天球古圭，不足象其溫且栗也；奔泉流水，不足爲其峻且清也。譬諸造化生物之亭蓄有未易識其端倪者歟？先生嘗誨人曰：“《六經》三代之文，漢、唐可以無作；漢、唐之文，後世可以無言。”嗚呼，知言哉。先生没，嗣子卓網羅放失，得先生之文凡若千篇，爲若干卷。將畀諸梓以幸後世，俾予爲文序其概。先生、予師也，卓、予畏友也。予何敢以固陋辭拒？抑學者非少知先生之道，則亦不能讀先生之文也。先生之文，道溢而言從之也。洪武癸丑諸生宜黄凃幾謹序

　　徐旭序<small>永樂三年</small>

　　王和序<small>同上</small>

　　鄒濟序<small>同上</small>

34·9　滋溪文稿三十卷　舊抄本

元蘇天爵撰

《滋溪文稿》三十卷，江浙行中書省叅知政事趙郡蘇公之文，前進士永嘉高明臨川葛元哲爲屬掾時所類次也。初國家既收中原，許文正公首得宋大儒子朱子之書而尊信之。及事世祖皇帝，遂以其說教胄子，而后王降德之道復明。容城劉公又得以上求周、邵、程、張所嘗論著，始超然有見於義理之當，然發於人心而不容己者，故其辨異端闢邪說，皆真有所據而非掇拾于前聞出處進退之

間。高風振於天下而未嘗決意于長往,則得之朱子者深矣。當是
時,海內儒者各以所學教授鄉里,而臨川吳公、雍郡虞公、大名齊公
相繼入教成均,然後《六經》聖賢下學上達之旨,縷析毫分之義,禮
儀樂節名物之數,修辭游藝之方,本末精粗,粲然大備。蓋一代文
獻,莫盛于斯,而俊選並興,殆無以異於先王之世矣。若夫得之有
宗,操之有要,行乎家鄉邦國而無間言,發於政事文章而無異本者,
抑亦存諸其人乎。公世儒家,自其早歲即從同郡安敬仲先生受劉
公之學。既入胄監,又得吳公、虞公、齊公先後爲之師。故其清修
篤志,足以潛修大業而不惑於他岐;深識博聞,足以折衷百氏而非
同於玩物。至於德已盛而閑之愈嚴,行己尊而節之愈密,出入中外
三十餘年,嘉謨偉績,著于天下。而一誠對越,中立無朋,屹然頹波
之砥柱矣。其文明潔而粹温,謹嚴而敷暢。若珠璧之爲輝,菽粟之
爲味。自國朝治化之原,名公卿賢大夫士德言功烈,與夫儒先述作
閫奧莫不在焉,而浩然刪修之志未有止也。初官朝著即爲四明袁
公伯長、浚都馬公伯庸、中山王公儀伯所深知。袁公歸老,猶手疏
薦公館閣。馬公謂公當擅文章之柄於十年後,而王公遂相與爲忘
年友。夫豈一日之積哉。昔者漢、唐七百餘年,惟董仲舒、韓退之
辨學正誼。庶幾先生遺烈而尚論政理,則莫如賈太傅、陸宣公。宋
文學特盛,而士大夫之間不曰明道希文,則曰君實、景仁,抑未知三
公之視程夫子何如。是故公平居教人,必以程子爲模範,而力求在
己,不務空言,則從事於聖賢之道,而審夫得失之幾也明矣。故汸
以謂讀公之文則當求公所學,而善論學者又必自其師友淵源而推
之可也。至正十一年十有一月辛未日南至諸生新安趙汸謹書

34·10　蛻菴詩四卷　明洪武刊本　文瑞樓藏書

元張翥撰　衡山釋大杼北山編集

　　嗚呼,詩豈易言也哉。大雅希聲,宮徵相應,與三光五嶽之氣並行天地間,一歌一咏,陶冶性靈,而感召休徵,其有關於治教功亦大矣。然自刪後至于兩漢,正音猶完。建安以來,寖尚綺麗而詩道微矣。魏、晉作者雖優,不能兼備諸體。其鏗鍧軒昂,上追風雅,所謂集大成者,惟唐有以振之,降是無足采焉。逮及于元,靜修劉公復倡古作,一變浮靡之習。子昂趙公起而和之,格律高深,視唐無媿。至若德機范公之清淳,仲弘楊公之雅贍,伯生虞公之雄逸,曼碩揭公之森嚴,更唱迭和於延祐、天曆中,足以鼓舞學者而風厲天下,其亦盛矣哉。河東仲舉張公生於數君子之後,以詩自任五十餘年,造語命意,一字未嘗苟作。至正丙午春,其方外友盧陵北山杼禪師,以公手藁選次而刊行之,來徵言為序。余猶記公之言曰:“王者迹熄而詩亡,詩未嘗亡也,而所以為詩者亡矣。善賦之士,往往主乎性情,工巧非足尚。蓋性情所發出於自然,不假雕繪。觀公之詩,知公之所畜厚矣。春空游雲,舒歛無跡,此其冲澹也;昆侖雪霽,河流沃天,此其渾涵也;灝氣橫秋,華峯玉立,此其清峭也;平沙廣漠,萬馬驟馳,此其俊邁也;風日和煦,百卉競妍,此其流麗也。寫情賦景兼得其妙,讀之使人興起,誠為一代詩豪矣。”顧余譾材,何足以鋪張盛美。然託契於公非一日,而又重北山之高誼不得辭,姑僭序之,以冠篇首云。豫章沙門釋蒲菴來復序

　　右潞國張公詩集若干卷,盧陵沙門大杼北山之所編集也。先是潞公於元季多故之際薨于燕都,由其無後,北山為之經紀葬事。未幾,天兵北伐,燕都不守,北山取其遺藁歸江南。凡選得九百首,將刊板以行于世。或有問於余曰:“北山釋之有道者,宜視身為外物,而乃汲汲於故人詩集,得非未能遺情乎?”余謂之曰:至人不遺情,古之高僧猶不能免。如梁慧約以苦行得道為帝王師,而哭其亡友甚哀,至賦詩曰“我有兩行淚,不落三十年;今日為君盡,併灑秋

風前"。北山念潞公無後，平日交友，又皆異世淪謝，懼其泯没無傳，故仗義而爲之。然亦何害於道？其與約之情則一也。當元統甲戌間，余識潞公于金陵，後會于燕都、于錢塘，蓋三十餘年，固非一日之好。觀北山斯舉，豈能無動于中？謹書卷末如此。若潞公之詩名，震耀海内，不俟余之稱美，故弗論。洪武十年冬天界善世禪寺住持天台釋宗泐

34·11　蜕菴詩五卷　抄本　從子謙姪藏舊抄本影寫

元晉寧張翥仲舉著　分卷序次，均與洪武刊本異。五言古詩《堂堂》一首、五言長律《題玉山》詩一百韻、七言古詩《古促促辭》、《北風行》、《螢苑曲》諸編，洪武本俱闕。案來復序云，"北山杼禪師以公手蕙選次而刊行之"，則洪武所刊爲選定重編之本，此或其原帙歟？

34·12　栲栳山人詩集三卷　抄本

元岑安卿靜能著　後學宋元僖重編
宋元僖序

34·13　貢禮部玩齋集十卷拾遺一卷　舊抄本　宋氏賓王手校

元貢師泰撰　前有《玩齋先生紀年録》朱鑕撰，卷九《重修定水教忠報德禪寺之碑》曰"寺舊有兩大桂茂甚，宋廬陵"下闕，宋賓王從活字本校補四十一字；曰"麟公住山日。嘗製其花爲香以遺誠齋楊公。公答以五詩，有'天香來月窟'之句。師因扁其坐禪之室曰天香"以下仍闕，賓王跋云"欲訖全文，當求善本。或於《浙江通志》、《慈溪志》中求之。"蓋賓王特未見天順刊本耳。今天順刊本藏子謙姪處，取以校勘，"因扁其坐禪之室曰天香"下尚闕五百六

十九字，亟爲録補，始獲完善。設賓王當日得見此本，其愉快當何如耶？

沈性刊板序天順癸未

先輩論詩，謂必窮者而後工。蓋本韓子語，以窮者有專攻之伎，精治之力。其極諸思慮者，不工不止。如老杜所謂"癖躭佳句，語必驚人"者是也。然三百篇豈皆得於窮者哉？當時公卿大夫士，下及閭夫鄙隸，發言成詩，不待琱琢而大工出焉者何也？情性之天至，世教之積習，風謡音裁之自然也。然則以窮論詩道之去古也遠矣。我朝古文，殊未邁韓、柳、歐、曾、蘇、王，而詩則過之。郝、元初變未拔於宋，范、楊再變未幾於唐。至延祐、泰定之際，虞、揭、馬、宋諸公者作，然後極其所摯。下顧大曆與元祐，上踰六朝而薄風雅，吁亦盛矣。繼馬、宋而起者，世惟稱陳、李、二張，而宛陵貢公則又馳騁虞、揭、馬、宋諸公之間，未知孰軒而孰輊也。公也，余爲通家弟兄，每令評其所著。如"東南有佳人，嶰谷有美竹"，深得比興；："日入柳風息，芙容生緑水"，遠詣《選》體；厚倫理如"風樹春暉"；樹風操如《葛烈女》、《段節婦》、《李貞母》、《陳堯妻》；感古如《蒼梧》、《滕閣》；紀變如《何決》《蘇臺》；論人物如《耕莘》《蹈海》；遊方之外如《子虚道人》、《楊白花》；吳中曲有《古樂府遺音》、《國字黄河》，可補本朝闕製。其他所作固未可一二數。此豈效世之畸人窮士專攻精治而後得哉？蓋自其先公文靖侯以古文鼓吹延祐間，公由胄學出入省臺，其風儀色澤，雍容暇豫，不異古之公卿大夫。游於盛明，故其詩也得於自然，有不待琱琢而大工出焉者此也。公年尚未莫，氣尚未衰，而尤嗜問學不止。今爲天子出使萬里外，他日紀録爲風爲騷，入爲朝廷道盛德告成功，爲雅爲頌，又當有待於公者，豈止今日所見而已。編是集者爲其高弟子謝肅、劉中及朱鐩也。别又爲公年譜云。公字泰父，號玩齋，學者稱爲玩齋先

生。至正十九年秋九月九日會稽楊維禎序

玩齋貢先生昔授經宣文閣下，僕時始至京師，以諸生禮見，得執筆墨承事左右。凡先生之著作，無不飫觀而熟味焉。門人豫章塗穎、會稽何昇嘗爲輯録成編，列卷數十。侍講金華黄公、宣慰武威余公、御史臨川危公皆爲之序。其後先生以使節廉問閩海，僕適從以來南，暇日輒竊録其歌詩數百篇，藏諸篋笥。門生酉穆泰、陽綱、桂郁、鄭貫等請刻梓以傳。嗚呼，詩道至宋之季，高風雅調，淪亡泯滅，殆無復遺。國朝大德中始漸還於古，然終莫能方駕前代者，何哉？大率模擬之迹尚多而自得之趣恒少也。閒嘗觀諸二三大家之作，猶時或病之，況其他乎？先生之詩，雄渾而峻拔，精緻而典則，不屑屑於師古而動中乎軌度，不矯矯於違俗而自遠於塵滓。才情周備，聲律諧和。斯蓋所謂自成一家之言者也。胡可掩哉？若夫朝廷之制作，金石之紀載，則具有全集在焉。至正乙未冬十又一月壬午朔門人邯鄲趙贇書

《玩齋詩集》者，中書户部尚書宣城貢先生之所作而其門人謝肅、朱鑕所彙而萃之者也。先生蚤侍先文靖公，遊京師，入胄監，而聲華赫然，爲六館諸生之冠。當是時，文靖方在朝而諸先生若草廬吳公、松雪趙公、四明袁公、巴西鄧公、清河元公、雍虞公、石田馬公、豫章揭公、廬陵歐陽公，先後以道德文章鳴海内，而先生遨遊其間，講明論議，涵濡漸漬，所得者深，所蓄者大。其學該博而閎衍，其識高明而超卓，其才瑰奇而雄偉，其氣剛大而振發。故其於詩也，得乎性情之正，止乎禮義之中，博而不冗，約而不嗇，直而不倨，切而不泥，舒而不緩，奇而不險，深而不晦；優柔而不迫，和平而不躁①，雄放傑出而不蕩以肆。如江河盪潏而莫測其涯也，如風霆變

---

① "和"字原缺，據《玩齋集》補。

化而莫見其迹也，如雲霞卷舒出没，晻靄千態萬狀而莫可名言也，誠所謂一代文章之宗匠者矣。用壬曩歲辱在翰林，先生時爲兵部侍郎，閒出平生所爲詩文亡慮數千百篇，謹受而讀之，欲爲次其簡編以成一家之言，而亦得託名於不朽，則先生以都庸使者持節南邁而不果矣。其後，用壬以使事還江東，遭時孔艱，流離顛沛，聲迹之邈不相聞者且數年。今年春，先生將漕閩、廣粟，道出海昌，值海上有警而遂留居焉。用壬日陪杖屨，散步林皐，從容進曰：“先生昔所示文若詩，敢請以畢前志。”先生喟然嘆曰：“自喪亂以來，圖書散失，吾文藁之所存者十亡一二。今吾老矣，追思盛年之所作，殆不可復已。然吾胸中之耿耿者猶在，雖孤客遠邁而感時撫事，未嘗不形之詠歌也。”因發篋中所藏，前後得四百餘篇，披閱數四，於是知先生之學益至而識益遠，才益廣而氣益充，非仁義道德之素積于中，歷困窮患難而不動其心者，安能若是也哉？亟欲類之成帙。適有校藝江浙之行，又不果。既歸，則其門人謝肅已序次之矣。惜乎，用壬不能輯録於未散失之前，而肅也迺能掇拾於已遺落之後，非惟有愧於先生而亦有愧於肅矣。然而肅是編之成，獨非用壬之志之所存乎，用敢序于篇端。至正十九年秋八月望日諸生桐川錢用壬謹書

至正五年春，宣城貢先生以翰林供奉出爲紹興推官，而文聲政譽，赫然傾動乎東南。東南之民，既德之士而志於學者，亦皆爭出門下，惟恐在後。於時肅年尚少，沉伏下里，雖不獲仰承緒風餘論，往往聞大夫士有誦先生詩若文者，則必録而識之，以自致其忻慕之心焉。又六年，肅始就學郡庠，則先生已去郡值朝，修黜陟之法，而大臣有薦先生在紹興治理爲兩浙第一者，遂以召復入史館矣。自是，參贊經筵，司業國子，以敭歷於省臺之閒，而治聲大振，播於人人，聞於朝廷。朝廷之倚任日益以重，而海內之人識與不識咸望先

生之大用。於時也，如肅者既抱其忻慕之心，至是則重自歎①曰：
“先生今天下人豪也，肅安得一受指教以足平生之志願哉？”又八
年春，肅以游學來杭，適先生退自政府，始得謁拜於吳山舍館。先
生受而不拒，列於弟子員後，使十餘年欣慕之心，一旦傾寫，庸非幸
歟？未幾，朝廷詔先生以户部尚書，總漕閩、廣，道出海昌。值海上
有警，因留居於州之北門凡七閲月。而先生起居食息之頃，肅未嘗
不在侍也。説經之暇閒，授肅以作文賦詩之法。肅既籍記之，復退
取先生詩文之蕙而讀焉。見其名“友迂”者則武威余公序之，名
“玩齋”者則金華黄公序之，名“東軒”者則新安程公序之。其論夫
行於今而傳於後者，何其詳且備耶。然考其卷帙則錯亂無幾。問
之先生，則知皆殘缺遺亡於流離患難之餘矣。亟與新安胡彦舉、錢
唐劉中、海昌朱鐩力加搜訪。或索之記憶，或求之卷册，或録之金
石。得古賦、歌詩、論辨、書啟、記序、表狀、碑誌、贊頌、雜著，凡若
干卷。而學者猶以未之快覩爲慊焉。於是先取詩歌大小三百餘
篇，繕寫成帙，題曰《玩齋詩集》。且復於同志曰，先生之詩本之以
精博之學，發之以雄偉之才，資之以高明之識。備是三者而不苟于
作，故作則沛乎其莫禦。方其意之運也，如老將赴敵，某執弓矢，某
執干戈，某執旗鼓，俾各從其所令。合以正而勝以奇，奇正相因，循
環莫測，而節制斬然不亂。及其辭之措也，如大將作屋，鳩衆工而
聚羣材，某爲梁，某爲棟，某爲椽桷，俾各精于所事。迨夫屋之落而
環視之，則門廡堂室秩乎其序，黝堊丹漆焕乎其文，而莫有見其攻
琢之痕、繪畫之迹者，惟其運意措詞各極其妙，故雖縱横上下、出入
馳騁而萬變不窮也。凡其宦轍所歷，若皇都、上京，大河以北，長江
以南，九州萬里之外。其趨朝扈駕則有際遇之深，恩錫之重；其出

---

① “自”原作“是”，據《玩齋集》改。

使反命則有諮諏之勤,靡及之歎;其孤客遠寓則有游從之適,登臨之勝。是以文物禮樂之光華,民風俗尚之美惡,名都重地之壯觀,與夫忠臣烈士之節概,蠻夷下國慕義而來王者,一切可以形之咏歌則莫不即時而紀事,託物而引興,與從官大臣、文儒逸士相為倡和。而其音節體裁,舉皆清俊奇古,雄渾雅健,有典而有則,固非風容色澤、流連光景者可同日而語也。蓋自風雅以來,能集詩家之大成者,惟唐杜文貞一人而已,繼文貞而興者,亦惟我朝雍虞公一人而已。試以道園所錄合先生是編而並觀之,則未知其孰先而孰後也。雖然,即其詩又烏足以知先生哉? 先生說經必極聖賢之指要,使學者深領其意而後止,為文章必出於己而無愧於古作者,在官政必欲上盡其道而下懷其德,雖古循吏有不及。至于出處大節,俯仰無愧,每謂禹稷顏回同道,而孔明之煩未嘗不與淵明同其靜,此則先生素所自養而窮達一致者也。故或掃室焚香,抱膝危坐,而終日不動。或露晨月夕,宇宙軒豁,則散策海上。逍遥間曠而默識夫造化之妙以自適。其天下之樂則浩然之在胸中者為何如? 而視功名文學直其末事爾,功名文學猶視為末事,矧所謂詩歌者耶? 而肅等汲汲於此,則固弟子之宜為。然先生所作,率多黼黻國家太平之美,迺今編肄於干戈危急之秋,毋亦思治之義也乎? 遂書以為序。十九年夏五月甲子朔門人上虞謝肅拜手謹序

國朝統一海宇,氣運混合,鴻生碩儒,先後輩出。文章之作,實有以昭一代之治化。蓋自兩漢以下,莫於斯為盛矣。當至元、大德間,有若陵川郝文忠公、柳城姚文公、東平閻文康公、豫章程文憲公、吳興趙文敏公,皆以前代遺老值國家之興運。其文麗蔚質奧,最為近古。延祐以後則有臨川吳文正公、巴西鄧文肅公、清河元文敏公、四明袁文清公、浚義馬文貞公、侍講蜀郡虞公、尚書襄陰王公,其文典雅富潤,益肆以宏,而其時則承平浸久,豐亨豫大,極盛

之際也。今天子元統以來，致治爲尤盛，而文學之士至於今，則遂以日繼淪謝而幾於寥寥矣。如廣陽宋正獻公、豫章揭文安公、待制東陽柳公、承旨濟南張公、參政趙郡蘇公，皆不可復作，而承旨廬陵歐陽公、諭德東明李公、侍講金華黃公，雖巋然猶存而亦既老矣。其方嚮任用而擅文章之名者，惟吾宣城貢公乎？公之先君文靖公，在延祐中與諸公齊名。公克承家學，又備游上庠，受業諸公閒。故其問學培植深厚，見於文章者氣充而能暢，辭嚴而有體，講道學則精而不鑿，陳政理則辨而不夸，誠足以成一家之言而繼前人之緒矣。後之欲知一代治化之盛者，此其有不足徵者乎？雖然，公之所表見，不特文章而已，其於政事尤長也。其爲理官治行最列郡，其爲御史所論列皆天下之大務。居夏官則奉詔覈驛戶於北境，司水衡則朝廷復以中原餫饟之事倚之。凡其所至，輒有偉績，不可遽數也。大抵政事文章本一揆也。達事情而號令明，執法度而賞罰久。此政事也而文章豈外是乎？嗚呼，兩漢遠矣，考之唐、宋，論文章則韓文公、歐陽文忠公；論政事則陸宣公、范文正公而已。公之文章實追韓、歐之法，其於政事不猶陸、范之志哉，抑非韓、歐不施於政事而陸、范不著於文章也。就其所長，合而求之，斯爲善論公者矣。夫讀其文，必也論其人；求其人，必也論其世。故禕序公之集，因得以具述焉。公名師泰字泰甫，起家國子學生，累遷官，兩入翰林爲應奉，遷宣文閣授經郎，陞翰林待制，除國子司業，遂爲吏部郎中，拜監察御史。尋陞侍郎，復入吏部。俄遷兵部侍郎，出爲都水庸田使。今遷福建閩海道肅政廉訪使云。年月日金華王禕序

　　余天性素迂，常力矯治之，然終不能入繩墨。矯治或甚，則遂病不能勝。因思以爲迂者，亦聖賢以爲美德，遂任之一切從其所樂，常行四方，必迂者然後心愛之而與之合。凡捷機變者，雖強與之，然心終不樂也，故暫合而輒去。京師天下聲利之區也。迂非所

宜有，嘗陰以求之士大夫之間，得一人焉曰貢泰甫。泰甫故學士仲章君之子，能詩文。少遊太學，有時名。因自貴重，不妄爲進取，有所不可交者亦不妄與交。故吾二人者雖然相得，若魚之泳於江，獸之走於林也。時泰甫爲應奉翰林文字，固多暇者即與聚。盍有蔬一品鱗一盤，飲酒三行或五行，即相與賦詩論文。凡經史詞章，古今上下，治亂賢否，圖書彝器，無不言者。意少適即聯鑣過市，據鞍談謔，信其所如而止。及暮無所止，則與問曰“將何之”，皆曰“無所之也”，乃各策馬還。自古暨今，在公貴人能求賢常少。然自至元初，姦佞執政，乃大惡儒者，因説當國者罷科舉，擯儒士。其後公卿相師皆以爲當然，而小夫賤隸亦皆以儒爲嗤詆。當是時，士大夫有欲進取立功名者，皆強顏色，昏旦往候於門，媚説以妾婢始得尺寸。此正迂者之所不能爲也。因翱翔自放，無所求於人，已而皆無所遇。予既歸淮南，泰甫亦以親嫌辭官歸，除紹興推官，不相見者爲最久。去年太原賀君爲丞相，蒐羅天下人才之有政譽者，而泰甫之治爲浙東西第一，迺得復召爲應奉。余適入朝爲待制，相見益歡，計其別十年矣。吾年少於泰甫，須髮皆白，而泰甫鋭然面紅，白如□出。其別後所爲詩文甚富且大進，益知泰甫真豪士也。夫以士之賢無所遇而淹于下僚，宜其悲憤無聊而不能盡也。顧乃自樹卓卓，以其餘力而致勤於文學，且其貌充然，非其中有所負，蓋不能爾。然則吾泰甫之迂又過我遠矣。夫古之賢士多不兼於文藝。文藝雖卑而世亦貴而傳之者，愛其人故也。不賢者之於文藝，雖極其精，人猶將賤之，亦何以爲也。泰甫忠孝人也，其功名事業當不待文與詩而傳，而況於兼有之耶？余昔與之別，今見其文如此。今又當別去，計相見時，其文又必有過此矣。於其行也，序而識之。年月日青陽山人余闕序

　　方今士大夫號稱文章家多推宣城貢氏，而泰甫其尤秀出者也。

蓋幼聞先翰林公過庭之訓，畚受業太學博士，在朝又得與虞、揭、歐、馬諸名賢游，爵位通顯，故其文章爛然，宏博靡麗，卓邁儁偉。高者可以追配古人，非當時流輩所及也。蓋嘗有《友迂集》，余左丞廷心公序之，又有《玩齋集》，黃太史晉卿公序之，美矣詳矣。今又有《東軒集》焉，徵序于余。夫以先生之文，當時所推重，將不賴二公之序以傳。二公之文章固高一世，猶不賴以傳，況如余之昧昧者乎？是以低回畏避而不敢也。雖然，先生脫吳門之難，棲遲海上者三年，益得肆其問學之功。及丞相迫起之，不得已爲兩浙運使，才志又不得以大展，則抑遏隱忍以就筆研之末，載其道於書，故其陳義之高，屬辭之密，深厚爾雅，又非前日《友迂》《玩齋》之比矣，是不可以不知也。太史之稱虞卿，韓昌黎之論柳子，東坡海外之文，少陵夔州以後之詩，彼皆有所激而進也。余於東軒亦云，東軒在杭之校蓋所寓也，余非敢序東軒之文也，因東軒之文而有感焉，故書之云爾。至正戊戌十月望新安程文書于越之蜀阜僧舍

　　沈性拾遺跋

34·14　燕石集十五卷　抄本

元宋褧撰　　姪太常奉禮郎璣編次　　應奉翰林文字危素校正

　　漢初詩學方興，燕人韓嬰作《外傳》數萬言，史稱其言與齊、魯殊。又言嬰嘗傳《易》，燕趙間人喜《詩》，故《詩》傳而《易》微。余讀是有以知燕之爲詩，蓋千有餘年于此。《外傳》言奇詭卓犖，而詩之爲教本乎山川之風氣，人物之性情者也。燕東遼海通蓬萊，西北控并塞。自昭王好神仙，往往招致畸人方士于其國。至若豪俠則《易水》之歌，漸離之筑，楚、漢間安期生、蒯通兩人者則又嘗合二者之奇爲一矣。其風聲氣習，歲月之鬱湮，世故之感發，不激爲變宮變徵之流，則溢出爲騷雅歌行之盛，一氣機之宣流耳。翰林薊

門宋君顯夫示余詩若干首，予讀盡卷，來求一言之陳無有也。雖大堤之謠，出塞之曲，或馳騁乎江文通、劉越石諸賢之間，而燕人凌雲不羈之氣，慷慨赴節之音，一轉而爲清新秀偉之作，吾知魯齊老生之不能及是也。奈何猶以《燕石》爲名其集耶？顯夫年强仕，所作當日富，所造詣未易窺。姑序余所睹記如是云。至順元年三月丙子，奉政大夫、藝文少監長沙歐陽玄序

延祐中，朝廷大興文治。予友宋顯夫從其兄誠夫自江南來，而大小宋之名隱然傳播於京畿。未幾，誠夫果魁多士。久之，顯夫亦賜同進士出身。初顯夫兄弟從親宦游於江漢之間，日益貧寠，衣食或不充。故其爲學時精深堅古，下至稗官傳記亦無不覽。詩尤清新飄逸，間出奇古①，若盧仝、李賀之流，蓋喜其詞以摹傚之。及聞貢舉詔下，始習經義策問。既擢第，遂入館閣爲校書、編修、修撰、待制，又嘗爲太禧掌故、中臺御史、山南僉憲，最後由國子司業入翰林爲直學士。至正丙戌之春，年五十三以卒，諡曰文清。誠夫累官至禮部尚書、國子祭酒，諡曰正獻。始者誠夫之卒，顯夫屬余序其文後。今顯夫之亡，其子國子生籲彙其稿，徵序於余。夫宋氏文學之偉，固不待予言而傳也。第念伯仲方以才能進用，不極其至，相繼淪逝，此中外有識之士重悼惜也。昔者，仁皇開設貢舉，本以敷求賢才、作興治化，今觀累舉得人之盛，或才識之長裨益國政，或文章之工黼黻皇猷，議者不當盡以迂疎巽懦詆訾之也②。嗚呼，去古雖遠，士之卓然能有所見，毅然能有所守，又豈無其人哉？或彼誘之以利害，視之以禍福，事勿合義，言不中度，詭隨而或不能盡識也。余以交遊之久，故深知之。知之深則其哀之也切。是則國家

---

① "間"字據《燕石集》補。

② "疎"原作"濡"，同上改。

承平百年，德術涵濡，而庠序樂育多士之功，豈第求其文章言語之工而已。顯夫家本京師，故題其集云《燕石》云。至正六年冬十月朔，集賢侍講學士通　大夫兼國子祭酒趙郡蘇天爵序

予臥病田廬，有禁近之擢。迫命就道，惶汗無措，而竊自喜幸，故人宋君顯夫實直學士，協從侍從，自公論文亦一樂也。比予入京前十五日，而顯夫卒矣，予病遽歸不得省。其孤承詔傷來，顯夫已贈國子祭酒，謚文清，思而不可見，惜哉。孤籲奉《燕石集》拜泣，且曰："此先子所遺，兄彍編次者也。世父《至治集》公實序之。敢援例以請。"予序誠夫文不一紀，又序其弟①，人之生世其可悲也夫。顯夫兄弟入京，首與予遊，盡視予所著，暌離有作必寄，故知其長畜且悉也。及閱顯夫稿，則未相識時歌詩已嘗及。予重以三十年分誼之篤可辭乎？國家設貢舉，陶天下以經術餘三十年矣，文當日昌而名能著見者，何其指之不多屈也，積儲之不厚也，造詣之不遠也。取而隨竭，發而目柅，拘拘規放而悵悵乎所適者，郤曷得乎雅？其有所本也，有所粲也，該洽沈潛，心有所得，濟以定力而熟之，則於文也決渟淵而灌溝澮②，策堅乘而走康莊，庶乎其達矣。顯夫登甲子科，考其所作，未有貢舉前已汩汩矣。眠誘利祿而重得失，忽於播而急於穫者不有間乎？人知其才而不究其積儲，造詣之有素也。而今序其集而原其得，俾後之觀者有激焉。集若干卷，文若詩，樂府若干首，自名《燕石》，然世皆信其為工也。彍由奉禮郎為丞相東曹掾，彙從父之文不使遺逸，不愧顯夫之姪矣。籲甫襄事即謀刻父文，宋氏之後其益昌矣哉。至正六年歲在丙戌冬十一月既望，翰林學士承旨、榮禄大夫、知制誥兼修國史、知經筵事安陽許

---

①　"又序其弟"原作"又弟□□"，據《燕石集》改。
②　"則"下原空一字，"於文"二字據《燕石集》補。

有壬序

宋君顯夫諱褧，大都人。由進士累官至翰林直學士、知制誥同修國史、贈中大夫、國子祭酒、勳輕車都尉，爵范陽郡侯，謚文清。其先君前至元初宦遊江左時君猶未生，諸兄隨侍去。延祐間偕次兄國子祭酒諱本始還京師，都人莫能識，朝士大夫亦莫知之也。宋族中一二長老纔能記憶。祭酒以古文著稱，亦精於經子書。顯夫獨以詩行，不半年交上下，聲名籍甚，號曰大宋小宋。祭酒公至治辛酉進士及第，顯夫泰定甲子始登科，實與予同年。元統二年祭酒公長成均，予以司業貳。顯夫嘗考文山東，相知益深。既而祭酒薨，又十三年顯夫亦去世。嗚呼痛哉。祭酒有《至治集》而顯夫之子籲持君平日所作求序，曰此先人手澤也。自名其編曰《燕石》，又曰"若心"。荀子曰"藝至無兩能"。祭酒既能文而善於詩，顯夫既能於詩而善於文，體製足尚，可謂能矣。歐陽子曰"窮而後工詩"。兩公敭歷臺省，俱爲祭酒，可謂達矣。雖然詩之列于經非藝也，風形邦國，雅達朝廷，頌告神明，于此驗得失而識治亂。蓋音聲之譜，性情之曲也。詩變爲騷，騷變爲賦。漢、魏而下盛于唐人，苦心鏤刻，極于思致，視屈、宋猶霄壤，而況於風雅乎？宋、金以來，唐人又遠矣。文清公兄弟□學詩者，方脫略宋、金之習，可謂有功於詩學矣。自兩公之没，想其流風餘韻而未及，方悲悼之無已，籲又拜懇甚至，於是乎序。資善大夫、中書左丞知經筵事、太原吕思誠謹書

翰林直學士廣陽宋公既卒且葬，從子奉禮郎壙狀公之行，又與公子籲編以遺文十有五卷，屬素校其脱誤而并序其後。比公以國子司業，史官素實同修《宋史》，及在經筵爲公屬吏，其何敢辭？素方弱冠，在江南山中聞公與伯氏正獻公自江北歸，聲名藉藉，若晉二陸之入洛也。未幾，正獻公對策大廷，遂魁多士。又四十年，公

亦舉進士，天下方期公昆弟至於大用，然皆官三品，壽不及六十而止。論人才者不能不爲之慨嘆焉。然其志之所存者，徒托諸策而已。公之於詩精深幽麗而長於諷諭，其文温潤而完潔，固足以成一家之言，況隆於孝友而稱其情文者也。嘗稽之史，燕之地，昔者固多賢儁之士。及唐室藩鎮强大，石敬塘割其土地賂契丹。更宋與金，兵戈相尋，其民無復休養生息之樂。至於詩書禮樂有勿遑及歷數百年。而神元定都於此，投戈息馬，風俗丕變。公之昆弟皆能奮自孤苦，有所樹立，豈其適當休明之運以至然歟？然則雖用之不竟其才，而其所傳者則固在此不在彼。公之昆弟亦可以無憾矣。正獻公没，公狀其行，輯録其文。曠之事公者又如此，則今宋氏之家法尤足稱也。公諱褧字顯夫，歷官行事當勒之墓碑，書之國史，此不著。至正七年七月甲寅，應奉翰林文字文林郎危素序

　　皇帝聖旨裏，中書省御史臺呈。據監察御史段弼、楊惠、王思順、蘇寧等呈，嘗謂文章天下之公器，不可無傳；薦歉言責之所先，詎容緘隱。竊見故翰林直學士、亞中大夫、知制誥、同修國史兼經筵宋褧，行修而潔，學正以醇，識量宏遠，而能守乎堅貞；文章倩麗，而不越乎軌範。與兄本俱由進士並擢巍科，旋歷清顯，一時聲華，縉紳奕煜。觀其翰林供奉、史館著述之暇，作爲詩文、記序、碑銘、雜文一十五卷，或嚴謹純正，或瑰瑋雄贍，或清婉富麗。出入乎馬、班之場，遊騁乎嚴、徐之行，頡頏乎沈、謝之間。是皆無忝，誠可表儀後進。宜從憲臺具呈中書省，于行省有錢糧學校官爲刊行，不惟斯人有光，亦可以彰我朝文治之盛。具呈照詳得此，送據禮部呈擬得上項事理，合準監察御史所言，依擬刊行。如蒙准呈，照宜從都省咨移江浙省於各路有錢糧學校内刊印行，呈詳得此，都省合行移咨，請照驗依上施行須至咨者。至正八年八月日。

34·15　秋聲集十卷　明洪武刊本　吳方山藏書

元黃鎮成撰　凡詩六卷、文二卷，實八卷。每卷卷數俱留木板
心。除一、二、三、四、五、九、十外，餘亦留木，蓋爲續刊地也。世行
本四卷，止有詩集。此本雖似殘闕，蓋當時本未全刊。讀後跋可
見，非不完本也。卷末有"姑蘇吳岫家藏"印記。

　　右《秋聲集》若干卷，昭武隱君元黃鎮先生之所作也。先生學
行卓異，抱濟世之材，不得志於有司，慨然著書垂訓，以淑後學。故
發爲詞章雄贍富麗，如飄風行雲，大音希聲，天籟自鳴，由其積之有
素而學之有本，故用之不竭而應之無窮。雖然秋之爲聲，廼天地清
肅之氣，而慘舒之情具焉，抑亦有所激而鳴其不平者邪？使先生達
而在上，則春風噓拂，草木同光，諧治世之音，召來儀之鳳，其聲不
在山林而在廟廊矣。朝廷訪求隱逸，賁於丘園。僕之不才，屢嘗薦
士於執政，獨恨知先生之晚。而今也，力不足以振之，徒重遺賢之
嘆三復。是集中大篇短章，諸體咸備，皆有關於斯世者，豈徒言哉？
然則先生雖不仕而聲教在人□訓傳後是亦爲政也。雖越千載，其
可泯耶？謹識此于卷後而歸之。至正十七年歲在丁酉十月己卯，
新安鄭潛拜手書

　　先君子所著《秋聲集》詩文離爲十卷，中罹己亥之亂，已失大
半。所存者尚千數百篇。鈞重惟先君子生平苦心萃於此集，今已
不全。若復蹉跌淪没，則後人何所徵考其先世？故用服膺寶藏，不
敢怠忽，爾後遭值兵禍相尋，雖倉卒避地亦必挾以自隨，他雖重物
亦弗顧也。丁未歲，伏承延平太守實齋吳公嘗繡梓以傳，甫畢而世
變無存，鈞汲汲於刊行則力有所不逮。今年秋始，克命匠肇工，而
卷帙浩夥，未獲全刊，姑稱力爲之，繼此又當續刊也。洪武十有一
年冬十月甲子男鈞稽拜恭題

34·16 雁門集八卷 元刊本 汲古閣藏書

元代郡薩都刺天錫撰　卷首有毛子晉印記。

干文傳序至正丁丑①

34·17 羽庭集六卷 文瀾閣傳抄本

元劉仁本撰

天台之山下，盡東海者曰黄巖。其別峰走曠原而秀者曰委羽。委羽山之人有曰劉德元者，頎然而清，黝然而玄，飄然有遺世之念。自壯時愛讀揚子書，所爲文往往有類而或過之。後涉艱棘，履險阻而作又益進。其雄篇也浩浩焉不可端倪，其小章也幽幽焉又不可破裂。噫，非玄微之理存於心，其所發者能如是歟？余嘗即其人與之語矣，因疑其山川之氣，清淑者盡萃其身而又能養之，全守之固而益充。故其文山立而水行，雲興而霆擊，星辰之布列，雨露霜雪之滋悴，鬼神之冥顯，人物之昭焕，有若天地之所以化生萬彙而非人力之可及。文之玄，果若是否乎？玄之理在其身，有非他人之測識者。或謂揚子雲行有所不逮，然其文又非後進所能擬，是則所著《太玄經》果玄乎，果非玄乎，德元果知之乎？余豈得而議之。今輯所爲文號曰“亦玄”，孰曰不可。不然，後世有劉德元者必好之矣。軒轅彌明，自衡山來，愛其文也。故馮物而序之，重爲歌曰：悠悠太虚孰可馮，我欲馮之氣所乘。坎壈窒蓋紛不成，精明純白道自寧。天台半落黄山青，山中老人劉羽庭。吟詩作賦如建瓴，軒轅道

士來相迎。袖中出我亦《元經》，起伏萬狀不得名，爲歌此曲山月明。宋無逸序

至正癸卯之冬十月，余被戎事過上虞，主胡師德氏。有柳生泰者謁求柳莊詩，遂口占授之既，而朱君伯賢曰："生能致鬼神，爲文詞多奇詭。"即挾入密室，請賦《白雲巢篇》。余方與客詹國器、陳惟敬、劉坦之、僧震雷隱、昱大明及胡生璉立談，頃伯賢亟出曰："若有降靈憑於物者，自稱爲韓愈氏，即軒轅彌明。"書諸几曰："聞羽庭公能文章，敢請見教。"邀余及衆客入室。余辭以無與似者，大明取余近製《守拙齋記》一篇質諸神。神使誦之，若有聽焉。既終，誦乃書曰："善則善矣。獨中間熙字誤。此吾《淮西碑》中語也，當作嬉。"衆皆驚愕。又書曰："羽庭公近著《亦玄集》，吾請爲之序可乎?"凝神入思，頃刻附筆立就。辭語絕類韓子體製。因憶向在庚子正月間，夢偕士友論文，俄而見巍冠博帶者馮虛陟降，謂余曰："吾昌黎韓愈也。"授以片楮。楮中有云"文以載道，道有顯晦，文亦爲之低昂。道在日用間，文貴平暢，則道自然明白。文猶製衣也，挈其領而襫之，理斯順矣。"覺而記憶，嘗以語卓君習之、宋君無逸。今序中乃曰："吾嘗即其人而語之矣。"斯言似有脗合乎前者。噫，蘇文忠公作《昌黎潮州廟碑》，謂公之神在天下，如水之在地中，無所往而不在。又謂"不依形而立，不恃力而行，不待生而存，不隨死而亡者"。誠哉言也。豈余亦嘗信之深，思之至，焄蒿悽愴。若或見之邪? 故不得遺置，輒錄諸編左，以備觀覽。幸毋訝其迂誕焉。是年月既望，天台劉仁本書

34·18 不繫舟漁集十五卷附録一卷 舊抄本

元平陽陳高撰

子上陳君既没之十有八年，余過其里。從其子訪其遺稿，得詩

文總若干首。詩爲四言、爲五言、爲七言、爲古、爲樂府、爲律、爲絶，凡若干卷，文爲記、爲叙、爲銘、爲贊、爲箴、爲跋，凡若干首，加詮次焉，釐爲若干卷，題曰《陳子上存稿》，俾藏于家。叙曰：夫所貴乎文辭者，非以言之工而貴之也，當理之言斯貴矣。其言當理，雖其人無足取，君子猶不以人廢言而使之泯没也。況其人若子上者，抗特操於亂世，臨患難死生禍福而不易其志，不污其身，可謂賢矣。而其言也，揆諸往哲而有合，傳之來世而無愧，可使泯没而無聞乎？此予于其遺稿所以不能已其情也。六藝百氏之言，子上無不學而以求道爲急。凡詩文未嘗苟作，要其歸不當于理者蓋鮮矣。自爲舉子時，其所作已爲流輩推重。金華胡仲申先生以古學名，嘗傲視一世人。于文章靳許可，獨敬愛子上而稱之曰："能其擢進士也"。朝之名公鉅卿，若翰林歐公、太常張公、禮部貢公、御史吳公、助教程公，僉謂子上之文宜用之朝廷，施諸典册，相與復薦之，而子上以親老，顧取慶元路録事南還①，赴任未二年，度時不可爲輒自免去。擅兵柄而倔强州郡間者，多欲子上用之，而子上終不爲其用，周流東西，常使人不知所至，未嘗終月淹也。最後總戎其州者，州欲脅致之，子上遂棄妻子，南至于閩，又北至於懷慶，尋以疾卒。既卒，而其文亦無能爲收拾者，以故平生所作存者止此云。嗚呼，得其材於天，成其學於己，不獲措諸事業而徒托之述作，君子之不幸也。至於述作又多放失，不幸抑何甚耶？藉非子上所操自足以暴於世，則天下之於子上何從而知之，何從而信之？此予之所以重爲慨也。其友謝復元氏欲率同志鏤版以永其傳，力雖不逮而未嘗忘之，豈不猶予之情與？豫章揭先生伯陽稱子上之文"上本遷固，下獵諸子，詩上遡漢、魏而齊、梁以下弗口"，可謂知言矣。復

---

① "顧"字原缺，據《不繫舟漁集原序》補。

何所庸吾喙哉？前翰林編修眉山蘇伯衡序

　　自識曰：至正癸卯十二月廿七日平陽失守，余時在郡城。囘至州南聞變，倉卒同江浙行省都事王銓伯衡夜尋山徑，泥塗中崎嶇行六十餘里至麥城，得漁舟浮海達安固，不及與家人別。明年正月朔至南塘，二月至樂清之玉環，迤邐道途，隨處留寓。念余以布衣舉進士，辭禄歸隱已八年矣。守拙耕田歸老而罹此變，間關遁逃，非有所爲也，求無媿於心而已矣。困厄顛沛之餘，觸物興感，率爾成詩，聊筆諸簡册以示不忘。間有應俗所作詩文亦并録之，其妍醜不暇擇也。至正二十四年春三月乙丑朔旦書

34·19　僑吳集十二卷　舊抄本

元括蒼鄭元祐明德著

　　遂昌鄭明德先生天資明敏，高出倫輩。其生於杭，於書無不讀，作爲文章，抑揚頓剉，反覆開闔，一生乎理而氣以擴之，若長江大河流衍滂沛，汩汩數千百里，而終歸之溟渤，綽有古作者風。既壯，來僑於吳，比老乃彙其所作之文曰《僑吳集》，授徽曰：“吾在杭亦嘗有作。兹僑吳久而作之爲多，故名焉。子實見而知之者，宜爲序之。”徽不敢辭，庸復於先生曰：先生固僑於吳矣。夫吳東南之一都會也。山有虎阜、靈巖之勝，水有三江五湖之饒。而遺臺故苑，舊家甲第，仙佛之宮參錯乎城郭之內外。民俗富而淳，財賦強而盛。故達官貴人豪儁之士與夫覊旅逸客，無不喜遊而僑焉。其僑何如，不過即其山川風物之美，觸詠娛嬉以各適其所樂而已，烏有如先生之僑寓哉？先生以吳乃讓王之封國，而子游北學於孔子，與聞堯舜、禹湯、文武、周公之道，得聖人一體，爲文學稱首。其流風餘韻未泯也，斯其所以僑焉者，正欲以聖賢之道資進修之益耳，豈徒籍乎山川風物以爲觸咏娛嬉之適而止耶？則先生之僑，異乎人之僑

也已。惟其異乎人之僑，所以發而爲文亦有以異乎人也。雖然文豈易言哉。堯舜、禹湯、文武、周公之文，禮樂政治皆是也。蓋其道之充乎中而其發於外者無非文。如天之有氣則有日月星辰之光輝，如地之有形則有山川草木之行列，文實道之顯，不可岐而二之也。何子游之所以爲學絕，諸子各以所見著書，是不獨文與道二而道之裂也已無有純全者，惟董仲舒氏曰"正其誼不謀其利，明其道不計其功，撲其行事不戾"，斯言可不謂其文與道一者乎？而韓愈氏曰"所志於古，不惟其辭之好，好其道焉耳"。是亦知夫道之與文不可二矣。然以實而考之，則其文固未能一出於道。至歐陽修氏、蘇軾氏、曾鞏氏文非不能爲也，豈能與道弗二乎？文而一出於道，惟周、程、張、朱數君子焉。觀其《易通》《易傳》《正蒙》《本義》等書，簡妙精切，不惟輔翼聖經，而幾可與之並，由其得孔、孟不傳之學，故能若是，豈嘗拘拘學爲之文哉？徽竊聞先生嘗以文師承於金華石塘胡公、四明剡源戴公。此二公學羣聖賢之道者也，其所以授於先生，洎先生所自得有蘇、曾諸氏之文而不失程、朱數賢之道。道未必不寓乎文，文未嘗不載夫道。文與道則一，而子游之所以爲學者亦在其中矣。奚必果僑於吳而后有所得也哉？第假是以名編爾。徽生也後，誠吳人也。父祖以上居吳累世矣，然於道詎有所開而文亦莫之能措於先生，豈弗甚可愧。姑從命，强顏爲之言，是集也，爲古今詩、銘、箴、贊題、書疏、序記、碑誌總若干篇，釐十有二卷。於戲，有道之文當傳之天下，豈獨吳哉？至正二十年歲庚子仲秋望吳後學謝徽序

張習重刊序_{弘治丙辰}

34 · 20　友石山人遺稿一卷　明弘治刊本

元王翰撰　前有墓誌銘吳海撰

詩者,聲之文也,本於內而見於外者也。仁義之發醇以正,忠憤之感激以烈,驕佟之宣滔,放僻之辭誕,豈偶然之故而已哉。粵自唐虞,聖神以敬畏一心,發而則爲賡歌慎念之語;成周君臣以中正一理,敷而則爲皇極敷言之教,下迄乎三百篇之制,或颯颯乎正音,或末響之流變,皆非有出於人心之外也。戰國之間,屈平氏以其忠憤奮激之心一寓於《離騷》之作;炎漢以降,蘇武、諸葛亮以其忠直義勇之氣,再變爲五言之體;晉淵明得其沖淡自然之趣,唐少陵寓其忠君憂國之誠。又豈有出於是心之外哉?洪武庚午,余留案來閩,郡庠生王俌奉其父友石山人遺稿謁余,請叙其首。余觀其詩,毋慮百餘篇。而詠於感慨者,極忠愛之誠;得於沖淡者,適山林之趣。已心異之,而未盡知其詳。及取其《自決》一首讀之,凛然如秋霜烈日之嚴,毅然有泰山巖巖之象,出處之分明,死生之理得,然後知其嘗仕於勝朝而秉義於今日。故凡其所作者,皆心聲之應,而非苟然眩葩組華者比,且徵於余之向所云者爲益信也。噫,觀是編者固可以求其心。求其心者尤當以景其行。景其行則可以相忘於言語之外矣。於余言何有哉?因其請之勤而感其辭之寓,遂書以歸之。山人名翰字用文,友石蓋其自號也。時仲春初吉,前進士監察御史廬陵陳仲述叙

張佶跋弘治八年

34·21　聞過齋集八卷　淡生堂抄本

元吳海撰　門人靈武王俌編次　進士永嘉胡寧校正　卷首有"山陰祁氏藏書"之章,板心有"淡生堂抄本"五字。徐起、王俌兩序後,一題"歲在辛巳",一題"歲次辛巳",蓋建文三年辛巳也。革除之後跋經刊改,故不著年號。

徐起序歲在辛巳

王偶跋歲次辛巳

馬氏手跋曰：淡生堂儲經籍蓋數千餘本，銘識欵印將爲子孫世珍。百年之間，散落人手。近人有詩云"宣綾包角藏經箋，不抵當時裝釘錢"，可嘆也。予偶得唐子西《吳魯客集》共四本，繙閱一過。魯魚帝虎，脫誤極多，殆不可讀。以意揣度乙出而未有別本校對，但可存疑而已。因又嘆前輩好書嗜古，宜皆校勘精善。而傭書無知，粗率苟且如此，主人不之知也。然則藏書雖多，亦庋閣不觀，徒資富耳之談耳。古人之精神心血，其光氣熊熊，時欲躍出于廢紙敗籆間，又何怪其聚之不久而散落也。與世之藏書者可以鑒矣。康熙癸巳夏六月餘姚馬瑗手記

34·22　鶴年先生詩集四卷　元刊本

元丁鶴年撰　卷一曰《海巢集》，題"門人四明戴穰編次"。卷二曰《哀思集》，題"門人四明戴習編次"。卷三曰《方外集》，編次姓氏闕。卷四曰《續集》，題"門人修江向誠編次。"後附鶴年兄吉雅謨丁、愛理沙及鶴年表兄吳惟善三人詩一十三首。

昔者成周之興肇自西北，西北之詩見之於國風者僅自幽、秦而止。幽、秦之外，王化之所不及，民俗之所不通，固不得繫之列國矣。我元受命，亦由西北而興。西北諸國若囘囘、吐蕃、康里、畏吾兒、也里可溫、唐兀之屬，往往率先臣順，奉職稱藩。其沐浴休光，霑被寵澤，與京國內臣無少異。積之既久，文軌日同，而子若孫遂皆舍弓馬而事詩書。至其以詩名世，則貫公雲石、馬公伯庸、薩公天錫、余公廷心其人也。論者以馬公之詩似商隱，貫公、薩公之詩似長吉，而余公之詩則與陰鏗、何遜齊驅而並駕。他如高公彥敬、獷公子山、達公兼善、雅公正卿、聶公古柏、幹公克莊、魯公至道、三公廷圭輩，亦皆清新俊拔，成一家言。此數公者，皆居西北之遠國。

其去豳、秦，蓋不知其幾千萬里，而其爲詩乃有中國古作者之遺風，亦足以見我朝王化之大行，民俗之丕變，雖成周之盛莫及也。鶴年亦西北人，其視數公差後。起家世以勳業著，而鶴年兄弟俱業儒。伯氏之登進士第者三人，鶴年乃泊然無意於仕進。遭時兵亂，逃隱海上，邈不與世接。凡幽憂憤悶、情哀痛苦之情，一於詩焉發之。觀其古體"歌行"諸作，要皆清麗可喜，而注意之深，用工之至，尤在於五七言律。但一篇之作，一語之出，皆所以寓夫憂國愛君之心，愍亂思治之意，讀之使人感憤激烈，不知涕泗之橫流也。蓋其措辭命意多出杜子美，而音節格調則又兼得我朝諸閣老之所長，故其入人之深，感人之妙，有非他詩人之所可及。嗚呼，若鶴年者，豈向數公之流亞歟？然數公之在當時，皆達而在上者也。世之士子，孰不膾炙其言辭？鶴年遭夫氣運之適衰，方獨退處退輒而爲所謂窮者之詩以自慰，其能知夫注意之深、用工之至者幾何人哉？知與不知，在鶴年未足輕重，第以祖宗涵煦百年之久，致使遐方絶域之詩，俱得繫之天子之國，而鶴年之所以著明王化民俗之盛，以與數公並傳於斯世者，將遂泯無聞矣，不亦重可悲夫！故取其吟藁若干卷，序而傳之，以俟世之知鶴年者相與諷詠焉耳。鶴年之清節峻行，已別有傳，兹不著。至正甲午秋九靈山人金華戴良序

　　太學生戴習，錄其師鶴年先生詩曰《海巢集》者，請題其後。鶴年，予友也。其詩忠義慷慨，有《騷》《雅》之遺意焉。昔唐之僧有讀其友盧仝之詩者曰："鯨吞海水盡，露出珊瑚枝。海神知貴不知價，留與人間光照夜。"吾讀《海巢集》亦云"生其寶之，生其寶之"。虎丘澹居老人至仁書

　　此元刻元人丁鶴年詩，余友顧澗薲歲試玉峯時所收，而以之歸余者也。余向藏正統重刊本止三卷，今元本分四集，一曰《海巢集》，二曰《哀思集》，三曰《方外集》，四曰《續集》，以附錄終焉。

嘗取與明刻校勘，分卷分體俱非其舊，即如《海巢》一詩，元刻在卷一，或以是名集。職是之故，明刻列諸卷二中，失其旨矣。他如《哀思》已下三卷皆有取意，而後之稱者僅據至仁一序，悉以《海巢》名之，有是理乎？得此可証廬山面目，益歎元本之不致淪没者幾希。爰付裝池，俾得附麗不壞，與元刻諸名公集同，十襲藏之。較嚮之塵埋故紙堆中，其顯晦爲何如耶？嘉慶己未孟夏書棘人黄丕烈

34·23　江月松風集十二卷　文瑞樓抄本

元錢唐錢惟善思復撰

錢唐錢思復，好學而有才。當壯盛之年，未嘗有紛華之悦。余見其詩，益知其爲人。思復知余之知之也，悉出其生平所著者以示余，何其妥適清舊，娓娓乎有唐人之流風焉。夫詩本於性情之微，觀其音響韻致，可以知其蘊於衷者。苟同於利欲而受變於世故之糾紛，雖飾其言以爲詩，固不能逃乎識者之目矣。思復養於内者完，而接於外者不雜。故其發於言者若此。嗚呼，詩豈可强爲之哉？余蚤歲亦嘗有志於是，顧爲貧所驅，奔走埃壒之涂蓋久矣，安得從思復日襄羊於雲煙水石間，以陶寫吾之所得於天者乎？至元後戊寅正月十日陳旅序

詩工於景物，至晚唐四靈殆已無可掇拾。皇宋涉於議論，遂謂議論非唐詩。少陵就□時事議論亦多耳。論者若置少陵於唐詩外，豈三百篇性情議論者非耶？常人狃於所習，近時又倡爲對偶排比以爲律，政如木偶人衣冠儼然而無生氣流動，謂可與言詩乎？錢思復所作特妙，未嘗不議論而不□於議論，未嘗不景物而不晚唐四靈於景物，亦浣花溪上見白頭亂髮兩耳人耶？余嘗謂少陵詩，詩則律，意則不律。以詩律其不律之意，以不律之意律其詩，莊生斷輪

手蓋自有不可言傳者。至論格高語響，如居仁邠老，猶是第二義耳。有能於此觀思復者，自是一流具法眼人。至元五年春三月十六日淳安夏溥書

《江月松風集》爲有元錢思復手書稿草。先民筆墨具有別致，好事家因裝裱成册。錢馨室、曹秋嶽相繼收藏。秋嶽亡後，伯兄駕澂於金閶見之，傾囊得歸，一時爭相傳寫，未免有魚豕之誤。此本乃予手鈔，較對獨細，惜有闕脱無從考補，至字畫間有舛誤亦從闕疑。大抵古人手筆，當仍其舊，不可妄以己意增損也。所得更有張伯淳、貫酸齋書卷，元人草元閣，湘竹龍唱和，并雜詩柬共此集爲三册。得於康熙丙寅之杪春，而鈔成於季秋之十三日。東洞庭山又張翁杙識

34·24　梧溪集七卷　舊抄本

元江陰王逢原吉撰

周伯琦序至正己亥

陳敏政刊板序景泰七年

34·25　吾吾類稿三卷　文瀾閣傳抄本

元吳皋撰

胡居敬序曰：强圉作噩之祀，余還江右，抵臨江，假寓天寧寺，寺密邇郡庠，因與教授吾吾吳先生舜舉游。先生嘗語余曰：“郡承大亂之後，民皆習武事，厭儒術。學宮雖存，弦誦絶響，教無所敷。”吾甚恥之。既而時異事殊，先生屏居閭里，闢一室續學藝文，惟以奉親訓子爲務，勢利紛華之習际之漠如也。郡洊罹兵變，干戈相承，學宮荒闃。袁筠之境，遺民逸士聞先生名，每延置其家，奉贄請益，雖武夫悍將多遣子弟就學焉。四方搢紳大夫，求詩若文，户

屨恒滿。平居無事，操觚染翰，著述不厭。境與意會，必形之吟咏。學者多傳誦之。遭時多囏，竟齎志以歿，惜哉。先生没十餘年，其子均彙次遺稿，屬爲叙。余嘗見先生文集篇帙甚富，今所存僅若此，蓋掇拾於喪亂之餘，不能全也。先生之文，典實古雅，從容於法度之中。其爲詩冲淡和平，發乎性情之正。世之工乎侈靡浮麗，以流連光景、嘲弄風月者不可並論也。先生世家臨州，履齋丞相之諸孫也。蚤游吳文正公之門，獲聞聖賢之學，故處乎叔世卓然不易所守，使得位而見諸用，其事業必有可觀也。詞章云乎哉。均字仲權，好學而文，能守其家學云。

梁寅序曰：余留郡城，獲觀吳舜舉吾吾先生詩，尤妙於五言，如竹林清飈，頓蘇煩鬱，如蘭皋秋露，復殊塵境。因嘆曰：詩形於音，音生於心。心有所契，音乃中節。先生之詩，中節之音也，而余未能知之。憶余弱冠時與先生同處豫章郡庠爲弟子員，余之學未知方，志有不定，因謂人皆然，固余之愧也。後三十年，先生爲臨江郡博士，遂屢見之[1]，以急遽流離，未暇考德問業，知先生未盡，又可愧也。後又二十餘年而先生没矣，而始獲盡觀其詩文、皆壘壘古人，乃大愧焉。以五十年之交友而知之未能盡，何也？其失原於自急而闇於知人也。嗚呼，白首巖扃，舊交零謝，欲求如先生者與之上論風雅而下評近作，其可得耶？先生之子均，以先集見示。凡先生行事，前進士胡君居敬叙之詳矣。余書此于後，姑以見慕之之至而媿之之深也。

詩權輿于康衢之謠，賡載之歌，而大備於成周之風雅頌。後世雖有作者，不可及已。邵康節云“自從删後更無詩”，非無詩也，無古人之詩也。非無古人之詩也，無古人之性情也。五言起於李陵、

---

① “之”字原缺，據《吾吾類稿》補。

蘇武，七言起於漢武《柏梁》。詩之爲體非古也，締章繪句，嘲風弄月。詩之爲教非古也，夫以古人之詩如彼，而今人之詩如此，謂之無，果無詩哉？其間有能以今人之詩體，而寫古人之性情，則詩之爲教猶有存者。然文章與時高下，漢、魏之詩猶近於古，下至六朝則綺麗之習勝，而漢、魏雄渾之氣亡矣。迫夫聲入於律而絕句、八句、排律之作則號爲近體，而拘拘於對偶，媲青配白，爭以纖巧新奇爲尚，去古益遠，然時之所趨，其可少乎？臨川吳舜舉先生蚤知學詩，而能上追三百篇之義，作爲五七言古近二體諸詩，皆本乎性情，關乎世教，非汎汎而作者。前嘗爲臨江郡博士，其淑諸人者多矣。亂離以來全稿散失，其子均收輯遺篇於亂定之餘，僅得若干首。臨江稅課司大使京兆趙君師常見而説之，遂率郡中士友命工刻梓以永其傳。以余與先生相知之深，徵序其端，余不敢辭。張美和序

34·26　樵雲獨唱集六卷　元刊本

元金華雲顥天民景南葉顒撰

予誅茅結廬於城山之東隅，林深而木翳，水秀而峯奇，居處孤峻，名其庭曰雲顥。閉門卻埽謝賓客，日與樵夫蒭叟盤礴乎丘園林麓之中，披雲嘯月，釣水采山，無少休暇。久之，移家城山之西隅，負郭而樓居，形勢虛敞，窗户軒豁，而南嶼北巘爭獻奇秀，儼然之容，蒼然之色，入吾屏几，清致復不減於雲頂也。東西相望不數里，故吾得以幅巾便服，輕鞋瘦策，從樵夫蒭叟相往還于其間。山迴路轉，川鳴谷應，伐木之丁丁，鳥聲之嚶嚶，更呼互答，斯樂何極？斧斤之餘，濁酒自適，觴詠談笑，擊壤賦詩。吟唐律五七言二百餘首①，雜詩若干首，雖不足以關世教之盛衰，亦足以叙幽情寫閑適

① "五七言二百餘"六字原缺，據《樵雲獨唱集》補。

之興懷，名其帙曰《樵雲獨唱》。蓋予知樵夫芻叟相與之娛而不知
世俗之好；樵夫芻叟知從予之遊又不知予賦詩之趣。薪桂老而雲
山高寒，音調古而巖谷絕聽，得不謂之獨唱乎？幸而芻叟中有如朱
翁子、陶靖節輩，固將甘心與之揖遜周旋，賡和酬酢，商度古今天下
治亂之得失，評論高人異士出處之始終，豁疇昔風誼之氣，吐平生
慷慨之辭，散爲箴規，發爲歌詩，峭拔俊爽，雍容舒徐，放而縱之而
言不肆，收而藏之而文不拘，振清風於亘古，流遺響於無窮者也。
樵唱之樂無以易此。不幸而世衰道微，斯人儻不復見，則予長抱山
阿，寂寥千載，誰賞之歟而獨唱之旨，其有以夫。皆至正甲午重九
前四日雲顧天民景南葉顒序

　　六藝之文，唯詩最能感物動情。故詩有興有比，能多識山川草
木、鳥獸蟲魚之名，能關古今治亂、世教盛衰之運，能發忠臣義士懷
邦去國、感慨嗚咽、悲壯幽憤之音，能起山人野叟遺世絕俗、曠逸放
達、高蹈遠舉之趣。可謂樂而不滛，怨而不怒。居泉巖瀑不足助其
清，奇花異卉不足姤其豔。濃嬙嬌媚，敢望其閑遠。真淑之豐容，
武夫豪雄。曷並此英毅剛堅之氣概，美矣哉，詩之德也夫。自屈、
宋之後，寂無聞焉。漢、魏而下，曹劉沈謝、陶韋李杜、歐蘇黃陳輩
出，留心肆志，沉酣斯文。奮雄才宏辨於風騷翰墨之中，吐奇言妙
句於乾坤風月之下。上可繼三百篇之緒餘，下可爲千萬載之格範。
僕江左遺民，東陽逸叟，學問不高，天資素下。寡於游從，懶於趨
附，廝牧論交，漁樵同調。採山釣水，飲酒賦詩，相羊林泉，逍遙歲
月。狂吟數百篇，身老丘園，眼空湖海。既無賢師開發盲聾，復乏
良朋評論工拙，寢成獨唱，敢慕孤高。雖無烟雲出没變更之雅態，
尚多溪山登覽賞翫之清歡。雖未能驚世駭俗，粗可以訓子示後。
俾曾元之後，咸知迺翁能以愚拙自牧，勤苦自將，安分娛樂，終老於
茅廬。庶可免夫馳聲走譽，競進苟取之慚云。皆至正庚子中秋日

雲顗天民景南葉顗後序

34·27　東維子集三十卷附錄一卷　明刊本

元會稽鐵厓楊維禎廉夫著　闕卷一至八，抄補。金吾另藏一抄本，後有王俞跋，跋云“楊廉夫博極羣書，自成一家言。第篇章零落，未覯其全。太冲袁老素號藏書，慨然見投，如獲珍寶。汗雨淫淫，不妨校勘。茲因完刻，以廣其傳。漫識於此”云云，蓋即刊刻者所跋，惜未著年月，未知明何時刊本也。

34·28　鐵崖文集五卷　元刊本

元會稽楊維禎著　毘陵朱昱校正　前有《鐵崖先生傳》，卷首《圻城老父射敗將書》、《上巙巙平章書》兩篇，《東維子集》、《鐵崖漫稿》俱不載。卷末有“姑蘇楊鳳書於揚州之正誼書院”一條。

34·29　鐵崖漫稿五卷　抄本　從吳門黃氏藏舊抄本傳錄

元楊維禎撰　卷四末有無名氏跋云“鐵崖之藁多矣，而卒莫能見其全。予幼時以周桐村所錄一帙，錄文四十九首。歲戊子，至正八年或自雲間來，別以錄藁一帙售予。凡文一百五十首。因以《鐵崖漫稿》目之，而以幼所錄者附其後”云云。又云“予所獲者有《復古詩》三卷”，案《復古詩》係至正時章琬所編，則編輯者當與琬同時，俟更考之。

　無名氏序殘闕

　無名氏跋云：鐵崖之稿多矣，而卒莫能見其全。予幼時或以周桐村所錄一帙乞余錄之。予時尚惰於筆墨，恨錄之未全，僅獲其文四十九首，遂索去，迄今殆三十五載矣。間取而觀之，字畫訛謬，且多草率可笑。未暇檢校，又恐其散失而無附麗。歲戊子，或自雲間來,別以錄稿一帙售予,所爲文凡一百五十首,距今又二十年。因以《鐵崖漫稿》目之而以幼所錄者附其後。蓋余所獲者有《復古詩》三卷,有《史鉞》二冊,以板籍大小不侔,別裝潢而藏之云。

　　嘗觀楊鐵崖先生文章,其出語奇絶且立意不苟。始雖放逸,而卒歸於正,要未易泛然而覯之也。余酷喜之,每詢求於先生諸門人,或得之朋儕戚黨處,日積月累,手抄數百篇,成二帙,置之几案間。日常展誦,若使韓、柳復生,必以爲然也。嗚呼,先生平昔詩文,何時遇好事者悉鐫諸梓,廣其所聞,以惠來學,將有大快千古,不亦宜乎。峕洪武十四年五月九日,前從仕郎、湖州路德清縣主簿謝氏九疇書于遺安精舍

34・30　鐵崖先生詩集十卷　抄本　從吳門黃氏藏舊抄本傳錄

　　元楊維禎撰　分甲乙丙丁戊己庚辛壬癸十集。甲至丙曰《鐵崖先生詩集》,丁戊二集曰《鐵崖先生古樂府》。後集、丁集題“太史金華黃縉晉卿評點,門人雲門章琬孟文編注”,戊集前有“至正丙午章琬跋”,己集曰《鐵龍詩集》、曰《鐵笛詩》七言絶句,庚集曰《鐵笛詩》七言律,辛至癸曰《草元閣後集》,壬集題“孫月泉輯錄”,月泉未詳何時人。《述古堂書目》有《楊鐵崖集》十卷,未審即是書否。

　　先生自言余三體,詠史用七言絶句體者三百篇,古樂府體者二百首,古樂府小絶句體者四十首。絶句,人到吾門者章木能之。古樂府不易到,吾門張憲能之。至小樂府,二三子不能,惟吾能之。故玉峯李著作先生推爲詠史手言。至正丙午夏五月上吉門人章琬拜手識

34・31　夷白齋稿三十五卷外集一卷　舊抄本　汲古閣藏書

元臨海陳基著　金華戴良編　卷首有"汲古閣毛子晉"印記。

戴良序曰：《夷白齋稿》合四百五十四篇，通奉大夫內史臨海陳先生所著。良既訪之，先生盡得其稿而編次之，以爲三十五卷，而復序其篇目曰：世道有升降，風氣有盛衰，而文運隨之。故自周衰，聖人之遺言既熄，諸子雜家並起而汩亂之。漢興董生、司馬遷、揚雄、劉向之徒出，而斯文始近於古。迨其後也，曹、劉、沈、謝之刻鏤，王、楊、盧、駱之纖艷，又靡然於當時。至唐之世，而昌黎、韓子以道德仁義之言起而麾之，然後斯文幾於漢。奈何元氣僅還而剥喪，戕賊復浸淫於五代之陋。直至宋之劉、楊，猶務抽青媲白，錯綺文繡以自衒。後七十餘年，盧陵歐陽氏又起而麾之，而天下文章復侔於漢、唐之盛。未幾，歐志弗克遂伸，而學者又習於當時之所謂經義者，分裂牽綴，氣日以卑。而南渡之末，卒至經學文藝判爲專門，士氣頹敝於科舉之業，而宋遂亡矣。文運隨時而高下概可見矣。我朝輿地之廣，曠古所未有。學士大夫乘其雄渾之氣以爲文者，固未易以一二數，然自天曆以來，擅名於海內惟蜀郡虞公、豫章揭公、金華柳公、黃公而已。方是時，祖宗以深仁厚澤涵養天下垂五六十年，而戴白之老，童兒幼稚，相與鼓舞於里巷之間，晏然無以異於漢、唐、宋之盛時。故一時作者率皆涵淳茹和，以鳴太平之鴻休，其摛詞則擬諸漢、唐，說理則本諸宋儒，而學問則優游於周之未衰，學者咸宗尚之，并稱之曰虞、揭、柳、黃，而本朝之盛極矣。繼是而起，以文名家者猶不下數人：如莆田陳公之俊邁，則有得於虞公；新安程公之古潔，則有得於揭公；臨川危公之浩博，則又兼得夫四公之長者，郁郁彬彬，何可及哉？近年以來，獨危公立幟詞壇，自餘數公，嘗想見其風采，習聞其謦咳，邈然其不可接者久矣。於是淪沒殆盡,而得先生以紹其聲光。先生黃公之高第弟子,嘗負其所有,溯長江,游吳中。久之,自吳踰淮,泝黃河而北達於燕、趙,留輦轂之下久之。于時雖未有所遇,然自京師及四方之士無論識與不識,見其文者莫不稱美之不置,則其得之黃公者深矣。豈惟黃公,蓋自虞、揭而下數公,亦皆得而師友之。故其爲文,雍容紆徐,如冠冕佩玉,周旋堂陛之上,馳騁操縱,又如風雲地鳥,按行於陣伍之間。而音節曲折,則與前之數公如出一律也。後由京師還吳中,居無何,我吳王聞其學問,即以樞府都事起于家。不幾年間,遂屢遷而長其省幕。其後調太尉府叅軍,由叅軍升內史,迹愈顯而文逾工。國家之制作及四方之求之者,皆隨手應之,蓋沛乎其無窮矣。夫自周衰以來,至於今幾二千載,其閱世非不遠也,歷年非不久也,能言之士非不多也,斯文能自振拔以追於古者,惟漢、唐、宋及我朝此四世而已。而四世之中,士之卓卓可稱述者,又不過數人焉,何才之不數出而人之難得若是哉?於此有人焉,能以卓卓可稱者自期待,又幸遭逢于時而得大肆其著作,世其可不爲之貴重之歟?某於先生之文,讀之累月,曾不能有所去取於其間,雖片言半幅,咸取而錄之者,所以明先生於一字之微,皆可爲斯世之貴重也。先生爲人溫良慈惠,其從政寬易愛人,與人交於恩義最篤,雖待臧獲初未嘗疾言厲色,平居蓋雍雍如也。若先生非所謂有德有言者耶?夫誦其詩,讀其書,不知其人,可乎?故予序先生之文而併及大要可紀者如此。先生名基字敬初,夷白齋乃其自號也。故以題其藁云。至正二十有四年歲在甲辰夏五月朔旦書

34·32 石門先生文集七卷 明刊本

元臨江梁寅孟敬撰 門人黎卓崇瞻編次

34·33　鄧伯言玉笥集九卷　抄本

元鄧雅撰

世謂文章有臺閣山林之殊，故其氣有溫潤枯槁之異。文章固然，詩之爲道亦猶是也。余獨謂詩之作也，有正變焉。正固爲盛，至於情發於聲，止乎禮義，又變之不失其正者也。情之所發，言辭出焉；聲之所止，禮義存焉。故氣應乎外，情發乎中。若功業加於民，聲光昭於時，則其氣自壯；和順積乎中，英華見於外，則其情自宛。氣可以學而爲，情不可以強而至。曾謂山林之不可爲臺閣，臺閣之不可爲山林乎。譬之太羹玄酒，醇醪雋永；查梨萍葅，淡胹酸澀。食者各適於口，而其出於自然者，蓋不以氣而以情也。余友鄧君伯言，行純而學優，才美而志遠。少力於學，壯而未行，老於風騷，乃有所得。其爲詩歌，每出人意表，簡而不疎，直而不俚。其間道氣運之盛衰，論人事之得失，往往從容不迫而意已獨至，使接踵陶、韋間，未見其大相遠也，視所謂山林枯槁者蓋不侔矣。是果氣使之然與抑情乎哉？嘗示余以所爲《玉笥集》數百篇，且求爲序，余因諷味有感焉。嗟夫，今之於詩道者，或氣滿志得則不暇以爲，或羈愁窮困則不得以爲。若君者，學於少，得於壯，成於老。富貴榮達之心雖淺，而溫柔敦厚之度愈深。是果詩之幸與？其亦君之幸也與？將見由變而之正，由山林而之臺閣，所謂宣宮商、諧金石以鳴國家之盛者，未必不在於君也。吾老矣，幸或見之，尚當有徵斯說，姑以是爲序。洪武乙卯七月既望臨川老友蠖闇道人何淑書

余老處巖谷，諸賢以詩眎余者亦多矣。及觀鄧伯言父《玉笥集》，爲之竦然，知其得之天趣，異於強作之者也。詩之搜羅以爲富，雕繪以爲妍，索幽以爲奇，放情以爲豪。若是者工則工矣，謂得古作者之意則未也。伯言之所造蓋已深，故沖澹自然，華不爲媚，

奇不近怪，雄不至放。求合典則，故宜然者哉？前御史丁君子堅評其詩，謂其"好尚之專且久，故清麗自然。使居通都大邑，觀明堂郊廟之盛，發而爲金鍾大鏞之音，又當不止於是。"斯誠不易之論。余雖欲加之一辭，未有能過之者也。雖然，伯言吐其胸中之奇，以攬夫玉笥山水之秀，亦奚有不足。韋應物雖專城美禄而詩多泉石之趣，孟浩然屏居草野，無郊廟之著作，而其詩亦顯。伯言於韋、孟近矣，而進之益不已，則知之者當益衆。余之言何爲哉？特深好其集，故因觀而略論之耳。洪武乙丑秋八月望蒙陽梁寅書

　　觀鄧君伯言詩，如春風林塢，卉木鮮麗，泉石清泠，時禽嚮答，自然天趣，有動人處。由其好尚之專且久也。推是心以往，何事不可求？使居通都大邑，觀乎明堂郊廟之制作，則又將有得發而爲金鍾大鏞之音矣。古有太史采詩以觀民風，設今有之，則君之五言沖澹中多古意，歌謠善諷切最近人情，有足采者矣。尚勉焉以俟。洪武丙辰之歲子月下澣前承事郎監察御史丁節子堅書

　　古今論詩以平淡爲貴，然欲造平淡者，非工夫深至不能也。晉陶淵明、唐韋應物、柳子厚三家，世所謂詩之平淡者也。以今觀之，狀難寫之景于目前，含不盡之意於言外，其風調高古而辭旨簡遠，有非區區模擬所易，誠可謂深造自得者與？或者以淺近視之，是猶見玉器之天成，而以爲無事乎椎鑿也，其可乎哉？予至永豐之三年，聞新淦鄧伯言氏工於詩而未之見也。一日其友徐伯澄來，示其所著《玉笥集》，且曰"伯言恬退之士，於書無所不讀，然皆以用資爲詩，其用心勤矣。舍於同里黎季敏氏垂十年，而情好甚篤也。季敏尚友而好義，又深知詩，將率同志裒其所著，命工鋟梓以傳於永久，蘄一言以爲引。"余讀其詩，大抵清遠條達，不爲險艱藻繪之語；澹泊和平，而無忿懥哀怨之意。蓋其情性然也，抑亦工夫深至，造於平淡之域。嗚呼，其亦有得於三家之風調者乎？雖然，余何足

以知伯言。昔者歐陽公曰"知聖俞者無如修。然聖俞所自負者，皆修所不好；聖俞所卑下者，皆修所稱賞"。夫以歐、梅之知而酸醶異好有如此者，而況淺見薄識之士乎？余何足以知伯言，獨愛伯言用心之勤而喜季敏能成人之美也。故爲書於篇首而授伯澄，使歸之。洪武二十二年春正月下澣會稽山人戴正心序

34·34　張來儀先生文集一卷　舊抄本　何氏義門手校

明張羽撰　案《明史·文苑傳》云羽"文精潔有法"，則羽固非不以文著名者。世行本止有詩集四卷，文集則未之見。此本始《山雉賦》，終《漏月齋記》，凡文五十一篇。《文瑞樓書目》有《張羽文集》一卷，注"鈔"，未知即是本否。《畫屏贊》云"白雲蔭軒，飛嵐入榥"，何氏以朱筆改作"幌"，仍以墨筆改作"榥"，而注云"榥，《廣韻》注讀書牀也。"黃氏蕘圃跋云"此字義門幾交臂失之"。又云"讀天下書未遍，不可妄下雌黃。"誠哉是言，請以此言爲校書者贈。

34·35　永嘉集十二卷　抄本　從韻溪兄藏書抄本傳錄

明張著撰　嗣子規、同弟矩敬集　著字則明，自號永嘉。子世居温之平陽縣，元末避兵吾邑，邑人招致邑庠爲弟子師，遂家焉。洪武三年，領鄉薦，授膚施令，擢臨江府同知，卒於官。明初吾邑有三張先生，俱以行誼重鄉里。先生爲北張，止菴先生爲東張，金吾十四世祖觀復先生則南張也。先生自平陽來虞即主吾家，與觀復先生爲道義交，所著有《易經精義》、《永嘉集》、《長安倡和集》等書。今惟《永嘉集》存，凡詩九卷、文三卷，合十二卷，先生子規字運生所編也。夫維桑與梓必恭敬止，矧一代名賢兼與吾祖相周旋者乎？讀其文，思其人，先生之英爽，吾祖之精靈，不啻恍惚遇之。

抑金吾更有感者，吾六世祖遜志先生學問文章，鬱爲儒宗。其居鄉也，能以德行化橫逆；其秉鐸也，能以經術訓多士。熏其德而善良者，蓋不知凡幾。所著有《毛詩特解》、《性理纂言》、《遜志錄》、《歸閒集》、《時義通詮》等書，今昔散佚，無一存者。噫，先生之後泯没無聞，而先生之集存；吾祖之後子姓繁衍，科第蟬聯，而吾祖之著述佚。豈豐於此者則嗇於彼耶，抑書之傳不傳，亦有幸有不幸耶？雖然，名山石室不少遺珠，老屋破垣間有墜簡。安知今日所覯訪不獲者，異日不且于無意中得之耶？循覽是編，回環祖德，蓋不勝覬幸之私云。

　　海虞自言，叔氏北遊聖門，名著四科，故代稱爲文學里元。至正中，永嘉張先生暨昆陽鉅儒鄭東季明、鄭采季亮避地來居，同以經術文詞鳴於是，吾邑文學益盛於一時矣。天朝底定九有，洪武庚戌筆設科舉以取士。時二鄭既没，先生以《易經》起家，與邑人鄒立誠九思、黃著昭夫、唐溥彥博偕中鄉闈，而先生名在前列，授膚施令，陞臨江別駕以終。訥生後，弗克親接緒論，蚤歲即交先生嗣子規運生，得覯遺稿而私淑之。先生之學根柢乎《六經》，旁及乎子史羣書，故理明氣昌，爲文紆徐曲折，或約或豐，而動合矩度。至其發於聲，詩亦克備，兼衆體□□□□或雅瞻而春容，或流麗而俊逸。賦景寫情，曲盡其妙。故訥每護誦之，未嘗不深嘆而敬服也。今年祇命出按江淛，道過鄉邑，運生彙次先生之集屬爲序引。嗚呼□□□□敢憶昔讀書田里，嘗訪鄉之前言往行，庸致景仰之私。若鄭之昆季及鄒黃唐氏家，率泯絶無聞，獨先生克有賢子保藏遺稿，自非積□之深，詎能然哉？先生之没，運生時始垂髫，迨今年踰六秩，隱居教授，子孫詵詵，世守先業。故訥重其請，輒忘固陋，僭序卷端。使讀者既知先生之學之美，而又知其德澤有以垂裕厥後也。先生名著字則明，履歷之詳俱載同年鄉貢進士廬陵周槩仲方所爲

傳,茲弗贅。宣德二年歲在丁未八月朔監察御史同邑後學吳訥序

《永嘉集》者,張先生則明所著也。先生始家平陽,自少研窮經史,欲以見於世。元末遊學至姑蘇,以兵亂道梗,遂家常熟。常熟學者爭師之,舉爲州學訓導。未幾,轉淮安路學教授。天下大亂,乃棄官歸。日與諸生講聖賢之道,大肆力於文章。國朝受命,海宇寧一。洪武庚戌,始設科取士,先生領鄉薦在高等,將會試禮部,而朝廷急於用人,遣使者賚敕,命至家授膚施知縣。時兵荒之後,閭井蕭然,先生招輯流亡,勸課農業,撫循勞來,出於至誠,由是邑以完復。既三年,用績最陞臨江府同知,有善政及人。既没,人猶思之,事具前侍儀使廬陵周仲方所爲傳。蓋先生學問明正而操行淳潔,故所立如此。平生詩文甚富,經亂不存。其子規收拾於散軼之餘,得若干篇,皆姑蘇時所作。既彙次成帙,因大理寺正嚴君志道求予序之。予謂先生之學將以行之也,不幸少不得行,於是託於文章以自見。使先生早遇聖明,以所學施於用,其功業有以及人,則文章未必如是之美也。自古賢人君子於文章事業,往往患其難兼。如漢賈誼、董仲舒、黃霸、龔遂,其人誠偉矣,然皆不能兩得。而先生兼有之,豈非難哉? 先生之詩,取法唐人,皆清遠有思致。所爲古文,必本於經傳,其義正,其辭確,蓋鑿鑿乎有用之言也。後之君子讀其文章而考其事業,則先□□□可知矣。故爲序其首簡。宣德三年八月望日,奉政大夫、右春坊右庶子、兼翰林侍讀學士、同知制誥修國史泰和王直行儉序

34·36　範軒集十二卷　抄本

明林大同著　大同字逢吉,號範軒,吾邑人。仕至開封府訓導。明初,吾邑有三儒籍,言氏、林氏及吾張氏也。今吾宗與言氏世有達者,林氏則無聞,而先生之集乃巍然獨存,是則苟卓有可傳

表章，不必盡在子孫也。先生與金吾十五世祖億之先生、十四世祖觀復先生相友善，《家乘》有先生撰十六世祖母《薛孺人墓誌銘》，今載集中。又有《遂觀復先生應詔赴京師序》集中闕，集中與吾祖酬贈詩凡三十餘首，異日當録附《家乘》，以垂不朽。

　　周矩趨命紀行序

愛日精廬藏書志卷三十五

集　部

總集類

35·1　文選六十卷 北宋刊本　明句容縣官書

　　梁昭明太子撰　唐李善并五臣注　五臣者,吕延濟、劉良、張銑、吕向、李周翰也。後有明州司法參軍盧欽《跋》云"《選》板歲久漫滅殆甚。紹興二十八年,直閣趙公來鎮是邦,下車之初,首加修正"云云,則北宋刊版南宋重修本也。卷六、卷九、卷十二、卷十六、卷十九、卷二十五、卷二十八、卷三十一、卷三十五、卷三十八、卷四十一、卷四十四、卷四十七、卷五十一、卷五十四、卷五十七、卷六十及目録後俱有"句容縣印",次行俱有題識云"洪武十五年十一月當是明初官書"。闕卷一、二、三卷,二十二、二十三、二十四,凡六卷,抄補。

　　昭明太子序

　　李善上文選注表顯慶三年

　　吕延祚進集注文選表開元六年

　　右《文選》板歲久漫滅殆甚。紹興二十八年冬十月,直閣趙公來鎮是邦,下車之初,以儒雅飾吏事,首加修正,字畫爲之一新。俾學者開卷,免魯魚三豕之訛,且欲垂斯文於無窮云。右迪功郎明州

司法參軍兼監盧欽謹書

35・2　玉臺新詠十卷　影寫宋刊本

陳尚書左僕射太子少傅東海徐陵字孝穆撰

自序

陳玉父後叙嘉定乙亥

35・3　文苑英華一千卷　舊抄本

宋翰林學士朝請大夫中書舍人廣平縣開國男食邑三百戶上柱國賜紫金魚袋宋白等奉勅集　每卷末俱有“登仕郎胡柯、鄉貢進士彭叔夏校正”一條，末有“成忠郎新差充筠州臨江巡轄馬遞鋪王思恭點對兼督工”一條。

周必大序

吉州致政周少傅府，昨于嘉泰元年春選委成忠郎新差充筠州臨江軍巡轄馬遞鋪權本府使臣王思恭專一手抄《文苑英華》并校正重複，提督雕匠今已成書，計一千卷，其紙札、工墨等費並係本州印匠承攬，本府並無干預，今聲說照會。四年八月一日權幹辦府張時舉具。

35・4　西漢文類殘本五卷　宋紹興刊本

宋陶叔獻編　唐柳宗直有《西漢文類》二十卷，宋時其書失傳，叔獻重加編纂。見《郡齋讀書志》原四十卷，今存卷三十六至末五卷。後有“紹興十年四月日臨安府彫印”一條。每頁紙面俱有“清遠堂”印記，字畫清朗，紙色瑩潔，蓋宋刊宋印本也。

35·5　文粹一百卷　元刊本

宋吳興姚鉉纂

自序抄補

35·6　唐文粹殘本三十四卷　宋刊本

宋吳興姚鉉纂　前有目録，分上下兩卷。上卷自卷一至二十五，下卷自二十六至三十四，後闕，止存末頁半頁。目録後有題識云"故姚右史纂唐賢之文，凡"缺三字。古本前闕總目，士人常患難爲檢閱，今具目録列于卷首，仍合爲缺二字卷，甚便討尋。彭城劉空二字謹白"。是書分卷篇次，俱與百卷本不同，詩文則有少無多。案《崇文總目》云《文粹》五十卷，姚鉉編。《郡齋讀書志》曰"鉉採唐世文章，分門編類。初爲五十卷"，則此本或即五十卷本歟？每頁二十六行，行二十五字。

35·7　會稽掇英總集二十卷　文瀾閣傳抄本

宋孔延之編

自序熙寧壬子

35·8　三蘇先生文粹七十卷　宋刊本

不著編輯者名氏　凡老泉十一卷，東坡三十二卷，潁濱二十七卷，合七十卷。闕卷十一至十八、二十二至二十四、二十九至三十五、四十八至五十、五十三至五十九、七十，共缺二十九卷，抄補。

35·9　樂府詩集一百卷　元至正刊本

宋太原郭茂倩編次

　　樂府之名肇於漢,所以聚音律之具而命之,古無有也。《書》云"歌永言,聲依永,律和聲,"此聲歌之所由作也。良以樂之爲樂,非曰彈絲鳴竹,鏘金擊石,然後謂之樂,凡羈窮愁悶,懽欣愉懌,出於口而成聲者皆樂也。粵自擊壤康衢之謠興,而唐虞喜起之歌,播於巖廊之上,治世之音,縱鈞天雲門不是過也。嗣後夫子刪《詩》三百,雖樵夫野叟,婦人女子,羈孤庶孽,怵迫無聊之態,侈靡華麗之習,莫不備具。蓋發乎情,止乎禮義,皆足以懲創而興起,聖人未嘗去彼而取此□曰□□樂歌□□如笙由庚南陔白華之什先儒已辨□□□□□自聲詩絕響之後。太原郭茂倩編類古今歌曲,上際唐虞,下迨五季,目之曰《樂府詩集》。凡歌詞之典雅純正,曲調之清□靡麗□□俚語,長謠短謳,鮮不該盡□□□夫風雅頌之變而世代推移,可一覽而周知。而騷人墨客,採觚弄翰,于欲□斜陽之外,亦足以□□□幽情者□憲臺幕賓濟南彭公弓儀父憫茂倩之用以悼古樂今樂之異趣□□湮没無聞郡博士□君萬元又能先意承志,遂鳩工鋟梓以廣其傳。慧孫適承乏勉力以竟其事俾。後學觀此,上有以知時雍□□蒸民之歌,下有以極清麗之習,一返而歸於正,則樂府之詩非特爲禮義性情之助,而樂之本陰陽,原情性,又足以躋吾民以歸於壽域春臺之上矣。時至正初元菊月朔文學　橡周慧孫序<small>此序毛本闕</small>

李孝光序<small>至元六年</small>

35・10　新刊古今歲時雜詠四十六卷　<small>舊抄本　葉林宗藏書</small>

宋蒲積中編

　　《歲時雜詠》,宋宣獻公所集也。前世以詩雄者俱在《選》中,幾爲絕唱矣。然本朝如歐陽、蘇黃與夫荆公、聖俞、文潛、無己之流,逢時感慨,發爲辭章,直造風雅藩閫,端不在古人下。予因隙時,乃取其卷目而擇今世之詩以附之,名曰《古今歲時雜詠》。鳩工鑱板,以海其傳。非惟一披方册,而四時節序具在目前,抑亦使學士大夫因以觀古今騷人用意工拙,豈小益哉?紹興丁卯仲冬眉山蒲積中致和序

葉氏手跋曰:此書從兒林宗所藏書,才摹竟而林宗没,藏本隨散無餘,此書遂歸于我。行將聚宋元明之作續之,未知其遂志不也。東洞庭山葉石君識

35・11　嚴陵集九卷　文瀾閣傳抄本

宋董棻編

《詩》三百篇大抵多本其土風而有作,聖人删取,各繫其國,如二南皆正風也。周、召既分陝而治,則繫詩有不得而同。三國當變風之始,邶、鄘既并於衛,邶居衛北,而詩有《北門》以興,出門而北歸於邶也。鄘居衛東,而詩有載馳以興,東徙渡河而廬於漕也。衛在河之北,而詩有《河廣》以興,杭葦而南適於宋也。是三者皆衛詩,而以土風之異,隨其國繫之,其它蓋可類見。使夫後世觀詩者,因土風而知國俗,則秦勇豳恕,鄭滛魏褊,皆自乎此而得之矣。近代有裒類一州古今文章、叙次以傳者,其亦得聖人之遺意與?自東漢之末,孫氏據有吳粵之墟,始分歙縣之地建爲新安郡。逮隋而更郡名新定,大業改爲睦州。唐初即桐廬縣別置嚴州,尋廢州,以縣來隸,至國朝宣和中始復今名,蓋以子陵釣臺爲是邦重,故以名州。州境山水清絶,著稱自古。歷考前代,朱太守以文學備應對之臣於西京,後世則有皇甫持正、方雄飛、李德新、施肩吾、徐凝咸以詞章名世,文爲世傳,而紀詠其鄉里爲多。今代如江民表全名直節,見推於時,文采蓋其餘事。至於騷人名士過焉而賦者,在晉則謝康樂,梁則沈隱侯,唐則李太白、孟浩然、白樂天、羅隱,國朝則梅聖

俞、蘇子美、龐莊敏公、王文公。其牧守之有文，在梁則任彥昇，唐則杜紫微，國朝則范文正公、趙清獻公，以至呂子進、蔡天啟，又如張伯玉、錢穆父皆嘗官於此者，率多賦詠。邦人傳諷，迨今不絕，而獨未有裒類而爲集者。雖有《桐江集》，止載桐廬一邑之文，而又繁冗不倫，人不甚傳。茲者，茱與僚屬修是州圖經，搜訪境內斷殘碑版及脫遺簡編，稽考訂正。既成書矣，因得逸文甚多，復得郡人喻君彥先悉家所藏書，討閱相示，又屬州學教授沈君俅與諸生廣求備録時以見遺，乃爲整比而詳擇。凡自隋以上在新安郡者，自唐以後訖國朝宣和以前在睦州者取之。其未嘗至而賦詠實及此土，如唐韓文公，近世司馬溫公、蘇東坡、黃魯直，蓋不得而不録也。其有名非甚顯，嘗過而賦焉，一篇一詠，膾炙人口者，蓋亦不得而遺也。嗚呼，其亦庶幾詩人本其土風之作而聖人各繫其國之遺意乎？乃若釣臺雙峙，高風絕企，古今歌詩銘記居多，編之此集有不容略，故總以州名而爲之標目云。紹興九年夏四月壬申知軍州事廣川董茱序

35·12　萬首唐人絶句一百一卷　明嘉靖刊本

宋洪邁編　是書《直齋書録解題》著録一百卷，凡七言七十五卷，五言六言二十五卷。此本析六言另爲一卷，故作一百一卷，與汪綱跋及焦氏《經籍志》合。

淳熙庚子秋，邁解建安郡印歸，時年五十八矣。身入老境，眼意倦罷，不復觀書。惟時時教稚兒誦唐人絶句，則取諸家遺集，一切整彙，凡五七言五千四百篇，手書爲六秩。起家守婺，齎以自隨。踰年再還朝，侍壽皇帝清燕，偶及宮中書扇事，聖語云比使人集録唐詩得數百首。邁因以昔所編具奏，天旨驚其多，且令以元本進入，蒙寘諸復古殿書院。又四年來守會稽，間公事餘分，又討理向

所未盡者。唐去今四百歲,考《藝文志》所載,以集著錄者幾五百家,今僅及半而或失真,如王涯在翰林,同學士令孤楚、張仲素所賦宮詞諸章,乃誤入於《王維集》;金華所刊杜牧之續、別集,皆許渾詩也;李益"返照入閭巷,愁來與誰語"一篇又以爲耿湋;崔櫓"白首成何事,無歡可替悲"一篇①,又以爲張蠙;以薛能"邵平瓜地接吾廬"一篇爲曹鄴②;以狄歸昌"馬嵬烟柳常依依"一篇爲羅隱③。如是者不可勝計。今之所編,固亦不能自免,然不暇正。又取郭茂倩《樂府》與稗官小說所載僊鬼諸詩撮其可讀者合爲百卷,刻板蓬萊閣中,而識其本末於首。紹熙元年十一月戊午,煥章閣學、士宣奉大、夫知紹興軍府事、兩浙東路安撫使、魏郡公洪邁序

　　越府所刻七言至二十六卷,五言至二十卷,而奉祠歸鄱陽,惟書不可以不成,乃雇婺匠續之于容齋,旬月而畢。二年十一月戊辰邁題

　　重華宮投進劄子

　　重華宮宣賜白劄子

　　謝表

　　別奏劄子

　　奏耿柟不受書送劄子

　　謝南內奏狀

　　右《唐人絕句》乃內相洪公手自采擇。暨守會稽,嘗以此刊之郡齋。後三十年,格獲繼往躅,暇日取是書伏而玩之,則歲月暨久,固已漫謬,蠹闕多矣,因命工修補,以永其傳。嘉定辛亥孟秋下浣

---

① "崔櫓"原作"崔魯","悲"原作"愁",據《萬首唐人絕句》改。

② "接"原作"人",同上改。

③ "馬嵬烟柳常依依",原作"馬嵬城下柳依依",同上改。

新安吳格謹識①

　　汪綱跋曰:《唐人絕句》詩凡一百一卷,半刻會稽,半刻鄱陽。嘉定癸未,新安汪綱守越,遂搨鄱陽本併刻之,使合而爲一。即畢工,姑識其末。是歲二月既望書于鎮越堂

　　陳敬學重刊跋嘉靖辛丑

35·13　新雕聖宋文海殘本六卷　宋淳熙刊本　季滄葦藏書

　　宋江鈿編　原一百二十卷,今存卷四至卷九,凡六卷。李心傳《朝野雜記》曰,臨安書坊有所謂《聖宋文海》者,近歲江鈿所編。孝宗得之,命本府校正刻板,時淳熙四年十一月也。周必大以是書編次無倫,請于孝宗,命呂祖謙重編呈進,賜名《文鑑》。《文鑑》行,而是書遂晦。《季滄葦書目》有《聖宋文海》六冊,想亦殘缺之本。此本有滄葦印記,蓋即其舊藏本也。中如王子韶《六聖原廟賦》、周邦彥《續秋興賦》、丘郟思《文殿記》、謝豳《詔賜宗室坐右銘記》、羅琦《欹器銘》、石矼《玉罄銘》、張商英《雲居山真如禪院三塔銘》等篇,《文鑑》俱未載,則亦有藉是以傳者,固未可以殘缺廢也。

　　《郡齋讀書志》曰,《宋文海》一百二十卷,右皇朝江鈿編輯,本朝諸公所著賦詩、表啟、書論說、述議、記序、傳文、贊頌、銘碑、制詔、疏詞、誌輓、祭禱文,凡三十八門,雖頗該博而去取無法。

35·14　端平重修皇朝文鑑一百五十卷
舊抄本　菉竹堂藏書

　　宋朝奉郎行秘書省著作佐郎兼國史院編修官兼權禮部郎官臣

----

　　①　嘉定自戊辰至甲申(1208—1224)共十七年,有辛未(1211)無辛亥。洪邁序云紹熙元年(1190)刊於郡齋,吳格又有"後三十年"云云,則吳格修補年代,可約略知之。

呂祖謙奉聖旨銓次　是書葉文莊公於正統、天順間從宋刊本傳錄，後失其中一分。文莊四世孫恭煥假顧觀海家宋板補完。見恭煥跋所補之一分，相傳爲文氏二承手筆，目錄中卷及卷七十六至七十九四卷，九十三、四兩卷是也。其序目雄壯之筆，則文莊公真跡也。見顧之逵跋吳君立峯嘗取以校明刊本，謬誤不可枚舉，甚至有脫去一二頁者。非此本尚存，《文鑑》幾不得爲完書。是宜何如寶貴也哉。

太史成公次編《皇朝文鑑》始末 從子喬年撰

自太史以病歸里，深知前日紛紛之由，遂絕口不道《文鑑》事。門人亦不敢請，故其去取之意，世罕知者。周益公既被旨作序，序成，書來以封示太史。太史一讀，命子弟藏之，蓋其編次之曲折，益公亦未必知也。今間得於傳聞，以爲太史嘗云：國初文人尚少，故所取稍寬。仁廟以後，文士輩出，故所取稍嚴。如歐陽公、司馬公、蘇內翰、黃門諸公之文，俱自成一家，以文傳世，今姑擇其尤者，以備篇帙。或其人有聞於時而其文不爲後進所誦習，如李公擇、孫莘老、李泰伯之類，亦搜求其文，以存其姓氏，使不湮沒。或其嘗仕于朝，不爲清議所許，而其文自亦有可觀，如呂惠卿之類，亦取其不悖於理者，而不以人廢言。又嘗謂本朝文士比之唐人正少，韓退之、杜之美，如柳子厚、李太白，則可與追逐者。如周美成《汴都賦》亦未能侈國家之盛，止是別無作者，不得已而取之。若斷自渡江以前，蓋以其年之已遠，議論之已定，而無去取之嫌也。其大略若此。太史既病，南軒以書與晦翁，以爲編次《文鑑》無補治道，何益後學。而晦翁晚歲嘗語學者，以爲此書編次篇篇有意，每卷卷首必取一大文字作壓卷，如賦則取《五鳳樓賦》之類。其所載奏議皆係一代政治之大節，祖宗二百年規模與後來中變之意思盡在其間，讀者着眼便見。蓋非經濟錄之比也。豈南軒未見其成書，而朱公則嘗深觀之耶？臨江劉公清之又以爲，此即刪詩定書官使衆材之意，蓋

亦善觀此書者。故備列之以俟知者，相與審訂焉。從子喬年謹書

《皇朝文鑑》一書，諸處未見有刊行善本。惟建寧書坊有之，而文字多脫悮，開卷不快人意。新安號出紙墨，乃無佳書，因爲參校訂正，鋟板於郡齋。嘉泰甲子重陽日郡守梁谿沈有開

文以鑑名，非爲標題設也。以銅爲鑑，則可以別妍醜；以古爲鑑，則可以審興衰；以人爲鑑，則可以正得失；至於以文爲鑑，則又不可以別妍醜、審興衰、正得失盡之也。新安郡齋舊有《文鑑》木本，余每惜其脫略謬誤，莫研精華，如涉蓬山而阻弱水，隔雲霧而索豹章。輒嘆曰：“斯文之墜，越漢歷唐，至我皇宋始還三代之舊。今牴牾訛舛若此，學者何賴焉？”郡博袁君嘗加訂證，暨嘉定辛巳冬，余領郡事。一日，吏部喻君貽書以東萊呂文公家本來寄，余喜而不寐，亟併取袁君所校以相參考，易其謬誤，補其脫略凡三萬字，命工悉取舊板及漫裂者刊而新之，遂爲全書。使學者覽表疏而思都俞吁咈之美，觀制册而得盤誥誓命之意，閱賦詠而追國風雅頌之音，續渾金璞玉之體，免覆瓴鍰冰之譏。藻飾皇猷，黼黻治具，俾斯文之作，歷千萬人如出一手，越千百載如在一日。則《文鑑》之名爲無負，《文鑑》之利爲甚博矣。嘉定十五禩壬午夏五月上澣，郡守開封趙彦适跋

前輩之文粹然出正，蓋累朝涵養之澤而師友淵源之所漸也。此書會粹略盡，真足以鳴國家之盛。惜夫鋟木之始，一付之刀筆吏，欠補亡刊誤之功。後雖更定訛缺，猶未能免。思欲就正有道，恨呂成公之不可作也。近於東萊家塾得證誤續本，命郡録事劉君崇卿參以他集而訂正之，凡删改之字又三千有奇，與刓缺不可讀者百餘板併新之，其用心勤矣，其有補於此書多矣。既迄役，將如京，因語之曰：“夫校讐工夫如拂几上塵，旋拂旋生。去後尋繹，當更有口録以見寄，抑以觀子日進之學。”端平初元清明，郡守四明劉

炳書于黄山堂

　　繳進文鑑劄子

　　謝賜銀絹除直秘閣表

　　周必大序

　　葉氏手跋曰:《皇朝文鑑》計二十册,乃文莊祖於正統天順間所録。時刻本尚少,借宋板録得,四傳而至予。隆慶壬申歲,予淹病檢出,乃失其中一分。時謬本德用以整書,謂予曰:"顧觀海家有宋板《文鑑》,可借觀對之。"因以校勘留對抄完,可謂全書,故記存以見集書之難有如此者。後人視書,勿以爲易而忽諸。隆慶壬申四月三日括蒼山人恭焕志

　　顧氏手跋曰:此書迺前明崑山葉文莊物也。其鈔凡三手,通部前後著録者所書也。其序目雄壯之筆,絶類寫經體者,文莊筆也。余以文莊《跋金石録》筆對閱故知之。其目録中以及卷七十六至七十九四卷、九十三四兩卷,故老相傳爲文氏二承筆。即隆慶間文莊後人失去中一分,以倩名人補録者也。其説余未之信。然要其大概,則此書鈔自宋刻,書屬名手,其爲善本可知。間嘗取慎獨齋刊本一對,其謬誤不一,益見此本之宜寶貴矣。跋尾名恭焕者,乃文莊五世孫也,手自校書,不下萬卷。因閲《箓竹堂書目》知之。乾隆壬子清明後一日襃盅學道人顧之逵記

　　黄氏手跋曰:此書向藏小讀書堆,今歸愛日精廬。予所藏亦有。是書計得五部,皆佟宋刻,有大字小字之别。惟因均已殘缺,猶爲恨恨。即效述古主人百衲《史記》之例,尚少目録之下卷,緣借抄足之。吳縣黄丕烈

35·15　聖宋名賢五百家播芳大全文粹一百十卷　舊抄本

宋魏齊賢、葉芬編

　　昔吾從搢紳先生游，而得其論寶之説。夫所謂寶者，焜燿瑰
奇，鏗鏘温潤。世之美瑞，國之重鎮，周傳漢佩，虞求罕辭，易連城
照，十二乘曾未得其髣髴也。然必聚於沆瀣之巨浸，蘊於不可測識
之深淵。玄甫之邃，崑出之巔，元氣鍾之，造物蓄之，然後芒寒色
正，爍爍乎牛斗之間，豈蹄涔培塿之所能有哉！今夫墨莊□有天下
之書，雖三閣四庫之儲，道家蓬萊之所藏者相垺也。故家有藏書之
富，鉅鹿魏君仲賢，南陽葉君子寶，實徜徉其間。儲藏之豐，奚啻挿
架三萬軸而已。一日合并，且欲集本朝名公雜著之文以惠同志，於
是各出所有，闢館以居之。巨篇奧帙，奇書秘字，充衍其中。以我
聖朝之文卓冠前古，而二君八窗玲瓏，旁搜遠紹，類以成帙。凡世
用之文靡所不備，爍爍珠璣，炳炳瑚璉，如淵海之藏，如府庫之羨。
吾昔所聞縉紳先生所謂寶者，此焉當之矣。蓋將披襲以冰蠶繭之
光，薦之以漆，仍几之安，寧不貴哉！予往者守官□陽於書市經從
爲歉。二君走書言其大概，屬予序之。予不得辭。紹熙改元庚戌
八月朔南徐許開仲啟序

35·16　吳都文粹十卷　鎮洋錢氏東皋手抄本

宋蘇臺鄭虎臣集

　　錢氏手跋曰：余往從宋子蔚如案頭得見舊鈔《吳都文粹》十
卷。凡吳中名山大川、官廨學校、名宦人物以及仙宮梵宇，古蹟之
所留傳，昔賢之所紀詠，略備載焉。因携歸讀之，而殘闕謬誤，不甚
了了。第就鄙見所及，稍爲訂正，未遑卒業也。未幾，蔚如已鈔録
成帙，闕者補，誤者易，蓋其家多藏書。又凡友朋所蓄，苟有見聞，
無問寒暑遠近，必假觀而後已，搜討之勤，宜其鈔成如是之速也。
而余忽忽三四十年，溺没帖括中無一息暇。歲庚午，邀恩貢入成
均，始得專意繙閲古人著作，追念曩日嘗萃心力於是書，遂欲鈔之

以便觀覽，而蔚如己下世，書隨散佚。幸館光大時曾借以校王子佩鳴所藏，頗識頭緒，因取而手自繕寫，起自夏五朔至秋凡百日而畢，閒亦有所校定處。雖老人字畫潦草，或不堪寓目，然以之作底樣，亦未始非嗜古者之一助也。乾隆十九年鎮洋七十三叟東皋錢枚題

又曰：魯魚亥豕，自來鈔書家在所不免。然未有舛錯紛紜，且以一首而分作兩首，如舊鈔《吳都文粹》之甚者也。按舊鈔卷二白居易《西園題詩》首缺一句，以下"山水共誰尋"云云全與題不相干涉，蔚如考《白集》乃係《哭崔常侍詩》，而《西園》詩全篇故在，因據易之。又目於《登齊雲樓》題後，即列《西樓雪宴》、《城上夜宴》二題，而舊鈔以《西樓雪宴》詩併入《城上夜宴》題作兩，是故前有空白而不知前首即是《西樓雪宴》詩，並無闕文也。又卷四孫覿《大雪同羣兒遊虎丘》，元鈔以爲二首，而後一首詩意亦與題不叶。蔚如查《孫集》係是《送卓侍者》，兩首又併作一首。又卷八張師中之《楓橋》詩一首分作兩首，且以後首屬程師孟，今俱訂正。至於卷一米芾之《十老序》與跋，卷二徐康之《浙西題舉司題名記》，卷九之《嘉定十年分置嘉定縣補註省劄》，卷十王明之之《留京師》詩、寇國寶之《無題》詩與跋、賀鑄之《題椿塘路青玉案詞跋》，舊鈔俱有缺譌。蔚如搜得宋槧本補之。其他字畫之殘缺，詞句之謬誤，不可悉舉。忘其固陋，隨手改正，但恐尚有罣漏，惠而教我，是所望於同志者。東皋又識

35·17　西漢文鑑二十一卷東漢文鑑二十卷　明刊本

宋石壁野人陳鑑編　是書取兩漢之文，分代編次。西漢始高祖終平帝，東漢始光武終獻帝，蓋以讀一朝之文章，即可知一朝之政治也。據鑑自序，所著有《漢唐史節》、《漢唐文鑑》。今《史節》及《唐文鑑》俱佚。是書僅有傳本，亦希見之書也。

　　或有問於余曰：“子之馳騁古今，貫穿史傳，而謂史可節乎？
它史猶可，而謂漢唐三史可節乎？今子之纂節三史固矣，又何爲摘
出三史之文而別爲一編，試爲我言其故。”余應之曰：漢唐正史，萬
代取信，奚庸一字加損？特以科舉之習，不容不纂取其要。余白首
塌屋，深知其然。漢唐三史連編累牘，寸晷之間何能遍覽？書肆節
本十不一二，無可搜閱。余是以冒然爲之，蓋有得夫先正採取史集
要言之義。至若名公鉅卿，忠言嘉謨，見之史傳，不可概舉。何敢
一字妄加節略。惟其不容節略，是以別爲一編，故不摘出無以表一
時言論之切，不繫諸朝無以知當時聽從之美。觀一代之奏言。則
知一代興衰之故；觀一篇之首末則知一篇奏述之由。史有不足，則
旁搜他書，如平子之《賦》二京，張説之《頌》封禪，韓子之《原道》，
柳氏之《鐃歌》，要亦吾儒之不可缺者。或取之選，或取之粹，或取
之集中，皆此類也。《漢唐史節》積十餘年而功始竟，三史之文編
纂告成，姑以述其大概云爾。妄將末學，破裂舊史，知我者其以是
乎，罪我者其以是乎？端平甲午石壁野人建安陳鑑拜手稽首謹書

35·18　唐詩絶句選五卷　舊抄本

　　宋章泉先生趙蕃昌父、澗泉先生韓淲仲止選　疊山先生謝枋
得君直注　前有姑蘇張益鋟梓序云：“疊山先生嘗取趙昌甫、韓仲
止二先生所選唐人七言絶句詩凡三百首爲之注解”云云。此本止
一百首，想經抄胥删削，非鋟梓時舊本矣。是書傳本絶稀，惟《也
是園書目》著録。君直孤忠勁節，精貫三光。書以人重，有不僅以
罕覯爲珍者，而可以殘缺置之乎？

　　幽不足動天地感鬼神，明不足厚人倫移風俗，删後真無詩矣。
韓退之以三代文章自任，詩則讓李、杜。三百篇之後，便有杜子美
名言也。唐人學子美多矣。無其志，終無其聲音，獨絶句清思幽

妙,可聯轡齊驅於變風。境上章泉、澗泉二先生誨人學詩,自唐絶句始。熟于此,杜詩可漸進矣。建安王道可抗志力學,不爲世所易。問枋得曰:"葉水心、湯文清,咸以章泉、澗泉爲上饒師。先生道德風操可得聞乎?"枋得略説二先生選唐絶句與道共可觀,其微言緒論,關世道、繫天運者甚衆,何日衆容爲子誦之。廣信謝枋得君直序

張益鋟梓序_{宣德甲寅}

35·19　三國志文類六十卷　抄本

不著編輯者名氏

35·20　兩漢策要十二卷　抄本

宋陶叔獻原本　金常彥修孫_{名未詳}增補　是書取兩《漢書》策論書疏可備出題者,按時代編次,蓋備場屋科舉之用也。《文淵閣書目》有《西漢策》二册,《東漢策》二册,未審即是書否。《汲古閣秘本書目》著録云"是趙文敏真跡",此本蓋從之轉輾傳抄者。

皇朝專尚詞賦取士,限以五經三史出題。惟東西漢二書最爲浩汗,學者披閲如涉淵海,卒莫能際其畔岸。大抵菁華,無出策論書疏而已。可取而爲題者十蓋八九,真科舉之急用也。先是,吾鄉常同知彥修宅取舊本《兩漢策要》摹搭刊行于世。其間錯繆及有不載者僅數十篇,殆爲闕典。彥修痛恨遺脱,嘗欲增廣,方經營間不幸早世。今二孫克家不墜箕裘之緒,皆業進士,乃承意繼志,遂再爲編次。將向者遺脱,一一校證,添補附入,命工鋟木,用廣傳布,且索序引。予喜其不負乃祖之意,使斯文號爲完書,是可嘉也。姑直書所以題其端首云。大定乙巳中元日承直郎岳陽縣令雲騎尉賜緋魚袋王大鈞序

　　班、范二《書》，其載筆勝質之旨則亦博矣，然而後學異嚮，罕能兼該。尚辭者則搴其纖華而遺於體例，玩理者執其事實而泥于通方，求之彬彬，固其鮮矣。進士陶叔獻得漢聖之學，發先儒之蘊，謂類書所集其來尚焉。凡較兩都文章，必明一代制度。遂稽合衆作，去繁取衷，撮數萬言，編成十卷。同志揚端者持其書見求序引，逸題其辭曰：漢四百齡，君尊臣良，文淳道備，七制之治則與三代幾焉。是皆方聞協心，抗議竭節致之然也。如《明堂》《月令》則禮樂之本乎？《宣室》對問則政教之宗乎？晁家令邊事之宜，谷子雲掖庭之奏，平津奧略，白虎宏辯。仲舒災異之誠，子政封事之機。建武之晨，東平茂乎典禮；永和而下，伯始任乎中庸。郎顗條七事之端，翼奉極五事之變。班、蔡之劇論，韋、桓之讜言。斯皆傑立孤風，翊成典訓，來哲不能溢其美，異世不能殊其歸。炳焉休光，高出近古。其諸表奏，天下昌言。述史有三漢，最稱備文。中子曰：“二帝三王，吾不得而見也。舍兩漢將安之乎？”非表文辭蓋善其制度而已，儻或文而不示制，學而不處要，如之何從政哉？宜陶、揚二君銳志於此，好古博雅，廣其流傳。時景祐二年六月吉日阮逸序

35·21　中州集十卷　元至大刊本

　　金元好問編　總目題“翰苑英華中州集”，“翰苑英華”四字似是後來改題，痕迹顯然。自序又題“中州鼓吹翰苑英華”，六字亦似刓改，未知原書作何標題，俟續考。每頁三十行行二十八字，是本與影元抄本《中州樂府》欵式相同，知亦至大刊本也。

　　自序

35·22　二妙集八卷　舊抄本

　　金段克已、成已撰　前有段氏世德碑銘。虞集撰

中州遺老，值元興金亡之會，或身沒而名存，或身隱而名顯。其詩文傳於今者，竊聞一二矣。有如河東二段先生者，則未之見也。心廣而識超，氣盛而才雄。其蘊諸中者，參衆德之妙；其發諸外者，綜羣言之美。夫豈徒從事於枝葉以爲詩爲文者之所能及哉？于時干戈未息，殺氣瀰漫。賢者辟世，苟得一罅隙地，聊可娛生則怡然自適以畢餘齡，幾若澹然與世相忘者。然形之於言，間亦不能自禁。若曰“寃血流未盡，白骨如山丘”，若曰“四海疲攻戰，何當洗甲兵”，則陶之達，杜之憂，蓋兼有之。其達也，天固無如人何；其憂也，人亦無如天何。是以達之辭著而憂之意微。後之善觀者，猶可於此而察其衷焉。伯氏諱克己字復之，人稱遯庵先生，在金以進士貢，金亡餘廿年而卒，終身不仕。仲氏諱成己字誠之，人稱菊軒先生，在金登進士第，主宜陽簿，年過八帙，至元間乃卒。雖被提舉學校官之命，亦不復仕。遯翁之孫輔由應奉翰林，歝歷臺閣，今以天官侍郎知選舉，解后於京師出其家藏《二妙集》以示。一覽如覿靖節，三復不置，已而嘆曰：斯人也而丁斯時也，斯時也而毓斯人也。昔之耆彥嘗評二翁，謂“復之磊落不凡，誠之謹厚化服”，摹寫蓋得其真，予亦云然。翰林學士資德大夫知制誥同修國史臨川吳澂序

顯祖遯庵君與從祖菊軒君，才名道業，推重一世。值金季亂亡，辟地龍門山中。遯庵君既没，菊軒君徙晉寧北郭，閉門讀書餘四十年，優游以終。凜然清風，視古無愧。其遺文惜多散逸，所幸存者，古律詩樂府三數百篇，皆先侍郎手自紀録，屢欲傳梓不克。小子不肖，痛先志之未遂，懼微言之或泯，謹用録梓，藏之家塾，俾後之子孫毋忘先業云。泰定四年丁卯春別嗣輔拜手謹誌

賈定補刊跋成化辛丑

35·23 中州啟劄四卷 影寫元刊本

元吳宏道編 《四庫全書存目》所載，係從《永樂大典》錄出者，此則原本也。

古者奉咫尺書，所以達萬里之心也。故書謂之簡，簡謂之畢。初非耀文賈佞之具。觀先秦答燕、上秦二書，西漢賜南粵一書，明白惻至，洞見肺腑。要是去古未遠，風氣使然。是時豈有作書之法哉？逮及前輩猶能倣倣古意，上貽書於下，下獻書於上，非言古今理亂之故，治道翕張之機，則相與切切然圖當時之務，不專以頌也。朋友尺牘之酬酢，必□義理，修齊是究，以至親戚音問之交往，直述父兄安好，冠昏喪祭等事，無綺語、無泛辭也。流俗日靡，士大夫從事書札，扶踈茂好以爲巧，裁穠剪纖以爲工。高者自謂陳言之務去，卑者直欲盡平生之諂，以希分寸之進。昔止稱啟上者輒再拜，昔止稱再拜者輒百拜，繁文縟節，未易毛舉。於是書不復古矣。噫，昌黎公《上宰相三書》，猶不免好議論者責備，況其他乎？江西省檢校掾史吳君仁卿，裒中州諸老往復書尺類爲一編，凡若干卷，輒已俸鋟梓，徵余言。余曩綴寮翰苑，於玉堂制草中獲覿諸老所作，每起而曰此穀粟布帛之文也，豈後進所可窺其藩？若今仁卿所編則未之見。一旦盡得而讀之，體製簡古，文詞渾成，其上下議論率於政教彝倫有關，五雲體何足言哉？當諸公作書時，不過抒吾情達吾意，豈計其文之傳後？而後之覿者如見諫議面於數十載之下，風流篤厚，典刑具存，矯世俗之浮華，追古風於邁遠。然則仁卿此編，豈曰小補？仁卿名宏道，金臺蒲陰人也。歲在大德辛丑四月朔承事郎江西等處儒學副提舉許善勝序

35·24　中州啟劄四卷　明成化刊本

元吳宏道編　影元抄本中多闕文兼有誤字，藉此得以校補，亦快事也。

許善勝序

翁世資重刊序成化三年

35·25　天下同文集五十卷　舊抄本

元盧陵周南瑞敬輯　目錄後有“隨所傳録，陸續刊行”八字。闕卷十七、十八、卷三十一、三十四、三十五、四十一，凡六卷。

唐劉夢得叙柳子厚之集曰，“文章與時高下，政麗而土裂，三光五嶽之氣分，大音不完，故必混一而後大振”者，概以爲知言。予獨嘗謂夢得之辭則高矣美矣，以其時考之則未也。唐之盛時，在貞觀、開元間。其時稱歐、虞、褚、薛，最後稱燕許大手筆，今其文可覩也。及貞元、元和來以韓、柳著，比至德爲盛而去混一之初則有間矣。才未必皆福，福亦自掩其才①。因使人思《易》所謂吉人寡辭者，其福未易量也。此則所謂時也。吾取以叙周南瑞所刻《天下同文》實甚宜②。嗚呼，文章豈獨可以觀氣運，亦可以論人物。予每讀漢初論議、盛唐詞章及東京諸老文字，三千年間渾一，盛時僅此耳。彼乍合暫聚者，其萎弱散碎，固不得與于斯也。然此盛時作者，如渾河厚嶽，不假風月。爲狀如匽松曲柏，不與花卉爭妍。風氣開而文采盛，文采極而光景消。夢得之言之也，不自知其盛者已及於極也。方今文治方張，混一之盛，又開闢所未嘗有，唐蓋不

---

① “福亦自掩其才”，《養吾齋集》卷九《天下同文集序》作“福亦何必其才”。

② “周”字上有“安成”二字，同前。

足爲盛。縉紳先生創自爲家，述各爲體，功德編摩與詩書相表裏，下逮衢謠，亦各有烝民立極之學問。南瑞此編，又得之鉅公大筆選精刻妙，則觀于此者，豈可以尋行數墨之心智耳目爲足以領此哉。自《文選》來，唐稱《文粹》，宋稱《文鑑》，皆偉然成書。他日考一代文章，當於此取焉。大德甲辰第一甲子日盧陵劉將孫撰

35・26　昭忠逸詠六卷補史十忠詩一卷　陸氏勅先校本

元如村劉麟瑞撰　天水趙景良秉善編集　《補史十忠詩》麟瑞父水村劉壎撰

岳天祐序至順壬申

自序至治元年

後序

陸氏手跋曰：鬷季購得顧修遠家藏抄本，校過兩次，尚是此書原本。《忠義集》乃後人所加名也。甲寅九月十八日敕先識

35・27　國朝文類七十卷　元刊本　玉蘭堂藏書

元蘇天爵編　卷首有玉蘭堂、季滄葦印記。

皇帝聖旨裏，江浙等處儒學提舉司，至元二年十二月初六日，承奉江浙等處行中書省掾史崔適承行劄，付准中書省咨禮部呈，奉省判翰林國史院呈，據待制謝端、修撰王文煜、應奉黃清老、編修呂思誠、王沂、楊俊民等呈。竊惟一代之興，斯有一代之制作。然文字雖出於衆手，而纂述當備於一家。故秦、漢、魏、晉之文，則有《文選》拔其萃，而李唐、趙宋之作，則有《文粹》、《文鑑》掇其英。矧在國朝，文章尤盛。宜有纂述，以傳於時，于以敷宣治政之宏休，輔翼史官之放失。其於典冊，不爲無補。伏覩奎章閣授經郎蘇天爵，自爲國子諸生，歷官翰林僚屬，前後蒐輯殆二十年，今已成書爲

七十卷。凡歌詩、賦頌、銘贊、序記、奏議、雜著,書説議論,銘誌碑傳,其文各以類分,號曰《國朝文類》。雖文字固富於網羅,而去取多關於政治。若於江南學校錢糧內刊板印行,豈惟四方之士廣其見聞,實使一代之文煥然可述矣。具呈照詳得此,本院看詳授經郎蘇天爵所纂《文類》,去取精詳,有裨治道。如准所言移咨江南行省,於贍學錢糧內鋟梓印行,相應具呈照詳。奉此,本部議得翰林待制謝端等官建言,一代之興,斯有一代之制作。參詳上項《國朝文類》七十卷,以一人之力搜訪固甚久。而天下之廣,著述方無窮,雖非大成,可爲張大。若准所言,鋟梓刊行以廣其傳,不唯黼黻太平,有裨於昭代,抑亦鉛槧相繼,可望於後人。如蒙准呈,宜從都省移咨江浙行省,於錢糧衆多學校內,委官提調刊勒流布,相應具呈照詳。得此,都省今將《文類》檢草令收管齎咨順帶前去,咨請依上施行。准此,省府今將上項《文類》隨此發去,合下仰照驗,依准都省咨文內事理施行。奉此及申奉江南浙西道肅政廉訪司書吏馮諒承行旨揮看詳,上項《文類》紀錄著述,實關治體,既已委自西湖書院山長計料工物價錢,所需贍學錢遵依省准明文,已行分派各處,除已移牒福建江東兩道廉訪司催促,疾早支撥起發外,其於刊雕謄寫之時若有差訛,恐悞文獻之考,憲司合下仰照驗,委自本司副提舉陳登仕,不妨本職、校勘繕寫施行。奉此,又奉省府劄付仰委自本司副提舉陳登仕,不妨本職,校勘繕寫,監督刊雕,疾早印造完備,更爲催取各各工物價鈔,就便從實銷用,具實用過數目開申。奉此,至元四年八月十八日,承奉江浙等處行中書省劄,付准中書省咨禮部及太常禮儀院書籍損缺,差太祝陳承事齎咨到來,於江南行省所轄學校書院有板籍去處印造,裝褙起解,以備檢尋,無復闕文之意。數內坐到《國朝文類》二部,依仰上施行。奉此照得近據西湖書院申交割到《國朝文類》書板於本院安頓點視,得內有補嵌板面，慮恐日後板木乾燥脫落，卒難修理，有妨印造；況中間文字刊寫差訛，如蒙規劃刊修，可以傳久，不悮觀覽，申乞施行。續奉省府劄付照勘到西湖書院典故書籍數內《國朝文類》見行修補，擬合委令師儒之官較勘明白，事爲便益。奉此，除已委令本院山長方員同儒士葉森將刊寫差訛字樣比對較勘明白，修理完備，印造起解外，至正元年十一月二十二日，准本司提舉黃、奉政關，伏見今中書省蘇參議昨任奎章閣授經郎，編集《國朝文類》一部，已蒙中書省移咨江浙等處行中書省劄付本司刊板印行，當職近在大都，於蘇參議家獲覩元編集檢草較正，得所刊板本第四十一卷內缺少下半卷，計一十八板九千三百九十餘字不曾刊雕，又於目錄及各卷內較正，得中間九十三版，脫漏差誤計一百三十餘字。蓋是當間較正之際，失於鹵莽，以致如此。宜從本司刊補改正，庶成完書。今將缺少板數、漏誤字樣，錄連在前，關請施行。准此，儒司今將上項《文類》板本刊補改正，一切完備，隨此發去，合下仰照驗收管施行須至指揮

　　右下杭州路西湖書院准此

　　至正二年二月日

　　庀文統事，大史之職也。史官放失，而文學之士得以備其辭焉。古者自策書簡牘，下及星曆卜祝之事，屬于太史。故《三墳》《五典》《八索》《九丘》在焉，《書》與《易》皆是也，而《春秋》出焉。教于國都州里者，詩禮樂而已矣。觀民風者，采詩謠以知俗，觀禮樂以知政，亦集於太史。後之學者考六藝之辭，發而爲文章。是故文章稱西漢，記事宗左氏，司馬子長與世與變，其間必有名者出焉。國初學士大夫祖述金人，江左餘風車書大同，風氣爲一。至元、大德之間，庠序興，禮樂成，迄于延祐以來極盛矣。大凡《國朝文類》，合金人、江左以考國初之作，述至元、大德以觀其成，定延祐以來以彰其盛，斯著矣。網羅放失，采拾名家，最以載事爲首，文章

次之，華習又次之，表事稱辭者則讀而知之者存焉，伯修於是亦勤矣哉，固忠厚之道也，文章之體備矣。因類物以知好尚，本敷麗以知情性，辭賦第一。備六體，兼百代，萃粹其言，樂章古今，詩第二。本誓命，紬訓誥，申重其辭以憲式天下，萬世則之，詔册制命第三。人臣告猷，日月獻納，有奏有諫，有慶有謝，奏議表牋第四。物有體，體以生義，以寓勸戒褒述，箴銘頌贊第五。聖賢之生，必有功德事業，立于天下，後世法象之，古今聖哲碑第六。核諸實，顯諸華。合斯二者不誕不俚，記序第七。衷蘊之發，油然恢徹，其辨不動者鮮矣。書啓第八。物觸則感，感則思。思則鬱，鬱則不可遏，有裨於道。雜說題跋第九。有事有訓，有言有假，有類不名一體。雜著第十。朝廷以郡造士，先生以導學者徵諸古。策問第十一。《爾雅》其言，煜煜然歸其辭，其事宣焉。諸雜文第十二。累其行事，不愁遺之，意真辭懇。哀辭謚議第十三。其為人也沒而不存矣，備述之，始終之。行狀第十四。其為人也，沒而不存矣。志其大者遠者。將相大臣有彝鼎之銘，大夫士庶人及婦人女子亦得以沒而不朽者，因其可褒而褒焉，以為戒勸焉。墓志、碑碣、表傳第十五。總七十卷，出入名家總若干人。是則史官之職也，夫必有取於是也。夫自孔子刪定六藝，《書》與《春秋》守在儒者。自史官不世其業，而一代之載往往散於人間。士之生有幸不幸，其學有傳不傳。日遷月化，簡札堙沒，是可嘆也。伯修三為史氏而官守格限，遂以私力為之。蘇君天爵，伯修其字也。世為真定人。先世咸以儒名。威如先生尤邃曆學，著《大明曆算法篇》以稽其繆失焉。郎中府君以材顯，至伯修而益啓之。伯修博學而文，於書無所不讀。討求國朝故實及近代逸事最詳定，著《名臣事略》若干卷、《遼金紀年》若干卷并為是書。書非有補益於世道者不為也。自翰林修撰為南行臺御史，今為監察御史。元統二年夏四月戊午朔文林郎江南諸道

行御史臺監察御史南鄭王理序

　　元氣流行乎宇宙之間。其精華之在人，有不能不著者發而爲文章焉，然則文章者，固元氣之爲也。徒審前人制作之工拙而不知其出於天地氣運之盛衰，豈知言者哉。蓋嘗考之三代以降，惟漢唐宋之文爲特盛。就其世而論之，其特盛者又何其不能多也。千數百年之久，天地氣運難盛而易衰乃若此，斯人之榮悴概可知矣。先民有言曰，“三光五嶽之氣分，大音不完，必混一而後大振”。美哉乎其言之也。昔者北南斷裂之餘，非無能言之人馳騁於一時，顧往往囿於是氣之衰，其言荒粗萎冗，無足起發人意。其中有若不爲是氣所囿者，則振古之豪桀，非可以世論也。我國家奄有六合，自古稱混一者，未有如今日之無所不一，則天地氣運之盛，無有盛於今日者矣。建國以來，列聖繼作，以忠厚之澤涵育萬物。鴻生雋老出於其間，作爲文章，麗蔚光壯，前世陋靡之風於是乎盡變矣。孰謂斯文之興不有關於天地國家者乎？翰林待制趙郡蘇天爵伯修慨然有志於此，以爲秦、漢、魏、晉之文則收於《選》，唐、宋之文則載於《文粹》、《文鑑》。國家文章之盛，不采而彙之，將遂散軼沉泯，赫然休光弗耀於將來，非當務之缺者歟？乃蒐摭國初至今名人所作，若歌詩、賦頌、銘贊、序記、奏議、雜著、書說、議論、銘誌、碑傳，皆類而聚。積二十年，凡得若干首爲七十卷，名曰《國朝文類》。百年文物之英盡在是矣。然所取者必其有繫於政治，有補於世教。或取其雅製之足以範俗，或取其論述之足以輔翼史氏。凡非此者雖好弗取也。夫人莫不有所爲於世，顧其用心何如耳。彼爲身謀者，窮晝夜所爲，將無一事出於其私心之外。至有爲人子孫於其先世所可傳者漠然，曾不加意，遑及它人之文與天下之事哉？覽是編者不惟有以見斯文之所以盛，亦足以見伯修平日之用心矣。伯修學博而識正，自爲成均諸生以至歷官翰苑，凡前言往行與當世之所可述者,無不筆之簡册。有《國朝名臣事略》與是編並著。廷論以《文類》猶未流布於四方也,移文江浙行省鋟諸梓。伯修使旅書所以纂輯之意于編端,庶幾同志之士尚相與博采而嗣録之。元統二年五月五日將仕佐郎國子助教陳旅序

右國朝以來詩文七十卷,右司都事趙郡蘇伯修父所類也。守誠在胄館時,見伯修手抄近世諸名公及當代聞人逸士述作,日無倦容。積以歲年,今始克就編。不以微而遠者遂泯其實,不以顯而崇者輒襮其善,用心之公溥也如是。夫古者以言名家則有集傳。其別而叙之於史傳者,非發明乎學術之説,則關繫乎世道之文也,不然,君子無取焉。是則伯修豈無意而爲之者乎?伯修方以政事嚮用所集《名臣事略》及是書皆將刊布天下。天下之士得攬焉者,孰不美國朝文物之盛,嘉伯修會萃之勤矣。伯修名天爵,以國子高等生試貢入官,力學善文,多知遼、金故事,亦有論著,他書無所不闚。予之敬交也,故題《文類》後。元統三年三月三日太原王守誠書

35·28　編類運使復齋郭公敏行録一卷　元刊本

元徐東編　是書與《言行録》合刻。《言行録》紀郭公事迹,此則當時投贈詩詞、序引、書啟及諸處碑記也。

人生於三事之如一:父生之,師教之,君食之。此《國語》之訓言也。欲愛其所生以身,則莫若從師以學;欲行其所教之道,則莫若從君而仕;欲光顯其所食之禄,則莫若榮親爲大。在父爲孝,在師爲敬,在君爲忠。三者相成,不可廢一,此士大夫之全行也。舍是何以曰人行也者。行也行其行而見於事,善其事而聞於聲,聲成文而詩歌作,詩歌作而二行著於時,而後可謂之真士大夫。今閩漕使復齋郭公《敏行録》,其行見於事,事聞於聲者乎?公内由省臺出仕江南,小爲守,大爲牧,爲憲爲漕。凡立政立事,愛士愛民,勸

善懲惡，興利除害。著於治功，可以詠，可以賀，可以紀，可以序。在官爭贊美，既去極見思。文人才士卷軸知以幾馬馱，所以能效忠於上而稱忠於下者，孝敬爲之本也。觀易師侯先生《寄遠》《倡和》數篇，嚴君嘉議致政慶壽一卷，孝敬之心油然而起，將揚父之名，行師之道以相遠大。此意難與滔滔者語。《敏行》一録，亦孰有之。人之愛公，固非諛非妄也。九口山西有愚者年八十一，其愛公也異乎人之愛，其言曰善頌不如善勉。夫聞人頌者，心易自滿；聞人勉者，心必若不足。不足則不已，不已則可大可久。美公之能孝於父，則不如歌"夙興夜寐，無忝爾所生"之章，美公之能敬其師，則不如歌"小心翼翼"，"古訓是式"之什。今以三品而局於一路一道，豈足以盡公大才？廊廟之上，樞機之間，乃可以展布平生之才。思使朝野羨慕曰，某其親也生之，某其師也教之。事三若此，生始無慚。異時美公之詩，必欲如《淇奧》之道，盛德至善，民不能忘，始足以見所學。願公勉之。至順辛未孟春望之長樂郡古候佚老獨愚黃文仲謹序

　　敏之功大矣，二帝三王之爲君，九官伊、傅、周、召之爲臣，其功大矣而悉録於書。書爲萬世法，魯論終篇汎言帝王之道有功，獨歸於敏。法古者法其敏而已，敏則有功也。復齋郭公《敏行録》，大抵施於政者中庸敏政，盡人道者能之。人而盡其道，敏於行之積也。敏行其體，敏政其用。用著於録，合而名之曰《敏行》。體用一源，功効相感應。功有古今之殊，原於敏一耳。敏在三德，宜屬勇、克己、復禮，顏子之勇也，同豈不敏者邪？公以復名齋，《復》之初九，顏子有焉。公其敏，顏子之行敏。唐虞三代賢臣之政録，將不止是而是以爲始也。三山林興祖敬書

35·29　皇元風雅三十卷　元刊本

元蔣易編　始劉夢吉，終陳梓卿，凡一百五十五家。中如熊勿軒係宋人，元遺山係金人，列之元代，未免不倫。若文文山，謝疊山，則誓死不屈，大義凜然，乃亦一體編入，更爲失於限斷。然元人無專集者藉此得略見梗槪，未可以其體例不善而廢之也。焦氏《經籍志》、《傳是樓書目》俱著錄。《文淵閣書目》有《皇元風雅》四冊殘缺，疑卽此書。

易嘗輯錄當代之詩，見者往往傳寫，蓋亦疲矣，咸願鋟梓與同志共之。因稍加銓次，擇其溫柔敦厚，雄深典麗，足以歌詠太平之盛；或意思閑適，辭旨沖澹，足以消融貪鄙之心；或風刺怨誹，而不過於譎；或清新俊逸，而不流於靡。可以興可以戒者，然後存之，蓋一約之於義禮之中而不失性情之正，庶乎觀風俗、考政治者或有取焉。是集上自公卿大夫，下逮山林閭巷韋布之士，言之善者靡所不錄，故題之曰《皇元風雅》。第恨窮鄉寡聞，采輯未廣，烏能備朝廷之雅而悉四方之風哉？姑卽其所得者刻而傳之云爾。至元三年正月初吉建陽蔣易書於思勉齋

一代之興，必有一代詩人以鳴國家之盛。雅頌二南，後世蔑以加矣。在漢時則有樂府，在魏晉宋時則有選詩，在唐時則有《河嶽》《聞氣》諸集，亦皆鳴之善者也。大抵氣盛者聲宏，地廣者風遠。德有厚薄，功有小大，聲音不得而遁焉。士大夫生當其時，濡耳染目，動諸中而鳴于外，亦豈人力之所能爲哉？聖朝混一海寓，疆理萬國。有三代所無之天，則必有三代所未有之詞章。兼以承平百年，教化浹洽，洋溢發越，形于聲歌，固宜與生民、清廟並傳，而陋東西二都矣。今文獻故家與晨星俱泯，而鳴於時者復如好音之過耳，他人罕得而聞焉，豈不深可惜哉？東陽蔣師文甫，始集本朝

諸公之詩凡若干卷，名曰《皇元風雅》，徵予序。予讀之，見其優游不迫，有若《古樂府》者焉；沖澹自然，有若《選》者焉；音節鏗鏘，詞語雄渾，又有若盛唐諸名家者焉。辟如大塊，噫氣周旋於扶搖之表，而鼓盪乎蒼莽之野，天聲地籟，翕然並作，清濁高下，雖有小大之不同，然其得於所感則一也。嗚呼盛矣哉。我朝之詞章也，因一代之詞章而知一代之盛治，則此編豈小補哉。雖然，遠而在上，鳴於朝廷者，其詩易以傳；窮而在下，鳴於山澤者，往往不可得而見。此十五國風所以難備也。予在京見宋御史顯夫集詩二十年，得百十家，欲刊諸湖廣。猶日延四方之士而采之，惟恐滄海之有遺珠也。不知今已鋟梓否邪？師文有志於是，安得并求而刻之，以備一代之盛觀云。至元四年戊寅閏月丁未應奉翰林文字文林郎同知制誥兼國史院編修官黃清老序

　　夫欲觀於國家聲文之盛，莫近於詩矣。數而求焉，是爲得之。昔者延陵季子見詩與樂於中國，心會意識，如身在其時而親見其人，蓋以此耳。梁昭明著《文選》，其詩不必出於一時之作，一人之手，徒以文辭之善，惟意所取而已。然數百年間，篇籍散軼，幸有此可觀焉。而衰陋之習，或取此以爲學則已微矣。河汾君子有意於續經，漢魏之詩殆必有取焉，而其書不傳，蓋非偶然也。抑嘗聞之，詩三百一言以蔽之曰"思無邪"，又曰"王者之迹熄而《詩》亡，然後《春秋》作"，邵子亦曰"自從刪後更無詩"，蓋知聖人之意耳。昔者盛時，學道之君子德業盛大，發爲歌詩，光著深遠。其小人蒙被德澤，風行草偃，變化融液，莫或間焉。此所以一言可蔽之曰"思無邪"也，此所以"王者之迹熄而後《詩》亡"也，此所以"刪後之無詩"也。國朝之初，故金進士太原元好問著《中州集》於野史之亭，蓋傷夫百十年間中州板蕩，人物凋謝，文章不概見於世，姑因錄詩，傳其人之梗概。君子固有深閔其心矣。我國家奄有萬方，三光五

嶽之氣全,太古醇厚之風立,異人間出,文物粲然,雖古昔何以加焉。是以好事君子多所采拾於文章,以爲一代之偉觀者矣。然而山林之士,或不足以盡見之。百年以來詩文之輯錄,蓋多有之,然雖多或不足以盡其文,或約而不足以盡其意,亦其勢然也。監察御史前進士宋褧顯夫在史館多暇,其所會粹開國以來辭章之善多至數十大編,自草野之所傳誦亦皆載焉。庶幾可以爲博,而傳寫之難,四方又有不得盡見之病矣。建陽蔣易師文著《皇元風雅》三十卷,而以保定劉靜修先生爲之首,許文正公繼之,終之以雜編三卷,庶乎其有意焉。若劉先生之高識卓行,誠爲中州諸君子之冠。而許公佐世祖成治道,儒者之功其可誣哉。若師文者,其可與言詩也夫?十卷以上諸賢皆已去世,而全集尚有可考。如臨川吳先生之經學具有成書,其見於詩者,泰山一豪芒耳。窮鄉晚進,尚繇是而推求之乎?十一卷以下諸君子布在中外。夫君子之爲學,苟不肯自止則進,德何可量哉?竊以爲未可遽止於斯也。至於僕也,蚤持不足之資以應世用,老而歸休,退求其在己者尚慊然其未能也。片言隻辭,何足以厠於諸賢之間哉。亟除而去之,則區區之幸也。至元己卯七月三日雍虞集在芝秀亭書

　自序曰:易始於懷友軒觀當代作者之詩,昌平何得之、浦城楊仲宏、臨江范德幾、永康胡汲仲、蜀郡虞伯生、東陽柳道傳、臨川何太虛、金華黃晉卿諸稾,典麗有則,誠可繼盛唐之絶響矣。自是始有意收輯。十數年間,耳目所得者己若此,況夫館閣之所儲拔,聲教之所漸被,此蓋未能十一耳。信乎一代之興,必有一代之人才。嗚呼盛哉。

　黃氏手跋曰:《皇元風雅》三十卷,蔣易編次者,載諸焦竑《國史經籍志》,近《浙江采輯遺書目》止二卷,天一閣寫本,知此書之流傳非廣矣。向嘗收得元刻殘本,又從香嚴書屋借得元刻殘本,影

鈔媲之，總不符三十卷之數，亦第藏以備元詩舊本之一家耳。頃有書友攜一部來，竟三十卷，序目都有，遇缺失處已鈔補。驗其裝潢，識是金星輯家故物，非出自尋常藏書人家者，宜可信爲全本也。然以余及香嚴本核之，却多歧異。序目向闕，無可參考。至每卷各有子目，於一卷而列諸人者，則題“國朝風雅，蔣易編集”。於一卷而列一人者，則曰“某人詩目録，建陽蔣易編集”。間於目録板心填某卷。於卷中起處，但以人姓名爲大題，官銜、籍貫、表字爲小題，不載書名卷數。每葉板心各載每人名，無卷數。兹刻子目都無，間存王繼學詩目一葉。想子目本與舊藏本同，此皆失之。至每卷各標卷數，其板心亦如之。細玩字跡，無一與本書同者。當是板片不全，子目盡失，遂按人姓名分卷，加此題頭及板心刻入，故字跡各異。否則本書字跡同出一刻，何中多歧異耶？總之古書日就淪亡，既得見元刻殘本矣，又得見元刻全本矣，而鈔補增改，究不知元刻真面目。購書之難，一至於是。余日來俗務填膺，尚爲此忙中閒事。所謂書魔積習，自笑亦自嘆也。嘉慶壬申求古居主人黄丕烈識

35·30　草堂雅集十三卷　元刊本　文氏竺塢藏書

元玉山顧瑛類編　始柯九思，終釋自恢，凡七十四人。卷首標目，文國博手書，精楷絶倫。案顧俠君叙柯敬仲詩云“向來藏書家奉《草堂雅集》爲秘寶，而首册久闕。朱竹垞從琴川毛氏得抄本一册，始據以入選”云云，此本元刊而首册完善，是真絶無僅有矣。

金氏手跋曰：東屛朱□□□近得玉山《草堂詩集》若干卷，脱落散失，命予緝治。余因觀之，清絶可喜，故不辭而樂爲之。整循其次序，裝潢成書，以記歲月。時正統乙丑仲春下澣玉峯七十五歲老翁金子真識

文氏手跋曰：玉山《草堂雅集》十三卷，爲家藏善本。卷首標目出先國博府君，亦楷書之最精者。友人錢受之、王淑士各借抄一部，人間流傳未廣，猶可稱竺塢帳中珍也。時天啟元年新正三日淑士持還，因記此語於清瑶嶼中。震孟

35·31　玉山名勝集二卷　舊抄本

元玉峯顧瑛仲瑛編次　前有張翥《寄題玉山》詩一首，張丑、趙宧光俱有印記，蓋嘉靖以前舊抄本也。

中吳多晏游之勝，而顧君仲瑛之玉山佳處，其一也。顧氏自辟疆以來好治園池，而仲瑛又以能詩好禮樂與四方賢士大夫游。其凉臺燠館，華軒美榭，卉木秀而雲日幽，皆足以發人之才趣。故其大篇小章，曰文曰詩，間見層出。而凡氣序之推遷，品彙之回薄，陰晴晦明之變幻叵測，悉牢籠摹狀於賡倡迭和之頃。雖復體製不同，風格異致，然皆如文繒具錦，各出機杼，無不純麗瑩縟，酷令人愛。仲瑛既會萃成卷，名曰《玉山名勝集》，復屬予爲之序。夫世之有力者，孰不寄情山水間。然好事者於昔人別墅，獨喜稱王氏之輞川、杜氏之樊川，豈非以當時物象見於倡酬者歷歷在人耳目乎？然輞川賓客，獨稱裴迪，而樊上翁則不過時召密曘，往游而已。今仲瑛以世族貴介，雅有器局，不屑仕進，而力之所及，獨喜與賢士大夫盡其驩，而其操觚弄翰，觴詠於此，視樊上翁蓋不多讓，而賓客倡酬之盛，較之輞川或者過之？嗟乎，後之視今，亦猶今之際昔。使異日玉山之勝與兩川別墅並存於文字間，則斯集也詎可少哉？是不可以無序，於是乎書。至正十年四月既望翰林侍講學士中奉大夫知制誥同修國史同知經筵事金華黃溍序

崑山之世族，居界溪者曰顧氏。顧氏之有才諝者曰仲瑛，即所居之偏闢地以爲園池，園之中爲堂爲舍，爲樓爲齋爲舫。敞之而爲

軒,結之而爲巢,葺之而爲亭,植以佳木,善草被之。芙蕖菱芡,鬱焉而陰,煥焉而明,闃焉而深,一日之間不可以徧賞。而所謂玉山草堂,又其勝處也。良辰美景,七友羣集。四方之來與朝士之能爲文辭者,凡過蘇必之焉。之則歡意濃浹,隨興所至,羅樽俎,陳硯席,列坐而賦,分題布韻無間。賓主僊翁釋子亦往往而在。歌行比興,長短雜體,靡所不有。於是裒而第之,口口題之曰《草堂名勝》①。凡當時之名卿賢士所爲記序贊引等篇,皆以類附焉。間嘗取而讀之,高者跌宕夷曠,上追古人。下者亦不失清麗灑脱,遠去流俗,琅琅炳炳,無不可愛。吁亦盛矣。予幼時讀晉《蘭亭》、唐《桃李園》序謂皆一時勝集②,意千載而下,無復能繼。及究觀蘭亭作者率寥寥數語,罕可稱誦,向非王右軍一序則此會幾泯滅無聞。若桃李園之燕,則又不知當時能賦者幾人,罰金谷酒數者幾人,其泯没尤甚,獨賴李謫仙一序可見耳③。豈若草堂之會,會有其人,人有其詩,而詩皆可誦邪? 蓋仲瑛以衣冠詩禮之冑,好尚清雅,識度宏達,所交多一時名勝,故其盛如此。吾故謂使是集與《蘭亭》、《桃李園》並傳,天壤間則後之覽者,安知其不曰彼不我若邪? 至正十一年歲在辛卯二月既望元統癸酉第一甲進士及第湘東李祁序

黄琴六先生手跋曰:《玉山名勝集》世無刊本,月霄向從其小阮子謙家藏國初人校本繕録其書。自《玉山草堂》至《寒翠所》,凡三十八題爲一册。每題各爲起訖,不分卷數。外集二卷爲一册。與《四庫總目》九卷本者不合。今秋,月霄又購得明初人抄本,有張氏丑印記。紙色字畫,古氣盎然,詫爲希有。蒙君即以新鈔見

①　《玉山名勝集》"第之"二字下作"彙成一帙,題曰草堂名勝"。

②　"桃李園"原作"桃花園",據《名勝集》改。《文苑英華》卷七百十有李白《春夜宴諸弟桃李園序》。

③　"李謫仙"原作"李仙人",據《名勝集》改。

贈,而以舊本屬校。細勘一過,乃知新鈔本頗多殘缺。如首題《玉山草堂》篇末不完,脫鄭元祐、陳基二詩;可詩亭周砥《後序》中脫一行;《芝雲堂》篇中脫一葉,闕陸仁、鄭元祐、顧敬、秦約、張可久、昂吉、黃玠七人詩;《湖光山色樓篇》脫岳榆一詩;《淡香亭》張暐詩脫末二句十字;《絳雪亭》陸仁詩下脫張渥一詩。其餘一二字衍脫訛謬者甚多,皆可據舊本一一校補。書分上下二卷。自《玉山草堂》至《金粟影》五題爲上卷,自《書畫舫》至《漁莊》二十三題爲下卷。當是玉山主人元本如是,後來傳録意爲分合,故寖失其真也。此書非得舊本,即明知脫誤,奚從校補,而舊本不取新鈔相勘,其佳處亦未悉出。一經讐對,舊本之善益顯,而新鈔之謬悉刊,兩無遺恨矣。爰詳著其得失於篇末,并書一則以貽月霄,俾録於藏本之後,以見舊帙之洵足珍重云。其外集二册,亦係近鈔,互有得失,故不具論。時道光癸未十月之朔拙經叟黃廷鑑校訖識

35·32　玉山名勝外集二卷　抄本

元顧瑛編

35·33　大雅集八卷　舊抄本

元天台賴良善卿編。　　會稽楊維楨廉夫評

古者天子巡狩,命太史陳詩以觀民風,蓋將以探民之休戚,以知王政之得失。此周人所以不能已於采詩之官也。故觀民風而必采詩以陳者,民之情因言以宣,猶物因風之動以有聲也。則詩志之所存,情之所感,而言之所從以出者乎?但上之化下也,有淑慝之分,則下之報上也,有美刺之別。然發乎情,止乎禮義,樂而不淫,哀而不傷,雖刺也主文而譎諫,言之者無罪,聞之者足以戒。此詩人忠厚之至也。然則周人所以采之者,不以其出於情之真乎?由

是知古之人以情爲詩，而其言莫不麗以則，後之人則以詩爲情，而言不出於情有矣，況麗而有不則者哉！古之詩多出於民之心，後之詩多出於士之筆，雅頌之作固能之，而風或不之及，蓋心匪鬱伊而寫其幽思者，非情之眞也，惟中心感發者，然後口以吟詠其性情耳，故後世雖有采詩者，實難其人焉。然有慷慨以鼓其氣，磊落以驅其才，若杜少陵輩則不能無風雅之作耳。若此者，雖微采詩之官，識者能采之矣。天台賴先生善卿以三十年之勞，不憚駕風濤，犯雨雪，冒炎暑，以采江南北詩人之詩。其采也公矣。情深而不詭則采之，風清而不雜則采之，事信而不誕則采之，義直而不回則采之，體約而不蕪則采之，詞麗而不淫則采之，而未始有不關於世教者。吁，亦勤矣哉。非其學博而守約，得詩人之眞趣者，不能造斯域也。會稽楊鐵厓先生評而序之，名曰《大雅集》。而友人盧仲莊氏手爲之鏤梓。既板行，學者莫不購之以爲軌式焉。他日有采詩之官者出，其必將求善卿之所采以進於上矣。於是乎序。時至正壬寅春吳興錢蕭在雲間之水南山北寫

《昭明文選》初集至一千餘卷，後去取不能十之一，今所存者三十卷耳。三十卷中尚有可汰者，選之難精也如此。良選詩至二千餘首，鐵厓先生所留者僅存三百。古人以詩名世，或一聯一句不爲少也，而有擅塲雄作則大篇長什[1]，又不厭其多也。故今所刊者，或一人一詩，或一人數十詩，蓋不多寡較也。天台賴良

客有賴良氏來謁予七者，寮致其請曰："昔山谷老人在州嘆曰：'安得一奇士有力者，盡刻杜公東西川及夔州詩，使大雅之音復盈三巴之耳'。有楊生素者任之，刻石作堂，因以《大雅》名之。先生鐵厓詩，雖已徧傳海內，而兵變后諸作人未識者有之。請其詩

---

① "擅塲雄作"原作"擅雄長作"，據《大雅集》改。

付有力刻之，亦使《大雅》之音盈於三吳之耳。不亦可乎?"余曰：東南詩人隱而未白者不少也。吾詩不必傳，請傳隱而未白者。於是去遊吳、越，間采諸詩於未傳者，得凡若干人，詩凡若干首。將梓以行，來徵集名。吁，良亦奇士哉!偉其志而爲之出力以鋟者，則淞士夫謝履齋氏。余因以山谷語名之曰《大雅集》。蓋良以待我而我以待諸公，庶入是集者皆可以續杜之后，而或有歉焉者不入也。良曰然。書其集爲叙。時至正辛丑立秋日丙午鐵厓道人楊維楨書

　　天台賴善卿客授雲間課講，暇嘗哀元之詩鳴者，凡若干人，篇什凡若干首，類爲八卷，名曰《大雅集》。會稽鐵厓楊公首叙，且鋟以傳，會兵變止。今年善卿擬畢初志，適有好義之士協成厥美，詣余徵叙後。余謂《詩》具一經，《詩》亡《春秋》作。噫，《詩》奚亡，特雅亡耳。楚騷漢賦，迨蘇、李五言，沿至唐近體，皆古詩之變。試觀唐數百名家，譬之宗廟，器大而鐘鼎琴瑟，小而籩豆爵罍，錯而有章，秩而有文，要各備才用而不可一少焉。道學于宋，刑學於金。其間鳴於詩者，務亦出自機杼。近代自虞文靖公近體詩行，天下雷然爭效競襲，恐後弊甚，一律千首，較之唐遠矣。夫采珠者極桂海，采玉者窮冰天。善卿不私己而汲汲以詩是采，猶冰天桂海是窮，則春容鉅作，窈渺短詠，不但得照乘連城而已，將宗廟之器若錯而章秩而文也。詩運環復，大雅之音於是乎在。義士雲間人陸德昭氏、俞伯剛氏。善卿名良，宋名臣諱好古裔，世業儒云。蓆帽山人王逢叙

35·34　澹游集三卷　舊抄本

　　元釋來復編　來復少有詩名，爲時所重。是編集所與游者，自名公卿大夫洎山林韋布知名士與夫道流釋子，凡往來酬贈之作暨

碑銘序記等篇，都爲一編。澹游者，取君子之交淡如水也。集中所載諸人多有《元詩選》未採者。每人下略述仕履，間及其所撰著。如哈剌《玩易齋集》、《南游寓興集》、劉仁本《洞庭稿》、《亦元集》，朱右《白雲巢集》、楊璲《灌園集》、張克仁《遺安稿》、燕敬《知昨集》等書，《補元史藝文志》俱未載。知顧氏俠君、錢氏竹汀皆未見此書也。

《澹游集》者，見心復公集所與游者贈答倡酬及凡文章之相及者也。然其所與，或爵爲公卿，或位當權要，或儒家者流，或道家者流，不獨其叢林之中，而總謂之澹游者，吾之游以澹耳，非以其爵，非以其位，又非以其道之不同而姑與之面也。彼之與吾游者，亦以其澹而非有所挾也。記所謂"君子之交澹如水"是也。游之久不能無別，別之久不能無思。集其所作，所以使之常接於目而慰吾之思也。千載之下，令人企想羨慕，不啻淵明之於惠遠，玄度之於支遁，昌黎之於大顛，少陵之於己公、贊公，歐陽之於惠勤，東坡之於佛印，則又未必不因是集而有所興起也。至若集中之辭，或品格之殊，音節之異，有不可得而同者。然如金石相宣，珠璧相照，而同爲盛世之作，亦可因此而見國家涵濡之澤也。先君文安公既與見心游之於前，而法又得厠於其後。比之諸公則爲再世之契，故序其說於是集之末。朝散大夫僉江西湖東道肅政廉訪司事豫章揭汯序

昔之縉紳君子，學士大夫，有物外之游從曰方外交，往往以道義相尚，以文辭相唯諾，亦或託諸文章鉅筆，以傳其行業者，固將進之而弗却也。若淵明、惠遠有蓮社之結，許詢、支遁有講經之好，昌黎稱大顛識道理，文暢喜文辭，少陵賦齊己茅屋之詩，而贊公之詠又六七焉。近代歐陽公於惠勤，蘇端明於了元，皆以詩翰往來，傳聞簡册，不可誣也。今夫或在仕宦，或在羈旅，或有遺世之志，或得休沐之暇。厭夫塵勞俗駕，驅馳鞅掌，思所以澄心散慮，必山林幽

寂，嚴栖谷隱之地，聊以遂其清適焉。彼則不沉縛其法而有慕吾道者，一皆瀟灑穎脫，迥出行輩。故野花啼鳥之趣，行雲流水之蹤，見於交際之頃，亦惟詩章翰墨文辭而已耳，餘蓋泊然無着也。豫章見心上人得浮圖之玄奧，又以詩文結納縉紳間，所謂能入其法又能出其法者。故吾徒多與之游。禪暇彙所得於翰林虞文靖公、歐陽文公、揭文安公以下若干詩，并其自酬倡者爲三卷，壽諸梓，徵余引言，且曰"非有他也，於此以着吾方外交游之雅焉。"夫交游以道義，不以勢利。諸公辭章文翰之接於上人，靡有福田利益之規，上人於諸公又非爲名聞外護之託，蓋善忘其勢與夫忘人之勢者，抑亦上交不諂、下交不瀆也歟？第觀諸作，皆情趣高遠，辭氣清朗，如大羹玄酒，醍醐甘露，儁永存焉，奚以澹云？上人曰"《傳》言君子之交澹於水"，則斯集名之《澹游》亦宜。顧余何能厠諸公之列，且不佞輒復爲序。至正甲辰冬十月朔，朝列大夫溫州路總管管內勸農防禦事天台劉仁本書

　　豫章見心禪師復公主四明之定水，暇日彙萃代之作者凡所貽贈及所倡酬之什，取表記之言，題之曰《澹游集》，刻版以傳。因河南杜綱文紀徵言序之，余惟雲龍以氣合，風虎以聲合，聖與賢以時合，君與臣以道合。縉紳之士，山林之人，儒佛有異，出仕與退隱爲益異，而尊禮之隆，游從之好，其必有合焉者。若范文正於古公，富文忠於禹公，周元公之於佛印、真淨、壽涯，彭器資之於晦堂，程叔子之於靈源，楊中立之於照覺，張敬夫、朱元晦之於妙喜，似非神交心降而有合者疇臻是哉。張子韶與妙喜以言忤秦檜致遷謫，趙元鎮移書子韶有曰："近日僧徒多結託士夫，以要聲勢。"子韶復曰："妙喜天人師也。雖聖人復生，莫親疏之。以其托士夫要聲勢，惑也，妄也，謬也。"子韶於元鎮同學伊洛，同爲卿相，可以勢利怵哉。參寥薦秦太虛于曾子開，子開復太虛書曰："吾二人皆與參寥游，

雖異乎世俗之相求，蓋所因者賢也，斯則元鎮之智所不及也。”近時大儒如虞、揭、歐、黃諸賢，蓋合儒佛而同焉者。其言粹然，一出於正。柳子所謂真乘法印與儒典並用者爲信然，矧言爲心聲，則心之所寓詩，口能言者之辭章，何莫非道？見心傳佛心者有見於斯，用萃所交者之詩刻之，使覽者即是以求至道，則其垂勸於將來者豈少益哉！是爲序。至正二十五年歲在乙巳夏四月廿又二日庚戌，杭州路中天竺禪寺住持番易釋廷俊序

　　比余過雙峰，造定水禪寺，謁見心禪師復公于丈室。時公方類錄《澹游集》，命工鋟刻，印繕成帙。余得受而讀之，皆一時在朝名公卿大夫、泊山林韋布知名士，與公往來贈遺詩章及碑刻記序文字，而余有《贈公蒲菴》詩，亦得紀錄於次。嘻，其美矣。夫君子之交無取乎世俗燕樂財利，故昔人有澹如水之論。然遁之所存，文之所發，英華之外，著實和順之積中，譬之雲漢之昭於天，山川草木之麗於地，煥然、爛然、嶄然、森然，固不得以澹言也。嗚呼，道在天地間一而已矣，形之言論，陳之詞章，自《墳》《典》而下，升降盛衰與時消長，歷千萬載而無窮，於今片詞隻字之妍，將欲使之傳播悠遠而不泯，是固仁人長者之用心也。公明佛氏，學妙圓空寂之趣，亦何藉於詩文之黼黻，然性情之適，謳詠之工，莫非修習操存之積，顧豈易而得之哉！況夫真元會合之盛，天地泰和之餘，發之詩文，體製之渾融，尤有復出乎前古上者。於公此編，已可以得其梗概，讀者其不可以苟焉漫焉而已也。至正二十五年歲在乙巳餘姚楊璲序

　　至正乙巳秋余來定水，見心禪師以《澹游集》屬序。余與見心厚，不可以固陋辭，乃曰：善財以文殊爲初友，展轉五十三參而成道果，要皆以言辭相誘諭而助其證入也。故佛眼曰：“道業未辦，善友師教，誠不可捨。”孟子曰：“友也者，友其德也。”老子曰：“道者同於道，德者同於德。”然則古君子之交率以道德相尚，未始以形

服爲異也。遠法師之於陶陸，習鑿齒之於道安，裴休之於圭山，柳宗元之於重巽，蘇子瞻之於總公，妙喜之於張無盡，是皆得其同而忘其異者也。且其播於贈答，被於銘記，又皆真乘發揮，非直以文辭爲獎飾也。見心出豫章，得法於南楚悦公。道德之輝，文章之光，炳炳烺烺，照曜江海。其所游從，則故侍講蜀郡虞公、豫章揭公、金華黃公、大司徒廬陵歐陽公、今太子諭德、魏郡李公、承旨河東張公，莫不屈其齒爵之尊與之來往酬酢。情合水乳，聲應金石。其他衣冠鉅望，山林碩德，以交游而親厚者不可一二數。其於遺贈唱和又皆以佛法相激揚，而以顯示夫心要也。見心粹而編之，鋟而布之。其有裨於名教，而以惠及後昆也歟？言未既，客有輾然而笑者，曰：“禪師以澹游名集，而子乃以道德爲論，美則美矣，其如禪師之本意何？”余曰：德謂行道有得於己，恬澹乃道德之至，故曰：“道之出口澹乎，其無味若是，則吾之所謂道德交者，非禪師所謂澹游者乎？”客乃欣然謝。余遂書之，以質諸見心焉。前住紹興崇報禪寺番易釋至仁序

35·35　元詩體要十四卷　明正德刊本　菉竹堂藏書

　　明姚江宋公傳編選　是書傳本頗稀，兼多闕頁。此本通體無闕，差可貴也。

　　遼府重刊序正德己卯

　　鄧林序宣德癸丑

愛日精廬藏書志卷三十六

集　部

詩文評類

36·1　文心雕龍十卷 明弘治刊本　臨馮氏巳倉校

梁通事舍人劉勰彦和述

馮允中重刊序弘治甲子

往余弱冠，日手抄《雕龍》，諷味不舍晝夜，恒苦舊無善本，傳寫譌漏，遂注意校讎。往來三十餘年，參考《御覽》、《玉海》諸籍，并據目力所及，補完改正，共三百二十餘字。如《隱秀》一篇脱數百字，不復可補。他處尚有譌誤。所見吳歙浙本大略皆然。雖有數處改補，未若余此本之最善矣。俟再諮訪博物君子，增益所未備者而梓傳之，亦劉氏之忠臣，藝苑之功臣哉。萬曆癸巳六月日南州朱謀㙔跋

按此書至正乙未刻於嘉禾。弘治甲子刻於吳門。嘉靖庚子刻於新安，辛卯刻於建安，癸卯又刻於新安，萬曆己酉刻於南昌。至《隱秀》一篇均之闕如也。余從阮華山得宋本抄補，始爲完書。甲寅七月二十四日，書於南宮坊之新居，時年七十四歲。功甫記

功甫姓錢諱允治，郡人也。厥考諱穀，藏書至多。功甫卒，其書散爲雲烟矣。予所得《毗陵集》、《陽春錄》、《簡齋詞》、《嘯堂集

古》皆其物也。歲丁卯，予從牧齋借得此本，因乞友人謝行甫錄之。錄畢閱完，因識此。其《隱秀》一篇，恐遂多傳于世，聊自錄之。八月十六日屠守居士記

南都有謝耳伯校本，則又從牧齋所得本而附以諸家之是正者也。讐對頗勞，鑒裁殊乏，惟云朱改則必鑿鑿可據，今亦列之上方。聞耳伯借之牧齋時，牧齋雖以錢本與之，而秘《隱秀》一篇，故別篇頗同此本，而第八卷獨缺。今而後始無憾矣。

丁卯中秋日閱始，十八日始終卷。此本一依功甫原本不改一字，即有確然知其誤者，亦列之卷端，不敢自矜一隙，短損前賢也。屠守居士識

崇禎甲戌借得錢牧齋趙氏鈔本《太平御覽》，又校得數百字。

《隱秀》一篇出於錢禮部，既未見功甫原書，終爲可疑也。姑存之，以俟後人。庚寅孟秋同《文章緣起》裝成一册。祖德識

36·2　優古堂詩話一卷　舊抄本

宋吳幵正仲撰

36·3　艇齋詩話一卷　舊抄本　楊夢羽萬卷樓藏書

宋南豐曾季貍裘甫撰　陳振孫曰：曾鞏之弟曰潭湘主簿宰，宰之孫曰大理司直晦之，季貍其子也。見《艇齋雜著》解題。是書《直齋書錄解題》、《文淵閣書目》、《讀書敏求記》俱著錄。近則罕有傳本。《四庫全書》著錄宋人詩話及附載存目者幾五十種，而此獨見遺，則傳本之稀可知。是固與《蓮堂詩話》同爲詩話中之祕册也。

36·4　蓮堂詩話二卷　抄本　從子謙姪藏舊抄本傳録

元海昌祝誠輯。　誠仕履未詳。卷下題"賣塡牆壁"條有云"至元丁丑以來"，則誠爲元人可知。《讀書敏求記》列之《優古堂詩話》前，或誤以爲宋人歟？是書所論，宋詩居多，而唐與金元之作亦間及焉。名篇警句，多有他書所未載者，如卷上載《金海陵王哀宋姚將軍》詩云"獨領孤軍將姓姚，一心忠孝爲南朝。元戎若解徵兵援，未必將軍死尉橋"。伏讀《御定全金詩》録海陵王詩五首，此詩未經採入，故表出之。末有題識云"嘉靖壬子春連陽精舍録成"。

36·5　蒼崖先生金石例十卷　元至正刊本　季滄葦藏書

元潘昂霄撰　鄱陽楊本編輯校正　廬陵王思明重校正

《金石例》者，蒼崖先生所述也。凡碑碣之制，始作之本，銘志之式，辭義之要，莫不放古以爲準，以其可法於天下後世，故曰例。而其所以爲例者，由先秦二漢暨唐宋諸大儒，皆因文之類以爲例。至夫節目之詳，率祖韓愈氏大書特書不一書。彪分臚列，其亦放乎《春秋》之例也與？甚矣，先生有功於斯文也。先生世居中州，以文學鳴國初，士之爲文者猶襲纖巧，其氣萎爾不振。先生患其久而難變也，乃述是書以授學者，使其知古之爲文如此，粲然畢舉，如示諸掌。故歷事六朝，出入翰苑餘二十年，凡經指授者皆有法度，朝野至今稱之。至正四年春先生之子敏中來爲饒理官，好賢下士，文雅有父風。其於先生手澤尤加愼重，以本之與於斯文也，俾之次第而讐校之，刻之梓以永其傳。嗟乎，先生不以崇高自居而加惠於後學，敏中不以勢利相尚而盡力於遺書。有子如是，先生爲猶生矣。後之人當知是書有功於斯文不細也。先生姓潘氏諱昂霄、字景梁，

學者稱之曰蒼崖先生。官至翰林侍讀學士通奉大夫,謚文僖。有《蒼崖類藁》若干卷云。至正五年春三月鄱陽後學楊本叙

聖人《春秋》褒貶,著於筆削者謂之例,國家政刑賞罰,見於制度者謂之例。是皆以其可爲法於天下後世也。濟南文僖潘公蒼崖先生,取古昔碑碣鐘鼎之文,提綱舉要,條分類聚定爲十卷,名曰《金石例》。一卷至五卷則述銘志之始,而於貴賤品級、塋墓羊虎、德政神道、家廟賜碑之制度必辨焉。六卷至八卷則述唐《韓文括例》,而於家世、宗族、職名、妻子、死葬月日之筆削特詳焉。九卷則《先正格言》,十卷則史院凡例、制度、筆削,於此又可以槩見焉。使世之孝子慈孫觀其制度之等,則思得爲而爲,不得而不爲,而於事親之道不至違禮矣;觀其筆削之言,則思孰爲可傳,孰不可傳,而於揚名之道有以自力矣。是豈惟爲文者之助,於世教將重有補焉。公之子敏中來官于饒,出是書以示。余因得以觀夫公之篤意斯文,而又喜斯文之有賢子以傳也,遂爲之引。至正乙酉春三月望,賜進士出身將仕郎前慶元録事鄱陽後學傅貴全序

文章先體製而後論其工拙。體製不明,雖操觚弄翰於當時猶不可,況其勒於金石者乎?陸士衡《文賦》論作文體製大略可見。由先秦以來迄於近代,金石之所篆刻具有體製,好古博雅之士皆不可以不之考也。然而自上徂下,貴賤有等,名器亦因之而異數,叙事紀實,抑揚予奪,必當有所法,自非類聚而通考之,何以見之哉?翰林蒼崖先生潘公,雄文博學,爲當世所推,嘗歷考古今文辭,提綱舉要,萃爲一編,名曰《金石例》。凡爲文之榘度,制器之楷式,開卷瞭然,其用心亦勤矣。公之子敏中寶其手澤,罔敢失墜。宦游四方,必載與俱。其在番陽復刊是編,以廣其傳,且與吾黨共之。噫,公掌帝制,司文衡,其所以藻飾太平者,已無所不盡其忠。敏中克承家學,益彰其親之美,斯亦繼志述事之孝者乎?忠孝萃於一門,

文物昭於盛世，使夫爲人臣爲人子皆有所矜式，實有功於名教。豈特爲文之助而已哉？余故表而出之，以冠篇端云。至正五年春三月饒州路儒學教授桐川後學湯植翁

三代無文人，《六經》無文法，儒者有是言也。然《春秋》大義數十，以褒貶寓於一字之間。傳者謂其發凡以言例，皆經國之常制，周公之垂法，諸稱書不書、先書故書、不言不稱書曰之類，皆所以起新舊，發大義，謂之變例。至謂發傳之體有三，而爲例之情有五，然則謂無法可乎？後世之文，莫重於金石，蓋所以發潛德、誅奸諛，著當今、示方來者也。如是而不知義例，其不貽鳴吠之誚也幾希。翰林蒼崖潘先生動必稽古，取先代碩儒所爲文類而集之，題曰《金石例》。視傳《春秋》者所言如合符節，俾夫考古者知古人用意之所在，而學古者有所矜式而不敢肆。其嘉惠斯文不其至乎。至正丁亥，予忝教番陽，公之子敏中爲理官，嘗屬郡士楊本端如緝其次第，既已刻於家而公諸人。學之賓師景陽吳君旭子謙、吳君以牧謂此書將歸中州，則邦之人焉能一一而見之哉？盍刊之學官，以垂永久，乃復加校正而壽諸梓。於乎，古人吾不得而見之矣，得見古文斯可矣。明年戊子夏六月既望廬陵王思明謹叙

先文僖公所著《金石例》十卷，制度文辭必稽諸古，所以模范後學者也。每見手澤，不忍釋去。與其私於一家，孰若公於天下；傳之子孫，孰若法之人人。使咸知先公之心，去浮靡以還淳古。顧不趨與謹刻之梓，嘉與士大夫共之。至正五年春三月望濟南潘詡敬書于卷末

樂府類

36·6　陽春集一卷　<small>抄本　從錢塘何氏藏本傳録</small>

南唐馮延己撰。　延己工詩，尤善樂府。每賓朋宴集，則自製新詞，被之絃管，積久成帙。後經兵革，散失殆盡。陳世修裒集所存，勒爲是編，凡一百十八闋。南唐當元宗之時，强鄰壓境，國勢日削。爲國相者方運籌贊畫之不暇，乃以綺語相高。試問此日何日而可以聲律自娛乎？世修以親故之私，曲爲掩飾，亦可云欲蓋彌彰者矣。其書本無足取，特以傳本頗稀，故録存之。焦氏《經籍志》著録，《直齋書録解題》作《陽春録》，云有"高郵崔公度題後"，今本不載，未知陳氏所見即此本否。

南唐相國馮公延己，乃余外舍祖也。公與李江南有布衣舊，因以淵謨大才，弼成宏業。江南有國，以其勳賢，遂登台輔。與弟文昌左相延魯，俱竭慮於國，庸功日著，時稱二馮焉。公以金陵盛時，內外無事，朋僚親舊，或當宴集，多運藻思爲樂府新詞，俾歌者倚絲竹而歌之，所以娛賓而遣興也。日月寖久，録而成編。觀其思深詞麗，韻律調新，真清奇飄逸之才也。噫，公以遠圖長策翊李氏，卒令有江介地，而居鼎輔之任，磊磊乎才業，何其壯也。及乎國以寧，家以成，又能不矜不伐，以清商自娛，爲之歌詩，以吟詠性情，飄飄乎才思，何其清也。核是之美，萃之於身，何其賢也。公薨之後，吳王納土，舊帙散失，十無一二。今采獲所存，勒成一帙，藏之於家云。大宋嘉祐戊戌十月望日陳世修序

36·7　東山詞一卷　<small>宋刊本　汲古閣藏書</small>

宋山陰賀鑄方回撰。　原上下二卷，今存卷上一卷，凡一百九

閱。《直齋書録解題》云"《東山樂府》，張文潛序之"，當即此本。伏讀《欽定四庫全書總目》云，鑄以填詞名家。世傳其《青玉案》詞"梅子黄時雨"句，有"賀梅子"之稱。此詞今載卷中，餘亦音節鏗鏘，可歌可誦，誠有如張末序所云"不待思慮而工，不待雕琢而麗"者。是書《六十家詞》未刊，蓋以得書稍遲，故未及梓入耳。毛褒有印記

　　文章之於人，有滿心而發，肆口而成；不待思慮而工，不待雕琢而麗者。皆天理之自然，而清性之道也。世之言雄暴虓武者，莫如劉季、項羽。此兩人者，豈有兒女子之情哉？至其《過故鄉》而感慨，《別美人》而涕泣，情發於言，流爲歌詞，含思凄婉，聞者動心焉。此兩人者，豈其費心而得之哉[1]，直寄其意耳。余友賀方回博學業文，而樂府之辭，高絶一世[2]，携一編示予。大抵倚聲而爲之辭，皆可歌也。或者譏方回，好學能文而惟是爲工，何哉？予應之曰：是所謂滿心而發，肆口而成，雖欲已焉而不能者。若其粉澤之工，則其才之所至，亦不自知也。夫其盛麗如游金、張之堂，而妖冶如攬嬙、施之祛，幽潔如屈、宋，悲壯如蘇、李，覽者自知之，蓋有不可勝言者矣。譙郡張末序

36·8　樵歌三卷　抄本　從照曠閣藏本傳録

　　宋朱敦儒希真撰　《至元嘉禾志》曰"敦儒本中原人，以詞章擅名，天姿曠遠，有神仙風致。高宗南渡初寓此，嘗爲《樵歌》云云。《直齋書録解題》著録。

---

① "此兩人者，豈其費"七字原缺，據張末《柯山集》卷四十《賀方回樂府序》補。
② "高絶"原作"婉絶"，同上改。

36·9　渭川居士詞一卷　舊抄本

宋呂勝己季克撰　勝己仕履未詳。是書亦絕無著録者。《滿江紅》注云"辛丑年假守沅州"，又云"登長沙定王臺和南軒張先生韻"，《鷓鴣天》注云"城南書院餞别張南軒赴闕奏事"，蓋與南軒先生同時人也。辛丑當孝宗淳熙八年。

36·10　于湖先生長短句五卷拾遺一卷　影寫宋刊本

宋狀元張孝祥安國撰　是書毛氏初刊一卷，繼得全集續刊兩卷。篇次均經移易，并删去目録内所注宫調。此則猶是宋時原本，當與知音者共賞之。

陳應行序乾道辛卯

湯衡序同上

36·11　省齋詩餘一卷　舊抄本

宋衡陽廖行之天民撰　《直齋書録解題》著録。

36·12　和石湖詞一卷　舊抄本

宋吳郡范成大至能詞　東吳陳三聘夢弨和　是書鮑氏梓入《叢書》。石湖《滿江紅》第二闋脱"始生之日，丘宗卿使君攜具來爲壽，坐中賦詞，次韻謝之"二十二字。此本三聘《和醉落魄元夕詞》"東風寒絶，江城待得花枝發，欲知此夜碧天闊"下脱一頁鮑氏未注下闋。據目録，除《醉落魄元夕和》詞下半闋外，尚有《醉落魄唱和》兩闋，《眼兒媚唱和》兩闋。末頁"酸何人爲我丁寧，驛使來到江干"鮑氏本删。蓋《眼兒媚和》詞尾句也。陳三聘跋

36·13　蕭閒老人明秀集注三卷　影寫金刊本
從陳君子準藏金刊本影寫

　　金蔡松年撰　雷溪子魏道明元道注解　原六卷,今存一至三三卷,目錄全。卷一二曰廣雅,卷三四曰宵雅,卷五六曰時風。松年、道明俱見《中州集》。明秀者,湖山名。松年雅愛之,故以爲名。金源樂府推松年與吳彥高,當時號吳蔡體。《中州集》小傳附載《念奴嬌》自序一篇,元遺山謂是松年樂府中最得意者。此詞今載第一卷中,蒼涼悲壯,誠集中不多見之作也。王溥南、元遺山於松年詞俱極傾倒,而於道明注頗致不滿。見《溥南遺老集》《中州樂府》如《憶恒陽家山》云“暮涼白鳥歸喬木”,蓋寫宅前真景,而注以爲“潔身而退,如白鳥之歸林”;《滿江紅》詞云“一枝梅綠橫冰萼,對淡雲新月,炯疎星都如昨”,蓋總述所見之景,而注以淡雲爲衣,新月爲眉,疎星爲目。凡此之類皆近穿鑿,故不爲二公所許。然集中所與酬贈諸人,如陳沂、范季霑、梁兢、曹浩、杜伯平、吳傑、田秀實、高鳳庭、李彧、李舜臣、趙松石、陳唐佐、趙伯玉、許採、楊仲亨、趙愿恭、張子華等,《中州集》俱未載,道明詳注其仕履始末,則賴以傳者不少矣。至若金人逸句,如《水龍吟》詞序引吳激詩云“夢想淇園上,春林布穀聲”,又云“故交半在青雲上,乞取淇園作醉鄉”,《滿江紅》詞注引松年《贈康顯之》詩云“樓枕月溪三尺玉,眼橫松雪一山春”,零章剩句,彌足珍貴。又如《念奴嬌》詞注引松年《木犀》詩,自注云“木犀,湖湘之間謂之九里香,江東乃號嚴桂。惟錢塘人最重之,直呼桂花”。是則不第爲吟詠之資,亦可作多識之助也。是書自《直齋書錄解題》外絕無著錄者,原本尚是金源舊槧,遇“堯”睿宗諱。“恭”顯宗諱。等字皆缺末筆。陳君子準得自郡城周氏,予從之傳錄者。

《直齋書錄解題》曰:《蕭閒集》六卷,蔡伯堅撰。靖之子陷金者。

36·14　遺山先生新樂府五卷　舊抄本

金元好問撰　遺山之詩人無間,然而詞則不甚顯於世。今讀此集,風流蘊藉,和易不流,蓋亦金元間一大作家。是書《文淵閣書目》著錄,前後無序跋,未知係何人所編。明凌雲翰有《遺山樂府選》,朱氏竹垞據以錄入《詞綜》,雖間有出此本外者,然究不及是本之備也。

36·15　天籟集二卷　文瀾閣傳抄本

金白樸撰

樂府始於漢,著於唐,盛於宋。大槩以情致爲主。秦晁賀晏,雖得其體,然哇滛靡曼之聲勝。東坡、稼軒矯之以雄辭英氣,天下之趣向始明。近時元遺山每游戲於此,掇古詩之精英,備諸家之體製,而以林下風度消融其膏精之氣。白樞判寓齋序云"裕之法度最備,誠爲確論,宜其獨步當代,光前人而冠來者也。元、白爲中州世契,兩家子弟,每舉長慶故事,以詩文相往來。太素即寓齋仲子,於遺山爲通家姪。甫七歲,遭壬辰之難,寓齋以事遠適。明年春京城變,遺山遂挈以北渡,自是不茹葷血,人問其故,曰"俟見吾親則如初"。嘗罹疫,遺山晝夜抱持凡六日,竟於臂上得汗而愈,蓋視親子弟不啻過之。讀書穎悟異常兒,日親炙,遺山謦欬談笑,悉能默記。數年,寓齋北歸,以詩謝遺山云:"顧我真成喪家狗,賴君曾護落巢兒。"居無何,父子卜築于溴陽。律賦爲專門之學,而太素有能聲,號後進之翹楚者。遺山每過之,必問爲學次第,常贈之詩曰"元白通家舊,諸郎獨汝賢"。未幾生長見聞,學問博覽,然自幼經喪亂，倉皇失母，便有山川滿目之歎。逮宋亡，恒鬱鬱不樂，以故放浪形骸，期於適意。中統初，開府史公將以所業力薦之於朝，再三遜謝，棲遲衡門，視榮利蔑如也。太素與予三十年之舊，時會於江東，嘗與予言"作詩不及唐人，未可輕言詩。平生留意於長短句，散失之餘，僅二百篇，願吾子序之。"讀之數過，辭語遒嚴，情寄高遠，音節協和，輕重穩愜。凡當歌對酒，感事興懷，皆自肺腑流出。予因以"天籟"名之。噫，遺山之後，樂府名家者，何人殘膏賸馥化爲神奇，於太素集中見之矣。然則繼遺山者，不屬太素而奚屬哉？知音者覽其所作，然後知予言之不爲過。太素名樸，舊字仁甫，蘭谷其號云。至元丁亥春二月上休日正議大夫行御史臺中丞西溪老人王博文子勉序

36·16　中州樂府一卷　毛氏影寫元至大本

金元好問撰　宗室文卿從郁、張信甫中孚、王元佐渶三人俱有小傳，毛本刪去。案子晉跋云"小叙已見詩集中，不更贅"。向嘗疑樂府三十六人皆有小傳，且妄以爲必有與《中州集》詳略互見之處，甚以毛氏刪之爲惜。今得此本，乃知小傳止有三篇，其人俱《中州集》未載者。蓋以補詩集之闕也。"毛氏"云云，殆偶未詳考歟？後有"至大庚戌良月平水進德齋刊"木印。

36·17　新刊張小山北曲聯樂府三卷外集一卷
汲古閣精鈔本

元張可久撰　前有馮子振、高栻題詞兩闋。此本毛氏從元刊本傳錄，首頁有毛子晉印，板心有"汲古閣"三字，當即《秘本書目》所載精鈔《張小山樂府》也。

本堂今求到時賢《張小山樂府前集》、《今樂府後集》、《蘇隄漁

唱續集》、《吳鹽別集新樂府》，元分四集，今類一編，與眾本不同。伺有所作，隨類增添梓行。知音之士幸垂眼《月外集》近間所作。謹白。

　　章丘李中麓_{開先}曉音律，善作詞，最愛張小山，謂其"超出塵俗"。其家藏詞山曲海，不下千卷，獨不得小山全詞，僅從選詞八書《太平樂府》《陽春白雪》《百一選曲》《樂府羣珠》《詩酒餘音》《仙音妙選》《樂府羣玉》《樂府新聲》。輯成二卷，名曰《小山小令》，序而刻之家塾。余購得元刻，據其標目云，前集今樂府，後集蘇隄漁唱，續集吳鹽，別集新樂府，元分四集，今類一編。每調下仍以四集爲次。然其中仍有重複者，今皆刪而不錄。校之李刻，恰多百餘首，可謂小山之大全矣。據中麓後序，鄒平崔臨溪有一册，想亦無以逾此矣。書有先民不得見而後學幸得見者，此類是也。小山名可久，慶元人，以路吏轉首領。首領者即民務官，如今之稅課局大使也。《太和正音譜》評小山詞"如瑤天笙鶴，既清且新。華而不豔，有不食煙火氣味"，又謂"如披太華之天風，招蓬萊之海月"，良非虛語。昔人以李太白爲"詩仙"，小山可稱"詞仙"矣。虞山毛扆斧季識

　　附錄李開先序

36·18　樂府新編陽春白雪前集五卷後集五卷
舊抄本　葉石君藏書

元青城後學澹齋楊朝英選集

　　蓋士嘗云，東坡之後便有稼軒，茲評甚矣。然而比來徐子芳滑雅、楊西菴平熟已有知者，近代疎齋媚嫵如仙女尋春，自然笑敖。馮海粟豪辣灝爛，不斷古今心事，又與疎翁不可同日共談。關漢卿、庾吉甫造語妖嬌，摘如少女臨盃，使人不忍對殢。僕幼學詞，輒知深度如此。年來職史稍一退頓，不能追前數士，愧已。澹齋楊朝

英選詞百家,謂《陽春白雪》,徵僕爲之一引。吁,陽春白雪久亡音響,評中數士之詞,豈非陽春白雪也耶。客有審僕曰:"適先生所評,未盡選中,謂他士何?"僕曰:"西山朝來有爽氣。"客笑,澹齋亦笑。酸齋貫雲石序

丁亥仲春,假孫岷自印寫元本抄。勅先識。

是年季冬七日,從求赤借牧齋藏本校。

辛丑夏五,牧翁宗伯以絳雲樓燼餘諸書俱歸遵王,中有元刻《陽春白雪》,借校此本。是月二十五日識,勅先。

辛丑五月二十七日,燈下校完。元刻本每葉三十二行行三十七字,未知求赤所校即是此書否。

辛卯春日,在丁俊卿書舖買得。甲午秋仲,松江宋全叔裝釘,同《契丹國志》、《禹貢論》共三種。十八日太原潛夫誌。

辛卯秋日,曾于姑蘇上津橋舊書舖見《太平樂府》三本,恨未得買,至今往來於中也。潛又志

葉氏手跋曰:戊戌夏秋之交,借孫凱之本抄訖。時有驚惶之事,未遑細勘。才脫本便送去。南陽道轂記

又曰:庚申之冬,從谷芳館揀得陸勅先抄本補足前集首卷,始知牧翁所藏與流傳者頗異。勅先校勘精密,絳雲燼餘,湮没已多,非勅先傳錄,予何由得見善本。因憶向年曾得勅先手抄《太平樂府》,筆畫端雅,深爲寶惜。欲將此本覓一善書者錄之,與《太平樂府》爲雙璧而不有其人,中每悒悒。使他日得遂此願,且報凱之,以酬上津橋所見,亦快事也。姑識於此以俟。時爲冬至前三日,洞庭葉石君書於虞山城南讀書處

又曰:是年十一月初二日,又從陸本細校一次。陸本今爲安定收藏。樸學老人

愛日精廬藏書續志卷一

經　部

易　類

37·1　晦菴先生朱文公易説二十三卷　元刊本

宋朱鑑編　卷一闕，抄補。每册首俱有毛氏印記。

自序淳祐壬子

37·2　周易程朱先生傳義附録十七卷　元至正刊本

宋後學天台董楷纂集。　分卷與通志堂本異。凡例後有"至正壬午桃溪居敬書堂刊行"木印。

自序咸淳丙寅

凡例

37·3　周易象義殘本一卷　宋刊本

宋武陵丁易東象義。　原書卷數無考。是卷標題"《周易》下經第二之三，自《豐》至《未濟》凡一卷"。　《四庫全書》著録本從《永樂大典》録出重編者，此則原書殘帙也。

書　類

37·4　禹貢山川地理圖二卷　文瀾閣傳抄本

宋程大昌撰

陳應行跋淳熙辛丑

37·5　尚書通考十卷　元刊本

元昭武存齋黃鎮成元鎮父編輯。　闕卷二卷三兩卷。通志堂本卷一缺兩葉，卷四缺一葉。此本俱不闕。書貴舊本，人人知之。貴殘缺之舊本，人或不能盡知之。若是書者可以殘闕廢歟？

古者帝王垂衣而化，未嘗不致意於宜民之事。故治曆象，察璣衡，同律度；禮樂刑政之必脩，風土貢賦之必定。讀其書於千百載之下者，不先致乎此，其何以識帝王之治哉？昭武存齋黃氏所著《尚書通考》，於帝王傳授則究其心法，於諸儒授受則究其家法，曆象則考其辰次中星、閏餘歲差者焉；璣衡則考其北極出入、七政留行者焉；律度則考其象尺候氣、相生旋變者焉；類禋服器、巡守就宅則於禮樂刑政有所考矣；畎澮邱甸、夫井地制則於風土貢賦有所考矣。若範疇、若圭表、若廟制、若爵土之類，莫不著之以圖，辨之以說，上推四代，下及漢、晉、唐、宋因革異同，如指之掌，使孔、蔡復生不易其言也。惟經世之書，每詳於制度，而治平之學，必先於格知。黃氏之考，豈非治平之要歟？昔人謂書以道政事，蓋政發於心而見之行事者也。考其事而得其心者有之矣，未有不考其事而能得其心者。君子於此觸類而長之，使眾物之表裏精粗，無不到吾心之全體。大用無不明，而帝王精一執中之旨在是矣。時天曆丁亥冬十月建安雷幾子樞父序

自序_{天曆三年}

37·6　尚書纂傳四十六卷　影寫元刊本

元後學王天與立大纂類　集齋彭應龍翼夫增校

劉辰翁序

彭應龍序

劉坦序

崔君舉序

自序

天與子振跋_{至大元年}

詩　類

37·7　新刊類編歷舉三場文選詩義八卷
抄本　從陳君子準藏元刊本傳錄

元安成後學劉貞仁初編集　起延祐甲寅,迄元統乙亥凡八科。是書與《周易經義》俱可考見有元一代經義之式。故並存之。

禮　類

37·8　禮記殘本八卷　宋蜀大字本

漢鄭氏注　存卷一、卷二、卷五至卷十,凡八卷。每半頁十行,行大字十六字、小字二十一字,"慎"字缺筆,蓋孝宗以後刊本也。

春秋類

37·9　春秋繁露十七卷　明蘭雪堂活字本

漢董仲舒撰

樓郁序

樓鑰跋

胡榘跋

37·10　新刊京本詳增補注東萊先生左氏博議二十五卷
明書林劉氏安正堂刊本

宋呂祖謙撰

安正堂刊板跋

自序

37·11　春秋胡氏傳纂疏三十卷　元至正刊本

元新安汪克寬學　自序後有"建安劉叔簡栞於日新堂"木印。

汪澤民序至元戊寅

虞集序至正辛巳

凡例

自序至正丙戌

吳國英後序至正戊子

小學類

37·12　新編分類增注正誤決疑韻式殘本一卷　宋巾箱本

不著撰人名氏　存卷五一卷,入聲一屋至三十四乏,蓋原書分卷五也。每韻前列字畫之誤、如"穀从志,从禾作穀非"之類。音韻之疑、如"谿谷之谷當押入三濁,不當押入一屋"之類。兩類。每字下凡字同音異及字異義同者,一一加以辨正,頗爲精審。而尤致謹於避諱,凡宋代嫌諱如吉字、蓄字等類,一一辨其當避不當避,間及宋時課試失韻被黜,援爲舉子之戒。如八勿"芴"字下注云"莆陽解試《道者心之主宰賦》,士人多以芒芴字押在八勿韻內,考官以失韻不取。莆人爲之詩曰:'可憐芒芴三千字,一夜沈埋古戰場'。"亦逸聞也。其不甚習見之字,另列少押一類附每韻末。是書自來書目無著錄者,是本宋刊宋印,古香醞釀,雖不過備塲屋押韻之用,然不可謂非小學中有用之書也。

愛日精廬藏書續志卷二

史　部

編年類

38・1　資治通鑑綱目五十九卷 <small>宋淳祐刊本　季滄葦藏書</small>

宋朱子撰　目録後有"武夷詹光祖重刊於月崖書堂"一行。卷一後有"建安宋慈惠父校勘"一行。<small>卷五十九後同</small>案：宋慈惠父即編《提刑洗冤集録》者，蓋淳祐間人也。又案《咸淳毘陵志》卷八秩官門有宋慈，亦當淳祐時，未知即此人否。季滄葦、徐健菴俱有印記。

　　神宗御製資治通鑑序

　　司馬温公進資治通鑑表

　　獎諭詔書

　　與范夢得論修書帖

　　資治通鑑目録序

　　資政殿學士中大夫提舉臨安府洞霄宮<small>臣</small>克家言，<small>臣</small>克家以紹興元年罷政事，寓居於泉州。陛下命相臣頤浩以書諭旨，俾上所藏故相司馬光《資治通鑑舉要歷》八十卷，臣以舊本紙墨渝敝，不可奏御，既繕寫俾泉州州學教授<small>臣</small>朱克明主之，分俾肄業之士讐正之。恨舊本勘覆不詳，譌轉脱漏尚多有之，不敢以意定也。臣嘗聞之長老，光之修《通鑑》也，英祖實命之，神宗實序之。書成奏御之明日，輔臣亟請觀焉。神祖出而示之，每篇始未識以"睿思殿寶"章，蓋尊寵其書如此。光尚患本書浩大，難於領略。若目錄振取精要之語，無復首尾，晚著是書以絕二累，時人未之見也。臣嘗獲見其稾於故徽猷閣待制臣晁說之家，皆光手書，細字惟謹，迺得說之所錄而傳之。今達於聰聞，仰備乙覽，以裨聖學，二祖在天之靈，固宜悅豫於上。惟光編削之勤，亦可無憾於九原矣。臣又聞傅說之復商宗則曰"王人求多聞"，又曰"非知之艱"。仲舒之對漢帝則曰"彊勉學問，則問見博而知益明，彊勉行道，則德日起而大有功"。此皆可使還至而有效者也。知言之要如二臣者，可以當之。顧臣之愚，何以加此。臣克家昧死上

昔聞贈大諫延平陳公自言，因讀《資治通鑑》，然後知司馬文正公之有相業也。紹聖元年大諫入爲太學官，是時當路者專意遵述熙寧政事，復尊王氏新說，按爲國是。凡元祐人才術學一切斥廢。有奏疏乞用字書者，事方施行，又有竊議欲禁閱史籍者。會冬十有二月策試諸生，陳公雅欲護持此書，即發揚神宗皇帝御製序篇所謂"漢之文宣、唐之太宗，吾無間然"等語指爲問目，同寮見之，有色駭然者，雖側目瑩中而不得較也。自是，書雖無敢議而誦習者亦鮮矣。予既遠跡林壑，數嘗繙閱，究觀編削之意。竊伏自念，志學以來，涉獵史篇，文詞汗漫，莫知統紀，徒費精神而無得也。及讀此書，編年紀事先後有倫，凡君臣治亂、成敗安危之迹，若登乎喬嶽，天宇澄清，周顧四方，悉來獻狀。雖調元宰物，輔相彌綸之業，未能窺測，亦信其爲典型之總會矣。惟公研精極慮，歷十有九年修成。本書序述既詳，又別舉事目，年經而國緯之，以備檢尋，莫非要語，猶慮本書浩博，條理錯綜，披卷難知，而目錄所提首尾不備，又不可考，晚年復著《舉要歷》八十卷，以趨詳略之中，去取益以精

矣。然自戰國秦項、兩漢隋唐之際，五胡南北十國分裂之餘，日轂
冥濛，衆星爭耀，偏方下土，竊號僭名。其事又與諸國相干者，盡從
舉重之文。而每國名書徒然重複，至於侵削褊小，尋自亡滅，本無
可紀。以示懲勸則宜依微者之例，而必載本末，尚爲煩冗。若西漢
盛日，董、賈名儒議論奏篇，班班可述，乃或遺削，有未録焉，竊意公
方筆削之時，入秉鈞軸，尋薨於位，不得爲成書也。輒因餘暇，略用
《春秋條例》，就正本目録《舉要》三書修成若干卷，名曰《資治通鑑
舉要》補遺，以成公願忠君父稽古圖治之意云。紹興四年冬十有
二月武夷胡安國序

　　朱子自序_{乾道壬辰}

38·2　諸儒集議續資治通鑑三十六卷
附宋季朝事實二卷　元刊本

不著撰人名氏　是書初名《諸儒集議續資治通鑑》，無所謂
《宋史全文》也。《宋史全文》蓋重刊時所改耳。金吾初得《宋史全
文》，以爲元刊，列之藏書志中。今得是本，乃知前所得者蓋明初
重刊本耳。是本元刊元印，清朗悦目，視重刊本神氣索然矣。闕卷
十四至十七，又卷二十四、二十五凡六卷，以重刊本補。又卷三十
一至末暨《季朝事實》，題增入"名儒講議續資治通鑑"，字畫與全
書迥異，疑亦重刊本也。

別史類

38·3　續後漢書九十卷　文瀾閣傳抄本

元郝經撰　卷一年表闕

漢建安末，曹氏廢漢，自立稱魏。孫氏據江左，僭號稱吳。昭

烈以宗子繼漢，即位於蜀，討賊恢復，卒莫能相一，而折入於晉。晉平陽侯相陳壽，故漢吏也。漢亡仕晉，作《三國志》。以曹氏繼漢而不與昭烈，稱之曰蜀，鄙爲偏霸僭僞，於是體統不正，大義不明，紊其綱維。故稱號論議，皆失其正。哀帝時，榮陽太守習鑿齒著《漢晉春秋》，謂三國蜀以宗室爲正，魏雖受漢禪晉，尚爲篡逆。蜀平而漢始亡，上疏請越魏繼漢，以正統體不用。宋元嘉中，文帝詔中書侍郎裴松之采三國異同凡數十家，以注壽書，補其闕漏，辨其舛錯，續力雖勤，而亦不能更正統體。歷南北隋唐五季七百有餘歲，列諸三史之後不復議爲也。宋丞相司馬光作《通鑑》，始更蜀曰漢，仍以魏紀事，而昭烈爲僭僞。至晦庵先生朱熹爲《通鑑》作《綱目》黜魏，而以昭烈章武之元繼漢統，體始正矣，然而本史正文猶壽書。經常聞搢紳先生餘論，謂壽書必當改作，竊有志焉。及先君臨終復有遺命，斷欲爲之，事梗不能。中統元年，詔經持節使宋，告登寶位，通好弭兵，宋人館留儀真不令進退，束臂抱節，无所營爲。乃破藁發凡，起漢終晉，立限斷條目以更壽書，作表記傳錄諸序議贊。十二年夏五月，令伴使西珏借書于兩淮制使印應雷，得兩《漢》《三國》《晉書》遂作正史，以裴注之异同，《通鑑》之去取，《綱目》之義例，參校刊定，歸於詳實。以昭烈纂承漢統，魏吳爲僭僞。十二年冬十月書成，年表一卷、帝紀二卷、列傳七十九卷、錄八卷，共九十卷，別爲一百三十卷，仍故號曰《三國志》。奮昭烈之幽光，揭孔明之盛心，祛曹丕之鬼蜮，破懿昭之城府。明道術，闢异端，辨姦邪，表風節，甄義烈，核正僞。曲折隱奧傳之義理，徵之典則而原於道德，推本《六經》之初，且補“三史”之後，千載之蔽，一旦廓然矣。古之爲書，大抵聖賢道否發憤而作，屈平《離騷》、馬遷《史記》皆是也。然皆晦昧一時，流光百世，故韓愈謂以彼易此，孰得孰失。今拘幽之極而集是，蓋亦失中之得古人之志也。嗚呼，安得復於先

君而告卒事乎？十有五日庚子翰林侍讀學士行臺宣撫使持節入宋國信大使陵川郝經序

　　三國事涉漢晉，參出互見，百有餘年，諸所記註不啻數十百家。其行於世者，漢史則華嶠《漢書》、謝承《後漢書》、司馬彪《續漢書》、袁宏《漢紀》、袁曄《獻帝春秋》、張璠《漢紀》、樂資《山陽公載記》、王隱《蜀記》、孫盛《蜀世譜》、郭冲《五事》，魏史則王沉《魏書》、傅玄《魏書》及傅子《評斷》、孫盛《魏氏春秋》、魚豢《魏略》、孔衍《漢晉春秋》、陰澹《魏紀》，吳史則韋曜《吳書》、虞溥《江表傳》、胡冲《吳曆》、虞預《會稽典録》、環氏《吳紀》，於晉則干寶《晉紀》、虞預《晉書》、王隱《晉書》、謝沉《晉書》、孫盛《晉陽秋》、傅暢《晉諸公贊》、徐廣《晉紀》，皆各著一國之事以自名家。獨陳壽合魏蜀吳總爲《三國志》，號稱良史，然其事多疏略，故宋文帝命裴松之爲註，大集諸家之書，補其遺闕，各具本文下，且爲考正，辨其得失。其諸書疏援引事類，出異書者注之，事顯者則不註。今宣相陵川先生更正陳志，凡裴注之事當入正文者則爲删取，其乖戾不合不可傳信者則置之。命宗道掇拾，具注新書本文下。陳志之評，裴注之論，亦爲具載。其義理悖誤者，則以所聞於先生餘論爲之辨正。凡書疏論議所引古今事類、裴注之未備者，皆爲補苴。事已見者不重出，无所考者則闕之。先生比爲新書，先作“義例條目”，以明予奪之旨，今各具本文下。其書法則復發凡舉例以見其義。宗道初事先生之父靜真先生，既又受學於先生。先生之開府南陽，辟宗道爲屬掾，奉使入宋。又辟充典書狀，縋絏患難十有三年，故不敢不承命，亦庶幾附驥尾而厠名於大典之末云。宣撫司都事充國信書狀官門生河陽荀宗道序

　　人有恒言曰經史，史所以載興亡而經亦史也。《書》紀帝王之政治，《春秋》筆十二公之行事，謂之非史可乎？蓋定於聖人之手，

則後世以經尊之，而止及乎興亡則謂之史也。古史分十七，東漢而下、西晉而上有《三國志》，亦十七之一也。出於陳壽之筆，不可謂失三國之實，獨帝魏而不知蜀之正統爲史筆之玷。又前史紀傳外有書、志，所以載三才之奧，禮樂食貨，兵刑官職之異，而壽皆未及，尤史筆之欠。此紫陽朱文公詩云“後賢合更張”，感歎所由發也。後紫陽百餘年，徒增閱史者之慨。中統庚申，郝文忠公以行臺宣撫持節使宋而留滯儀真，進退維谷，乃繼先志修舊史，破藁發凡。首帝昭烈，魏吳止筆其實，表外有紀傳，以辨崇卑，而復爲八錄，以補陳闕。各冠以序，述其從起，結以議贊，會其指歸。考前言、徵後史而損益之。儀真受一時之抑，而史書流百世之芳，公之榮遠矣。公之先世詩書之澤，鍾陵川清粹之氣，嬉笑怒罵，鋪張吟諷，皆成文章。由賦詩而至移文，復三十有九卷，公之文博矣。若夫《續後漢書》暨《陵川集》，則今之所定稱也。延祐戊午，集賢陳大學士以公書敷奏聖天子，念故臣之可憫，喜藏書之有傳，睿旨恩潤，俾江西行省繡梓。一哉王心，繼今以往，天下後世有以誦習而資德業矣。臣良佐時職寄江西提衡儒學省堂，孜孜欽承就委董役，率儒人胡元昌等詳正其字，庶无訛矣。工畢，念不容己，用紀歲月云。是年秋七月既望臣馮良佐頓首百拜謹識

雜史類

38·4　國語補音三卷　舊抄本

宋宋庠撰

叙錄

別史類

38·5　東家雜記二卷　述古堂精抄本

宋右朝議大夫知撫州軍州事兼管內勸農使仙源縣開國男食邑三百户借紫金魚袋孔傳編　格闌外有"虞山錢遵王述古堂藏書"一行。

自序紹興甲寅

載記類

38·6　越絕書十五卷　明田汝成刊本

漢袁康撰

田汝成序

無名氏跋

《隋經籍志》《越絕紀》十六卷，《崇文總目》則十五卷，注司馬遷《史記》者屢引以爲據。予紹熙壬子游吳中，得許氏本，訛舛特甚。嘉定壬申令餘杭，又得陳正卿本。乙亥官中都，借本秘閣。以三本互相參考，擇其通者從之，乃龎可讀，然猶未也。念前所見者皆騰寫失真，不板行則其傳不廣。傳不廣則私私其所藏，莫克是正。遂刻之夔門，以俟來者。庚辰七月望日東徐丁黼書

　　《越絕書》苦無善本，近得丁文伯以蜀中所刊者見示參考，龎爲可讀，因刊置郡齋以補越中之闕云。嘉定甲申八月旦日新安汪綱書

38·7　吳越備史四卷　黃琴六先生手校本

宋武勝軍節度使掌書記范坰、武勝軍節度巡官林禹撰　此武肅王十九世孫德洪所刊本也。受業師黃琴六先生據舊抄足本校。

黃琴六先生手跋曰:《吳越備史》一書,遵王《敏求記》云"家藏舊本四卷,忠懿王自乾祐戊申至端拱戊子,終始歷然,無所謂補遺者。又如錦城被寇,命道士閭邱方遠建醮及迎釋迦舍利建浮圖諸事,今本皆失載",按所云今本,即此刻本,明十九世孫德洪所刊也。今夏聞陳子準藏有舊抄善本,假以相勘,書四卷,無補遺。《敏求記》所舉今刻本失載數事,皆備載無遺。其書與刻本異同詳略處頗多,今皆一一校補。中如紀"閭邱方遠之卒"下,注方遠事迹及梁貞明詔敕,脱佚有至一兩葉者,不第如《敏求記》所云也。書中諸王名字皆闕而不書,即嫌名"劉"字亦以"彭城"二字爲代,其爲此書最先之本無疑。惟明刻本第四卷止乾祐戊辰,末載嘉祐丙申錢中孚、紹興壬子錢渙兩跋,知此書在宋時已有佚脱,非盡德洪刊刻之謬也。嘉慶庚辰黃廷鑑校訖識。

地理類

38·8　洛陽伽藍記五卷　明如隱堂刊本

魏撫軍府司馬楊衒之撰　板心有"如隱堂"三字。《洛陽伽藍記》以如隱堂本爲最善。

自序

38·9　會稽三賦　宋刊本

宋東嘉王十朋撰　剡溪周世則注　郡人史鑄增注

史鑄序_{嘉定丁丑}　抄補

政書類

38·10　宋提刑洗冤集録五卷附聖朝頒降新例　<small>元刊本</small>

宋朝散大夫新除直秘閣湖南提刑充大使行府參議官宋慈惠父編

自序_{淳祐丁未}

黄氏手跋曰：右《宋提刑洗冤集録》五卷，又《聖朝頒降新例》七葉，蓋元刊本也。案《百川書志》"法令門"有《聖朝頒降洗冤録》一卷，當即此。是書原裝一册，序目後即接《聖朝頒降新例》，病其横亘於中，移置於後。蕘翁

目録類

38·11　籀史一卷　<small>舊抄本</small>

宋黄鶴山人翟耆年伯壽述　原二卷，今佚卷下一卷。《籀史》上下二卷。此卷從竹垞借抄。竹垞云：傳者止此一卷，其下卷遍訪之藏書家，終無可得也。

宋黄鶴山人翟耆年伯壽，公巽參政子，能清言工篆及八分，巾服爲唐裝，所著《籀史》上下卷，佚其下卷，曹秋岳侍郎倦圃藏書也。此書足資博古好事家考證，惜佚下卷，不免遺恨耳。漁洋山人跋

38·12　寶刻叢編二十卷　<small>舊抄本</small>

宋錢唐陳思纂次　闕卷四、卷九、卷十一、十二，卷十六、十七，

凡六卷。

余無他嗜，惟書癖殆不可瘳。臨安鬻書人陳思多爲余收攬散逸，扣其顚末，輒對如響。一日，以其所粹《寶刻叢録》見寄，且求一言，蓋屢却而請不已。發而視之，地世年行，炯然在目。嗚呼，買人窺書於肆而善其事若此，可以爲士而不如乎。撫卷太息，書而歸之。紹定二年鶴山翁

辛卯之秋，余篋中所藏書厄於鬱攸之熖，因求所闕於肆。有陳思道人者數持書來售，一日攜一編，遺余曰："此思所自集前賢勘定碑誌諸書之目也，雖其文不能盡載，姑記其篇目地里與夫作者之姓氏。好事者得而觀之，其文亦可因是而訪求。"余受而閱之，蓋昔之《寰宇訪碑録》之類，而名數加多，郡縣加詳，知其用心之良勤，因爲之改目。夫以它人之書刊而貨之，鬻書者之事也。今道人者，乃能自裒一書，以爲好古博雅者之助，其亦異於人之鬻書者矣。故樂爲題其篇端。紹定五年六月改朔孔山居士書

始歐陽兖公爲《集古録》，有卷帙次第而無時世先後。趙德甫《金石録》迺自三代秦漢而下叙次之而不著所在郡邑。及鄭漁仲作《系時》《系地》二録亦疏略弗備。其他如諸道石刻録、訪碑録之類，於所仕詳矣，而考訂或缺焉。都人陳思價書於都市。士之好古博雅，蒐遺獵忘，以足其所藏，與夫故家之淪墜不振，出其所藏以求售者，往往交於其肆，且售且價，久而所閱滋多，望之輒能別其眞贋。一旦盡取諸家所録，輯爲一編，以今九城京府州縣爲本，而繫其名物於左，昔人辨證審定之語具著之。既鋟本，首以遺余，求識其端。凡古刻所以貴重於世，歐陽公以來言之悉矣，不待余言。余獨感夫古今宇宙之變，火焚水漂，陵躋谷堙，雖金石之堅不足保恃載祀攸遠。其毀弗存、存弗全者不勝數矣。矧今河洛尚隔版圖，其幸而存且全可椎榻者，非邊牙市不可得。得或買兼金，固不能家有

而人見之也。則得是書而觀之，猶可想象，仿彿於上下數千載間，其不謂之有補於斯文矣乎？思、市人也，其爲是編，志於價而已矣，而於斯文有補焉。視他書坊所刻，或燕釀不切，徒費板墨靡櫻楮者，可同日語哉？誠以是獲厚利，亦善於擇術矣。余故樂爲之書，是亦柳河東述宋清之意云爾。紹定辛卯小至直齋陳伯玉父

愛日精廬藏書續志卷三

子　部

農家類

39·1　齊民要術十卷 _{黃蕘六先生校朱本}

後魏賈思勰撰

自序_{抄補}

　　黃蕘六先生手跋曰:《齊民要術》爲隋唐以前僅存之舊籍,其書最爲切用而久無善本。嘉慶初,照曠閣據胡震亨本梓入《學津討原》,予任讐勘之役。以《農桑輯要》校補脫誤,胡本"桑柘篇"脫去一葉,亦從《輯要》中掇拾補完。惟出於後人徵引,其中文句保無增損竄易,至今耿耿。今春月霄於鹿城書肆得明人單刻本,其卷首序文雜記已失,疑即所云湖湘本也。客邸苦雨,取胡本勘之,亦無甚異同,蓋胡本即從此本出也。同里陳君子準曾手臨吳門士禮居所藏校宋本六卷,月霄假以畀余,遂合照曠新刊本逐條細勘,知《農桑輯要》所引與宋本悉合。而凡徵引所未及,可刊落胡刻之脫繆者復得二十之二三,前後計補脫正文百餘字,注文七百餘字。卷五脫葉文注四百一十餘字。零星羨文訛字及填補空墨,又得五百一二十字。此書至是始復舊觀矣。惜校宋本缺後四卷,而《農桑輯要》中又緣非關民生樹藝,罕所徵引,無從通校。幸此四卷舊刻脫誤本少，無害完書耳。竊謂是書宋刊既亡，傳本久苦難讀，今爲月霄校此兩冊，不第於愛日廬中增一異本，倘將來有好事者據此重刊，一洗四百年來相承之繆，非爲藝林增一快事哉。余自三十年來所校古籍不下五六十種，而所最愜心者，惟《文房四譜》、《廣川畫跋》二書，皆從訛繆中力開眞面。今得此書而三矣，衰年多病，炳燭餘光，矻矻於陳編爛簡中，作一老蠹魚，自笑又自慰也。道光乙酉拙經逸叟書

醫家類

39·2　本草元命苞九卷　抄本

元御診太醫宣授成全郎上都惠民司提點尚從善編類

自序曰：上古神聖，通萬物之性，生兆人之命。因其土地之風氣，順其滋植之陰陽，取類而立之名，全體而施之用。是以疾有藥，藥有品，品有族。金石之粉屑宰液，草木之莖葉華實，鳥獸之毛羽齒角，蟲魚之鱗介骨皮，各以其濟世之極功，著其法象姓氏於來世。其間溫熱寒涼之性，畏忌反惡之情，酸苦辛醎之味，君臣佐使之宜，周悉詳備。皇農肇之，伊摯宗之，張機之儔嗣而益之，華佗、吳普、陶隱居、孟詵、陳藏器、蕭炳、揚損之、杜善方之流，人人自出新意，或增或損，議論不一。於是唐孫慎微研究考覈，始集爲一書，號曰《大觀經史證類備急本草》三十二卷、一千八十二種。其書猥多，節目大備，士不能遍識，互見之文義，達者亦難強記。讀書之暇，摭其切於日用者四百六十八品，取其義理精詳，治法該博，纂而成章，目之曰《本草元命苞》，分爲九卷。性味主治，一瞬指掌。先後次第，舊本頗殊，以空青爲五行之先，故居玉石之首，硃砂、黃石脂、雲母、磁石次之。如《本草》以雌黃法土，蓋雌黃感金精之氣，產山之

陰者爲雌。況無主脾之義，非若黃石脂養脾而有玉石之性耳。故取《聖濟經》爲正。其於礜石，次之石膽食鹽類，以鹵醶則質同而性相近也。如天門冬次之麥門冬柴胡類，以前胡則質異而氣相同也。陸英、蒴藋同爲一説，赤箭、督郵從而附之。凡此之類不可悉舉。方今聖朝崇尚醫學，設立醫官，作養人材。考試出題以《難》《素》爲經疑，仲景爲治法，《本草》爲藥性。然則《本草》之書，非醫家者流所當孜孜汲汲者乎。後覺之士，欲求繁冗於《大觀》三十二卷一千八十二種之内，不若求簡易於《元命苞》九卷四百六十八品之中。古方畢萃於采摭之要言，捷法痛删於效驗之成説。持此心廣朝廷好生之德於倉卒不虞之地，或有取焉。時至順改元之明年，書於上都惠民司寓居之正己齋

夫子有云“學《詩》多識草木鳥獸之名”，加以《爾雅》、《大戴禮》、《玉篇》所集類何啻萬百，雖能知物之名，未若《本草》論性辨味之約而精也。吾友尚君仲良，天賦機穎，自總角而志於醫。初受業於信之張先生，盡得其脉訣方術。余嘗下血，夜數十起，迨曉骨立，面無人色，投一劑而愈，因詒之曰：“君術出衆。年未艾，方今太醫院，並一時俊彦，舉賢如不及，若壯游觀光，必得攀附以展素志而行所學。”未幾，仲良挈家維揚，踵門請謁者無虛日。有垂命羣醫不能訣者相與之，持論命藥即愈。嘗曰“某人將得氣疾”，“某人病雖平復，至秋復作，不可療矣”，衆哂之，至期果然，於是能名大振，達于朝，一辟爲太醫，再選爲御診，侍護帷幄，出入廟堂，下至百辟，羣牧士庶相往來，計其治功居多。中書以開平車駕春秋行幸，官設惠民司，提點久弛，敷奏授以宣命往治焉。居三載，謹公帑，擇良藥，官民賴之至重，以皮帛爲謝，久之得捐家財，構藥局與夫官廨。朝廷嘉之，再授宣，復其任，及代宣授提舉。江浙醫學，實仲良投業發軔之地，比同畫錦焉。予方守琴川，遣价以所編《本草元命

苞》見示求叙。予喟然曰：仲良明於醫，官既顯矣，而能孳孳無倦，一抄書猶勝讀三過，何況次第編修，於所學大有益矣。世貴世醫，君學自童子，又貴老醫。君年逼耳順，長以積善累功爲己任，與脉藥相爲體用焉。況人有偶爾致疾，或衰老不免疾、有暴戾者，自作其孽，君能審治之，不以此而易其方寸也。雖然良相良豎之分，在乎達不達。原其活國回生，調理四時，以一身之陰陽合乎天地，使順而不亂則一而已。昔唐陸贄既罷相，杜門絶客，惟抄《肘後方》以卒歲，亦豈非此意歟？仲良有幹能，倘使爲政而兼行其術，將見其爲全才矣。至元三年十二月十六日，奉議大夫平江路常熟州知州友人班惟志叙

　　神農氏一日嘗百二十毒，草不皆毒也，而毒之夥如是。日計之而不足，則歲計之。人間世之毒草寧有□乎？茂陵劉郎有志長生之事，他日西桃阿母語之曰：「薑菊、澤寫、苟杞、伏苓、昌蒲、麥門絶勝黄精，草類煩多□有數千，子得服之，可以延年。」然則西桃阿母之所謂屮類數千之可以延年者，必神農氏嘗之而不毒之者也。或曰：「奇疾之害人，人莫不毒之。而仁人長者之劑不足伐其毒，必決裂瞑眩之藥始足以伐之。譬之兵焉，以犀焉萋蒿之師，頓之堅壘之下，謂之玩寇則可，謂之伐畔則有摧鋒挫鋭，立須其潰敗而已耳，能保其勝敵哉？在易之師，聖人以此毒天下而民從之，果若人言神農氏之《本草》，毒之可去者皆藥也，亦何嘗不可留也耶？」太一子曰：上藥養命，中藥養性，下藥養病。夫惟智者知短折脩永，制之在我，而不制之於天。於其盛壯充脱之時，壹以上藥爲湯年之灌溉，可使終身無疾。而觀萬物芸芸之復復，命之機括，庶幾在此。其不知上藥之可尚者，游居寢飯，日肆其情於伐性之塲，病適然而中之，斯須頃刻，或足以傾覆其命。厥躬之不自悼，卒以歸咎於醫師之弗勣而藥肆之不能神。烏乎，其真未讀《本草元命苞》之書

乎?《本草》舊爲三十二卷千八十二種。《證類》附和,動數十萬言,覽者厭倦。大名尚仲良取其關絡於命脉之元氣而必効於人者四百六十八品,撮其方味制治,省文便自通六萬言,板而行世,名曰曰《本草元命苞》,如草木之有苞,色色備具,董爲帙九卷,可以攜之巾笥,南轅北轍,懷袖位置,指掌一閱而完。然有補于衛生之經,爲人臣者不可以無此書,若養癰而恬不之危,復護疽而盲不之思;爲人子者不可以無此書,勤菽水而不知役金竃之成丹,悲風木而不□饌玉首之還童。儒家者流,瀾翻百氏,脫從祿下邑,銜命遠程,不幸而樹林莫興,伏杭告憊,殤間一二焉,牆壁之間色色皆藥。昔者葛稚川嘗徧歷名山,而留之《抱樸》之書矣,一由旬竟,所見草木無非是藥。昔者耆婆童子以針筒藥囊自隨,得光明木炤,見病人身一切病矣。孰謂孫思邈昆蟲《千金》之外,無能踵之千載者。林林宇宙,生意常續,謂千載之下無能續《千金》之論者,則是厚誣天下後世也。然則五方聰恪明敏之士,盍以《本草元命苞》爲國醫上藥之命脉乎?仲良良於處方,嘗爲《傷寒圖》,一證一藥。予嘗爲之序,今復爲序此書,子墨子之言曰譬若藥焉夫,予食之以藥其疾。豈曰一草之本而不食哉?有得吾說而味之,歸而本之仲良之所爲書,又何止一草之本。海粟老人馮子振序并書

術數類

39・3　焦氏易林四卷　陸氏勅先校宋本

漢焦延壽撰

王俞序

黃伯思校定易林序

雜識

紀驗

陸氏手跋曰:從兄蓋臣向假得瞿曇谷宋校本《易林》,勘得別本,別本字句頓異。余借校此帙,未及卒業而罷,距今已十有一載,而蓋臣遺世亦已五年矣。頃從友人借得曇谷校本勘畢,覆勘一過,復多是正,遂于此書無憾。蓋宋本出之牧翁家藏,絳雲一炬,久爲刼灰。此書種子幸留人間,亦可寶也。據曇谷云宋本本有全注,未及舉録。失之一時,奪之千載,能無奇書不傳之慨。丁未仲夏九日燈下記常熟陸貽典

雜家類

39·4 崔豹古今注三卷 明嘉靖刊本

晉崔豹正熊撰

陳釴鋟梓跋嘉靖癸巳

39·5 習學紀言序目五十卷 舊抄本

宋葉適撰

《習學記言序目》者,龍泉葉先生所述也。初先生輯録經史百氏條目,名《習學記言》,未有論述。自金陵歸,間研玩羣書,更十六寒暑迺成序目五十卷。子宲既以先志編次,諗今越帥新安汪公鋟木郡齋,又囑之宏揭其大指於書首。竊聞學必待習而成,因所習而記焉,稽合乎孔氏之本統者也。夫去聖綿邈,百家競起,孰不曰道術有在於此,獨先生之書能稽合乎孔氏之本統者何也?蓋學失其統久矣。漢、唐諸儒皆推宗孟軻氏,謂其能嗣孔子。至本朝關洛驟興,始稱子思得之曾子,孟軻本之子思,是爲孔門之要傳。近世張、吕、朱氏二三鉅公益加探討,名人秀士,鮮不從風而靡。先生後

出，異識超曠，不假梯級，謂洙泗所講前世帝王之典籍賴以存，開物成務之倫紀賴以著。《易》象象，仲尼親筆也，《十翼》則訛矣。《詩》《書》義理所聚也，《中庸》《大學》則後矣。曾子不在四科之目，曰參也魯，以孟軻能嗣孔子未爲過也，捨孔子而宗孟軻，則於本統離矣。故根柢《六經》，折衷諸子，剖析秦、漢，訖於五季，以呂氏《文鑑》終焉。其致道成德之要，如渴飲飢食之切於日用也；指治摘亂之幾，如刺腧中肓之速於起疾也。推迹世道之升降，品目人材之短長，皆若繩準而銖稱之，前聖之緒業可續，後儒之浮論盡廢。其切理會心，冰消日朗，無異親造。孔室之閟深，繼有宗廟百官之美富，故曰稽合乎孔氏之本統者也。至於憂時慮國，不捨食息，思爲康濟。常追恨唐初，務廣地而兆夷狄內侵之禍，中世廢府兵而縣□□養兵之患。本朝承平，未遑悛定。矧以強敵垂亡，邊方數儆，筆墨將絕，遂爲後總，特祕而未傳。嗚呼，誰能知先生苦心哉？然賈誼分封之策，至武帝卒能寬同姓之憂，烏重嗣欲，殺節鎮之權。我宋實用以弭五代之禍，舉天下之勢變而通之，存乎其人而已。先生之書所望於後人者，豈易量哉？之宏之序是書，固不容無所表見於斯也。嘉定十六年十月日門人山陰孫之宏序

　　余曩得林德叟所傳水心《習學記言》前後兩帙，一自《書》《詩》《春秋》三經、歷代史記、五代史，大抵備史法之醇疵，集時政之得失，所關于世道者甚大。一自《易》《禮》《論》《孟》五經、諸子訖呂氏《文鑑》，大抵究物理之顯漸，著文理之盛衰，所關于世教者尤切。今徐偉夫攜至一本，乃用諸經史子前後排比，第聚爲一書，總五十一卷，發以序文。諗余鋟板郡齋，工未竟趙振文來，具道水心著述前後□□所得于德叟者同。余嘗反覆抽繹其故，此分彼合，要皆不爲無意，讀者庶有考焉。德叟名居安，瑞安人。偉夫名之宏，餘姚人。振文名汝鐸，今居樂清。皆水心高弟云。癸未良月望

日新安汪綱仲舉父書

39·6　履齋示兒編二十三卷　舊抄本　吳方山藏書

宋廬陵鄉先生孫奕季昭撰　卷首有吳岫印記

自序開禧元祀

胡楷跋

小説類

39·7　山海經三卷　毛氏斧季手校宋尤袤本

晉郭氏璞傳　每卷首末俱有"虞山毛扆手校"印記。

郭璞序

劉秀校定山海經上言

《山海經》十八篇，世云"夏禹爲之"，非也，其間或撰啟及有窮、后羿之事。漢儒云"翳爲之"亦非也，然屈原《離騷》經多摘取其事，則其爲先秦書不疑也。是書所言多荒忽誕謾，若不可信，故世君子以爲六合之外聖人之所不論。以予觀之，則亦無足疑也。方天地未奠之初，彝倫故未始有序也。獸蹄鳥跡之道交於中國，則人與禽獸未能有別也。夫性命之未得其正，則賦形於天者不能一定，其詭異固宜。逮夫天尊地卑而乾坤定，於是手持足蹈以爲人，戴角傅翼以爲鳥獸，類聚羣分，始能有以自別。而聖人者出，而君長之以爲人者，不特其形之如是也，又從而制爲仁義禮樂以爲之尸文，俾之自別於禽獸而人益尊。故夫人者，其初亦天地之一物而特靈者耳。自今觀之，凡若遂言之所言，故多恠誕。自古觀之，則理固有是而不足疑也。是書所載，自開闢數千萬年，遐方異域不可詰知之事，蓋自《禹貢》《職方氏》之外，其辨山川草木鳥獸所出，莫備於此書。又秦、漢學者多引《山海經》,茲固益可信。古書得存於今如是者鮮矣,則豈不可貴且重乎？始予得京都舊印本三卷頗疎略,繼得道藏本《南山》《東山》經各自爲一卷,《西山》《北山》各分爲上下兩卷,《中山》爲上中下三卷,別以《中山東北》爲一卷,《海外南》、《海外東》《北》、《海内西》《南》、《海内東》《北》、《大荒東》《南》、《大荒西》、《大荒北》、《北海内經》總爲十八卷。雖編簡號爲均一,而篇目錯亂不齊。晚得劉歆所定書,其南西北東及中山號五藏經爲五篇,其文最多。《海内》《海外》《大荒》三經南西北東各一篇,并《海内經》一篇,亦總十八篇。多者十餘簡,少者三二簡。雖若卷帙不均,而篇次整比最古,遂爲定本。予自紹興辛未至今□三十年,所見無慮十數本。參校得失,於是稍無舛訛,可繕寫。其卷後或題“建平元年四月丙戌待詔太常屬臣望、校治侍中光祿勳臣龔侍中、奉車都尉光禄大夫臣秀領主省”。建平實漢哀帝年號。是歲劉歆以欲應圖讖,始改名秀。而龔則王龔也。哀帝時朝臣有兩名望者,一則丁望,一則蟜望,而此疑爲丁望云。淳熙庚子仲春八日梁谿尤袤題

己亥六月既望,護觀《山海經》於沈辨之有竹居,後有尤延之跋尾,叙之甚詳。古書之流傳於世,日漸散落,而新刻又多舛謬,能不爲之三嘆。文彭

毛氏手跋曰:《山海經》嚮無善本。于泰興季氏見宋刻三冊,係尤延之校刊者,檇李項氏故物也。有文三橋跋。滄葦没,其書散爲雲烟,後聞歸於崐山徐氏,無由得見。近爲郡友所購,隨與借校。板心分上中下,其尤序文跋亦影寫之,行數葉數皆鉤以識之。他日從此録出,亦可稱善本矣。乙酉季春毛扆識

39·8　漢武帝內傳一卷　抄本　從陳君子準藏舊抄足本影寫

不著撰人名氏

伯宇跋

黃琴六先生手跋曰:《漢武帝內傳》一書,凡《太平廣記》所錄及明《漢魏叢書》諸刻皆非完帙。向稱汲古閣刊道藏本爲最善,惜傳本亦稀。今春從陳子準處借得舊抄足本讀之,知俗本皆删節過半,即毛刻亦多脱落,益見舊本之足貴矣。爰倩表弟陳竹亭影寫一帙藏之,復取宋人《續談助》中節本彙諸刻,細校一過,間有舊抄訛脱而他刻得之者,附注於旁,以備參考。又《談助》卷末跋中載有唐道士跋,詳淮南八公姓氏,爲他書所未經見。與《玉海》中所引合,并錄之。又內、外《傳》本一書,如《吳越春秋》之例,《外傳》即《內傳》之下卷。自删本僅存《內傳》,不知者遂以《外傳》爲別一書,觀《談助》跋語自見。然不得此本,又孰從而證明之耶? 嘉慶庚辰黃廷鑑校訖識

愛日精廬藏書續志卷四

集　部

別集類

40・1　分類補注李太白詩二十五卷　元刊元印本

宋春陵楊齊賢子見集注　元章貢蕭士贇粹可補注　目録後有"建安余氏勤有堂刊"木印,是頁板心有"至大辛亥三月印"一條。

李陽冰序寶應元年

樂史後序咸平元年

翰林李君碣記劉全白撰　貞元六年

宋敏求題後

曾鞏後序

毛漸跋元豐三年

李太白年譜薛仲邕編

40・2　集千家注分類杜工部詩二十五卷　元刊元印本

宋東萊徐居仁編次　臨川黃鶴補注　楊蟠《觀子美畫像》詩後有"積慶堂刊"木印,是頁板心有"至正戊子二月印"一條。

新唐書本傳

杜工部墓誌銘元稹撰

韓愈詩

李觀補傳

王洙序_{寶元二年}

孫僅序

王安石序_{皇祐壬辰}

胡宗愈序_{元祐庚午}

魯訔序_{紹興癸酉}

王琪後記_{嘉祐四年}

王彥輔增注序_{政和三年}

鄭卬音義序_{紹興辛亥}

鄭卬跋

孫何、歐陽修、王安石、張伯玉、楊蟠詩

40·3　王摩詰集卷十　　何氏義門手校本

唐王維撰　　卷十《工部楊尚書夫人壬氏墓誌銘》"寂寞安禪"其三下，恭讀《欽定全唐文》注下闕。此本校補銘二首，凡二十句，四十八字。

何氏手識曰：戊子借毛斧季宋槧影寫本，倩道林叔校過。焯記

又曰：《摩詰集》先借毛斧季十丈宋槧影寫本，屬道林叔校過。康熙己亥，又借退谷前輩從東海相國架上宋槧本手抄者再校，此集庶可傳信矣。記示餘兒。

40·4　唐李長吉歌詩四卷外卷一卷　　抄本
從陳君子準藏舊抄本傳錄

宋西泉吳正子箋注　　須溪劉辰翁評點

舊有長吉詩，固喜其才，亦厭其澀。落筆細讀，方知作者用心，

料他人觀不到此也。是千年長吉，猶無知己也。以杜牧之鄭重爲序，且取二三歌詩而止，始知牧亦未嘗讀也，即讀亦未知也。微一二歌詩，將無道長吉者矣。謂其理不及騷，未也，亦未必知騷也。騷之荒忽則過之矣，更欲僕騷亦非也。千年長吉，予甫知之耳。詩之難讀如此，而作者常嘔心，何也？樊川反覆稱道，形容非不極至。獨惜理不及騷，不知賀所長正在理外。如惠施堅白，特以不近人情而聽者惑焉，是爲辨。若眼前語衆人意，則不待長吉能之，此長吉所以自成一家歟？

李長吉舊藏京本、蜀本、會稽本、宣城本，互有得失。獨上黨鮑氏本詮次爲勝。今定以鮑本而參以諸家。箋注則得之臨川吳西泉，批點則得之須溪先生，□□評論并附其中。齋居暇日，會稡入梓，庶幾觀者瞭然在目。至正丁丑二月朔日復古堂識

40·5　會昌一品制集二十卷別集十卷外集四卷
葉氏石君手校本

唐李德裕撰　每册首俱有"樸學齋"印記。

鄭亞序

崇禎庚辰冬十月名山藏收藏，次年冬十月重裝。

葉氏手識曰：戊子年夏假得太原張孟恭所藏蘇州文衡下缺洞庭葉石君記

40·6　白氏文集七十一卷　毛氏子晉斧季合校本

唐白居易撰　斧季所據宋刊本，今藏金吾家。此本因毛氏父子手跡，故並存之。

元稹序

毛氏手識曰：庚午歲，予在疢不敢研朱，借於昭遠宋版訂句讀，

在丁卯春秋,故用印色。

黃氏手跋曰:目後雌黃書二行,是子晉手跡。卷中句讀有"晉"字小圓印。其朱筆皆斧季字跡,所補缺頁,畫烏絲欄者,亦出斧季手。

又曰:琴川張君月霄藏有宋刊本《白氏文集》,假歸,命長孫秉剛校勘一過,知斧季用朱筆校者,即據張君所藏本也。茲校亦用朱筆,恐與斧季混,因載於格闌外。其行間字以朱筆點於旁,所以識別也。

秉剛手識曰:道光甲申,以常熟張氏所藏宋本手校一過,并鈎行欵鎏記。

40·7　無爲集十五卷　舊抄本

宋楊傑撰

國家以文教作成海內近二百年,主上紹開中興,息焉論道者一紀於茲。比詔有司修建太學,蓋以儒術粉飾治具,漸磨士類,未始須臾置也。無爲在淮右小壘而多名士。侍講楊先生名傑字次公,道號無爲子,實一時文人。公自妙齡擢巍科,以雄文妙賦,醇德懿行得名於時。中間立朝議禮樂因革,人尤多之。晚年嘗奉使過太山,觀日出於絕頂之上,重九日賦詩舉酒於華川蓮花之峯。繼被詔,從高麗僧統義天遊。前輩以謂皆以王事而得方外之樂,故於瞿曇尤造理窟。當時如大丞相王公、內翰蘇公悉印可之。年七十而終。生平所著文集湮沒,未傳於世,吁可惜也。歲在重光作噩之冬,士彩誤恩,假守是邦,服膺侍講公之名舊矣。視事之初,首詢公文於縉紳間,歲餘搜獲不一。公遣辭典麗,立意奧妙,因刪除其蕪類,取其有補於教化者,編次成集,將以爲學者標準,上佐吾君偃武修文之意,不其韙歟。其詩賦、碑記、雜文、表啟共分爲一十五卷。

若釋道二家詩文則見諸別集云。紹興癸亥歲夏四月左朝議大夫知無爲軍兼管内勸農營田事趙士㒟謹序

宋名家詩文全集，余家藏亦不少。偶造白門，向屯部周浩若索異書，首出楊次公《無爲集》十五卷見貽，乃趙士㒟所編，鏤版於紹興癸亥年，大書深刻，紙墨雙妙，亟命童子三四窮五日夜之力，依樣印書。雖字畫不工，皆余手訂正者。又得葉石林《建康集》《章草韻石刻》，皆快事也。崇禎十六年八月九日石城橋下雨航毛晉

40·8　類編增廣黃先生大全文集五十卷　宋乾道刊本

宋黃庭堅撰　凡古賦一卷分四門，古律詩二十二卷分一百四門，雜文二十六卷分二十二門，樂章一卷，合五十卷。是書自來儲藏家無著錄者，惟《絳雲樓書目》有《類編增廣南昌黃先生文集》十六冊，當即此書。闕卷十三至十八，抄補。目錄後及卷二、卷六等卷後，鈐方印一，文云　安開國。似是元印卷二十四、二十五、四十五、四十七後鈐方印一，文云“累代仕宦，清白傳家，開封史氏”。

麻沙鎮水南劉仲吉宅，近求到《類編增廣黃先生大全文集》計五十卷，比之先印行者增三分之一。不欲私藏，庸鑱木以廣其傳，幸學士詳鑒焉。乾道端午識

40·9　韋齋集十二卷附玉瀾集一卷　明弘治刊本

宋新安朱松喬年撰　《玉瀾集》新安朱槔逢年撰

傅自得序淳熙七年

劉性序至元三年

尤袤《玉瀾集》跋淳熙辛丑

40·10　豫章羅先生文集十七卷　明成化刊本

宋羅從彥撰　前有年譜。元曹道振編

柯潛重刊序成化七年

40·11　歐陽修撰集七卷　抄本

宋歐陽澈撰

　　予爲兒時聞德明，歐陽公日記數千言，落筆便有可觀。雖坐客十輩，隨事泛應，捷若發機。意其胸奇氣逸，必有異於人者。比於其弟國平家得其遺文一編，大抵咳唾揮斥之餘，十百不存一二。讀之飄然，皆有不羣之思。迹其盛氣慣蓄，如萬鈞強弩引滿向敵，雖未能保其必中，勢必一發而後已。稽諸前人，抑太白之流乎？白遇明皇妃子之間，逸氣少舒①，故得以文配杜而爲一代詞人。公遭靖康橫決之變，忘身拯溺，不暇規行，故得以忠配陳而爲中朝義士，皆不世才也。至所存緩急之殊，宜所造淺深之異趣，以此易彼，世必有能辨之者②。予姑取其文之近似而可喜，得古律、詩詞、書語八十有七，次而編之，名曰《飄然集》。觀者得此，亦足想公之爲人矣。公諱澈，派自廬陵郡，世家崇仁西者，死於京師，時年三十一。追贈朝奉郎、祕閣修撰，事詳國史。自公以忠言没，天下痛惜，迨今不衰。思其人，猶及於甘棠，況於其文？於是環溪吳沆爲之序。蓋紹興二十六年也。

　　夫子有言，“人之生也直，罔之生也幸而免”，又曰“斯民也，三代之所以直道而行也。”嗚呼，人禀天地之靈，則與生俱生者直而

---

①　“之”字原缺，據《歐陽修撰集》補。
②　“之者”二字原缺，同上補。

已矣。反之，而縮養之而無害，浩然之氣無所往而不自得焉。至其嫉邪忿世，殺身成仁，謂非同歸一揆不可也。世道有隆污，風俗有振靡。惟天地之正氣未嘗不流通于人心，於是可以見天地之心矣。崇、觀、政、宣以來，直氣衰絕，馴至靖康而陳、歐二君奮焉而興。今觀其策，所願行者皆天下之共欲也，所願去者皆天下之共惡也。夫然後知直氣之在天地間，故未始衰且絕也。其幸而祥風慶雲，充塞宇宙，其不幸而嚴霜凍雹，摧拉木草，抑亦偶其所逢而于元氣之初，果何尤哉？二君之生，雖罹酷濫于誤國之奸臣，二君之死旋被褒榮于悔過之聖主，名節凜凜，又將與天地相爲終始矣。陳君言論風旨，調攝當時，傳於故府，足以不朽。歐陽君慷慨激烈，孤讜豪邁，而其遺文獨未概見。余來佐郡，實君之鄉，得其靖康所上三書及詩文百餘首，輯爲一編，釐爲六卷。刻而布之，俾與陳君並駕齊驅，以不辜中興偕命之詔[1]。蓋聞南都之禍，陳君從容區處，泰若平日。人或以爲二君優劣之辨。嗟夫，陳君處六館，知朝廷之政詳，故其言雖深切而皆中時務，伏闕紛紜，分死久矣；歐陽君僻在江右，起於疏賤，不勝忠憤，故其言尤哨直而容有未審。忽斧鉞不能歸葬，尚忍以優劣議哉？昔張、許固守睢陽以蔽江淮，厥功茂矣。兩家子弟猶不相知。由今觀之，巡信忠矣，遠將不得爲忠臣乎？論二君者，盍有質於斯時。嘉定甲申歲重午日會稽胡衍序

　　李至剛序_{永樂丁亥}

　　王克義序_{永樂丁酉}

　　唐光祖跋_{永樂丙申}

　　吳溥序_{洪熙元年}

　　王鐸跋_{嘉靖七年}

---

①　"辜"原作"孤"，據《歐陽修撰集》改。

吳道南序_{萬曆甲寅}

40·12　勤峯真隱漫録五十卷　抄本

宋史浩撰　門人周鑄編

40·13　周益公文集二百卷　淡生堂舊抄本

宋周益公必大著

　　國朝知制誥掌外制,是謂從官,必召試中書而後除,不試號爲
異禮。夫仕而至此,非臺省英俊則中外揚歷之人,誰不知其能文?
所以試者,觀其敏也。蓋政事堂本在禁中,宰執朝退,房吏得除目,
以詞頭授詞臣具草録黃,付吏部告院書印如式,乃進御下閤門給
焉。其付受經由皆有時刻,不容少緩,故故歐陽文忠公《外制序》
云"除目每下,率不一二時,已迫丞相出,不得專思慮工文字",而
劉原父立馬一揮,皇子、公主九制千言,非自誇其敏贍,吏偶稽違勢
使然耳。元豐以前官號三字,寓直舍人院,官制行,知制誥衍歸翰
苑,正曰中書舍人,實涖中書後省,資淺則曰直舍人院,或先攝後
除。初輪日草詞,繼分六押,隨房書黃命,令有不當者繳奏,此定制
也。南渡草創三省在皇城門外,六押僅除三員,又多兼攝召試。故
事亦廢除目,出則先給信劄付其人,所謂詞命急者數日,緩或累月。
紹興壬午秋,必大以起居郎被旨兼攝,舊積詞頭頗多,在職纔踰半
年,而草二百九十六制。尋忤貴近,得請奉祠。後十年當乾道壬
辰,再以禮部侍郎兼權,不一月又坐論事丐免,隨以他罪去國,僅得
二十三首。嘗考韓退之元和九年冬以考功郎中知制誥,十一年春
遷中書舍人。是夏方改右庶子,在職首尾三年,今外集止存《崔羣
户部侍郎》一制,初云"地官之職,邦教是先",末云"選賢舉能於
今,惟重擇才"。經賦自古尤難,凡命版曹,何嘗不主理財。惟退

之先及邦教，而以經賦二字終之，可謂深合經旨。惜乎不如常楊元白制草之盛傳也。雖然，古今吏官，例於詞命加以筆削。觀《順宗實錄》制册，温純典雅，殆軼秦漢，不類當時之文。其經退之潤色，尚復何疑，是固專事一節也。必大初攝時止行下三房文書，恨不能述訓戒於除授之間，後方掌吏房左選，草《沈夏户部侍郎制》，首云"舜命司徒，在親百姓"，末云"俾予既庶人之馴，致無彊之說"，蓋欲師法退之之萬一，則又曰"淺而罷，因省吏録本來獻乃藏之"。是歲四月朝散郎提舉江州太平興國宮賜紫金帶魚袋周必大序

陸游序開禧元年

40·14　蠹齋先生鉛刀編三十二卷　抄本

宋周孚信道撰　友人解百禴伯時編集

歐陽公之序蘇子美，曾南豐、陳後山之序王平甫，皆悲其不遇以死，其言反覆哀抑，有大不釋然者。人之讀之，知其辭之緩而不知其意之切也。夫二公之材高視一世，文可施諸典册，詩可薦諸聲歌，而坎壈流放，曾不得少用其所長而夭死繼之，一時交舊論次其平日之文，序其窮而閔其志，能無哀乎？所以深悲而痛恨者，自其情也。余之師友周公孚字信道，自號蠹齋，天資穎悟，七歲通《春秋左氏傳》。既長於書無所不闚，博聞彊記，而尤邃於"楚騷"、遷《史》、唐韓杜氏之詩文，國朝諸公名世之作，出入貫穿，造詣其畛域，掇拾其精華，始刻意於詩，以後山為法。其後由陳而黃，黃而杜，屬思高遠，鍊句精穩，少而工，壯而新，晚而平淡。為文長於叙事，簡潔而峻厲，不喜襞積雕繪。循理而言，理盡言止。公之於詩文蓋如此。登第十年，始為真之郡博士，竟卒於官。仕止於一命，壽不登五十，其窮殆與子美、平甫類而不逮二公者。二公所與遊，皆一代宗工，足以自託不腐；公常恨不及見前輩，不薪今之人，知一

時顯人亦未有能知公者，以故名未大耀。公既没之二年，平陽解君伯時，得公之遺文，古賦、古律詩、表牋、啟書、序記疏、青詞、贊碑銘，共三十卷，目曰《鉛刀》，編者屬余爲之序。余少從公游，其學蓋得於公，老不加進，思公之不復見也，未嘗不潛焉以悲。伯時公之死友也，嘗仕爲尚書省監門，聞公一言，棄歸力學，其志操有足尚者。公之自真歸葬也，伯時營護之力焉多。翟公有言"一死一生，乃知交情"，余於伯時見之。淳熙己亥中秋六日京口陳珙序

百褘與蠹齋先生從游，辱知遇最深。男珤受業於先生之門，積有歲時，盡得先生家藏詩文三十二卷。先生平日盡力於斯文，於詩尤刻意。舊句多所更定，與昔少異。不敢私藏於家，命工鏤板，以廣其傳。學古君子覽之，始知余拳拳之志焉。淳熙己亥重九日郿延解百褘伯時

40·15　重校鶴山先生大全文集一百九卷　影寫明安國本

宋魏了翁撰

藝祖救百王之弊，以"道理最大"一語開國，以用讀書人，一念厚蒼生，文治彬郁垂三百年，海内興起未艾也。而文章亦無慮三變：始也，厭五季之萎薾而崑體出，漸歸雅醇，猶事織組，則楊晏爲之倡；已而圓瀾障川，黜雕返樸，崇議論，厲風節，要以關世教、達國體爲急，則歐、蘇擅其宗；已而濂溪周子出焉，其言重道德而謂文之能藝焉耳，作《通書》，著《太極圖》，大本立矣。餘有所及，雖不多見，味其言藹如也。由是先哲輩出，《易傳》探天根，《西銘》見仁體，《通鑑》精纂述，《擊壤》豪詩歌，論奏王、朱而講説吕、范，可謂和順積中而英華發外矣。後生接響，謂性外無餘學，其弊至於志道忘藝，知有語録而無古今，始欲由精達粗，終焉本末俱舛，然則言之無文，行之不遠，亦豈周子之所尚哉！此淵於鶴山魏公之文而重有

感也。南渡後，惟朱文公學貫理融，訓經之外，文膏史馥，騷情雅思，體法畢備。又未幾而公與西山真公出焉。淵生晚，不及見考亭之典型，獨幸接二公之緒論。歲在丙申，魏公假督鉞，道吳門，淵辱兼知制置之事①，故讀公詩文爲尤熟。公薨背十二年，而二子曰近思、克愚②，粹遺蕙刻梓，屬淵序之。淵竊惟公天分穎拔，早從諸老游，書無不讀。而見道卓守道約，故作爲文率深衍閎暢。微一物不推二氣五行之所以運，微一事不述三綱九法之所以尊。言己必致知力行，言人必均氣同髓，神怪必不語，老佛必斥攘。以至一紀述一詠歌，必勸少諷多，必情發禮止，千變萬態卒歸於正。及究其所以作，則皆尚體要而循法度。浩乎如雲淘空而莫可狀，凜乎如星寒芒而莫可干，蔚乎如風激波而皆自然也。其理到之言歟，其有德之言歟？程、張之問學而發以歐、蘇之體法歟？公文視西山，理致同醇，麗有體同，而豪瞻雅健則所自得。故近世言文者曰真魏，要皆見道君子歟？公早掇竣第，晚踐政途，然身未嘗安於朝廷之上，使得行其言以措諸世，如藝祖之訓而用之，詎止如今所稱者？而天不假以年，故所可見者文而已，惜哉。淳祐己酉夏宛陵吳淵序

　　端平二年冬，潛以右文殿修撰知太平州，時文靖魏公繇樞筦督視江淮京湖軍事。其始辟幕府，領袖之士每極天下選，然率以時好向背違不就。潛於公非交游知舊，亦驟辱拔引爲上客。或謂潛曰："盍審諸？"潛曰："公善類之宗也，可無從乎？"乃疋馬追公於溢浦之上。雖玉帳贊籌，專務戎事，而暇日尊俎笑談，復見公高文大冊，及聞公崇論宏議，日充然有所得也。嘗曰："學必本《六經》之謂正

①　此句原作"淵辱兼知□□元故□"，據《鶴山集》補正。
②　《鶴山集》此句作"而近思、近愚，公之二子也"，則其一子名異。但下引吳潛後序亦云"公之子近思、克愚"。

學，道必本堯舜、禹湯、文武、周公、孔孟之謂正道。彼邪説詖行，是乃荆榛闢而通之，則理到文醇矣。"至於天文地理、禮樂律曆、官制兵法、典章文物，莫不究極，纏繞如辨白黑，而數一二。潛益信公根柢學問，枝葉文章，落陳啟新，翼華抵實，天出神人，不可覊控。此豈偶然之故哉。後二年公歿，潛哭之流涕，曰"天喪斯文矣"。又十有五年，公之子近思、克愚相與蒐遺亡軼，有正集、外集、奏議凡一百卷，將鋟梓行於世，既屬叔氏序其首，又俾潛曰"子爲我申言之"。潛竊謂渡江以來，文脈與國脈同其壽，蓋自高宗喜司馬文正公《資治通鑑》，謂有益治道，可爲諫書。自孝宗爲《蘇文忠公文集》御製一贊，謂忠言讜論，不顧身害；洋洋聖謨，風動四方。於是人文大興，上足以接慶曆，元祐之盛①，至乾淳間大儒輩出。朱文公倡於建，張宣公倡於潭，吕成公倡於婺，皆著書立言，自爲一家。凡仁義之要，道德之奥，性理之精，微所以明天理而正人心，立人極而扶世教，使天下曉然知人之所以異於禽獸，中國之所以異於殊域，吾道之所以異於佛老，有君臣而不蝕其綱常之正者，功用宏矣。永嘉諸老如陳心齋、葉水心之徒，則又創爲制度器數之學，名曰實用②，以博洽相夸，雖未足以頡頏二三大儒，然亦有足稽者。寥寥四五十載，我公嗣之，識照古今而不自以爲高，忠貫日月而不自以爲異。德望在生民，名望在異域，文章之望在天下後世，蓋所謂兼精粗，一本末，集乾淳之大成者也。惜其位不稱，德命不待，時不及相明天子以興禮樂，致太平，而斯文之澤所見，俾止於此，悲夫。公諱了翁，字華父，卭之鶴山人。天下士師尊之曰鶴山先生云。淳祐辛亥四月哉生明太中大夫新除參知政事同提舉編修敕令同提舉編

---

① "盛"字原缺，據《履齋遺稿》卷三"魏鶴山文集序"補。
② "又創"二字據上書補。"名曰"原作"如曰"，同改。

修經武要略金陵郡開國侯食邑一千七百户食實封二百户吳潛後序

　余髮未燥聞鶴山先生名，年志學誦鶴山先生文。先生將漕鄉邑，伯仲叔季從先生游，余於定省餘暇，獲聆先生謦欬。惜年少不敢犯互鄉之譏，既冠，束書蜀學□□□門而先生己得君致身清要，勢分愈霄壤。歲乙酉，余忝以春秋竊第，謂可借玉階方寸，吐平日欲言，繼先生芳躅，得旨免臨軒，斯文機緣似與先生不偶。越二十餘載，僥倖分倅靖南，嘗記先生《鶴山書院記》有曰"山囚瀨縶"，皆謂是行之何風月之足云。余謂夫子所居，召伯所憩，忠信可行，余何幸焉。適郡太守迺先生長翁，氣味相投，一見傾蓋。至之日謁宣聖，造書院，講釋菜禮，覯先生道德顏容如夢寐所見。暇日索先生文集，長翁以姑蘇所刊本垂教，蓺香細玩，凡關宗社之休戚，邊庭之利病，敵情之真偽，世道之厚薄，畢萃此書。有則□□則書。余自顧此行所得良不淺也。惟字畫尚舛訛費點勘，擬命工刊正，旋以違□去攜□本至京邑偶當對竊先生緒論稱旨出守涪陵繼叨□梟距先生袞鄉百里許家有先生遺藁刊正之局方開嘉定法掾趙與梣□得於先生□翁□□相過字畫精紙墨善意無以出其右尋熟讀則舛誤猶姑蘇本既而□榦何璟漕幕朱景行昌□盧□皆以所藏先生雅言周禮折衷大魁之作來至如墓誌書劄等文□與大全集者項輩相望類□□□□□□□□□□□□編比姑蘇□陽二本加詳焉。余謂是編不容不再刊之。先生殘編斷簡散落人間，未易裒集，復命漢嘉士楊起寅偕寮友日夕相與校正，屬工鋟梓。嗚呼，天喪斯文則已，若猶未也，則開卷瞭然，百年之利害，百年之得失，百年之安危，如蓍龜前知。其或繼之者，雖百世可知也。本集已有退菴之序，履齋之文可以爲重矣，余何□□詞深恨四郊多壘□則取之於驚□□則取之於樽節，紙墨則取之於散亡，要以是紀斯文之不墜。若曰字精工巧，墨妙紙良，將有望於方來。開慶改元夏五月甲子□生朝請大夫成

都府路

　　提點刑獄公_{下缺}

　　邵寶序_{嘉靖壬午}

　　暢華跋_{嘉靖癸未}

40·16　可齋雜稿三十四卷續稿八卷續稿後十二卷　抄本

宋覃懷李曾伯長孺撰　嗣男杓編次

　藁以雜名，非純也。余自弱冠共子職，既而從諸公幬歷中外，泫潁不靈，終其身吏俗，中間隨事以醻應，托意於模寫，自少而壯，壯而老，天闕剗藤者多矣。其棄而醫蒙藥褚不復可記，憶篋中斷語零落，本無足采，年來憂患摧折，思致愈不逮。前一日與書塾親友偶閱舊作一二，有勸以刊諸梓示兒曹者，姑俾芟次之，杜園綴緝，淺近卑陋，終不及君房語譬諸山肴野蔌，聊爾雜陳。倘俎諸五侯之鯖，當囅然一笑。淳祐壬子夏五旦日可齋書于荊州杞梓堂

　　士君子生斯世，功業文章其本雖一而不能兩全者天也。本朝功業之盛，莫如韓、范忠獻，《春雨》《桔槔》之篇膾炙人口，至辨論新法一疏，精於經術，諸儒有所不逮，而上之人以出於強至疑之矣。文正《岳陽樓記》精切高古，而歐公猶不以文章許之。然要皆磊磊落落，確實典重，鑿鑿乎如五穀之療飢，與世之絺章繪句不根事實者不可同年而語也。可齋李公早以功業自許，而詩文操筆立就，精妙帖妥，復出時流。余曩與朝夕，每歎其得於天者厚。一別將二紀，而公功業赫奕於時。一日貽書以其在荊襄著述二編見示，且曰：蠹魚活計我，尚願留情焉”。余熟觀而嘆曰：功業文章難兩全久矣，而公之志欲兼之。顧今邊事孔棘，公以一身橫當荊蜀之衝，屹然如長城萬里。上之倚公不啻韓、范。豈當復與書生文士校短長於繩尺間哉？諸葛孔明《出師》一表，前輩以爲與《伊訓》《説

命》爭光,才德之盛,固有不期然而然者。此余所期公於異日者
也。余既以此意復于公,仍書以遺湖北倉使劉和甫籲,俾刊之編
首,益相勉厲,以盡朋友之義云。寶祐二年龍集甲寅閏月上澣翰林
學士中大夫知制誥兼秘書監兼修國史實錄院修撰兼侍讀尤焴序

　　先公少保觀文《可齋》雜續三藁,杓侍官荊渚時,竊伏會粹而
鋟之梓。繼而庚使介軒劉公籲又刻之武陵,端明木石先生尤公焴
序於篇首,二刻之行乎世也久矣。昔我先公羽忠翼明,簡知當宸,
入儀著作,出更幹方,於淮於荊於蜀於湘於嶺於鄞。海嘉謨勝,略
指陳乎奏,靡不援據古誼,鋪繹事情,炳然如丹。其勳在王室,書在
國史。至於春頌賦詠,游戲排偶,足跡所至,篇帙隨積。其間代庭
闈參幙,畫掾都曹,凡廟堂闓府諸所製作,多出公手。見者歎服,曰
冠冕佩玉之文也。先公少勵舉子業,薦於漕者三。晚賜奉常,第殆
天者酬之,而先公慨如,以不得奮自塌屋爲恨。生平爲文,初若不
經意,或時掀髯散步,俄頃抽思泉湧,口授筆吏,有脫腕苦。五六十
年間所作何限,散逸亦不少矣。歲戊辰,先公棄諸孤,覩遺草而有
思,儼慈顏其如對。今所傳者,手澤存焉。藐是不肖大懼弗能讀,
以闕於前文。人光嘗欲手抄小帙未果,會書市求爲巾笥本以便致
遠。杓曰“是區區之心也”,亟命吏楷書以授之。棗刻告成,用識
於後。咸淳庚午仲冬嗣男杓百拜謹書

　　續稿自識曰:《雜藁》鋟梓,出於兒輩哀次。中多少作,未嘗不
動壯夫之悔。一二季間復應醻,又欲從而續之,姑徇其意。然軍書
蠢午中,安有好語,徒重作者笑。寶祐甲寅四月既望

40·17　存悔齋詩一卷遺詩一卷　舊抄本　汲古閣藏書

　　元龔璛子敬著　後附補遺十七首,明朱存理輯,又七首則毛氏
斧季所補也。卷中有紅筆校改上方,注云“某,俞錄本作某”,蓋從

元俞楨手錄本校過者。題籤係斧季手筆,前後俱有毛子晉印記。

　　此詩元係永嘉朱先生抄本。楨從先生游,故假以錄,實至正五祀歲乙酉也。時楨年十五,今倏過五載,恍如舊夢。歲月難留,寸陰其可不惜,深愧志不勝氣,不能勇力以學,撫卷輒成浩嘆。謹書以深警,毋待他日徒悔焉。至正九年歲已丑五月二十七日開封俞楨恐悚拜書

　　毛氏手跋曰:余家藏元人集未逮百家,意欲擇勝授梓。閩中徐興公許以秘本五十種見寄,奈魚雁杳然恝如也。適馬人伯出龔子敬《存悔齋稿》示予,得未曾有,真人年第一快事。中有殘缺二處,末有朱性甫補遺一十七首。問所從來,廼荻溪王凱度家藏本,卷帙如新,而凱度已爲玉樓作記人矣。掩卷相對,泫然久之。時崇禎十三年閏正月十三日毛晉識

　　毛氏手跋曰:《存悔齋》詩世不多見,先君從馬師借抄。讀先君手跋,在崇禎十三年閏正月十三。扆生於是年六月二十六,則跋書之日扆尚未生。今犬馬之齒五十有六矣。白首無成,深負父師之訓。一展閱間,手澤如新,音容久杳,不禁淚下沾衣也。偶閱《天平山志》,載子敬詩二首,集中止有其一。又從《六硯齋筆記》得絕句一首,《皇元風雅》得詩五首,并錄于右。康熙乙亥花朝後二日毛扆識

40·18　翠寒集六卷嘯嗷集一卷　元刊本

元吳郡宋無子虛著

馮子振序延祐庚申

　　子虛先余二十年,雖知其嗜吟,其亦未始置齒牙間。自其壯年遊江東首見知,中丞王公、侍郎鄧公、今承旨趙公,皆序其卷最後。集賢馮公聞其詩欲行,將有以資之而亦未嘗見其卷也。公一日過

子虛索稿，子虛不容己遂出囊。公疾視嘿覽，遇佳句輒首肯而聲誦之，謂子虛曰：“子詩真刻意於唐者，明當爲子序之。”翌旦，子虛袖二紙請焉，公欣然援毫，不煩脫稿，一掃千餘言。昨所聲誦，亹亹出筆下。至於題之前後、句世次第，略不少差。其一二所許可，皆子虛平生得意句，世所膾炙者。子虛亟拜亟喜，坐客皆爲之歎服。吁，士之處世，能不逐聲利，而獨嗜片言隻字以陶寫其心腹，不求人知，有終其身而詩不傳者乎？今子虛是也。馮公序其詩時己年踰耳順，何一覽其卷而盡能嘿記佳句於俄頃之間，抑子虛之詩如正聲雅樂入耳而不忘耶。序雖擷其英爲公論，余意《翠寒集》其堪擊節者，恐不翅若是也。因徵余書，獲識卷末，且以紀馮之才之强記云。至治二年六月一日里人錢良右書

　　鄧光薦嚀囈集序

　　嚀囈集自序

40·19　梧溪集七卷 明洪武刊本卷一至四舊抄補　汲古閣藏書

元江陰王逢原吉撰　存卷五至末。其卷一至四毛氏抄補。案《讀書敏求記》云“於劍映齋藏書中購得前二卷，是洪武年間刊本，如獲拱璧。越十餘年，復於梁谿顧修遠家借得後五卷鈔本，亟命侍史繕寫成完書”云云，則刊本之稀可知。此本雖止三卷，零磯碎璧，彌足珍貴。異日如獲述古藏本俾成完璧，快何如之，望何如之。卷末有陸勑先手識云“虞山覯菴陸貽典校補於汲古閣。丁巳九月下浣”。

　　汪澤民序至正丙戌

　　周伯琦序至正

　　陳敏政補刊後序景泰七年

40·20　　夷白齋稿二十五卷外集一卷 _{舊抄本} _{季滄葦藏書}

元臨海陳基著　金華戴良編　此本比前所著錄本紙色更舊，蓋明初人抄本也。卷首有季滄葦印記。

戴良序_{至正二十四年}

40·21　　宋學士文粹十卷補遺一卷 _{明洪武刊本} _{文三橋藏書}

明宋濂撰　卷首有文彭印記。闕卷六至十，抄補。

劉基序_{洪武八年}

40·22　　宋學士續文粹十卷附錄一卷 _{明建文刊本}

明宋濂撰　樓璉序題"歲在辛巳"，蓋建文三年辛巳也。

樓璉序_{歲在辛巳}

鄭柏跋

林氏手跋曰：宋文憲公景濂所著《潛溪》前後集，皆刻於元至正間。其入明後作《文粹》，爲劉誠意所選定，《續文粹》爲其門人方正學輩所選定，而□《文粹》尤貴於世者，則以正學與同門劉剛、林靜樓連手自繕寫，而刊於浦江鄭氏義門書塾也。錢虞山受之云"丙戌年曾於内殿見此集，正學氏名皆用墨塗乙，蓋猶遵革除舊禁也"。然則是集不特可貴而又難得矣。估曩受業於汪堯峯先生之門，先生以所爲文囑估任編録，估未見兹集也。而家有宋文憲之師《元黃文獻公集》，字畫行欵皆精緻，因倣其式以呈。先生極喜，復書鄭重委托，而先生垂沒矣。越二年書成，每懷古人事師始終誠一之誼，竊意義門所刊必有傳於世者，何時得寓目償所願焉。今年夏，吳江徐虹亭先生游閩，數登估書樓，見估所跋《堯峯文鈔》後語，因云"予笈中有宋學士《續文粹》，子豈欲見之乎？"估爲踴躍不

寐,翊晨賷書至。佶盥手展觀,恍見諸君子聚錄一堂,而佩服欽承
之意猶隱約毫楮間也。其書字畫端謹,與《黃文獻集》差相似。版
間有闕補者十之二三,若《正學父方愚菴先生墓版文》及《送方生
還寧海詩》與鄭柏《後跋》皆非舊,凡涉方氏者槩不敢書名曰某某,
即內府本用墨塗乙之意也。佶肅觀卒業,因跋其後,以寓景行之慕
云。時康熙甲戌秋九月望後一日鹿原林佶謹識

總集類

40·23　文選六十卷　馮氏竇伯陸氏勑先校宋本

梁昭明太子撰　　**唐**文林郎守太子右內率府錄事參軍事崇賢館
直學士臣李善注上　　馮氏竇伯、陸氏勑先據錢遵王家宋本校,元和
顧澗賓先生據周香嚴家殘宋本覆校。殘宋本存卷一至六,十三至
十五,十八至二十一,二十八至三十九,四十九至末,凡三十七卷。

文選序

上文選注表顯慶三年

卷一後馮氏手跋曰:己亥歲校過一次,重檢《後漢》班《傳》對
勘本文,同異甚多,注亦略同,疑善仍用舊注耳。范《史》蕭《選》各
自成書,文字無容參改,標諸卷首,聊以志異也。上郋武識

又陸氏手識曰:庚子正月二十四日,借遵王宋刻本校。其有宋
本誤字亦略標識,以便叅考。貽典

卷二十六後馮氏手跋曰:二十二日對此卷,先有對者與錢氏宋
本不同,今一依錢本改竄。亦有明知宋版之誤而不必從者,亦依樣
改之。蓋校書甚難,不可以一知半解而斟酌去取。姑俟之博物者
裁定之。上郋武

顧氏手識曰:此《文選》硃校出汲古主人同時馮竇伯手。其前

二十卷又有藍筆,則陸勑先所覆校也。今年秋八月,予囑蕘圃以重
價購之。復偕薌嚴周氏所藏殘宋尤袤槧本,即馮、陸所據者重爲細
勘,閱時之久,幾倍馮、陸。補其漏略,正其傳譌,頗有裨益,惜宋槧
之尚非全豹也。竊思《選》學盛於唐,至王深寧時已謂不及前人之
熟。降逢前明,幾乎絶矣。唯詞章之士掇其字句以供擘觥,至其爲
經史之鼓吹,聲音訓詁之鍵鑰,諸子百家之檢度,遺文墜簡之淵藪,
莫或及也。其間字經淺人改易,文爲妄子刊削,五臣混淆,善本音
注,牴牾正文,又烏能知之? 因訛致舛,其來久遠,承襲轉轉,日滋
一日,卷帙鴻富,徵引繁多,詞意奧隱不容臆測,義例深密未易推
尋,雖以陳文道之精心鋭志,既博且勤,而又淵源多助,然《舉正》
一書猶時時有失,況余仲林《記聞》以下,擷華遺實,宜同自鄶矣。
廣圻由宋本而知近本之謬,兼由勘宋本而即知宋本亦不能無謬,意
欲準古今通借以指歸文字,叅累代聲韻以區別句逗,經史互載者考
其異,專集尚存者證其同,而又旁綜四部,雜涉九流,援引者沿流而
溯源,已佚者借彼以訂此,未必非此學之功臣也。髓用博大,自慙
譾陋,懼弗克任,姑識其願於此。并期與蕘圃交勗之焉。嘉慶元年
十二月二十日顧廣圻書於士禮居

40・24　唐詩極元二卷　秦氏酉巖手抄本　張超然藏書

唐諫議大夫姚合纂,　宋白石先生姜夔點　板心有"又元齋"
三字。

蔣易題至元五年

弗乘未詳何人手識曰:此係吾鄉秦酉巖手録,庚寅上元日遵王
見贈。　弗乘

張氏手識曰:庚申九月九日得於虞城肆中。　超然

40·25　文苑英華纂要八十四卷　元刊本

不著撰人名氏　分甲乙丙丁四集，列卷八十四。闕甲集一至十六，乙集二十三至三十七，抄補。是書藏書家皆以爲宋槧，今案全書宋諱俱未闕筆，後有趙文序云“姑述其略，以贅高先生手抄之後”，則宋時未經刊板可知，定爲元刊似較確實。《傳是樓書目》有高似孫《文苑英華摘句》，未知即此書否。

孝宗皇帝閱《文苑英華》，周益公直玉堂，夜旦對上，謂秘閣本太舛錯，再三命精讐十卷以進。一日侍公酒，公以無佳本爲言。因自架中有此書，間嘗用諸集是正，頗改定十之二三。公驚喜曰：“《英華》本世所無，況集耶？”迺盡笈去，復以讐整者畀予研訂，書奏御不爲無分毫助也。後以本傳之廬陵手書寄來，急讀一遍，因取其可必用者僅爲帙四，又以奉公。復答曰：“書千卷，鮮克展盡。顧迺獵之精，舉之碻耶。不減小洪公史語也。”初予官越，洪公方在郡，日日陪棣華堂書研，頗及史語。公曰“不過觀書寓筆，示不苟于觀耳。”予曰“類書帙多字繁，非惟不能盡記，蓋亦未嘗盡見。古人是以有撮取之功，然迺切於自用，非爲它人設也。”洪公擊節曰：“此正余意，鈔亦出是歟？”冶使史公來訪越墅，因從容硯寮，見鈔本曰：“鉤玄摘奇，便於後學者也。”書來索甚力。第二書報已刊，第三書寄刊本，令作鈔序，迺誦益公、洪公語以謝好雅。嘉定十六年三月七日高似孫續古識

予少讀《文苑英華》，困其浩瀚，不能盡究。後得鄉先生高公手抄《文苑纂要》，四集計八十四卷，復又撰十卷下證考異，凡古今名賢諸作有一聯一句至□至妙者，必博采無遺。予讀之神馳心醉，奇哉是書也。世道不古，讀書之道廢。挾兔園册者非惟莫之見，且莫之聞。文運天開，車書混同，聖天子下詔求經明行修之士，試

《六經》古賦，詔誥章表以觀其所學，試時務策以觀其所能。士之
懷才抱器者，莫不爲之鳶飛魚躍，崇儒重道之風，古之菁莪不啻過
之。習科目者熟精此書，鏖戰文場，寸晷之下能使朱衣人暗點頭，
則題雁塔、綰銅章，特拾芥耳。《文苑》一書□必遇賞音。予老不
能文，姑述其略以贊高先生手抄之後云。延祐甲寅冬後一日青山
趙文序

40·26　樂府詩集一百卷　<small>元刊校宋本　汲古閣藏書</small>

宋太原郭茂倩編次　　自卷一至卷六朝曰樂章，毛氏子晉手校，
卷末俱有子晉手識、校勘時日。其"夕月樂"章以下則長洲王與公
所校也。前有無名氏跋，殘闕大半。推尋字句，似是據錢宗伯家藏
宋本校正也。

　　李孝光序<small>至正六年</small>

　　周慧孫序<small>至元初元　闕一葉</small>

　　無名氏跋曰：樂蓋六藝之一也。樂部諸書，孟堅著諸經籍之
首，貴與列諸經解之後，陳氏直厠諸子、錄襍藝之間，愈趨而愈微
眇。迨陳三山撰《樂書》二百卷，凡雅俗胡部音器歌舞，下及優伶
雜戲，無不備載，博則博矣，但腐氣逼人，而風雅之趣湮没殆盡，能
不爲之三歎耶？太原郭茂倩《集樂府詩》一百卷，采陶唐及李唐歌
謠詞曲，略無遺軼，雖樂府之名肇之於漢，□□□遡太古。自雲門
以來歷代首律，恍然盈耳矣。惜乎歲□□□□□□□元家版
□□□能句讀因乞錢宗伯□□□□□□□□□□□□□余得
徐陵玉<small>下闕</small>

　　王氏手識曰：己卯四月十八日，坐寶月堂校完此本。始讀《梅
花曲》令人幽冷，繼讀《紫騮馬》令人雄騁，及後《挽歌》《對酒》諸
作，又不覽志念俱消，欷歔泣數行下也。文章能移人之情如此，豈

獨高山流水而已耶。長洲王與公識卷二十七後

　　又曰：己卯八月二十五日坐池上閱竟，嚮讀《李羣玉集》有"人老自多愁，水深難急流"之語，人謂勝於老杜"江平不肯流"。今閱此集，又爲李端作古人詩文多有互見乃爾，何耶？衰年讀書，但可量力而止。兩日頗費翻閱，覺頭涔涔然作痛也。長洲王與公

附　錄

耿文光嘉慶庚辰刊四卷本跋：

《愛日精廬藏書志》四卷，國朝張金吾撰，嘉慶庚辰刊，前有黄氏廷鑒序。金吾字慎旃，別字月霄，常熟人。爲考據學，嘗從季父海鵬校刊《御覽》諸書。廿二補博士弟子員，省試不售，即弃去。與同里陳揆購訪古籍，欲以著述名。嘗謂金源氏一朝著作散佚，討論史傳，網羅圖經、碑刻，殫十二年之力，成《金文最》百廿卷。因通志堂本《經解》于宋、元經説放佚尚多，出其家藏秘帙，複傳抄文瀾閣本，得八十餘種，寫定《詒經堂續經解》千四百三十六卷。自是先儒經説之書，薈萃無遺矣。月霄不善治生，家中落，書目成而書皆散佚。説者謂干造物之忌云。此志取宋、元槧本暨新舊抄之爲世罕見者，詳載鏤版時代、校藏姓氏，備録序跋，以著一書原委，較孫氏《平津館藏書記》詳核多矣。當時行本甚少，近稱難得，因詳書之。

黄廷鑒嘉慶庚辰刊四卷本序：

吾邑自明五川楊氏以藏書聞，厥後秦西巖、趙清常繼起，至絳雲而集其成。劫燒之後，尚有汲古毛氏、述古錢氏兩家鼎峙，有葉石君、馮巳蒼、陸敕先諸君子，互相搜訪，有亡通假。故當時數儲藏家莫不以海虞爲首。迨兩家陵替，諸書散佚，今得月霄張子，而其風複振。月霄少忱緗素，大小彙收，今古并蓄，而以宋、元以上人撰述、有禆經史者爲之主，或繕鈔秘閣，或假録相知，彙前後所得，合之舊藏，有八萬餘卷。于金、元遺集，加意搜訪。中有王朋壽之《類林》、孔元措之《祖庭廣記》、蔡松年之《明秀集注》與吳宏道之《中州啓札》，皆當世絶無僅有之書，尤藝林所欲快讀者。今夏取罕見之本，凡三百八十種，計一萬二千卷，一切卮言小説不與其數，寫爲《藏書志》。其傳本久絶，佚而複出者，仿晁、陳兩家之例，略爲解題，意在存佚繼絶。初不欲視人也，因力縱臾之。工竣，爲弁數語于首云。

耿文光靈芬閣刊四十卷本跋：

《愛日精廬藏書志》三十六卷《續志》四卷，國朝張金吾撰。靈芬閣本。光緒十五年，吳縣潘氏用集字版校印。前有道光丁亥顧千里序，道光丙戌張金吾自跋，又嘉慶庚辰張金吾自序，例言八條，目録一篇。此志經、史兩門所録較備。别集爲古人精神所寄，其卓然可傳者兼收并采，不名一格，其餘九流小説以及二氏之書，擇其稍古近理者，略存數種，以備一家，不以爲重也。其解題仿晁、陳二家之例，以識流别。其收采序跋，仿馬氏《通考》之例，皆録于鈔帙，斷自元止。其見于刻本者不録，是可貴也。其體先標書名、卷數，旁注某本，次某代某人撰，次録序跋。其解題在序跋之前，或有或無，所解甚少。其不録序跋者，于撰人行次標某人序、某人跋。或圖、或綱領、或進呈札，皆另行分題，亦甚豁目。故陸氏《藏書志》即依此例也。（以上三則，録自耿文光《萬卷精華樓藏書記》卷七十一目録類）

黄廷鑒《張月霄傳》：

月霄名金吾，字慎旃，月霄其別字也。常熟有三張，月霄系出南張，明武邑教諭懋之後也。祖仁濟，父光基，皆邑諸生。月霄少孤，性穎敏，喜博覽。比長，學爲考據，嘗從季父海鵬校刊《太平御覽》諸書，鈎稽審覈，見者稱焉。年廿二補博士弟子員。省試一不售，即弃去。慕鄉賢先輩汲古毛氏、述古錢氏遺風，篤志儲藏，與同里陳子準揆善，咸事購訪古籍，欲以撰述名當世。嘗謂歷朝總集自《文苑英華》而後，《文粹》、《文鑒》、《文類》，代勒鴻編，惟金源一朝著作自來散佚，月霄慨然引爲己任，討論史傳，網羅圖經、碑刻，殫十二年之精力，成《金文最》百廿卷，較梅氏《文紀》事艱而厥功實倍。經學莫勝于本朝，《通志堂經解》實集大成，顧宋、元來諸家經說放失尚多，月霄出其家藏秘帙，複傳鈔文瀾閣本，凡羽翼經傳者得八十餘種，寫定《詒經堂續經解》千四百三十六卷。自是先儒經說之書薈萃無遺矣。又念藏書考鏡，賴有書目，宋之晁氏、陳氏兩家其最善也。今則歷年既久，坊槧胥鈔代出，魯魚錯脱，踵謬襲訛，第按目取盈卷帙，藏猶不藏也。爰取所藏宋、元槧本暨新舊鈔之爲世罕見者，撰《愛日精廬藏書志》四十卷。爲廣其例，詳載鏤版時代、校藏姓氏，備録叙跋，以著一書之原委，俾覽者得失瞭如。乃書目成而書散，説者謂干造物之忌云。月霄不善治生，家中落，處之泰然，鍵户讀經述，撰《釋冕》、《釋弁》二篇。近又取李氏《易解》、《漢上易傳》諸書，窮日夕研究，將爲窮理盡性之學，而疾不起矣，年四十三歲，惜哉。月霄別著《廣釋名》、《明小學訓詁》、《兩漢五經博士考》、《補朱氏立學一門》、《釋龜》、《原三代蔔法》、《十七史引經考》及《白虎通注稿》，皆貫穿詳核，非經生家言也。拙經生曰：月霄幼從予游，治經之暇，好觀《史記》、兩《漢書》。篝燈深夜，寒暑不輟。與之論古今，徵典實，辨名物，退則抽書尋討，質難疊生。讀書間舉傳注舊解，或古今异讀，取塾本作夾注，行間幾滿。觀其嗜好趨向，已早殊俗學。厥後纂輯之宏，插架之富，十年中，名滿三吳。斯真勇于自立已。及藏書既散，蕭然僻處，一編在手，而所學益蘄深邃，其氣量豈出古人下哉？凡所著述，務爲所難，實能從古籍中博觀約取而成。使天假之年，所造就當不止是。此非予之私言也，請以俟當世之讀其書而論定者。（録自黄廷鑒《第六弦溪文鈔》卷四"張月霄傳"）

孫原湘《詁經堂記》：

"六經"之道同歸，而漢儒説經謂之家法。所謂家法者，非必父子相傳一門之業也。顧如梁丘氏之於《易》，歐陽氏之於《書》，賈氏之於《左氏春秋》，父子繼業，或至累數世，則學者傳之以爲盛事，要亦不數數然也。吾邑張子月霄，博學嗜古，積書至數萬卷，病錢遵王《敏求記》多小説家言，而詁經之書多所未備。嘗編次所藏書籍，於宋元諸儒經解，儲蓄尤富，擇其中世鮮傳本者一百餘種，庋諸所居詁經堂，而屬予爲記。詁經堂者，尊甫心萱翁所命名，取《漢書》"遺子黄金滿籝，不如一經也"。翁於經學甚邃，嘗採輯《禮記集注》教授子弟，見有古書插架未備者，必手自抄録，至老不輟。月霄根柢於家學者深矣。夫自科舉之學盛，而"六經"之書亡。方漢武之初，置博士弟子，射策決科，經學於是始盛，而班孟堅以爲禄利之路，則兩漢之傳經已難言矣。今月霄年未四十，即厭棄舉業，博極群書，所著《白虎通注》、《廣釋名》，證引該洽，哀然成帙。由此而益務潛心經術，以發明先聖之道。雖從容蘄至，於古作者無難。豈特如毛氏、錢氏，霑霑誇儲蓄之富而已。嘗考元明之際，吾邑之列儒籍者僅三姓，曰言氏、張氏、林氏。言氏爲先賢之裔，於今世有官禄,而林氏無聞焉。月霄之先,自明正統中始登科目,而有司表之曰"儒英",故至今爲儒英。張氏月霄誠能念其先,服其教,日涵儒諷咏於茲堂之中,俾子若孫,世世勿輟焉。所爲張氏之家法在是矣,而又何求焉?（見孫原湘《天真閣集》卷四十七）

四角號碼書名索引